方泽
Further

陈武 著

朱自清大传

北京时代华文书局

广陵书社

图书在版编目（CIP）数据

朱自清大传 / 陈武著 . -- 北京 : 北京时代华文书局 , 2025. 5. -- ISBN 978-7-5699-5972-7

Ⅰ . K825.6

中国国家版本馆 CIP 数据核字第 2025CZ0208 号

ZHU ZIQING DAZHUAN

出 版 人：陈　涛

策划编辑：范　炜

责任编辑：范　炜

装帧设计：程　慧　孙丽莉

责任印制：刘　银

出版发行：北京时代华文书局 http://www.bjsdsj.com.cn

　　　　　北京市东城区安定门外大街 138 号皇城国际大厦 A 座 8 层

　　　　　邮编：100011　电话：010-64263661　64261528

印　　　刷：北京盛通印刷股份有限公司

开　　本：710 mm×1000 mm　1/16　　　　成品尺寸：155 mm×230 mm

印　　张：53　　　　　　　　　　　　　字　　数：813 千字

版　　次：2025 年 5 月第 1 版　　　　　　印　　次：2025 年 5 月第 1 次印刷

定　　价：138.00 元

▶朱自清像。

▼1919年5月4日，北京爱国学生三千
余人在天安门广场集会游行，掀起了
大规模的反帝爱国的五四运动。图
为北京大学学生游行队伍经过天安
门。朱自清和同窗杨晦、江绍原以
及国文系同学许德珩、孙伏园等一
道参加了示威游行，表现异常积极。
西德尼·甘博（Sidney D. Gamble,
1890 — 1968）摄。

▲朱自清母周氏绮桐。　　　　　▲朱自清父朱鸿钧，字小坡。

▲朱自清在北京大学期间，与友人在万寿山合影。左二为朱自清。

▲朱自清在北京大学期间，与友人在万寿山留影。右起第二人为朱自清。

▶朱自清大学毕业后，经北大代理校长蒋梦麟的推荐，1920年秋去杭州任教，从此踏上南方五年的中学教学生涯。这五年，也是他文学创作的高产阶段，散文《温州的踪迹》《桨声灯影里的秦淮河》、小说《笑的历史》、长诗《毁灭》等相继问世。

▲ 1920 年冬，在浙江一师任教时与友人合影。左一为朱自清。

▲ 1921 年 10 月，"一师"学生汪静之、潘漠华、魏金枝、柔石、冯雪峰等发起成立晨光文学社，聘请朱自清、叶圣陶担任顾问。这是成立后的留影，右起为汪静之、曹诚英、胡冠英、朱自清、叶圣陶、程仰之。次年 3 月，汪静之、潘漠华、冯雪峰、应修人等人又成立湖畔诗社，出版《湖畔》诗集。朱自清后来也成为诗社社员，并写了《读〈湖畔〉诗集》。

▶ 1921 年 12 月 31 日，欢送俞平伯赴美国考察时在杭州合影。右起，俞平伯、朱自清、叶圣陶、许昂若。

▲ 朱自清长期关注中学语文教育。他与叶圣陶合作，撰写、编选了多部关于语文教育与学习的论著。图为抗战期间出版的部分著作。

▶ 1921 年秋，在扬州江苏省立第八中学任教时与友人合影。二排右一为朱自清。

▼ 1921 年 11 月 9 日，在上海半淞园与中国公学中学部友人合影。左四为朱自清。

▲1924年朱自清离开温州浙江省立第十中学时，与毅力文学社同仁
合影。左五为朱自清。

▲1924年，与温州同学合影，右二为朱自清。

▲1924年，在春晖中学任教时，与部分师生合影。前排右一为匡互生，右二为朱自清。

▲1924年，在春晖中学任教时与友人合影。后排左一为朱自清。

▲1925年，朱自清与长子朱迈先、长女朱采芷摄于春晖中学。

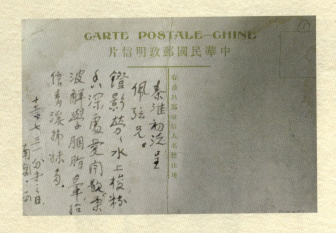

◄俞平伯初泛秦淮时赠给朱自清的一张明信片，并亲笔题诗一首："灯影劳劳水上梭，粉香深处爱闻歌。柔波解学胭脂晕，始信青溪姊妹多。"背面是秦淮河畔夫子庙风景。

▼1925年与友人摄于清华园，右二为朱自清。

▲1925年，与友人摄于清华园，左起第二人为朱自清。

▲1927年，小坡公与儿孙们摄于扬州。前排中间坐者为小坡公，即散文《背影》中所描述的"父亲"。

▶ 1929 年，朱自清与清华大学部分师生去妙峰山做民俗调查。图为 5 月 17 日晨乘车时的情景，右起第二人为朱自清。

▲《中国新文学研究纲要》手稿本

▲ 1929 年，与友人摄于北平，左一为朱自清。

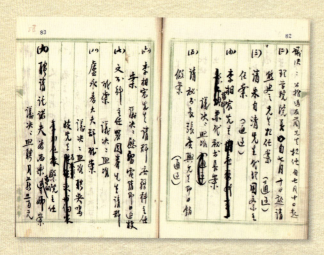

▲ 1930 年 7 月 7 日，清华大学第十九次校务会议议决，
朱自清代理中文系主任职。

序

　　朱自清 1898 年 11 月 22 日出生于江苏海州。曾祖父朱子擘原姓余，少年时因家庭发生变故而被绍兴同乡朱姓领养，遂由余子擘改名朱子擘。朱子擘成年后，和江苏涟水县花园庄（现属灌南县）富户乔姓人家的女儿成婚，并定居于花园庄。朱子擘儿子出生时，为纪念祖先而起名朱则余（姓朱，实则姓余）。朱则余就是朱自清的祖父，娶当地吴氏女，生子朱鸿钧。朱则余在海州做承审官时，朱鸿钧一家随父亲在海州定居生活。在朱自清出生的第四年，即 1901 年，朱鸿钧到高邮邵伯镇（后归江都）做一名负责收盐税的小官，朱自清和母亲一起搬到邵伯和朱鸿钧建立小家庭。1903 年，朱则余从海州任上退休后，朱鸿钧在扬州赁屋迎养，从此便定居扬州。1916 年秋，朱自清考入北京大学预科，一年后转读本科哲学系，并于 1920 年 5 月毕业。大学读书期间，朱自清受新思潮的启发和鼓舞，积极参加文学社团，从事文学创作，并全程参与以北京大学为中心的"五四"学生爱国运动。大学毕业后的五年时间里，朱自清一直在江南各地从事中学教学和文学创作，结交了叶圣陶、俞平伯、郑振铎、夏丏尊、王伯祥、丰子恺、周予同、朱光潜等好友，创作了大量的白话诗、散文、语文教学随笔和文学论文，为开辟、发展新文学创作的道路做出了可喜的成绩和贡献。1925 年暑假后，朱自清任清华大学教授，从此开始了一生服务于清华的道路。朱自清的学生季镇淮在纪念朱自清逝世三十周年座谈会上说："清华园确实是先生喜爱的胜地。新的环境安排了新的生活和工作。由于教学的需要，先生开展古代历史文化的研究，自汉字、汉语语法、经史子集、诗文评、小说、歌谣之类，以及外国历史文学，无所不读，无不涉猎研究，注重新旧文学与中外文学的融合，而比较集中于中国文学史、中国文学批评史的研究和当代文学评论。"

1937 年"七七事变"，是中国近代史上的一个转折点，也是朱自清生活的一个节点。随着清华大学的南迁，朱自清也从北京一路迁徙，到长沙，再到南岳，再到蒙自，再到昆明、成都，一家人分居几处，生活的艰难可想而知。随着抗日战争的不断深入，国民党统治区的物价不断飞涨，朱自清家的生活也陷入了贫困，朱自清的身体状况也日益恶化。但朱自清在写作、教学和学术研究中，依然一丝不苟，奋力拼搏，一篇篇散文和研究文章不断见诸报刊，一本本新著不断出版，表现了一个中国作家、学者的坚强、韧劲和自觉。

抗日战争胜利后，朱自清于 1946 年随着清华大学复校而回到北平，朱自清在"闻一多事件"和北平的现状面前，认清了形势，转变了思想，自觉地参加民主运动，在学术研究和写作中体现了正直的知识分子的立场，在贫病交加中，由一个坚定的爱国主义者，成为一个革命民主主义者，签名拒绝领取美国救济粮，朱自清在"美帝国主义及其走狗国民党反动派面前站起来了"，表现了有骨气的中国人的传统美德和英雄气概。

朱自清一生所处的时代，是近代中国人民觉醒的时代，也是中国社会发生巨大转折的时代。朱自清没有迷失自我，坚定自己的创作、研究和教学，培养了一大批正直的知识分子和社会建设人才，留下了数百万字的作品，成为中国文化的巨大财富。

作为同乡前辈，朱自清一直是我崇敬的偶像，同时我也很早就关注了他的作品。早在 1996 年，《朱自清全集》在江苏教育出版社陆续出版的时候，我就买了一套，放在书橱最显眼又顺手的位置，随时可以取出来翻一翻、读一读。读他的文学作品、学术专著、语文随笔、旧体诗词，每一次都会有不一样的感受和收获。记得在读叶圣陶的文章《朱佩弦先生》时，说到朱自清的作品，有这样的评论："他早期的散文如《匆匆》《荷塘月色》《桨声灯影里的秦淮河》都有点儿做作，太过于注重修辞，见得不怎么自然。到了写

《欧游杂记》《伦敦杂记》的时候就不然了，全写口语，从口语中提取有效的表现方式，虽然有时候还带一点文言成分，但是念起来上口，有现代口语的韵味，叫人觉得那是现代人口里的话，不是不尴不尬的'白话文'。"读了这段话，我还特地把《匆匆》等三篇文章重读一遍，再对照着读《欧游杂记》《伦敦杂记》，认真领会了叶老的评论，真是受益匪浅。当我写作累了的时候，或偷懒、懈怠的时候，《朱自清全集》也仿佛会开口说话一样，用严肃的态度和语言督促我，叫我偷懒不得。真正想对朱自清做点研究，是在2000年，当时我在一家报纸的文学副刊做编辑，对于副刊知识也了解了一些，知道许多文学大师当年的文章都是发表在各种报纸的文学副刊上的，于是便下功夫，搞了几个专栏，有特色的是"苍梧片影""名家随笔"等，也有整版的关于连云港名人或地方历史文化的专刊，几年之中，渐成规模，受到当地文坛的注意和肯定。在多年的文学编辑和创作中，总是想着要写一写关于朱自清的文章，恰好文友刘成文先生也有这个意向，我们便合作了一篇，正是关于朱自清与海州的传记。这篇文章的题目已经忘了，当时发了一个整版，还配了几幅图片。文章发表后，受到不少朋友的鼓励和好评，想再接再厉，多写几篇。于是更加留意朱自清的相关评论和回忆史料，和朱自清同时代作家的作品、年谱、日记、书信、评传也买了不少，揣摩那一代作家、学者的人格魅力和作品风格，还做了不少笔记。虽然后来没有继续研究，传记文章也没写几篇，但通过这样的工作，我对朱自清又有了更多的了解，崇敬之情更加深了一层。

真正坐下来专心研究朱自清，写作关于朱自清的文章，还是在2013年下半年。我的所谓"研究"，实际上就是更多、更广泛的阅读，包括朱自清的原著，亲属的回忆文章，早年的自编文集和后来出版的各种版本的作品集，各种纪念集和他师友、故交、学生写的种种纪念文章，同时也着手写点心得体会和关于朱自清踪迹、经历的传记。由于我一直从事虚构文学写作，也摸不到研究的门径，所写的文章都是纪实性的。断断续续十几年下来，所得文字已达几十万字，还把不少零星篇章选进和朱自清有关的专集中。2018年，在朱自清诞辰一百二十周年和逝世七十周年之际，广陵书社要出版关于朱自清的图书，我策划了"朱自清自编文集"系列，在朱自清生前出版十几种文集、合集的基础上，初编十二种。在版本选择上，我又花费大量时间，淘得当年的初版本，重新校对、排版，并结合当时社会的文化生态和文集内容，为每本都写了长短不等的编后记。2022年，受光明日报出版社委托，又编辑出版了"朱自清别集"二十四种（已出版十二种），这些工作，都为我写作、完善《朱自清大传》，积累了文字和经验。目前，我把二十年来，特别是最近十多年来所写的关于朱自清的文章收集在一起，花了近两年的时间，加以删减、补充和完善，初步写成了这部《朱自清大传》的稿本。但由于本人水平有限，研究不深，不免会有各种错误，希望读者诸君不吝赐教。如有机会再版，一定补充完善。

需要说明的是，本书参考文献较多，文中所引的朱自清的文章，均出自《朱自清全集》（江苏教育出版社1988年初版并陆续出齐），对于朱自清文章中的一些异体字和通假字以及原标点等照原样予以保留；比如"象""底""勒""沈弱""气分""甚么""晕黄"等，对于朱自清作品中当年的地名，如北平、故都等，也保留原样，特此说明。另外，为叙述方便，在1928年之前，文本叙述中用"北京"字样。1928年民国政府把北京改为北平，文本中就沿用"北平"。

2024年3月18日

目录

第一章
从海州到北大
（1898—1920）

　　朱自清生于江苏海州，幼年随家迁居扬州，私塾教育与扬州古城的生活奠定了他的古典文学基础。1916 年，朱自清考入北京大学哲学系，接触新文化运动，参与"五四"学生游行。求学期间开始白话诗创作，逐渐转向文学道路。

我就生在海州

　　"我家是从先祖才到江苏东海做小官。东海就是海州，现在是陇海路的终点。我就生在海州。四岁的时候先父又到邵伯镇做小官，将我们接到那里。海州的情形我全不记得了，只对海州话还有亲热感，因为父亲的扬州话里夹着不少海州口音。"

　　这是朱自清《我是扬州人》里开头过后紧接着的一段话。

　　朱自清写《我是扬州人》，是在 1946 年 9 月 25 日，当时的民国东海县政府确实设在海州。朱自清说他的先祖到"江苏东海做小官"，在语言表述上不够准确。因为他的祖父朱则余做官时是在清朝光绪年间，而且做的是州官，不是在"东海做小官"。那时的海州是直隶州，除州治外，管辖赣榆县和沭阳县（1912 年海州州治才分出灌云和东海两县，灌云县城设于板浦，东海县城设于海州；1958 年，灌云一部分乡镇划出去和涟水一部分乡镇又成立灌南县）。所以，在"东海做小官"是不准确的。这是第一点。表述不准确的第二点，是朱自清说"东海就是海州"。我们知道，朱自清所说的"东海"，就是指民国时期的东海县，不是指他祖父做官时的海州。而事实是，他祖父做官时还没有东海县。他写这篇文章时，东海也不是海州，只是东海的县治设在海州，当时的海州和新浦等，都是东海县所设的镇。所以，也不能说"东海就是海州"。正确的表述方式，应该是这样的："我家是从先祖才到江苏海州做小官的。海州就是现在的东海县政府所在地。"但接下来，朱自清又着重强调一下："我就生在海州"，这个强调是非常精准的。还有第三点疑问是，朱自清说他的祖父朱则余做的是"小官"。以朱自清写此文时（1946）的理解，也许朱则余做的就是小官，但事实上，这个官也不是太小，特别是说他父亲在"邵伯镇做小官"。两个"小官"相比较，朱则余的官属于州官序列。清朝光绪年间海州直隶州的承审官，主管的是全州的民刑案件，相当于现在的法院院长了。而当时不像现在这样，公检法司分工明确，整个公检法司这一大块都由朱则余一个人负责。如果一定要拿现行机制往上靠，朱则余的"小官"，相当于现在的政法委一把手了。

朱自清把地名次序弄反了，可能是因为在朱自清的学问当中，"东海"确实比"海州"更为古老，历史上的"东海郡"出现在秦代。到了东魏武定七年（549）才称海州。唐代以后，除元代一度称海宁州外，其余各朝基本上延称海州。清雍正二年（1724）升为直隶州。民国元年（1912），把海州一部分改称东海县。虽然有些绕，但是，朱自清所说的关于他"先祖"的事和他离开海州的时间，基本大意明确。

朱自清在《我是扬州人》里，还有一个表述不够精准的地方，就是"父亲的扬州话里夹着不少海州口音"。朱自清是在1901年跟随其父亲朱鸿钧和母亲一起到达高邮邵伯镇（今属于江都区）定居的，住在邵伯镇万寿宫，这是一个道观，也是江西人的会所。由于朱鸿钧从出生到离开海州，一直都生活在海州，那他一定是操一口地道的海州方言了。到了邵伯，及至后来定居在扬州城里，为了便于交流，会学一些扬州话，特别是扬州的一些市井方言。当家里人在一起交流时，肯定都是以海州话为主的，偶尔会掺插一两句扬州的市井方言。而朱自清，就是在这样的语言环境中长大的。所以，朱自清这段话准确的表达应该是"父亲的海州话里夹杂着不少扬州方言"才精准。江苏地方志工作办公室有一个"方志江苏"的公众号，在连云港方志办的提供下，推送了我的随笔《朱自清的完美人格》中的一段节选，在这篇节选里，我也提到这个问题，一个读者读后留言，对我的疑问表达不同的意见，他说："在《我是扬州人》一文中，朱自清说他父亲朱鸿钧扬州话里夹杂着海州话，此说也妥。我的理解是，朱自清说他父亲到扬州后，慢慢学会了扬州话，平时讲扬州话，但不怎么地道，才夹着海州话。"我觉得这个读者说得也有道理。

1948年8月26日，在朱自清逝世十多天以后，他的好友、同事浦江清先生写了一篇《朱自清先生传略》，文中有这样的话：朱自清"原籍浙江省绍兴县人，祖父讳则余，字菊坡，祖母吴氏。祖父为人谨慎，在江苏东海任承审官十余年，民国纪元前七八年退休，迁居扬州。父讳鸿钧，字小坡，母周氏"。这里的"东海"也应是海州。

该传略说得很明白，朱自清原籍是浙江绍兴县人。这是指他的朱家的谱系。为什么这么说呢？因为朱自清的家世较为复杂——朱自清原本姓余，高祖父叫余月笙，浙江绍兴人，在扬州做官，住在甘泉衙门楼上，酒后不小心坠楼身亡。夫人不堪忍受突发之灾，跳楼殉夫。其儿子余子擎年幼，被浙江绍兴同乡朱氏收养，遂改姓朱。余子擎成为朱子擎，即朱自清的曾祖父。余子擎改称朱子擎几年后，已经长大成人，朱家安排朱子擎到苏北涟水县花园庄谋生，不久后，朱子擎和当地姓乔的富裕之家小姐成婚，朱子擎给儿子起了个极有意味的名字——朱则余。朱，则余，也就是"姓朱其实是姓余"，提醒他不要忘了祖宗。朱闰生在《自清府君事略》一文中说："我的曾祖父原姓余，承继朱氏，遂姓朱。"朱则余字菊坡。仿效朱自清在《我是扬州人》里那肯定的口气说话，朱则余就出生在江苏涟水花园庄。朱则余就是朱自清的祖父。朱则余娶妻吴氏，生子取名鸿钧，字小坡，即为朱自清的父亲。朱自清的母亲叫周绮桐，是绍兴人。在《我是扬州人》中，朱自清也有明确的表述："……绍兴我只去过两回，每回只住了一天，而我家里除先母外，没一个人会说绍兴话。"

关于朱子擎到花园庄谋生，要从朱家的"势力"说起。绍兴出师爷，收养朱子擎的朱家属于"师爷系"的。"绍兴师爷"在明清两代的政治舞台上，是个举足轻重的"体系"，这些"师爷"都是应试不第而才华出众者，他们被各级官员聘用，帮助其出谋划策，或直接料理政务，撰写文书（包括奏折）手里掌握了一定的实权。这些人就俗称"师爷"。他们互通声息，抱团取暖，互相帮助，形成了一个特殊的师爷体系的官场形态。朱子擎长大成人后，也要谋得一份差事，其养父就利用得天独厚的资源，给朱子擎找了一份工作，即花园庄学田的管家。"学田"也是旧时的一个特殊行业，相当于现在的国营农场。只是明清时期的学田，只是用来资助当地办学用的，将其收入作为办学用的专项经费。清代文人恽敬在其著作《沙陇胡氏学田记》中说："后世君子私田之公于族者曰义田，义田之给于士者曰学田。"《清史稿·食货志（一）》是这样说的："学田，专资建学及赡恤贫士。"据灌南县地方文史爱好者韩庆学先生考证，花园庄一带的大量土地，从晚清到民国初，一直是涟水县衙的学田，周围大量的农田都是官家所有，庄上的人都是官府的佃农，直接向县衙交纳地租赋税。所以花园庄没有地主，负责收地租和租地的人员称为"租头"。朱子擎通过养父辈间的师爷关系，谋得一个"租头"一类的小角色，也算是有了稳定的工作。这个角色虽然算不上官员，但"油水"也不少，加上他的朱氏背景和个人的勤劳，逐渐就在花园庄扎下了根，娶妻生子，成就了朱自清这一支人。我曾数次去过花园庄访问过当地村民，证实了韩庆学先生的考证，比如在花园庄的村民中，有些七八十岁的老人上溯三四代就找不到自己的根了（祖坟地即是实证），说明他们祖辈都是逃荒或避乱才到花园庄成为佃农的。花园庄附近的大量土地，早先是沼泽和滩涂，经多年改造和风雨侵蚀后，才可耕种。此外，花园庄没有姓乔的，但是附近的村镇上有乔姓大族。朱子擎经媒人说合和附近村镇的乔氏成婚，经几代人口耳相传，到了朱自清这里，就把乔氏也说成是花园庄人氏了。

那么朱自清的祖母是哪里人呢？从朱自清在散文《择偶记》提供的信息看，应该是花园庄一带的当地人。《择偶记》第一段说："自己是长子长孙，所以不到十一岁就说起媳妇来了。那时对于媳妇这件事简直茫然，不知怎么一来，就已经说上了。是曾祖母娘家人，在江苏北部一个小县分的乡下住着。家里人都在那里住过很久，大概也带着我；只是太笨了，记忆里没有留下一点影子。祖母常常躺在烟榻上讲那边的事，提着这个那个乡下人的名字。起初一切都象只在那白腾腾的烟气里。日子久了，不知不觉熟悉起来了，亲昵起来了。除了住的地方，当时觉得那叫作'花园庄'的乡下实在是最有趣的地方了。因此听说媳妇就定在那里，倒也仿佛理所当然，毫无意见。每年那边田上有人来，蓝布短打扮，衔着旱烟管，带好些大麦粉，白薯干儿之类。

他们偶然也和家里人提到那位小姐，大概比我大四岁，个儿高，小脚；但是那时我热心的其实还是那些大麦粉和白薯干儿。"文中提供的信息非常重要。朱自清所说的"小县分"就是苏北的涟水，这里地势低洼、水网纵横，庄稼旱涝都不能保收，历史上是个穷县。乡下的"花园庄"在涟水的北部，靠近一帆河边上。1957 年 3 月江苏省行政区划调整，把涟水县北部和灌云县南部共十八个乡镇合并成灌南县，所以花园庄就隶属于灌南县了。朱自清的曾祖母乔氏的娘家是离花园庄不远的新安镇的首富，家业很大，田产很多。祖父祖母又都在外婆家住过很长一段时间，对那里很亲，所以"常常躺在烟榻上讲那边的事，提着这个那个乡下人的名字"，其中也包括那位小姐的亲人。既然是"曾祖母娘家人"，那肯定也姓乔了，乔小姐和朱自清是表亲。对于朱自清的亲事能定在那里，祖母和母亲该是特别开心吧，老亲加新亲，叫"亲上亲"，是旧时代追求的一种理想的联姻方式。年幼的朱自清听熟了那里的人和事，对"那边田上有人来，蓝布短打扮，衔着旱烟管，带好些大麦粉，白薯干儿之类"的，自然也十分亲切了。大麦（念"旦麦"音）抗涝能力强，确实是灌南一带的特产，白薯干就是地瓜干，这两种粮食都属于粗粮。朱自清小时候生活富裕，偶尔吃吃老家带来的粗粮，尝尝新鲜，所以才很"热心"吧。但是在朱自清 12 岁那一年，花园庄那边捎信来了，不是好消息，"说小姐痨病死了。家里并没有人叹惜；大约他们看见她时她还小，年代一多，也就想不清是怎样一个人了"。朱自清的祖母一定是见过这位小姐了，不然不会说"看见她时她还小"，所以并没有心疼和"叹惜"。当年朱则余在海州做官时，朱鸿钧一家是随朱则余住在海州城里的，朱自清祖母常带着朱自清回娘家。既然朱自清的祖母和母亲经常往返于海州和花园庄，并且两头住，而且在花园庄乡下"住过很久"，由此可以推断，朱自清的祖母也是当地人。

如前所述，朱自清祖上是浙江绍兴人，由于长年在外做师爷，特别是到了朱子擎这一辈，一大家子都住在苏北，加上他本又姓余，分在他名下的这一支的绍兴祖宅、房屋和田产逐渐被族人所侵吞，等于连"根"都没有了。

说到朱自清和绍兴的关系，这里可以多讲一点，朱自清和鲁迅家也是有亲戚关系的。据朱自清弟弟朱国华在回忆朱自清的文章中披露："我家原是绍兴人氏，母亲周姓，与鲁迅同族。外祖父周明甫是有名的刑名师爷，曾在清朝以功授勋。周朱两姓门户相当，常有联姻，均为当地大族，鲁迅的原配夫人朱安，也是我家的远亲。"（《难以忘怀的往事》，出自《朱自清》，江苏文史资料编辑部，1992年10月）而朱自清也一直和鲁迅保持着往来，虽然不太亲近，但也不太坏。从朱自清日记中可以看出，比如1936年9月26日，朱自清日记云："访鲁迅太太。借二十元，为吉人婚事也。"不论什么时候，能互相借钱，关系都应该不一般吧。

朱自清为什么要访"鲁迅太太"？日记上没有说明，但后一句"为吉人婚事也"，从中可见端倪。吉人，即朱吉人。为了弄清楚朱自清和绍兴朱家的关系及和朱安是远亲的关系，有必要把朱吉人的身世搞搞清楚。

朱吉人是朱安弟弟朱可铭的儿子，1912年出生于绍兴水沟营丁家弄9号，原名朱积成（鲁迅日记里写作"稷臣"），后才改名吉人。朱吉人共有兄妹五人，他排行老大。二弟叫朱积功，早年病故；三弟朱积厚；四弟朱积金；最小的是妹妹，叫朱晚珍。据杨志华《朱吉人与朱安及鲁迅》一文中说：朱吉人生活在三代同堂的大家庭中，其父朱可铭有妻室二房，但唯有他母亲能生养，因此他从小就深受家里人的喜欢。姑母朱安也特别喜欢他，经常请鲁迅家的佣人阿福接他到家里玩。朱安随鲁迅一家搬到北京以后，双方的见面虽然暂时中断，但书信交往一直比较频繁。当时朱家的书信都由朱可铭出面，北京的书信都由鲁迅出面。据《鲁迅日记》和《鲁迅书信》中反映，1913年4月至1931年5月，鲁迅和朱可铭书信交往的记录就有23次之多。朱可铭患病及病故后，朱家的家政就由长子朱吉人主持了。朱家与鲁迅家的通信，就由朱吉人接手。《鲁迅日记》1930年9月到1936年6月间，鲁迅与朱家的礼仪交往与经济援助等记录有6次之多，都是朱吉人出面。遗憾的是，这些书信都没有保留下来。

1926年，朱吉人因家族经济困难停学。1928年冬，由母亲托亲戚介绍到上海的广东路华洋袜厂门市部当学徒。当时，他二弟在浙江省立第五中学读书，三弟在县二小学读书，四弟未入学，妹妹年幼，一家老少八口生活困难，想求鲁迅帮忙，终因难以启齿而未果。1931年，朱可铭在绍兴病故，二弟学费发生困难，于是朱吉人通过姑母朱安，请周建人（在上海商务印书馆工作）帮忙得以解决，直到中学毕业。1932年，朱吉人祖母（即朱安母亲）中风去世，朱吉人成了家里的顶梁柱，工资收入难以持家，便托请周建人介绍二弟朱积功报考上海商务印书馆的练习生，不料经考试落选，抱病回绍兴后，竟忧郁而终。后来，周建人介绍他三弟朱积厚到民友印书社等处工作。

朱安此时在北京陪伴鲁太夫人，过着寂寞、孤独而清苦的生活，便想将长侄朱吉人召到北京作为养子，以便将来有所依靠。1934年5月16日，朱安写信给鲁迅，征询对此事的看法。5月29日，鲁迅给母亲写信，并让其转答朱安说："京寓离开已久，更无从知道详情及将来，所以此等事情，可请太太自行酌定，男并无意见，且亦无从何主张也。"信中的"太太"即朱安，对此，朱安后来也就自行决定，将朱吉人收为养子了。

这里还有一个小插曲，《朱吉人与朱安及鲁迅》的作者杨志华在1987年调访朱吉人时，朱吉人告诉杨志华，因为当时他作为家中长子要照料母亲及弟妹，难以脱身，没有北上，所以也就没有尽养子的责任。朱吉人结婚是在1936年9月，而且是从上海回绍兴结的婚，朱自清是怎么知道朱吉人结婚的？而且借款是"为吉人婚事也"。笔者推测，一是，朱自清此时和鲁迅家（北京）依然保持着密切的联系，朱吉人结婚这么大的事，肯定会知会姑母，进而告诉朱自清；二是，朱自清此时依然和绍兴的朱家保持通信联系，知道朱吉人结婚之事，又知道朱吉人是朱安的继子，因而去朱安家道贺。但是，朱自清日记里的"借二十元"，是朱自清借给"鲁迅太太"呢，还是"鲁迅太太"借给朱自清？鲁迅每月定期给北京的家里汇款，"鲁迅太太"应该不缺钱。比较合理的解释是，朱自清访"鲁迅太太"时得知朱吉人结婚了，由于身上没带钱或带钱不够，就暂借朱安的钱汇给了朱吉人。

无论如何，从朱吉人的身上，再一次证明朱自清的三弟朱国华所说："鲁迅的原配夫人朱安，也是我家的远亲。"

1936年10月19日，鲁迅逝世。当天，朱自清没有得到鲁迅逝世的消息，晚上在中国文学会开会，会后回家，写毕《伦敦杂记》之三的《博物院》，这篇文章费时半月之久才告竣。第二天，朱自清日记有"昨日鲁迅先生逝世"

的记录，并说"吊慰鲁迅太太"，说明朱自清在得知鲁迅逝世后，进城到阜成门的鲁迅家，参加了吊慰活动，也说明朱自清和北京的鲁迅家一直保持着相互走动的关系。

朱自清的祖父朱则余是如何能在海州做承审官的，政绩又如何？目前还没有找到确切记载的资料。而朱自清的父亲朱鸿钧能到邵伯做个油水不小的小官，同样需要理理清楚。

我们可以通过朱自清的文章和朱国华等人的回忆，去尝试理解并推断出一个大概来。

先来看朱自清的散文《择偶记》，文中说到在家里人不断地提亲所介绍的一个"聪明伶俐"的女孩时，有这样的一段话："本家叔祖母用的一个寡妇老妈子熟悉这家子的事，不知怎么教母亲打听着了。叫她来问，她的话遮遮掩掩的。到底问出来了，原来那小姑娘是抱来的。"这段话里提到了一个非常重要的人物，就是"本家叔祖母"。我们前边已经了解了朱自清的身世，说明朱自清名义上的高祖父（就是抱养余子擎的朱氏）在扬州的后人还有较强的势力。因为这个"叔祖母"能用得起"老妈子"，至少说明家境不差吧，而分散别处的朱门的族人中，还有可能出了更有本事的人。这就不难理解为什么朱自清的父亲朱鸿钧在海州一直赋闲，却能到邵伯去做小官了。用中国传统的人情世故来推测，朱自清的祖父，通过扬州老朱家（师爷）的关系，才为朱鸿钧谋到了这么个差事。

朱自清有一篇散文叫《看花》，文中讲到他家在扬州租住的第一个宅子，这个宅子很大，有花园，有廊榭，朱自清在文中说："还有一座太湖石堆成的洞门；现在想来，似乎也还好的。"这么一个大园子，产权是谁的呢？属于他同族本家。朱国华在《朱自清在扬故居踪迹》一文中，说到他们在扬州的第一次旧居："1903—1909 年住扬州城内天宁门街，是和同族朱姓同门居住的，我和妹妹玉华都生在这所房子里。因为当时我年岁很小，对于房子内部的结构记不清了。只是在长大以后有几次路过那里，看到那座房子的大门很宽广，门楼里面有八扇屏门，从大门外的街上向北望去，已看到天宁门的城门了。"这么一座豪华的大宅子，可不是一般人家。

我们再来看朱国华在另一篇文章《难以忘怀的往事》中说的："外祖父周明甫是有名的刑名师爷，曾在清朝以功授勋。"从这段话中我们知道，朱自清的外祖父被"以功授勋"过，而且是有名的"刑名师爷"。如前所述，"师爷"是中国古代特别是明清两代一种特殊的官场文化，清末民初的文人徐珂在《清稗类钞》中说："盖仆从之于官，称老爷；于幕友称师爷。刑名（师爷）、钱谷（师爷）二席均得此称。"师爷是干什么的呢？实际上就是为幕主出谋划策，参与机要；起草文稿，代拟奏疏；处理案卷，裁行批复；奉命出使，联络官场等，身份非常特殊，所以，府内衙役、仆从等尊主官为"老爷"，称宾友为"师爷"。经过多年的演进，"师爷"队伍有所扩展，由各级地方行政官署扩展至士绅之家和工商旺族之家，不仅称呼依旧，而且连其类似佐僚人员亦统统名之为"师爷"。在清代，师爷非常活跃，上自督抚，下自州县，都聘请师爷佐理政府事务。需要说明的是，师爷机构不只是一个人，通常都有几个或十几个人，甚至是多达三四十人的一个组织。用一个不太恰当的比喻，"师爷"就相当于现在的书记处或研究室。那么朱自清的外祖父是有名的刑名师爷，又来自著名的"师爷之乡"绍兴，他的人脉关系就极其广泛了。简单疏通一下，给赋闲的朱自清的父亲朱鸿钧找个差事干干，还不是一句话的事？同样的道理，收养朱自清曾祖父的朱氏本人，也是有名的师爷，以他绍兴人的身份以及师爷的加持和广博的人脉关系，为朱则余谋个承审官，想来也不难。

关于朱则余的政绩。三十多年前，我在海州一条古老的小巷中，和五十岁左右的文友江尧禹聊天，当谈到老海州陈年旧事时，他八十多岁的父亲也会参与两句。记得有一次说到涉及海州大族葛家的一个案子，因比较复杂，江父说经州官如何如何才把犯人抓获，过程十分离奇。因为涉及案子，我便想起了当时的承审官朱则余，抓人、审案一定和他有关联。十年前，我多次想找江尧禹了解这方面的情况，他听他父亲的讲述必定会更多。又觉得来日方长，待方便时再采访。没想到，几年前，从朋友圈得到消息，江尧禹去世了。还有一件事，也值得一说，我小时候跟随祖母到房山街赶集。我祖母的娘家是房山街上的尹氏大族，我祖母会带着我到她兄弟家去吃饭。他家的房子是几进的大院子，台门的门槛都很高，院子全是整齐的石板铺就，房屋高大敞亮，石墙青瓦，十分气派。他家邻居做地下水晶生意（当时国家禁止私人开采水晶），我小舅老太（我祖母的小叔，我父亲叫他小舅爹）会和我祖母聊天，讲几十年前房山山后发生的一起关于水晶的大械斗，时间大概在光绪二十五年（1899，根据小舅老太的年龄推断），正是朱则余的任上。这场大械斗的起因是，房山山后发现大型水晶矿体，大似小牛小似猪，而且越挖越多。由于水晶晶体太大，在水晶石塘里一时弄不上去，因而惊动了外人。风声走漏后，附近四乡八镇的地痞流氓就带人带棒去抢。当地的一些地主大户也去抢，在混乱中，死伤多人。有人得到水晶，运到半路还被人打死。房山一尹姓地主抢得一块特大水晶，比碾盘还大，拉到房山街上据为己有。此事惊动了州府，立即派人查问，并很快就平息了事件，处理了大量相关人员。关于那块碾盘大的特大水晶，后经州官审断，水晶充公，并将水晶拉到海州州府收藏。多年后又转运到南京劝业会供世人观赏。现在想来，当时州府派人来处理水晶大械斗的，一定是承审官朱则余，因为查办案件、平息打架斗殴等治安事件正是他的职责范围。可惜民国期间，没有系统修志，这些治安大事件就无资料可查。

朱则余读过多年私塾，有较深的旧学根底，加上从小受绍兴师爷家族的影响，文书写作和书法水平都能拿得出手，所以承审官才能一干十余年。朱则余的书法虽然不能自立门派，但是，基础很好，基本功扎实，所书也是规规矩矩，偶有人求字，或好友间的交流，也会展纸挥毫。目前只知道他书写过楷书《朱子家训》。他在海州的家里，就挂有一幅自书的《朱子家训》的中堂。小时候也没少对朱鸿钧讲《朱子家训》里的故事，家里人也都能熟背《朱子家训》，朱则余还多次教导家人，按照老本家的家训做人行事。就连年幼的朱自清，也要跪在家训前，跟着爷爷一句一句地学读，朱自清童稚的声音便多次在家院里回响。

《朱子家训》是明代末年出生的江南文人朱柏庐所著，原叫《治家格言》，全文只有五百来字，内容简明，便于背诵，此中有不少格言式警句，如"一粥一饭，当思来处不易""宜未雨而绸缪，毋临渴而掘井"等，至今仍被很多人熟知。由于在民间影响很大，就把"格言"改成"家训"，还被刻成各种版本、配上版刻图像作为小书售卖。朱则余从海州任上退休投奔儿子时，还把这幅《朱子家训》也带上，挂在了扬州的家里，继续警示子孙后代。朱自清的妹妹朱玉华在回忆朱自清时还提到过："我们家客厅里挂着一幅祖父手写的《朱子家训》，家里的人都要照着做，所以日常生活也很有规律，而且也成了习惯。"（《朱自清研究》周锦著，智燕出版社 1978 年 4 月出版）朱玉华出生于 1908 年，她能记得这幅祖父手书的《朱子家训》，至少该有五六岁了吧。而且朱家的家教确实严格，据朱玉华回忆，她小时读书，书不会背，二哥朱物华就罚她跪着背，面对着《朱子家训》，直到背熟了才允许起来。朱自清则相对温和一些（也是受《朱子家训》的影响），每当看到弟弟如此严厉地重罚妹妹时，就小声和朱物华商量，说女孩子跪着不好看，让其站起来背书。朱物华不同意。朱自清就主动把辅导妹妹读书学习的事揽过来，朱玉华从此也就不再跪着背书了。

《朱子家训》五百多字，朱则余所写的中堂，只能写中楷。朱自清的书法功力也很深厚，他的大中楷书法，早先是走颜真卿的路子，行书酣畅，沉稳大气，笔笔利落，十分严谨；小楷也十分精妙。中年以后略有变法，颜筋柳骨中又参有欧楷的严谨法度，无论是起笔、行笔，还是收笔，都是笔笔到位，字字精准，尤其是转折之笔，更加干脆利落，字形上也给人一种很大气的感觉。观其楷书水平，已经达到了相当高的水准和境界。那么，朱自清从小就跟着祖父朱则余生活、成长，从私塾回来后也要背书和临帖，祖父少不了也会进行检查和辅导，其书法水平是否也会受到祖父的影响呢？答案是肯定的，从中也可揣摩出朱则余手书的这幅中堂楷书《朱子家训》的书法风格了。

朱则余的承审官，一直做到 1903 年，才从任上退休，说明他还是赢得海州父老乡亲一致拥戴的，至少他和州官的配合还很默契。

清光绪年间的海州城，城墙虽然破旧，但很完好，属于砖、石、土混合结构，非常坚固，也非常壮观。共有东、西、南、北四座城门，有的城门还有瓮城，便于作战时攻防使用。城门上的谯楼四檐高挑，巍然屹立。城内大小庙宇、道观有十好几座，史书上用"金碧装璜，琳宫耀日"来形容。大小街道和巷弄，都是由大块的青石板铺就，车行街石之上，辘辘有声，驴马走在街石上，也是咔咔作响。不过也有少许更窄或偏僻的小巷是泥沙铺路的。殷、葛、沈、杨、谢五大家族是海州的大户，他们多年以来一直相互联姻，这些人家的门口都有拴马桩和下马石，显示其豪门的地位。中大街、文庙一带更是繁华之地。海州在当时的苏北，既是省界，又临海，可算是重要市镇了。

连云港市委宣传部老部长吴加庆先生喜欢搜集关于海州的老照片，在顾建华主编的《记忆中的海州》中，用一个下卷的篇幅，收录了他精心挑选的三百多幅老照片。在"古城旧貌"和"故时风物"里，我们能领略到20世纪初期的海州古城墙、古城门和大小街巷的面貌；在"老街钩沉"和"市井百态"里，能看到那个时代的百姓生活和日常情状。这些照片所反映的内容，基本上接近了朱则余做承审官和朱自清出生前后那段时期的海州。

朱则余在海州做承审官的时候，儿子朱鸿钧一直陪侍左右，成婚也在海州，一大家子生活在一起，可谓其乐融融——这里可以先岔开一笔，即朱自清的母亲周绮桐，一个会说绍兴话的绍兴女子，怎么会千里迢迢嫁到苏北小城？而且其父还是有名的师爷，这也是因为绍兴的师爷文化，一个是有名的师爷（周明甫），一个是海州的承审官（朱则余），又都是绍兴籍，两人成为亲家，也算是门当户对了。公元1898年11月22日，古城海州西门一带，州府承审官朱则余的宅邸里，红烛高烧，香烟缭绕，全家上下笑逐颜开，喜气洋洋，原来，朱家一个新生儿诞生了，他就是朱自清。

朱自清上头原有两个哥哥，叫大贵和小贵，不幸相继夭亡，这是朱家的一大憾事。因此朱自清出生时，给全家带来无比的欢愉是显而易见的，也使他格外受到宠爱，全家更是对这个小生命寄予很大的期望，"腹有诗书气自华"，于是朱家为孩子取名"自华"，又取"春华秋实"之意，给他起了个号叫"实秋"，希望他长大后能诗书传家，学有所成。"实秋"的另一层意思，是因为算命先生推算他五行缺火，缺什么补什么，故取一带火的"秋"字。

家里人迷信，怕他不易长大，遵照海州的风俗，为他取了个女孩子的乳名"大囡"，还特地替他耳朵穿孔，戴上钟形金耳环。陈竹隐在《追忆朱自清》一文中也说到朱自清戴耳环的事："佩弦出生于东海，由于两兄幼殇，他就成了长子长孙，备受家族宠爱，小时在耳上还佩戴着金质的钟形耳环。"周锦在《与朱玉华女士谈朱自清》一文中记载，朱自清的妹妹朱玉华说："母亲很迷信，怕大哥长不大，自小就穿了耳孔，挂一只金耳环。一直到上大学母亲还不肯取掉，我们看得出来，大哥很不自在，但总是忍着。好像是到快结婚了，才向母亲提了出来，母亲还带他去庙里烧香、拜佛、许愿，然后总算去掉了。"朱自清父母都烧香拜佛，寄希望于佛祖保佑，这在当时也是常态。取下金钟耳环，也要烧香、拜佛，大约当年也是向佛祖许过愿的。朱自清三弟朱国华的后人朱韵、朱韶在《情谊深长》里也记有一则朱自清父母烧香拜佛的趣事，1920年初春，朱自清在北大还没有毕业，朱鸿钧盼着儿子早点毕业工作，分担家累，就到天宁寺烧香，"老道胡诌了四句诗：'三径犹荒芜，渊明尚未归，故乡风景好，雁影送斜晖。'"。这里的"渊明"指朱自清，有陶渊明的才华。后来朱自清果然在旧体诗上也取得了可喜的成绩。而"雁影"即雁不单行的意思。果然毕业后朱自清第一个工作就由北大高他一届的同学俞平伯相伴一同入职于浙江一师，成为文坛佳话。所以朱自清幼时在海州的娇惯，又是起一个女性化的小名，又是打耳眼、挂耳环，是符合家人观念的。

朱自清出生在海州，除了胞衣埋在海州，海州还给他留下哪些印痕呢？

朱自清说他小时候的事情完全没有记忆了，但海州依然牵连着他的情感。由于自小跟家人生活在一起，耳濡目染，其作品和日记中的海州方言和海州土话还是比比皆是，比如《冬天》里有一句："有点风，月光照着软软的水波；当间那一溜儿反光……"这里的"当间"，在海州话里是"中间"的意思，也特指房屋正中那一间，现在海州人还这样说。还比如《给亡妇》里，说到妻做的菜不坏时说："有一位老在行大大地夸奖过你。"这里的"老在行"也是地道的海州话。在《"海阔天空"与"古今中外"》里，对自己从事的工作心怀不满，说："我做了五年教书匠了，真个腻得慌！黑板总是那样黑，粉笔总是那样白，我总是那样的我！成天儿浑淘淘的。"这里的"腻得慌"和"浑淘淘"，现在还是老海州人的口头禅。朱自清在《潭柘寺　戒坛寺》一文中说："不懂不是？就是不懂的妙。躲懒的人念成'潭拓寺'，那更莫名其妙了。"这里的"躲懒"，就是地道的海州方言。在 1939 年 3 月 4 日的日记中说："打桥牌……我老是输，甚灰心。"这里的"灰心"虽然别地也有使用，海州人更是随口而出，直到现在，日常使用频率还很高。在《给亡妇》中，有这样一段话："暑假时带了一肚子主意回去，但见了面，看你一脸笑，也就拉倒了。打这时候起，你渐渐从你父亲的怀里跑到我这儿。"这里的"一肚子主意""拉倒了""打这时候"，都是海州方言的口语表述方式。《南行通信（一）》里有这样的描写："晚九点以后，确是走得快起来了；但车上已只剩疏朗朗的几个人……我现在是一个人在北京，这回是回到老家去。但我一点也不觉着是回家……这回却苦坏了我。不先不后，今夏的雨期恰在我动身这天早晨起头！"这里的"疏朗朗""不觉着""起头"，是不是很耳熟？这种例子能举出很多，日记里更是很多。

朱自清一两岁时，朱鸿钧也会和许许多多的老海州人一样，抱着儿子到中大街逛逛杂货铺，坐坐茶馆，在四月艳阳里，赶赶白虎山庙会，到文庙前或鼓楼下听听淮海小戏或淮海锣鼓书。稍大后，朱自清必定也会跟在父亲身后，牵着父亲的手，到城墙根的杂草窝里找找蛐蛐；或出西门到蔷薇河边看过船的白帆；或出东门，来到塔山古道访古探幽，看古道上被车轮马蹄踏得明晃晃的青石板，讲城外远山的故事；或缠着父亲要买一根麻花解解馋，跟父亲在街头吃一碗白水煮豆腐（朱自清爱吃的食物，散文《冬天》里有描写）。而更多的时候，会绕在父母的膝下，在院中花园里嬉乐玩耍。偶尔走到街上，街坊们喊着他的乳名，大囡这大囡那的，逗他咯咯地笑。比他稍大的小伙伴们也许会拿他耳朵上的金钟耳环来取笑他。这些童言趣事，在他成长过程中，家人也会在灯火可亲时搬出来谈说，都给了他极好的润泽和滋养。

婴幼儿时期的朱自清，虽然对海州的生活全无记忆，通过家人的口述和复盘，多少也会给他留下印象，关于海州的散文虽然没有写，小说里却有虚构。如 1921 年 1 月，朱自清发表了一篇小说叫《新年底故事》，描写一个叫

"宝宝"的幼儿在过年时看到的种种事情。这篇小说所写的内容，是否是对自己没有童年记忆的一个补偿呢？小说中的"宝宝"是否有他自己的影子也未可知。而那些做好吃的事、祭祖先、分压岁钱、放烟花、穿新衣、逛街、走亲访友等新年习俗，是每个人的童年都有的经历。朱自清用"我"的口气，描写在家里趁着大人们不注意，偷偷地拿了几个粽子、香喷喷的肉包子、美味的糖馒头和口味独特的风糖糕，本想藏起来留待以后慢慢品尝，结果被狗发现了，"我"吓哭了，惊恐着，娘也随即缴了"我"口袋里的美食，只给"我"每样留一个解馋；到了街上，耍猴戏吸引了"我"，可顽皮的小猴却来戏弄"我"，"我"又被吓哭了；而到了晚上，闻听明天小伙伴们有可能都不来玩了，"我"又很难过，哭着嚷着"年不过了"，结果把大家逗得哈哈大笑。原来大人们是逗"我"的，拿"我"寻开心呢！小说中的糖馒头、风糖糕正是海州特有的过年食物，而"年不过了"也可能是他小时候的真实稚语。耍猴也是海州街头常有的把戏。朱鸿钧把年幼的朱自清扛在肩膀上，到街上看热闹完全有可能，在他儿童或少年时期，家里人闲坐时，常常拿他婴幼儿时的种种趣事来逗乐子，也是家庭逢年过节时的必备节目。

不管怎么说，幼时朱自清性格中安静、聪慧和倔强的个性，在海州城古朴、厚重的底蕴和美丽山水的熏陶下，已经显露出来。虽然海州没能给他留下深刻的记忆，但潜移默化中，也如雨露般滋润了他的心灵，哺育了他的感情，丰富了他的想象力，使他的情怀充溢着古城的诗情画意。

1901年秋冬之时，朱自清虚年4岁了，父亲朱鸿钧从海州出发，到高邮的邵伯镇做了个小官——典史。虽然朱自清文章中没有对就任这个官职的来龙去脉做详细的介绍，但如前所述，推测可能和祖父朱则余的家族背景或外公周明甫的师爷关系网有关。朱则余渐渐老去，正值壮年的儿子没有工作也不是个办法，托朋友故交，谋点"私利"，给儿子介绍一个工作也在情理之中。这样，朱鸿钧到了隶属扬州的高邮邵伯谋生了。朱自清不久就被父母接到了邵伯任所，从此离开了出生地海州，开始了"我是扬州人"的人生之旅。

邵伯湖畔万寿宫

　　1902 年，朱自清 5 岁了。赋闲很久的朱鸿钧已经在高邮邵伯镇做了主管盐税事务的典史，朱自清随父母从海州搬到邵伯后，也开启了他愉快的童年生活。

　　高邮隶属扬州府，邵伯更是离扬州很近。扬州不是盐的产地。盐的产地在地处海州湾的海州、板浦和盐城沿海一带广大的滩涂地区，煮海为盐的盐民起早贪黑累得要死，也穷得要死，却把扬州的盐商养得富得流油。明清两朝大盐商都集中在扬州，"有钱就是那么任性"，扬州也因此衍生出许多"温柔乡"里的故事。所以朱鸿钧的官虽"小"，权力却不小，主管地方盐税，算得上真正的肥差，加上秉公办事，便赢得了当地官府、乡绅、财主、商户的敬重。

　　朱鸿钧也许是刚上任不久，加上初涉职场，还没有资本修建大宅，就暂时借住在邵伯镇的万寿宫。这里原是由旅居扬州的江西籍官商所修建的道观，始建于清乾隆八年（1743），也是江西人的会所。据姜建、吴为公所著的《朱自清年谱》考证，万寿宫于 20 世纪 50 年代因废圮而拆除。邵伯镇紧挨着邵伯湖，地势低洼，河流纵横，湖泊密布，而万寿宫的门口就是南北运输的大动脉——京杭大运河。关于邵伯湖的历史，地方历史文献有较详细的记载，邵伯湖又叫甘棠湖、棠湖，古代属三十六陂，春秋时称武广湖。该湖的整治和东晋的名臣谢安有关，在他镇守广陵时，是他率领当地民众筑堤建湖，才避免了旱忧和涝患。邵伯湖和高邮湖一样都是过水湖，湖水和长江相通。

朱自清在《我是扬州人》里说："万寿宫的院子很大，很静；门口就是运河。河坎很高，我常向河里扔瓦片玩儿。邵伯有个铁牛湾，那儿有一条铁牛镇压着。父亲的当差常抱我去看它，骑它，抚摩它。镇里的情形我也差不多忘记了。"还很年幼的朱自清，在又静又大的万寿宫院子里跑来跑去，无拘无束，也常常跑到门口的运河大堤上玩耍。大运河流经邵伯时，河面很宽，烟波浩渺，气势非凡，和邵伯湖连成一片。湖里帆影朵朵，舟楫往来，朱自清爱在河堤上寻找小瓦片，打水漂玩。这是小孩子都爱玩的游戏，互相比着，看谁的瓦片在水面上打的水漂多，飞的距离远。玩这种游戏要具备三个要素，一是瓦片要方方正正，不大不小；二是要尽量让瓦片从手里飞出去的一瞬间，贴着水面；三是要有足够的力气，特别是爆发力。四五岁的孩子，玩这种游戏还不太在行，瓦片能在水面上跳一两下就不错了。所以朱自清在《我是扬州人》中只说他"扔瓦片"，怎么玩，玩得水平如何，并没有说。离他家不远的地方，有一个铁牛湾，是因为河湾有一头镇水的铁牛而得名。大约这里曾闹过水患。大铁牛制造于清康熙年间，重约三千斤，"镇水"只是民间赋予它的使命，它的另一个使命是用来测水。这里是大运河的险段，水位上升到牛的什么位置，就会做什么样的预防，若水位与牛嘴持平，就有大水灾的可能了，固堤防患就成为岸边民众的头等大事。除镇水、测水外，大铁牛还是当地的一个景点，常吸引外地过客或当地孩子们来玩耍。

公务之余，朱鸿钧会带着朱自清来铁牛湾看"牛"赏河，滔滔河水，朵朵浪花，河上的白帆，河岸的纤夫，河边的码头，沿岸的风光和观湖的人群，都会吸引朱自清好奇的目光，而他最开心的，莫过于父亲把他抱到铁牛背上了。骑在巨大的铁牛上，抚摸着光滑的牛背，给童年的朱自清留下了深刻的印象。骑马能奔驰千里，骑牛会脚踏实地，朱鸿钧是不是这样想的呢？反正父子俩嘻嘻哈哈玩闹一阵，少不了趁儿子开心，教他背诵几句诗文警句了。因为在 1902 年春天时，朱自清已经由父母启蒙教读了。台湾学者周锦在《朱自清的学生时代》（收入《朱自清研究》，智燕出版社 1978 年 4 月版）一文中，记录了朱自清开蒙读书的情形：

……阴历四月的时候，书房里的书桌上安置好了笔墨纸砚，朱自清端坐着，父亲研好墨，濡了笔交给他，把着手写下"清和"两个不大不小的字，然后接着写下姓名"朱自华"。他的读书生活，就在这样一个简单而又严肃的仪式后开始了。

开蒙读书是很庄重的事，朱家也不例外，朱自清感觉到了肃穆的气氛。

没想到朱自清人生的第一个字，就是"清"，这和他读大学后改名有无关系呢？朱自清毕竟还小，和天下孩子一样，玩心重，注意力集中时间不长，读书和写字，都是读一阵玩一阵，写一阵玩一阵。朱家也是开明家庭，不是一味地死读书。所以，都是注意孩子的玩，从玩中培养孩子的性格，发现孩子的兴趣，激发孩子的能量。但是，无论是朱鸿钧，还是其同事，在陪伴朱自清玩耍后，一到时间，就要带他回去读书，由母亲督促。朱自清就是在这样的历练中，渐渐成长了。朱自清幼时的读书法，直到现在，还深受一些家长的欢迎——让孩子在玩耍中学习，在边玩边学中增长知识和见识，孩子们既乐于接受也容易记忆。

平日里，朱鸿钧公务多，也少不了应酬，并没有太多的时间带儿子玩耍，教儿子读书识字这一任务就落在了朱自清的母亲身上。和大多数贤惠的母亲一样，在教读之余，她还常搜寻一些名人传记或小说中的故事，讲给朱自清听。朱自清沉默少语，内秀聪慧，喜欢幽静的环境，常常一个人待在室内，摆弄画片，翻检图籍，亲近书香，一待就是小半天。这样半学半玩一些时日，便被父亲送入邵伯镇的一家私塾读书了。在那个时代，乡村私塾还很兴盛，朱自清终于也走上了这条求学道路。私塾的老师不像在家里跟着父母读书那样相对宽松，是有一套严格的办法和规矩的。不过这种严格的办法，也训练了朱自清，他的书法的底子和旧学的底子，都是在私塾里打下的。在私塾读书的那段时间里，朱自清每天由家人送到私塾，按部就班地读书、写字，到下学时，再由家人去接回来。在最初的陌生后，和私塾里的孩子们也混熟了，在《我是扬州人》里，朱自清写了他结识得最早的少年朋友江家振："我常到他家玩儿，傍晚和他坐在他家荒园里一根横倒的枯树干上说着话，依依不舍，不想回家。这是我第一个好朋友，可惜他未成年就死了；记得他瘦得很，也许是肺病罢？"从这段文字里，知道邵伯的江家振家有个"荒园"，还有一棵横倒的枯树干，大约园子已经无人打理了，任枯树干横倒着，倒是成了朱自清和江家振玩耍说话的好地方。朱自清在私塾里读了一阵，到了1903年，6岁的朱自清就随父亲住到了扬州。

在海州还没有记忆的朱自清，在邵伯的记忆也是断续和模糊的，在不到两年的时间里，留给他的也不过是片段的印象和记忆。但是，正是这些片段的印象和记忆，比如美丽的大运河，河上的帆影，神秘的铁牛湾，庄重的万寿宫，开蒙读书的第一次书写，私塾的第一课，幼时的朋友，朋友家的花园，依依不舍不想回家的情形，都给初涉人世的朱自清留下了美好的回忆。

我是扬州人

        还有一桩道理就是我有些讨厌扬州人；我讨厌扬州人的小气和虚气。小是眼光如豆，虚是虚张声势，小气无须举例。虚气例如已故的扬州某中央委员，坐包车在街上走，除拉车的外，又跟上四个人在车子边推着跑着。我曾经写过一篇短文，指出扬州人这些毛病。后来要将这篇文收入散文集《你我》里，商务印书馆不肯，怕再闹出"闲话扬州"的案子。……但是我也并不抹煞扬州的好处，曾经写过一篇《扬州的夏日》，还有在《看花》里也提起扬州福缘庵的桃花。再说现在年纪大些了，觉得小气和虚气都可以算是地方气，绝不只是扬州人如此。

        以上这段话，是朱自清在《我是扬州人》里对扬州的感想和述评。朱自清说他是扬州人，许多人就是从他这篇文章里知道的。

        1903 年，朱自清随家离开邵伯，搬到扬州城，租住在天宁门街一幢同族大宅子里。朱自清在《看花》一文里，对这个宅子有一段较详细的描写："家里人似乎都不甚爱花；父亲只在领我们上街时，偶然和我们到'花房'里去过一两回。"院子里"有一座小花园，是房东家的。那里有树，有花架（大约是紫藤花架之类），但我当时还小，不知道那些花木的名字；只记得爬在墙上的是蔷薇而已。园中还有一座太湖石堆成的洞门；现在想来，似乎也还好的。在那时由一个顽皮的少年仆人领了我去，却只知道跑来跑去捉蝴蝶；有时掐下几朵花，也只是随意援弄着，随意丢弃了。至于领略花的趣味，那是以后的事：夏天的早晨，我们那地方有乡下的姑娘在各处街巷，沿门叫着，'卖栀子花来。'栀子花不是什么高品，但我喜欢那白而晕黄的颜色和那肥肥的个儿，正和那些卖花的姑娘有着相似的韵味。栀子花的香，浓而不烈，清而不淡，也是我乐意的。"对这个宅子，朱自清妹妹在接受周锦的采访时，也说："我家原住在八中附近，是一个很大的住宅，进了门有个大院子，向里去房子很多，共有七进。"（《与朱玉华女士谈朱自清》，周锦著）年岁尚幼的朱自清就在这样的环境中快快乐乐地生活着，成长着。

也是在这一年，朱自清祖父朱则余从海州承审官任上退休了。朱则余在海州做了十几年官，积攒了多少钱财不得而知。海州经济在历史上就不算发达，巨富不多，但旧时做官，临到退休时，大约也还不坏。朱则余退休后，由于家中独子在扬州做事，便变卖了海州的房产，率家人来到扬州和儿子团聚了。这一年朱则余 57 岁，还没有老到不能动的时候，来到祖居地扬州，看着膝下儿孙，享受天伦之乐，过着富裕的晚年生活，也是他心有所愿的。朱自清在美好的家庭氛围中，继续读私塾，课程设置和那时候其他私塾都是大同小异吧，经籍、古文、诗词、书法等，一样不落。朱自清开蒙读书时，"值科举初废，学校方兴。父亲小坡公对他寄托了很大的希望，却怀疑当时新式的学校读书的成绩和教学的方法，便把他送到中过秀才或举人的老师那里去受教。而在放学回来的时候，小坡公都要把他的作文卷子一篇一篇地读过。这多半是在晚饭后，小坡公一面吃着落花生豆腐干下烧酒，一面就低吟着朱先生作的文章。看见文章尾后有好评，字句边上又有肥圈胖点，就点头称是，欣然饮酒，且给坐在旁边的儿子几粒花生米，或一块豆腐干。若是文章的字句圈去的太多，尾后又有责备的评语，即小坡公就要埋怨朱先生了，自然比文章的评语说得厉害。在这个动气的时候，虽并不伸手去打儿子，却往往把文章拿来出气，投在火炉里无情地烧掉。朱先生遭着这样的情形，多半是忍不住哭了起来"。这段内容是姜建、吴为公在《朱自清年谱》（2010 年 11 月第一版）引用于维杰发表在台北《书和人》杂志第 52 期《朱自清的学术研究》上的话，该杂志出版于 1967 年 2 月 25 日。在朱自清的作品里不见这样的回忆。其他资料也不见于维杰这篇文章记述的内容。只有朱国华在《对大哥朱自清青少年时期的回忆》里有一段简单介绍："大哥五六岁时便由父母启蒙教读。父亲经常在外，便由母亲周太夫人亲自教导诵读书写。大哥总是认真学习，而且养成了自觉学习的习惯。平时不需要督促，一清早便可以听到他的琅琅书声了。"朱自清在私塾读书是在 5 岁到 10 岁这段时间。在朱自清 10 岁那年，父亲去了江西的石港镇做了一阵盐务官，朱自清随父亲前往，一年后才回到扬州，入了双忠祠初等小学读书。所以，于维杰的这段记述应该没有错。科举未废时的私塾老师，大都教孩子作八股文，或策论，为科考做准备。科举制度虽废，在一般私塾老师眼里，文章仍是求取功名的必修课，所以朱自清的父亲和老师一样，严格要求也是在情理之中的。

1908 年，朱自清在江西石港待了一年后，返回扬州，并不再入私塾读书，而是进入了双忠祠初等小学。朱自清在《我是扬州人》一文中说："我在扬州读初等小学，没毕业。"朱国华在《大哥朱自清二三事》中写得更为详细："家父特意将自清送到双忠祠小学，因为该校校长李佑青以治学严谨、执教有方闻名遐迩。当时，生额已满，但李先生很欢喜大哥，亲自在课堂前面加放一张板凳，当即收下了这个全班最小的学生。李先生上单级很有本事，在一个课堂中，同时教授一、二、三、四年级的课程，大小学生竟能各得其所、齐头并进。在他的启蒙下，大哥很快成为全级最优秀的学生。"当然，朱自清也没有忘记这位恩师，大学期间，每年寒暑假，都会去看望李佑青老师，还邀请他到"绿杨村"品茗小聚，谈古论今。

1909 年，朱家再次搬迁，由天宁门街迁到弥陀巷中段小桃花巷内。朱自清三弟朱国华在《朱自清在扬故居踪迹》中说："巷口有一口水井。大门对面有一堵照壁，照壁后便是东西绵延的瓦砾山。大门向北，门槛很高，入大门通过门楼，进屏门有一方小天井，向西进入二门，便是一个三合院。朝南三大间是正房，我们父母兄弟姐妹都住在里面。隔着天井，对面有三间较小的屋，是祖父母的住房。向西通过厢房旁的甬道，又有一个小天井。南边是厨房，北边有耳房一间，供勤杂人员居住。"从结构上看，这是一所中等偏上的大宅。说不上太豪华，但也足够气派了。

朱自清在弥陀巷中段小桃花巷内一直居住到 1913 年。

从 1909 年至 1913 年的四年时间，对朱自清的成长极为重要，他已经成长为一个能独立思考的少年了。但是，在这几年中，朱自清经历了很多，国家大事是改朝换代，他很快就剪去了辫子；家庭大事是父亲升官了，由江西石港调任江苏宝应厘捐局局长；个人大事是母亲张罗着朱自清的婚姻大事。而给朱自清全家及他个人人生道路带来重大影响的变故也发生在这一时期的1912 年。辛亥革命后，原晚清扬州镇守使徐宝山摇身一变，在扬州成立了军政分府，自任司令。他专找清朝政府旧官吏敲诈勒索，以逮捕和杀头要挟。朱自清祖父朱则余做了多年官，积蓄也许并不丰富，勉强维持一大家子生活而已。但名声在外，加上父亲也一直在外做事，又当了厘捐局局长，在地方上也是个肥缺，于是徐宝山派人找到朱家，以"协饷"为名，向朱家勒索钱财。朱则余为了家人的安全，也为了保全自己的"面子"和"名声"，只好捐出了大半家财。但终因心有不甘、心力交瘁而得了中风。朱国华在《对大哥朱自清青少年时期的回忆》里写道："当我家住在扬州弥陀巷时，祖父菊坡公年老中风，半身不遂，走动需要人搀扶。那时大哥十三四岁，常常帮助家人将祖父搀到大门口坐在高门槛上，让他散散心，深得祖父母的钟爱。"朱自清家经徐宝山的敲诈勒索，加上朱则余中风，从此走向了衰败。朱则余在遭受打击后，终因咽不下这口闷气，不久后就郁闷辞世了。

这个徐宝山究竟是什么人，什么来头，竟如此厉害？据史料记载，徐宝山是江苏镇江人，生于 1866 年，早年在江淮一带贩卖私盐，后加入青帮，又联络洪门，自己创立"春宝山"山堂，经多年巧取、经营，手下有一支颇具实力的帮会武装。这些人拿钱办事，都肯为他卖命，经多年打打杀杀，招兵买马，更是吸引了不少游手好闲之徒加入他的组织，使其实力更加强大。徐宝山有了本钱，继续扩大势力，贩卖私盐，盘踞在十二圩、七濠、瓜州等地。随后又沿长江两岸东西方向同时发展，成为盘踞一方的霸主。徐宝山统治扬州后，开始了一系列敲诈勒索活动，朱则余家首当其冲。

为什么说"国昌则民昌，国盛则民盛"呢？盖因为个人、家庭和国家的命运密切相关。而"国衰，则民衰"，也是不破的真理，遭殃的永远是老百姓。

朱家在如此动荡的局势下，走向衰败也就成了必然。

朱则余死后，朱自清的父亲朱鸿钧在惊惧中办完丧事，也累倒了，得了伤寒病，只好辞了厘捐局局长的职务，到梅花岭史公祠西厢房养病，一住就是四个月。史公祠是纪念明末兵部尚书史可法而专门修建的，在扬州广储门外的梅花岭。朱鸿钧养病固然是真，躲避灾祸或许也是实情，因为还担心徐宝山的势力继续给朱家带来麻烦。朱家再也经不起任何动荡了。养病的四个月里，朱自清每天都去史公祠探望父亲，然后拿出带来的书，登上梅花岭，或读书，或远眺。朱国华在《对大哥朱自清青少年时期的回忆》中有过对这段生活的描述："他非常景仰史可法的坚贞不屈、拒绝投降、困守孤城、以身殉国的献身精神，常常走到梅花岭畔凭吊史公。他对那里的一草一木、一抔黄土，似乎都有浓厚的感情，久久徘徊，不忍离去。当我们父亲在史公祠养病时，他更是每日必来，探望过父亲的病以后，便登上梅花岭，坐在史公墓旁阅读书籍，不经家人催促，几乎连吃饭时间都忘了。"朱自清读书认真，投入忘我之余，还常常吟咏，根据书中内容，作些怀古诗词，也或对眼前的风景歌咏赞颂，对时下的风气把脉评判。特别是对史可法，更是钦佩，写过几篇凭吊诗。可惜，少年朱自清在梅花岭上写的诗词都散佚了。尽管没有留下一篇文字、一首诗词，但文学的种子已经在此时的朱自清心中萌芽。朱国华这篇文章中还讲了朱自清和表哥关于剪辫子的一个故事："1912年（民国元年），祖父病故，表哥季鸿年和他的母亲从南京来我家吊唁，当时的男子很多剪去了辫子，但当表哥进入我家时，脑后还拖着一条长长尾巴，大哥看到了，劝他赶快剪掉，遭到拒绝。大哥便邀同西邻王仁寿大哥等再三劝说，季才勉强剪掉，但仍用网络挂在脑后，走来走去，恋恋不舍。大哥趁他不留意，一把抢过，跑出大门，扔在瓦砾山角落的深坳里了，惹得大家大笑一场。"

也是在1912年，朱自清到安徽旅扬公学高等小学读书，进入人生另一个重要阶段。朱自清在《我是扬州人》里提到他的几位老师，先说国文是跟私塾老师戴子秋学的，又说："我的英文得力于高等小学里一位黄先生，他已经过世了。还有陈春台先生，他现在是北平著名的数学教师。这两位先生讲解英文真清楚，启发了我学习的兴趣。"多年后，朱自清在《看花》一文里，记录了高小读书时的一个有趣故事：

在高小的一个春天，有人提议到城外 F 寺里吃桃子去，而且预备白吃；不让吃就闹一场，甚至打一架也不在乎。那时虽远在五四运动以前，但我们那里的中学生却常有打进戏园看白戏的事。中学生能白看戏，小学生为什么不能白吃桃子呢？我们都这样想，便由那提议人鸠合了十几个同学，浩浩荡荡地向城外而去。到了 F 寺，气势不凡地呵叱着道人们（我们称寺里的工人为道人），立刻领我们向桃园里去。道人们踌躇着说："现在桃树刚才开花呢。"但是谁信道人们的话？我们终于到了桃园里。大家都丧了气，原来花是真开着呢！这时提议人 P 君便去折花。道人们是一直步步跟着的，立刻上前劝阻，而且用起手来。但 P 君是我们中最不好惹的；"说时迟，那时快"，一眨眼，花在他的手里，道人已踉跄在一旁了。那一园子的桃花，想来总该有些可看；我们却谁也没有想着去看。只嚷着，"没有桃子，得沏茶喝！"道人们满肚子委屈地引我们到"方丈"里，大家各喝一大杯茶。这才平了气，谈谈笑笑地进城去。大概我那时还只懂得爱一朵朵的栀子花，对于开在树上的桃花，是并不了然的；所以眼前的机会，便从眼前错过了。

从这段文字中看出来，朱自清性格中也有顽皮、淘气的一面，居然跟着一群同学去"闹事"玩。

祖父死了，朱自清也一下子长大成人了，开始懂得关心弟妹、体贴父亲了。朱国华在《忆大哥朱自清》一文里讲述了一件事："记得我六岁那年，我家有个同族朱姓，男孩死了，只有一个女儿，经族人公议，要将我入继到他家继承宗祧。大哥当时只有十四岁，他竭力反驳说：'他家既然有女儿，儿和女都一样的，为何还要别人的儿子入继呢？'以后因为族人和家长再三商恳，我终于入继他家。这是一个势利的有钱人家。我家很穷，债台高筑，他家是花天酒地，但待我非常苛刻。每逢他家死了人，我总是披麻戴孝，守立灵旁。为这事，大哥暗地里哭过好几次。"最后的结果是，在"大哥成年以后，竭力支持我摆脱过继关系，出面收回了入继凭据"。

1913 年春，袁世凯暗杀了国民党代理理事长宋教仁。朱自清闻后，十分愤慨，撰写了长歌《哭渔父》，以示悼念。这篇可能是朱自清怀着愤慨之情而创作的长歌，早已亡佚，但仅从标题三字，也能大致看出朱自清一腔正义的情怀。这时候的朱家，已经支撑不起家庭的日常开销了，偌大的房子显得空空荡荡，极为萧条。为维持日常开销，只好把弥陀巷的大房子卖掉，搬到南皮市街。这也是一条古老的街巷，而朱家大门东向的这所房子更为古旧破败。

所谓南皮市街，就是皮市街的南段，因为皮货商在这一带非常集中而得名。除了皮货，街上还有其他扬州特色店，卖糕点的，卖剪刀的，卖杂货的，修脚的，还有"皮包水"等店铺，有一家叫"云蓝阁"的纸店名气不小，专营各种纸笺、笔墨和扇面等书房用品。这时候的朱自清已经考入两淮中学，成了一名中学生，上学放学路上，或休息日里，想必也和同学们常来这家店铺逛逛，看看纸笺扇面，在这家店铺买过学习用品也是有可能的。这是一条具有典型扬州风范的古老街市，石板铺地，街两侧分布的大大小小的店铺更是被招幡、牌匾所点缀，朱自清穿梭往返在这条街巷里，思想和情感随着不停奔忙的脚步，也渐渐走向了成熟。

就在朱家搬来的前后，国内政治形势发展已经相当尖锐，袁世凯同革命党人的矛盾日益不可调和，种种不和谐的声音四处泛滥，甚至有爆发冲突的可能。扬州地处长江流域的战略要地，各方势力都希望在这里争得一席之地，革命党方面更是把这里当成自己的堡垒，试图"沪宁并举，联成一线"，从这个角度看，扬州、镇江非得手不可。若取得扬州、镇江的控制权，进可北上取得徐州、中原，退可以夺取长江，如失去扬、镇，上海和南京之间就被打入楔子，会南北不顾、左右为难，有可能烽火还未举，就败局已定。为此，革命党人极力拉拢扬州的军阀徐宝山，劝说他反对袁世凯，支持革命党。经历过无数风浪的徐宝山老奸巨猾，精于算计，对来说和的人"笑而遣之，若无其事"，这副爱理不理的样子，实际就是不理。与此同时，徐宝山却接受了袁世凯派人送来的巨资二十五万元。为了表示对袁世凯的忠心，他还把儿子送到北京，其实就是充当袁世凯的人质。徐宝山的行为激怒了革命党人，革命党人开始策划除掉徐宝山。耳目众多的徐宝山很快就得到消息。但是，徐宝山仗着一身武艺和多年建立起来的流氓网络，加上号称拥有两万兵马，对社会上流传的暗杀他的流言嗤之以鼻，不屑一顾。而革命党人在经过一段时间的精心准备后，于1913年5月，在张静江的精心组织下开始实施计划。张静江以送古董瓷瓶为诱饵，在瓷瓶里安放了炸弹，炸死了徐宝山。据相关资料记载，徐宝山酷爱古董，当古瓷瓶送来后，徐宝山于5月23日晚间，和他的两个部属到房间里欣赏古瓷瓶，他的一个部属因为知道盒内是十分珍贵之物，不敢用力，没有打开盒盖。徐宝山命令他靠边，和另一部属一起用力开盒。徐宝山怕盒子震动致古瓷瓶损坏，就用腹部抵住盒子。就在盒盖刚一启开之时，一丝青烟冒出，徐宝山虽然大叫"不好"，但已经迟了，就算他武艺再高，身手再敏捷，也敌不过炸弹，不等他转身欲逃，一声巨响，一代"扬州王"徐宝山便血肉横飞，当即毙命。

徐宝山被炸死的消息，在扬州引起轰动，受过他敲诈的人家更是一解心头之恨。朱家闻讯，也终于松了一口气，心里的一块石头落地，朱鸿钧在病好后，又可以安心工作了。周锦在《与朱玉华女士谈朱自清》一文中有采访记录，在说到朱家被敲诈时，朱玉华说："我家是民国元年，让假革命党弄穷了的，不过那个坏蛋，在第二年也就让真的革命党炸得粉身碎骨了。"

时间很快就到了1915年。年初，日本帝国主义向袁世凯提出"二十一条"作为袁世凯复辟称帝的条件，并于5月7日发出最后通牒，迫使袁世凯接受不平等条约。此事引起众怒，举国掀起抵制日货的浪潮。

扬州不是世外桃源，朱自清此时已经是江苏省立第八中学的学生了，暑假期间，和同学们也积极投入这场运动中，他一面跟着宣传大队上街讲演，一面组织青少年从事义卖国货运动。尚在小学读书的三弟朱国华也在他的鼓动下，一起参加义卖国货活动。到了这年冬天，袁世凯更是违背民意，下令恢复帝制。朱自清和同学们得悉此事后，心情沉重。朱国华回忆说："大哥和同学七八人团团围坐着低声讨论，我恰从后厅走近，只听大哥讲：'两年前宋教仁遭暗杀，现在又要一手遮尽天下耳目，帝制自为，真是太不顾民意了！语云，'物极必反'，我想凡是顺从民意的，必定取得最后成功，而那些倒行逆施违反时代潮流的独夫行动，一定不会长久的。'"（《对大哥朱自清青少年时期的回忆》）

朱自清的中学时光，正是中国社会变革最大的时期，封建社会的残余势力还很强大，新思想新思潮正在萌芽，朱自清的思想也随着新思潮新思想的萌芽而发生着变化。朱国华在《对大哥朱自清青少年时期的回忆》一文中说："当大哥在中学读书时，母亲经常诵经拜佛，有一次，她老人家听父亲说，住在府西街的王凤墀伯伯在城外邗沟财神庙烧香许愿后，买了彩票，果然中了头彩。这位王伯伯和父亲是至交，经常到我家来，我也认识。母亲一听，非常激动，就在旧历正月初五财神诞日前夕，特地预约了车辆，准备翌晨专诚到邗沟财神庙烧香许愿。恰逢大哥寒假在家，听到了连忙进来劝阻：'您老人家平日信佛诵经，这属于信仰自由，我并不反对；可是为了发财去烧香许愿，就完全属于迷信活动，我可不赞同。因为每年到财神庙烧香的人上千论百，大家对发财致富同样具有诚心，如果财神有灵，何以多年来，只听说王伯伯一人中头彩呢？其实发行彩票，不过是骗取钱财、在众人头上刮一把，至于个别买主的偶然中彩，同样是迷惑民众的把戏，哪能常常有呢？'母亲听了觉得有道理，便回掉了预订的车辆。"朱国华继续回忆道："大哥的青少年时代，充满了对美好理想的憧憬。他热爱祖国，也热爱生活，热爱人民。在休假日，他常常和友辈们登山临水、觅胜探幽，凡是名胜古迹，如平山堂、小金山、大明寺、瘦西湖、梅花岭、何园等处都留下了他们的足迹。他们常泡一壶清茶，无拘无束地谈论，有时写诗作文，有时研讨学术，充分表现了他们的青春活力和对祖国大好河山的热爱。"朱自清大学毕业后在江南各地教书和到清华任教时都喜欢旅游，可能从中学时期就养成这个习惯了。朱自清对于穷苦人民的同情心，也是从青少年时期就养成的。朱国华说："他对贫苦人民有着深挚的感情。大约在1915年冬季，一个北风怒号、飞着雪花的早晨，一个老年病人蜷缩在琼花观外门角落里，浑身打颤。大哥看到后，便赶回家里，找了一件棉袍送给他，并帮他披在身上，那位老人感动得流下了热泪。大哥在那样的时代，处处见到在饥寒交迫中挣扎的劳苦大众，时时听到他们的痛苦呻吟，他热切地憧憬着人民大众的翻身解放，但是，这一天何时才能到来呢？他久久地思索着，等待着。"

朱自清爱读书的习惯，从小就养成了，正如朱国华在回忆文章中所说，虽然家中藏书不多，但也还有一些，经史子集各门都有，如《论语》《孟子》《易经》《诗经》《史记》《汉书》《韩昌黎集》《柳河东集》等，这些书，伴随着朱自清从小学到中学。进入中学以后，朱自清又迷恋起小说来，《聊斋志异》和林译小说，想方设法找来看，不是借，便是买。朱自清在《买书》一文中说："在家乡中学时候，家里每月给零用一元。大部分都报效了一家广益书局，取回些杂志及新书。那老板姓张，有点儿抽肩膀，老是捧着水烟袋；可是人好，我们不觉得他有市侩气。他肯给我们这班孩子记账。每到节下，我总欠他一元多钱。他催得并不怎么紧；向家里商量商量，先还个一元也就成了。那时候最爱读的一本《佛学易解》（贾丰臻著，中华书局印行），就是从张手里买的。那时候不买旧书，因为家里有。只有一回，不知那儿捡来《文心雕龙》的名字，急着想看，便去旧书铺访求：有一家拿出一部广州套版的，要一元钱，买不起；后来另买到一部，书品也还好，纸墨差些，却只花了小洋三角。"

而对于家中的弟妹们的学习和日常生活，朱自清也是非常的友爱。朱自清妹妹朱玉华对于朱自清这一时期的生活，有过亲切的回忆。朱国华在《忆大哥朱自清》一文中也说："我的幼妹七岁那年，由家长许婚某氏。到她成年后，听说此人眠花宿柳，品行不好，妹妹不同意这门亲事。可是在当时的社会里，父母之命、媒妁之言是无法更改的，妹妹十分为难、痛苦，命运将无情地把她的终身托付给这样一个花花公子！大哥耐心地说服了父母，几次去信向对方表明自己的意见。经过反复交涉，终于解除了婚约。"朱国华在另一篇文章《对大哥朱自清青少年时期的回忆》中还说了朱自清另一件事："自清大哥进入了中学。每逢父亲在家，常有很多朋友来访，且有个别老友长期在家居留，如王海波伯伯，原是小贩出身，后厕身武职，和父亲交谊很深。有一次从安徽盱眙县携眷属二人来扬州，在我家耽留了年余，大哥对他们都很尊敬，礼貌待人，很受父执的器重。"当时的安徽盱眙县还没有划归江苏。朱国华又说，朱自清"对勤杂人员也非常尊重，从不摆少爷的架子。在我家帮工的勤杂人员，常常伴同大哥出城游览，或到教场吃茶、听书，由于他和蔼可亲、平等待人，在他们中间留下了很深的印象。几十年以后，全国解放了，一位曾在我家帮厨的老人还到处打听大哥一家的消息，缅怀他少年时的音容笑貌"。朱国华还回忆了朱自清的读书生活："我家中藏书不多，但经史子集方面都有一些。大哥读中学时，每当回家做完作业后，经常认真选读，认为比较重要的部分随时写下学习心得，还经常提出疑难问题和学友们共同研讨。至于研讨的方式，也是多样化的。或是由少数人先提出学习心得或疑问，大家轮流作针对性的发言，最后将相同的和不一致的看法、意见抄录下来，以备日后重新探讨；或是先提出问题，大家围绕着自由发表意见。像这样的研讨，不拘形式，进行起来很随便，发言也很自由，目的在于使参加者在有计划的引导下，自由发表思想，达到取长补短、共同提高的目的。"这样的学习方法，为朱自清以后在做学问方面养成了良好的习惯。朱国华接着说："因为家中藏书数量有限，为了补充、更新知识，他经常向友辈借阅或转请扬州贤良街志成书局代向上海订购有关书籍，这种事情多半由我代劳。""在小学和中学时代，大哥就对文天祥、史可法等抵御异族入侵、身殉社稷的民族英雄极为崇仰。他最爱文天祥的《正气歌》，经常抄录诵读，对文天祥的'人生自古谁无死，留取丹心照汗青'的名句，更是反复朗吟，连幼弟弱妹都几乎耳熟能详了。"

书读多了，阅历也广了，朱自清开始尝试着写作，他在《关于写作答问》一文中说："中学时代曾写过一篇《聊斋志异》式的山大王的故事，词藻和组织大约还模仿林译小说，得八千字。写成寄于《小说月报》被退回。稿子早已失去。那时还集合了些朋友在扬州办了一个《小说日报》，都是文言，有光纸油印，只出了三天就停了。自己在上面写过一篇《龙钟人语》，大概是个侠客的故事，父亲讲给我听的。"也许，这三期油印的《小说日报》还藏在某位藏家的书箱里，那样的话，这篇文言小说《龙钟人语》也就能有重见天日的那天了。

如前所述，在朱自清的创作生涯中，除在其他文章里谈过扬州，他自己专门写扬州的文章，主要是三篇散文，《我是扬州人》《说扬州》《扬州的夏日》。这三篇文章，对扬州的描写都有侧重。《我是扬州人》里，主要写他及其一家和扬州的关系以及对扬州人的看法。《说扬州》是因为易君左的《闲话扬州》和曹聚仁的《闲话扬州》引起的，概说了朱家在扬州衰败的原因和扬州的吃食。而《扬州的夏日》正如标题一样，着重写了扬州夏天的美景，在说到瘦西湖的时候，朱自清有自己的评价："扬州的夏日，好处大半便在水上——有人称为'瘦西湖'，这个名字真是太'瘦'了，假西湖之名以行，'雅得这样俗'，老实说，我是不喜欢的。下船的地方便是护城河，曼衍开去，曲曲折折，直到平山堂，——这是你们熟悉的名字——有七八里河道，还有许多杈杈桠桠的支流。这条河其实也没有顶大的好处，只是曲折而有些幽静，和别处不同。"如今，"瘦西湖"还叫着，似乎也没有人拿它和西湖比了。朱自清因为自小在瘦西湖畔长大，北大一毕业就工作在西子湖畔，两湖在他心中都留下深刻印象，所以才有自己的评说。接下来，他主要还是说扬州护城河的水和水边的吃，描写细致有味："沿河最著名的风景是小金山，法海寺，五亭桥；最远的便是平山堂了。金山你们是知道的，小金山却在水中央。在那里望水最好，看月自然也不错——可是我还不曾有过那样福气。'下河'的人十之九是到这儿的，人不免太多些。法海寺有一个塔，和北海的一样，据说是乾隆皇帝下江南，盐商们连夜督促匠人造成的。法海寺著名的自然是这个塔；但还有一桩，你们猜不着，是红烧猪头。夏天吃红烧猪头，在理论上也许不甚相宜；可是在实际上，挥汗吃着，倒也不坏的。五亭桥如名字所示，是五个亭子的桥。桥是拱形，中一亭最高，两边四亭，参差相称；最宜远看，或看影子，也好。桥洞颇多，乘小船穿来穿去，另有风味。平山堂在蜀冈上。登堂可见江南诸山淡淡的轮廓；'山色有无中'一句话，我看是恰到好处，并不算错。这里游人较少，闲坐在堂上，可以永日。沿路光景，也以闲寂胜。从天宁门或北门下船，蜿蜒的城墙，在水里倒映着苍黝的影子，小船悠然地撑过去，岸上的喧扰象没有似的。"如果没到过扬州，这挥汗吃猪头的场面大概也能想象得到，五亭桥的景色也别有风致，平山堂的喝茶小坐也可永日。朱自清环环相扣地又写了水里的船："船有三种：大船专供宴游之用，可以挟妓或打牌。小时候常跟了父亲去，在船里听着谋得利洋行的唱片。现在这样乘船的大概少了吧？其次是'小划子'，真象一瓣西瓜，由一个男人或女人用竹篙撑着。乘的人多了，便可雇两只，前后用小凳子跨着：这也可算得'方舟'了。后来又有一种'洋划'，比大船小，比'小划子'大，上支布篷，可以遮日遮雨。'洋划'渐渐地多，大船渐渐地少，然而'小划子'总是有人要的。这不独因为价钱最贱，也因为它的伶俐。一个人坐在船中，让一个人站在船尾上用竹篙一下一下地撑着，简直是一首唐诗，或一幅山水画。而有些好事的少年，愿意自己撑船，也非'小划子'不行。'小划子'虽然便宜，却也有些分别。譬如说，你们也可想到的，女人撑船总要贵些；姑娘撑的自然更要贵啰。这些撑船的女子，便是有人说过的'瘦西湖上的船娘'。船娘们的故事大概不少，但我不很知道。据说以乱头粗服，风趣天然为胜；中年而有风趣，也仍然算好。可是起初原是逢场作戏，或尚不伤廉惠；以后居然有了价格，便觉意味索然了。"朱自清把扬州夏天的精彩之一的"小划子"及其船娘都写出来了。朱自清在小时候随父亲大概坐过不少次船，那随意的听"谋得利洋行的唱片"的一笔，可能造就了朱自清在很多年以后，于欧洲游学期间买了一架留声机和大量唱片吧。而行船之中或下船之后，饮茶也是必不可少的消闲："北门外一带，叫做下街，'茶馆'最多，往往一面临河。船行过时，茶客与乘客可以随便招呼说话。船上人若高兴时，也可以向茶馆中要一壶茶，或一两种'小笼点心'，在河中喝着，吃着，谈着。回来时再将茶壶和所谓小笼，连价款一并交给茶馆中人。撑船的都与茶馆相熟，他们不怕你白吃。"说到这种小笼点心，朱自清由衷地夸道："扬州的小笼点心实在不错：

我离开扬州，也走过七八处大大小小的地方，还没有吃过那样好的点心；这其实是值得惦记的。"那么，茶馆呢，朱自清也不吝赞美之辞："茶馆的地方大致总好，名字也颇有好的。如香影廊，绿杨村，红叶山庄，都是到现在还记得的。绿杨村的幌子，挂在绿杨树上，随风飘展，使人想起'绿杨城郭是扬州'的名句。里面还有小池，丛竹，茅亭，景物最幽。这一带的茶馆布置都历落有致，迥非上海，北平方方正正的茶楼可比。"从河中游玩回来叫"下河"，朱自清最后说："傍晚回来，在暮霭朦胧中上了岸，将大褂折好搭在腕上，一手微微摇着扇子；这样进了北门或天宁门走回家中。这时候可以念'又得浮生半日闲'那一句诗了。"

在那时候，扬州还是一个休闲的城市，而朱自清的青少年时期，便认真多次地领略过扬州夏日的美景和美食了。纯真而美好的少年时代结束了。1916 年夏天，朱自清从江苏省立第八中学毕业了。他的中学老师李方谟在《我记忆中的朱自清》一文中回忆了中学毕业那年的朱自清："我在江苏省立第八中学任乙四年级级任时，他正做乙四年级的学生，坐在教室内第一座……他个子不高，圆圆的脸长得结实，不苟言笑，不曾缺过课，他在那时喜看说部书，便自命为文学家。毕业时校中给与品学兼优状，其时另有一同学表示不满，怨校方奖状给朱不及己也。这位同学各科成绩均好，惟英华外发，与朱之浑厚不同耳。"

1916 年秋天，朱自清考入北京大学文预科，告别了扬州，开始了北京大学的求学之路。此后，故乡扬州，便成为他人生旅途中的重要驿站和心神惦念之地了。

扬州的故居

　　现在，位于扬州市安乐巷 27 号的朱自清故居，已经是著名的文化景点了，许多外地朋友到了扬州，都要到朱自清故居去看看，瞻仰一下朱自清一家当年居住和生活过的住所，追忆朱自清一生的生活轨迹、学术成果和文学地理，缅怀先生的完美人格。

　　这是一座三合院，门向东开，清代建筑，其形式属于典型的扬州民居。

　　但是，这幢建筑并不是朱自清在扬州最具代表的居所。前文已经说到朱自清家从邵伯刚搬来时的那幢大宅和后来的几次迁居了。朱自清一家在扬州几十年的居住中，因各种原因，搬迁的次数不止这些，具体说，朱自清家在扬州一共居住过七个地方，据朱国华在《朱自清在扬故居踪迹》一文中透露，朱自清的父亲朱鸿钧是于 1903 年从邵伯搬到扬州，并迎养从海州任上退休的朱则余的。当时的房子在扬州城内天宁门街，是和朱姓同族同门居住的，朱自清的三弟国华和妹妹玉华就出生在这里。这是一幢很气派的大房子，共有七进，有花园，有假山叠石，仅门楼里的屏风就有八扇。朱家在这里一直住到 1909 年。

　　朱自清第二次搬家，搬到了天宁门街弥陀巷内中段西面小巷内。朱自清的祖父、海州承审官朱则余就是在这里遭到徐宝山的敲诈勒索，于惊恐、气愤中去世的。这条巷子里，当时只住着朱自清和另一户人家："西邻王姓是自己的房子。他家儿子王仁寿，从小经常和大哥二哥一道玩。"（朱国华《朱自清在扬故居踪迹》）隔壁的"王大哥"，朱自清后来在文章里也有提及，他和朱氏兄妹关系都不错，朱国华还透露："1947年清明节，我从苏南返扬扫墓，路过弥陀巷，想去看望王大哥，走到他家门外，看见门上还是贴着那副'雅韵追摩诘，风流步右军'的对联，我很高兴，叩门进去，只看到他的老伴和爱女，问起王大哥在哪里工作，他的老伴回答：'还是吃笔杆子饭，不过他已在泰兴另成家室，不想回来了。'我听了，不禁怅然，深有'门庭依旧，人事已非'之感。"其实，朱国华的感想哪里只是针对"王大哥"啊，他们朱家同样如此——如果不是朱则余去世，也许在这里还会多住些年呢。

朱自清家在这里一直住到1913年，朱自清家已经从小康人家走向衰败。

第三次搬家时，搬到了南皮市街，朱国华在文章中说："大门东向，门板和门沿是用铁皮包钉的。通过大门楼便是八扇屏门，进了屏门，过了院落，便是大厅和两进内宅，各有天井隔开。大哥读中学时经常住在大厅旁边厢房里。在后进内宅西南另有一座两层楼房，不住人，由房主堆置一些家俱什物。西北角通过厨房有后门通向真君巷。"朱自清一家在这里住的时间不长，约两年时间。

朱自清家第四次搬家是在1915年，搬到了琼花观街东首，西距芍药巷约一箭之遥，这是一所大宅子，朱家在这里一直住到1922年夏季。朱国华在文中说："大门南向，通过大门内门楼，进入屏门，是一个长方形的院落，南面有耳房三间。向北通过果园，东面有住房三进，当时是房主和孙姓居住的。我家住在西边，进入东向的二门走过花圃，前面是一座朝南的大厅，后面有两进内室。由二门内花圃通过八角门向北弯进，走过长长的火巷到达厨房，厨房有三大间，开启了后门，通过芍药巷中段的银锭桥。"很多年以后，这户房东张嘉瑞的小儿子、小时候和朱国华一起玩耍的张世璘先生，撰写的《我和朱自清家的交谊》一文，也介绍了这所房子："于清光绪年间，购得琼花观街房屋一所。这处房屋很大，建筑面积约在1000平方米。前面有一个大院子，种果木等树数十株，后面分东西两部分，面积大致相等，东宅有房屋三进，后进有楼，西宅有一厅和两进住宅。东西宅之间有墙隔开，西宅大厅处有一八角门通大院子。"张世璘在文中还回忆了朱家的家庭结构和他们一家包括他本人和朱家的关系："从此我们两家共一个大门出入，不但朝夕晤面，守望相助；而且情投意合，过从甚密。朱家一住八年，直到民国十一年（1922）夏因人丁兴旺才搬走……朱家搬到琼花观街时家中有八口人：祖母吴太夫人、朱小坡、两位夫人（朱自清生母周夫人，绍兴人，庶母淮阴人。）以及朱自清兄妹四人。其中物华一直在上海读书，后又长期在国外留学和工作，不太熟悉；其余朱家长幼均亲如一家。"张世璘是以朱自清同辈人的口气说的："周夫人为人和蔼可亲，精神健旺。她和家母感情极好，亲如姐妹，朝夕形影不离。她说话带浙江口音，家母则带四川口音，两人交谈起来，非常高兴，毫无语言障碍。她看我小时聪明伶俐，一定要我拜给她做干儿子。家母便择日举行了拜干亲仪式，从此我便以'干娘'称呼她。她一有好吃的东西，总把我喊过去吃，或买些新奇的玩具给我玩耍。干娘长得并不太瘦，因庶母很胖，亲友四邻为了区别起见，均对干娘昵称'瘦朱太太'。干爷小坡则体形较胖，个子不高，为人沉默，不多言语。1916年初夏在一个风雨交加的夜里，家父因暴病去世，家母痛不欲生，欲寻短见，多亏干娘多方劝解安慰，才免于一死。"张世璘有个同胞哥哥张世琦，字申伯，生于1896年，比朱自清大两岁，和朱自清一起在八中读书，张世璘也有介绍，说两人"感情甚好，早则同去，放学同归。后来又同赴北京投考北京大学"。对于国华和玉华的感情，张世璘说："我除去拜朱为干娘外，又和国华、玉华要好，家姐世珉又与玉华特别亲密，宛如姐妹。国华、玉华为人都很热情，每次家母去时，他们都很有礼貌，对我则看作小弟弟。国华在学习上对我指导和帮助甚多。他在五师毕业后曾当过教师，后来考入厦门大学法学院，1934年毕业时成绩为该院第一名，以后一直在法律界工作，解放前在无锡法院任职，爱人家住松江。后来我和国华总爱追忆童年岁月。"关于这幢住宅，朱国华认为和朱自清关系最为密切，因为朱自清中学毕业、入京考取北大预科、和武钟谦结婚生子、在第八中学担任教务主任，都是住在这座房子里的，长子朱迈先也出生在这里，把这座房子定为"朱自清故居"，是最合适不过了。朱国华说："但我的侄子朱闰生前两年特地到扬州访问，才知此房已经改建成工厂，破坏了原有的风貌，当然不可能再定为故居来纪念了，这是很可惋惜的。"朱自清的祖母吴太夫人，也是在这座房屋中去世的，朱自清从北京大学取道徐州，会同父亲一起回家奔丧，就回到了这所宅子。张世璘也说："解放后此处房屋整个改成工厂，先是'针织厂'，后又换成'工农制鞋厂'，1983年春又换成'塑料三厂'。可以说，除一片地基外，已经是面目全非，毫无恢复原状的可能了。"（《扬州文史资料》第7辑《我和朱自清家的交谊》，张世璘著）

1922年夏天，朱自清家再次搬家，这是第五次，搬到南门街禾稼巷，这是一座朝南的三间两厢的房子，搬进去只住了不到半年，朱自清的小家已于此时搬到了朱自清任教的学校，因此也没有到这里居住过。

朱自清家第六次搬家是在1922年秋，搬到了东关街仁丰里，朱国华在《朱自清在扬故居踪迹》里说："这距东关城门不很远，坐落在街北的一条不通行的小巷。小巷里住户不多，我家房子的大门东向，通过门楼和两扇屏门，进入内宅。这是一座有串楼的庭院。楼上下南向各三大间，是正房。对面是较窄狭的走廊，放置点杂物，也可作为白天的休憩处所。楼上串廊的南墙原有一个三四平方尺的窗户，可从窗内俯瞰邻屋屋顶，当时家人戏称为'南天门'，天热时，大家喜欢聚坐那里，阵阵南风扑面吹来，使人精神一爽。楼下东厢是灶间，西厢有耳房两间，北面一间是客座。楼上西厢也是住室。大哥暑假往返经过扬州时，都住在楼下东边正房里。"朱国华在文章中还回忆了发生在这幢住宅的一件事："1928年冬季，大哥将上海开明书店出版的散文集《背影》从北京寄回扬州，是我从邮递员手里接过送到楼上中堂给父亲看，他老人家戴上老花眼镜，将这篇文章认真仔细地看，看着看着，神采飞动，露出了欣慰的笑容，这一件发生在仁丰里旧宅的小事，使我久久不能忘怀。"朱自清的夫人武钟谦，就是在这座房子里，于1929年11月26日病逝的，终年32岁，并留下六个孩子：迈先、采芷、逷先、闰生、效武、六儿。朱自清家在这里一直住到1930年春。

1930年春，朱自清家第七次搬家，从东关街仁丰里搬到了安乐巷54号（现27号），这也是最后一次搬家。这是一座扬州传统的三合院式的住宅，外面有客座两间，里面东、西两边是正房。朱家搬到这里的时候，朱自清和武钟谦的几个孩子也住在这里。朱自清和武钟谦最小的孩子六儿，是在这座房子里夭折的。1932年7月底，朱自清在欧洲游学结束后回到上海，8月初和陈竹隐在上海结婚，婚后和陈竹隐一起去普陀玩了十天后，又一起回到了扬州家中，在这幢房子里住了十天。朱闰生在《魂牵梦萦绿杨情——记父亲朱自清与扬州》一文中回忆说："1932年，我7周岁。一天，爷爷告诉我，我们将有一个新妈妈。不久，父亲果然带着继母陈竹隐回扬州了。她身材颀长，穿旗袍，着高跟鞋，戴眼镜。当时，在扬州，女人穿高跟鞋的很少。开始，我对这位新妈妈既陌生，又惊奇。"朱冷梅也在《我对爸爸的怀念》一文中说到朱自清回来的经过："约在我虚龄6岁那年夏天，爸爸从欧洲回国，偕同新结婚的继母，回到扬州探望祖父、祖母。在此期间，他们带着我们一群孩子去逛了瘦西湖和平山堂……以上这些都不是我记忆中的印象，仅是在我记事以后，从祖父、胖奶奶，以及哥哥、姐姐们在日常零零星星的谈话里所得的一鳞半爪……给我印象最深的，是我虚龄10岁的那年，祖母不幸去世了。三叔国华写信通知了爸爸，这年夏天他从北京回到扬州家里，可以说，这是我记忆中第一次见到爸爸，真正地听到他的声音，见到他的笑貌。因为妈妈带我回扬州，离开爸爸时，我还是一个茫昧无知的幼儿，其后，他虽和继母来过一趟，可在我的脑海里仍没有留下清晰的印象。而这次总算是记得清清楚楚的了，至今在我的记忆中留下的爸爸形象，就是这次唯一的聚晤。他的模样、身材和我的二叔物华很相像。不同的是：爸爸总是笑容可掬，和蔼可亲……这年暑假结束后，爸爸便回到北京。谁知这次分别以后，我就再也没有机会见过爸爸的面了！第二年，抗日战争爆发，北平沦陷，爸爸随学校转迁往西南，我时常想念着那一段为期不长的'天伦之乐'。"朱冷梅就是朱自清日记中的小五或效武，她的回忆文章让人读后唏嘘——相当于只见过朱自清一面的朱冷梅，出生于1928年1月11日，1929年她从北京随母南迁时，才1岁多，1932年朱自清和陈竹隐回家时也还不到5周岁，只有朱自清回家葬母时，才算真正见过朱自清一面。

现在的朱自清故居就是在最后这次搬家的房屋基础上扩建的。目前，故居室内保存完好，部分区域得到有效保护。比如朱自清父亲的卧室、儿女的卧室和朱自清陈竹隐回家度蜜月时所住的房间等，就连朱自清庶母潘氏（孩子们口中的"胖奶奶"）的卧室都是原来的样子。纪念馆所陈列的书橱、烟斗和文房四宝等朱自清生前使用过的物品，是朱家后人捐献的，现在已成珍贵的文物了。

择偶记

《择偶记》是发表在 1934 年《女青年》月刊第 13 卷第 3 期上的一篇散文。该杂志创刊于 1922 年，由中华基督教女青年会全国协会编辑并发行。

朱自清创作的和家庭有关的散文，还有《儿女》《冬天》《背影》《扬州的夏日》《看花》《给亡妇》《说扬州》《我是扬州人》等多篇，把这些散文对照阅读，朱自清在扬州的家事基本上有了一个轮廓。特别是通过阅读《择偶记》，对朱自清的婚恋观和择偶观更是有了大致的了解。

和指腹为婚的大多数旧式家庭一样，还在朱自清很小的时候，他就在父母包办下订了一桩亲事，那年他不到 11 岁，推算起来，应该是 1908 年，对方就是如前所述的曾祖母的娘家人、花园庄附近的乔姓小姐。在朱自清 12 岁那年，那位小姐因为痨病死了。"家里并没有人叹惜；大约他们看见她时她还小，年代一多，也就想不清是怎样一个人了。"

朱自清父亲此时在江西做盐务官，本来他是和三弟国华随父前往的，因为要读书，就于前一年回来了。母亲继续为他的婚事操心着急，一有机会就托亲拜友给朱自清提亲。经常来给朱家做衣服的一个裁缝，因为走的人家多，且都是家境过得去的人家才请得起裁缝，接触的又多是太太小姐，朱母便托这位裁缝留心为朱自清张罗亲事。裁缝真是尽心尽力，果然办到了。有一天，"裁缝来说一家人家，有钱，两位小姐，一位是姨太太生的；他给说的是正太太生的大小姐。他说那边要相亲。母亲答应了，定下日子，由裁缝带我上茶馆。记得那是冬天，到日子母亲让我穿上枣红宁绸袍子，黑宁绸马褂，戴上红帽结儿的黑缎瓜皮小帽，又叮嘱自己留心些。茶馆里遇见那位相亲的先生，方面大耳，同我现在年纪差不多，布袍布马褂，象是给谁穿着孝。这个人倒是慈祥的样子，不住地打量我，也问了些念什么书一类的话。回来裁缝说人家看得很细：说我的'人中'长，不是短寿的样子，又看我走路，怕脚上有毛病。"这段文字颇为波俏，写了自己的穿着，那是最时髦的少年着装了，枣红袍子黑绸马褂，红缨瓜皮小帽，真是英俊少年啊。而代表对方相亲的中年人，大概三十七八岁，一身的青布袍青马褂，加上"方面大耳"，给朱自清的印象并不好，虽然慈祥，却像是"穿着孝"。还好，朱自清被对方相中了。"该我们看人家了。母亲派亲信的老妈子去。老妈子的报告是，大小姐个儿比我大得多，坐下去满满一圈椅；二小姐倒苗苗条条的，母亲说胖了不能生育，象亲戚里谁谁谁；教裁缝说二小姐。那边似乎生了气，不答应，事情就搁了。"这次相亲虽然双方都极认真，倒像是一出轻喜剧，试想，如果和苗条的二小姐亲事成了，将来走亲戚，和胖大姨子怎么见面？在朱自清的记忆里，必是好玩的一次。

接下来的这次相亲，就带有悲剧意味了。朱自清的母亲爱打牌，大概坐了洋车或轿子来到隔几条街巷的一户牌友家，"她有个女儿，透着聪明伶俐。母亲有了心，回家说那姑娘和我同年，跳来跳去的，还是个孩子。隔了些日子，便托人探探那边口气。那边做的官似乎比父亲的更小，那时正是光复的前年，还讲究这些，所以他们乐意做这门亲。事情已到九成九，忽然出了岔子。本家叔祖母用的一个寡妇老妈子熟悉这家子的事，不知怎么教母亲打听着了。叫她来问，她的话遮遮掩掩的。到底问出来了，原来那小姑娘是抱来的，可是她一家很宠她，和亲生的一样。母亲心冷了。过了两年，听说她已生了痨病，吸上鸦片烟了。母亲说，幸亏当时没有定下来。我已懂得一些事了，也这末想着。"想想小小年纪就得了肺结核，又抽鸦片，这个抱养的聪明伶俐的少女实在可怜。

1912年，朱自清14岁了，已经是小学高年级的学生了，朱自清祖父去世，父亲生了伤寒病，家里又害怕再次被军阀徐宝山勒索，整天担惊受怕的。为了治病，朱家"请了许多医生看。最后请着一位武先生，那便是我后来的岳父。有一天，常去请医生的听差回来说，医生家有位小姐。父亲既然病着，母亲自然更该担心我的事。一听这话，便追问下去。听差原只顺口谈天，也说不出个所以然。母亲便在医生来时，教人问他轿夫，那位小姐是不是他家的。轿夫说是的。母亲便和父亲商量，托舅舅问医生的意思。那天我正在父亲病榻旁，听见他们的对话。舅舅问明了小姐还没有人家，便说，像×翁这样人家怎末样？医生说，很好呀。话到此为止，接着便是相亲；还是母亲那个亲信的老妈子去。这回报告不坏，说就是脚大些。事情这样定局，母亲教轿夫回去说，让小姐裹上点儿脚。妻嫁过来后，说相亲的时候早躲开了，看见的是另一个人。至于轿夫捎的信儿，却引起了一段小小风波。岳父对岳母说，早教你给她裹脚，你不信；瞧，人家怎末说来着！岳母说，偏偏不裹，看他家怎末样！可是到底采取了折衷的办法，直到妻嫁过来的时候"。

这次相亲，虽有小波折，也算完美成功。但小插曲却非常有意思，那位深得朱母信任的老妈子，代表朱家相亲时看到的，并非武家的大小姐。武小姐在相亲时，早躲开了，"看见的是另一个人"。幸亏不是朱自清亲自相亲，否则，结婚时发现新娘子不是他看到的小姐，更是一段佳话了。更巧的是，老妈子看到的那位"替代者"也是大脚。好在岳母大人固执，"偏偏不裹，看他家怎末样！"

朱自清考上北京大学预科是在 1916 年秋，读了一个学期的书，遵照父母之命，回扬州老家，于 1916 年 12 月 15 日在琼花观的家中和武钟谦女士举行了中国传统的旧式婚礼。朱自清是家中的长房长孙，婚礼既排场又热闹，弟弟妹妹们炸花鞭，散喜果，吃喜糖，一家人都沉浸在喜气中。朱自清的妹妹朱玉华曾在接受周锦的采访时说："大哥的婚事，从提亲到相亲，直到迎娶，都是母亲安排的，他从来不曾表示过意见。结婚那天，大哥被打扮得一副怪样子，长袍马褂，戴着瓜皮帽，斜披着彩带，还到女家去迎亲，他做得一点都不马虎。好些亲戚背后觉得奇怪，认为到北京去读了洋学堂的人，怎么还这样听话呢？"朱自清孝顺父母，"听话"也是孝顺的一部分。

新婚满月后，寒假也正好结束，朱自清去北京大学继续他的求学之路，从此夫妻分居两地，北京、扬州相互牵挂。虽然公公婆婆还是旧式家长，封建思想严重，婆媳之间也会有点小误会，但夫妇感情很好。

从 1918 年 9 月 30 日长子朱迈先出生于扬州开始，朱自清武钟谦夫妇一共育有六个子女。不幸的是，他们近十三年的婚姻在 1929 年 11 月 26 日戛然而止，武钟谦因多年操劳，患肺病于扬州家中去世，离她病重回扬州仅仅一个多月。朱自清闻讯，悲痛万分，一面教书，一面默默哀念，心情极度低落。本来他是决定要回扬州送妻子最后一程的，怎奈正临学期末尾，大家都忙，找了几个人替他代课都不成，而且能代课的，也只有那几个人，朱自清只能忍着悲痛，把课时完成。那几天，他时常遥望南方，回忆和武钟谦一起生活过的点点滴滴，回忆着江南奔波的艰难岁月，常常禁不住潜然泪下。1929 年年底，妻子去世后仅一个多月，他经过全家居住三年多的清华园西院时，触景生情，写下了《重过清华园西院》诗三首，深切地怀念亡妻武钟谦，诗曰：

> 月馀断行迹，重过夕阳残。
> 他日轻离别，兹来恻肺肝。
> 居人半相识，故宇不堪看。
> 向晚悲风起，萧萧枯树寒。
>
> 三年于此住，历历总堪悲。
> 深浅持家计，恩勤育众儿。
> 生涯刚及壮，沉痼竟难支。
> 俯仰幽明隔，白头空自期。
>
> 相从十馀载，耿耿一心存。
> 恒值姑嫜怒，频经战伐掀。
> 靡他生自矢，偕老死难谖。
> 到此羁孤极，谁招千里魂？

1930 年 1 月 29 日，是农历除夕，朱自清再作《除夕书感》二首来怀念亡妻，诗曰：

又看一岁尽，生事逐飙尘。
精力中年异，情怀百种新。
孤栖今似客，长恨不如人。
马齿明朝长，回头愧此身。

追欢逢令节，少壮互招寻。
三径无人迹，空山绝足音。
身微青眼少，世短客愁深。
独坐萦千虑，刹那成古今。

在妻子去世后的第一个清明节时，即 1930 年 4 月 6 日，又作《十九年清明后一日，为先室三十三岁生辰，薄暮出西郊，见春游车马甚盛。因念旧岁尝共游万生园，情景犹新，为之凄恻》二首，再次表达了对亡妻深切的悼念之情：

名园去岁共春游，儿女酣嬉兴不休。
饲象弄猴劳往复，寻芳选胜与勾留。
今年身已成孤客，千里魂应忆旧俦。
三尺新坟何处是？西郊车马似川流。

世事纷拏新旧历，兹辰设帨忆年年。
浮生卅载忧销骨，幽室千秋梦化烟。
松槚春阴风里重，狐狸日暮陇头眠。
遥怜一昨清明节，稚子随人展墓田。

在接下来的一个多月里，朱自清因怀念武钟谦，心情一直不佳，又一连写了几首诗，表达自己对过去生活的怀念，其中《沉吟》曰：

> 沉吟无一计，遣此有涯生。
> 发看数茎白，心期半世名。
> 绮怀刊不尽，胜业懒难成。
> 歧路频瞻顾，杨朱泪欲倾！

好友顾颉刚因要为朱自清介绍女朋友，而朱自清又暂无这方面的打算，便作《颉刚欲为作伐，赋此报之》以感谢他的好意，诗曰：

> 孤负褰修意，回肠亦可怜。
> 行藏新白发，身世旧青毡。
> 况复多男子，宁能学少年。
> 此生应寂寞，随分弄丹铅。

还有如《蹉跎》，诗曰："蹉跎白日晚，去住两俱难。尚觉春光好，能忘酒盏宽。辟人虚宿愿，掩卷有长叹！焉得如深井，回风不起澜。"如《喧寂》，诗曰："冥思搜象外，密谊托人间。眼底自醒醉，群中尚往还。未甘忘众乐，行复谢朱颜。喧寂平生意，纷纷不可删。"如《遐想得句，爱足成之》诗曰："宵分万籁静，月朗数枝稀。翠袖当风倚，清言碎玉霏。只缘心似水，岂畏露沾衣。到此无人我，凭君漫是非。"如《赠斐云》，诗曰："听子一神王，滔滔舌有澜。访书夸秘帙，经眼数精刊。历落盘珠走，沉吟坐客看。盛年飞动意，不觉夜将阑。"如《厂甸庙会》，诗曰："故都存夏正，厂市有常期。宝藏火神庙，书城土地祠。纵观聊驻足，展玩已移时。回首明灯上，纷纷车马驰。"如《所居》，诗曰："一室才盈丈，朝朝寝食并。参差图籍乱，宾客往来清。蛮语谁人作，歌声隔院萦。明窗聊小坐，别有出尘情。"如《有感》，诗曰："垂髫逢鼎革，逾壮尚烟尘。翻覆云为雨，疮痍越共秦。坐看蛇豕突，未息触蛮瞋。沉饮当春日，行为离乱人。"这些诗，都是因夫人去世后，孤独时的复杂的情感流露，或表达了身逢乱世的无奈心情。写旧体诗，是他这段时间宣泄、消化孤寂心情最多的方式，此外，他还常和朋友聚聚，聊以填补一下空虚的生活。朋友们对朱自清的婚姻生活也极其关心，如前面所说的顾颉刚就曾热心要为他做媒，浦江清等也都为他张罗过。可能还有未了心愿吧，他都没有上心。

　　1930 年暑假期间的 7 月 10 日，朱自清还是回了一趟扬州老家。这次回扬州，主要是为妻子上坟，毕竟妻子离开人世时，他没有在身边。在亡妻的新坟前，他一洒泪水，也是弥补因为教学繁忙没有赶回来相送一程的遗憾。此外，也是看看留在扬州的六个孩子，陪伴他们一段时间，毕竟再一离别，又是很久才能相见了。这次扬州之行，朱自清一直待到 7 月 26 日才取道上海，经青岛，于 8 月上旬回到北京。在扬州的半个月里，朱自清于夜深人静之时，一定追忆过从少年时期就开始的几次择偶经历，这篇几年之后才开始写作、发表的《择偶记》，可能从那时就开始酝酿了。

考入北大

　　1916 年秋，朱自清离开扬州，去北京大学预科读书。父亲朱鸿钧告假，送朱自清来到南京，陪朱自清在南京玩了几天。朱自清在扬州读中学期间，没有时间出远门。第一次出远门，就是千里之外的北京，朱鸿钧不放心，虽然公务繁忙，不能送到北京，送到南京还是可以的，毕竟扬州离南京不远，水路、陆路都方便。父子俩到了南京之后，朱鸿钧带朱自清到处玩了玩，夫子庙当然是要去的。朱自清在散文《南京》里有这样的描写："秦淮河我已另有记。但那文里所说的情形，现在已大变了。从前读《桃花扇》《板桥杂记》一类书，颇有沧桑之感；现在想到自己十多年前身历的情形，怕也会有沧桑之感了。前年看见夫子庙前旧日的画舫，那样狼狈的样子，又在老万全酒栈看秦淮河水，差不多全黑了，加上巴掌大，透不出气的所谓秦淮小公园，简直有些厌恶，再别提什么梦了。贡院原也在秦淮河上，现在早拆得只剩下一点儿了。"朱自清这篇《南京》写于 1934 年，是应叶圣陶之约而写的，发表在当年《中学生》杂志第四十八号上。文中的"前年"，即 1932 年他从欧洲归国，从上海到扬州，又从扬州到南京，和陈竹隐一起所看到的水"全黑"了的秦淮河。接下来才写他 1916 年秋季和父亲看到的秦淮河畔的贡院："民国五年父亲带我去看过，已经荒凉不堪，号舍里草都长满了。父亲曾经办过江南闱差，熟悉考场的情形，说来头头是道。他说考生入场时，都有送场的，人很多，门口闹嚷嚷的。天不亮就点名，搜夹带。大家都归号。似乎直到晚上，头场题才出来，写在灯牌上，由号军扛着在各号里走。所谓'号'，就是一条狭长的胡同，两旁排列着号舍，口儿上写着什么天字号，地字号等等的。每一号舍之大，恰好容一个人坐着；从前人说是象轿子，真不错。几天里吃饭，睡觉，做文章，都在这轿子里；坐的伏的各有一块硬板，如是而已。官号稍好一些，是给达官贵人的子弟预备的，但得补褂朝珠地入场，那时是夏秋之交，天还热，也够受的。父亲又说，乡试时场外有兵巡逻，防备通关节。场内也竖起黑幡，叫鬼魂们有冤报冤，有仇报仇；我听到这里，有点毛骨悚然。现在贡院已变成碎石路；在路上走的人，怕很少想起这些事情的了吧？"朱鸿钧虽然读过私塾，没有参加过乡试，但他在扬州做小官时，"办过江南闱差"，就是被抽调到贡院帮助工作的意思，或是带着当地的学子来南京投考的意思。"闱"，科举时代对考场、贡院的称谓，秋闱，即秋试；春闱，即春试。什么时候秋闱什么时候春闱，官方说了算。参加考试者，又称闱战。科举考场上写的诗文，又叫闱艺。在广东一带，还有一种赌博，叫闱姓，就是猜一种姓考取多少，这个只有赌徒们才玩。朱鸿钧给朱自清讲这些，一半是炫耀他曾办过闱差，另一半也是变相夸朱自清，不用参加秋闱，不用再在"轿子"里考两三天，而是考上大学了。在当时的民间，流行一种考上大学就相当于考上进士的说法，这是一种莫大的荣誉。中学就相当于是举人了。举人就是乡试选出来的。由于朱自清是第一次出远门，又是去北京读大学，父亲送他时，所讲的这些旧事，十几年以后依然记忆犹新，便就自然地融入这篇文章里了。

在南京玩了几天，看了南京的不少景点后，朱鸿钧便和朱自清过江到浦口火车站，送朱自清登上了北去的列车。

北京大学预科的校舍设在北京北河沿（俗名大沟沿），原是京师大学堂译学馆。1913年，译学馆停办后，改为大学预科。这是一个两层楼的洋房，作为预科学生宿舍。教室离译学馆不远，也是西式的建筑结构。

这一年，朱自清虚岁19岁。

北河沿这个地名，望文生义，是指一条河的北边沿岸，但实际上是一条南北走向的河的北段；相对的，南段称南河沿，界在哪里呢？就是东安门。东安门往北那一段，叫北河沿，南边那一段通到长安街，叫南河沿。以前是河，现在成大马路了。朱自清在北大读预科的时候，那河还没有成为路，还是真的一条河，又称北大河。称北大河的意义不是我们通常认知的北边的一条大河，而是指北京大学校区内的一条河，即"北大"的河，简称北大河。

刘半农因北京大学校庆的需要，写了一篇文章曰《北大河》，开始踌躇不知要写什么时灵机一动，脱口就说："哈！有啦！说说三院面前的那条河罢！"刘半农说："我不知道这条河叫什么名字。就河沿说，三院面前叫作北河沿，对岸却叫作东河沿。东与北相对，不知是何种逻辑。到一过东安门桥，就不分此岸彼岸，都叫作南河沿；剩下的一个西河沿，却丢在远远的前门外。这又不知是何种逻辑。"又说："亦许这条河从来就没有过名字，其唯一的名字就是秃头的'河'，犹如古代黄河就叫作河。"没错，连生活在河边、天天与河朝夕相处的刘半农都弄不清楚，别人又何须弄清楚呢？朱自清等人不过是十几岁的学生，更没心情去考究这些无用的东西了。但是作为北大老师的刘半农，对这条河还是有话要说的："民国六年，我初到北京，因为未带家眷，一个人打光棍，就借住在三院教员休息室后面的一间屋子里。初到时，真不把门口的那条小河放在眼里，因为在南方，这种河算得了什么，不是遍地皆是么？到过了几个月，观念渐渐的改变了。因为走遍了北京城，竟找不出同样的一条河来。那时北海尚未开放，只能在走过金鳌玉蝀桥时，老远的望望。桥南隔绝中海的那道墙，是直到去年夏季才拆去的。围绕皇城的那条河，虽然也是河，却因附近的居民太多了，一边又有高高的皇城矗立着，看上去总不大入眼。归根结底说一句，你若要在北京城里，找到一点带有民间色彩的，带有江南风趣的水，就只有三院前面的那条河。什刹海虽然很好，可已在后门外面了。"民国六年，即1917年，刘半农还比朱自清迟来了一年。不过，河应该还是没有变的，译学馆也还在北河沿，而这条河在刘半农的眼里却又是非同一般的："自此以后，我对于这条河的感情一天好一天；不但对于河，便对于岸上的一草一木，也都有特别的趣味。"那时候的河，"只隆冬河水结冰时，有点乌烟瘴气，其余春夏秋三季，河水永远满满的，亮晶晶的，反映着岸上的人物草木房屋，觉得分外玲珑，分外明净。靠东安门桥的石岸，也不像今日的东歪西敧，只偷剩了三块半的石头。两岸的杨柳，别说是春天的青青的嫩芽，夏天的浓条密缕，便是秋天的枯枝，也总饱含着诗意，能使我们感到课余之暇，在河岸上走上半点钟是很值得的"。接着，刘半农开始"论证"何以称作北大河了："那条河的最大部分（几乎可以说是全体），都在我们北大区域之内（我们北大虽然没有划定区域，但南至东安门，北达三道桥，西迄景山，谁也不能不承认这是我们北大的势力范围矩——谓之为'矩'而不言'圈'者，因其形似矩也——而那条河，就是矩的外直边），我们不管它有无旧名，应即赐以嘉名曰'北大河'。"

张中行先生的《负暄琐话》等书里，写了不少北大的旧人旧事，也常有关于北河沿一带的描写，这里不仅分布着有别于北京苍茫气象的秀丽的街景风光，街区遗落的许多历史陈迹，也会勾起人们对远去往事的回忆。2014年暑假里，我爱人带小儿陈巴乔来北京"探班"，一起玩了十来天。北京这地方说大很大，真正玩起来，也很小，该跑的地方几天就走马观花了一遍，让我突然不知道哪里还能玩玩了。于是便提议他们到南锣鼓巷去。他们不以为然，认为那种闹哄哄的商业地带没多大意思，大小城市都有，大同小异。但又实在无地可游，便勉强去了，地铁 6 号线也很方便，出了地铁口便是南锣鼓巷，人挨人果然不好玩。我告诉他们，拐过去不远，就是什刹海了。因为刚去过北海公园，知道这两个"海"相距不远，料想也是长相差不多，没啥玩头。但还是去了。去什刹海的途中，遇到一条短短的河，河岸上一棵棵老柳树，长长的柳枝正随风飘扬，河里还有藕荷，荷花正开。我突然想到刘半农笔下的北大河，如果那河真的还在，是不是也会被整理或绿化成现在的样子呢？同时又想，这儿怎么会有这么一条短河？是当年北大河遗落的一条尾巴？ 1959 年 4 月 14 日，俞平伯写的《"五四"忆往——谈〈诗〉杂志》里说，他的"第一首新诗，描写学校所在地的北河沿。现在小河已填平，改为马路了"。这又何妨呢？我觉得像，或者是，那就是吧。

刘半农记忆里有模有样、杨柳依依的"北大河"，正是朱自清就读北大预科时期校舍门口的那条河。文预科的第一年课程还是比较多的，主要有国文、文字学、本国史、本国地理、西洋文明史、英语、体操。教他的老师有沈尹默、沈兼士、陈汉章等。在朱自清的这几个老师当中，沈尹默出生于

1883 年，字中，号秋明，别号鬼谷子。早年曾两度游学日本。在北大任教期间，其书法就很有地位了，谢稚柳先生认为"数百年来，书家林立，盖无人出其右者"。更有称赞他的书法为"米元章（米芾）以下"。而他和他兄长沈士远、弟沈兼士合称"北大三沈"，更是名扬学坛。1917 年还担任《新青年》编委。陈汉章更是传奇人物，他比沈尹默还要大，生于 1864 年，是浙江象山人，字云从，别号倬云，晚号伯弢，一生追求学问，博览群书，经史子集样样精通，遂成一代大学问家。1909 年被京师大学堂（1898 年建立，1912年改名为北京大学）慕名聘请去任教授。在北大预科兼课的，还有北京高等师范学校的钱玄同。他有时候也会住到北河沿一带，如 1916 年 9 月 21 日日记中有"因今岁秋冬编讲义之时甚多，家中异常烦嚣，因于今日移宿大沟沿"之句。本年 10 月 1 日日记云："晨，兄来大沟沿寄宿舍，嘱午餐往食。"10月 2 日日记云："今日至大学授课三小时，以钟声较远，下堂不闻鸣声，连讲二点钟，口干脑胀，因之下午预科告假了。"这里的"预科"就是北京大学的文预科，钱玄同所讲的，正是朱自清所学的文字学。在 10 月 6 日日记中，钱玄同写道："今日上课五小时，课毕幼渔来谈，谓在学校选就有关学术之文字，如《抱朴子·诘鲍篇》，黄梨洲《原君》《原臣》篇之类，皆宜选授，盖有关于学术思潮也。余极以为然。二年间，尹默曾拟有草目，为大、预教授之用，皆有关于学术之文字。"这里的授课"五小时"，也包括在北大文预科讲文字学的两小时。10 月 7 日日记云："午后至尹默处，并约幼渔来谈，因拟为大、预选《学术文录》，此事尹默在两年来固已拟就一稿，至今已四、五改，此次所录似最完备，凡分六类，（一）历代学术思想之文，（二）传经之文，（三）关于史学之史文，（四）关于政治之文，（五）关于科学之文，（六）关于文学原流之文。"从日记中得知，钱玄同经常和马幼渔、沈尹默探讨学问，不少都是涉及文学科的课程，如这次的《学术文录》。

朱自清读北大文预科时的文字学、本国史、国文等课程，遇到的都是像沈尹默、沈兼士、陈汉章、钱玄同这样的好老师，真是他莫大的荣幸，也让他打下了坚实的国学功底。课余，朱自清也会在北河沿一带闲走，看河水照影，杨柳依依，大约也会思念家乡的亲人吧。第一学期很快结束了，朱自清刚刚适应了大学生活，就奉父母之命，于 1916 年 12 月 15 日回家办了婚事。也是在这次回乡结婚时，朱自清发现他们家生活出现了困难，当年祖父朱则余在海州任上积聚的财产因遇到徐宝山的敲诈而散尽，父亲的工作又远在徐州，对家庭接济不多。虽然婚礼办得也还排场，但已经是强弩之末了。

也是在 1916 年年底，北京大学迎来了转机——蔡元培入主北大，成为校长，他改革了北大的教学思路，采取学术思想自由、兼容并包的方针，广邀学问深、思想活跃又热心教育的人士来学校执教。《新青年》的创始人陈独秀因此从上海来到北京大学，被蔡元培聘为文科学长，紧接着，胡适、周作人、刘半农、钱玄同等先后进入北大，一时间，北大真是人才荟萃，气象一新。朱自清在北大文预科时所读的文字学一课，更是备受校方重视。钱玄同在这方面最有权威，他在 1917 年 1 月 6 日日记中说："十时至大学，子民先生问对于文字学教授之意见，我谓照部章，此学分为音韵、《说文》、《尔雅》三种，合为三单位（约三百小时）。音韵中含有今音、古音，须一单位始能竣事。《说文》《尔雅》二单位恐有不敷，又训诂之书专讲《尔雅》未免有漏。《广雅》《文言》《释名》之训诂岂可不讲求？子民先生谓：单位增减无有不可，若《说文》《尔雅》云云，非指此二书为言，'说文'二字实为字形学之代名词，'尔雅'二字实为字义学之代名词，'尔雅'学中实兼本义、引申义而言，故即《说文解字》一书，亦包在'尔雅'学之内，不在'说文学'之内。我谓部章所云即当作如是解，即'音韵学'约占一单位，'说文学'不过三十小时即可讲了，而'尔雅学'虽一七〇小时，尤恐不敷。蔡谓此可酌办。"一个大学校长，跟任课教授探讨一门课（文字学）的具体讲授方法和课时，足见当时北大的学术气氛是多么的严谨。

朱自清新婚之后，在扬州过完了春节，于 1917 年 2 月 3 日，动身去北京，继续在北京大学文预科读书。在文预科的下学期，课程和上学期基本一样，跟随沈尹默、沈兼士、陈汉章、钱玄同等人学完了各科课程。

1917 年暑假回家后，朱自清看到弟妹渐长，家里的负担越发沉重，父亲长年在外谋生，持家不易，加上自己已经成婚，作为家中长子，觉得应该早点为父亲分担责任。而两年的大学预科加上四年的本科，时间太长。朱自清考虑再三，决定跳级投考北京大学本科。由于之前的底子打得扎实，新学期开学后，朱自清顺利地被北京大学文科哲学门录取，成为一名本科新生。同时，朱自清的志向也发生了改变——在当时的北京大学，许多学生把学业当作"举业"，内心里还是旧时科举那一套，把北大毕业当成求取功名的门径，走上仕途。因此，学生们大多投考政法科，考文科的极少。加上校方为他这一届学生开了绿灯（允许报考文科者免交预科毕业文凭），朱自清中学时的理想就是做个"文学家"，因此他报考了文科。为了体现自己的志向，他把自己的名字改为"自清"。为什么改名自清？仅从字面上讲，不难理解，清，清白、清洁、清廉、清苦之意。又取字"佩弦"。这个"佩弦"也是有来历的，出自《韩非子》的《观行》篇，其中有这样的句子："西门豹之性急，故佩韦以自缓；董安于之性缓，故佩弦以自急。"意思是勉励自己激流勇进，积极进取。朱乔森在《我所认识的父亲朱自清》一文里说，自清之意"是为了自警，警策自己在家境衰败，经济困难，乃至被生活的重担'压到不能喘气'的时候，也决不与社会上的各种腐败现象同流合污"。

求学之路

　　1917 年秋，朱自清进入北京大学文科中国哲学门读一年级。上学的地点也从原京师大学堂译学馆，搬到汉花园北大一院，即现在的沙滩一带。他的同学有陈公博、康白情、谭平山、徐彦之、潘菽、苏甲荣、杨晦、江绍原、区声白、吴康等人。朱自清的任课老师当中，有教"中国哲学"和"中国哲学史"的胡适，有教"哲学概论"和"心理学"的陈大齐，有教"伦理学"的章士钊，有教"社会学"的陶孟和等名师。

　　那是北京大学最好的时期，从校长，到教员，再到学生（和朱自清前后届的同学成名成家的甚多），都是学问精深的俊才。特别是陈独秀和胡适的加盟，使北大的学术风气焕然一新。钱玄同曾在日记中记述了陈、胡加入北大的经过，1917 年 1 月 6 日日记："陈独秀已经任文科学长，足庆得人，第陈君不久将往上海，专办《新青年》杂志，及经营群益书社事业，至多不过担任三月。颇闻陈君去后，蔡君拟自兼文科学长，此亦可慰之事。"事实上，陈独秀打破了自己的计划，留在了北大。这里的"蔡君"即蔡元培。1917年 9 月 12 日日记云："胡适之君于十日到京，今日子民先生请他在六味斋吃饭，除胡、蔡两君外，为蒋竹庄、汤尔和、刘叔雅、陶孟和、沈尹默、沈兼士、马幼渔及我。"正是在蔡元培、陈独秀、胡适等人的改革下，使北大一下子成为国内学术界的先锋和中心，各种思潮涌动，学术探讨纷起。在这种学术氛围中，朱自清也不敢偷懒，除学习勤奋、读书认真、践行北大学风兼容并包之外，涉猎也很广，特别是在读书方面，杂而有序。他在散文《买书》

中，提到了北大求学时的买书生涯："到北平来上学入了哲学系，还是喜欢找佛学书看。那时候佛经流通处在西城卧佛寺街鹫峰寺。在街口下了车，一直走，快到城根儿了，才看见那个寺。那是个阴沉沉的秋天下午，街上只有我一个人。到寺里买了《因明入正理论疏》《百法明门论疏》《翻译名义集》等。这股傻劲儿回味起来颇有意思；正像那回从天坛出来，挨着城根，独自个儿，探险似的穿过许多没人走的碱地去访陶然亭一样。"

朱自清在文中提到的"西城卧佛寺街鹫峰寺"，现已不存，其故址在北京西城内的城隍庙南。明代寺内曾保存过旃檀佛像。有《帝京景物略》一书，也刊刻于明，其《鹫峰寺》篇曰："城隍庙之南，齐檐小构者，鹫峰寺。以旃檀像应化集此，缁素瞻礼无虚日，寺遂以名。"朱自清所说的"卧佛寺街"可能是记忆有误，应该是鹫峰寺街。鹫峰寺街呈东西向，尽头就是鹫峰寺。倒是确实有一条卧佛寺街，不在西城，而在东城花市南里，有一座汉传佛教寺院，在后殿内供有一尊巨大的木雕卧佛，该卧佛（7.40米长）有十三尊佛像环立在肩背后。传说曹雪芹穷困时，曾在这里住过。农历五月初一至初五，卧佛寺都要举办庙会。朱自清可能是把东城的卧佛寺街和西城的鹫峰寺弄混了。文中所提的"陶然亭"更是在城外野地，也正如朱自清所说，要"探险似的穿过许多没人走的碱地"才能到达。

那时的陶然亭是个什么样子呢？张恨水在其散文《乱苇隐寒塘》中有所呈现：

> 它在内城宣武门外，外城永定门内，南下洼子以南。那里没有人家，只是旷野上，一片苇塘子，有几堆野坟而已。长芦苇的低地，不问有水无水，北人叫着苇塘子。春天是草，夏天像高粱地，秋天来了，芦苇变成了赭黄色。芦苇叶子上，伸出杆子，上面有成球的花。花被风一吹，像鸭绒，也像雪花，满空乱飞。苇丛中间，有一条人行土路，车马通行，我们若是秋天去，就可以在这悄无人声漫天晴雪的环境里前往。
>
> 陶然亭不是一个亭子，是一座庙宇，立在高土坡上。石板砌着

土坡上去。门口有块匾，写了"陶然亭"三个字。是什么庙？至今我还莫名其妙，为什么又叫江亭呢？据说这是一个姓江的人盖的，故云，并非江边之亭也。三十年前，庙里还有些干净的轩树，可以歇足。和尚泡一壶茶末，坐在高坡栏杆边，看万株黄芦之中，三三两两，伸了几棵老柳。缺口处，有那浅水野塘，露着几块白影。在红尘十丈之外，却也不无一点意思。北望是人家十万，雾气腾腾，其上略有略无，抹一带西山青影。南望却是一道高高的城墙，远远两个箭楼，立在白云下，如是而已。

我在北平将近二十年，在南城几乎勾留一半的时间，每当人事烦扰的时候，常是一个人跑去陶然亭，在芦苇丛中，找一个野水浅塘，徘徊一小时，若遇到一棵半落黄叶的柳树，那更好，可以手攀枯条，看水里的青天。这里没有人，没有一切市声，虽无长处，洗涤繁华场中的烦恼，却是可能的。

比朱自清早一年即 1915 年就考上北京大学的俞平伯，也经常利用周日或假期，去陶然亭玩，还写了好几首旧体诗，在《陶然亭鹦鹉冢》里有这样的句子："今日城南寻故砌，又看芳草垄头新。"可见其荒凉了。《陶然亭杂咏》三首，其二、其三云：

> 纵有西山旧日青，也无车马去江亭。
> 残阳不起凤城睡，冷苇萧骚风里听。
>
> 原野空虚故国悲，稻粱虽好鸟飞迟。
> 茫茫上下都求索，欲向芦花问所之。

既然俞平伯考入北大比朱自清早，而且不是从预科读起，而是直接读本科，却比朱自清只早毕业半年，即于 1919 年年底毕业，这是怎么回事呢？因为 1919 年 5 月 4 日开始的"五四"运动，让他这一届毕业生的学业和毕业考试受到了影响，推迟了半年才毕业。俞平伯就更有时间在北京到处逛逛了，后来他还因此而写了一篇散文，记叙了某一年冬天去陶然亭看雪的经过，即《陶然亭的雪》，文中有对陶然亭极为细致的描写：

> 那户外的尖风呜呜的独自去响。倚着北窗，恰好鸟瞰那南郊的旷莽积雪。玻璃上偶沾了几片鹅毛碎雪，更显得它的莹明不滓。雪固白得可爱，但它干净得尤好。酿雪的云，融雪的泥，各有各的意思；但总不如一半留着的雪痕，一半飘着的雪花，上上下下，迷眩难分的尤为美满。脚步声听不到，门帘也不动，屋里没有第三个人。我们手都插在衣袋里，悄对着那排向北的窗。窗外有几方妙绝的素雪装成的册页。累累的坟，弯弯的路，枝枝桠桠的树，高高低低的屋顶，都秃着白头，耸着白肩膀，危立在卷雪的北风之中。上边不见一只鸟儿展着翅，下边不见一条虫儿蠢然的动（或者要归功于我的近视眼），不用提路上的行人，更不用提马足车尘了。唯有背后已热的瓶笙吱吱地响，是为静之独一异品；然依昔人所谓"蝉噪林逾静"的静这种诠释，它虽努力思与岑寂绝缘终究是失败的哟。死样的寂每每促生胎动的潜能，惟万寂之中留下一分两分的喧哗，使就烬的赤灰不致以内炎而重生烟焰；故未全枯寂的外缘正能孕育着止水一泓似的心境。这也无烦高谈妙谛，只当咱们清眠不熟的时光便可以稍稍体验这番悬谈了。闲闲的意想，乍生乍灭，如行云流水一般的不关痛痒，比强制吾心，一念不着的滋味如何？这想必有人能辨别的。

朱自清到陶然亭玩，是"从天坛出来，挨着城根，独自个儿"去的。从俞平伯的文章里能看出来，他去陶然亭是和另一个朋友结伴的。那时候的朱自清和俞平伯还不认识，1917 年秋季，俞平伯已经读大三了，朱自清不过才是大一。二人几乎是同一时期去陶然亭玩，看到的景色差不多一样，朱自清也像俞平伯一样，都临近目的地了，也一眼没有看到那"亭"吗？陶然亭无亭，朱自清也会有些失望吧？朱自清一定是看到庙宇中雪珊女史的那首题壁诗了："柳色随山上鬓青，白丁香折玉亭亭。天涯写遍题墙字，只怕流莺不解听。"

朱自清还去过别的寺庙，在散文《看花》一文里说："到北平读了几年书，却只到过崇效寺一次；而去得又嫌早些，那有名的一株绿牡丹还未开呢。北平看花的事很盛，看花的地方也很多；但那时热闹的似乎也只有一班诗人名士，其余还是不相干的。那正是新文学运动的起头，我们这些少年，对于旧诗和那一班诗人名士，实在有些不敬；而看花的地方又都远不可言，我是一个懒人，便干脆地断了那条心了。"从这段话中看，朱自清是不喜欢旧诗以及那些号称诗人名士的，但对于新诗又是如何呢？特别是对新的思想、新的思潮，朱自清又是如何想的呢？

此时的朱自清，一定也感受到北京大学正在刮起的积极而浓郁的学术风向了——陈独秀创办的《新青年》杂志进行了革新。该杂志于1915年9月15日在上海创刊，初名为《青年杂志》。1916年9月1日出版第2卷第1号时改名为《新青年》。初期的《新青年》，在哲学、文学、教育、法律、伦理等广阔领域向封建意识形态发起了猛烈的进攻。1917年年初，随着陈独秀担任北京大学教职而把《新青年》迁到了北京。朱自清的老师胡适、李大钊、沈尹默、钱玄同等人都参与了写稿或编辑工作，朱自清最爱读的杂志就是《新青年》了。1917年8月9日，钱玄同又邀请鲁迅加盟《新青年》，使之阵容更加地强大。读《新青年》，和同学们议论《新青年》上发表的文章，使朱自清大开了眼界。

1918年1月，陈独秀召集《新青年》编辑部会议，宣布"本志自第四卷一号起，投稿章程业已取消，所有撰译，悉由编辑部同人，公同担任"；"采取集议制度，每出一期，就开一次编辑会，商定下一期的稿件"。李大钊、鲁迅、钱玄同、刘半农、周作人、胡适、沈尹默参加编辑部。朱自清受北大新思潮的影响，把读书中遇到的问题，都积极向老师提出来，1918年4月30日，朱自清就给老师胡适写了一封信，询问不懂的知识要点。与此同时，由鲁迅创作的中国首篇白话日记体小说《狂人日记》，首发于1918年5

月 15 日第 4 卷第 5 号的《新青年》月刊上，在文学界和学术界产生了极大的影响，小说结构新颖，语言通俗，通过被迫害者"狂人"的形象以及自述，来揭示封建礼教的"吃人"本质，这给朱自清以很大的启发。很多年以后，朱自清还记得这篇小说，在其杂论《论严肃》一文中还念念不忘："新文学运动以斗争的姿态出现，它必然是严肃的。他们要给白话文争取正宗的地位，要给文学争取独立的地位。而鲁迅先生的第一篇小说《狂人日记》里喊出了'吃人的礼教'和'救救孩子'，开始了反封建的工作。"在《鲁迅先生的杂感》里，朱自清再一次提起了这篇小说："在《野草》里比在《狂人日记》里更多的用了象征，用了重叠，来'凝结'来强调他的声音，这是诗。"又在《五四时代的文艺》里再次提到鲁迅的《狂人日记》对于白话文学的影响："他的第一部创作便是《狂人日记》，里面提到礼教与孩子，那时的批评，说它是'用写实的手法表现了象征的意义'，'吃人的礼教'。这句话在今天听来平常，当时却如洪水猛兽，说这句话的便是狂人，今天不是狂人也要说这样的话，足见是进步了。礼教怎么吃人的？大家都是知道的，就是强凌弱，大吃小，强者大者便是封建社会里的统治阶级，'士'也是统治阶级的一部分。并非纯是势利，被吃的人便是村人，就是农民，所以批评《狂人日记》者说'发现了村人的性格'，村人便是封建社会下被压迫被损害的一群。胡适之说过，一个人是爸爸的儿子，爷爷的孙子，又是儿子的爸爸，上下夹攻，没有办法，如果有了七八个孩子，慢说现在，就在'五四'时候也毫无办法。《狂人日记》里喊出'救救孩子！'并且要打倒孔家店，'孔家店'便是当时给'封建社会'的代名词，鲁迅便是肩起闸门放出孩子去的。他当时虽认为希望不多，但希望总是有的，他就用艺术方法表现了出来，要怎样救救孩子呢？就是说两位先生，一位是德先生，一位是赛先生，到今天也仍然如此，这就是我所知道的五四时代的文艺。"

我们再以朱自清后来的好友俞平伯为例，"五四"之前的《新青年》对俞平伯有多大影响呢？他在 1963 年写作的《〈戊午年别后日记〉跋》中写道："戊午年为五四运动之前一年，记中载晤陈独秀、胡适，又言阅读《新青年》，盖新文学已在萌芽矣。"孙玉蓉编纂的《俞平伯年谱》，根据日记，也提及二人的交往，如 1918 年 3 月 13 日："作译稿序文。上'中国文学史'课和日文课。午后，在阅书报社与毛以亨、王幼屏将文稿捡齐，于次日交给陈独秀学长。" 3 月 21 日："将郑文焯《清真词》还给黄季刚先生。至二道桥研究所听讲'老庄哲学'。晤陈独秀学长。晚，阅骈文集《四六法海》。"可知的事实是，1918 年 5 月 15 日《新青年》第 4 卷第 5 号上，俞平伯创作的白话新诗《春水》正式发表，和鲁迅的小说《狂人日记》发表于同一期。这对俞平伯来说，意义殊为重大，不仅是他发表了第一篇新文学作品，还是他第一次在影响如日中天的旗帜式杂志上发表作品，可谓盛装亮相，其意义不言而喻，也使他无可争议地成为新文化运动的开创者之一。这一年，俞平伯还创作了书信体论文《白话诗的三大条件》以及新诗《冬夜之公园》等，前者也于次年发表于《新青年》第 6 卷第 3 号上。

朱自清犹记得当年《新青年》和新文化运动所产生的影响，同样是在《"五四"时代的文艺》里，朱自清说："民国以后《新青年》出版，胡适之与陈独秀提倡白话文学，白话的来源，除旧小说之外，我看还有当时的讲演，讲演对语言的帮助很大；再有一种是与传统有关的语录，语录是宋代（理）学家讲授时的笔录。旧小说中的话是像说书人的话，因为来自民间，表现出受压迫的情绪，都带有自嘲的口诀式的，以致乐为目的的滑稽，或说是侍候人的口气。到今天说大鼓的还要说'侍候您一段'，语录便是没有'侍候人的气息'的白话，影响很大。"又说："'五四'在民国八年，新文学运动在民国六年，应从民国六年说起，胡适之写了文学改良刍议，陈独秀则提倡文学革命，胡适之说过他的主张是温和的，如无陈的激烈运动，白话不会开展得这么快。其内容用胡适之自己的话说是'文字解放''文体解放'，八不主义中有三不是'不要言之无物'，'不做无病呻吟'，'不避俗语俗字'，这是用当时的言语来表达出来的。用今天的话说便是属于人民的，因为有一点须要说明，中国白话由来已久，胡适之在白话文学史中的意见是正确的，唐朝以后士与民之间的对流很大，宋以后，民间的东西如小说戏剧都抬起头来，白话便开始于人民要表现自己的东西。陈独秀的主张，是用国民文学反对贵族文学，用写实文学反对古典文学，用社会文学反对山陵文学；国民便是人民，社会文学是人民的文学，写实文学是用人民的语言，所以总括一句，便是'人民文学'。因为时代的不同，那时候不能说的这么干脆，但也已经很干脆了。"

朱自清就是在这种新旧文学碰撞和交替时期，结束了大学一年级的学习生活。

大二第一学期，即1918年9月20日，北京大学开学，朱自清的课程有胡适的"西洋哲学史大纲"，杨昌济的"伦理学"，马叙伦的"中国哲学"，陶孟和的"社会学"和"社会问题"，陈大齐的"心理学试验"，李煜瀛的"生物学"及英语、德语等。这时候的《新青年》已经是一种全新的面目了，朱自清的思想，也紧跟着这样的新面目而产生了变化。而更让朱自清感到欣喜的是，在北大校园里，又发生了一件此后影响朱自清人生走势的大事，这就是"新潮社"的成立。

新潮社是由北京大学文科和法科的进步学生组织的一个文学社团，目的是呼应《新青年》的改革，并创办《新潮》杂志，做《新青年》的友军。据朱自清的学长、也是新潮社创始人之一的俞平伯回忆，是傅斯年邀请俞平伯一起创办的，俞平伯做了许多实际工作。该社从1918年10月开始筹划，于11月19日成立，是在北大沙滩红楼东北角的一个小房间里，与北大图书馆毗邻。新潮社的首批成员有法科的汪敬熙、何思源，文科的傅斯年、罗家伦、杨振声、顾颉刚、江绍原、康白情、李小峰、孙伏园、俞平伯。主办的刊物《新潮》曾得到校方的经费补助，校长蔡元培亲自为杂志题字。成立这天，还请来了他们的老师，即蔡元培、陈独秀、胡适、钱玄同、李大钊、周作人等。1918年12月13日，《北京大学日刊》刊登了《新潮杂志社启事》："同人等集合同趣组成一月刊杂志，定名曰《新潮》。专以介绍西洋近代思潮，批评中国现代学术上、社会上各问题为职司。不取庸言，不为无主义之文辞。成立方始，切待匡正，同学诸君如肯赐以指教，最为欢迎！""宣言"虽短，主张却十分明白。启事还公布了作为杂志撰述员的二十一人名单，并设编辑部和干事部，俞平伯被选为干事部三个书记之一。

俞平伯在回忆这段生活的《回忆〈新潮〉》一文中写道："《新潮》和《新青年》同是进步期刊，都宣传新思想、新文化，宣传'赛先生'（即Science，

科学）与'德先生'（即 Democracy，民主），但在办刊方向上却稍有不同：（1）
《新青年》偏重于政治、思想、理论论述；《新潮》则偏重于思想、文学方面，
介绍一些外国文学。（2）《新青年》内部从一开始就分为左、右两派，斗争
激烈，直至最后彻底分开；《新潮》的路线相比之下则稍'右'一些。"还谦
虚地说："我参加《新潮》时仅18岁，知识很浅。由于自己出身于旧家庭，
所以对有关新旧道德的讨论比较注意，曾写一篇有关新道德的文章。顾颉刚
写过论述家庭的文章，怕自己家里知道，署名'顾诚吾'，在《新潮》上发表。"
又说："《新潮》的政论文章不太多，大多数是文艺作品，我那时初学写新
诗和白话小说。我最早的一首新诗《北河沿之春》发表在《新青年》上（其
时尚未有《新潮》），记得中有四句：'双鹅拍拍水中游，行人缓缓桥上走，都
说春来了，真是好气候。'我发表在《新潮》上的第一首新诗是《冬夜之公
园》，描写当时北京的中央公园（现在的中山公园）。以后又写了描写天津海
河的新诗《春水船》等。我还写过两篇白话小说：《花匠》和反对妇女守节
的《狗和褒章》。《花匠》曾被鲁迅先生编选入《中国新文学大系》里，说的
是花匠修饰花卉，把花的自然的美完全破坏掉了。这是一篇反对束缚的文章。
这些早期的作品现在看起来是很幼稚的，因为那时年纪很轻，思想里并没有
明确的反封建的意识（我们当时对'封建'的理解是分封诸侯的意思，与今
天不同）。尽管如此，这里面实际却包含着反对封建、要求民主的思想。"

可能是受《新潮》的影响，1918年12月，《新青年》同人又创办报纸
形式的周刊《每周评论》。一时间，北大校园里，从老师到同学，形成了一
股创作的风潮。而比俞平伯还要大两岁的朱自清，在读到《新潮》的时候，
必定也受到了极大的鼓舞，他的同学中，也有像康白情这样喜欢新诗创作的
人。朱自清当时没有成为第一批新潮社成员，一来他还没有文学作品发表；
二来，他还是努力在学业方面多下功夫。但是，新潮社成员在北大校园形成
的文学的气氛，也深深地感染了他，并开始在心中酝酿白话新文学的创作。
多年以后，朱自清在《选诗杂记》里，引《年选》中的《一九一九年诗坛略纪》
即"编者的话"说："最初自誓要作白话诗的是胡适，在一九一六年，当时
还不成什么体裁。第一首散文诗而具备新诗的美德的是沈尹默的《月夜》，

在一九一七年。继而周作人随刘复作散文诗之后而作《小河》，新诗乃正式成立。最初登载新诗的杂志是《新青年》。《新潮》《每周评论》继之。"可见朱自清是很赞成这个观点的。

1919 年春天，大二下学期刚开始不久，朱自清的室友得了一幅西妇抚儿图。这幅画让他想起了 1918 年 9 月 30 日出生的长子朱迈先，而朱自清寒假在家又刚刚归来，还不到半岁的孩子可爱的形象再次出现在朱自清的眼前，使他触景生情，有感而发，一首《睡吧，小小的人》的白话诗自然涌出：

"睡吧，小小的人。"

明明的月照着，

微微的风吹着——一阵阵花香，

睡魔和我们靠着。

"睡吧，小小的人。"

你满头的金发蓬蓬地覆着，

你碧绿的双瞳微微地露着，

你呼吸着生命的呼吸，

呀，你浸在月光里了，

光明的孩子，——爱之神！

"睡吧，小小的人。"

夜底光，

花底香，

母底爱，

稳稳地笼罩着你。

你静静地躺在自然底摇篮里，

什么恶魔敢来扰你！

"睡吧，小小的人。"

我们睡吧，

睡在上帝的怀里：

他张开慈爱的两臂，

搂着我们；

他光明的唇，

吻着我们；

我们安心睡吧，

睡在他的怀里。

　　"睡吧，小小的人。"

明明的月照着，

微微的风吹着——一阵阵花香，

睡魔和我们靠着。

　　朱自清非常喜欢这首诗，写出不久后就投稿给《时事新报》的副刊《学灯》，过了一段时间，于当年的 12 月 11 日发表，发表时，署名余捷。这是朱自清新文学创作的第一篇作品，也是第一首白话诗。同时这也是一首很温馨、感人的诗，写"小小的人"在摇篮里甜甜地酣睡，有母爱的庇护，有花香明月笼罩，有微微的风吹着，是一首充满爱意和温情的小诗，可以说，出手不凡。

参加『五四运动』

　　朱自清创作了自己的第一篇新诗作品之后，可能是没有及时发表之故吧，创作的热情没有像俞平伯那样呈现"井喷"的态势，而是沉寂了几个月。

　　那时候的北京大学，新文学创作的氛围非常浓，正如刘半农所说的那样："那时我同胡适之，正起劲做白话诗。在这一条河上，彼此都嗡过了好几首。虽然后来因为嗡得不好，全都将稿子揉去了，而当时摇头摆脑之酸态，固至今犹恍然在目也。"（刘半农《北大河》）老师们之间互相比着创作，而同学们的创作也如雨后春笋，层出不穷，汪敬熙、何思源、傅斯年、罗家伦、杨振声、顾颉刚、江绍原、康白情、俞平伯等人都有作品发表，仅以俞平伯为例，不仅在《新青年》上发表诗文，在 1919 年《新潮》杂志第 1 卷第 3 期上也发表了文章。这篇文章有些"怪异"，标题是"打破中国神怪思想的一种主张——严禁阴历"。1919 年 4 月，俞平伯又参加北京大学平民教育讲演团，为第四讲演所的讲演员。俞平伯口才不算好，演讲不是他的特长，之所以参加，可能因为他是新潮社成员吧。俞平伯写《打破中国神怪思想的一种主张——严禁阴历》是借严禁阴历来发表对时事的不满："我在北京已经过了四个新年。据我观察这四年来社会上一切情状，不但没有什么更动，更没有一点进步，只是些装神弄鬼的玩意儿，偏比以前闹得格外利害。无论在茶棚，酒店，甚至于外国式的饭店，达官贵人的客厅，总可以听见什么扶乩呵，预言呵，望气呵，算命呵，种种怪话。亲友见面的时候，说话往往带些鬼气。我也不知道他们真是活见鬼呢？还是哄着小孩子玩呢？这姑且不提。就是这次，阴历的年关，辟历澎拍的声音——迎神降福的爆竹——足足闹了十几天，比往年热闹的多。这也可见得崇祀鬼神的心理，始终不变。我看见一般人讲鬼话，比讲人话还高兴；实在有点替他们难受。随便就做了这篇很短的文章。"又说："我主张严禁阴历的理由，因为这是中国妖魔鬼怪的策源地。我们想想中国现在种种妖妄的事，哪件不靠着阴阳五行；阴阳五行又靠着干支；干支靠着阴历。所以如严禁阴历，便不会有干支，不会有干支的阴阳五行；不啻把妖魔鬼怪的窠巢，一律打破。什么吉日哪，良辰哪，五禁哪，六忌哪，烧香哪，祭神哪，种种荒谬的事情，不禁自禁，不绝自绝。就是现在的人脑筋里忘不了妖魔的教训，鬼怪的思想，但是总不至于遗传到后来心地纯洁的青年身上去。所以我以为严禁阴历——禁止阴阳合璧的历书，——是刻不容缓的事，是打破中国几千年来神怪思想的最简截最痛快的办法。"文章写于1919年2月5日，是专为《新潮》而写，因为他是新潮社的骨干分子。俞平伯的创作式样越来越多，"五四"运动这一年，也是他在北大的最后一年，他开始小说写作，第一篇白话小说《花匠》发表在《新潮》第1卷第4期上后，接着又写了一篇《炉景》。俞平伯对于小说，和朱自清一样，是早有接触的，十多岁时，就爱读志怪传奇，读《水浒传》《三国演义》《荡寇志》，一度还觉得《红楼梦》算不得什么。大学里，也有小说课程，他的老师周作人、胡适和刘半农三人在1917年一进入北大时，就开了小说课。俞平伯更是把自己的研究科目定为小说方面，当时志在研究小说的，只有他和傅斯年。1918年2月1日，在北京大学一所教室里，戴着眼镜的周作人，正轻声细语地讲授"俄国之问题小说"。周作人也不是特别能讲的教授，声音不高，不脆，也不响亮，在课堂上似乎打不起精气神。或许是讲授的视角独有特色吧，俞平伯听得入心之后，再开小差，开始进入小说的构思状态，一些故事，一些情节，一些人物，次第出现在脑海里，构成一副完整的小说链条……这时候的中国白话小说开山之作《狂人日记》还没有开笔，鲁迅先生还躲在会馆里抄他的古碑，钱玄同先生正苦口婆心地动员他给《新青年》写文章呢。如果俞平伯能够及时写出这篇小说，或许会抢在《狂人日记》之前发表也未可知。而《狂人日记》也是受俄国小说影响很深的"问题小说"。当然，能在1919

年发表《花匠》，也是开了时代之风，是了不起的成绩了。

可惜朱自清读的是哲学系，周作人的课他不是主修，即便这样，他也萌生了对文学的极大热情。但是在 1919 年的春天里，北京大学的新思潮一直在不断涌动着，推动这一思潮发展的，除了独立自主、开放进步的思想和精神，主要是巴黎和会上的屈辱外交，点燃了学生们的热情。据相关史料的记载，这年 1 月，第一次世界大战战胜国在法国巴黎开会，史称"巴黎和会"。中国作为第一次世界大战的战胜国之一参加了会议，中国代表在"和会"上提出废除外国在中国的势力范围、撤退外国在中国的军队，取消"二十一条"等正义要求，但"巴黎和会"不顾中国也是战胜国之一，拒绝了中国代表提出的要求，竟然决定将德国在中国山东的权益转让给日本。此消息直接引发了中国民众的强烈不满。5 月 1 日，北京大学的一些学生获悉"巴黎和会"拒绝中国要求的消息。当天，学生代表就在北大西斋饭厅召开紧急会议，决定 1919 年 5 月 3 日在北大法科大礼堂举行全体学生临时大会。5 月 3 日，学生大会如期举行，北京高等师范、法政专门、高等工业等学校也有代表参加。学生代表发言，情绪激昂，号召大家奋起救国。最后定出四条办法，其中就有 5 月 4 日齐集天安门示威的计划。这四条办法是：（一）联合各界一致力争；（二）通电巴黎专使，坚持不在和约上签字；（三）通电各省于 1919 年 5 月 7 日国耻纪念日举行游行示威运动；（四）5 月 4 日上午，北京高等师范学校与北京大学、中国大学等 13 校代表，在法政专门学校开会决议下午在天安门前举行集会和游行示威。

时间很快就来到了 5 月 4 日下午，北京三所高校的三千多名学生代表冲破军警阻挠，云集天安门，北京高等师范学校的学生代表最早到达天安门。他们打出"誓死力争，还我青岛""收回山东权利""拒绝在巴黎和约上签字""废除二十一条""抵制日货""宁肯玉碎，勿为瓦全""外争主权，内除国贼"等口号，并且要求惩办交通总长曹汝霖、币制局总裁陆宗舆、驻日公使章宗祥，学生游行队伍移至曹宅，痛打了章宗祥，北京高等师范学校数理部的学生匡互生第一个冲进曹宅，并带头火烧曹宅，引发"火烧赵家楼"事件。随后，军警出面控制事态，并逮捕学生代表三十二人。天安门前金水桥南边高悬的一副对联引人注目：卖国求荣，早知曹瞒遗种碑无字；倾心媚外，不期章惇余孽死有头。

朱自清就是这三千多名学生中的一名，他和同班同学杨晦、江绍原以及国文系的同学许德珩、孙伏园等人跟着学生队伍走在街头，颇为活跃。他们一路游行来到天安门前，关于当天的情形，十几年以后，朱自清在《论无话可说》里，说到自己的文学创作之路时，说："十年前正是五四运动的时期，大伙儿蓬蓬勃勃的朝气，紧逼着我这个年轻的学生；于是乎跟着人家的脚印，也说说什么自然，什么人生。但这只是些范畴而已。我是个懒人，平心而论，又不曾遭过怎样了不得的逆境；既不深思力索，又未亲自体验，范畴终于只是范畴，此外也只是廉价的，新瓶里装旧酒的感伤。当时芝麻黄豆大的事，都不惜郑重地写出来，现在看看，苦笑而已。"后来还在多篇文章中说起"五四"带来的影响，比如在《论青年读书风气》里说，五四运动以后，"青年开始发现自我，急求扩而充之，野心不小。他们求知识像狂病；无论介绍西洋文学哲学的历史及理论，或者整理国故，都是新文化，都不迟疑地一口吞下去"。5月6日这天，在声势浩大的游行后，"北京中等以上学校学生联合会"成立，朱自清参加了一个股的具体工作，和同学们一起，和当局继续展开斗争。五四运动很快席卷全国，全国各大城市的高校和工商界等纷纷响应。1919年5月19日，北京各校学生同时宣告罢课，并向各省的省议会、教育会、工会、商会、农会、学校、报馆发出罢课宣言。天津、上海、南京、杭州、重庆、南昌、武汉、长沙、厦门、济南、开封、太原等地学生，在北京各校学生罢课以后，先后宣告罢课，支持北京学生的斗争。1919年6月11日，陈独秀等人到北京前门外闹市区散发《北京市民宣言》，陈独秀因此被捕。各地学生团体和社会知名人士纷纷通电，抗议政府的暴行。面对强大社会舆论压力，曹、陆、章相继被免职，总统徐世昌提出辞职。最终，迫于学生运动的压力，1919年6月28日，中国代表没有在"巴黎和会"和约上签字。

非常巧合的是，五四运动学生领袖之一的匡互生（北京高等师范学校），后来不仅和朱自清是浙江上虞白马湖春晖中学的同事，还是终生好友。匡互生离开春晖中学，在上海创办并主持立达学园的时候，朱自清经常去拜访他，一起谈诗、论文、下馆子、会朋友。匡互生去世以后，朱自清十分震惊，怀着沉痛的心情专门写了哀悼文章。另一位学生领袖傅斯年（北京大学）后来和朱自清成为好友。傅斯年和朱自清同一年入北大，朱自清读预科，傅斯年读本科，和俞平伯是同学兼好友。当朱自清 1917 年读本科一年级的时候，他已经是二年级的学生了。朱自清和傅斯年是在新潮社时期认识的。五四运动结束以后，傅斯年和俞平伯等一起考取庚子赔款的公费留学生，同船出国去欧洲学习。傅斯年在北大读书期间，就展示出了其学习才华和组织才华，深得老师的喜欢和同学们的敬重。仅从钱玄同日记所记，就能窥一斑而见全豹。1919 年 9 月 12 日，钱玄同日记云："下午二时到大学去，遇傅孟真，闲谈了两小时。"孟真即傅斯年的字。钱玄同作为一个著名大教授，在校园里偶遇自己的学生，能闲谈几句就不简单了，却谈了两小时。这里的闲谈，也许只是随手一记，或许是在探讨某一方面的学问也未可知。傅斯年学成回国后，一直从事中国古代史的领导和研究工作，在各大学任教，特别是在西南联大时，和朱自清多有交集。

为了写朱自清参加"五四"运动这一章文字，我曾于 2013 年 4 月 4 日清明节那天，去北京沙滩红楼一带看了看，那天北京的天气不太好，灰雾蒙蒙，不透阳光。我在看了红楼后，专门去了趟北池子一带的箭杆胡同去寻找陈独秀旧居。胡同不算难找，在新式楼房形成的"盆地"一隅，找到了陈独秀当年居住的院子。院子已经被占用，院门旁边立一块碑，上书"陈独秀旧居"。在石碑背后的墙壁上，有两块金属的牌子，被一个庞大的空调外机压迫着。小的一块牌子是汉语，大的一块是汉英对照。汉语的简单介绍为：

陈独秀旧居

位于东城区北池子大街箭杆胡同 20 号，是陈独秀 1917—1920 年在北京的住所。

陈独秀（1880—1942），原名庆同，安徽怀宁人，是新文化运动的主要倡导者，中国共产党创始人之一。早年留学日本，1915

年 9 月创办《新青年》杂志，提倡民主和科学。1917 年任北京大学文科学长，1918 年和李大钊创办《每周评论》。1920 年创建上海共产主义小组，1921 年在中共一大上当选为中央局书记，直到 1927 年，历任中国共产党最高领导。2001 年，陈独秀旧居被列为北京市文物保护单位。

那天，我还从东交民巷西口，又拐去东长安街，经石大人胡同（外交部街），这基本上就是"五四"运动游行的路线了，这段路并不长，当年的石大人胡同还能看出老北京的样子来。我想，朱自清、杨振声、罗家伦、傅斯年、匡互生、俞平伯他们，就曾经在这里走过。

第一波创作高峰

1919 年 9 月 10 日，朱自清大学三年级第一学期开学了。朱自清升入哲学系三年级，课程有蒋梦麟的"教育学""教育学史""唯识哲学"，马叙伦的"道家哲学""宋明哲学"，杨昌济的"伦理学史"，梁漱溟的"印度哲学"，另外还有"西洋现代哲学""西洋近代哲学史""宗教哲学""人类学""数学"等。

蒋梦麟是 1919 年年初才被蔡元培聘为北京大学教育系教授的。"五四"运动爆发后，受蔡元培委托，代理北大校长。几个月后，即本年 9 月新学期开学时，蔡元培返回北大，又聘他为教育学教授兼总务长。正是这一学期，蒋梦麟教朱自清三门重要的课程。蒋梦麟是浙江余姚人，1886 年 1 月出生，1892 年入私塾，1899 年随家迁往上海，入天主教学校读英文，1904 年考入上海南洋公学，1908 年 8 月赴美留学，1912 年于加州大学伯克利分校毕业，随后赴纽约哥伦比亚大学研究院，师从杜威，攻读哲学和教育学，1917 年 3 月，获得哥伦比亚大学博士学位后回国，在商务印书馆担任《教育杂志》编辑和《新教育》杂志主编，是一个精通西学和中国传统文化的开创性学者。马叙伦出生于 1885 年 4 月，浙江杭县人，幼时就读于杭州养正书塾，曾任上海《选报》《国粹学报》编辑。辛亥革命前加入柳亚子等发起的南社。曾协助章太炎在上海创办《大共和日报》，任总编辑。1913 年，任北京医学专科学校文职教员，并应邀于 1915 年在北京大学文学院兼课。1917 年蔡元培任北京大学校长，聘他任北大哲学系教授。朱自清大二时的"中国哲学"也是他所教授。1919年"五四"运动期间，任北京中等以上学校教职员联合会主席，参加反帝反封建斗争。梁漱溟1893年生于北京，先祖为元世祖五子忽哥赤，先后就读于北京公立小学堂、蒙养学堂。13岁时，考入地安门外顺天中学堂。1911年加入同盟会京津支部，顺天中学毕业后任京津同盟会《民国报》编辑兼记者。1912年任《民国报》编辑兼外勤记者时，总编辑孙炳文为其拟"漱溟"作笔名，同年开始读佛典，年纪轻轻就发表文章，1913年年末写出《社会主义粹言》，1914年2月在《正谊》发表《谈佛》，1916年9月在《东方杂志》发表《究元决疑论》。1917年12月，蔡元培聘请他为北京大学哲学教授。1918年3月，在北大哲学门研究所开始讲授佛教哲学，11月，在北大出版部出版《印度哲学概论》。1919年1月，与陈大齐等人在北大发起组织哲学研究会，6月开始写作《东西文化及其哲学》，欲以此书为《孔家哲学》《唯识述义》两书之"引子"。朱自清大学时喜欢佛学，并购买佛学书籍认真研读，就是受梁漱溟的影响，其购书经历在散文《买书》一文里曾写过。朱自清其他的任课老师还有胡适、陈大齐、杨昌济、周作人等，有这么多学术大师教授朱自清的课程，使朱自清不仅在学业上得到了最好的教育，在人格和思想上也得到了正确的指引。

1919年9月20日，应该是蒋梦麟的关系，美国实用主义哲学家杜威开始在北京大学连续作《社会哲学与政治哲学》《教育哲学》《思想之流派》等系列讲演。朱自清在连续听讲后，对这位当代美国著名的哲学家、心理学家的讲演非常感兴趣，并受到其影响，这对其后来的创作也产生了影响。杜威的理论体系是实用主义。他的著作涉及科学、艺术、宗教伦理、政治、教育、社会学、历史学和经济学诸方面，使实用主义成为美国特有的文化现象。杜威的思想曾对20世纪前期的中国教育界、思想界产生过重大影响，这次到访中国，还见证了五四运动期间的学校概貌和社会现状，并与孙中山会面。中国的许多顶流学者都曾受教于他，除前边提到的蒋梦麟外，还有胡适、冯友兰、陶行知、郭秉文、张伯苓等一批大师和学者，而他们的学生中有许多也成了大师，遍及学术界，又影响了下一代人。钱玄同在其日记里，也对这位洋博士来北大的演讲记了一笔，1919年9月20日日记曰："九时上大学法科参加欢迎蔡先生的会……行开学式，杜威博士演说。十二时和启明同到文科食堂吃午饭。"

这个学期里，朱自清的学习尤其刻苦、认真，该拿的学分都拿到了。

也是受杜威演讲的影响，朱自清准备翻译外国文学作品。1919 年 9 月 30 日，朱自清挑了一篇挪威作家毕恩生的短篇小说《父亲》，翻译成了汉语小说。11 月 13 日，还翻译《心理学》第一章《心理学的范围》（McDougall 作），并于次年发表在《新潮》第 2 卷第 3 号上，署名朱自清。比较有意思的是，朱自清发表的创作和翻译的前三篇作品，分别署了三个名字。关于这篇《心理学的范围》，朱自清译好后，还请比他高一级的同学汪敬熙校正了一遍。朱自清在散文《飘零》中写到了汪敬熙，在文章里，朱自清用"W"来表示汪敬熙。文中说："我想起第一回认识 W 的名字，是在《新生》杂志上。那时我在 P 大学读书，W 也在那里。我在《新生》上看见的是他的小说；但一个朋友告诉我，他心理学的书读得真多；P 大学图书馆里所有的，他都读了。文学书他也读得不少。他说他是无一刻不读书的。我第一次见他的面，是在 P 大学宿舍的走道上；他正和朋友走着。有人告诉我，这就是 W 了。微曲的背，小而黑的脸，长头发和近视眼，这就是 W 了。以后我常常看他的文字，记起他这样一个人。有一回我拿一篇心理学的译文，托一个朋友请他看看。他逐一给我改正了好几十条，不曾放松一个字。永远的惭愧和感谢留在我心里。"汪敬熙是新潮社的创始人之一，早在大学里就有了文名。朱自清在这篇《飘零》中，不仅用字母代替人名和大学名，连发表作品的杂志，都把《新潮》改成了《新生》。

《心理学的范围》这篇译文比较长，译成汉字有一万余字。从朱自清这篇译文看，朱自清的白话文写作已经具备相当高的水准了，语言流畅，用词丰富，请汪敬熙校正，主要应该是他的英文水平更高，让他来把握一下译文的准确性。可惜，这篇译文只是《心理学》全书的第一章《心理学的范围》中的第一节《心理学是积极的行为科学》，而没有再接再厉，把整本书都翻译完。

1919 年 11 月 14 日，朱自清创作新诗《小鸟》，发表于本年 11 月 20 日《晨报》，署名佩弦。诗曰：

清早颤巍巍的太阳光里，
两个小鸟结着伴，不住的上下飞跳。
他俩不知商量些什么，
只是咭咭呱呱的乱叫。

细碎的叫声，
夹着些微笑；
笑里充满了自由，
他们却丝毫不觉。

他们仿佛在说："我们活着
便该跳该叫。
生命给的欢乐，
谁也不会从我们手里夺掉。"

　　1919 年 11 月 15 日，朱自清作《译名》，发表于《新中国》第 1 卷第 7 号上，署名朱佩弦。该文详细考察了将外文译成汉语过程中的"译名"问题，认为"意译"是译名的正法，是造新词的唯一方法。这是提出这一问题较早的论文之一。年轻的朱自清，在文章开头就亮明身份，说："'译'是拿外国文翻成本国文；我是中国人，我现在所说的译，就是拿外国文翻成中国文。"这种行文方式，不仅开门见山，也能看出朱自清的少年老成，而且"中国文"感觉上，比"汉语""中文"更亲切些。接着，朱自清开始运用自己的旧学根底阐述什么是译，写道：

　　论到译字的意义，本有许多：《礼记·王制》"北方曰译"一句的疏说："通传北方语官谓之译；译，陈也。……刘氏曰，'译，释也，犹言誉也。'"《杨子方言》说："译，传也。"注，"传宣语，即相见"。《说文》说是"传译四夷之言者。"这些都拿译字作"译人"讲，原是名词。到了汉明帝时，"摩腾始至，而译四十二章，因称译也。"《翻译名义集》说："译之言，易也；谓以所有，易其所无。"从此译字的意义变了，作"拿外国文翻成本国文"讲了，——由名词转成动词了——到现在还是这样。那摩腾就是中国翻译事业创始的人。

这段文字非常有意义。现在要有人说起"翻译"这个词的来龙去脉，不一定能说得清楚，朱自清在其二十一岁的年龄上，就告诉了我们。这不能不说朱自清学问的精细和考究。难能可贵的是，朱自清还在这段话中加了注，说明这些引文的出处和其他引申意义。其中就有"现在拿白话翻成文言，文言翻成白话，或是拿速记的符号翻成文字，也都称译"。这些基础知识都很通俗明白。在说到翻译问题时，朱自清也分两层加以概述："第一，外国的材料有好的，有坏的；有不可不译的，有犯不着译的……这是译材问题。第二，译成的文字怎样才能达出原意，怎样就失掉原意了？这是译法问题。"朱自清就译材和译法又做了论述。

这是一篇一万六千字的长篇论文，用今天的眼光来审视，仍然是一篇关于翻译问题的不可多得的论述。该文分为八个章节，条分缕析、事无巨细地就译名问题进行探讨。关于这方面的话题，今天看来已经有所定论，但在当时，还是一个热门话题，或热门话题的余音——早在1910年至1914年的这段时间里，章士钊、胡以鲁等人关于翻译名义的辩论，在知识阶层反响很大。在之后的几年当中，仍不断有这方面的文章见诸报刊。到了1919年，还有孙几伊的《论译书方法及译名》等文，而朱自清的这篇《译名》也反响很大。

这一时期，朱自清的创作进入第一波爆发期，各种体裁的文章，尤其是新诗，更是一发而不可收，1919年11月21日，创作了新诗《光明》，诗曰：

> 风雨沉沉的夜里，
> 前面一片荒郊。
> 走尽荒郊，
> 便是人们底道。

呀！黑暗里歧路万千，
让我怎样走好？
"上帝！快给我些光明吧，
　　让我好向前跑！"
　　上帝慌着说，"光明？
我没处给你找！
你要光明，
　　你自己去造！"

　　需要说明的是，该首新诗在本年 11 月 25 日《晨报》发表的时候，诗末
注明写作时间是 11 月 21 日，而在收入《踪迹》时，又写作 1919 年 11 月 22 日，
根据先后次序，我认为应取首发时的写作日期。该篇发表时署名佩弦。本年
11 月 23 日，又作新诗《歌声》。这首诗没有发表过，在其后选编《踪迹》时，
将该诗收入。诗曰：

　　好嘹亮的歌声！
黑暗的空地里，
仿佛充满了光明。
我波澜汹涌的心，
像古井般平静；
可是一些没冷，
还深深地含着缕缕微温。
什么世界？
什么我和人？
我全忘记了，——一些不省！
只觉轻飘飘的，好像浮着，
随着那歌声的转折，
一层层往里追寻。

1919 年 12 月 6 日，作新诗《满月的光》，发表于次年 2 月 1 日出版的《北京大学学生周刊》上，并收入《踪迹》一书中。该诗细腻而抒情，表达了一种对美好情感的向往和心向光明的愿景。诗曰：

> 好一片茫茫的月光，
> 静悄悄躺在地上！
> 枯树们的疏影
> 荡漾出她们伶俐的模样。
> 仿佛她所照临，
> 都在这般伶伶俐俐地荡漾；
> 一色内外清莹，
> 再不见纤毫翳障。
> 月啊！我愿永远浸在你的光明海里，
> 长是和你一般雪亮！

1919 年 12 月 18 日，朱自清在《时事新报》副刊《学灯》上发表新诗《羊群》，署名余捷，这是第二次用这个笔名，该诗收入《踪迹》一书中。诗曰：

> 如银的月光里，
> 一张碧油油的毡上，
> 羊群静静地睡了。
> 他们雪也似的毛和月掩映着，
> 啊！美丽和聪明！
> 狼们悄悄从山上下来，
> 羊儿梦中惊醒：
> 瑟瑟地浑身乱颤；
> 腿软了，
> 不能立起，只得跪着了；

眼里含着满眶亮晶晶的泪；

口中不住地芈芈哀鸣。

如死的沉寂给叫破了；

月已暗澹，

像是被芈芈声吓着似的！

　　狼们终于张开血盆般的口，

露列着巉巉的牙齿，

像多少把钢刀。

不幸的羊儿宛转钢刀下！

羊儿宛转，

狼们享乐，

他们喉咙里时时透出来

可怕的胜利的笑声！

　　他们呼啸着去了。

碧油油的毡上

新添了斑斑的鲜红血迹。

羊们纵横躺着，

一样地痉挛般挣扎着，

有几个长眠了！

他们如雪的毛上，

都涂满泥和血；

啊！怎样地可怕！

　　这时月又羞又怒又怯，

掩着面躲入一片黑云里去了！

　　这首诗堪称朱自清早期诗歌的代表作。如果说前边的几首诗过于空灵和美艳，这首诗却有着充实的内容，有着对弱者的同情，有着对施暴者的愤怒。这首诗，朱自清还第一次有意识地采用诗歌的内部结构，并带有点小叙事诗的色彩和节奏，先是描写草原上的羊群，在夜幕下静静地睡了；接着是凶狠、残暴的狼们趁着夜幕悄悄下山，它们直奔羊群而来。羊们被惊醒了，可怜的羊们并无反抗之力，它们有的只是战栗、哭泣和哀鸣；狼们才不管羊们发出的哀号，张开狰狞的血盆大口，开始撕咬着毫无还手之力的羊群；狼们如愿以偿了，饱餐一顿后呼啸而去，留在草原上的是到处喷溅着血迹的凄惨而恐怖的景象，就连毡包、草和泥土都被鲜血染红了；凶残的恶狼是趁着暗夜实施的罪恶，它们以为无人发觉，实际上，月亮看到了，看到了又怎么样呢？月也无法阻止这场杀戮，只能愤怒，只能胆怯，最后无法目视，躲进了厚厚的云层中。

这首诗看似浅层次地表达——对被害者的同情，对施暴者的愤慨，细究起来，却含着深切的复杂的哲思，这便是月的表现。月在诗里三度出现，第一次是自然的月，如银的月光铺泻在草原上，掩映着熟睡中的雪白的羊群。在被狼群攻击、厮杀的时候，在羊们惨死的时候，月光暗淡了。惨剧过后的月亮又如何呢？是多层次的、复调的情感和表现，朱自清用了三个字"羞""怒""怯"，这是情感，也是一种软弱；而"掩着面""躲入"，是表现，是行为，是不忍目睹。为什么有这样的情感和表现？难道这就是大众的人生？就是社会的日常？其实，这也是朱自清式的情感表达，他还没有鲁迅式的呐喊，没有"救救孩子"式的呼叫，面对这样的残暴场面，只能对弱小者倾注着同情，这也是一般民众的普遍心态。朱自清以这样的形式，来唤起人们要直面人生，要行动起来，不能躲在后面只顾羞怯和愤怒，而羞怯和愤怒是没有用的。

这首诗，还被当年的选家选进《新诗年选1919年》，该年选由北社选编，上海亚东图书馆1922年8月出版。

1919年12月21日，朱自清创作新诗《新年》，发表于次年1月4日《北京大学学生周刊》创刊号上，署名佩弦，收入《踪迹》。诗曰：

> 夜幕沉沉，
> 笼着大地。
> 新年天半飞来，
> 啊！好美丽鲜红的两翅！

她口中含着黄澄澄的金粒——
"未来"的种子。

　　翅子"拍拍"的声音
惊破了寂寞。
他们血一般的光，
照彻了夜幕；
幕中人醒，
看见新年好乐！
　　新年交给他们
那颗圆的金粒；
她说，"快好好地种起来，
这是你们生命的秘密！"

原本，这种应景式的小诗十分难作，也不大有人愿意去写。但朱自清不但写了，还写得颇有意味，居然把新年比作天使，生出两只鲜红的翅膀飞来了，且口中还含着金粒，那便是未来的种子——预示着旧年告别了，而新年的希望更大。新年的翅膀发出的声音，打破了旧时的寂寞，以鲜血一般的光，照亮夜幕，也唤醒了人们。当人们醒来时，看到天使带来的新年，好不快乐啊。他们接过闪闪发光的金粒，要好好地种下来，这既是生命的秘密，也会收获更多的果实。毫不夸张地说，这首诗在朱自清的新诗中，其意象和表达，都颇具艺术价值。

有趣的是，朱自清还写过一首同题诗《新年》，这已经是在两年以后了，在西子湖畔浙江一师的朱自清，和好友叶圣陶在即将到来的新年前夜，作彻夜长谈，聊文学、聊创作、聊人生、聊工作，也聊各自的小家和未来的理想，于是，一首新诗写成了，这便是另一首《新年》，诗曰：

一
迎春花开放

在火红的太阳底下

你听，那是百鸟的啁鸣

它们惊喜地叩响了

春天的第一道门扉

白云衔来温暖的思念

久违的问候

又为我们带来了新年的祝福

那些沉甸甸的欢笑

像父亲母亲的双手写满劳动和收获

一杯烈酒

盛满酽酽的乡愁

在迎风的早晨把我醉倒

漂泊的游子

不由得加紧了回家的脚步

我所热爱的少女

已经久未谋面

仿如故园里微微颤栗的蛛网

默默地长成了蚕茧

趁春风还早，我要快快赶路

好问心爱的姑娘一声

爱情，可会在这个春天，开出花来

二

清透的风，正从远处吹来

那里有少女的香味

带着野百合的私语

在一瞬间绽放

青涩地，爱人的手臂

温柔地缠绕，把你拥抱

拨动春天的琴弦

季节的距离如此强烈无法抵挡

如同大地孕育着希望

我看见乡亲们，在新年的日子里

谈论着往事的收成

细数三百六十五个日子和节气

说到春天

大家的眼里又开出了火焰

那个时候，玉米成串地挂在屋檐下

黄澄澄的喜气

飘满家园，让人看了心里

感觉兴奋而踏实

于是莫名地想起

多年前下着雪的某一天

亲人们合在家门照的一张全家福

三

碰落了第一滴露水

氤氲开来，它是七彩的

北方的冰雪消融

南方的树木吐绿

嘀嘀的汽车声里

一路开来，那是春天的婚礼

生命中注定抵达的幸福

你要在哪里醒来

倾听圣洁的歌唱

眼前美好的一切

顺手就能摸到的东西

像诗歌和水一样一见钟情

然后在春天里甜蜜地怀孕

可我还是会想起村庄

坐在一片田野上的村庄

向着河流的方向飞翔

莫非是那不停吹来的微风

引得我张望

初长成的小妹

她正站在家园的路口迎接

以一朵迎春花的姿势

为你献上这首祝福的诗

　　我不大喜欢用"各有特色"这种敷衍的词来形容某篇作品。就算是拿"各有特色"来比较，"特色"也是可以分出高下的。所以，我在反复阅读这两首同题诗之后，毫不掩饰地认为，早期的《新年》比后期的《新年》要高一大截，无论是词语组织、艺术特色，还是意境表达，诗意、诗情的呈现，都无法同日而语。这可能是因为写第一首《新年》的时候，朱自清还是一个单纯的、略显青涩的大三学生，思想和情感还毫无杂念，还在为诗而诗，为艺术而艺术；而写第二首《新年》的时候，他已经经历了不少风雨，浙江一师的任教，扬州八中的挫折，中国公学中学部的风潮，加上新认识了不少朋友，和俞平伯、叶圣陶等青年作家成为知交，思想和情感在经过沉淀后，已经趋向成熟。成熟就会使人更加地理性。而诗人理性化了，会在作品中呈现。如在诗歌中呈现了，就会趋于生活化和程式化，就缺少诗歌可贵的单纯和冲劲。这不仅是我的阅读感受，也是自己的创作心得。

　　在1919年秋冬短短两三个月的时间里，朱自清创作、翻译了九篇文艺作品，也是他真正从事文学工作的开始，他的人生，从此翻开了新的篇章。

积极参加社会活动

1919 年年末，朱自清参加了"平民教育讲演团"。

平民教育讲演团是五四运动前夕，北京大学进步学生组织"学生救国会"的一个组成部分，于 1919 年 3 月成立，邓中夏在成立会上被推选为总干事。邓中夏是湖南宜章人，出生于 1894 年，1915 年春季考入长沙湖南高等师范学校文史专修科，1917 年，邓中夏随父亲来到北京，考入北京大学国文门（文学系），和朱自清本科同一年不同系。邓中夏所担任的北京大学平民教育讲演团的宗旨是，"增进平民知识，唤起平民之自觉心"。讲演团成员都来自北京大学各科学生，除邓中夏外，还有许德珩、廖书仓、康白情、罗家伦、周炳琳等为骨干，不少人都是朱自清的同班同学。讲演团属于北京大学的课外社团，经常利用课余时间和节假日，深入街头和京郊农村，进行讲演活动。内容除讲解时政、宣传爱国思想外，也传播科学文化知识，推动了民众思想的开化，在当时产生了一定的社会影响。五四运动期间，讲演团主要成员都成了骨干力量。1919 年 5 月 6 日，北京中等以上学校学生联合会成立时，邓中夏被推为北京联合会总务干事，成为三个主要负责人之一。一开始，朱自清并没有参加平民教育讲演团，直到年底，才正式加入。

几乎在参加平民教育讲演团的同时，朱自清又参与了北京大学"校役夜班"的教学工作，负责教授国文。

北京大学的"校役夜班"成立时间更早，是在校长蔡元培的支持下，于1918 年春季创办的，让校役进入大学课堂，免费学习修身、国文、算术、理科、外国语等课程，教员全由在校学生担任，傅斯年、罗家伦等都是"校役夜班"的老师。义务授课，不取报酬。"校役夜班"在当时的影响也很大，不仅能让校役学到科学文化知识，还锻炼了学生适应社会的能力。朱自清北大毕业后，能顺利地走上教师岗位，不能说和在校期间给"校役夜班"的授课没有关系。1920年1月，"校役夜班"又改成了"平民夜校"，朱自清依然在"平民夜校"担任国文老师。

朱自清给"校役夜班"和"平民夜校"的学员授课是认真的，备课也准备充分。1920年2月6日，在北京大学"平民夜校"教授会的文科教授主任选举中，朱自清获票较高。当然，此"教授会"的教授，只是担任夜校教学工作的"教授"，不是真正的大学教授。主任虽然没有选上，得票较高，也说明朱自清在"教授"中也是有一定知名度和影响力的。

1920年4月6日，朱自清与杨钟健等平民教育讲演团的成员共八人，赴河北通县（今北京通州）讲演。杨钟健出生于1897年，比朱自清大1岁，陕西华州人。1910年毕业于华州教育会附设两等小学堂，1913年考入西安三秦公学中学班，后又入西安省立第三中学读书，1917年考入北京大学预科，后专攻地质专业。这次到通县讲演，朱自清一行主要宣传共和国国民的义务与权利，国民应有的精神风貌、平等自由和社会理想，还有破除迷信的重要性等。听众踊跃，热情很高，总计有五百人。朱自清上午和下午各讲演了一次，分别是《平民教育是什么》和《靠自己》。这两个题目都很现实，符合基层民众的需求。因为很多接受平民教育的人，并不知道接受这种教育会起到什么作用，有什么必要。朱自清利用这种大场合，把"平民教育是什么"说清楚了，有利于提高他们的参与度和积极性。"靠自己"大约是和今天的励志教育有关，也带有一定的"鸡汤性"，这种方法，对于文化程度不高或基本上是文盲的基层民众来说，是需要的，也是有必要的。靠天靠地、求神拜佛都不如靠自己，靠自己的思想，靠自己的智慧，靠自己的双手，靠自己的劳动，靠自己的创造，才能改变自己的处境并发展自己。从这两篇讲稿（演讲内容）看，朱自清在青年时代就是一个非常务实的人。

那时候的讲演团成员，有的还带着铜锣鼓号，在讲演之前，选好地点，进行热身宣传，目的就是吸引更多的民众参与。特别是农村庙会、市集等民众聚集和流动较大的地方，铜锣鼓号还是有一定的渲染作用的。讲演团成员的构成，多为《国民》杂志社、新潮社成员。五四运动前，讲演团的活动多属一般的启蒙教育，"五四"以后讲演内容具有鲜明的反帝反封建色彩，如"青岛问题""国民自决""中国现在的形势是怎么样"等。

1920 年 4 月 18 日，朱自清在北京城北京师公立第十讲演所演讲，题目是《我们为什么要求知识》。这又是一个非常务实的演讲，他要告诉民众，知识能改变命运，也能造福社会。城北京师公立第十讲演所是平民教育讲演团与京师学务局交涉，借到该局所属的东、南、西、北四城地点规模相当的讲演所，作为每星期日定期讲演的固定场所。城北第十讲演所，位于地安门外大街北城后门桥，是个密集的居民区。这年的 5 月 2 日，朱自清又来到城北京师公立第十讲演所演讲，这次的演讲题目是《我们为什么要纪念劳动节》。这两次讲演的内容，都很平民化和普及化，使基层民众很容易地理解和接受。

1920 年 5 月间，北京第一次为纪念五一国际劳动节而组织大规模活动，当时上海的《时报》曾以"北京之劳动纪念"为题，对此进行专门报道。朱自清所讲的内容，也是围绕这次活动而准备的。也是在这次北京大学组织的"五一"纪念会上，蔡元培校长发表了题为《劳工神圣》的热情洋溢的演讲。蔡元培提出，"凡是用自己的劳力做成有益他人的事业，不管他用的是体力、是脑力，都是劳工"，并强调"劳工当自尊，不当羡慕其他不劳而获之寄生物"。蔡元培提出这种思想和口号，反映了对劳工大众的热爱和尊重，意味着"五四"文人对民间力量有了重新的认识与定位。朱自清在临毕业的前夕，还能够积极参加社会活动，深入民众当中，体会民众疾苦和需求，并普及民众想知道的基础知识，为唤醒民众，做出了积极而有益的贡献。

这里可以补记一笔的是，朱自清从北大毕业一年多以后，即 1921 年 10 月 10 日，在《时事新报》副刊《文学旬刊》（双十增刊）发表一篇评论，即后来引起讨论的《民众文学谈》，署名柏香。这篇文章，就是朱自清在北大临毕业前夕，受参加平民教育讲演团的影响，然后酝酿很久的一篇创作。该文认为，民众文学包含两个意思：一是民众化的文学，即以民众的生活理想为中心的通俗化的文学，民众化而外，便无文学；二是为民众的文学，即文学作者为民众所喜闻乐见的，旨在提高、改善民众认知和精神的文学。这两种文学中，所可能实现的可能只有后者。在《民众文学谈》中，朱自清开篇就引用俄国作家托尔斯泰在《艺术论》里极力抗议现在所谓优美的艺术的言论。托尔斯泰说："其实我们的艺术……却只是人类一部分极少数的艺术。"又说："凡我们所有的艺术都认为真实的、唯一的艺术；然而不但是人类的三分之二（亚洲、非洲的民族）生生死死，不知道这种唯一的高尚艺术，并且就在基督教社会里也不过是百分之一的人能享受我们所称的'全'艺术，其馀百分之九十九的欧洲人，还是一代一代生生死死，做极劳苦的工作，永没有享受着艺术的滋味——就是间或能享受着，也决不会恍然'了解'。"朱自清又引法国罗曼·罗兰在他的《演剧论》末所附的宣言里的相关议论："艺术今为利己主义及无政府的混乱所苦。少数之人擅艺术之特权，民众反若见摈于艺术之外。……欲救艺术……必以一切之人悉入于一切世界之中。……为万人之快乐而经营之。不当存阶级之见，有如所谓下等社会、知识阶级云云者；亦不当为一部分之机械，有如所谓宗教、政治、道德，乃至社会云云者。吾人非欲于过去、未来有所防遏，特有表白现在一切之权利而已。……吾人之所愿友者，能求人类之理想于艺术之中，探友爱之理想于生活之中者也；能不以思索与活动与美，民众与优秀为各相分立者也。中流之艺术今已入于衰老之境矣；欲使其壮健有生气，则唯有借民众之力……"朱自清在引用两位国际文学大师的话之后，评论道："这两位伟大的作者十分同情于那些被艺术忘却的人们，所以有这样真诚的呼吁；他们对于旧艺术的憎恶和对于新艺术的希望，都热烈到极点。照他们意思，从前艺术全得推翻，没有改造底馀地；新兴的艺术家只须'借了民众之力'，处处顾到托尔斯泰所谓'全人类底享受'，自不难白手成家。于是乎离开民众便无艺术——他俩这番精神，我们自然五体投地地佩服；见解呢，却便很有可商量的地方了。"

接着，朱自清开始了系统的评论，主要还是引用国际上有影响的名家大师的观点，来佐证自己的观点。最后，在论到中国民众文学时，朱自清说：

"颇令人黯然。据我所知，从来留意到民众的文人，只有唐朝白居易。他的诗号称'老妪都解'，又多歌咏民生疾苦，当时流行颇广。倘然有人问我中国底民众文学，我首先举出的必是他的《秦中吟》一类的诗了。近代通俗读物里，能称为文学的绝少。看了刘半农底《中国下等小说》一文，知道所谓下等小说底思想之腐败，文字之幼稚，真不禁为中国民众文学前途失声叹息！"

又建议道："要企图民众底觉醒，要培养他们的情感，灌输他们的知识，还得从这里下手才是正办。不先洗了心，怎样革面呢？这实是一件大事业，至少和建设国语文学和儿童文学一样重要，须有一班人协力去做，才能有效。现在谁能自告奋勇，愿负了这个大任呢？"进行改造民众文学的方法，朱自清也提出了自己的方案："一，搜辑民间歌谣、故事之类加以别择或修订。二，体贴民众底需要而自作，态度要严肃、平等；不可有居高临下底心思，须知我也是民众底一个。地方色彩，不妨浓厚一些。'文章要简单、明瞭、匀整；思想要真实、普遍。'三，印刷格式都照现行下等小说，——所谓旧瓶装新酒，使人看了不疑。最好就由专印下等小说的书局（如上海某书局）印刷发行。四，如无相当的书局，只好设法和专卖下等小说的接洽，托他们销售。卖这种小说的有背包的和摆摊的两种：前者大概在茶楼、旅馆、轮船上兜售；后者大概在热闹市街上求售。倘然我们能将民众文学书替代了他们手中的下等小说，他们将由传染瘟疫的霉菌一变而为散布福音的天使了！"

但是，朱自清的观点，并没有得到文学界的普遍认同。好朋友俞平伯立即写文，与朱自清进行讨论，文章标题为《与佩弦讨论"民众文学"》。1922年1月18日，朱自清又写作了一篇《民众文学的讨论》的评论，分两次发表于《时事新报》副刊《文学旬刊》1月21日第26期和2月1日第27期上，署名朱自清。二人争论的核心是如何看待民众文学。朱自清和俞平伯的争论，还引起了文学研究会诸位作家的兴趣，郑振铎还在他主编的《文学旬刊》开辟专栏组织讨论，叶圣陶、许宝驹、郑振铎等新文学作家都著文参与了讨论。

经过这样一场关于民众文学的讨论，回过头再来看看朱自清在大学期间所从事的关于平民教育讲演团的工作，其意义非同寻常，基本上确定了朱自清文章的写作风格和为大众写作的立场。

毕业那一年

朱自清在散文《买书》一文中说："在毕业的那年，到琉璃厂华洋书庄去，看见新版韦伯斯特大字典，定价才十四元。可是十四元并不容易找。想来想去，只好硬了心肠将结婚时候父亲给做的一件紫毛（猫皮）水獭领大氅亲手拿着，走到后门一家当铺里去，说当十四元钱。柜上人似乎没有什么留难就答应了。这件大氅是布面子，土式样，领子小而毛杂——原是用了两副'马蹄袖'拼凑起来的。父亲给做这件衣服，可很费了点张罗。拿去当的时候，也踌躇了一下，却终于舍不得那本字典。想着将来准赎出来就是了。想不到竟不能赎出来，这是直到现在翻那本字典时常引为遗憾的。"这段文字，现实而准确地反映了朱自清那时的行为和心态，要学习，要写文章，要搞翻译，韦伯斯特大字典是他非常喜欢的书，是写作中会用到的书。但同时，他又没有那么多钱，只好当衣服。因为衣服是父亲为他结婚时定制的，又舍不得，想以后再赎回。后又因无力赎回而遗憾。那么韦伯斯特是谁呢？这又是一本怎样的大字典？综合网上资料，简略介绍如下：诺亚·韦伯斯特号称美国学术和教育之父，1758 年出生于康涅狄格州西哈特福市的一个农场主之家，16 岁入耶鲁大学学习。1778 年毕业后，由于负担不起学习法律的费用，他到各中小学去教书。1781 年获法律学位，但毕生未从事法律相关的工作。他的主要成就是编写书和字典。

我在网上查到 1911 年出版的英语版《韦氏大词典》，出版社为韦氏词典公司，硬壳精装，1764 页，开本比较大，内页分三栏，横排，有插图，看起来很豪华，要价 2000 元。朱自清购买的不知是不是这个版本。无论如何，朱自清在那个年代，能花如此大价钱，购买一本书，足见他对学习的热爱和对写作的迷恋。另外，朱自清当时还没有想到，他这次当衣服买书的经历，竟只是他"当"的开始，此后多年，直到他生命终点的前两三年，他都一直和当铺结下了"缘"，各种"当"几乎伴随他一生。

在新的一年里，朱自清的创作依然延续 1919 年下半年的迅猛态势，1920 年 1 月 9 日，朱自清创作了新诗《煤》，发表于 1920 年 3 月 14 日出版的《北京大学学生周刊》第 11 号上，署名朱自清。后来收入诗集《雪朝》里。该诗热烈地歌颂了煤的勇于奉献的精神。诗曰：

> 你在地下睡着，
> 好腌臜，黑暗！
> 看着的人
> 怎样地憎你，怕你！
> 他们说：
> "谁也不要靠近他呵！……"
> 一会你在火园中跳舞起来，
> 黑裸裸的身材里，
> 一阵阵透出赤和热；
> 啊！全是赤和热了，
> 美丽而光明！
> 他们忘记刚才的事，
> 都大张着笑口，
> 唱赞美你的歌；
> 又颠簸身子，
> 凑合你跳舞的节。

1920 年 1 月 25 日，朱自清创作了一首新诗，诗名叫《北河沿的路灯》。

该诗和《煤》一起，发表于本年 3 月 14 日出版的《北京大学学生周刊》上，却署了另一个名字，佩弦。该诗收在《踪迹》一书中。在这条胡适、刘半农、周作人等著名教授经常散步并"嗡嗡"过现代诗的路上，有着怎样的路灯呢？请看：

有密密的毡儿，

遮住了白日里繁华灿烂。

悄没声儿的河沿上，

满铺着寂寞和黑暗。

只剩城墙上一行半明半灭的灯光，

还在闪闪铄铄地乱颤。

他们怎样微弱！

但却是我们唯一的慧眼！

他们帮着我们了解自然；

让我们看出前途坦坦。

他们是好朋友，

给我们希望和慰安。

祝福你灯光们，

愿你们永久而无限！

这是临毕业前几个月创作的新诗，其思想性和艺术性已经相当高了，通过北河沿的灯光，不仅可以"了解自然"，还"让我们看出前途坦坦"。同时也从中看出，年轻的朱自清，和他的老师们一样，经常流连于北河沿一带，不仅观赏美丽的河畔风光，还带有自己的人生思考。也是在这一天出版的第 4 号《北京大学学生周刊》上，朱自清发表了所翻译的短篇小说《胜者》，这是德国作家 L. J. Hoh 创作的，署名朱自清。该小说不足一千字，为全面了解年轻时朱自清的翻译水平，现将小说转发于下：

羊儿站在栏里颤着，彼此紧紧的靠着。它们经恐怖磨练过的感觉知道劫食的动物走近了，比牧羊的感着的快得多——比守栏猛狗还快些。

老牧羊孔庸小声儿叽咕着："周围有狼了。"梅来买偷偷的从木桩的缝里向暗处瞧了一瞧，细语道："两个狼"，"三个狼，我们叫起狗来罢。"他们悲咽的声音把一只顶乖觉的狗惊醒了。它竖起耳朵嗅着了狼，便毫不耽搁，狺狺的叫着，跑到围篱门口，直望贼人沙利的咽喉扑去，沙利却正惦着偷进来呢。

好呀！狗在那里多敏捷啊！牧羊的从床上跳起来了，拿着斧头和枪。枪声，呼号声，被压着的哀鸣声，受伤的悲啼声，重伤的死的呻吟声扰攘了一晚。牧羊的和狗在一片大雪的地里向远处追赶在逃的沙利的大队去了。

那里母狼躺在篱旁的沟里，在它的血里辗转着，呻吟道："我能懂得羊，他们怕我们，为的是他们的生命。我能懂得追我们的人，他们贪着他们的食物。但我不能懂得那些狗，什么东西使得他们待我们比他们的主人牧羊的还严厉呢？他们占有羊么？他们可以吃着他的肉，喝着他们的乳，或剪着他们的毛么？为什么那些狗便忘了我们是他们的同族，他们的饥饿而粗野的同族呢？他们这班喂肥了的叛徒，从不能记忆的时代里便心悦诚服的去做奴隶，以饱他们的肚皮，而我们一直是自由的，不过苦些，我们一直在丛林和荆棘里游行，我们没有一个敌人比我们巧滑的兄弟们——狗——再咆勃的。"母狼在篱旁沟里死的时候这般说。

牧羊的回来了，满载着捕获剥得的狼皮。好勇斗狠的狗叫出得胜的声音，绕着它们的主人跳跃，一个最老的牧羊的喊道："兄弟们好一场利害的争斗啊！我们喝点酒休养休养罢。来人，把这些皮拿去。"他们便围着重燃的火蹲着，羊们已经把头聚拢来很深切的会议过了。老牧羊孔庸把身子挤到篱棚里，在牧羊的面前致词道："啊！主人，谢谢你们，喂着我们，保护我们。谢谢，诚心的谢谢你们和狗，他们正是救我们出大险的。我们用全群的名义谢谢你们。"老牧羊的很仁爱地点了点头道："你们领会我们的关心，是你们的光荣。我们为你们而危及自己的生命，已经无数回了；所以你们应该一心一意的归依我们的保护才对。孔庸，你去罢，把我们更进的善意和恩惠通知你们群里。"牧羊退了。

　　他们喝酒的时候，有一个说："弟兄们，你们猎后不饿么？那老牧羊该怎样宰呢？"他们宰了他。他便以忠臣死。

　　这篇小说的故事情节极其简单，朱自清翻译它，也许只是为了练练笔，因为这段时间他已经翻译了好几篇文章了。从故事内容看，《胜者》也可以看成今天我们常说的动物小说。故事情节虽然简单，却寓意深刻，让人深思。小说以一只叫孔庸的老羊发现有狼群趁着黑夜来攻击羊群讲起，老羊孔庸惊动了家里的看门狗和牧羊人。在牧羊人、邻居和狗的联手之下，击毙了一头母狼并赶走了狼群。母狼在临死之际，才发出了那段内心的独白。母狼就在独白和不解中死去了。牧羊人带着剥下的狼皮得胜而归了。老羊孔庸挤到牧羊人身边，代表整个族群感谢主人和狗救了它们。牧羊人对孔庸的感谢表示心领，并让它回去告诉羊群，"你们应该一心一意的归依我们的保护才对"。于是牧羊人和帮助猎杀狼群的邻居们准备为驱赶狼群的胜利而庆祝喝酒，因为没有下酒菜，就又把那头叫孔庸的老羊宰杀了。小说最后一句是："他便以忠臣死。"小说所映现出的多重意义和复杂情感让人深思，牧羊人、母狼、狗、邻居、老羊孔庸和羊群，他们都没错，但他们都错了，所站的角度和立场不同而已。

　　1920年3月18日，朱自清创作了新诗《小草》，发表于本年4月1日出版的《晨报》上，署名佩弦，又载次年10月1日出版的《新潮》第3卷第1期上，署名朱自清。该诗收入《雪朝》一书中。诗曰：

　　　　睡了的小草，
　　如今苏醒了！

立在太阳里，

欠伸着，揉她们的眼睛。

　　萎黄的小草，

如今绿色了！

俯仰惠风前，

笑迷迷地彼此向着。

　　不见了的小草，

如今随意长着了！

鸟儿快乐的声音，

"同伴，我们别得久了！"

　　好浓的春意呵！

可爱的小草，我们的朋友，

春带了你来么？

你带了她来？

　　1920 年 3 月 20 日，朱自清翻译的论文《短篇小说的性质》，发表于《时事新报》副刊《学灯》上，署名柏香。朱自清又启用了新的笔名。这篇译文，是国内较早以译文的形式对短篇小说定义的文字，虽然这时候白话短篇小说在鲁迅的《狂人日记》发端以后，已经形成了集束发展的趋势，又涌现出叶圣陶、郁达夫、汪敬熙等新晋作家，但毕竟还是白话小说的初期，许多作家还在探索之中，朱自清的这篇译文，堪称及时雨，给发展的短篇小说带来了另一种参考和样本。该篇论文的原作者为 Fittenger，开篇就引用了19 世纪之前，郝威尔在《北美评论》中给短篇小说所下的定义："正当的短篇小说绝不是从大树截成小树的小说，也不是插在地下当作小树的大树的枝条。他是另外的一种，是受无意识界里动作的原动力规定的，那些原动力合起来自成一种东西，不成别种的东西。"现在看来，此观点依然是对的。只是当我们去理解"无意识界"这个词时，要颇费一番脑筋了。但是"大树截成小树""大树的枝条"这个比喻真是形象。作者继续引用马秀斯的《短篇小说的哲学》，说道："一篇真短篇小说和只是'短篇'的小说不同，也不由于此。一篇真短篇小说和说部 Novel 最不同的地方，就在他只有一个精彩的印象 Essential Unity of Impisstion，若把'短篇小说'这名字用得格外严密些，就可以说他有的一些，而说部是不能有的。……一篇短篇小说只说一个人物，一桩事情，一种情绪，或一个刺激所唤起的一类情绪。"对这段话的理解也根据理解者的水平了，特别是"一篇真短篇小说和只是'短篇'的小说不同"这一句，就算是这方面的写作者，也不一定能真正理解。作者继续引用汉弥儿敦的《小说的材料和方法》，写道："短篇小说的目的，是要用最经济而有力的方法生出一个叙述的效能。"这一句太有力量了。然后，作者才以毕恩孙的《父亲》和莫泊桑的《弦子》为例，认为短篇小说总要有一个紧密的和直接的单纯性，而"这个单纯性是和奇闻 Anecdote 的单纯性相等的，但是奇闻绝不能有这些单纯的短篇小说的戏剧可能性，因为短篇小说一定总有一种情绪的紧张，这种紧张只在人生极紧急的试验里才有的"。这一句说得太厉害了，简直就是短篇小说的要点。接下来，朱自清的译文，把原作者的意思，完美地予以了呈现："短篇小说不求长篇小说里所要的一致 Consistendy，因为没有这许多元素需要适宜的排列和指挥的缘故，但是短篇小说一定要有独创的多变的题目，要结构得巧妙。要有活泼泼的想象力照彻全篇。日常生活里一个偶然事件，在倏忽一现里，给我们把捉住了，我们以这样态度拿他到读者面前，显明这全体的印象大部分是由暗示得来的。这个偶然事件可以是生活史里的转机，如在'从前的他'里；可以是习惯底精神的克制——这些习惯似乎是固据在灵魂里，色彩不易磨灭的——和一种骤然的，不挠的做人的决心，如在'马克韩'（Markheim）的事情里；也可以是精神上幸福的价值的逐渐实现，如毕恩孙在他的小说《父亲》里所简明表现的。"这段论述，直到如今也可以说是短篇小说创作的指南。

1920 年 3 月 22 日，朱自清在当日的《时事新报》副刊《学灯》上，发表新诗《努力》，署名柏香。诗人借船夫和风浪搏斗的景象，鼓励人们不能放弃、激流勇进，只有这样不断努力，才能创造属于自己的世界。诗曰：

河的中流，
　　一只渔船荡着。
桨师坐在船头，
　　两眼向天望着。

"呀！天变了，
　　风暴给我撞着！……
看他雨横风狂，
　　只好划开船让着！"

容你让么？
　　船身儿不住的前后躺着。
"不让了！"
　　尽向浪头上飐着……

船呢？
　　往前了，和波涛抢着！
"有趣啊！有趣啊！"
　　桨师口中唱着。

沸腾的浪花里，
　　忽隐忽现的两枝桨儿荡着。
哦！远了，远了，
　　只见一点影儿一起一落地漾着！

努力！努力！
　　你们自己的世界，你们在创着！
努力！努力！

直到死了，在洪流里葬着！

在 1920 年的 3 月，因创作上取得的成果，朱自清和冯友兰、孙福熙一起，加入了新潮社，正式成为社员。如前所述，新潮社成立于 1918 年 11 月 19 日，到朱自清等人的加入，相距不过一年多时间，朱自清创作的巨大成果，不能说不受新潮社的影响，他的加入，使之自然成了该社的早期重要成员之一。和他同时加入的冯友兰，此后也是大名鼎鼎，而孙福熙作为孙伏园的弟弟，此时也从事小说、散文的创作，成绩喜人。新潮社发起成员之一的孙伏园在《悼佩弦》一文中，回忆了和朱自清一起讨论思想、学术的情景："我们比较相熟还是在新潮社共同讨论《新潮》稿件和一般思想学术问题的时候。佩弦有一个和平中正的性格，他从来不用猛烈刺激的言辞，也从来没有感情冲动的语调。虽然那时我们都在二十左右的年龄。他的这种性格近乎少年老成，但是有他在，对于事业的成功有实际的裨益，对于分歧的异见有调和的作用，甚至他一生的学术事业也奠基在这种性格。"在这篇悼文中，孙伏园还深情地回忆了和朱自清的同学之谊："佩弦和我相识还在三十余年前的同学时代。他的国语带扬州音，我的国语带绍兴音，虽为小同乡，但他只知道他老家在城内大云桥，对于当年绍兴的一切所知极少，所以在'绍兴'这题目下我们谈不起什么来，而且狭义的绍兴同乡背后还讥笑他连'大云桥'三个字也用的全是国语的读音。"

这年的上半年，朱自清还写了一首《北河沿的夜》，诗曰：

> 沉默的天宇，
> 闪铄的灯光；
> 暗里流动着小河，
> 两岸敧斜着柳树。
> 树们相向俯着，
> 要握手么？
> 在商量小河的秘密么？

树们俯看小河，

　河里深深地映出许多影子。

　这也是他们自己么？

　是他们生命的征象罢？

　　岸上的灯光，

　从树缝里偷偷进来；

　照得小河面上斑斑驳驳，

　白一块，黑一块的，

　像天将明时，东方的云一样。

　那白处露出历历的皱纹，

　显出黑暗里小河生活的烦闷。

　　这是朱自清写作的第二首关于北河沿的诗。关于这条北大河，朱自清在北京的四年中应该十分熟悉了，也没少在河边徜徉和踟蹰，河边的人家、市声、庭院、垂柳、老墙，都会给朱自清留下很深的印象，但是朱自清没有写他的日常生活，却写他经历过的夜——几盏路灯，沉默的天宇和闪烁的灯光，而这些诗的映象，也正是朱自清要表达的心境，对生活的一丝烦闷和怅惘，还有怅惘和烦闷中的希望。

　　1920年5月，朱自清从北京大学毕业了，获文学士学位。朱自清为什么在大学三年级结束就能取得毕业资格呢？如前所述，朱自清因家境困难，他越级考进了本科。与此同时，校长蔡元培改革学制，由学年制改为学分制，规定本科学生学满八十个单位（每学年每门课程的周学时数为该课程的单位数）即可毕业，其中一半为必修课，一半为选修课。这给不少贫寒的学生以减少学习时间、提前毕业工作的机会，而朱自清抓住了这个机会，相当于提前两年毕业了（预科两年、本科四年，事实上他只读预科一年、本科三年）。在北大读书期间的生活情况，陈竹隐在《忆佩弦》一文中曾说："五四运动前后，在北京大学读书的那几年，冬天晚上睡觉，只有一床破棉被，要用绳子把被子下面束起来。"就是在这样寒苦的情况下，朱自清学习还那么好，还创作了那么多文学作品，真的很让人感佩。

1920 年 6 月 14 日，朱自清在《时事新报》副刊《学灯》上发表新诗《怅惘》，署名柏香；次年 10 月 1 日又在《新潮》第 3 卷第 1 期上发表，署名朱自清。该诗收入《踪迹》。诗曰：

> 只如今我像失了什么，
> 原来她不见了！
> 她的美在沉默的深处藏着，
> 我这两日便在沉默里浸着。
> 沉默随她去了，
> 教我茫茫何所归呢？
> 但是她的影子却深深印在我心坎里了！
> 原来她不见了，
> 只如今我像失了什么！

这首诗应该是他大学期间所作的最后一首诗了。这首诗，表面上是在抒写所追求的"爱人"而不得的惆怅情绪，实际是否又是他对于离开大学的不舍呢？从 1919 年下半年到 1920 年上半年，是朱自清创作的首度爆发期，特别是在新诗写作方面，一时间，朱自清成为在全国有影响的青年诗人。

第二章 奔波在江南 (1920—1925)

　　1920 年，朱自清自北京大学毕业，先后在杭州、扬州、台州、温州等地中学任教，期间与俞平伯、叶圣陶、丰子恺等友人交往密切。创作《桨声灯影里的秦淮河》《温州的踪迹》等散文，确立白话散文风格。五年间频繁迁居，生活动荡。

初到『一师』

1920 年 5 月，朱自清从北京大学哲学系毕业。

机缘留给一切有准备的人。此话在朱自清身上再一次得到验证。朱自清从北京大学毕业不久，就到浙江一师任教了。

朱自清能到浙江一师任教，还要从浙江一师的学潮说起。1920 年年初，"一师"的学生施存统在《浙江新潮》上发表《非"孝"》一文，对孔孟之道发起攻击，触怒了当局。浙江省教育机构、省议会指责校方和教师支持学生运动，要有人出来负责，解聘被称为"四大金刚"的四名国文教员刘大白、夏丏尊、陈望道、李次九，并且还要罢免校长经亨颐。此事让"一师"学生特别愤怒，坚决反对撤换校长和四位老师，掀起了轰动全国的学生运动，甚至还轰走了准备继任的校长。当局采取更极端措施，动用武力，派警察包围并企图解散学校。经过学生的激烈斗争，当局的计划未能得逞，但校长和"四大金刚"却因此而相继离职。后在北京大学代理校长蒋梦麟的调停下，风潮得以平息。就这样，刚刚从北京大学毕业的朱自清在蒋梦麟的推荐下，和俞平伯一起去了浙江一师担任国文教师。朱自清、俞平伯和刘延陵、王淮军一起又被并称"后四大金刚"。

这次任教，对于朱自清来说，是他人生的重要一步，不仅是高起点的工作，还结识了一批趣味相投、学问精深且性格同样温和、厚道、笃实的终生好友。

刚一踏上教师岗位，讲课自然是工作中的重点。或许是天性使然，也或许是过于认真谨慎，朱自清无论是备课还是讲课都是一丝不苟，以至于到了刻板的程度。他的学生魏金枝在《杭州一师时代的朱自清先生》里回忆说："他那时是矮矮胖胖的身躯，方方正正的脸，配上一件青布大褂，一个平顶头，完全一个乡下土佬。说话呢，打着扬州官话，听来不甚好懂，但从上讲台起，便总不断地讲到下课为止。好像他在未上课之前，早已将一大堆话，背诵过多少次。又生怕把一分一秒的时间荒废，所以总是结结巴巴地讲。"这段话很形象，也很生动，把朱自清的身材、长相、穿着以及讲课的神态，都淋漓尽致地表现了出来，同时也从一个侧面，说明他对所教课程的重视，虽然略有结巴，却不愿荒废掉一点时间，"然而由于他的略微口吃，那些预备好了的话，便不免在喉咙里挤住。于是他就更加着急，每每弄得满头大汗"。当时"一师"学生的年龄参差不齐，高年级的同学"大的竟有二十七八岁……普通的都是二十里外，这对一个大学新毕业二十二三岁的先生，在外表上确乎是一个威胁，所以一到学生发问，他就不免慌张起来，一面红脸，一面结结巴巴地作答，直要到问题完全解决，才得平舒下来。就为了这缘故，倒弄得同学们再也不敢发问；真的要问，也只好跑到他的房间里去问了"。跑到房间里又怎么样呢？魏金枝继续写道："他也还是那样局促不安的神情，全是一副乡下小户人家待客那样巴结的局面，让坐，倒茶，勤勤恳恳地招待，规规矩矩地谈话，全无那时一师脱落形迹的风气。"这段话，并不是对朱自清的奚落或贬低，相反，却是极高的评价。那是一个紧接着"五四"的时代，有不少的大学毕业生，一踏上社会便趾高气扬、不可一世，炫耀、浮夸之风在一部分学校中大有人在，就连"一师"的风气也是"脱落形迹"的。魏金枝也不无感叹地说："……那时，一切泡沫，都可以冒充浪潮。"而朱自清近乎苛刻的严谨，为人师表的作风，小心谨慎的处事，却像另类的阳春白雪。朱自清有学历有学问，也是一位在全国渐有名气的新诗人，他在学生面前不恃才傲物，不目空一切，不盲目自大，而是像"小户人家待客那样"地面对学生，还给学生让座、倒茶，这是一种谦逊的君子风度，那么年轻就能做到这样，真是很不容易的，对学生的成长、成才，势必也会有很大的影响。

曹聚仁在《哭朱自清先生》里是这样描写的："朱先生踏进了教室，他并不知道我们在这里玩了一年多道尔敦制，国文课便是社会问题讨论课；他刚出大学的门，一本正经上课；他口微吃，讲得很快，很吃力，一头大汗，而我们的反应，非常'淡漠'。在我们徘徊于大而无当的社会问题讨论与一本正经的文艺之间，十字街头，无所适从。"又说："我们谈到朱先生，不禁想起他那双胖胖的温润的手，手背上十个小窝。他是敦厚笃实的人，什么纸糊帽子都不大合他的头寸，用我常用的考语来说，他是开明型的思想家。"称朱自清为"开明型的思想家"，这个评价出自著名报人、散文家之手，可信度更高，朱自清的精神风貌，也更加让人景仰。

郑振铎在《哭佩弦》一文中，也进一步证实了他的这一做人和讲课的风格。他写道：朱自清"从来不肯马马虎虎地教过去。每上一堂课，在他是一件大事。尽管教得很熟的教材，但他在上课之前，还须仔细地预备着。一边走上课堂，一边还是十分的紧张"。接着又说："这样负责的教员，恐怕是不多见的。"为什么"紧张"？就是一种负责的精神，一种忧患的意识——生怕讲不好，势必会更多地用功，更周详地备课，更努力地讲。

和俞平伯从相识到相知而成为好友，无疑是朱自清来"一师"任教的重大收获。俞平伯出身书香世家，旧学功底深厚，年纪轻轻就有名士派，而且早在1918年就开始在《新青年》发表新诗了，此后在《新青年》《新潮》等报刊上常有新诗、散文、文论发表，甚至还在《新潮》上发表了两篇白话小说。俞平伯的成就，对于朱自清来说，相当于"同学老前辈"了，所以刚一成为同事，朱自清便将自己手订的新诗集《不可集》拿给俞平伯看，算是请教吧。这是一本"手抄本"，是朱自清自己的创作集，大约不少诗还略显稚嫩。俞平伯后来说："在杭州时，我开始作新诗，朱先生也正开始作，他认为我的资格比他老，拿他作的新诗给我看，他把他的诗名为'不可集'，用《论语》'是知其不可而为之欤'的意思，近似适之先生《尝试集》的含意。这个集名还是没有用，但我们的关系却一天一天地深了。"俞平伯也是谦逊的，他把自己放在和朱自清平等的位置上，实际上，俞平伯虽然比朱自清小两岁，在北大毕业却比朱自清早半年，发表作品也确实比朱自清更早，而且一出手就是在颇受瞩目的《新青年》杂志上，加上他的家学背景和处事作风，朱自清自然会从内心里钦佩俞平伯了。

从此，两位青年正式订交，经常一起讨论新诗的创作和发展，二人的作品也层出不穷，轮番发表。我查阅了那一时间朱自清和俞平伯的诗文创作和发表情况，从1920年9月开始，至1921年6月，朱自清创作新诗《秋》《不足之惑》《纪游》《送韩伯画往俄国》《沪杭道中》《自白》《依恋》《冷淡》《心悸》《旅路》《人间》《湖上》《转眼》共十三首，另外还有几篇散文。俞平伯创作了新诗《送辑斋》《潮歌》《题在绍兴柯岩照的相片》《乐观》《在路上的恐怖》《无名的哀思》《屡梦孟真醒来长叹作此寄之》《蜡梅和山茶》《太湖放歌》《哭声》《黄鹄》《莺儿吹醒的》《北京的又一个早春》《风尘》《不知足的我们》《俳谐愤言》《春里人的寂寥》《破晓》共十八首以及部分散文。二人的创作成果都很丰硕。虽然之前他们都创作了不少新诗，也在杂志上发表过，但自从相交于浙江一师后，在相互探讨和鼓励之下，创作都呈现了"井喷"的态势。

新诗那时候还是时髦的东西，从胡适的第一首白话诗开始，也不过三四年的光景，从语言到形式，还不太成熟，许多诗人都在探讨、摸索和学习中。朱自清能够和好友共同研习新诗，共同进步，相互激励，实在是遇上了好时机。此外，二人还写作了多篇旧体诗、评论和其他杂稿。而俞平伯开始了对《红楼梦》的研究。朱自清更是写出了一生中的两部短篇小说代表作《笑的历史》和《别》。短短一年时间，朱、俞二人就在文学创作上打开了一片天地。

《别》在朱自清不多的小说作品中，是较为成熟的一篇。这篇小说写毕于1921年5月5日，发表在7月10日《小说月报》第12卷第7号上。小说描写了一个青年教师和他的妻子因为生活所迫，又不得不分手的故事。小说故事质朴，笔调委婉、细腻。不久后，这篇作品就被收入"文学研究会丛书"第五种《小说汇刊》（商务印书馆，1922年5月版），有了更多的读者。

结合朱自清当时的家庭生活，小说有可能源自他自己的心路历程。朱自清刚来"一师"时，是偕妻子和长子朱迈先一同前来的，在写这篇小说时，妻子正待产（长女采芷生于 5 月 8 日）。而他教书所赚的薪水，除了留下少部分自己花销外，大部分都寄给了扬州的老家，所以，他的生活负担很重。这篇小说也算是"有感而发"吧。

　　小说发表后，引起了不小的反响，茅盾说："就我看来，《别》是一篇极好的小说，但一般人或许要说他'平淡'。"（《评〈小说汇刊〉》，出自《文学旬刊》，1922 年 7 月 11 日）陈炜谟也说："他这篇《别》如他的诗一样，初看起来似乎平淡，但仔细咀嚼，就像吃橄榄一样，觉得有味了。"（《读〈小说汇刊〉》，出自《小说月报》，1922 年 12 月 10 日第 13 卷第 12 号）一直以来，朱自清的作品被反复研究，鲜有人研究他的小说，这多半是因为朱自清早年以诗和散文见长，特别是散文，后来以学术和语文研究名世，小说创作不再继续了，就是一些文学选本里，也不再关注他的小说，甚至一些年轻的读者都不知道朱自清还写过小说。好在中国书籍出版社在"中国书籍文学馆——大师经典"书系里有一本《朱自清精品选》（2014 年 6 月出版），收了两篇小说，一篇《笑的历史》，另一篇就是《别》，弥补了这一缺憾。事实上，朱自清的短篇小说不止这两篇，他的《新年底故事》《阿河》《飘零》也可以当作短篇小说来读。在说到自己的小说创作时，朱自清曾在《背影》的序里说："我写过诗，写过小说，写过散文。二十五岁以前，喜欢写诗，近几年诗情枯竭……短篇小说写过两篇。现在翻出来看，《笑的历史》只是庸俗主义的东西，材料的拥挤像一个大肚皮的掌柜；《别》的用字造句，那样扭扭捏捏的，像半生不熟的病人，读着真怪不好受的。我觉得小说非常地难写；不用说长篇，就是短篇，那种经济的、严密的结构，我一辈子也学不来！"又说集子中的"其中两篇，也许有些像小说；但你最好只当作散文看，那是彼此有益的"。朱自清这里所说的"其中两篇"，就是我前边提到的《阿河》和《飘零》。特别是《阿河》，无论是结构、故事、人物塑造，还有所表达的思想和意味，都算得上是一篇正宗的短篇小说，且艺术水准相当高，在朱自清不多的小说作品中排名前列。可能实在是对小说写作的"知难而退"吧，也可能是下决心以后不再写小说了，他才把这两篇作品当作散文收入集中了。

刚刚工作的朱自清，虽然家累较重，还要教书、创作，但毕竟是年轻人，参与学生的聚会，和学生一同出游，和好友谈诗论文、荡舟西湖等，必是少不了的。多年以后，朱自清诗中的"明圣湖边两少年""随时结伴小游仙"，就是说他和俞平伯的。俞平伯和朱自清一样，也是在读大学期间就结了婚的，小家就在杭州，岳家也在杭州，曾祖父俞樾当年居住和讲学的俞楼就在西湖边上，产权还在自己手中。所以，二人不仅可以交流学问、探讨创作，还经常结伴游玩，西湖就是他们经常游逛的地方。

朱自清也会和其他朋友或学生出现在杭州的各个名胜景点。

他的那首《湖上》新诗，就是他在游西湖时，看到游船上一群天真烂漫的少女给人们带来的喜悦而创作的。至于其他名胜，如天竺山、灵隐寺、韬光寺、玉泉、北高峰等都去玩过。他的新诗《纪游》，写的就是和学生张维祺游天竺山等地的事。杭州好玩的地方太多了，仅一个天竺山，就可好好地待上半天，"韬光可观海，天竺则观山"。山湖丽景是杭州最美的景色，徜徉在天竺山麓，会被四周诱人的山峦秀色所迷惑。从灵隐合涧桥旁循路而行，山色扑面而来，一步一景，移步换景，崖陡谷深，曲涧幽静，间或有溪水淙淙，像天籁之音在耳边萦绕，山岚云影如彩带般飘忽而过，时而如立轴画屏，时而又如泼墨写意，极富情趣。朱自清和朋友、学生流连于此，自然会激发灵感，诗兴大发了。《沪杭道中》虽不是记游诗，同样有着记游的色彩，对道路两侧乡野风光的描写非常优美动人，我们可以摘引一下，来领略一百多年前江南五月的乡村风貌：

　　　雨儿一丝一丝地下着，
　　每每的田园在雨里浴着，
　　一片青黄的颜色越发鲜艳欲滴了！
　　青的新出的秧针，
　　一块块错落地铺着；
　　黄的割下的麦子，

把把地叠着；

还有深黑色待种的水田，

和青的黄的间着；

好一张彩色花毡呵！

　　一处处小河缓缓地流着；

河上有些窄窄的板桥搭着；

河里几只小船自家横着；

岸旁几个人撑着伞走着；

那边田里一个农夫，披了蓑，戴了笠，

慢慢地跟着一只牛将地犁着；

牛儿走走歇歇，往前看着。

　　远远天和地密密地接了。

苍茫里有些影子，

大概是些丛树和屋宇吧？

却都给烟雾罩着了。

　　我们在烟雾里、花毡上过着；

雨儿还在一丝一丝地下着。

即便是用今天的诗歌趣味和审美标准来欣赏朱自清的这首抒情诗，依然会被五月江南的乡村民俗和野间风姿所感动，那层层递进的美景和细雨中的田园风光，是不是通过朱自清朴素而精准的文字，呈现在我们的眼前了呢？

初来杭州，朱自清还参加了绍兴旅杭同乡会的几次活动。

朱自清虽然出生于海州，长在扬州，籍贯上却一直填着浙江绍兴，绍兴同乡会的活动他自然十分地热心，1920 年 11 月 28 日，他还为同乡会主办的小型报纸《越声》撰写了发刊词。这篇发刊词，朱自清极其用心，带有些许哲学的思辨，在说明办刊的宗旨是"联络乡谊，交换知识"后，又进一步阐述说："这里我们将本乡看作是世界底一部，和别部并存的，而且互相影响的一部，并没有该受特惠的资格；不过因为自然的、人事的环境地接近，我们先就同乡的人联络起来，做未来的人类大联合底基础，却可的。"又说："照理想说，人类都该一样相爱，没有亲疏底分别；原不必由世界一部底人们特别提出'联络乡谊'底标语，显得自外于别部似的。但是人类底爱，现在还只是理想；人们为环境所限，爱有等差，是不能免的；教他们一样相爱，一时实难办到。——有些入魔的朋友将'人类底爱'当作只是一个概念，尽管嘴里叫得响，却一些爱底表现没有；甚至原来爱着的人也不爱了。这班人只是爱了抽象的人类，又算什么呢！所以我们以为不妨从小处下手，先由局部底人们互相亲爱起来，对于别部底朋友尽量抱着'多爱少恨'底态度，这样将爱慢慢发展开去，便好。况且中国人从来像一盘散沙，爱底绵延只在小小的家庭间，或家庭里一二人间，算是狭隘极了。扩大自然该扩大的，但一下子便教他去爱人类，只怕他从来不曾觉着人类底可爱的，竟是无从爱起罢？倒是从联络乡谊着手，工夫切实些。"这番充满仁爱精神的议论，至今读来，仍然非常受益。不知为什么，这么一篇优美的、带有哲学意味的文字，在朱自清多次编辑散文集时，都没有被收入。

如果有朋友来访，他更是悉心接待。川岛从北京来杭，"住在钱塘江边南星的一个类似过塘行的小客栈里"。朱自清知道后，劝他搬到了西湖边的一家条件较好的旅馆里，还在生活上给予一定的照料。之外，还陪他一起逛西湖，为他解决遇到的问题，聊得也尽兴，"上天下地的谈"，真是无微不至。（川岛，《不应当死的又死了一个——悼佩弦》）

初踏上社会的朱自清，就来到新文化气氛甚浓的杭州浙江一师，这里既是他一生服务于教育界的起点，也是他文学创作的加油站（北大是出发地）。正可谓"风正起，合当奋意向人生"。

灵峰寺探梅

上一章说过了，朱自清在教学和创作之余，也和朋友、同学们郊游、登山、看湖，在这些活动中，也有个人小爱好：看花。凡是花儿，他都要多看一眼。他看过西湖里的荷花，还专程进山看过梅花。这些"花事"活动，直到多年以后，在旅行或工作之余，还是他的一个业余爱好。他在散文《看花》一文中，就记述了当年初到杭州的浙江一师时和"Y"看花的经历："有一回，Y来说，灵峰寺有三百株梅花；寺在山里，去的人也少。"这句话，一下子激发了朱自清看花的兴致，有花可看，当然要去啦！"我和Y，还有N君，从西湖边雇船到岳坟，从岳坟入山。曲曲折折走了好一会，又上了许多石级，才到山上寺里。寺甚小，梅花便在大殿西边园中。园也不大，东墙下有三间净室，最宜喝茶看花；北边有座小山，山上有亭，大约叫'望海亭'吧，望海是未必，但钱塘江与西湖是看得见的。梅树确是不少，密密地低低地整列着。那时已是黄昏，寺里只我们三个游人；梅花并没有开，但那珍珠似的繁星似的骨都儿，已经够可爱了；我们都觉得比孤山上盛开时有味。大殿上正做晚课，送来梵呗的声音，和着梅林中的暗香，真叫我们舍不得回去。在园里徘徊了一会，又在屋里坐了一会，天是黑定了，又没有月色，我们向庙里要了一个旧灯笼，照着下山。路上几乎迷了道，又两次三番地狗咬；我们的Y诗人确有些窘了，但终于到了岳坟。船夫远远迎上来道：'你们来了，我想你们不会冤我呢！'在船上，我们还不离口地说着灵峰的梅花，直到湖边电灯光照到我们的眼。"这里的"Y"君，就是俞平伯。俞平伯小时候随家人生活在苏州曲园。苏州园林天下闻名，园林里种植有各种奇花异草，梅花当然也有。朱自清小时候生活的扬州，同样也以园林闻名，可以说梅花是园林里的必备树种，不仅耐寒，花朵儿还早开，可供观赏的时间也长，历来受到游客的喜爱，也特别受到文人雅士的欣赏和追捧，用诗文来歌之咏之。朱自清、俞平伯等一行三人，小时候都受过严格的旧学教育，对旧体诗都很熟悉，自然也读过许多关于梅花的诗，有些诗句一定记忆犹新，如唐人崔道融《梅花》里的"香中别有韵，清极不知寒"，宋人林和靖《山园小梅》里的"暗香浮动月黄昏"，宋人张道洽《瓶梅》里的"寒水一瓶春数枝，清香不减小溪时"，宋人王安石《梅》里的"墙角数枝梅，凌寒独自开"，元代王冕《白梅》里的"忽然一夜清香发，散作乾坤万里春"，清代汪士慎《题梅花》里的"小院栽梅一两行，画空疏影满衣裳"等等，可谓多不胜数，俞平伯闻听灵峰寺有三百株梅花要开，便来约好朋友朱自清去观赏。朱自清欣然同往。朱自清小时候在扬州园林里大约也看过梅花的，这和俞平伯的经历相似。但那不过是园林里的梅花，和野山郊外的大片梅花还是不一样，而灵峰寺里三百株梅花的大阵势更是不知如何想象。

杭州西湖边上的灵峰山，介于桃源岭与秦亭山之间，海拔只有一百多米，这里自古就以梅花著名。朱自清、俞平伯一行三人去的时间偏早了，花并没有开，但"珍珠似的繁星似的骨都儿，已经够可爱了"，算是没有白来。后来俞平伯研究宋词，对周邦彦《红林檎近·高柳春才软》词中的"高柳春才软，冻梅寒更香。暮雪助清峭，玉尘散林塘"句，进行了释义："点明了春雪、梅雪。唐王初（一作王贞白）《春日咏梅花》诗曰：'靓妆才罢粉痕新，递（一作迢）晓风回散玉尘。若遣有情应怅望，已兼残雪又兼春。'玉尘的出典固不止此，却从此取意。不过王诗重在梅而雪只带说，周词重在雪而梅只略点。"俞平伯结合自己的阅读，继续释义道："我从前读清真词，读到两处很有些疑惑，其一见于本词第二首：'梅花耐冷，亭亭来入冰盘'，似乎梅花亭亭地走到冰盘里去。这很奇怪，必有出典；若无出典，他似乎不会这样说。但陈元龙本无注。又见于有名的咏梅的《花犯》：'冰盘同宴喜'，一作'不盘共宴喜'。陈本在这里有注了，引韩愈诗：'冰盘夏荐碧石脆'。这等于说青梅就酒。且看《花犯》这段全文：'去年胜赏曾孤倚，冰盘同宴喜；更可惜雪中高树，香箧熏素被'。分明是雪里梅花，如何是青梅煮酒呢。"后面还有一通解释，可见俞平伯对于梅花诗的喜爱和研究，引经据典，应该是很熟悉的。所以，当听说灵峰山里灵峰寺的三百株梅花已经开放时，便迫不及待地约好友朱自清前去观看了。

从文中所记看，这次看花也是经历了一些波折和险情的，乘船横渡了西湖到达岳坟，倒是顺利。上山也还好，虽然曲曲折折有许多石阶，并没有多大阻碍。小庙不大，景致也可人，冬日黄昏的寒风中，"东墙下有三间净室，最宜喝茶看花"。他们一边品茶，一边赏景，虽然只是一片珍珠似的"骨都儿"，倒是能想象出开放时的模样。但是回程就不一样了，天黑了，又没有月色，山路坡陡，险峻异常。还好，有和尚送的旧灯笼可以照路。即便如此，还是差点迷了路，且几次遭遇到狗。山上人家的看家狗，在夜晚里是很凶的，虽不至于咬人，犬声应该十分可怕。俞平伯怕狗的窘态都被朱自清看在眼里了。而在湖边等候他们归来的船夫，看到他们带黑归来，还心有余悸地怕被他们放了鸽子——应该是往返结束后才付船资的。

虽然没有看到怒放的梅花，这次看花之行还是感染了三位年轻的学人和作家，在回程的船上，还是不停地说着灵峰山的梅花。旧时的游船，横过西湖，要半个小时以上的时间，一路上还在谈梅花，肯定不仅仅是眼睛看到的"骨都儿"，少不了对于古人的咏梅诗词和相关文赋，进行一番回味和品评。在船上的半个小时以上的时间，争相说着梅花，现在看来也是极奢侈的事了。

朱自清的这篇《看花》写于1930年4月，距离他当年和俞平伯等人看梅花已经八九年了，他依然记忆犹新，肯定是因为这次看花的特殊经历给他留下了深刻记忆。特别是船上的夜谈，他们不谈走过的险峻的夜路，不谈小庙里的茶事和远望的钱塘江，也不谈破旧的灯笼和狗吠，专谈梅花，这种雅谈不是一般人能够经历的。

不仅是梅花，在朱自清的新诗中，花儿也时常出现。如写于1921年2月3日的《自白》中，就有"四围不都是鲜嫩的花开着吗？绯颊的桃花，粉面的荷花，金粟的桂花，红心的梅花，都望着我舞蹈，狂笑；笑里送过一阵阵幽香，全个儿的我给他们熏透了！"这里的四种花代表了春夏秋冬四季，书写了不同时期的花儿对朱自清的陶冶和影响。1921年10月，在上海吴淞写成的《自从》诗，开头就以"花"入诗：

> 自从撒旦摘了"人间的花"，
> 上帝时常叹息，
> 又时常哀哭，
> 所以才有风雨了。
> 因为只要真实的东西，
> 撒旦他丢给人们
> 那朦胧的花影；
> 便是狂醉里，幻想中，
> 睡梦边，风魔时，
> 和我们同在的了。

1922年5月17日，在给"湖畔诗人"潘漠华、冯雪峰、应修人、汪静之四人诗选合集《湖畔》写读后感时，专门提到应修人的一首《豆花》。豆花在花的世界中实在是排不上名号的，而应修人的诗也不仅这一首出色，归根结底，还是花儿在朱自清的心中有着很高的位置，不管它是菜花还是豆花。

就在这次深山探梅、西湖谈梅不久之后，俞平伯去了北京，而朱自清继续奔波在江南各地。朱自清在《看花》一文中继续谈他在江南经历的花事："我也到了白马湖。那边是乡下，只有沿湖与杨柳相间着种了一行小桃树，春天花发时，在风里娇媚地笑着。还有山里的杜鹃花也不少。这些日日在我们眼前，从没有人象煞有介事地提议，'我们看花去。'但有一位S君，却特别爱养花；他家里几乎是终年不离花的。我们上他家去，总看他在那里不是拿着剪刀修理枝叶，便是提着壶浇水。我们常乐意看着。他院子里一株紫薇花很好，我们在花旁喝酒，不知多少次。白马湖住了不过一年，我却传染了他那爱花的嗜好。"这里的"S"就是夏丏尊。夏家在白马湖春晖中学的小院子是朱自清一直念念不忘的，一边赏花，一边喝酒，同样是人生一大快事。而爱花的嗜好，也便在白马湖得到了传播。此后，朱自清也跟随俞平伯的脚步，来到北京，来到著名的清华园。朱自清继续对花儿有着独有的情感，大家熟知的名篇《荷塘月色》里，他就写过夜月下的荷花，在《看花》一文中对菊花也情有独钟，"曾经和孙三先生在园里看过几次菊花。'清华园之菊'是著名的，孙三先生还特地写了一篇文，画了好些画。但那种一盆一干一花的养法，花是好了，总觉没有天然的风趣。直到去年春天，有了些余闲，在花开前，先向人问了些花的名字。一个好朋友是从知道姓名起的，我想看花也正是如此。"菊花看了，印象深刻了，清华园自然还有好多的花，不能错过好时光，而和俞平伯一起赏花也恰是好时候，"恰好 Y 君也常来园中，我们一天三四趟地到那些花下去徘徊"。俞平伯文事在身，很难脱身怎么办？就自个儿看，"今年 Y 君忙些，我便一个人去。我爱繁花老干的杏，临风婀娜的小红桃，贴梗累累如珠的紫荆；但最恋恋的是西府海棠。海棠的花繁得好，也淡得好；艳极了，却没有一丝荡意。疏疏的高干子，英气隐隐逼人。可惜没有趁着月色看过；王鹏运有两句词道：'只愁淡月朦胧影，难验微波上下潮。'我想月下的海棠花，大约便是这种光景吧。为了海棠，前两天在城里特地冒了大风到中山公园去，看花的人倒也不少；但不知怎的，却忘了畿辅先哲祠。Y 告我那里的一株，遮住了大半个院子；别处的都向上长，这一株却是横里伸张的。花的繁没有法说；海棠本无香，昔人常以为恨，这里花太繁了，却酝酿出一种淡淡的香气，使人久闻不倦。Y 告我，正是刮了一日还不息的狂风的晚上；他是前一天去的。他说他去时地上已有落花了，这一日一夜的风，准完了。他说北平看花，是要赶着看的：春光太短了，又晴的日子多；今年算是有阴的日子了，但狂风还是逃不了的。我说北平看花，比别处有意思，也正在此。这时候，我似乎不甚菲薄那一班诗人名士了"。

一次灵峰山探梅和西湖横渡时的谈梅，引发了朱自清对于花的兴趣，也给他后来的创作带来了素材。

任职扬州省立八中及其『风波』

朱自清在浙江一师教了一学年书，于第二年暑假（1921）回扬州度夏时，在父亲的劝说下，受聘于江苏省立第八中学任教并担任教务主任。

江苏省立第八中学是朱自清的母校，前身叫扬州两淮中学，习惯上称"扬州八中"。

朱自清是 1912 年从扬州安徽旅扬公学高小毕业考入"八中"的，他在许多文章中都提到过"安徽旅扬公学"这所小学，在《我是扬州人》一文中还特地说到他的小学老师："我的英文得力于高等小学里一位黄先生，他已经过世了。还有陈春台先生，他现在是北平著名的数学教师。这两位先生讲解英文真清楚，启发了我学习的兴趣。"朱自清这里用"清楚"二字，而且是"真清楚"，简朴又明朗。接着又提到他私塾的老师戴子秋先生，"也早过世了，我的国文是跟他老人家学着做通了的"。这里的"做通"也很妙。如果换一种说法，可能要有一堆文字来叙述，还不一定说得清楚，这"做通"简直就是神笔。"国文"，即"本国的文学及作品"。1905 年清朝废除科举制后，新式学堂中唯一保留的中国传统科目，就是"国文"。但是，普通人对"国文"的理解，却又多一层意义，即"国学"和"语文"的合称，前者通常是指以先秦经典及诸子学术为根基，涵盖了两汉经学、魏晋玄学、宋明理学和汉赋、六朝骈文、唐宋诗词、元曲与明清小说等一套特有而完整的文化、学术体系，甚至还包括历史、思想、哲学、地理、政治、经济乃至书法、绘画、音乐、术数、医学、星象、建筑等所涉及的范畴。那么"国文"这门博大精深、备受重视的学科，朱自清掌握得怎么样？年轻的朱自清轻描淡写又不无自信地说，"做通了"。"做通了"国文的朱自清以一个优秀的高小毕业生身份考入了省立八中，成为"八中"一名出类拔萃的优等生。他的老师李方谟在《我记忆中的朱自清》一文中对朱自清高中毕业那年的长相、性格、爱好、学问、人品和抱负都有简略的描述，也夸他在文学方面有了自己独特的想法，看好他的前途并做了预判。

作为一个在高等小学毕业时就做通了国文，毕业于北京大学的高材生，又经过浙江一师一年教学的历练，朱自清无论是内心还是外部给人的印象，都是极其严谨、认真而自信的。于是，当1921年暑假受聘于母校时，许多人都对他怀有景仰的心情。这时候的朱自清也是意气风发、心情舒畅，做事也和他的性格一样严肃、严谨、负责。他的学生余冠英在《悲忆佩弦师》里，有一段形象的描写："我初次见到朱佩弦先生是在民国十年，那时他新就聘扬州江苏省立第八中学教务主任，我是正要投考那个学校的小学生。就在办报名手续时认识了他，他给我的印象是矮，微胖，很和气。同时我的小学教师洪为法先生带着另一个孩子也来报名，出乎意外地他们争执起来，似乎关于保证书有什么问题。结果是洪先生悻悻而去。当时我觉得这位教务主任表面谦和，实在是很严厉的。"当时还是孩子的余冠英判断没错，严谨、严厉、认真甚至较真，贯穿了朱自清的一生。

但是，也正是因为他的严肃认真和性情耿直，让他告别了短暂的"八中"生涯。究竟是什么原因让颇想为母校做一番事业的朱自清"愤而辞职"呢？在1921年11月4日写作的杂感《憎》里，朱自清告诉了我们事情的原委：

　　……同事们多是我的熟人，但我于他们，却几乎是个完全的生人；我遍尝漠视和膜视底滋味，感到莫名的孤寂！那时第一难事是拟订日课表。因了师生们关系底复杂，校长交来三十余条件；经验缺乏、脑筋简单的我，真是无所措手足！挣揣了五六天工夫，好容易勉强凑成了。却有一位在别校兼课的，资望深重的先生，因为有几天午后的第一课和别校午前的第四课衔接，两校相距太远，又要回家吃饭，有些赶不及，便大不满意。他这兼课情形，我本不知，校长先生底条件里，也未开入；课表中不能顾到，似乎也"情有可原"。但这位先生向来是面若冰霜，气如虹盛；他的字典里大约是没有"恕"字的，于是挑战底信来了，说什么"既难枵腹，又无汽车；如何设法，还希见告！"我当时受了这意外的、滥发的、冷酷的讽刺，极为难受；正是满肚皮冤枉，没申诉处，我并未曾有一些开罪于他，他却为何待我如仇敌呢？我便写一信复他，自己略略辩解；对于他的态度，表示十分的遗憾：我说若以他的失当的谴责，便该不理这事，可是因为向学校的责任，我终于给他设法了。他接信后，"上诉"于校长先生。校长先生请我去和他对质。狡黠的复仇的微笑在他脸上，正和有毒的菌类显着光怪陆离的彩色一般。他极力说得慢些，说低些："为什么说'便该不理'呢？课表岂是'钦定'的么？——若说态度，该怎样啊！许要用'请愿'罢？"这里每一个字便像一把利剑，缓缓地，但是深深地，刺入我心里！——他完全胜利，脸上换了愉快的微笑，侮蔑地看着默了的我，我不能再支持，立刻辞了职回去。

从这篇文章中已经完全知道事情的因果了。诱发朱自清辞职的，是"八中"一位老资格的教师，他因在另一所学校兼课，两校相距又比较远，影响了他吃午饭。这实在是一场误会，因为初来乍到的朱自清并不知情，排课时没有考虑到这层因素，校长也没有提醒，所开列的三十多个注意事项里也没有注明。朱自清接到老先生的信后，还是立即做了调整，并给老先生回了封信。但老先生得了信，仿佛得到了朱自清"失职"的证据，不依不饶、盛气凌人地告到了校长那儿。老于世故的校长不做解释，并曲意袒护了那位老先生。朱自清对对方那"刺入我心里"的完全胜利的微笑难以接受，只好愤而辞职。

朱自清对扬州有着深切的情感，虽然不喜欢扬州人的"小气"和"虚气"，毕竟那里是他的成长之地，私塾、小学、中学都在那里度过，留下很多美好的记忆，特别是四年"八中"的学习生活，不仅使他心智逐渐地成熟，扬州东方古典式的文化生活也渗透到他的精神世界里，更留下他许多美好的记忆。小学时他曾和几个小伙伴准备到庙里去打桃子吃，结果桃树正处在开花的时候，桃子没吃成，喝了一肚子茶而归。中学时喜欢逛书铺，买书、读书一时成了他的"嗜好"。所以，1921年暑假，朱自清从杭州一回扬州，便在父亲的关照下（朱父和"八中"校长李荃是老相识）近乎迫不及待地应聘到母校，本想干一番事业的，他甚至还满怀激情地为"八中"写了校歌，而且歌词真是好，其中有这样的句子："浩浩长江之涛，蜀冈之云，佳气蔚八中。人格齐全、学术健全，相期自治与自动。"没想到却当头挨了一棒，正是栽在"人格"上，这当头一棒，让朱自清着实清醒了不少。但说起辞职的原因，他也并未隐瞒，在给俞平伯的信里如是说："我在八中因为太忙了，教员学生也都难融洽。几经周折，才脱身到此。现在在中国公学教国文……"

可能是因为人都有其双面性吧，扬州江苏八中的校长李荃（1883—1927）是个有成就的教育家，号更生。李公泽有一篇《追求革新的爱国教育家李更生》，文中高度赞扬他一生从事教育、提倡爱国，还不断探索教育新机制，将"八中"单轨制改为双轨制，千方百计聘请优秀教师。另外，还有史文的《李更生校长踪迹略忆》、张云谷的《忆先师李更生先生》、陈广沅的《扬州八中求学记》，这些文章，从各个方面记叙了李荃赤诚办教育的执着、勤勉和有方。他能请到已经任教浙江一师的北大高材生朱自清回母校任教并委以教务主任的重任，说明还是重视人才的，只不过在朱自清和一名有资格的老教师发生冲突时"和了一次稀泥"，没有处理好罢了。或者，在校长一方，两边都不得罪，也许是他一贯的处事风格吧，只是年轻气盛并有大理想大抱负的朱自清，并不吃这一套而已。

另外，朱自清离开"八中"，还有另一层因素，也算是"风波"之一吧，即经济上不能独立。朱自清在《笑的历史》里，对家庭经济从宽裕到困难，有一个大致的描述——早先，因为祖父积攒些钱财，加上父亲一直做小官，有固定的收入，"家里钱是不缺的，大家都欢欢喜喜地过着"。但好景不长，祖父因被敲诈病逝后，父亲朱鸿钧也于1917年冬失去了官差，断了经济来源，一家人靠支借生活，朱自清自然是看在眼里的。所以当他在"一师"工作后，便将自己收入的大半寄给了家中，"他们那里会满意！况你的寄钱，又没有定期，家里等着用，又是焦急！婆婆便只向我啰嗦，说你怎样不懂事，怎样不顾家，怎样只管自己用"。"前年暑假你回来了，身边只剩两个角子，婆婆第一个不高兴，她不是尽着问你钱到那里去了么？你在家三天，她便唠叨了三天，你本来不响的，后来大约忍不住了，也说了几句。她却和你大吵！第二天，你赌气走了。"这些话虽是小说之言，也是朱自清家里的事实——不是因为别的，就是因为经济紧张。

朱自清的父亲朱鸿钧是个老式的家长，虽然只领了朱自清一个月的工资，竟要求校长以后把儿子的工资直接送到家里，不给朱自清一点自主支配的权力。这让朱自清当然难以接受了。其实朱自清是知道家里债台高筑的，如果父子讲清楚了，也不至于为这个事情而闹矛盾。摆在眼前的事实是，就在不久前，朱自清的二弟朱物华从扬州八中毕业，同时被南京高等师范和上海交通大学录取。朱鸿钧希望朱物华能读师范，将来可以像朱自清一样教书。但朱物华喜爱工科，想读上海交通大学。朱自清得知二弟的志向后，支持二弟的选择，还省吃俭用从自己不多的薪水中拿出钱来资助二弟的学业。朱自清此举，成就了朱物华在中国科学界的地位。他在获得清华"庚款留美"资格后，入麻省理工学院、哈佛大学等名校求学，获得博士学位，最终成为著名的科学家和中国水声学奠基人之一。所以从这一角度看，朱自清应该是能够理解父亲代领工资的行为的。

算起来，从暑假就聘于扬州八中，到开学不久后就辞职（给俞平伯写信是 1921 年 9 月 23 日，那时候他已经到上海中国公学任教了），满打满算也不到三个月的时间，却让朱自清认识了一些人的真实面目，这给初踏上社会的朱自清，上了一堂深刻的社会生活课，也给他此后的工作生活积累了经验，从这个角度去看，"八中"的经历也算是一件好事吧。所以，当不久之后，他在上海北站看到一张破芦席下盖着一个"劳动者底尸体"，又自然地联想起了"八中"的遭遇，这才有杂感《憎》的问世，才披露了他离开"八中"的真实的原因。这篇文章发表于 1921 年《时事新报》副刊《学灯》上，署名柏香，连载了几次才结束。

　　这篇文章不仅让我们了解了朱自清在"八中"一段短暂而难忘的经历，也让我们看清了那个时代社会生活的真实面目，看清了人世间普遍存在的心灵隔膜与骨子里的敌意。如果朱自清逞一时之能，留在"八中"，和那些人"斗争"下去，甚至和家庭"斗争"下去，也许他会取得一时的胜利，但他的志向不在于此，他不是仅仅要做一个优秀的中学教师。

和叶圣陶订交于中国公学

上海的中国公学，在 20 世纪初及至二三十年代可谓大名鼎鼎，陆续设有大学部、中学部和小学部，不但会集了于右任、马君武、梁启超、陈伯平等一代名师俊杰，还有先后毕业于该校的胡适、郭纲琳、冯友兰、吴晗、何其芳等许多著名人士，沈从文也曾在该校大学部任教并爱上在这里念书的张家三小姐张兆和，留下了传世佳话。当然，还有后来任教于中学部的叶圣陶、刘延陵、朱自清等现代文学名家。校歌更是出自于右任、马君武二位元老之手，歌词曰：

> 众学生，勿彷徨，以尔身，为太阳，照尔祖国以尔光，尔一身，先自强。修道德，为坚垒；求知识，为快枪。
>
> 众学生，勿彷徨。尔能处之地位是大战场。尔祖父，思羲黄，尔仇敌，环尔旁。欲救尔祖国亡，尔先自强！

就在朱自清受聘于"八中"的同时，1921 年 7 月，27 岁的叶圣陶应中国公学代理校长张东荪和中学部主任舒新城的邀请，到该校中学部担任国文教员。

此前，叶圣陶一直在苏州用直吴县第五小学执教，和老同学王伯祥成为同事，一起成立用直镇教育会，一起研究改革教学诸问题，并和在北京大学读书的顾颉刚、俞平伯过从甚密，常有书信来往，还热情地帮顾颉刚收集苏州民歌，自己也开始用白话写小说。当北京大学的文学社团新潮社成立并创刊《新潮》杂志时，叶圣陶经顾颉刚的介绍加入了新潮社，成为不多的校外社员之一。他还积极给《新潮》投稿，在《新潮》上发表不少文章，诗歌、散文、政论都有，特别是小说，陆续有《这也是一个人》《春游》《秋之夜》《"你的见解错了！"》《欢迎》《不快之感》《伊和他》等多部，可以说，他第一本小说集《隔膜》里的大多数小说都首发在《新潮》上。一时间，叶圣陶成为名重一时的青年小说家。鲁迅在 1919 年 4 月 16 日致傅斯年的信中说："《新潮》里的《雪夜》《这也是一个人》《是爱情还是苦痛》（起首有些小毛病），都是好的。"后来，鲁迅在《中国新文学大系·小说二集》的导言里，再次肯定了叶圣陶的创作，称他"有更远大的发展"。

叶圣陶频频在《新潮》发表文章的这段时间，新潮社成员的朱自清正在北大读书，是《新潮》的忠实读者。如前所述，1920 年初夏，朱自清从北京大学毕业后，陆续在浙江一师、扬州江苏省立第八中学任教。1921 年 9 月中旬，经浙江一师时的同事、也是好友刘延陵介绍，朱自清只身从扬州前往上海，来到中国公学中学部任教员。

当时的中国公学地处吴淞口，紧挨烟波浩渺的江海接合部，风光十分美丽。在 1921 年 10 月 3 日给俞平伯的信中，朱自清对中国公学有一段细致的散文式的描写："公学在炮台湾，离吴淞还有一站路。炮台湾是乡间地方，弥望平畴，一碧无际，间有一二小河，流经田野中，水清波细，活活底有声音，走近了才可听得，正是'幽甜到不可说了哩！'少有人处，小鸟成群上下，见人也不惊避。黄浦江在外面日夜流着。江岸由水门汀砌成，颇美丽可走。岸近处便是黄浦与长江合流之所。烟水苍茫，天风浩荡；远远只见一条地平线弯弯地横陈着，其余便是帆影笛声，时一闻见而已。每当暮霭四合时，或月色晶莹时，临江伫立，正自令人有'振衣千仞冈'之感。你若能来，我们皆大欢喜。"这封信带有明显的"诱惑"之意，用美丽风光来吸引俞平伯，也可见朱自清此时的心情多么的明快、爽朗。

想"诱惑"好朋友去做同事（抑或只是游玩），不仅因为中国公学附近的风光好，还有一层，是他所在的中学部有好多熟人，刘延陵自不必说了。刚去不久，刘就介绍他认识了叶圣陶。叶圣陶是 1921 年 1 月 4 日成立的文学研究会十二个发起人之一，已经在新文学创作上取得了可观的成绩。此后不久，朱自清也加入了文学研究会，入会号为五十九号。身处同一个文学社团，二人应该是互相景仰、惺惺相惜了。能和叶圣陶在上海成为同事，朱自清内心里是十分喜悦的。但二人的初见，却颇有意思，朱自清在《我所见的叶圣陶》里，回忆了那天见面的情形：刘延陵"和我说：'叶圣陶也在这儿。'我们都念过圣陶的小说，所以他这样告我。我好奇地问道：'怎样一个人？'出乎我的意外，他回答我：'一位老先生哩。'但是延陵和我去访问圣陶的时候，我觉得他的年纪并不老，只那朴实的服色和沉默的风度与我们平日所想象的苏州少年文人叶圣陶不甚符合罢了"。

这是朱自清对叶圣陶最初的印象：服装的颜色（服色）是朴素的，风度是沉默的，而且并不老。老，当然是玩笑话了。叶圣陶和刘延陵同龄，都只比朱自清大4岁，刘用"老先生"称呼，实际上并不是说叶圣陶年龄上的老，而是敬称，指叶圣陶年少老成，做事沉稳，不急躁，有定性。而朱自清在未见之前，想象中的叶圣陶是一个写小说的风度飘逸的"苏州少年文人"。这样的"不甚符合"的反差，却让朱自清从情感上更向他靠近了。接着，朱自清是这样描述叶圣陶的：在与人独对的时候，总是要谈这谈那，愿意发表自己的观感，但在与大家聚谈的时候，不与别人辩论，更不要说面红耳赤地争执了。朱自清极为欣赏叶圣陶的性格和做派，在这段时间的相处中，少不了经常在一起喝酒聊天，谈诗说文，"谈这谈那"，就是无所不谈嘛。朱自清曾在《赠圣陶》中有这样的句子："我始识君歇浦旁，羡君卓尔盛文章。讷讷向人锋敛铓，亲炙乃窥中所藏。小无町畦大知方，不茹柔亦不吐刚。"诗中对叶圣陶的描写可谓十分精准传神，叶圣陶藏锋、内秀的性格，还有作者对叶圣陶文章的羡慕，都跃然纸上。

作为中国公学的同事，叶圣陶只比朱自清早来两个多月，叶圣陶对中国公学周围的环境也极为欣赏，1921年10月23日，在致周启明的信中说："今秋钧入中国公学，海滨景色，很是愉悦。江口的涛声，傍晚鲜明难描的云彩，成为每日相伴的伴旅。"叶圣陶虽然喜欢这儿的环境，身边更有投缘的朋友，毕竟家还在苏州的甪直，只能每个周末回家小住一两天。但在校时也会和朋友去江边散步，特别是对于到校不久的朱自清，更是像大哥一样多有关照，这对于还没有完全融入同事中的朱自清，当然是求之不得的了。朱自清除了正常教书和给朋友写信，很多时候都和叶圣陶、刘延陵一起去江海边走走，玩玩，欣赏江潮海涛，远眺白云蓝天，臧否这几年兴起的新文学，诗歌和文章当然也没有少写。从现成的资料看，那段时间朱自清写了不少稿子，比如新诗《自从》，评论《民众文学谈》，后者发表在 10 月 10 日《时事新报》副刊《文学旬刊》(双十赠刊)上，该文对于民众文学提出了自己的观点。然而，这篇文章的观点，引起了俞平伯的不同意见，并引发了几个月的讨论，两个人书信往返，各抒观点，好不热闹。这一时期的叶圣陶也写作和发表了不少文章，比如小说《先驱者》《饭》《义儿》《云翳》等，还有大量的新诗和戏剧。

一时间，朱自清和叶圣陶成为中国公学中学部文学创作的担当，两人的相处也越来越和谐。在《我所见的叶圣陶》中，朱自清还生动地写了这样一个段子：叶圣陶"辛辛苦苦保存着的《晨报》副张，上面有他自己的文字的，特地从家里捎来给我看；让我随便放在一个书架上，给散失了。当他和我同时发见这件事时，他只略露惋惜的颜色，随即说：'由他去末哉，由他去末哉！'"朱自清感叹说："我是至今惭愧着，因为我知道他作文是不留稿的。他的和易出于天性，并非阅历世故，矫揉造作而成。"

就在这样的不断交往碰撞中，他们萌生了一个在中国新诗史上留下印迹的大胆计划，即编辑出版《诗》月刊。刘延陵在多年后回忆说："有一天下午，我们从海边回学校时，云淡风轻，不冷不热，显得比往日尤其秋高气爽。因此，我们一路上谈兴很浓；现在我也不记得怎么一来，我们便……谈到新诗，谈到当时缺少专载它们的定期刊，并且主张由我们来试办一个了。""马上写了一封信寄给上海中华书局的经理，征求该书局为我们计划中的刊物担任印刷与发行。几天后接到回信，邀我们于某一时刻，访问该书局编辑部的左先生，谈商一切。我们如约而往，谈了一个小时就达成协议。"(刘延陵，《〈诗〉月刊影印本序》)有了这个具体的目标，朱自清和几个心怀远大理想的文学青年，便不亦乐乎地分头忙碌起来。

然而，就在这时候，学校起了风潮。

中国公学的风潮，起因并不复杂，或者只是针对新派教员的。当时，中国公学老派教员的势力非常强大，为抵制新派教员的改革，煽动学生闹起了风潮。风潮的矛头直指叶圣陶、刘延陵、朱自清、常乃德等八名新派教员，并要驱逐代理校长张东荪和中学部主任舒新城。学生罢课，并捣毁办公室，声势不小。张东荪足够强硬，贴出布告，开除带头闹事的学生。学生也不示弱，撕毁布告，并指控张东荪"摧残教育""压迫学生"。闹得不可开交时，张东荪采取极端措施，率警察驱赶闹事的学生，双方就此发生了冲突。为了表示抗议，朱自清向刘延陵提议中学部停课。朱自清担心叶圣陶未必赞成。"但是出乎我的意外，他居然赞成了！后来细想他许是有意优容我们吧；这真是老大哥的态度呢。我们的办法天然是失败了，风潮延宕下去；于是大家都住到上海来。"当时他们还起草了一份《中国公学中学部教员宣告这次风潮之因果始末》，该文正是由叶圣陶起草并发表在 10 月 21 日的《时事新报》上的，联名的八位教员除朱自清、叶绍钧（圣陶）外，还有常乃德、刘建阳、陈兼善、吴有顺、刘延陵、许敦谷。朱自清提议停课，叶圣陶起草因果始末，可谓精诚合作了。在这次风潮中，朱自清和叶圣陶所显示出的共同的品格和决心，让他们从泛泛之交进而成为相互欣赏的终生好友。朱自清更是从叶圣陶的"和易"中，发现了他性格中的另一面，从而格外敬重。

叶圣陶和朱自清住到上海后的情形怎么样呢？用朱自清的话说，"这一个月实在是我的一个很好的日子"。是啊，在避居上海的一个月里，经叶圣陶介绍，朱自清不但认识了文学研究会另一位重量级人物郑振铎，还认识了周予同等同道，重要的是，他和叶圣陶几乎天天见面。聊文学，谈创作，继续讨论《诗》月刊并积极筹办、约稿，仅从现存的创刊号目录看，就有刘半农、王统照、郑振铎、郭绍虞、徐玉诺、汪静之以及编者叶绍钧、俞平伯、刘延陵的原创诗，还有周作人、茅盾等人的译诗译文。朱自清也有《转眼》和《杂诗三首》发表，阵容可谓十分强大。也正是由于创刊号的分量，从第 1 卷第 4 号开始，《诗》月刊成了文学研究会的定期刊物。

在朱自清感叹"很好的日子"的中国公学时期，他接连写出了《民众文学谈》《自从》《杂诗三首》《黑暗》等，翻译了泰戈尔的《源头》，还写作了散文《憎》《歌声》《失名〈冬天〉》等，这些作品，大部分陆续发表在《诗》月刊上。叶圣陶也创作了大量的文学作品，新诗、散文、小说、童话、政论等，可谓全面发展。新诗有《小虎刺》《扁豆》《杂诗》《两个孩子》《损害》《失望》等，小说有《先驱者》《脆弱的心》《饭》《义儿》《云翳》等，童话有《小白船》《傻子》《燕子》等。朱自清的《杂诗三首》，是一首很短的诗，名曰"三首"，一共也只有七行。全诗如下：

一

　　风沙卷了，
先驱者远了！

二

　　昙花开到眼前时，
便向她蝉翼般影子里，
将忧愁葬了。

三

　　无力——还在家里吧；
满街是诅咒呵！

　　而更为奇特的是，这么短短的三首七行诗，还加了个长长的序。原来，朱自清这三首超短诗，是受俞平伯的影响而创作的——1921年10月23日，朱自清接到俞平伯从杭州发来的信和一组诗，总题为《忆游杂诗》，共十四首。俞平伯说他这是自创新体，作短诗。朱自清读了，很受启发，又联想到周作人翻译的日本的短歌，便诗兴大发地连作了三首，更是趁势又写了个序。朱自清在《杂诗三首》的序中，引用俞平伯另一封信里关于短诗的论述："……因短诗所表现的，只有中心的一点。但这一点从千头万绪中间挑选出来，真是极不容易。读者或以为一两句耳，何难之有；而不知神思之来，偏不难于千百句而难于一二句。……作写景短诗，我已颇觉其选择之难，抒情恐尤难矣；因景尚易把捉，情则尤迷离惝恍也。"俞平伯不愧为诗词名家，几句话，就把短诗写作的要点给抓住了。朱自清在《杂诗三首》的序中，还引用了周作人关于日本短歌的论述，云："……但他虽不适于叙事，若要描写一地的景色，一时的情调，却很擅长。"朱自清接着说："我们主张短诗，正是这个意思；并且也为图普遍起见。——因为短诗简单隽永，平易近人。可是中国字都是单音；在简短的诗形里，要有啴缓和美的节奏，很不易办。往往音节太迫促了，不能引起深沉的思念，便教人读着不像一首已完的诗；如'满城风雨近重阳'之类，意境原可以算完成了，但节奏太急，便像有些站不住似的；所以终于只能算是长诗底一部分，不成功一首独立的诗。不过我们说的短诗，并不像日本底短歌、俳句等，要限音数和节数；这里还有些自由伸缩底余地。——要创造短歌、俳句等一类东西，自然是办不到；若说在我们原有诗形外，另作出一种短的诗形，那也许可能罢。这全靠现在诗坛底努力了。至于我这三首，原是尝试之作，既不能啴缓和美，也未必平易近人；那是关于我的无力，要请读者谅解的了。"其实，朱自清是谦虚了，他这三首短诗，还真是好诗，虽短而意境悠远，值得玩味，甚至和一周前中国公学的风潮还能联系上。但是呢，短诗又不能一味地为短而短，所以朱自清还是警惕这样的短的。接下来他也有主张，说："所谓短诗底'短'，正和短篇小说底'短'一样；行数底少固然是一个不可缺的元素，而主要的元素，却在平伯所谓'集中'；不能集中的，虽短，还不成诗。所谓'集中'，包括意境和音节说。——谈到短诗底意境，如前所引周先生底话，自然是'一地的景色'或'一时的情调'。因而短诗底能事也有写景、抒情两种；而抒情为难。"经朱自清这么一说，短诗的样式就基本确定了，所以说，朱自清在《杂诗三首》前的这篇序，还是很有必要的。此时朱自清等几人又正大张旗鼓地编《诗》月刊，有了俞平伯寄来的"自创体"新诗的加持，引发了朱自清的创作和感慨，也让大家的信心更足了，对于刚刚过去的"风潮"，也就云淡风轻随它飘去了。

如果说"风潮"在一个层面上给朱自清、叶圣陶、刘延陵这批年轻的教师一点经验的话，风潮期间的重要收获，就是酝酿的《诗》月刊的编辑出版，这给他们提供了约稿、编辑、出版、发行方面的经验和积累。

当然，这次风潮还有后话，就是邵力子和胡适都说了公道话。邵力子这位民国元老在 1921 年 10 月 24 日《民国日报》上发表《中国公学风潮平议》一文，善意地提醒八位教员想一想"'君子爱人以德'的古训"，似乎有偏向学生一方的意思。胡适在自己的日记里则说："上海中国公学此次有风潮，赶去张东荪，内容甚复杂；而旧人把持学校，攻击新人，自是一个重要原因……他们攻击去的新教员，如叶圣陶，如朱自清，都是很好的人。这种学校，这种学生，不如解散了为妙！"胡适的话更偏向于新派教师。所以，用今天的眼光，还真不好说谁是谁非。

但是我比较赞同胡适先生的话，因为青年教师在校时间都不长，叶圣陶两三个月，朱自清满打满算也就才两个月，还要扣除停课一个月，在短暂的教学中，会出现什么问题？即便有问题，也有纠正或调整的机会，没必要搞极端。是不是有什么内幕呢？胡适用"甚复杂"一笔带过，又肯定朱、叶是"很好的人"，可见不是因为教学方式不同，如果没有内幕，就主要是"旧人"容不得"新人"的顽固思想在作祟。

2009 年 7 月初，我因事在上海住了几个月，在 9 月末的初秋时节，应朋友之约，驱车去吴淞炮台湿地公园游玩。从地理位置上看，这里离中国公学旧址应该不远，而湿地公园就是当年叶圣陶、朱自清、刘延陵等共同散步的江海交汇之处。林子很大，树种有水杉和香樟，都是人工新植的多，一条条不宽的弯弯曲曲的柏油路在林中绕来绕去，浓荫中隐藏着一块块水塘和河泽，清澈的水面上漂着少许的植物。林子里有许多鸟，旁若无人地在茂密的枝叶间跳来跳去。林中有栈道，沼泽、湿地上也有栈道，走在栈道上，可以近距离地观看花草树木。江边还有挡浪的气势宏伟的水泥大堤。吴淞口外的长江是江海交汇之处，岸边有一簇簇的芦苇，芦苇上方有成群的海鸥飞翔。从这里眺望，真是"烟水苍茫，天风浩荡"，江海一色，十分震撼。难怪当年年轻的朱自清、叶圣陶、刘延陵会被这里的自然景观所感动，诗情大发，激发了创作的灵感，萌生了办刊的冲动，就是几十年后，也同样让我们心潮澎湃。

"一师"的诗情画意

可能和杭州真的有缘吧，还是在中国公学风潮期间，朱自清和叶圣陶就应邀担任了杭州浙江一师晨光文学社的顾问。邀请他们的是汪静之和潘漠华。汪静之在《自传》里披露说，1921年下半年，是他和潘漠华，邀魏金枝、赵平福（柔石）、冯雪峰等同学和杭州其他几个中学的学生，成立了这个中国现代文学史上较早的文学社团。社员还有应修人等二三十人。社员中，汪静之和潘漠华已经在一些报刊上发表了新诗等作品。朱自清和叶圣陶能够被他们邀请担任顾问，足见他们的文学作品和文学成就在青年人当中的号召力。实际上，他们的年龄相差并不大，朱自清只比潘漠华、应修人大两岁。

和受邀担任晨光文学社顾问形成呼应的是，中国公学的风潮在胡适的调停下刚一结束，朱自清和刘延陵就返回杭州浙江省立第一师范学校任教了——或许这就是命运在冥冥之中的安排吧。对于朱自清来说，这个"暑假"有些长，还居然在扬州江苏第八中学和中国公学两所学校工作了一段时间，所经历的人事纠葛大约是他事先没有想到的。和无数刚出校门的青年人一样，这也许是他成长道路上必经的磨砺吧。

1921年11月18日傍晚时分，一列沪杭客车上，朱自清临窗而坐，听着咣咣当当的车轮声，看着窗外萧条的田野阡陌，冷落的河汊湖泊，苍茫的远天暮云，一闪而过的竹园孤树，还有晚归的昏鸦，回顾几个月的风风雨雨，有旧友相逢的喜悦，有初交新知的激动，也有风潮喧哗的郁闷，相比一年多前的5月在沪杭道上看到的江南美景完全不一样，朱自清内心的诗情悄悄涌动着，禁不住写下了一首《沪杭道上的暮》。诗很短，只有四句：

> 风澹荡，
>
> 平原正莽莽，
>
> 云树苍茫，苍茫；
>
> 暮到离人心上。

尽管诗人即将到他熟悉的学校，即将见到更多的朋友，但中国公学的风潮毕竟不是什么光彩而得意的事，而且新交的好友叶圣陶没有和他一同前往，也令他不快。诗中，作者毫不保留地表达了忧郁不快的惆怅情绪，那昏沉的暮云沉沉地压在心头，如莽莽荒原上秋风过处般的凄凉。

杭州到了，浙江一师的同学们热情地欢迎他，特别是晨光文学社的社员们，见到了他们年轻的顾问、导师，其激动和喜悦之情自不待言。据冯雪峰回忆说：晨光文学社的活动很多，"常常是在星期日到西湖西泠印社和三潭印月等处聚会，一边喝茶，一边相互观摩各人的习作，有时也讨论国内外的文学名著；出版过作为《浙江日报》副刊之一的《晨光》文学周刊，发表的大都是社员的作品"，"尤其是朱先生是我们从事文学习作的热烈的鼓舞者，同时也是'晨光社'的领导者"。

俞平伯因为要为赴美留学做准备而辞去了"一师"的教职，校长马叙伦立即找到刚刚到校的朱自清，委托他礼请叶圣陶到"一师"任教。朱自清喜出望外，立即写信相邀。叶圣陶接到信后，毫不犹豫就回信接受了聘任。叶圣陶的信中还展望了见面后的计划："我们要痛痛快快游西湖，不管这是冬天。"据朱自清在散文《我所见的叶圣陶》中披露，"他来了，教我上车站去接"。朱自清知道叶圣陶的"家实在太好了，他的衣着，一向都是家里管。我常想，他好象一个小孩子；象小孩子的天真，也象小孩子的离不开家里人。必须离开家里人时，他也得找些熟朋友伴着；孤独在他简直是有些可怕的"。而且朱自清还知道，叶圣陶在"车站这一类地方，是会觉得寂寞的"。接站时的情形，少不得二人热情诉说小别十余天来的境遇，小酌一杯更是少不了的。叶圣陶爱喝酒，经常喝一碗黄酒佐餐，遇到心仪的好友，就是喝至微醺也是有可能的，更何况杭帮菜又很合朱、叶二人的口味，打几斤老酒，弄几碟下酒的小菜，一边品着，一边诉说分别以来的挂念，讨论各自新做的文章，问问相熟的朋友，就是相互关心对方的家庭孩子也是在情理之中的。

叶圣陶到了"一师"，是不是接替俞平伯的课程不太清楚。朱自清和叶圣陶同室而卧并共用一间书房，是叶圣陶提议的——学校本来单独分给叶圣陶一间宿舍，由于和朱自清在中国公学风潮中建立了深厚的感情，也由于想有更多相谈甚欢的机会，叶圣陶提议把两个人的宿舍做一个整合，把朱自清的那间做两人共用的书房，把自己的那间做二人的起居室。朱自清欣然同意。想必两人的宿舍相距很近，抑或就是门挨着门，从书房到宿舍，从宿舍到书房，来往都很方便。从此之后，新文学史上的两位重要人物便开始了一段同室共眠、同室写作、同室畅怀深谈的难忘岁月。

杭州气候温润，有好茶好水、好山好湖，更有美食佳酿，二人或在安逸的校园宿舍里读书写作，谈古论今；或在西湖柳岸边，弄几碟船菜，荡舟于湖中，一边小酌，一边喁喁小谈，真是惬意啊！朱自清在为俞平伯的散文集《燕知草》所作的序里说："西湖这地方，春夏秋冬，阴晴雨雪，风晨月夜，各有各的样子，各有各的味儿，取之不竭，受用不穷；加上绵延起伏的群山，错落隐现的胜迹，足够教你流连忘返……"有这样的好景致，再和相知的好友在一起，必定有说不完的话。说不完的话，到最后就是无话。难怪几年之后，叶圣陶到上海工作，在《记佩弦来沪》一文中，对自己巴望朱自清来上海，来了又一时无话可说深感"自责"，这种自责当然不是因为"无话可说"，而是有一肚子话不知从何说起。他是这样说的："佩弦来了，一遇于菜馆，再遇于郑家，三是他来我家，四呢，就是送他到车站了。什么也没有谈，更说不到'细'……也颇提示自己，要赶快开个谈话的端。然后端既没有，短短的时光又如影子那样一去无痕，于是若有所失地又'天各一方'了。"其实这是友谊到一定程度上的更深的情感，好比"此时无话胜有话"。同样在《记佩弦来沪》一文中，叶圣陶对杭州的那段难忘岁月，有这样的记录和议论：

晤谈的愉悦从哪里发生的呢？不在所谈的材料精微或重大，不在究极到底而得到结论，而在抒发的随意如闲云之自在，印证的密合如呼吸之相通，如佩弦所说的"促膝谈心，随兴之所至"。能说多少，要说多少，以及愿意怎样说，完全在自己手里，丝毫不受外力牵掣。这当儿，名誉的心是没有的，利益的心是没有的，只为着表出内心而说话，说其所不得不说。在这样的进程中只觉得共同找到胜境似的，愉悦也是共同的。那一年岁尽日晚间，与佩弦同在杭州，彼此都不肯休歇，电灯熄了，点起白蜡烛来，上床躺着还是谈。后来佩弦说一首小诗作成了，就念给我听：除夜的两支摇摇的白烛光里，我眼睁睁瞅着，一九二一年轻轻地踅过去了。

叶圣陶的文字平实、深厚，却更能感受到两位青年相互间的惺惺相惜。朱自清和叶圣陶的性格都偏向内敛，但却都能坦诚相见，"能说多少，要说多少"，哪怕见面不说话，只要见就行。朱自清在《我所见的叶圣陶》里，也有关于杭州这段生活的诗意的描述：

这样可以常常相伴；我自然也乐意。我们不时到西湖边去；有时下湖，有时只喝喝酒。在校时各据一桌，我只预备功课，他却老是写小说和童话。初到时，学校当局来看过他。第二天，我问他，"要不要去看看他们？"他皱眉道："一定要去么？等一天吧。"后来始终没有去。他是最反对形式主义的。

那时他小说的材料，是旧日的储积；童话的材料有时却是片刻的感兴。如《稻草人》中《大喉咙》一篇便是。那天早上，我们都醒在床上，听见工厂的汽笛；他便说："今天又有一篇了，我已经想好了，来的真快呵。"那篇的艺术很巧，谁想他只是片刻的构思呢！他写文字时，往往拈笔伸纸，便手不停挥地写下去；开始及中间，停笔踌躇时绝少。他的稿子极清楚，每页至多只有三五个涂改的字。他说他从来是这样的。每篇写毕，我自然先睹为快；他往往称述结尾的适宜，他说对于结尾是有些把握的。看完，他立即封寄《小说月报》；照例用平信寄。我总劝他挂号；但他说："我老是这样的。"他在杭州不过两个月，写的真不少，教人羡慕不已。《火灾》里从《饭》起到《风潮》这七篇，还有《稻草人》中一部分，都是那时我亲眼看他写的。

看来，叶圣陶提议的"同室而卧"收到了显著的效果。叶圣陶短篇小说和童话里的许多重要篇章，都是出自这一时期，可谓收获颇丰，可见这一时期叶的心情之好，文思之清晰。到了1922年2月，叶圣陶应北京大学蔡元培和中文系主任马裕藻的聘请，任北京大学预科讲师，主讲作文课，和他的创作成果不无关系。和朱自清同室共眠这一时期的创作大丰收，无疑增加了他到北大任教的资质。朱自清同样也创作颇丰，新诗《挽歌》《星火》《静》《睁眼》《除夜》，评论《民众文学的讨论》等，也出自这一时期。

在创作上相互促进，在学问上各自用功、不断精进，还没耽误二人同游同乐和品尝美味佳肴，真是不可多得的好日子。1921年12月14日，朱自清和叶圣陶、俞平伯三人兴致勃勃地夜游了西湖。这一天正是阴历的十一月十六日，湖静，月圆，一叶小舟轻荡在西湖上，月华如银，软波轻漾，朦胧中的远山水墨一样洇在湖面上，湖岸上灯火点点，树影婆娑，叶圣陶触景生情，口占两句："数星灯火认渔村，淡墨轻描远黛痕。"这是朱自清在《冬天》一文中披露的，而《冬天》这篇文章，也是叶圣陶出的题目（《你我自序》）。虽然只有两句，也可见当时谈得多么投机，西湖的夜月美景，触动了诗人心里的弦，才会诗情萌发，脱口而出吧。但接下来，大家都不说话了，任由天上清冽的圆月照射在身上，任由均匀的桨声轻响在耳畔，划破这静夜的缠绵。直到俞平伯"喂"了一声，大家才来了精神。眼前就是净慈寺，船夫问要不要进去一看。这天是阿弥陀佛的生日，寺院里很热闹，当然要进去了。于是，弃舟登岸，来到寺里，诵经声，佛号声，还有木鱼铜磬声，错落地环绕着佛殿，金身的释迦牟尼庄严而又肃穆，和湖上的轻风夜月相比，又完全是另一种情境了。这美丽的西湖夜景，必定让年轻的诗人勾留很晚方才回去，而朱自清和叶圣陶肯定又会有一番夜话。"西湖风冷庸何伤，水色山光足彷徉。归来一室对短床，上下古今与翱翔。"这是朱自清《赠圣陶》诗里的句子。共同的兴趣，上下古今的深谈，"能说多少，要说多少……丝毫不受外力牵掣"，谈到兴浓处，"一缕愉悦的心情同时涌起，其滋味如初泡的碧螺春"（叶圣陶，《记佩弦来沪》），如此推心置腹，他们友谊的纽带越发地牢固了。

朱自清和叶圣陶"击桨联床共曦月"的日子虽然只有两个多月，但在他们两人的情感深处都留下了永远也抹不去的印痕，他们各自在自己的多篇诗文中都有描写，直到五十三年后，叶圣陶还在长词《兰陵王》中情致哀怨、言未出而泪先下地回忆那段难忘的时光：

> 猛悲切。
> 往怀纷纭电掣。
> 西湖路、曾见恳招，击桨联床共曦月。
> 相逢屡间阔。
> 常惜、深谈易歇。
> 明灯座、杯劝互殷，君辄沉沉醉凝睫。
> ……

这首词，情绪浓烈，势大力沉，非大手笔不能为之。仿佛时空穿越一样，年轻的朱自清从记忆中走来，不仅让叶圣陶沉迷、回味不已，就是读者也被感染了，尤其两人"杯劝互殷"和朱自清那"沉沉醉凝睫"的神态，更是历历如在眼前。

那时候的朱自清，年少成名，意气风发，才华逼人，除了担任晨光文学社的顾问、加入了文学研究会，还加入了少年中国学会；除和朋友们办《诗》月刊外，还和鲁迅、周作人、沈雁冰、叶圣陶、许地山、王统照、冰心等十七人被《小说月报》聘为"本刊特约文稿担任者"，相当于今天的特约撰稿人，享受了极高的待遇。

这一时期，还发生了一件有意义的事，即对"民众文学"的讨论。这要从朱自清在 1921 年 10 月 10 日的《时事新报》副刊《文学旬刊》（双十增刊）上发表的《民众文学谈》说起。俞平伯在看到这篇文章后，不同意他的观点，写了《与佩弦讨论"民众文学"》一文进行商榷，俞平伯说：朱佩弦"以为文学底鹄的，以享受趣味，是以优美为文学批评的标准，所以很想保存多方面的风格，大有对于贵族底衰颓，有感慨不能自已的样子。至于我呢，则相信文学虽可以享乐，安慰，却决不是他底唯一使命，唯一使命是联合人间底关系，向着善的路途"。俞平伯还希望，朱自清"做提倡民众文学底健将"，不做"保存故物底大功臣"。俞平伯的这篇文章发表在 1921 年 11 月 12 日《时事新报》副刊《文学旬刊》第 19 号上。朱自清看了好朋友的讨论文章，当然要给予回应了。讨论的文章同样发表在《时事新报》副刊《文学旬刊》上，而且分两次续完。朱自清这篇文章，主要是对俞平伯提出的不同意见的答复，核心都是如何看待"民众文学"的。这在当时具有重大现实意义，文学研究会的多位作家都对此表现出足够的兴趣，郑振铎还在他主编的《文学旬刊》中，辟出专号组织讨论，郑振铎、许宝驹等多人都撰写了文章。更有意思的是，在不久之后，叶圣陶也参与了讨论。如前所述，叶圣陶此时正和朱自清同在杭州，同在一校，同居一室，同用一间书房，还经常一同游山玩水，喝酒聚谈，有没有在这些时候讨论"民众文学"呢？答案是肯定的。一方面，"民众文学"是他们共同的话题；另一方面，俞平伯又是他们共同的朋友，再者，他们又都是文学研究会的会员，这样的讨论一定是不会少的。果然，不久之后，叶圣陶的文章《民众文学的讨论·三》也发表在 1922 年 2 月 15 日《文学旬刊》第 26 期上了。

　　朱自清和俞平伯的友情，在这次讨论中，越发地深厚了。俞平伯在准备赴美留学的这段时间里，北京的家和杭州的小家两地跑，还到苏州痛痛快快玩了几次，和朱自清一直保持密切的通信联系，比如在京期间，在《晨报副刊》上读到署名巴人的连载小说《阿 Q 正传》，每周或隔周刊登一次，俞平伯很喜欢。他在 1921 年 12 月 19 日启程回杭州后，还写信让北京的家人把报纸陆续寄给他，载完后，俞平伯仍然回味不尽，写信向朱自清打听《阿 Q

正传》的相关情况。12月31日，朱自清与叶圣陶、许宝驹为俞平伯赴美留学送行，一起合影留念。俞平伯诗集《冬夜》也在这一时期编好，朱自清应俞平伯的邀请，准备为诗集写序，并于1922年1月23日在扬州禾稼巷家中，完成了《〈冬夜〉序》。俞平伯在《〈冬夜〉自序》里也十分感激地说：这本书朱自清出力不少，"在付印前，承他底敦促；在付印之中，帮了我许多的忙"。

正如俞平伯所说，朱自清在为好朋友诗集费心费力时，对诗集中的诗也做了中肯的评价：朱自清在序的开头就欣喜地说："在才有三四年生命的新诗里，能有平伯君《冬夜》里这样作品，我们也稍稍可以自慰了。"作为同时期新诗的创作者，朱自清非常清楚新诗的现状，他接着说："从五四以来，作新诗的风发云涌，极一时之盛。就中虽有郑重将事，不苟制作的；而信手拈来，随笔涂出，潦草敷衍的，也真不少。所以虽是一时之'盛'，却也只有'一时'之盛；到现在——到现在呢，诗炉久已灰冷了，诗坛久已沉寂了！太沉寂了，也不大好罢？我们固不希望再有那虚浮的热闹，却不能不希望有些坚韧的东西，支持我们的坛坫，鼓舞我们的兴趣。出集子正是很好的办法。去年只有《尝试集》和《女神》，未免太孤零了；今年《草儿》《冬夜》先后出版，极是可喜。而我于《冬夜》里的作品和他们的作者格外熟悉些，所以特别关心这部书，于他的印行，也更为欣悦！"朱自清虽然是年轻的诗人，却能放眼全国的诗歌创作现状，表现出沉重的忧虑来。但是，对于俞平伯的诗，他秉承自己的观点进行了评价："平伯底诗，有些人以为艰深难解，有些人以为神秘；我却不曾觉得这些。我仔细地读过《冬夜》里每一首诗，实在嗅不出什么神秘的气味；况且作者也极反对神秘的作品，曾向我面述。或者因他的诗艺术上精炼些，表现得经济些，有弹性些，匆匆看去，不容易领解，便有人觉得如此？那至多也只能说是'艰深难解'罢了。但平伯底诗果然'艰深难解'么？据我的经验，只要沉心研索，似也容易了然；作者底'艰深'，或竟由于读者底疏忽哩。"由于俞平伯的旧诗功底非常了得，朱自清从他的新诗中也深有领会，认为他的诗有三种特色，"一，精炼的词句和音律；二，多方面的风格；三，迫切的人的情感"。为了说明俞平伯新诗的特色，还接连举了多首新诗做例子，进行品评。特别是在俞平伯的用韵方面，给予了较高的评价："平伯用韵，所以这样自然，因为他不以韵为音律底唯一要素，而能于韵以外求得全部词句底顺调。平伯这种音律底艺术，大概从旧诗和词曲中得来，他在北京大学时看旧诗、词、曲很多；后来便就他们的腔调去短取长，重以己意熔铸一番，成了他自己的独特的音律。我们现在要建设新诗底音律，固然应该参考外国诗歌，却更不能丢了旧诗、词、曲。旧诗、词、曲底音律底美妙处，易为我们领解，采用；而外国诗歌因为语言底暌异，就艰难得多了。这层道理，我们读了平伯底诗，当更了然。"到底是互相太了解的好朋友，朱自清的评价可谓相当精准了。

　　浙江一师学生汪静之的第一本诗集《蕙的风》已经编好，即将由上海亚东书馆出版发行。朱自清是这本爱情诗集的第一个读者，应汪静之的邀请，于1922年2月1日在扬州过寒假期间，为《蕙的风》写了序言。

　　《蕙的风》是汪静之第一部诗集，编成时他还是"一师"的学生，也是晨光文学社的发起人之一和骨干成员。不过从朱自清所写的序言中得知，朱自清在1921年中国公学时期，才知道他在写诗，汪静之还抄了十余首新诗，寄给朱自清看。中国公学风潮发生之后，朱自清在上海闲住，和叶圣陶等人商量编辑出版《诗》月刊期间，又收到编成的《蕙的风》诗集，并请朱自清作序。可能是重回"一师"执教后教务繁忙吧，所以一直延到寒假里才动笔。朱自清在序里对诗集给予了客观的评价："小孩子天真烂漫，少经人世间底波折，自然只有'无关心'的热情弥漫在他的胸怀里。所以他的诗多是赞颂自然，咏歌恋爱。所赞颂的又只是清新、美丽的自然，而非神秘、伟大的自然；所咏歌的又只是质直、单纯的恋爱，而非缠绵、委屈的恋爱。"关于汪静之的爱情诗，特别是那首《蕙的风》，确实是恋爱的产物——汪静之和杭州女师的湖南女生傅慧贞恋爱，已经发过海誓山盟，但因女方家长强烈反对最终分手。汪静之受到很大打击，《蕙的风》就是在这样的心情中写出来的。他把女方比作蕙花的风，深锁在园子里，满怀着幽怨。而随风飘来的香气，让蝶儿和风融为了一体，表现了双方对爱情的忠贞。整本诗集里，大部分都是爱情诗，也多次出现女人的容貌体态，描写也比较大胆，在当时还是很有冲击力的。朱自清在序中，以温和的口气，理性地赞扬了他的诗风，同时，也给予了一些建议："我们现在需要最切的，自然是血与泪底文学，不是美与爱底文学；是呼吁与诅咒底文学，不是赞颂与咏歌底文学。可是从原则上立论，前者固有与后者并存底价值。因为人生要求血与泪，也要求美与爱，要求呼吁与诅咒，也要求赞叹与咏歌：二者原不能偏废。但在现势下，前者被需要底比例大些，所以我们便迫切感着，认为'先务之急'了。虽是'先务之急'，却非'只此一家'，所以后一种的文学也正有自由发展底余地。这或足为静之以美与爱为中心意义的诗，向现在的文坛稍稍辩解了。况文人创作，固受时代和周围底影响，他的年龄也不免为一个重要关系。"这几乎就是告诫了。这也体现出朱自清仁厚的一面，接着，又鼓励道："静之是个孩子，美与爱是他生活底核心；赞颂与咏叹，在他正是极自然而适当的事。他似乎不曾经历着那些应该呼吁与诅咒的情景，所以写不出血与泪底作品。若教他勉强效颦，结果必是虚浮与矫饰；在我们是无所得，在他却已有所失，那又何取呢！所以我们当客观地容许，领解静之底诗，还他们本来的价值；不可仅凭成见，论定是非：这样，就不辜负他的一番心力了。"

在后续的杭州浙江一师的半个学期里，《诗》月刊也正式和读者见面了。这是"五四"之后第一家专门发表新诗和新诗评论的刊物，发起者正是朱自清、刘延陵、叶圣陶三人。

他们三人在上海中国公学的江海边上就萌发了办刊的想法并开始筹备，又在上海继续筹备了一段时间。真正动手实施，是他们到了杭州以后。上海当时已经是新文化的中心之一，杭州离上海很近，朱、刘、叶利用各自的关系约稿组稿，再加上俞平伯，还有汪静之、应修人等晨光文学社的诗人，杭州新诗界的力量也不小，稿子编得很快，创刊号于1922年1月15日正式面世。奇怪的是，主编是叶圣陶和刘延陵，并没有出现朱自清的名字，编辑发行也打上"中国新诗社"之名。后者因为发行需要，可以理解，前者就让人纳闷了，为该杂志出力甚多的朱自清居然不是主编之一。

多年以后，朱自清在《选诗杂记》里说："《诗》月刊怕早被人忘了。这是刘延陵、俞平伯、圣陶和我几个人办的；承左舜生先生的帮助，中华书局给我们印行。那时大约也销到一千外。……几个人里最热心的是延陵，他费的心思和工夫最多。"既然刘费的心思最多，而叶圣陶又是老大哥，朱自清礼让他们出任主编也就在情理之中了。俞平伯在 1959 年出版的《文学知识》第 5 号上也撰文说：《诗》月刊"实际上负责编辑责任的是叶圣陶和刘延陵"。（《五四忆往——谈〈诗〉杂志》）不管怎么说，在西子湖畔诞生的中国现代文学最早的诗刊《诗》，也凝聚了朱自清的诸多心血，同时也是西子湖畔最浪漫的事情之一。曹聚仁后来说："朱自清、刘延陵所熏陶的文艺空气，直到后一级才开花，乃有汪静之、张维祺、潘训、冯雪峰诸兄，湖畔诗人那一伙（魏金枝兄也是一师学生，朱先生的弟子）。俞平伯先生只教了半年书，朱先生倒教了两年。"

在 1921 年下半年和 1922 年初的西子湖畔，会聚了以朱自清、叶圣陶、俞平伯、刘延陵、汪静之、应修人、冯雪峰等为代表的一批"五四"时期涌现出来的新文人，一时间成了全国新文学界的亮点。

台州一年

从扬州到杭州，一般要乘小火轮渡江，经镇江再选择汽车或火车。返程也是这样，朱自清往返两地，每一次都很辛苦。

1922年2月初，寒假刚过不久，江南还春寒料峭，河里的水草还未翘头变绿，园中桃李的枝头才鼓出一点点苞芽。春的讯息虽还完全没有感受到，朱自清心里却温暖如春——他偕贤妻武钟谦和一双可爱的儿女，带着简单的行李，赶往浙江一师了。扬州离杭州虽然不太远，交通却不便捷，如果走水路，要花费更多时间。所以朱自清一般都在镇江乘沪宁铁路的客车，经上海再转沪杭线。无论是在船中，还是在火车上，朱自清一家既辛苦又快乐，毕竟小家就要组织起来了，对于朱自清来讲，爱人子女在身边，省去生活上的不少不便和烦恼，会把更多的精力用在工作和创作上。

还是在1921年5月，朱自清曾写过一篇小说《别》，讲述的正是一对年轻的夫妇重逢后因经济原因又不得不分别的故事。小说写得细腻、委婉、动情，小说中的青年教师和带着孩子、怀着身孕千里探访的妻子，是不是有他们小夫妻真实生活的影子呢？至少在个人情感上，这种分离的痛苦朱自清曾感同身受过。所以，朱自清不怕生活的压力，坚定地带上妻小一同前往杭州了。

到杭州不久，小家刚一安顿好，朱自清就接到台州浙江六师校长郑鹤春的邀请，到"六师"教书去了。

台州离杭州还有一段较远的距离，也不比杭州的繁华。为了增加收入补贴家用，也是朋友盛情难却，朱自清只身前往。朱自清在《一封信》中描写了初到台州的情形："我第一日到六师校时，系由埠头坐了轿子去的。轿子走的都是僻路；使我诧异，为什么堂堂一个府城，竟会这样冷静！那时正是春天，而因天气的薄阴和道路的幽寂，使我宛然如入了秋之国土。约莫到了卖冲桥边，我看见那清绿的北固山，下面点缀着几带朴实的洋房子，心胸顿然开朗，仿佛微微的风拂过我的面孔似的。到了校里，登楼一望，见远山之上，都幂着白云。四面全无人声，也无人影；天上的鸟也无一只。只背后山上谡谡的松风略略可听而已。那时我真脱却人间烟火气而飘飘欲仙了！"

可以说，台州美丽的山川，迷人的景色，算是给了朱自清一个很好的见面礼。

朱自清初到台州，面对新的环境，并没有感到陌生，甚至有种自然的亲近感。"六师"校长郑鹤春是青年教育家，比朱自清要大几岁，早年（1917）毕业于武昌高等师范学校，有作为，也有开拓精神，更有自己的办学思路，和朱自清关系不错。朱自清在"六师"的教书大约也是顺风顺意的。工作舒心，创作上更没有松懈，接连写了新诗《笑声》《灯光》《独自》等，同时对于当下新文学作品颇有许多不满。在不断阅读和思索中，对自己的创作也表示了担忧，甚至对岁月流逝和生命匆匆特别惶惑。1922 年 3 月 26 日，在致俞平伯的信中，朱自清坦率地表达了自己的心情："日来颇自惭愧。觉得自己情绪终觉狭小，浅薄，所以常要借重技巧，这真是极不正当的事！想想，很为灰心，拟作之稿，几乎想要搁笔——但因'敝帚自珍'底习气，终于决定续写了！以后颇想做些事业，抉发那情绪的错，因为只有狭小的情绪，实在辜负了我的生活了！"

话虽然这样说了，行为上却还是有种力量在催着他，叫他停不下手中的笔，把自己的思想传播于大众。于是又说："日来时时念旧，殊低回不能自已。……因了惋惜的情怀，引起时日不可留之感。我想将这宗心绪写成一诗，名曰《匆匆》。"那时候，"散文诗"之说还很狭小，朱自清曾在《选诗杂记》里，引《年选》中的《一九一九年诗坛略纪》即"编者的话"说："最初自誓要作白话诗的是胡适，在一九一六年，当时还不成什么体裁。第一首散文诗而具备新诗的美德的是沈尹默的《月夜》，在一九一七年。继而周作人随刘复作散文诗之后而作《小河》。"这里的《月夜》，实际上是一首白话新诗，只有短短四句四行："霜风呼呼的吹着，月光明明的照着。我和一株顶高的树并排列着，却没有靠着。"周作人的《小河》，实际上也是一首诗。真正具有当代散文诗形态的，并且为后人所标榜的，正是朱自清的这篇《匆匆》。《匆匆》发表在 1922 年 4 月 11 日《时事新报》副刊《文学旬刊》上。

对于这篇别具一格的新体"散文诗"，朱自清颇为得意，在 1922 年 4 月 13 日致俞平伯的信中说："《匆匆》已载《文学旬刊》，兄当已见着。觉可称得散文'诗'否？"又说："我的《匆匆》，一面因困情思繁复，散较为适当，但也有试作散诗的意思，兄看我那篇有力竭铺张底痕迹否？"朱自清把《匆匆》称为"散诗"，实在是新颖别致的提法，这大约就是现代散文诗的发轫之作了。全文不长，引述如下：

燕子去了，有再来的时候；杨柳枯了，有再青的时候；桃花谢了，有再开的时候。但是，聪明的，你告诉我，我们的日子为什么一去不复返呢？——是有人偷了他们罢：那是谁？又藏在何处呢？是他们自己逃走了罢：现在又到了那里呢？

我不知道他们给了我多少日子；但我的手确乎是渐渐空虚了。在默默里算着，八千多日子已经从我手中溜去；象针尖上一滴水滴在大海里，我的日子滴在时间的流里，没有声音，也没有影子。我不禁头涔涔而泪潸潸了。

去的尽管去了，来的尽管来着；去来的中间，又怎样地匆匆呢？早上我起来的时候，小屋里射进两三方斜斜的太阳。太阳他有脚啊，轻轻悄悄地挪移了；我也茫茫然跟着旋转。于是——洗手的时候，日子从水盆里过去；吃饭的时候，日子从饭碗里过去；默默时，便从凝然的双眼前过去。我觉察他去的匆匆了，伸出手遮挽时，他又从遮挽着的手边过去，天黑时，我躺在床上，他便伶伶俐俐地从我身上跨过，从我脚边飞去了。等我睁开眼和太阳再见，这算又溜走了一日。我掩着面叹息。但是新来的日子的影儿又开始在叹息里闪过了。

在逃去如飞的日子里，在千门万户的世界里的我能做些什么呢？只有徘徊罢了，只有匆匆罢了；在八千多日的匆匆里，除徘徊外，又剩些什么呢？过去的日子如轻烟，被微风吹散了，如薄雾，被初阳蒸融了；我留着些什么痕迹呢？我何曾留着象游丝样的痕迹呢？我赤裸裸来到这世界，转眼间也将赤裸裸的回去罢？但不能平的，为什么偏要白白走这一遭啊？

你聪明的，告诉我，我们的日子为什么一去不复返呢？

朱自清是第一个发问"时间都去哪儿了"的现代作家吗？《匆匆》所表现的，就是这样的主题，"燕子去了，有再来的时候；杨柳枯了，有再青的时候；桃花谢了，有再开的时候"。诗人几笔勾勒出一个简约而充满诗情的画面，没有为赋新词强说愁，也没有停留在春景的描绘上，而是直接将读者带进自己营造的氛围中，接受一种"时间"情结的感染，同时又暗示：这画面里呈现的大自然的荣枯，是时间飞逝的痕迹，"你聪明的，告诉我，我们的日子为什么一去不复返呢？"是被谁"偷了"还是"逃走"了呢？"象针尖上一滴水滴在大海里，我的日子滴在时间的流里。"朱自清把自己八千多个日子比喻成"一滴水"，水消失在水里，看不见摸不着了。时间就是这么无情，生命也同样短暂，"洗手的时候，日子从水盆里过去；吃饭的时候，日子从饭碗里过去"，"我"还能怎么样？不禁"头涔涔""泪潸潸"了。从《匆匆》里，我们读出了作者的情怀，即无论是谁，都要珍惜时光，从现在做起，不能只感叹时光的匆匆。当下是过去的继续，又是未来的准备。如果没有现在的努力，就没有未来的收获。

初到台州短短的两个月里，除了上述提到的文章和新诗，朱自清还发表了杂感《离婚问题与将来的人生》，诗论《短诗与长诗》。而和俞平伯的多封通信，事实上也是文章的另一种形式。仅从创作的勤奋程度来说，朱自清实践了他要珍惜时间的"承诺"。但他还是觉得自己的"力量"不足，不能和逝去的时光作持久的对抗，感到自己的作品进步不大。在 1922 年 4 月 13 日致俞平伯的信中有这样的表达："我因自己只能作嘤嘤之鸣，所以颇爱读别人浩浩荡荡、悲歌壮舞的作品，看了也格外契心。近来读白情诗（尤其是《鸭绿江以东》一类的作品），读《乐谱中之一行》，读屠格涅夫《前夜》底译本，皆足令我男儿之火中烧，深以倦伏为耻！但此情绪终难持久，故还是不能长进！"朱自清对自己的要求真是太严了。看了名家和同学（康白情）的好作品，深深感到自己的不足，甚至有一种耻辱感。

也许几个月后，朱自清和俞平伯、郑振铎泛舟西湖时，萌发的关于人生价值的讨论，在台州就已埋下了种子吧。总体上讲，朱自清的性格属于内向型。但他内心自有一股涌动的潜流，有时也会掀起巨大的波浪，把潜藏的对于美好人生的热望激发出来，所以才有这种自愧弗如之感吧。

1922 年 4 月 26 日，朱自清离开他执教两个多月的台州六师，返回杭州。这次回杭，主要是因为他和"一师"还有合约在身，并没有完全脱离。此外，刚刚组织起来的小家庭还在杭州，他也想家了。如前所述，朱自清的短篇小说《别》里的离别伤情，他是深有体会的，他也实在是惦念着在杭州的妻子儿女啊！而"六师"的同学们又不希望他离开，纷纷表达对他的留念。朱自清便向他们承诺，暑期后一定再回来。

果然，1922 年 9 月，暑假一结束，朱自清再次来到台州。这次和初来时不一样了，是携全家一同前来的。"六师"的学生们奔走相告，他们喜欢而崇拜的老师不会再像上个学期那样教两个月就走了——夫人孩子都接来了。到了台州的当晚，就有学生来看他。由于一时还没有找到住所，便暂住在城里的一家叫"新嘉兴"的旅馆里，他不顾旅途疲劳和旅馆房间的狭小，和同学们畅谈了很久，暑假的见闻，学校的生活，未来的展望，自己创作的打算，真是无所不包。

在旅馆住了一宿后，朱自清第二天就在市区旧仓头找到了房子，房主姓杨。

2020 年秋天，因为一部书稿的事，我和台州文学界的一位朋友有过几次电话联络，顺便聊了聊朱自清。朋友讲，"旧仓头杨姓房子"还在，已经被列为临海市文物保护单位了。这倒是个好消息，当年，24岁的朱自清就寓居在这幢房子的西角楼上。这真是要感谢临海人的用心。据朋友讲，某一年电视台拍有关朱自清的专题片，拍摄人员还沿着当年朱自清初到临海时坐轿子的路线走了一趟。朱自清是从灵江埠头上岸，依次经过江厦街、兴善门、寺直街、寺后街、竹园井、河头直街、卖茅桥、天灯巷，到达了"六师"。只是这些街巷和当时相比，早已面目全非了。比如朱自清走过的河头直街，如今已经变成宽坦的赤城路了。1922年4月27日，朱自清在回杭州途中，写了一首题为《侮辱》的诗，诗后的落款是"海门上海船中"。我还问了台州的朋友，"海门"这个地名还能找到吗？朋友说地名一直沿用至今，就在她家附近，紧靠着椒江，是当年重要的码头。朱自清当年就是从这里上船，取道上海回到杭州的。5月初到达杭州，又写了一首《宴罢》，落款是"台州所感，作于杭州"。这些，都是朱自清留在台州的踪迹。

　　台州这座钟灵毓秀、有山有水的江南小城，还有这里的人和事，如果不是特别喜欢，朱自清不会走了又来，给他留下的印象，自然是极好的了，每当忆及，总饱含深情。多年后，他在散文《一封信》里深情地说，"我不忘记台州的山水，台州的紫藤花，台州的春日……"又追忆道："……说起紫藤花，我真爱那紫藤花！在那样朴陋——现在大概不那样朴陋了吧——的房子里，庭院中，竟有那样雄伟，那样繁华的紫藤花，真令我十二分惊诧！她的雄伟与繁华遮住了那朴陋，使人一对照，反觉朴陋倒是不可少似的，使人幻想'美好的昔日'！我也曾几度在花下徘徊：那时学生都上课去了，只剩我一人。暖和的晴日，鲜艳的花色，嗡嗡的蜜蜂，酝酿着一庭的春意。我自己如浮在茫茫的春之海里，不知怎么是好！那花真好看：苍老虬劲的枝干，这么粗这么粗的枝干，宛转腾挪而上；谁知她的纤指会那样嫩，那样艳丽呢？那花真好看：一缕缕垂垂的细丝，将她们悬在那皱裂的臂上，临风婀娜，真像嘻嘻哈哈的小姑娘，真像凝妆的少妇，像两颊又像双臂，像胭脂又像粉……我在他们下课的时候，又曾几度在楼头眺望：那丰姿更是撩人：云哟，霞哟，仙女哟！我离开台州以后，永远没见过那样好的紫藤花，我真惦记她，我真妒羡你们！"

不仅是紫藤花，台州别的景色也同样让朱自清难以忘怀："南山殿望江楼上看浮桥（现在早已没有了），看憧憧的人在长长的桥上往来着；东湖水阁上，九折桥上看柳色和水光，看钓鱼的人；府后山沿路看田野，看天；南门外看梨花——再回到北固山，冬天在医院前看山上的雪；都是我喜欢的。说来可笑，我还记得我从前住过的旧仓头杨姓的房子里的一张画桌；那是一张红漆的，一丈光景长而狭的画桌，我放它在我楼上的窗前，在上面读书，和人谈话，过了我半年的生活。现在想已搁起来无人用了吧？唉！"

朱自清一家四口在台州过了一个秋冬，"台州是个山城，可以说在一个大谷里。只有一条二里长的大街。别的路上白天简直不大见人；晚上一片漆黑。偶尔人家窗户里透出一点灯光，还有走路的拿着的火把；但那是少极了。我们住在山脚下。有的是山上松林里的风声，跟天上一只两只的鸟影。夏末到那里，春初便走，却好像老在过着冬天似的；可是即便真冬天也并不冷"（《冬天》）。就是这么一个街道简朴的台州，却给朱自清带来诸多美好的记忆，特别是温馨的家庭生活，更让他久久不能忘怀。在《冬天》里，朱自清怀着欣喜的心情写道：

> 我们住在楼上，书房临着大路；路上有人说话，可以清清楚楚地听见。但因为走路的人太少了，间或有点说话的声音，听起来还只当远风送来的，想不到就在窗外。我们是外路人，除上学校去之外，常只在家里坐着。妻也惯了那寂寞，只和我们爷儿们守着。外边虽老是冬天，家里却老是春天。有一回我上街去，回来的时候，楼下厨房的大方窗开着，并排地挨着她们母子三个；三张脸都带着天真微笑地向着我。似乎台州空空的，只有我们四人；天地空空的，也只有我们四人。
>
> ……

妻子在旁、儿女承欢膝下的欢乐真让人羡慕啊——朱自清回家时，看到厨房的窗户里"并排地挨着她们母子三个；三张脸都带着天真微笑地向着我"。这个画面真是太美了。不要说朱自清把整个台州都看得"空空的，只有我们四人"了，就是多年后，我们在阅读时，同样能感受到一家人生活在一起的温馨和美满，能感受到朱自清一进家门，两个孩子便围上来的亲热劲儿。老大迈先已经能玩耍调皮了，女儿采芷尚小，也1岁多了，正牙牙学语，朱自清会抱起她，在她粉嘟嘟的小脸蛋上亲亲。至于能干而贤惠的夫人武钟谦，朱自清对她更是充满深情："那回我从家乡一个中学半途辞职出走。家里人讽你也走。那里走！只得硬着头皮往你家去。那时你家象个冰窖子，你们在窖里足足住了三个月。好容易我才将你们领出来了，一同上外省去。小家庭这样组织起来了。你虽不是什么阔小姐，可也是自小娇生惯养的，做起主妇来，什么都得干一两手；你居然做下去了，而且高高兴兴地做下去了。菜照例满是你做，可是吃的都是我们；你至多夹上两三筷子就算了。你的菜做得不坏，有一位老在行大大地夸奖过你。你洗衣服也不错，夏天我的绸大褂大概总是你亲自动手。"（《给亡妇》）

朱自清的散文名篇《冬天》大约写于1933年11月，文中写台州的冬天，写台州冬天一家子温暖的小生活，末了有这样的话："那时是民国十年，妻刚从家里出来，满自在。现在她死了快四年了，我却还老记着她那微笑的影子。"又说，"无论怎么冷，大风大雪，想到这些，我心上总是温暖的"。这样的怀念真让人动容。

然而，和许许多多家庭一样，也和许许多多年轻的父亲一样，朱自清有时候也会生孩子们的气。朱自清在1928年6月24日写的散文《儿女》中也提到《冬天》里的两个孩子："我结婚那一年，才十九岁。二十一岁，有了阿九；二十三岁，又有了阿菜。那时我正象一匹野马，那能容忍这些累赘的鞍鞯、辔头，和缰绳？摆脱也知是不行的，但不自觉地时时在摆脱着。现在回想起来，那些日子，真苦了这两个孩子；真是难以宽宥的种种暴行呢！阿九才两岁半的样子，我们住在杭州的学校里。不知怎的，这孩子特别爱哭，又特别怕生人。一不见了母亲，或来了客，就哇哇地哭起来了。学校里住着许多人，我不能让他扰着他们，而客人也总是常有的；我懊恼极了，有一回，特地骗出了妻，关了门，将他按在地下打了一顿。这件事，妻到现在说起来，还觉得有些不忍；她说我的手太辣了，到底还是两岁半的孩子！我近年常想着那时的光景，也觉黯然。阿菜在台州，那是更小了；才过了周岁，还不大会走路。也是为了缠着母亲的缘故吧，我将她紧紧地按在墙角里，直哭喊了三四分钟；因此生了好几天病。妻说，那时真寒心呢！"

这里的阿九就是长子朱迈先，阿菜就是长女采芷。朱自清对自己的"暴行"是怀着深深忏悔之意的。

朱自清前后两次来台州，第一次只两个月多一点，第二次是整整一学期，除去中间在杭州的几个月，在台州的时间还不足一年，但在朱自清的人生长河中是极其重要的一站：把小家搬出来了；创作上也有可观的成果，《匆匆》和《毁灭》堪称朱自清散文和诗歌的代表作；而《毁灭》一诗，足足用了半年时间才告写完。此外，他还开始了一生中最重要的一次讨论（关于人生和"刹那主义"）。

一年的台州生活，到 1923 年 2 月结束了，就像他在不断探寻人生的意义一样，他又踏上了新的旅途。据说，朱自清在台州亲手种植过一株紫藤。那是他喜欢的紫藤。每当紫藤花开时，那淡淡的馨香是否会飘过重山，萦绕于他的案头呢？

由《毁灭》而开展的『人生』问题的讨论

......

白云中有我，

天风的飘飘，

深渊中有我，

伏流的滔滔；

只在青青的，青青的土泥上，

不曾印着浅浅的，隐隐约约的，我的足迹！

我流离转徙，

我流离转徙；

脚尖儿踏呀，

却踏不上自己的国土！

在风尘里老了，

在风尘里衰了，

仅存一个懒恹恹的身子，

几堆黑簇簇的影子！

幻灭的开场，

我尽思尽想：

"亲亲的，虽渺渺的，

我的故乡——我的故乡！

......

朱自清的《毁灭》可以称得上白话诗发展史上的第一首长诗。最初发表在1923年3月10日《小说月报》第14卷第3号上。王瑶在《中国新文学史稿》里评价说，这首诗是"五四以来无论在意境上和技巧上都超过当时水平的力作"。这样的评价是不过分的。

朱自清这首诗的萌芽，是在杭州西湖的夜游中。时间大约是在1922年6月上旬。这时候的西湖，水盈波轻，花盛草绿，蓝天上白云悠悠，湖岸边燕舞莺歌，初夏虽至，天气还不甚炎热，最适合游览，也是夜游的最好节气。朱自清那天夜游西湖，起因大概是郑振铎从上海来到杭州，俞平伯和朱自清出面接待，饮酒吃茶之后，趁兴登舟，游赏西湖夜景。这学期开始，朱自清本来是在台州六师任教，因和"一师"还没有脱离关系，在"一师"校长马叙伦的要求下和同学们的请求下，只好学期中期回来。1922年4月26日，他从台州来杭前，对恋恋不舍的"六师"学生承诺，暑假后还会到"六师"来任教，还会和同学们打成一片。所以这一时期的杭州，对他来说，不过是暂时的停留，和"一师"的学生，还有好友如俞平伯，大约没少见面，也没少聊文学，聊人生，聊世相。这次和俞平伯一起陪郑振铎夜游西湖，朱自清也不会想到，竟是一连游了三个夜晚。具体聊些什么不得而知，但可以肯定的是，就是这次畅游和毫无顾虑的聊天，激发了诗人的感慨，触发了长诗《毁灭》的写作动机。朱自清深情地说："因湖上三夜的畅游，教我觉得飘飘然如轻烟，如浮云，丝毫立不定脚跟。常时颇以诱惑的纠缠为苦，而亟亟求毁灭。"（《毁灭·小序》）可见，交往和游历，特别是和心仪的朋友倾心长谈，会激发诗人内心深藏的诗情。这次游览，俞平伯也有小诗一首：《倦》。俞平伯没有写出像朱自清这样的长诗来，可能是他此时正热心《红楼梦》研究的缘故吧。能在这次夜游后诞生一首不朽的《毁灭》，已经足够了。

我去过杭州几次，好地方也跑过不少，当然也少不了到西湖去逛逛，印象最深的是西湖边上一家挨一家的茶楼。有一次，竟然也效仿古人夜游西湖，而且留下深刻印象。那便是2009年春夏之交，和朋友们在杭州玩了几天，品过了龙井，看过了九溪十八涧，有一天晚上，在西湖边的一家饭店吃完饭，带着微微的酒意，去湖边散步。同行的有作家李惊涛、张亦辉、李建军，摄影家陈庆港等人。正是晚上八九点钟的样子，湖上有微风轻轻吹来，捎着湖面湿湿的水汽，拂在脸上，柔柔爽爽，清新怡人。湖边有高大的绿叶树，树下是花草和绿化带，紧贴着湖水。路灯的光影特别稀薄，辨别不出树木和花草的面目，只是影影绰绰的。但是，在路灯朦胧的照耀中，透过绿化带和不知何种植物的宽阔的叶，可以看到湖面上一盏盏微微的灯光和微微光晕照射下的夜色的湖，湖里闪动的波光忽明忽暗，待仔细一瞧，原来是一艘艘小船。船上有挑起的灯笼——便是那点点微光了。或有三两好友坐在船头，或是一对情侣相依而坐，他们都在湖面上慢吞吞地漂移，船尾的船夫小半天才轻划橹桨，也是悄无声息般地轻，怕惊动了湖的好梦。也有的在喁喁小谈，或响起曼妙的嬉笑声。偶尔有返航的快船，从他们身边快速地穿过。奇怪的是返航快船的船夫们划船的声音也极小，轻得几乎忽略不计，完全不像要去赶另一趟生意。我们几个人呆呆地伫立湖岸，看着浩渺的夜色下无际的湖水，任湖风在我们皮肤上轻柔滑过。远处便是城市灿烂的灯火，那里肯定人声喧哗，车水马龙。而湖里游船上的人能在城市一隅，消受这片刻的宁静与湖光水色的曼妙，实在是难得啊！

不知怎的，我一下子穿越到了民国初期的西湖，那时候，俞平伯家住在湖楼（也称俞楼），那是一幢精巧的建筑，名气太响了，是他曾祖父授课著书的地方。年轻的俞平伯能够住在这里，以湖山为伴，真是莫大的幸福啊！连带他的许多好友，郑振铎、叶圣陶，还有朱自清，也经常成为湖楼的座上宾，时时泛舟湖上，倾心长谈……

说来有趣，朱自清和叶圣陶、俞平伯三人也曾同舟夜游西湖，也曾在船上喝茶饮酒，但是他们三人由于性格相近，大多数时候都是沉默的，各自感受着西湖的美。将他们中的三人换一个，如叶圣陶变成了郑振铎，其情形就大为不同。郑振铎不仅是文学家，也是社会活动家，许多文坛大事都由他发起或倡导，包括文学研究会，因此，他又是一个善于表述的演说家，话题都由他起头，进而激发大家辩论的兴趣。

朱自清和俞平伯、郑振铎一连三日夜游，谈话想必十分地投缘，否则不会一而再、再而三地流连在西湖之上。依他们各自的个性，能够想象他们雅集时的状态和在小舟上畅聊的样子，郑振铎当然是话题主导者，或许会有争执，或许也会有不同的感慨，气氛总之是融洽的，就像这西湖的水一样温润。就是在这样看似不经意的闲谈、争论中，朱自清思想的火花开始跳跃、闪烁，产生了关于人生意义的思考。

《毁灭》的种子既然在西湖温润的夜色中种下了，便渐渐开始萌芽。暑假期间，朱自清接连参加社会活动，比如1922年7月初，一连三天，也是在西湖游船上，他热情地参加了少年中国学会第四次会员大会，并担任大会书记。7月7日上午，和俞平伯同行至上海，下午兴致勃勃去访问郑振铎。8日参加文学研究会召开的"南方会员会"，有郑振铎、沈雁冰、叶圣陶、胡愈之等十九人，晚上在一品香聚餐，欢送俞平伯赴美考察。9日和郑振铎、刘延陵一起去码头送别俞平伯。一直忙到21日，才携家眷回扬州过暑假。一连串的忙碌，没有让他停止思索，特别是在归家途中所乘的小火轮上，目睹商贩、乞丐等底层民众为求生存而痛苦挣扎的情景，他深有感触，写下了小诗《小舱中的现代》，对他们深表同情，同时也对社会现状产生了疑惑。这首小诗算是《毁灭》的预热吧。

也正是在扬州的假期里，朱自清酝酿已久的《毁灭》逐渐在脑海中形成轮廓，再经过细密的发酵后，他满怀激情地开始了写作。但扬州家里的琐事实在太多，而且还可能有不顺心的事情，因此只写了开头，便被迫放下了。朱自清在《毁灭》小序中也有说明，"暑假回家，却写了一节"。时间真快，一晃一个假期就过去了。9月初，朱自清携家眷再赴台州，继续到"六师"任教，他的随行的包袱里，便有这写了一节的《毁灭》。朱自清的学生陈中舫回忆说：朱自清刚到台州，"因为没有找到城里的住屋，所以他就在新嘉兴旅馆暂住一夜。我们约了几个朋友，趁夜去看他。……后来他摸摸他身边的袋子，打开一个小皮包，扯出一卷的稿纸给我们看，就是这篇《毁灭》的稿子。他说：'这是我在杭州游湖后的感想，我近来觉得生命如浮云轻烟，颇以诱惑为苦，欲亟求毁灭。此诗，这里只写成两节，全首还有许多，现在没有功夫及此。'"朱自清说的是实情，一旦工作了，是极其认真的，只有课余的短暂时间才用来思考和写作，其间还要和文友们通信，和学生们交流。陈中舫接着说："或是凉风吹拂的清晨，或是夕阳斜睨着的傍晚，或是灯光荧荧的良夜；我们时常在他的楼上；时而质疑谈说；或是翻阅书报及一师的同学们寄来叫他批改的稿子；他又批改了我们不少的稿件，他又要编讲稿，又要看书报，所以他可以创作他自己的作品的时间很少。"

是的，忙碌，奔波，是那一时期朱自清的"主旋律"。这样的"旋律"一直延续着，连带着催生了他的《毁灭》的写作。

俞平伯在他的散文《东游杂志》第八节中说：六月"与振铎、佩弦等泛舟西湖上，欢谈未毕，继以高歌，以中夜时分，到三潭印月，步行曲桥上，时闻犬吠声；其苦乐迥不相侔。是知境无哀乐，缘情而生，情化后的景物，方是人间之趣。形之歌咏，惟此而已"。这样的"欢谈"和"歌咏"，因俞平伯要到美国留学考察而告一段落。但他一直惦记着朱自清，1922 年 10 月 28日至 30 日，他在加拿大太平洋列车上，见窗外衰草金黄，不觉忆及"前与佩弦在吴淞言拟作一诗，名《黄金的薄暮》，恍如昨日，却又一年了"。待俞平伯 1922 年 11 月回国后，即收到朱自清来信，开始讨论人生哲学和对生活的态度。朱自清在信中说："我自今夏与兄等作湖上之游后，极感到诱惑底力量，颓废底滋味，与现代底烦恼。……我一面感到这些，一面却也感到同程度的怅惘。因怅惘而感到空虚，在还有残存的生活时所不能堪的！我不堪这个空虚，便觉飘飘然终是不成，只有转向，才可比较安心——比较能使感情平静。于是我的生活里便起了一个转机。暑假中在家，和种种铁颜的事实接触之后，更觉颓废不下去，于是便决定了我的刹那主义！……我第一要使生活底各个过程都有它独立之意义和价值。——每一刹那有每一刹那的意义和价值！……我们只需'鸟瞰'地认明每一刹那自己的地位，极力求这一刹那里充分的发展，便是有趣味的事，便是安定的生活。"这可以说是朱自清的"顿悟"之语，"总之，平常地说，我只是在行为上主张一种日常生活的中和主义"。

"每一刹那有每一刹那的意义和价值"，这便是朱自清"颓废不下去"的顿悟所得。

我曾听过著名作家、清华大学教授格非先生的一个讲座，他在讲述托尔斯泰的《忏悔录》时，对托尔斯泰式的苦闷做了阐述，托尔斯泰认为，人生本来是无意义的。当人们意识到痛苦、衰老、死亡不可避免后，是不是就无法生活下去了呢？如何能使自己超脱尘世，并舍弃任何生存的可能性，是否只有自杀或产生自杀的念头呢？在目前的情况下，要想摆脱托尔斯泰那样的处境，大致有四种方法：一是浑浑噩噩，对于生命是罪恶和荒谬一无所知；二是寻欢作乐，因为知道了生命没有指望，便享用现有的幸福；三是使用暴力，是因为理解了生命是罪恶和荒谬之后，只有毁灭；四是无所作为，是因为理解了生命是罪恶和荒谬之后，继续苟延残喘。格非讲到这里，举了一个例子，也可能是《忏悔录》里的故事，他说，归根到底，人生的选择是有限的，因为当我们知道，还有三十年或五十年，我们将离开这个世界时，那是何等的恐惧。但并不是说有了恐惧，我们就放弃生命，放弃快乐。他先举一个二战期间的例子，法西斯德国在集中营里，把无数犹太人赶往焚尸炉里时，在长长的队伍里，有一个10来岁的美丽小姑娘，她一边随着人流向前移动，一边手捧一本书，读得津津有味。一个法西斯分子拦下她，问，你不知道你此时是干什么去的吗？小姑娘说，知道。法西斯分子问，那你读书还有什么意义？小姑娘微笑着说，这本书好看，我还没有读完，我阅读是因为我喜欢，读书会给我带来快乐。格非说，这是二战电影里的一个镜头，当我们看到这里时，相信谁都会泪水盈眶。托尔斯泰把一个人置身在这样一个环境，一口深井里，有无数毒蛇，掉下去必死无疑，在井边上，有一只凶狠的饿虎，也正等着他填肚子。而此时，他双手吊在一根斜伸到井口上方的树枝上。危险暂时排除，因为井底的毒蛇咬不到，老虎也奈何不了。正在得意时，他看到树上有两只老鼠，一白一黑，正在慢慢地啃咬树干。尽管啃咬得很缓慢，但他知道树干迟早会被咬断，他会掉进井里，成为毒蛇的美味。正在他绝望时，在他头顶的上方的一个蜂巢里流出了蜜，已经流到他嘴边的一片树叶上。他开始伸出舌头，舔食树叶上的蜜，享受这片刻的快乐——片刻的快乐也是快乐啊。

格非的这段讲述，让我自然地对应了朱自清的"刹那主义"，"每一刹那有每一刹那的意义和价值"。朱自清在北大读的是哲学系。他对人生的思考，必定掺杂了哲学的思维，加之现实生活给他的启发，才会产生这样的思想，才会把这样的思想想方设法用诗歌来表现。朱自清就是在这样一边思索一边教学中，同时加紧了《毁灭》的写作。可以说"六师"的同学们见证了朱自清这一阶段的工作。

1922年12月9日，他费时半年的力作《毁灭》终于完稿。陈中舫在《朱自清君的〈毁灭〉》一文里说："《毁灭》的原稿是每句分行写的；粘接起来，稿纸有二丈多长。他写完这稿，也没有重抄的工夫，所以我们于课余的时候，帮他重抄一份。"朱自清把稿子投给《小说月报》之后，对诗中表现的"人生"主题并没有停止，"刹那主义"还在他心中萦绕不去，他继续思考，继续寻找终极答案。1923年1月13日，在致俞平伯的信中，他说："至于这刹那以前的种种，我是追不回来，可以无庸过问；这刹那以后，还未到来，我也不必费心去筹虑。我觉我们'现在'的生活里，往往只'惆怅着过去，忧虑着将来'，将工夫都费去了，将眼前应该做的事都丢下了，又添了以后惆怅的资料。这真是自寻烦恼！"

很快，《毁灭》便在《小说月报》1923年3月10日出版的第14卷第3号上发表，一时间，引起各方讨论，许多作家、评论家都纷纷撰写评论。4月10日，朱自清兴致不减，继续致信俞平伯，讨论人生问题。看来，他是一定要和这位知心好友把心中的苦闷弄得明明白白了。他在信中说："我们不必谈生之苦闷，只本本分分做一个寻常人罢。……这种既不执着，也不绝灭的中性人生观，大约为我们所共信。于是赞颂与诅咒杂作，自抑与自尊互乘，仿佛已成为没旨气、没旨趣的妄人了。其实我们自省也还不至于如此。但在行为上既表现不出来，说得好一点是'和光同尘'，说得不客气些，简直是'同流合污'了。我们虽不介意于傥来的毁誉，但这样的一年一年的漂泊着，即不为没出息，也可以算得没味了。如何能使来年今月来日的生活，比今年今月今日的有味些？这便是目下的大问题。"朱自清思考的问题，并不局限于他本人的境遇，但和他本人的境遇肯定是有关联的。朱自清具有哲学家的思辨，而他的哲学观人生观并不是钻在象牙塔里，而是直面现实，问题看似简单，却包含着复杂的社会因素。这时候，俞平伯的划时代著作《红楼梦辨》已经由上海亚东图书馆出版，继续写作诗集《忆》里的部分篇章。在收到朱自清的信后，也开始思索，并着手《毁灭》的评论写作。

这一时期的中国文坛，朱自清和俞平伯，可谓双星闪耀，在文学的各个领域施展着自己的才华，颇有相互追赶的意思。就在《毁灭》发表后不久，朱自清文学创作中的重要作品之一，也是他不多的短篇小说中的代表作《笑的历史》于 1923 年 4 月 28 日"杀青"。这篇小说，可以说是"人生"问题探讨的一个延伸，只是由诗而小说罢了。小说是以他爱人武钟谦为原型，用第一人称"我"，来讲述一个原本爱笑的善良女性，出嫁后遇到的种种烦恼，以笑为主线，讲述由原来爱笑而不敢笑、最后不愿笑以至于厌恶笑的情感历程。小说描写的"我"的不少境遇，和他的散文《给亡妇》里武钟谦所受的委屈多有相似之处。

朱自清上述写给俞平伯的三封关于人生哲学和生活态度讨论的信，从1922 年 11 月 7 日开始，到 1923 年 4 月 10 日止，历时近半年。其间虽然经历杭州至台州再至温州的迁徙和颠簸，但人该有怎样的"人生"一直都是朱自清思索的重要问题，创作上也基本围绕这一主题展开，从《毁灭》到《笑的历史》，所探讨的都是关于人该有怎样的人生。而朱自清思索这一问题的动因，源于 1922 年 6 月上旬那次难忘的西湖三日的夜游。俞平伯说《毁灭》"是呻吟，也是口令，是怯者的，也是勇者的叫声"。是的，"徘徊悲哀的情绪，挣扎向前的精神"，是这首诗的基本格调。"理不清现在，摸不着将来"的郁结，是这首诗的情结。"待顺流而下罢，空辜负了天生的我，待逆流而上啊，又惭愧无力。"朱自清所探讨的人生，就是这样的两难。而这样的境遇也是大多数人感同身受的。

一向温和的俞平伯，是这样评论《毁灭》的："从诗史而观，所谓变迁，所谓革命，决不仅是——也不必是推倒从前的坛坫，打破从前的桎梏；最主要的是建竖新的旗帜，开辟新的疆土，越乎前人而与之代兴。"俞平伯还认为，朱自清的《毁灭》，即以技术而论，"在诗坛上，亦占有很高的位置，我们可以说，这诗的风格意境音调是能在中国古代传统的一切诗词以外，另标一帜的"。

温州的踪迹

1923 年早春二月，朱自清离开他喜欢的"六师"，带着家眷到温州教书了。

朱自清到温州浙江十中任教，和好友周予同有关系。周予同是浙江瑞安人，和朱自清几乎同时在北京读书，朱自清读的是北京大学，周予同读的是北京高等师范学校，并以第一名的优异成绩毕业。毕业后即进入上海商务印书馆工作，任《教育杂志》主笔。他也是文学研究会主要成员，和朱自清相互景仰。朱自清曾和周予同、俞平伯、叶圣陶、郑振铎、王伯祥等人在上海雅聚多次，相聊甚欢。再说，"十中"师范部主任金嵘轩是周予同的老乡，又是朋友。金嵘轩曾因为学校的师资情况和周予同闲谈过，希望周予同能介绍名师到"十中"任教，周便推了朱自清。朱自清不仅毕业于名校，又是年轻的新文学作家，是创作界的中坚分子，还曾经在一度是新文化运动重镇的浙江"一师"任过教，和俞平伯、刘延陵等人号称"后四大金刚"，能请朱自清来"十中"教书，当然是一块金字招牌了。金嵘轩立即向校方提议，这才促成朱自清温州从教的经历。

朱自清一家到了温州之后，先住在大士门某处简陋的住宅中。时间不长，因住宅附近不慎失火，又搬到朔门街四营堂 34 号，此后便一直居住在那里，直到 1924 年 10 月初全家搬到宁波白马湖。张如元在《朱自清先生在温州》（出自《浙江学刊》，1984 年第 6 期）里说："四营堂住处是一处有围墙的老式两进平房，前后都有院子。他住靠大门的两间厢房，外间住家属，内间的前半间是他的书房，后半间作灶房用。厢房外有花墙把大院子隔开。自成一个小庭院，环境很清幽。"金溟若在《怀念朱自清先生》中也介绍道："那是一间狭长的横轩，给一张学校里借了来的学生自修桌挤得结结实实的。桌子紧靠在前方的双扇门下，只剩下靠壁约二尺许的空隙，是朱先生摆坐椅的地方。"虽然说环境清幽，但我觉得住得还是逼仄了些，毕竟朱自清一家此时已五口人（朱自清夫妇、两个孩子和朱母）了，书房和灶间放在一起，外间当一家人的卧室，还有桌凳，怎么说也不宽敞。

当时的温州，社会风气在保守中有一种蠢蠢欲动之势。在浙江"十中"里，国文教学这一块，还承袭旧习，写那些半文半白的八股式命题作文，和当时已经成为风气的白话文章相比，更是不伦不类。朱自清来了之后，由于实行自己的一套教学方法，一开始并没有得到学生的理解，甚至还会被误解。朱自清学生陈天伦在《敬悼朱自清师》里回忆说："民国十二年，我在温州（浙江十中）中学初二读书，朱先生来教国文，矮矮的，胖胖的，浓眉平头，白皙的四方脸。经常提一个黑色皮包，装满了书，不迟到，不早退。管教严，分数紧，课外另有作业，不能误期，不能敷衍。最初我们对他都无好感，至少觉得他比旁的先生特别：噜嗦多事，刻板严厉。"陈天伦所说的朱自清的教学方法，一直延续到后来的大学教学中。但是，渐渐地，"十中"的学生们理解了朱自清教学的妙处，在这样的严格训练下，很快，他们的国文成绩就得到了提高。学生们又得知他们的老师在白话新文学创作方面已经取得了很高的成就，不少人甚至也想像朱自清这样，成为一个新时代的作家。而朱自清也适时地鼓励学生多读多写白话文，介绍他们读新文学杂志。不久之后，学生们对他就有了好感。陈天伦又说："说起他教书的态度和方法，真是亲切而严格，别致而善诱。那个时候，我们读和写，都是文言文。朱先生一上来，就鼓励我们多读、多作白话文。《窗外》《书的自叙》……是他出的作文题目，并且要我们自由命题，这在做惯了《小楼听雨记》《说菊》之类的文言文的我们，得了不少思想上和文笔上的解放。"同一种教学方法，由于喜欢程度不一样，感想也就不一样，"噜嗦多事，刻板严厉"，变成了"别致而善诱"。无疑地，朱自清的教学方法，便得了学生们的认可，"各年级学生都急着要求他教课，他只得尽可能多担任些钟点，奔波于两部之间。"（朱维之，《佩弦先生在温州》）当时浙江"十中"的中学部和师范部是分开两地教学的。朱自清为了满足校方和学生的需求，只得两边兼顾。但他"不因课多而敷衍，每每拭汗上讲台，发下许多讲义，认真讲解。我们坐在讲台下边，望着他那丰满而凸出的脑袋，听他流水般滔滔不绝的声调，大有高山仰止之慨"。

朱自清的影响力，不仅在学校里，在学生中，也扩展到社会上，当地的文学气氛渐渐浓郁起来，连报纸副刊上的白话文学作品也比例增长。不少学生在他的影响下，更是积极投入到新文学的创作中，比如后来在台湾多所学校任教的翻译家金溟若先生，就受到过朱自清的提携和帮助，他的父亲正是不久后担任"十中"校长的金嵊轩。金溟若在《怀念朱自清先生》一文中回忆说："我去叩访朱先生四营堂巷的寓邸时，距我中学毕业之期，只有四个多月了……我追随朱先生半年，慢慢地知道运用中国文字。我写出了第一篇用中国文字写成的散文，题为《孤人杂记》。朱先生看了，居然很欣赏，把它寄给了《时事新报》的《学灯》上发表，并为我取了'溟若'两字，作为笔名。这是我的第一篇散文。后来又写了一篇《我来自东》，朱先生也要了去，刊在《我们的七月》上。"《我们的七月》是朱自清和俞平伯合办的同人杂志，外稿很难发表。看来朱自清是把金溟若当成文学知己了。

通过陈天伦、朱维之、金溟若等人的回忆，朱自清作为一个教育家、好老师的形象更加鲜活地出现在我们的眼前了。而对于青年学生的文学创作，不论是在浙江"一师"（杭州），还是在"六师"（台州）、"十中"（温州），他都一如既往，不惜花费自己的时间悉心提携、帮助，不少学生都是因为听他的课或受他的影响而走上了文学创作的道路。金溟若在《怀念朱自清先生》一文中，继续回忆了朱自清帮助他投稿以及在上海见面的往事："我于一九二三年冬到上海，朱先生好像是第二年暑假离开温州，到了北平（实是于1924年春离开温州到宁波的浙江第四中学和白马湖畔春晖中学任教，1924年10月初举家从温州搬到白马湖，1925年8月到了清华）。他受聘清华，曾一度回南，也许是接师母来着。当时我在上海读大学，一面替北新译《有岛武郎全集》。小峰替我在同孚路租下一间房子，常常彻夜不眠地写，但结果仅完成了一本记米勒、罗丹，及惠特曼的评传《叛逆者》，刊在郁达夫和周树人合编的《奔流》（北新发行）上。另有两三篇有岛武郎的小说，则寄给了商务的《东方杂志》和《小说月报》，始终没有成书。朱先生南回正在那个时候，他来同孚路找我未遇，当天晚上我到闸北叶（圣陶）家去看他，谈了一回别后的情况，约定第二天在开明编译所见面。在开明见面时，记得还有夏丏尊、方光涛、章克标、叶绍钧等，谈了一回北平的事和上海文坛的动态。那时创造社与文学研究会仍在闹别扭，新月的学院派与鲁迅则各树一帜，超乎这些的写作者，颇有左右做人难之感。从开明出来，陪朱先生绕了几个圈子，同到正兴馆吃饭时，他曾慨叹着说：'拿笔杆的人，最好不要卷入任何圈子里去。'这句话给我的印象很深。"

关于朱自清的学生金溟若，这里可以多记一笔，金溟若生于 1905 年，只比朱自清小七岁，少年时期，曾由父亲金嵘轩带往日本读了几年小学，后又回国读中学。朱自清到"十中"时，金溟若已经是一个文艺青年了，喜欢诗人惠特曼、歌德。"十中"毕业后，曾一度读医学专科学校，大约在 1926 年，认为自己的性情不适合学医，便下决心辍学，到上海谋生、读书。在上海的金溟若，正如他在《怀念朱自清先生》一文中所说，开始翻译日本文学。不久后，他听温州同乡野夫、林夫等青年作家说鲁迅是一位热心培育文艺青年的革命文学家后，对鲁迅产生敬仰之心，并去拜访鲁迅。据《鲁迅日记》载，金溟若第一次拜访鲁迅是 1928 年 5 月 2 日，同行者还有温州同乡董每戡。这次拜访，对金溟若影响很大，不仅得到鲁迅的鼓励，鲁迅还把他的翻译作品推荐发表，他从此正式走上了文学翻译之路。据《鲁迅日记》记载，从第一次拜访鲁迅，到 1933 年 12 月 11 日，金溟若与鲁迅交往达 27 次之多。金溟若是幸运的，在中学毕业季里，遇到了朱自清，走向社会后又得到鲁迅的提携。

朱自清和老师们也关系融洽，经常品茗、欢聚，和投缘的同事间还有唱和。"十中"老师张槚在 1923 年 5 月 18 日写一首七律赠朱自清，篇名叫《赠十中国文同事朱佩弦先生》，朱自清也热情地以原韵和诗：

落拓江湖意气孤，敢将心事托菰芦。

逢君悦见百间屋，入洛追怀九老图。

燕国文章惊一代，草堂风韵照东都。

从今大道凭宗匠，勿向时人问指趋。

　　据说这是朱自清存留下的第一首旧体诗。朱自清的家学、旧学比不上俞平伯，小时候也未见得有"对对子"的娱乐，创作上就不像俞平伯旧体诗、现代诗双管齐下。所以，这首唱和诗也许并不高明，但双方之间的情感和尊重却是显而易见的。不久之后，朱自清还借"六师"校长郑鹤春之名，在一家西餐馆宴请"十中"校长及新同事，宾主共二十六人之多。这一桌酒一直吃到晚上九点才散，推杯换盏间，尽显和谐的同事之谊。

　　朱自清和"十中"美术教师马孟容也有一段十分融洽的交往。由于朱自清和马孟容两家住得不远，朱自清常在散学回家后或休息日去马家看其作画，谈论中国画派，特别是花鸟画，朱自清常有自己的见解。后来马孟容在朱自清即将离开"十中"前，画了一幅尺幅不大的横幅送给朱自清，画面上有海棠，有八哥，有月影，意境非常清幽，朱自清十分喜欢，拿回家后，经常拿出来观赏把玩，并兴致很高地写了一篇欣赏短文，这便是《温州的踪迹》里的首篇《"月朦胧，鸟朦胧，帘卷海棠红"》。朱自清写好文章后，又专门到马孟容的家里拜谢，送上文稿，并说："日间端详大作，越看越可爱，夜间又仔细领略画中情韵，因忆唐明皇将美人喻花，而东坡咏海棠有'只恐夜深花睡去，故烧高烛照红妆'之句，乃反其意而以花比美人，如悟得大作中之海棠与月色中开得如许妩媚，鸟儿不肯睡去，原来皆为画中另有一玉人在哪！"（张如元，《朱自清先生在温州》）可见朱自清也是性情中人，对喜欢的东西毫不掩饰，快意表达。朱自清在这篇短文中，对马氏的画欣赏备至：画的"上方的左角，斜着一卷绿色的帘子，稀疏而长；当纸的直处三分之一，横处三分之二。帘子中央，着一黄色的、茶壶嘴似的钩儿——就是所谓软金钩么？'钩弯'垂着双穗，石青色；丝缕微乱，若小曳于轻风中。纸右一圆月，淡淡的青光遍满纸上；月的纯净、柔软与平和，如一张睡美人的脸。从帘的上端向右斜伸而下，是一枝交缠的海棠花。花叶扶疏，上下错落着，共有五丛；或散或密，都玲珑有致。叶嫩绿色，仿佛掐得出水似的；在月光中掩映着，微微有浅深之别。花正盛开，红艳欲流；黄色的雄蕊历历的，闪闪的。衬托在丛绿之间，格外觉着妖娆了。枝欹斜而腾挪，如少女的一只臂膊。枝上歇着一对黑色的八哥，背着月光，向着帘里。一只歇得高些，小小的眼儿半睁半闭的，似乎在入梦之前，还有所留恋似的。那低些的一只别过脸来对着这一只，已缩着颈儿睡了。帘下是空空的，不着一些痕迹"。又说："试想在圆月朦胧之夜，海棠是这样的妩媚而嫣润；枝头的好鸟为什么却双栖而各梦呢？在这夜深人静的当儿，那高踞着的一只八哥儿，又为何尽撑着眼皮儿不肯睡去呢？他到底等什么来着？舍不得那淡淡的月儿么？舍不得那疏疏的帘儿么？不，不，不，您得到帘下去找，您得向帘中去找——您该找着那卷帘人了？他的情韵风怀，原是这样这样的哟！朦胧的岂独月呢，岂独鸟呢？但是，咫尺天涯，教我如何耐得？"这篇短文写于 1924 年 2 月 1 日，文笔非常传神，能感受并联想到画中的意境，仿佛这幅画，已经真实地呈现在我们的眼前。朱自清写这篇文章时，距他离开温州仅隔二十来天。温州也像这幅画一样，给他留下了许多美好的记忆和丰富的想象。

朱自清虽然教务很忙，也会在节假日里宴请几个爱好文学的同学，或和友人畅游温州附近的风景名胜。1923 年重阳节前后，他和马孟容等四人就去了仙岩的梅雨潭，散文《绿》就是追忆那次游踪的名篇。金溟若回忆说："朱先生的兴致很好，常由他主动要我邀人结伴去郊游。温州的近郊，都印下我们的足迹：我们到过三角门外，去看妙古寺的'猪头钟'；到江心寺后看古井；渡瓯江去白水漈；坐河船去探头陀寺，访仙岩的雷响潭和梅雨潭。"朱自清另一个学生马星野在知燕出版社出版的周锦著的《朱自清研究》一书序中说："朱自清先生和几个学生到江北去玩，回来后写了《白水漈》。这次我没去……可朱先生却把《白水漈》写了条幅送给我，并注记以未与我同游为憾。"

朱自清在"十中"任教，校方也十分器重他，委托他为"十中"作校歌。朱自清也没有推辞，经过酝酿，才情迸发，一挥而就：

雁山云影，

瓯海潮淙。

看钟灵毓秀，

桃李葱茏。

怀籀亭边勤讲诵，

中山精舍坐春风。

英奇匡国，

作圣启蒙。

上下古今一冶，

东西学艺攸同。

这是朱自清创作的第二首中学校歌。比起为扬州江苏省立第八中学所写的校歌，"十中"的校歌更深邃，更有气势，也更具"文艺"范儿。歌词中的"雁山"，就是著名的雁荡山。有一年盛夏，我在雁荡山游玩过几天，那里的山景很有特色，瀑布也多，且高高直挂下来，有婉约的，有磅礴的。我们穿梭在各个高山峻岭间，被美丽的山色所感动，甚至晚间也在山上流连很久，看月光山影，久久不愿下山。雁荡山、瓯海潮，是最具温州特色的景观，朱自清起笔就抓住这两大特色，体现了温州这块土地的风景壮阔，以及悠久的历史和深厚的文化底蕴，接着自然过渡到"看钟灵毓秀，桃李葱茏"，最后是"上下古今一冶，东西学艺攸同"，勉励师生应该把古今中外的知识和学问融会贯通，铸造出新的知识和学问来。这首校歌歌词十分贴切，据说至今还在传唱。

在温州任教的一年，朱自清的创作也没有停手，他一面和俞平伯保持通信，讨论人生问题，一面在狭小的灶间里读书写作。简单勾勒一下，从1923 年 3 月 8 日创作新诗《细雨》算起，有旧体诗《和十中同事张槚赠诗》，小说《笑的历史》，论文《文艺之力》《文艺的真实性》，歌词《浙江省立第十中学校歌》，序跋《〈梅花〉序》，翻译了美国《近代批评辑要》中的《心灵的漫游》，和俞平伯通信讨论人生，写下了"白话美文的模范"《桨声灯影里的秦淮河》与总题为《温州的踪迹》的部分篇章。如果单纯从字数和篇数上算，也许算不上大丰收，但却有两篇重要的散文《桨声灯影里的秦淮河》和《温州的踪迹》里的《绿》，这是他创作上重要的里程碑。

在温州期间，有几个插曲对朱自清影响较大。其一，1923年7月30日，文学研究会主办、在上海出版的《时事新报》副刊《文学旬刊》改为《文学》周刊，朱自清被聘为二十五位特约撰稿者之一，另外二十四人也都是响当当的文学俊杰，包括王统照、沈雁冰、沈泽民、周予同、周建人、俞平伯、胡愈之、许地山、陈望道、徐玉诺、徐志摩、郭绍虞、叶绍钧、耿济之、郑振铎、刘延陵、谢六逸、瞿世英、瞿秋白、严既澄、顾颉刚等，至此，《文学》周刊成为朱自清主要的发稿阵地。其二，朱自清次女逖先于1923年11月8日出生于温州。其三，加入了朴社，这也是一个同人组织。我在《俞平伯的诗书人生》一书《永恒的〈忆〉》里做过朴社的介绍："朴社的影响虽然不大，来头却相当了得，《顾颉刚全集》（中华书局）里有详细记载：1923年2月20日，顾氏致函郭绍虞，述及'朴社'问世经由。其云：'我们因为生计不能自己作主，使得生活永不能上轨道，受不到人生乐趣，所以结了二十人，从本年1月起，每人每月储存十元，预备自己印书，使得这二十人都可以一面做工人，一面做资本家；使得赚来的钱于心无愧，费去的力也不白白地送与别人。我们都希望你加入，想你必然允许我们的。我们的人名是振铎、雁冰、六逸、予同、圣陶、伯祥、愈之、介泉、缉熙、燕生、达夫、颂皋、平伯、济之、介之、天挺及我。我任了会计；伯祥任了书记。这社暂名为朴社……'看看这一串名单吧，哪一个不是新文化运动的顶级人物？据说，首先动议成立朴社的，是郑振铎，1923年更早些时候，商务印书馆的几位编辑好友，在《小说月报》编辑郑振铎住处雅聚，谈古论今，十分投缘，郑振铎发牢骚道：'我们替馆里工作，一月才拿百元左右，可是出一本书，馆里就可赚几十万元，何苦来！还不如大家凑钱办一个书店。'听了郑振铎的提议，叶圣陶、顾颉刚、沈雁冰等予以响应。这就是朴社成立的由来，可以说是一个文友集资、自费出书、再赚钱的'俱乐部'。"我的这段话还是比较客观的。因为大家都是朋友，朱自清也于这年加入朴社，可能比首批成员略晚一些。

但朱自清可能也是第一个退出朴社的社员，时间是在 1924 年 9 月，原因说起来非常简单，也实在让人唏嘘——朱自清家生活实在困难，每月十块钱，对朱自清来说，是个不小的开支。朱自清不得不致信好友周予同，请求出社。而更让人唏嘘的是，朱自清退出后，朴社也随之解散了。

朱自清于 1924 年 2 月下旬离开"十中"，只身前往宁波白马湖春晖中学任教，但温州还有一大家子人：夫人武钟谦和三个孩子，以及从扬州来帮助料理家务的母亲。他人虽不在温州，但温州依然让他牵肠挂肚、割舍不下。

秦淮桨声寻灯影

1923 年 7 月 30 日，古城南京，热气逼人。

天色向晚时，熙熙攘攘的秦淮河边，走来两个身材偏矮的年轻先生——他们是"五四"之后崭露头角的著名作家、学者朱自清和俞平伯。

此时的南京，玄武湖边，旧城墙下，秦淮河畔，依然笙箫不绝，弦歌袅绕，一派旧式的繁华。两个青年知识分子走在人群里，看上去并不出众，也许还有些普通，如果不是戴着近视眼镜，他们和夫子庙附近的一般游客并无二致。但是，镜片后面睿智的目光中，分明透出他们的才学和理想。他们刚刚吃完晚餐，"一盘豆腐干丝，两个烧饼"——夫子庙最寻常的小吃，也是最具江南特色的茶点，虽然不名贵，由于做法和用料十分考究，朱自清和俞平伯二人应该吃得很惬意。对于收入不薄的中学老师，此餐未免太简单了些。喝没喝一壶黄酒呢？豆腐干丝就黄酒，绝配的吃法，至今还受到江南人的青睐。朱自清和俞平伯虽然酒量都不大，还是喜欢喝一口。出门在外，又是友朋同行，不喝点老酒怎么能玩好——那么，还是喝了！

朱自清和俞平伯一前一后来到河埠码头。

被太阳暴晒一天的码头嘴上，还有许多乘风纳凉的游人不愿离去。正如俞平伯在《桨声灯影里的秦淮河》中所描述的那样，朱、俞二人，"以歪歪的脚步踅上夫子庙前停泊着的画舫"，"懒洋洋躺到藤椅上去"之后，"船里便满载着"朦胧与怅惘了。"夕阳西去，皎月方来"，在苍黄灯光"晕"成的烟色暮霭里，听着时断时续的桨声，感受着被船桨撩起的清冽河水，细声慢语地谈论着往日的秦淮,《桃花扇》里的歌妓和《板桥杂记》里的公子,仿佛亲见那时的华灯映水,仿佛目睹那时的画舫凌波了,便"一面有水阔天空之想,一面又憧憬着纸醉金迷之境"。再看朱自清在同题散文里的描写:"秦淮河的水是碧阴阴的;看起来厚而不腻,或者是六朝金粉所凝么?我们初上船的时候,天色还未断黑,那漾漾的柔波是这样的恬静,委婉,使我们一面有水阔天空之想,一面又憧憬着纸醉金迷之境了。等到灯火明时,阴阴的变为沉沉了:黯淡的水光,象梦一般;那偶然闪烁着的光芒,就是梦的眼睛了。我们坐在舱前,因了那隆起的顶棚,仿佛总是昂着首向前走着似的;于是飘飘然如御风而行的我们,看着那些自在的湾泊着的船,船里走马灯般的人物,便象是下界一般,迢迢地远了,又象在雾里看花,尽朦朦胧胧的。这时我们已过了利涉桥,望见东关头了。"关于歌女的描写是这样的:"沿路听见断续的歌声:有从沿河的妓楼飘来的,有从河上船里度来的。我们明知那些歌声,只是些因袭的言词,从生涩的歌喉里机械地发出来的;但它们经了夏夜的微风的吹漾和水波的摇拂,袅娜着到我们耳边的时候,已经不单是她们的歌声,而混着微风和河水的密语了。于是我们不得不被牵惹着,震撼着,相与浮沉于这歌声里了。"

对于这迷人的歌声,朱自清和俞平伯毕竟是绅士,虽然怡然自若仿佛梦回前朝,仿佛浸漾其间,但是,待到梦被船舫歌女的唱声搅醒,终于还是回到现实世界里。在朱自清和俞平伯这篇同题散文中,多次记录了遭遇歌妓叨扰的事,而且,有多艘载着歌女的快船从他们身旁拍桨而过,留下顾盼的倩笑和甜腻的粉香。朱、俞二人被近似强迫地、无奈地感受其中,只能表现出尴尬的情态了。俞平伯这样写道:

> 时有小小的艇子急忙忙打桨,向灯影的密流里横冲直撞。冷静孤独的油灯映见黯淡久的画船头上,秦淮河姑娘们的靓妆。茉莉的香,白兰花的香,脂粉的香,纱衣裳的香……微波泛滥出甜的暗香,随着她们那些船儿荡,随着我们这船儿荡,随着大大小小一切的船儿荡。有的互相笑语,有的默然不响,有的衬着胡琴亮着嗓子

唱。一个，三两个，五六七个，比肩坐在船头的两旁，也无非多添些淡薄的影儿葬在我们的心上——太过火了，不至于罢，早消失在我们的眼皮上。谁都是这样急忙忙地打着桨，谁都是这样向灯影的密流里冲着撞；又何况久沉沦的她们，又何况漂泊惯的我们俩。当时浅浅的醉，今朝空空的惆怅；老实说，咱们萍泛的绮思不过如此而已，至多也不过如此而已。你且别讲，你且别想！这无非是梦中的电光，这无非是无明的幻相，这无非是以零星的火种微炎在大欲的根苗上。扮戏的咱们，散了场一个样，然而，上场锣，下场锣，天天忙，人人忙。看！吓！载送女郎的艇子才过去，货郎担的小船不是又来了？一盏小煤油灯，一舱的什物，他也忙得来像手里的摇铃，这样丁冬而郎当。

　　不能不说，俞平伯的文字是精细的，考究的，甚至还押着韵。而事实是，那些载着歌女的快船，还船头船尾地紧贴着他们的船，有点情侣间的磨蹭。还时不时地会跳上来一位手持戏单的"狡猾"的人，请朱自清、俞平伯点歌。朱自清只好接过歌单看看，递给了俞平伯，俞平伯也很难为情，结结巴巴说了半天，也没能把来人打发走。他们的"不"或"决不"，人家根本不听，就是"老调的一味的默"也不起丝毫效果，大有不听一首歌女现场献唱的小曲决不罢休的意思。朱自清呢，更是脸都红了。他一方面嫌俞平伯办法"太冷漠了"，另一方面又没有太好的办法。但是打发纠缠的正当方法，只有辩解。俞平伯带有调侃地描写了朱自清当时的为难，朱自清对来人说："你不知道？这事我们是不能做的。"这事，什么事呢？为什么对方"不知道"？又为什么"不能做"？这句话激怒了"狡猾"的人，让他盯住这一句不放了。因为听话听音，朱自清的话里有明显地看不起歌女的意思，说白了，不就是听人家唱一曲嘛。俞平伯说："佩弦又有进一层的曲解。哪知道更坏事，竟只博得那些船上人的一哂而去。"这里，俞平伯是和朱自清开个善意的玩笑。"把他们一个一个地打发走路。但走的是走了，来的还正来。我们可以使他们走，我们不能禁止他们来。"两位年轻的诗人有些烦恼，最后怎么办呢？

不能因为这个事而影响他们夜游的好情绪啊。办法还是有的。他们承诺多给船家些酒钱，让他摇船离载有歌女的船远些。不知道那时候有没有导游和商家合伙宰客的事，如果有，船家就相当于导游，而歌女就相当于商家了，所以船家的船专往歌女扎堆的船开去，好让自己多拿点"提成"。俞平伯的这个多出点钱的方法还是起了作用，"自此以后，桨声复响，还我以平静了"。这个小插曲很有意思的，两个年轻人的天真、无奈，进退两难的处境，从字里行间能够体味得到的。"心头，婉转的凄怀，口内，徘徊的低唱"，便"留在夜夜的秦淮河上"了。

几个月后的 1923 年 10 月 11 日，朱自清在温州写完《桨声灯影里的秦淮河》，文中有关于歌女的一段长长的议论：

我说我受了道德律的压迫，拒绝了她们；心里似乎很抱歉的。这所谓抱歉，一面对于她们，一面对于我自己。她们于我们虽然没有很奢的希望；但总有些希望的。我们拒绝了她们，无论理由如何充足，却使她们的希望受了伤；这总有几分不做美了。这是我觉得很怅怅的。至于我自己，更有一种不足之感。我这时被四面的歌声诱惑了，降服了；但是远远的，远远的歌声总仿佛隔着重衣搔痒似的，越搔越搔不着痒处。我于是憧憬着贴耳的妙音了。在歌舫划来时，我的憧憬，变为盼望；我固执地盼望着，有如饥渴。虽然从浅薄的经验里，也能够推知，那贴耳的歌声，将剥去了一切的美妙；但一个平常的人象我的，谁愿凭了理性之力去丑化未来呢？我宁愿自己骗着了。不过我的社会感性是很敏锐的；我的思力能拆穿道德律的西洋镜，而我的感情却终于被它压服着。我于是有所顾忌了，尤其是在众目昭彰的时候。道德律的力，本来是民众赋予的；在民众的面前，自然更显出它的威严了。我这时一面盼望，一面却感到了两重的禁制：一，在通俗的意义上，接近妓者总算一种不正当的行为；二，妓是一种不健全的职业，我们对于她们，应有哀矜勿喜之心，不应赏玩地去听她们的歌。在众目睽睽之下，这两种思想在我心里最为旺盛。她们暂时压倒了我的听歌的盼望，这便成就了我的灰色的拒绝。那时的心实在异常状态中，觉得颇是昏乱。歌舫去了，暂时宁靖之后，我的思绪又如潮涌。两个相反的意思在我心头往复：卖歌和卖淫不同，听歌和狎妓不同，又干道德甚事？——但是，但是，她们既被逼得以歌为业，她们的歌必无艺术味的；况她们的身世，我们究竟该同情的。所以拒绝倒也是正办。但这些意思终于不曾撇开我的听歌的盼望。它力量异常坚强；它总想将别的思绪踏在脚下。从这重重的争斗里，我感到了浓厚的不足之感。这不足之感使我的心盘旋不安，起坐都不安宁了。唉！我承认我是一个自私的人！平伯呢，却与我不同。他引周启明先生的诗，"因为我有妻子，所以我爱一切的女人，因为我有子女，所以我爱一切的孩子"。他的意思可以见了。他因为推及的同情，爱着那些歌妓，并且尊重着她们，所以拒绝了她们。在这种情形下，他自然以为听歌是对于她们的一种侮辱。但他也是想听歌的，虽然不和我一样，所以在他的心中，当然也有一番小小的争斗；争斗的结果，是同情胜了。至于道德律，在他是没有什么的；因为他很有蔑视一切的倾向，民众的力量在他是不大觉着的。这时他的心意的活动比较简单，又比较松弱，故事后还怡然自若；我却不能了。这里平伯又比我高了。

这段议论很全面，也很符合当时二人的处境和心境。

即便是朱自清和俞平伯在畅游途中遇到小小的不愉快，但还是有感于这次秦淮畅游，也被"梦"深深地感染了。能相约写一篇同题散文，不仅是受秦淮迷人的夜景诱惑，一定有某种更尖锐的东西触动了二人的神经。当"凉月凉风之下"，他们"背着秦淮河走去，悄默是当然的事了"。黑暗重复落在面前，"看见傍岸的空船上一星两星的，枯燥无力又摇摇不定的灯光"，他们的"心里充满了幻灭的情思"。也许在回旅馆的途中，二人已经相约作同题散文的事了。但是，俞平伯显然不满足于文章，他正酝酿一首诗呢。

第二天，朱自清和俞平伯在南京就要分手了，在两个好朋友依依惜别时，俞平伯取出头天晚上从画舫上要来的明信片，著诗一首，赠送给了朱自清。明信片一面是"南京名所"夫子庙全景，一面是俞平伯的亲笔题诗："灯影劳劳水上梭，粉香深处爱闻歌。柔波解学胭脂晕，始信青溪姊妹多。"诗前小序，曰："秦淮初泛，呈佩弦兄"；诗后落款为"俞"，时间是"十二、七、三一 南京分手之日"。

这张珍贵的明信片，是朱自清后人朱乔森等捐给中国现代文学馆的。这张明信片透露的信息，至少解决了两个问题：一是以诗证文，可知朱自清和俞平伯同游秦淮是在 1923 年的 7 月 30 日，朱自清在《桨声灯影里的秦淮河》开头的"八月说"，是误记了。也有说是"三十一日"，也不对，俞的落款是"三一南京分手之日"。俞、朱二人是头天晚上同游秦淮河，第二天才分的手，所以写诗之日，并不是同游之日。二是，1996 年，当这首诗被收进《俞平伯全集》时，诗前的小序变成了题目《癸亥年偕佩弦秦淮泛舟》，诗也经过了重新润色："来往灯船影似梭，与君良夜爱闻歌。柔波犹作胭脂晕，六代繁华逝水过。"经过改造的诗，老实说，比初稿的韵味和情调差了一些，特别是"与君良夜"取代"香粉深处"，就不是那个味了。

这首诗改于何时，全集里没有说明，翻阅几种俞平伯年谱，也没有记载。但是，俞平伯实在是很怀念这次四天的南京之行的，从修改的诗中，足可以说明，他们友谊之深切，情感之厚重。所以，这才有了多年后南方视察时的不辞而别。

那是 1959 年春，国家有关部门组织全国人大代表、政协委员赴江苏视察。俞平伯也是成员之一。他随团一路南下，先在扬州，又去淮安，参观视察后，按照预定线路，本应经南通过江，在苏南继续视察，行程中有他的故乡苏州。但是俞平伯却对即将经过的故乡毫无兴趣，而是突然"消失"不见，令代表团成员大惑不解。同行人只知道他从镇江取道南京，北返回北京了。俞平伯非同寻常的举动，就连同行的叶圣陶、王伯祥等老朋友也不明就里。虽然都知道他在扬州时写过一首怀念朱自清的诗："昔年闲话维扬胜，城郭垂杨相望中。迟暮来游称过客，黄垆思旧与君同。"（《初至扬州追怀佩兄示同游》）但没想到他的消失会和朱自清有关。直到多少年后，这一"谜团"才解开。原来，俞平伯在江苏扬州视察时，想起已故好友朱自清，感慨万千，不能自禁。或许这一哀思一直萦绕于心间吧，他便悄悄离别团队，独自一人重游南京，重登鸡鸣寺，重游秦淮河，去凭吊与朱自清同游的往事陈迹。不难想象，60 岁的俞平伯，独自一人，徘徊在南京的古巷里，其心情是何等的落寞而悲伤啊！到了 1960 年年末，俞平伯依然不能忘却这次孤独之旅，满怀深情地写成了一篇小赋，以纪念知交朱自清，题为《重游鸡鸣寺感旧赋》。他在序中写道："余己亥春日，自淮阴过镇江达南京，翌晨游玄武湖，遂登鸡鸣寺豁蒙楼，时雨中岑寂，其地宛如初至，又若梦里曾来，盖距癸亥年偕先友朱君佩弦同游，三十六载矣。拟倩子墨，念我故人，而世缘多纷，难得静虑，及庚子岁阑始补成此篇。"在用十六句对雨中的鸡鸣寺作了细致的描写之后，文字转入主题，缓缓诉出他"思旧神怆"的感触和对先友的思念，读之令人为之动容：

> 推窗一望。绿了垂杨，台城草碧，玄武湖光。观河面改，思旧神怆。翱翔文圃，角逐词场，于喁煦沫，鸡黍范张。君趋滇蜀，我羁朔方，讶还京而颜悴，辞嗟来之敌粮，失际会夫昌期，凋夏绿于秋霜。心淳竺以行耿介，体销沉而清风长。曾南都之同舟，初邂逅于浙杭。来瀚海兮残羽，迷旧巷乎斜阳。当莺花之三月，嗟杂卉之徒芳。想烟扉其无焰，痛桃叶之门荒。问秦淮之流水，何灯影之茫茫。

真是情深意切，一咏三叹，字字句句流露出对先友的追思和怀念。

"烟笼寒水月笼沙，夜泊秦淮近酒家……"，唐朝杜牧的诗歌《泊秦淮》流传千古，代代相诵，成了秦淮河的千古绝唱。千百年来，秦淮河哺育着金陵，也逐渐成为著名的繁华地带。许多历史典故都出自秦淮河畔，被历代文人骚客吟诵传唱。很多游玩秦淮河的文人墨客，其敏感柔软的心灵，常常因为秦淮河的桨声灯影而惊羡感动，他们写下了很多关于秦淮河的诗词文章。吴敬梓在《儒林外史》中，是这样描写秦淮河的："城里的一道河，东水关到西水关，足有十里，便是秦淮河，水满的时候，画舫箫鼓，昼夜不绝。每年四月半后，秦淮的景致渐好了。到天色晚了，每船两盏明角灯，一来一往，映在河里，上下通明。"

朱自清和俞平伯同游秦淮河，写下同题名篇散文，不仅是文章流传，美名远播，流传和远播的，也是两位文友真切的情谊。1924年1月25日，两篇同题散文在《东方杂志》第21卷第2号二十周年纪念号（下）同时发表，一时成为文坛佳话。

春晖映照白马湖

白马湖是宁波上虞乡下一个不起眼的小地方。在没有春晖中学之前，白马湖没有一点名气。因为春晖中学里集聚了一批名人俊杰，如夏丏尊、朱自清、朱光潜、丰子恺、匡互生等，他们先后在春晖中学执教，让这个不知名的小湖一下子名扬四海。到后来，白马湖直接就是春晖中学的代称了。

1924 年 2 月下旬，应经亨颐之聘，朱自清离开温州的浙江省立第十中学，只身来到宁波的浙江省立第四中学任教。经亨颐先生时任"四中"的校长，兼任上虞县白马湖私立春晖中学校长。朱自清家小都在温州，按说没必要赴那么远任教。但朱自清离开"十中"，也是不得已，是为稻粱谋——大致原因，一是"十中"是省立学校，经费全由省里统一拨给，由于战祸不断，地方军阀把持财政，教育经费得不到保障，加上层层拖欠，三十块钱的月薪经常拖了两三个月才能领到，甚至一个学期只能拿到三四个月的薪水。朱自清家人口多，还要寄款回扬州老家，经常入不敷出。二是"十中"校长更迭，据刘文起在《朱自清温州的足迹》中考证，新上任的校长不再延聘前任校长金嵘轩所聘的教员。第三就是，当时在宁波的，还有朱自清的朋友刘延陵等文人，加上朱自清在宁波可以两边兼课，多拿些薪水。

不管怎么说，朱自清还是来到了浙江省立第四中学。由于"四中"和春晖中学两所学校的校长是一人兼任，有不少教员都像朱自清那样，在两所学校交叉任教，如"四中"的夏丏尊、丰子恺等。朱自清更是乐得两边跑——他是 3 月 2 日从宁波到春晖的，春晖中学美丽的自然风光一下就吸引了他。

在《春晖的一月》里，朱自清满怀深情地记叙了初到春晖时的见闻和感受：

走向春晖，有一条狭狭的煤屑路。那黑黑的细小的颗粒，脚踏上去，便发出一种摩擦的骚音，给我多少轻新的趣味。而最系我心的，是那小小的木桥。桥黑色，由这边慢慢地隆起，到那边又慢慢地低下去，故看去似乎很长。我最爱桥上的阑干，那变形的卍纹的阑干；我在车站门口早就看见了，我爱它的玲珑！桥之所以可爱，或者便因为这阑干哩。我在桥上逗留了好些时。这是一个阴天。山的容光，被云雾遮了一半，仿佛淡妆的姑娘。但三面映照起来，也就青得可以了，映在湖里，白马湖里，接着水光，却另有一番妙景。我右手是个小湖，左手是个大湖。湖有这样大，使我自己觉得小了。湖水有这样满，仿佛要漫到我的脚下。湖在山的趾边，山在湖的唇边；他俩这样亲密，湖将山全吞下去了。吞的是青的，吐的是绿的，那软软的绿呀，绿的是一片，绿的却不安于一片；它无端地皱起来了。如絮的微痕，界出无数片的绿；闪闪闪闪的，像好看的眼睛。湖边系着一只小船，四面却没有一个人，我听见自己的呼吸。想起"野渡无人舟自横"的诗，真觉物我双忘了。

好了，我也该下桥去了；春晖中学校还没有看见呢。弯了两个弯儿，又过了一重桥。当面有山挡住去路；山旁只留着极狭极狭的小径。挨着小径，抹过山角，豁然开朗；春晖的校舍和历落的几处人家，都已在望了。远远看去，房屋的布置颇疏散有致，决无拥挤、局促之感。我缓缓走到校前，白马湖的水也跟我缓缓地流着。我碰着丏尊先生。他引我过了一座水门汀的桥，便到了校里。校里最多的是湖，三面潺潺地流着；其次是草地，看过去芊芊的一片。我是常住城市的人，到了这种空旷的地方，有莫名的喜悦！乡下人初进城，往往有许多的惊异，供给笑话的材料；我这城里人下乡，却也有许多的惊异——我的可笑，或者竟不下于初进城的乡下人。闲言少叙，且说校里的房屋、格式、布置固然疏落有味，便是里面的用具，也无一不显出巧妙的匠意；决无笨伯的手泽。晚上我到几位同事家去看，壁上有书有画，布置井井，令人耐坐。这种情形正与学校的布置，自然界的布置是一致的。美的一致，一致的美，是春晖给我的第一件礼物。

有话即长，无话即短，我到春晖教书，不觉已一个月了。在这一个月里，我虽然只在春晖登了十五日（我在宁波四中兼课），但觉甚是亲密。因为在这里，真能够无町畦。我看不出什么界线，因而也用不着什么防备，什么顾忌；我只照我所喜欢的做就是了。这就是自由了。从前我到别处教书时，总要做几个月的"生客"，然后才能坦然。对于"生客"的猜疑，本是原始社会的遗形物，其故在于不相知。这在现社会，也不能免的。但在这里，因为没有层迭的历史，又结合比较的单纯，故没有这种习染。这是我所深愿的！这里的教师与学生，也没有什么界限。在一般学校里，师生之间往往隔开一无形界限，这是最足减少教育效力的事！学生对于教师，"敬鬼神而远之"；教师对于学生，尔为尔，我为我，休戚不关，理乱不闻！这样两橛的形势，如何说得到人格感化？如何说得到"造成健全人格"？这里的师生却没有这样情形。无论何时，都可自由说话；一切事务，常常通力合作。校里只有协治会而没有自治会。感情既无隔阂，事务自然都开诚布公，无所用其躲闪。学生因无须矫情饰伪，故甚活泼有意思。又因能顺全天性，不遭压抑；加以自然界的陶冶，故趣味比较纯正。——也有太随便的地方，如有几个人上课时喜欢谈闲天，有几个人喜欢吐痰在地板上，但这些总容易矫正的。——春晖给我的第二件礼物是真诚，一致的真诚。

朱自清这篇文章写于1924年4月12日夜间，到春晖中学已经一个多月了，从行文风格上看，他依然心情大好，愉快地描写了路上和校园的美丽风光。而在不久之前的3月9日，朱自清还把好友俞平伯请来玩了几天，原因之一，也是太喜欢这里了，要把自己的喜悦向好朋友分享一下。不巧的是，俞平伯那天坐船到了宁波，然后雇车前往沪杭甬线上的某车站，因朱自清信上没有说清，还多走了一站地，打听了半天才知道错了，只好租了轿子再回头走。冒雨来到春晖中学时，已经多走了不少冤枉路。和朱自清甫一照面，俞平伯就问起朱自清何以指导有误。温厚的朱自清也没做解释，在他本意里，料想春晖中学这么有名，俞平伯本应该知道的。本想责怪一下朱自清的俞平伯看他有点难为情，友情的力量瞬间战胜了心中的那点小怨气，二人随即都收起了"小孩子脾气"，略谈后，朱自清就去上课了。俞平伯在《忆白马湖宁波旧游》中说："那天是星期（天），但春晖例不休息……就傍听了一堂……'学生颇有自动之意味，胜第一师及上大也'。故属春晖的学风如此，而老师的教法亦不能无关。"俞平伯还动情地感慨说："我在这儿愧吾友良多，久非一日矣。"本人在《俞平伯的诗书人生》一书里，有一章《白马湖畔》，写的就是俞平伯从3月8日动身前往白马湖访朱自清的经过。在说到俞平伯听好友的一堂课时，有一段评论："在当时，大学里才有这种风气，无论哪系的老师，只要自己愿意，都可以到别的班上听课。他们的听课，不是要去挑对方的毛病，而是学习别人的长处，补充自己的知识，增长自己的见闻。不过，一个大学老师，坐在中学课堂，听好友讲课，其中意味，可能不仅仅是补充知识，增长见闻，更多的是一种友情和关爱，是心灵上的互通互慰。"

俞平伯到达的当天晚上，夏丏尊知道俞平伯来了，朱自清家眷又在温州，怕不会有太好的招待，就特意在家做了几样好菜，邀请朱自清、俞平伯来家里吃饭喝酒。夏丏尊比朱自清和俞平伯要大十多岁，是个老资格的教育家，中过秀才，性格温和，学问功底相当扎实，是浙江"一师"时的前"四大金刚"之首，和朱自清私交很好。朱自清和俞平伯等曾被封为后"四大金刚"，朱自清自然也想让夏丏尊和俞平伯成为好朋友了。俞平伯是第一次见到夏丏尊，在他最初的印象里，夏丏尊像一位大哥般亲切、平和又不失热情。这顿家宴想必有不少好菜，山珍湖味都有，吃得想必也特别愉快。俞平伯在《朱佩弦兄遗念——甲子年游宁波日记》中描写了饭后归途的心情："偕佩弦笼烛而归。傍水行，长风引波，微辉耀之，踯躅并行，油纸伞上沙沙作繁响，此趣至隽，惟稍苦冷与湿耳。"夏家真是有心，还备了灯笼给二位青年学者照路。至今想来，那个场面还十分动人，在早春暗夜的潇潇细雨中，古意的灯笼，老式的油纸伞，两个略有醉意的青年，走在依山傍水的小道上，滑踏而小心地前行着，多么有情有味、意趣盎然啊！二人回到宿舍，并没有立即就寝，而是借着酒意又谈至深夜。

第二天，天气好多了，朱自清上下午各有两个小时的课。他不顾上课的疲惫，又陪俞平伯在山野湖边玩至天晚。俞平伯回忆说："下午同在郊野散步。春晖地名白马湖，校址殊佳，四山拥翠，曲水环之。菜花弥望皆黄，间有红墙隐约。村户稀少，仅数十家。"我在《俞平伯的诗书人生》里也根据俞平伯的日记，做了一番描写："……上虞驿亭白马湖边，乡村风光十分婉约、秀丽，完全是自然的情态，没有一点人工雕刻的痕迹，几面的青山上，绿树浓密，山草青翠，泉水叮咚，小溪奔流，鸟语啾啾，花香怡人，说不尽的田园之美。中间是狭长的水田，烟波浩渺的白马湖被群山环抱，一汪湖水养育着鲜美的鱼虾，一片田塍种植着香甜的稻谷，举目是青山，低头看碧波，真一派世外桃源啊。在田间蜿蜒的阡陌上，俞平伯和朱自清，披着晚霞，伴着薄雾，一边散步一边小谈，上下古今，新文旧籍，乡野清趣，草木虫鱼，怕都是他们的话题吧。他们走着，聊着，前边已是上山的路，二人毫不迟疑就随坡上山了。话是说不完的，几日的相聚，必定要抓紧时间。无论谁在说，另一方必定在倾听，也或插一两句，大约不会有大争论的。他们站立山腰，看山下的春晖园，园边的绿水，耳边响起下课的铃声。天色渐暗，溶溶的暗紫色正从远山掩来，瞬间就包裹了万物。山下，已有人寻访而来，是谁？夏丏尊还是丰子恺？俞平伯访朱自清的另一大收获，就是结交了一批朋友，夏、丰无疑是最为投机的新友。于是，在黄昏的山道上，新旧好友，又开始了新的话题……"

又过了一天，朱自清要到宁波城里的"四中"上课，而俞平伯也受"四中"之邀，做一堂讲座，便一同前往宁波。俞平伯在宁波还参加了两次宴请，参观了宁波的一些名胜。宁波天一阁天下闻名，俞平伯父亲俞陛云在其著作《词境浅说》里，还对天一阁后人范永祺家室住房门柱上的对联有一条释义，此联云："家酝满瓶书满架，山花如绣草如茵。"此联为集句联，上联出自白居易《香山寺》诗："空山寂静老夫闲，伴鸟随云往复还。家酝满瓶书满架，半移生计入香山。"下联出自唐许浑《寄桐江隐者》诗："潮去潮来洲渚春，山花如绣草如茵。严陵台下桐江水，解钓鲈鱼能几人。"俞陛云释义的上联云："此乐天晚年自述也。先言以闲人爱此空门，惟孤云野鸟，伴我往还。后言香山寺为其生计所在，家酿满瓶，良书满架，已占其生计之半。第三句即其自号醉吟先生之本意。乐天晚居香山，与僧如满结社，称香山居士。盖诗入山时作也。"俞陛云释义的下联云曰："桐江山水秀绝。子陵（案：严光，东汉隐士，字子陵，曾隐居富春山桐江畔）去后，千载来客，星楼上，更无配食之人，宜四句有'能几人'之叹。而此隐者，得诗人为侣，当是俊流。惜失其姓名，不得与严郡三高合传，续招仙之谣也。"经俞氏的释义，此联的意义就很明了了。

1924 年上半年，朱自清奔波于宁波城的浙江"四中"和白马湖乡下之间，虽然有些辛苦，心情却是快乐的，接待了像俞平伯、潘漠华这样的好友，在创作上也没有松懈，特别值得感怀的是，他在读了同学邓中夏发表在《中国青年》上的一篇文章《贡献于新诗人之前》后，心中的感怀久久不能平静，非常赞赏邓中夏的观点：新诗人要走出艺术之窗，丢弃怡情陶性的快乐主义，和怨天尤人的颓废主义，多创作表现民族伟大精神、暴露黑暗社会的作品。4 月 15 日，朱自清写了一首《赠友》诗，这里的友，就是邓中夏。诗云：

> 你的手像火把，
> 你的眼像波涛，
> 你的言语如石头，
> 怎能使我忘记呢？
> 你飞渡洞庭湖，
> 你飞渡扬子江，
> 你要建红色的天国在地上！
> 地上是荆棘呀，
> 地上是狐兔呀，
> 地上是行尸呀；

你将为一把快刀，
披荆斩棘的快刀！
你将为一声狮子吼，
狐兔们披靡奔走！
你将为春雷一震，
让行尸们惊醒！

　　我爱看你的骑马，
在尘土里驰骋——
一会儿，不见踪影！
我爱看你的手杖，
那铁的铁的手杖；
它有颜色，有斤两，有铮铮的声响！
我想你是一阵飞沙走石的狂风，
要吹倒那不能摇撼的黄金的王宫！
那黄金的王宫！
呜——吹呀！

　　去年一个夏天大早我见着你：
你何其憔悴呢？
你的眼还涩着，
你的发太长了！
但你的血的热加倍地薰灼着！
在灰泥里辗转的我，
仿佛被焙炙着一般！——
你如郁烈的雪茄烟，
你如酽酽的白兰地，
你如通红通红的辣椒，
我怎能忘记你呢？

邓中夏不仅是朱自清的北大同学，还是好朋友。1923 年夏天，朱自清和俞平伯同游南京秦淮河时，偶然在南京大街上碰见邓中夏。此时邓正在南京筹备社会主义青年团第二次全国代表大会。邓中夏可能操心过多，虽然表面状态是"憔悴"的，但能看出他的心"血的热加倍地薰灼着"。朱自清这首诗的风格和他此前的诗风完全不一样，像战斗的口号。后来编《踪迹》时，朱自清特意把诗名改作《赠 A. S.》，这是邓中夏又名"安石"的缩写。叶圣陶对这首诗特别欣赏，在《新诗零话》里说："他的《赠 A. S.》一诗，我很喜欢。像握着钢刀，用力深刻，刀痕处都有斩截钢利的锋棱。"1924 年 5 月 14 日，又作散文《正义》，似乎是这首诗的续篇。朱自清几乎是疾呼般地说："人间的正义究竟是在那里呢？满藏在我们心里！为什么不取出来呢？它没有优先权！在我们心里，第一个尖儿是自私，其余就是威权、势力、亲疏、情面等等；等到这些角色一一演毕，才轮到我们可怜的正义。你想，时候已经晚了，它还有出台的机会么？没有！所以你要正义出台，你就得排除一切，让它做第一个尖儿。你得凭着它自己的名字叫它出台。你还得抖擞精神，准备一副好身手，因为它是初出台的角儿，捣乱的人必多，你得准备着打——不打不成相识呀！打得站住了脚携住了手，那时我们就能从容地瞻仰正义的面目了。"

朱自清在宁波的诗作还有《别后》《风尘》等，《别后》应该是怀念还在温州的夫人和孩子的，其中有这样的句子："空空的房子，冷的开水，冷的被窝——峭厉的春寒啊，我怀中的人呢？"在春晖中学出版的《春晖》上，朱自清除发表了《春晖的一月》，还在多期上接连发表了《刹那》《白马读书录》《水上》《教育的信仰》《课余》《团体生活》等，这些诗文，无不体现了朱自清早期的文学思想和文学追求。

1924 年暑假结束后，又经历了闹心的"江浙之战"，朱自清十分烦神，几经波折，才从温州把家搬到宁波。又因"四中"无房可住，便决定把家安在白马湖畔的春晖中学。搬家这天，已经到 10 月 12 日了。一家老小又暂时有了安稳的小窝，可以从从容容过日月了。不久之后，他又托朋友从温州带回一书箱的书，从当铺里赎回了皮袄，算是了了一桩心事，温州也从此成了记忆。

第一次写日记

　　朱自清的第一篇日记写于 1924 年 7 月 28 日，此时朱自清在温州度暑假。

　　在温州度假之前，朱自清只身在宁波，任教于浙江"四中"和白马湖春晖中学，小家还留在温州。大约是暑假回温州不久，深觉身边的人事风云和日常情态都值得记录，决定开笔写日记。暑假结束后，朱自清又到宁波两所学校继续教书。1924 年 9 月，江浙战争爆发，战火波及温州，朱自清又冒着战火从宁波返回温州，把家眷迁到宁波上虞白马湖春晖中学。日记从 1924 年 7 月 28 日开始，只记到这年的 11 月 30 日。从日记中，能够大体看出朱自清的日常生活、交谊、游历、创作、读书的心得和思想情感的波动。

　　7 月 28 日，第一天的日记很短，只有二十来字，朱自清记述了这一天是星期一，天气是"晴阴不定"，第一行写了几个人名，分别是铁郎、圣陶、舜年、季达。铁郎即曹聚仁，是朱自清在浙江"一师"时期的学生，1921 年毕业后，从事记者工作并开始文学创作。圣陶就是叶圣陶，在叶圣陶名字后还有括弧，括弧里是"稿附"两字，应该是给叶圣陶寄的稿件。此后的多篇日记中，凡是这样的形式，即日记第一行罗列人名或单位名，就是本日写给他们的信件。

　　通读这一时期朱自清的日记，其内容主要可概括为四个方面，一是写信多，有的是给扬州的家人，有的是给文友、编辑和同事。二是记录自己买书、读书和借书的经过和写作的心得。三是关于借钱、当衣和还钱。四是关于吃到的美食和朋友的宴请。

从日记中可以看出来，朱自清写信非常勤，有时接连两三天都写，有时候隔一两天写；有时一天写一封信，经常是一天写两三封信，一天写七八封信也是经常有的，如 1924 年 8 月 6 日，写了八封信，分别给莘邨、学乾、良义、湘槐、晨报馆、执中、子恺、天糜。莘邨即郑鹤春，他在台州任浙江省立第六师范校长时，曾于 1922 年 2 月邀请朱自清到该校任教。8 月 19 日写了七封信，分别是小麻、南头、三弟、卢焜、莘邨、附刊、济卿。最多的一天写了十几封信，如 1924 年 9 月 4 日，分别给家济、志钧、许杰、铁鸣、父亲、岳父、南头、郑尚、季中、功甫、予同、荣轩、济民、志超，给许杰同时写了两封信。朱自清写信，自然就会收到回信。重要的回信，日记中也有简要记录，如 1924 年 8 月 14 日，日记云："丰寄《忆》画及《踪迹》封面来，均极优美。余三复之。他信亦写得甚真。"《忆》是俞平伯的一本新诗集，书中有丰子恺的插画，其中一幅就是以朱自清的女儿阿采为原型的。《踪迹》是朱自清的一本诗文合集，封面由丰子恺设计。朱自清对于《踪迹》的封面设计用"极优美"赞之。在这天的日记中还写道："莘邨有信，言四中决办高中；嘱余力与金商交代事。醒民有信，颇有去乡里之情，为之怅怅。"这天收到的三封来信，有喜有忧，收到《忆》画和《踪迹》封面当然开心了。醒民的信，却让他感到为之"怅怅"。1924 年 9 月 1 日："莘邨来信，云寄卅元来，托送陈君礼一元。中敏信来，云陈尚未与他接洽，甚诧。但报上已载明请中敏为教授了。即以快信询陈。"三十元钱是在台州六师任教时补发的工资吗？这笔钱对朱自清来说尤为重要。朱自清日记中，还有在朋友处读朋友的朋友来信的快乐，1924 年 8 月 31 日日记云："下午访予同，得读雁冰信，甚有趣！中说及予同洗澡事。我问予同，他说擦背的擦至脚丫中，有酥松之感，甚以为美。"这种快乐的事，日记中所记不多。1924 年 10 月 2 日给马公愚的信值得一说。那天朱自清一共写了两封信，一封给周予同，一封给马公愚。写给马公愚的信是朱乔森 1997 年编《朱自清全集·书信卷》时，由马公愚后人马亦钊先生提供的。信中对马公愚在战乱期间对朱自清留在温州的一家老小的照顾表示感谢。朱自清在信中说："弟前晚由江厦到家，舍间已迁回原处（曾住中学数日），大小均安，甚慰！内人言及此次承先生贷款及照料一切，具见朋友风义，曩以家事烦琐，未敢以之相托；在甬时辄悬念舍间不已。固不料卒以累先生也！先生于荒乱之际，肯兼顾舍间老幼，为之擘画（谋划）不遗余力！真为今日不可多得之友人！大德不敢言谢，谨当永志弗谖耳！"在感谢马公愚照料家眷后，又简述了这次归途的经历和所见所闻："弟接家电促归，即乘永宁回。至海门，轮忽停驶。不得已取道温岭街、江厦而来温。途中凡历二日，尚安谧。此间闽兵已到，绅耆辈郊迎十里，羊酒犒师，幸能博得无恙。然此辈服装、纪律，实足惊人！据见者云，实不类百战之健儿也。入市先问鸦片烟，盖军中瘾君子甚多也。地方本已平靖，而近日乃有拉夫之事！于是又大骚扰。幸昨早已止。"马公愚是温州当地名人，生于1893年，比朱自清大五岁，1908年考入浙江高等学堂。马公愚之兄马孟容，当地著名画家，和朱自清同时任教于设在温州的浙江省立第十中学，朱自清在"十中"任教期间，和马孟容过从甚密，和马公愚亦成为好友。

从朱自清这一时期的日记看，写信是他较多从事的一项工作。可惜这些信件，因年代久远，保存下来的很少，我们只知道1924年暑假期间，他用信件往还的形式，和友人、编辑及家人保持着联系。

日记中记录较多的，还有关于买书、读书、借书、送书、还书和与朋友谈论读书及创作心得等诸事。如1924年7月29日日记云："读《学者气质》，颇思读侦探小说。侦探小说益处；文学史方法；——待录。"7月30日："要看《精神分析与文艺》。张东荪有《科学与哲学》之著……拟买《文艺复兴史》。"7月31日："读《毋违夫子》八股，觉颇有新趣。"8月4日："下午亚东寄《我们的七月》三册来，甚美，阅之不忍释手。"8月5日："叶二一李过访。叶二坚邀吃饭，勉从之。座有伍君叔傥。饭后论诗，君甚有见地。后又至其寓中，论文。他说姚姬传之创桐城派，是因拜戴东原为师而戴不收，故现义说，考据，词章，应当并重。"8月7日："下午李超麟来，借《七月》；托他送《七月》于赵柏卿。"朱自清托李超麟送给赵柏卿的《我们的七月》怎么样了呢？到了9日，朱自清日记曰："早赵柏卿来，以《江东白苎》赠之。"《江东白苎》是明代文人梁辰鱼撰写的一部散曲集。该书共有二卷和续二卷。

梁辰鱼（约 1519—1591），字伯龙，号少白，江苏昆山人，是个旷世奇才。他一生放荡不羁，特别热爱音乐，精通音律，和当时著名的曲律家魏良辅过从甚密。明代嘉靖中叶，魏良辅在昆山腔基础上，创立了委婉细腻、流丽悠远的水磨调，谱曲的就是梁辰鱼。梁辰鱼还创作了一部《浣纱记》，是最早采用经魏良辅改进的昆腔演唱的剧本。梁、魏二人，对于明、清昆曲的创立，做出了历史性的重大贡献。后来梁辰鱼用昆腔写作的这部散曲集《江东白苎》，使昆腔舒缓缠绵的风格得到进一步发展。朱自清的好朋友俞平伯善唱昆曲，后来还在清华园成立曲社，定期雅聚。朱自清夫人因病去世，后续陈竹隐也是昆曲专家，唱功在京城昆曲圈内很有名，能上台表演。朱自清虽然不能唱，对于昆曲也是喜欢的。这时候，朋友赵柏卿送来一本《江东白苎》，冥冥之中，似乎有某种昭示。朱自清应该知道，昆曲盛行之后，有所谓"白苎派"和"吴江派"之分，而"白苎派"的江湖地位，就是这一本散曲集《江东白苎》确立的。以一本新刊《我们的七月》换得一部雕版旧籍《江东白苎》，朱自清应该很开心吧？赵柏卿来了，朱自清日记中说与其"论诗文，甚久"。谈诗论文是朱自清的强项，看来谈得很开心啊。9 日的日记中，还记曰："访叶，谈其属稿之致邵季达书，辞甚美。又与论现代青年消极思想，颇详。他说北京女学生情形，尤觉令我看不起人。他说鲁迅《小说史》序甚漂亮，甚古，系仿章太炎文。"8 月 12 日："下午徐奎来，约泛月。还《曲苑》及中舫诗。"这里有个词，"泛月"，应该是在月光下散步之意吧？古代文人有泛月的雅好，特别是在月圆之夜，约三五个同好，一起在月光下一边散步，一边谈诗论文，或在月光里划舟赏景，或在月光下饮茗弹琴，既能增进友情，又能提高文艺水平，是一举多得的雅事。南宋画家夏圭有一幅《松溪泛月图》，是册页《宋元集萃册》中的一开，画面描绘了清静的月夜下，数人同乘一叶扁舟于湖上畅游，在一派澄明中，能感受到溪流与松风的合奏，水天一色，月明如镜，微风轻拂，真是美不胜收。关于泛月的诗，也有不少文人涉及，清代乾隆帝还专门写过，其中有这样的句子："泛月惟宜夏，望夕才三次。其间光明夜，屈指堪数计。阴晴复不定，诚哉过隙易。"关于泛月的记叙，在朱自清的日记中不止一次出现过，说明即便是生活艰难，也要保持心绪的平静。8 月 14

日："晚购《科学与哲学》一册，欠商务洋一角。" 8 月 15 日："徐奎说《我们的七月》不大好，似乎随便；又说没有小说风格。我说并不随便，但或因小品太多，故你觉如此。因思'小品文之价值'应该说明。我们诚哉不伟大，但自附于优美的花草，也无妨的。刘蕺雄倾向创造社，他说金志超亦如此。我觉创造社作品之轻松，实是吸引人之一因；最大因却在情感的浓厚。后者是不可强为，是不可及的。前者则自成一体可，独占优胜，尚难说定也。"这一段关于文艺的议论非常高妙，也是朱自清为人为文的一贯追求。8 月 18 日："江冷早来，还《浮生六记》。予同继至，谈甚久。他说他决来温。相与共访叶君。午后约予同赴东山书院，谈甚久。托以两事：一、接济家款，二、照应家事。他均应了。"又记："晚溯中请吃饭，未去，自愧不能招邀予同游宴，想他亦知我的情形，或不以为怪。前两日作成《忆》的跋，虽经心为之，而正因经心之故，觉得太严正了，与诗画不称。访卢志钧，门坚闭，阒其无人，怅然。"《忆》是俞平伯的一本新诗集，请朱自清写序。日记说，序文于前两日写就，那应该是 16、17 两天了。《忆》由北京朴社于 1925 年 12 月出版，朱自清的这篇序文随《忆》出版后，又收入他的自编诗文集《踪迹》一书里。如此"经心"写作的一篇文章，怎么会"觉得太严正"了呢？且"与诗画不称"，口气里，有些不满意。而接着访友不成，致使心情更加"怅然"。从日记中看，朱自清的情绪不佳，是受周予同来访的影响。此时的周予同，任上海商务印书馆国文部编辑和《教育杂志》主编，朱自清去上海，和他经常见面、聚饮，结下了深厚的情谊。这次周予同来温州，虽然晤谈甚欢，却因手头拮据而不能请其游玩和吃饭。在周予同被溯中请去吃饭后，他也被邀请，却因此而不好意思赴宴，有"自愧"之感。所以，这才是导致他心情不好的主因。8 月 19 日："早送予同，已上船，寻不着。因船即开，匆匆而下。怅惘已极，觉得为人作事，总是如此迟钝，怎好！昨予同告我淞沪警厅干涉《学生杂志》鼓吹革命事，说贤江或不久于商务了。予同要我的讲义看。"这一段日记是前一天日记的延续。日记继续写道："下午赵柏卿来访，由正门出，见塔，说：'"仰首欲攀低首拜，长干一塔一诗人。"此二语可以奉赠。'我甚喜此二语，但并非因赠我而喜。"看来坏心情还没有缓过来。8 月 20 日：

"连日心绪甚烦，精神亦极不振。下午访沈炼之，不遇。访赵柏卿，观其所为诗，尚可取。又得读《函海》《赌棋山庄笔记》合刻笔记中所引，颇多有价值者；此书系长乐谢章铤枚如所作。又读柳宗元《河间妇传》，以淫妇人喻士大夫节操，亦古文中常有；而赵君以为亵，何所见之狭！"看来赵柏卿家有不少好书，连日心情不好的朱自清到了赵家，读其诗，觉得还不错，又读《函海》《赌棋山庄笔记》合刻笔记中所引，觉得很有价值。《函海》是一部大型综合性丛书，刊刻于清代，为大文人李调元收集编辑。所收之书以鲍氏《知不足斋丛书》没有收录的为限，有多古今秘本、锦里耆旧之作。该书刻成不久，李调元获罪入狱，所刻书版四处零落，后来才由李的亲戚陈氏收藏并编辑成书。李调元死后，其弟李鼎元校正初印本的错讹，并于嘉庆十四年（1809）重印。道光五年（1825），李鼎元的儿子李朝夔补充了新的内容后重新刊刻。到光绪八年（1882），广汉人钟登甲用袖珍本刊行。其初印本分为24集，后来补刻诸本分成40函。《赌棋山庄笔记》这部书，周作人在《苦茶随笔》中《厂甸之二》里，说到桐城派时有所涉及，曰："谢章铤《赌棋山庄笔记》《课余偶录》卷二亦有一则，语更透澈，云：'近日言古文推桐城成为派别，若持论稍有出入，便若犯乎大不韪，况敢倡言排之耶？余不能文，偶有所作，见者以为不似桐城，予唯唯不辨。窃谓文之未成体者冗靡芜杂，其气不清，桐城诚为对症之药，然桐城言近而境狭，其美亦殆尽矣，而迤逦陵迟，其势将合于时文。盖桐城派之初祖为归震川，震川则时文之高手也，其始取五子之菁华，运以欧曾之格律，入之于时文，时文岸然高异。及其为古文，仍此一副本领，易其字句音调，又适当王李赝古之时，而其文不争声色，浏然而清，足以移情，遂相推为正宗。非不正宗，然其根抵则在时文也。故自震川以来，若方望溪刘才甫姚惜抱梅伯言，皆工时文，皆有刻本传世，而吴仲伦《初月楼集》末亦附时文两三篇，若谓不能时文便不足为古文嫡冢者。噫，何其蔽也。'谢君为林琴南之师，而其言明达如此，甚可佩服。其实古文与八股之关系不但在桐城派为然，就是唐宋八大家传诵的古文亦无不然。"朱自清在赵柏卿家所看到的是《函海》《赌棋山庄笔记》两书的阅读笔记中所引之文，朱自清觉得"颇多有价值者"。这个读书笔记，应该就是赵柏卿所记了。8月22日："吴江冷借《中古文学概论》，《政治概论》，《远生遗著》，《九命奇冤》。"这是吴江冷跟朱自清借的书。吴江冷是温州名士，应该是朱自清在温州"十中"的同事，否则不会一次借给他四本书。在个人研究领域，朱自清在这天的日记中说："研究题目：现代哲学概论；文学概论；国语：心理学（哲学史）；古书；东西文化及其哲学，科学与人生观。"所记没有文学创作部分。在朱自清看来，文学创作应该是他的常态了。8月24日："读福尔摩斯侦探案，确有意趣。读《新实在论研究》，其论时空，有未解处，拟阅《最近物理学概观》。昨阅毕《现代思潮》，条理清晰，说明透彻，但末章殊嫌草草。"8月28日："下午李超麟，刘蜚雄来，为道此次考试马、刘徇情事，又云英文国文题目，先已漏出，未知确否？李、刘嘱定一书目，关于现代思潮、文学、常识，须价廉而一年内可阅毕者。还刘《学生杂志》三册，又嘱转交徐奎上海来书三册，即由他寄还。刘借《评论之原理》，李借《觉悟》二月。王福茂前有一片来，说读我《别后》一诗，想起我在那间冷清清的房里吸烟吃杨梅的光景。"8月31日："予同谓上海三马路蟫影庐专卖王罗诸人书。劳乃宣书，亦可于彼处得之。又云博古斋亦多印古书。从予同处借得钱基博辑《国学必读》二册，甚凌乱，而序甚夸张。又汪怡《国语发音学》，中有论词调，语调及 Intonation（声调）处，当可看。又朱希祖《中国文学史总论》甚美。汪怡著有《中国新式簿记术》，商务出版，价一元。"朱自清的阅读也太广泛了，可用包罗万象来形容，钱基博所辑《国学必读》二册他并没看上，还借了《国语发音学》《中国文学史总论》等，读这些书，都为他后来研究国学打下了基础。

朱自清在第一次所记的日记中，这么多涉及借书、还书、读书等方面的内容，大多是在温州过暑假的时候，日记中的相关人物，除从上海来的周予同外，也都是在温州任教时的旧交或当地的文化人。

从这一时期的日记中看，朱自清家的生活十分穷困，多处有借钱、还钱、借物、当衣、借钱无着的记录，如1924年7月29日日记："晚与房东借米四升，旧历年关亦有相似情形，而我仍用得拮据而归，甚矣。中国人的健忘。"7月30日："午后向张益三借五元，甚忸怩！"8月17日："又向荣轩借六元。荣轩告我为我付币五元，甚愧！"8月22日："向吴微露借款之意，他说没有。"联系上下文（日记）对照看，吴即吴冷江，是温州当地的文化人，和朱自清关系应该不错，不然，朱自清不会借给他《中古文学概论》《政治概论》《远生遗著》《九命奇冤》等书，也不会在8月27日访吴不遇而"甚觉怅然"。到了8月29日，吴冷江外出，朱自清还专门去送他一程，看"船已行，甚为怅惘"，又回忆起吴冷江"前日致我一笺，有云：'愿留不尽之情，为他日重晤之欢。甚美'"的感慨。再说8月22日朱自清跟吴冷江借钱不成，又接受吴冷江的邀请，到他家吃晚饭，晚饭非常好，朱自清日记曰："晚到吴家，吃杏仁豆腐，以洋菜糜和杏仁露凝成，再加杏仁露汤，味甚美。又进双弓米，小菜四色：咸蛋、绿笋、菜烘、鲫鱼，均可口——后两色尤佳。"有意思的是，饭后，朱自清继续在他家小坐，谈话内容居然涉及到婚姻爱情。吴冷江应该比朱自清大十岁左右，是个旧式读书人，又受新思想的熏陶，思想既陈旧又解放，还有大男子主义，他们所谈论婚姻爱情涉及的主要人物，就是给他们办了一桌好吃好喝的吴夫人，朱自清日记云："他说他将与夫人签离婚约。此约经七年之力，得其夫人之同意，夫人家中亦同意。但签约后他俩关系如恒，此约盖专为娶第三者之用。据云第三者已谅解其意，虽作二太太亦可，但其家人不肯，故不得不出此。若用逃亡，则牺牲太大了。"看来这个吴冷江的人品不怎么样，和夫人离婚，只是为了娶小三，又舍不得原配，居然和小三说好，可以让她做二房。但小三家里人不愿意。这种情况，如前所述，在朱自清父亲小坡公身上也发生过，只是小坡公没有和原配离婚而已。朱自清想在吴冷江处借钱而碰了软钉子，第二天只好当衣服，8月23日日记云："当衣四件，得二元五角。"但这也只能支撑两三天的开销，8月26日日记云："向公愚借六元，愧甚！"公愚即马公愚，是朱自清在温州的好友，后来朱自清一家在战乱中，受到马公愚的保护。8月31日："早予同来，告我省署有公事与教厅，以天热为名，令各校延期两礼拜开学。此即经济竭蹶之证；恐怕学期中竟要停顿呢！他问我的光景，我告之。托他明日代我借十元，如宁波没有钱来。他已应允。他又说可设法到中州大学或商务里去。"

在短短一个多月零几天的时间里，朱自清已经数次借钱了，这次是跟周予同借十块钱，看来已经到了山穷水尽的地步了。周予同十分理解朱自清的处境，建议他到工资更高的大学任教或到商务印书馆里任职。9月1日，可能是宁波没有款来吧，朱自清去访周予同，当天日记云："此君大佳大佳！向他借十元，约一个月内还他。"9月4日："早询当皮衣，不错。"刚借十块钱，又去当铺准备当皮衣了。好在这天午后，宁波寄来的三十元到了，算是救了急。有钱之后，朱自清立即去马公愚家，还了六块钱，又"付宝华荣房费一元"。

朱自清于1924年9月5日乘船去宁波，经几日航行，于9日晚间到达。9月12日日记："寄家四元。"朱自清应该知道家里也没有钱支撑日常花销了。9月15日日记："向翰峰借小洋十二角。"到达宁波不久，苏浙战争爆发，战事波及温州。朱自清于这天接岳父来信，让朱自清设法将家眷搬到上海，保命要紧。9月16日，朱自清给岳父写信，让其给温州的家里寄十块钱。9月20日日记："绥青借给我五元，托他还翰峰一元。"绥青即卢绥青，是温州"十中"的老师，和朱自清曾是同事，此时在宁波教书。9月21日日记："早访三昧于后乐园，不遇。在螺髻亭上小坐，风日清幽，木叶明瑟，甚有意致。"早上访三昧的目的是什么？原来也是借钱，日记接着说："三昧允借我四十元，甚可感！"朱自清此前借钱都是几块几块地借，最多也就是十块钱，这次有人要借给他四十块钱，应该能暂时缓解他的经济紧张了。9月24日日记云："我与莘约，还他二十元。"这应该是上半年的借款，如果借四十块钱成功，就可借新还旧了。同一天日记云："托绥青向春晖借四十元。"一面答应别人还款，一面再托人借钱，朱自清的日子过得太拧巴、太窝囊了。但是受到战事影响的温州不但使他担忧，因为缺钱缺粮，让他的情感得以爆发："翰风告我，有人自温州来，云情形确不佳；孙兵已到丽水，甚忧之。但细念回去亦终无生路，稿费据夏说要欠，两月后何以为活？是一。十中若开学，固可希望想些办法，但开学与否，能想办法与否，俱尚未定。唉，唉，钟，我的钟呀，我真对不起你了！我明知回来虽无用，总可使你稍慰，但我竟不能够；不是不能够，一因要去上课，二因费了钱，不如让你医病，三因回去也只能担（耽）搁一两日！你原谅我，天原谅我！"日记中的"孙兵"指孙传芳的部队。"夏"指夏丏尊，"稿费"是指朱自清已经答应夏丏尊编国文教科书的事。"钟"指夫人武钟谦，此时武钟谦正在生病中。好在马上就收到了武钟谦的信，武在信中告诉朱自清，已经向其父亲借款接济了。9月25日日记云："早发电至温，晚得复，云暂住十中；念情形必甚危急，焦灼之至！决明早赴春晖借款。"朱自清得知夫人暂时住进温州"十中"，估计情况危急，心中焦灼，决定到春晖借款。9月26日，天气阴，还有小雨，好消息是，款借到了，当天日记云："在春晖借六十元，章对我的叙述，似不注意，其为人恻然。"不管怎么说，有钱了，于当天订了去温州的船票。几经周折，于30日到达温州的家中。10月2日这天，朱自清见了金嵘轩（日记中的"荣轩"，即金嵘轩），还了欠他的五块钱，又托他还马公愚的十块钱，晚上，率一家老小（母亲、夫人及孩子们），带上不多的行李，举家迁往宁波。到达宁波后，入住春晖中学，和夏丏尊、丰子恺、刘叔琴为邻。稳定一段时间后，朱自清又于1924年11月5日在日记中说："自觉负债之多，必须早日清理！"

阅读朱自清这一时期的日记，深为其清贫、挣扎而不安。在这四个多月中，朱自清家几乎一直都是缺钱缺粮的，借钱、还钱，或因借钱而羞愧，或因借不到钱而犯愁。

朱自清第一次记日记，历经短短的四个月零三天，内容上，除了上文概述的写信、读书和借债外，还有不少关于美食和赴宴的记录，也值得一说。

吃吃喝喝，一直是中国人的大事。一样日子十样过，穷人有穷人的吃法，富人有富人的吃法。美食又是中国人日常生活中特别在意和追求的，既可品尝其滋味，又是身份的象征。历代文人都有不少关于美食的书写，从苏东坡开始，到李渔等，怎么做，怎么吃，什么滋味，还有诗文记之。朱自清又成长在讲究吃喝的美食之都扬州，那里可是闻名天下的淮扬菜的发源地，自然喜欢吃了。但是朱自清家因经济一直不好，无法随心所欲，想吃什么吃什么，偶尔吃到有滋味的好东西，自然是要是记一笔的。除已经写到的在吴冷江家吃的杏仁豆腐外，还有几处记录值得一说，如1924年8月4日日记日："晚应陈舜平、张益三、马孟容、叶二诸君之招，在醒春居晚饭。"这次晚宴，有点为朱自清回到温州接风的意思，馆子想来不差。8月16日，朱自清晚上应邀到徐奎家吃饭，这天的日记说："吃酥面萝卜丝饼，甚佳。"8月20日日记曰："遇功一，购蛋糕及小面包，而没有开花馒头，甚怅！因日来颇思当年在唐大家吃油炸'京江脐'蘸鸡汤风味也。"京江脐是江苏的一道面食小吃，据说起源于盐城，流行于江淮、上海、苏南一带，淮扬一带称之为金刚脐或金刚麒，因是手工制成，正面突起的六个小尖角不是很规则，常常分得很开，有点像猫或虎的爪子，因此，上海也有人叫老虎爪子，常州人叫马脚爪子。这道小吃是用炉子烤出来的，焦黄，吃起来外脆内软，特别香。温州面食中没有京江脐，其开花馒头虽然不是京江脐，但其形状有点像，所以朱自清这几天老想起当年在朋友家吃的油炸京江脐蘸鸡汤，又因为连替代品开花馒头都没有买到而"甚怅"。8月21日日记曰："晚，马孟容、杨霁朝、陈舜平请吃饭，为张益三饯行。"8月26日日记曰："晚阅卷，至十二时，吃绿豆稀饭，加微糖，风味甚佳。"暑假结束之后，朱自清从温州回到宁波，恰逢9月13日中秋节，这天天气不好，大约也没吃什么好东西，第一次学写了一首旧体诗。第二天日记云："下午到后乐园，应雪花社之招。有茶点，恣意趣啖，颇偿日来之清淡也。"雪花社是宁波知识青年于1921年7月成立的文艺社团，初名血花社。成员以宁波"四中"师生为主，骨干有将木青、谢传茂、宓汝卓、张孟闻、汪子望、王任叔等。在这次聚会上，朱自清还被邀请上台演说一通。待大家都演说之后，朱自清日记写道："说毕得啖新葡萄，味颇甜，今年尚是第一次。惜只馀三枚，不可再得。怅望空枝，不禁想及当年在北京大啖牛奶葡萄时也。"好吃的葡萄只余三只了，怅望之余让他感想很多。9月19日日记云："……席间有鸡，甚嫩美，芋艿煨鸭，亦鲜隽。""芋艿煨鸭"这道菜我至今还没有吃过，芋艿就是芋头，南方到处都有，类似于北方的土豆。芋头红烧肉我吃过，用来煨鸭炖汤，不知其味，应该如朱自清所说，极"鲜隽"。9月23日日记云："在丏尊家饮酒，甚适。"9月24日日记云："以轿赴中校，晤经，交守宪信。他正买苔菜饼，我因绥吃，亦取吃。他取盒置我近处，说：'吃啊！'但我才吃了两三枚，他便拿了一只铁罐，将那些饼都收进去了，并严密地盖了。此公脾气，固自不同。"这里所记，颇可值得推想一番，朱自清去拜访任浙江"四中"校长兼春晖中学校长的经亨颐，经亨颐正在买苔菜饼，大约是一种像月饼的点心吧，是浙江特产。因同时在场的卢绶青吃了苔菜饼，朱自清也拿了几块吃，而且是经亨颐邀请的，但朱自清只吃"两三枚"，经亨颐就把苔菜饼收进铁罐子里了。朱自清没有吃足，不太爽，说了句"此公脾气，固自不同"的牢骚话。苔菜，是不是海苔我不知道，现在的苔菜饼就是以海苔为辅料做的，很精致，有点像月饼。11月16日这天，朱自清先是中午在家中请客喝酒，在座有"丏尊、绶青、叔琴、敏行、天糜诸人，菜难为继。"晚上又到章家吃酒，日记中写道："开席而坐。'新客'坐正中一桌，头菜特丰，馀菜器具亦较好，我觉颇无谓。晚归，虽有月色，而冷极，只肠胃不舒。"这里所记的"肠胃不舒"特别重要，是朱自清日记和书信中，第一次写到关于胃病的事，这恐怕和一天两次喝酒有关。也许正是从这时候开始，胃病开始侵袭朱自清。

从日记中可知，朱自清喜欢吃的有这么几样：杏仁豆腐、菜烘、鲫鱼、酥面萝卜丝饼、油炸"京江脐"、芋艿煨鸭、苔菜饼，这里有主食，有汤，有菜，有荤有素。

朱自清第一次写日记，到1924年11月30日结束了，这天的最后一句是"夜一时始睡"，而之前的连续四天，朱自清只写了日期、天气情况和一句话"教书精神甚不好"。这一年，朱自清才二十六周岁，我们看到了朱自清被生活所逼的窘迫，以及各种操劳，即便在这样的情况下，他仍然不停地读书、著文，给世人留下多篇精美的文章。

白马湖畔

　　春晖中学的环境实在是舒适，除了自然风光，还有身边的同事，加上一家人又团聚在一起，和夏丏尊、丰子恺、朱光潜、匡互生、刘薰宇、刘叔琴等经常走动，或谈诗论画，或饮茶斗酒，既过着普通人的生活，又有高雅的文事聚谈，一时间，朱自清找到了自工作以来最舒适的生活状态。

　　朱自清的家，和夏丏尊家只一墙之隔，原是刘薰宇私建的房子。房子虽不大，却十分紧凑实用，依山傍水，环境幽雅，格局是按照日本普通住宅设计的，正屋用推拉门隔开，前面会客，后面做书房。此时的"教员村"，因几家都有孩子，欢声笑语，锅碗瓢盆，一派欣欣向荣的热闹景象。几家男主人都是高级知识分子，又都有古人士风和名士派头，各人还给住宅起了别号，夏丏尊的房子叫"平屋"，大约隐含平房、平民、平凡、平淡、平实之意，和夏氏的性格非常贴近。朱自清在散文《白马湖》里说到和夏丏尊的交往时，笔下十分喜悦地说："我们几家接连着；丏翁的家最讲究。屋里有名人字画，有古瓷，有铜佛，院子里满种着花。屋子里的陈设又常常变换，给人新鲜的受用。他有这样好的屋子，又是好客如命，我们便不时地上他家里喝老酒。丏翁夫人的烹调也极好，每回总是满满的盘碗拿出来，空空的收回去。白马湖最好的时候是黄昏。湖上的山笼着一层青色的薄雾，在水里映着参差的模糊的影子。水光微微地暗淡，像是一面古铜镜。轻风吹来，有一两缕波纹，但随即平静了。天上偶见几只归鸟，我们看着它们越飞越远，直到不见为止。这个时候便是我们喝酒的时候。我们说话很少；上了灯话才多些，但大家都已微有醉意。是该回家的时候了。若有月光也许还得徘徊一会；若是黑夜，便在暗里摸索醉着回去。"又在《"海阔天空"与"古今中外"》中说："我爱白马湖的花木，我爱 S 家的盆栽——这其间有诗有画，我且说给你。一盆是小小的竹子，栽在方的小白石盆里；细细的干子疏疏地隔着，疏疏的叶子淡淡地撒着，更点缀上两三块小石头，颇有静远之意。上灯时，影子写在壁上，尤其清隽可亲。另一盆是棕竹，瘦削的干子亭亭地立着；下部是绿绿的，上部颇劲健地坼着几片长长的叶子，叶根有细极细极的棕丝网着。这象一个丰神俊朗而蓄着微须的少年。这种淡白的趣味，也自是天地间不可少的。"朱自清和夏丏尊家关系好，体现在各个方面，有时候也会童趣大发，和夏丏尊的女儿满子玩玩纸牌。在学校教室的仰山楼前面，有一座游泳池，夏天时，朱自清也会和夏丏尊的儿子龙文在池子里学游泳玩，算是纳凉，又算洗澡。

丰子恺家的屋前栽有一棵柳树，干脆命名为"小杨柳屋"。丰子恺后来许多漫画里，都有一棵或数棵杨柳树，冬天的柳树，夏天的柳树，雨天的柳树，雾天的柳树，春来的燕子在树下穿梭，孩子们在柳树下玩耍，大人们在柳树下望远。那些柳树，是不是以他亲手栽种的这棵为蓝本呢？答案是肯定的。

丰子恺的家原在浙江崇德石门湾，更有乡村情结。他也是由老师夏丏尊介绍来春晖中学的，同时也是李叔同的得意门生，主要教音乐和美术。在那段时间里，他的"小杨柳屋"与"平屋"相映成趣。可惜生性略显刻板的朱自清不知何故，没有给自己的小家起个名号，似乎失去了一些情调和谈资。不过朱自清写起白马湖的文章，还是很细心地呵护那里的好风景的："白马湖的春日自然最好。山是青得要滴下来，水是满满的、软软的。小马路的两边，一株间一株地种着小桃与杨柳。小桃上各缀着几朵重瓣的红花，像夜空的疏星。杨柳在暖风里不住地摇曳。在这路上走着，时而听见锐而长的火车的笛声是别有风味的。在春天，不论是晴是雨，是月夜是黑夜，白马湖都好。——雨中田里菜花的颜色最早鲜艳；黑夜虽什么不见，但可静静地受用春天的力量。夏夜也有好处，有月时可以在湖里划小船，四面满是青霭。船上望别的村庄，像是蜃楼海市，浮在水上，迷离惝恍的；有时听见人声或犬吠，大有世外之感。若没有月呢，便在田野里看萤火。那萤火不是一星半点的，如你们在城中所见；那是成千成百的萤火。一片儿飞出来，像金线网似的，又像耍着许多火绳似的。只有一层使我愤恨。那里水田多，蚊子太多，而且几乎全闪闪烁烁是疟蚊子。我们一家都染了疟疾，至今三四年了，还有未断根的。蚊子多足以减少露坐夜谈或划船夜游的兴致，这未免是美中不足了。"丰子恺家的小杨柳屋，朱自清也是那里的常客。丰子恺家的天花板很低，个子不高的朱自清都觉要压到头上来，像"一颗骰子"似的客厅里，他和丰子恺一起看日本竹久梦二的漫画集。小客厅两面墙壁上，贴满了丰子恺各式各样的漫画稿。到过丰子恺家的人都喜欢他的画，有的人还要几张回家玩玩。朱自清也喜欢这些画，感到每一幅画都富有童趣，都有诗意。丰子恺会在这些画上题上一两句古诗，有的干脆就根据名人的诗意画，有的呢，是根据孩子们童稚的语言或游戏的内容所画，皆活泼可爱，有咀嚼不尽的情趣和意味。朱自清看得久了，便提醒丰子恺，将来攒得多了，可以印一本画集。有一天，丰子恺给朱自清刚满4岁的女儿阿菜画了一幅画像，很逼真。同时在丰子恺家闲坐的夏丏尊看了也开心，提起笔来，在他学生兼同事的画上题道："丫头四岁时，子恺写，丏尊题。"画美，字也好。朱自清看了，爱不释手，后来将其制版，作为散文集《背影》的一幅插页，给他们的友谊予以永远的定格。

英文教师朱光潜，1922年毕业于香港大学，和朱自清一样身材矮小，性格情趣相投，年龄也相仿，在学校里陌生人初见到二位朱老师，会误以为是亲兄弟。

朱光潜到春晖中学任教的时间比朱自清稍晚一些，时间也短。但因为同是夏丏尊的朋友，和朱自清、丰子恺、匡互生等人很容易就相处到一块儿，一到学校就加入了春晖的文人"小圈子"，并且很快就参与到他们的酒聚、茶聚和湖边闲聊、湖上划船等活动中。在各种聚谈中，朱光潜心中也萌生了创作的冲动，加上学校还办着一份水平相当高的校刊《春晖》，便也尝试着进行文学创作，并有作品发表。朱光潜曾在《敬悼朱佩弦先生》中，深情地回忆了春晖中学的那段难忘的时光："在文艺界朋友中，我认识最早而且得益也最多的要算佩弦先生。那还是民国十三年夏季，吴淞中国公学中学部因江浙战事停顿，我在上海闲着，夏丏尊先生邀我到上虞春晖中学去教英文，当时佩弦先生正在那里教国文，学校范围不大，大家朝夕相处，宛如一家人。佩弦和丏尊、子恺诸人都爱好文艺，常以所作相传视。我于无形中受了他们的影响，开始学习写作。我的第一篇作品——《无言之美》——就是在丏尊、佩弦两位先生鼓励之下写成的。他们认为我可以作说理文，就劝我走这一条路。"后来朱自清在清华大学任教时，还和在北大任教的朱光潜等文人一起，被列为《文学杂志》编委会成员，朱光潜还是该杂志的主编。朱自清也经常有文章发表在《文学杂志》上。朱光潜出版《谈美》《文艺心理学》两部重要书稿时，还请朱自清写了序，朱自清的两序文都是在伦敦写的。再后来在西南联大，朱自清把家安在成都，当时朱光潜住在乐山，也经常到成都去办事，二人和叶圣陶等人又见了几次，弄几样豆腐干、花生米就可喝一次酒了。朱自清有一年在成都休假期满，回昆明路过乐山时，还在朱光潜的陪同下游览了乐山的名胜古迹。游览结束分手后，朱自清到了叙永，给朱光潜写了一封信，感谢其在乐山的盛情接待，还记述了一路上遇到的各种艰险，并赋诗一首。朱自清逝世后，朱光潜更是在《文学杂志》上组织怀念朱自清的专刊。

朱自清和朱光潜的深厚友谊，就是初始于白马湖畔的春晖中学。多年以后，朱光潜还在纪念夏丏尊红宝石婚的一首和夏丏尊的诗中，写出这样的句子："近来酒兴如前否，何日湖居再酿筵。"可见当年他们在白马湖，很多时候是凑钱喝酒的。

在春晖中学执教时，朱自清还有一次重要的旅行——和匡互生一起率春晖中学学生旅行团去杭州旅游。1924年10月29日下午，他们专门到西子湖畔雅致的湖楼，晤谈住在这里的俞平伯。湖楼又称俞楼，是俞平伯曾祖父俞樾的故宅，典型的江南建筑，庭院里叠石假山，花草茂盛，十分优美。此时俞平伯小家就安在湖楼，好朋友相见，聊得十分开心。聊什么呢？可能聊朱自清即将出版的诗文合集《踪迹》，也可能聊二人合编的《我们的七月》，就是谈谈春晖中学的《春晖》也是有可能的。总之，率团出游本来就是快事，再加上这次湖楼晤谈，朱自清在杭州五六天的游玩十分开心。

朱自清从杭州回到春晖后，除了继续教书作文之外，还写了《第三人称》《团体生活》等文章，特别是后者，可能是朱自清这次率团出游的有感而发，谈及一部分中等学校的学生一盘散沙的现状。该文强调了进行教育的重要性和必要性，并从具体操作上阐明了群体教育的内容、特点和步骤。这篇文章就发表在《春晖》上。当天晚上，朱自清在家宴请了夏丏尊、刘叔琴、伍敏行等同事，大约也聊了"团体生活"和"群体教育"问题吧。这一事说明，朱自清和老师们对学生现状还是很担忧的。

没想到朱自清的这种担忧以别样的形式体现了出来——1924 年 11 月下旬，春晖中学发生了学生风潮。起因大约是这样的：一天早晨，学生黄源出早操时，戴了一顶黑色的绍兴毡帽（其实不算什么）。体育教师说不成体统，勒令拿掉帽子。黄源不从。师生间发生了激烈的争执。事后，校方坚持要处分黄源。担任训育主任的匡互生站在学生一边，建议不处分黄源。但力争无效，性情耿直的匡互生愤而辞职，返回上海。此事激怒了学生，举行罢课，以示抗议。校方立即开除了二十八名领头的学生，并宣布提前放假。此举引起教员公愤，结果教员集体辞职。夏丏尊专任宁波浙江省立第四中学教职，丰子恺、朱光潜、刘薰宇、刘叔琴、方光焘等辞职后，先后赴上海。

这次风潮，给童话般美丽的白马湖蒙上了一层阴影，也给朱自清的内心带来较沉重的创伤和打击。朱自清没有像其他教师那样辞职，并不代表他不愤怒，没立场，他无疑是站在辞职的老师一边的，也同情被开除的学生。但由于家累（武钟谦已怀有身孕），又由于多年不断的迁徙，他实在没有力量再搬家了。但不辞职、不搬家，不等于不想走。1925 年 1 月 30 日，朱自清写信给俞平伯说："春晖闹了风潮，我们彷徨了多日，现在总算暂告结束了，经过的情形极繁……此后事亦甚乏味。半年后仍须一走。"随后，朱自清流露出离开的具体想法："我颇想脱离教育界，在商务觅一事，不知如何？也想到北京去，因从前在北京实在太苦了，好东西一些不曾吃过，好地方有许多不曾去过，真是白白住了那些年，很想再去仔细领略一回。若有相当机会，尚乞为我留意！"这封信说得十分明白了，一是想进入上海的出版界，因上海有他不少朋友。二是想去北京。去北京，信上所说理由固然也对，恐怕还是想和北京的俞平伯及北大的诸多师友会合吧。机会出现在 1925 年暑假里的 8 月，清华学校设立大学部，请胡适推荐教授，胡适推荐了俞平伯。而俞平伯出于种种考虑，暂不愿出城去清华教书，便向胡适推荐了朱自清。就这样，朱自清得到了来自清华的聘书。在转道上海去北京时，叶圣陶、王伯祥、刘大白、丰子恺、方光焘等人趁着夜色送他到火车站。一到北京，朱自清便住在了俞平伯的家里，还和俞平伯一起去访问了周作人。朱自清在俞平伯家一直住到 9 月 1 日，才移住清华中文部教员宿舍古月堂 6 号。而他一家老小还住在白马湖畔的春晖中学。朱自清入清华不久，写下了一首诗：

> 我的南方，
> 我的南方，
> 那儿是山乡水乡！
> 那儿是醉乡梦乡！
> 五年来的徬徨，
> 羽毛般地飞扬！

这是朱自清 1925 年初到清华时的一首诗。"五年来的徬徨"，终于"羽毛般地飞扬"了。但真的能飞扬吗？南方给朱自清带来了成功、兴奋，也带来了纠结、哀怨和贫困。南方是他踏上社会的第一站，匆匆五年，如果仅从创作上讲，他确实是成功的，许多重要的作品都写作于这一时期。南方五年，交谊也是成功的，他结识了一生中重要的朋友，如俞平伯、叶圣陶、郑振铎、夏丏尊、王伯祥、丰子恺、朱光潜等人。但工作（或事业）能否算得上成功呢？漂泊不定，生活窘迫，几乎每年都要迁徙，时时都为金钱操心，举债，借钱，借物，出入当铺，耗费了大量的精力和时间，也耗费了他的才智和心力。他虽然离开了南方，夫人还率一家数口留在白马湖边。南方，依然割舍不掉。

为丰子恺漫画集作序写跋

朱自清先后为丰子恺的漫画集《子恺漫画》和《子恺画集》作序写跋，已经是他到达北京清华园后的事了，而丰子恺也于 1924 年年末去了上海，参与创建立达学园。但是，毕竟朱自清和丰子恺的友谊是在白马湖畔建立的，而丰子恺画集中的不少漫画也是画于春晖中学，此时朱自清家也还在白马湖边。所以我们还是从白马湖畔说起。

在春晖中学里，朱自清家和丰子恺家相邻而居，两家关系非常好，常有往来，孩子们也常在一起玩耍。丰子恺在教学之余，依旧是作文画画。而他的漫画创作更是越画越有味儿，朱自清在赏画之余，也经常就漫画话题和丰子恺畅聊一番。丰子恺能出版中国现代文艺史上第一本漫画集，从现有文字记载来看，"漫画"一词，确实是朱自清和丰子恺聊天时首先提出来的。朱自清到清华大学的第一个学期，即 1925 年下半年，在上海立达学园任教的丰子恺就把他结集准备出版的第一本漫画集《子恺漫画》的序言，请朱自清代作。朱自清不仅愉快地答应了，还以书信的形式，透露了当初说到结集出版的建议："你总该记得，有一个黄昏，白马湖上的黄昏，在你那间天花板要压到头上来的，一颗骰子似的客厅里，你和我读着竹久梦二的漫画集。你告诉我那篇序做得有趣，并将其大意译给我听。我对于画，你最明白，彻头彻尾是一条门外汉。但对于漫画，却常常要像煞有介事地点头或摇头；而点头的时候总比摇头的时候多——虽没有统计，我肚里有数。那一天我自然也乱点了一回头。"朱自清说得很明白了，对于漫画的那点知识，也是在和丰子恺做邻居并一起欣赏竹久梦二时，才懂得一点皮毛。那时候，在中国，还没有"漫画"这个词。朱自清接着说："你可和梦二一样，将来也印一本……我之说这句话，也并非信口开河，我是真的那么盼望着的。况且那时你的小客厅里，互相垂直的两壁上，早已排满了那小眼睛似的漫画的稿；微风穿过它们间时，几乎可以听出飒飒的声音。我说的话，便更有把握。现在将要出版的《子恺漫画》，他可以证明我不曾说谎话。"可以这么说，朱自清对丰子恺艺术创作的判断非常准确，同时也体现了对朋友的欣赏和信任。虽然不敢说是朱自清的建议，才促使丰子恺要出版他的漫画集，至少，朱自清是第一个提议者是没错的。

朱自清序言中所说的竹久梦二，本名竹久梦次郎，生于1884年，有"大正浪漫的代名词"和"漂泊的抒情画家"之称。1922年，丰子恺在日本留学时，在旧书摊上买得一本竹久梦二的《春之卷》画集，非常喜欢他的画风。丰子恺变卖祖产、跟亲戚拆借巨资去日本自费留学，主要就是学习绘画，学习西方绘画中的写实技法，而竹久梦二的绘画技法和艺术追求又正中丰子恺的下怀。所以在回国后，丰子恺依然关注竹久梦二的作品，并且在形、神上揣摩其风格。

20世纪二三十年代的中国艺术界，文人画正在复兴，受到越来越多的有识之士的重视和大力提倡。丰子恺也从中认识到中国传统文人画的意义，以西画构图，融合日本画的画趣，在西画的形体与东方的笔法中，体现诗意与人生感悟和生活情调。丰子恺经过消化和吸收，很有创意地创作了一批极有生活情趣和个性风格的小画。丰子恺曾在《绘画与文学》中说过："梦二的寥寥数笔，不仅以造型的美感动了我的眼，又以诗的意味感动我的心。"在《谈日本的漫画》中，又说：日本的画家，"差不多全以诙谐、滑稽、讽刺、游戏为主题。梦二则屏除此种趣味而专写深沉而严肃的人生滋味，使人看了感念人生，抽发遐想。"在和朱自清经常的聚谈中，丰子恺这种思想自然也传递给了朋友，所以朱自清才在《子恺漫画》的序言中，对竹久梦二的漫画也赞赏有加："我想起初看到一本漫画，也是日本人画的。里面有一幅，题目似乎是《□□子爵の泪》（上两字已忘记），画着一个微侧的半身像：他严肃的脸上戴着眼镜，有三五颗双钩的泪珠儿，滴滴搭搭历历落落地从眼睛里掉下来。我同时感到伟大的压迫和轻松的愉悦，一个奇怪的矛盾！梦二的画有一幅——大约就是那画集里的第一幅——也使我有类似的感觉。那幅的题目和内容，我的记性真不争气，已经模糊得很。只记得画幅下方的左角或右角里，并排地画着极粗极肥又极短的一个'！'和一个'？'。可惜我不记得他们哥儿俩谁站在上风，谁站在下风。我明白（自己要脸）他们俩就是整个儿的人生的谜；同时又觉着象是那儿常常见着的两个胖孩子。我心眼里又是糖浆，又是姜汁，说不上是什么味儿。无论如何，我总得惊异；涂呀抹的几笔，便造起个小世界，使你又要叹气又要笑。叹气虽是轻轻的，笑虽是微微的，似一把锋利的裁纸刀，戳到喉咙里去，便可要你的命。而且同时要笑又要叹气，真是不当人子，闹着玩儿！"朱自清这段妙论，可谓把漫画的精髓全盘道出，看似在说对日本画家的作品的感受，实际上也是在肯定丰子恺的艺术追求。

朱自清的这篇序言，以和久别的远方朋友拉家常的形式，从当年在丰子恺家观画、聊画开始，肯定和赞赏了丰子恺的漫画成绩。实际上，在丰子恺的漫画还没有结集之前，朱自清就用实际行动在赞赏并支持丰子恺的漫画创作了——他在和俞平伯一起合办的杂志《我们的七月》里，就选用过丰子恺的漫画作为封面和插图，即《人散后，一钩新月天如水》，文中称这幅插图："意境深远，平面中还运用了镜像原理，窗下、帘后，是人散去的空落，桌子上是散落着的空壶杯，窗外的远天上，就是那一钩新月了。细察这幅画，能给人以多重的联想，人生的，艺术的，生活的，都能让人从不同的方向产生共鸣。"这份杂志自然也落到当时的文学活动家郑振铎手里了。对于中国传统绘画艺术特别关注并不遗余力搜集整理的郑振铎，也非常关注丰子恺的绘画风格。所以当丰子恺在上海的立达学园教书时，正在做《文学周报》编辑的郑振铎干脆给他开了个专栏，并信手给这些画定了"子恺漫画"的标题，不仅使丰子恺一举成名，还首创了"漫画"这一名称，所以，后来很多人便认为，"漫画"一词，源于郑振铎，实际上，早在春晖中学时期，朱自清就和丰子恺讨论过"漫画"一词了。后来朱自清和俞平伯分别出版《背影》和

《忆》时，还请丰子恺做了插图。

丰子恺的漫画创作，虽然是1922年他从日本回国后到春晖中学开始的，实际上，真正被欣赏、被艺术界接受，最终能顺利发表和结集出版，应该和朱自清、郑振铎等人的推波助澜有很大的关系。如果不是朱自清从温州"十中"来到宁波白马湖，也许丰子恺漫画家的名声，还要晚一点才能出来。所以朱自清才在序言最后肯定地说："你这本集子里的画，我猜想十有八九是我见过的。我在南方和北方与几个朋友空口白嚼的时候，有时也嚼到你的漫画。我们都爱你的漫画有诗意；一幅幅的漫画，就如一首首的小诗——带核儿的小诗。你将诗的世界东一鳞西一爪地揭露出来，我们这就象吃橄榄似的，老觉着那味儿。《花生米不满足》使我们回到惫懒的儿时，《黄昏》使我们沉入悠然的静默。你到上海后的画，却又不同。你那和平愉悦的诗意，不免要搀上了胡椒末；在你的小小的画幅里，便有了人生的鞭痕。我看了《病车》，叹气比笑更多，正和那天看梦二的画时一样。但是，老兄，真有你的，上海到底不曾太委屈你，瞧你那《买粽子》的劲儿！你的画里也有我不爱的：如那幅《楼上黄昏，马上黄昏》，楼上与马上的实在隔得太近了。你画过的《忆》里的小孩子，他也不赞成。"这就是朋友交谊的体己话了，爱的，自然要夸赞一番，不喜欢的，也毫不讳言，甚至对《忆》里的插图也"不赞成"。

没想到一年以后，丰子恺的第二本漫画集《子恺画集》的稿本又寄到朱自清手上了，这一次是"命"其作跋。朱自清对这本漫画中的工笔画更是赞赏有加，认为《子恺漫画》出版后，也有朋友评论说"诗词句图"部分比起"生活的速写来"，要"较有逊色"，所以这一集就专门是"生活的速写"了。同时，新集中还有"工笔的作品"，这些工笔的作品，"子恺告我，这是'摹虹儿'的。虹儿是日本的画家，有工笔的漫画集；子恺所摹，只是他的笔法，题材等等还是他自己的。这是一种新鲜的趣味！落落不羁的子恺，也会得如此细腻风流，想起来真怪有意思的！集中几幅工笔画，我说没有一幅不妙"。有了《子恺漫画》的打磨，《子恺画集》在吸收他人的基础上，更加突出了"子恺画风"的趣味，使他这一路数的漫画更趋成熟，已经形成了独特的艺术风格，这也是得到朱自清肯定的。丰子恺对于自己的绘画，在《我与手头字》

一文里也做了简单的阐述:"我的画不写细部,仅写大体。例如画人的颜面,我大都只画一张嘴,并非表现人只会讲话和吃饭,实因嘴是表情中最重要的部分,只描一张嘴已经够了。非但够了,有时眉、目、鼻竟不可描,描了使观者没有想象的余地,反而减弱人物画的表情。"这只是从技法上说的,从深层的社会意义上,丰子恺的漫画,确实开创了一代画风,对后世漫画影响很大,也有着许多深刻的意义。

朱自清自然也是欣赏丰子恺不断演进的画风的,特别是对于集子中燕子和杨柳树的描写,朱自清说:"我们知道子恺最善也最爱画杨柳与燕子;朋友平伯君甚至要送他'丰柳燕'的徽号。我猜这是因为他欢喜春天,所以紧紧地挽着她;至少不让她从他的笔底下溜过去。在春天里,他要开辟他的艺术的国土。最宜于艺术的国土的,物中有杨柳与燕子,人中便有儿童和女子。所以他自然而然地将他们收入笔端了。""丰柳燕"后来没有用起来,有些遗憾,少了文坛的一段趣闻谈资。但也说明,丰子恺对于杨柳和燕子是非常喜欢的,我们从他很多的画中,都能看到这方面的主题,比如《好鸟枝头亦朋友》《一枝红杏出墙来》《好花时节不闲生》《二月春风似剪刀》《日暮客愁心》《落日解鞍芳草岸。花无人戴,酒无人劝,醉也无人管》《楼上燕,轻罗扇,好风又落桃花片》等,可谓举不胜举。这些画要么以杨柳配图,要么以燕子为主,要么燕子、杨柳都有,总之都很协调,都很美。之所以和杨柳、燕子结缘,丰子恺在散文《秋》中也有说明:"我最喜欢杨柳与燕子。尤其喜欢初染鹅黄的柳叶。我曾经名自己的寓居为'杨柳小屋',曾经画了许多杨柳燕子的画,又曾经摘取秀长的柳叶,在厚纸里裱成各种风调的眉,想象这等眉的所有者的颜貌,而在其下面添描出眼鼻与口。那时候我每逢早春时节,正月二月之交,看见杨柳枝的线条挂上了细珠,带了隐隐的青色而'遥看近却无'的时候,我心中便充满了一种狂喜……"把柳叶摘下来,裱在纸上作为画作的一部分,不敢说是丰子恺的首创,至少也能看出他的有心和大胆的创意。朱自清说他的画中有儿童和女子,这当然也是他的另一个主题了。朱自清继续不吝赞美之词地说:"第一集里,如《花生米不满足》《阿宝赤膊》《穿了爸爸的衣服》,都是很好的儿童描写。但那些还只是神气好,还只是描写。

本集所收，却能为儿童另行创造一个世界。《瞻瞻的脚踏车》《阿宝两只脚，凳子四只脚》，才小试其锋而已；至于《瞻瞻的四梦》，简直是'再团，再炼，再调和，好依着你我的意思重新造过'了。我为了儿童，也为了自己，张开两臂，欢迎这个新世界！另有《憧憬》一幅，虽是味儿不同，也是象征着新世界的。在那《虹的桥》里，有着无穷无穷的美丽的国，我们是不会知道的！"又说："《三年前的花瓣》《泪的伴侣》似乎和第一集里《第三张笺》属于一类的，都很好。但《挑荠菜》《春雨》《断线鹞》《卖花女》《春昼》便自不同；这些是莫之为而为，无所为而为的一种静境，诗词中所有的。第一集中，只有《翠拂行人首》一幅，可以相比。我说这些简直是纯粹的诗。就中《断线鹞》一幅里倚楼的那女子，和那《卖花女》，最惹人梦思。我指前者给平伯君说，这是南方的女人。别一个朋友也指着后者告我，北方是看不见这种卖花的女郎的。"丰子恺画中的儿童和女人，大都有模特的。儿童就在身边，自己的孩子和朋友的孩子，都是天真烂漫的好孩子。丰子恺多次把自己的孩子作为漫画的主人公来呈现。1925年，丰子恺在上海立达学园教书的时候，勤于写作又编辑报刊的郑振铎到江湾的立达学园去访他，每每看到丰子恺刚刚画完并贴在墙上的画，看到画上主人公都是丰子恺的可爱的儿女们，就揭下来，拿回报馆制版发表了，其中就有《花生米不满足》《瞻瞻新官人，软软新娘子，宝姐姐做媒人》《阿宝两只脚，凳子四只脚》等名画。多年以后，郑振铎去杭州西湖边上去看丰子恺，两人喝酒时，还说到那时的趣事，丰子恺还专门把长大成人的几个孩子叫过来给郑振铎看看。郑振铎看到当年天真可爱的孩子们都长大成人了，十分开心，还拿手在桌子下边比画着说，那时候你们只有这么高。这个事就记录在丰子恺的散文《湖畔夜饮》中。所以对于朋友来说，特别是像朱自清这样熟悉丰子恺家情况的好朋友，看到瞻瞻、软软、阿宝这些可亲可爱的面容，当然是从内心里喜欢了。

丰子恺最早的两本漫画集都请朱自清来作序写跋，不仅是因为他们友情深厚，有一年多的同事之谊，又比邻而居，还因为他们关于画作艺术的交流与探讨，更主要的，还是当年朱自清以最切实的行动，首先发表了他的漫画作品。虽然《我们的七月》只是朱自清和俞平伯合办的同人杂志，社会影响力并不大，但是在朋友间还是很有号召力的，特别是他们的朋友都是叶圣陶、郑振铎、沈雁冰、夏丏尊、刘延陵等文坛生力军，朱自清和俞平伯的老师又是周作人、胡适、刘半农、钱玄同等大师名流，为丰子恺这一绘画形式造势不小。而关于出版画集之事，又是朱自清首先提出来并得到丰子恺默认的，所以朱自清最了解丰子恺的漫画，在丰子恺看来，请朱自清写序作跋，再合适不过了。

余韵在江南

朱自清取道上海北上清华教书，是在 1925 年 8 月 22 日，他先在上海住了两晚，会见了叶圣陶、王伯祥、刘大白、丰子恺、方光焘等朋友后，于 24 日登上夜车出行，从此他成了一个清华人，并终身服务于清华了。

朱自清人虽在北京的清华大学任教，家却还在宁波上虞的白马湖畔。在湖边那所低矮而安静的小房子里，住着朱家的 6 口人，母亲、夫人武钟谦、长子迈先、长女采芷、次女逖先和次子闰生。1926 年 6 月底，清华大学放假，朱自清迫不及待地从北京出发到天津，再由天津乘通州海轮回白马湖探亲、过暑假。这次海行，朱自清此后也写有文章，即收在《背影》中的那篇《海行杂记》，描写了一路上的艰难和看到的诸多不良现象，字里行间透露出对底层民众的同情。6 月 29 日这天，海轮到达上海，朱自清下船进入市区，入住二洋桥平安旅社。好朋友叶圣陶、王伯祥、胡愈之、郑振铎、周予同等事先已经得到消息，早已在陶乐春设宴等候。

陶乐春是一家有名的川菜馆，商务印书馆早年印制的上海餐饮指南一类书上就多次列有陶乐春，1925 年 11 月 24 日《申报》发有一条消息，名曰《菜馆公会昨开同业会议》，消息中，陶乐春就被推选为公会两家"负责"之一。该菜馆在汉口路 241 号，很多文化人也被吸引而来，如鲁迅、郁达夫、叶圣陶等。据鲁迅日记记载，他至少有 7 次在陶乐春吃饭，如 1927 年 10 月 3 日，鲁迅和许广平刚到上海，就去陶乐春吃了一顿，同席的有北新书局的李小峰等文化人。同月 16 日，鲁迅日记曰："夜小峰邀饮于三马路陶乐春，同席为绍原及其夫人、小峰夫人、三弟、广平。"

叶圣陶等好朋友早早就在陶乐春订宴等候，同席者都是当时上海文化界的精英和风云人物，可见对朱自清到来的重视。席间，少不了畅谈分别近一年的见闻和趣事，也会谈及各自的创作和收获。餐后意犹未尽，又分别去了卓别麟、北冰洋吃冷饮，这也是当年两家有名的冷饮店，鲁迅、郁达夫等人也经常光顾。

这次南回的朱自清，没有急于回白马湖家中，而是在上海待了好几天，一来要会会老朋友，二来也可能有一些文事要处理，像欢迎宴上的叶圣陶、王伯祥、胡愈之、郑振铎、周予同等人，都身兼作家和编辑的双重身份，交流当下创作界和出版界的形势也是有必要的。还比如1926年7月1日那天，朱自清在所住宾馆里接待了来访的刘大白、任中敏，还有叶圣陶、王伯祥，肯定不仅仅是为了闲聊和喝酒，工作自然是第一要务，即便是闲聊和喝酒，也一定会和工作有关。同月3日下午，又和叶圣陶、王伯祥赴上海大戏院看了电影《美健真诠》，第二天上午，继续游玩，去了沙发公园，同行的有朱自清的妹妹朱玉华和叶圣陶、王伯祥、胡愈之、郑振铎、孙伏园等友人。这次在上海的六七天里，该见的朋友都见了，可谓收获多多。

1926年暑假，朱自清大都在白马湖畔的春晖中学家中度过，和母亲、夫人、孩子们在一起。其间也读书、作文，比如7月20日就写了一篇散文《飘零》，诉说了与友人W君相交的往事和对他的怀念。

W君即汪敬熙先生。汪先生是"五四"时期新潮社的成员之一，在《新潮》杂志上发表过小说和白话诗，出版有短篇小说集《雪夜》，曾得到过鲁迅的欣赏和肯定，他比朱自清早一年从北京大学经济系毕业，由于品学兼优，和罗家伦、段锡朋、康白情、周炳琳等五位同学一起，被蔡元培、胡适等人选送到国外留学，汪敬熙去了美国霍普金斯大学医学院学习生理心理学和神经生物学，获博士学位，回国后，1924年被河南中州大学聘为心理学教授兼教育系主任。1926年辞去教职，重返美国从事学术研究。朱自清可能是这次回家过暑假路过上海时，听朋友们说起了汪敬熙，才想起了和汪敬熙的交往，并萌生了写作这篇散文的念头。文章开头就说："我和P坐在他的小书房里，在晕黄的电灯光下，谈到 W 的小说。"这里的"P"不知道是谁。朱自清在这篇文章中，用了不少符号来替代人名和地名，比如北京大学，他用"P 大学"替代，《新潮》杂志，他用"《新生》杂志"替代。朱自清回忆当年北大时期，他和汪敬熙的交往，和请汪敬熙给他的译文润色的事。朱自清接着写他们在杭州的一次交往："我又想到杭州那一晚上。他突然来看我了。他说和 P 游了三日，明早就要到上海去。他原是山东人，这回来上海，是要上美国去的。我问起哥伦比亚大学的《心理学，哲学，与科学方法》杂志，我知道那是有名的杂志。但他说里面往往一年没有一篇好文章，没有什么意思。他说近来各心理学家在英国开了一个会，有几个人的话有味。他又用铅笔随便地在桌上一本簿子的后面，写了《哲学的科学》一个书名与其出版处，说是新书，可以看看。他说要走了。我送他到旅馆里。见他床上摊着一本《人生与地理》，随便拿过来翻着。他说这本小书很著名，很好的。我们在晕黄的电灯光下，默然相对了一会，又问答了几句简单的话，我就走了。直到现在，还不曾见过他。"在朱自清冷静的叙述中，一个爱读书的青年学问家的面目越发地清晰了："他到美国去后，初时还写了些文字，后来就没有了。他的名字，在一般人心里，已如远处的云烟了。我倒还记着他。两三年以后，才又在《文学日报》上见到他一篇诗，是写一种清趣的。我只念过他这一篇诗。他的小说我却念过不少；最使我不能忘记的是那篇《雨夜》，是写北京人力车夫的生活的。W 是学科学的人，应该很冷静，但他的小说却又很热很热的。这就是 W 了。"这篇文章，在朱自清大量的散文随笔中，并不太引人注意。在漫长的暑假里，朱自清可以做很多事，即便是写文章，也可以写写身边的风景，或写写在上海的见闻，哪怕写写上海的老朋友，也能有多篇文章问世，可他却偏偏写了一个记忆里和他友谊不是太深的校友，而且这个校友现在已经不再从事文学创作了。更让人奇怪的是，朱自清在这篇文章里还采用了平时不常见的字母来替代人名和地名，连杂志名也改了，除了《新生》是《新潮》外，《文学日报》很可能就是《文学周刊》。他采用这种形式又是因为什么呢？有兴趣的朋友可以做一些深入的探索。但是有一种可能，倒是十分简单，就是汪敬熙此时已经再度去了美国，他不想让一般的读者知道有这么一个奇人，以免打扰他的科学研究。

写完《飘零》一个多月后的 8 月 27 日，朱自清就写了那篇书评《白采的诗》，对白采的长诗《羸疾者的爱》做了细致的分析和批评。整个暑假里，朱自清只写了两三篇文章，漫长的暑假他是如何打发的呢？根据他暑假过后所讲授的课程看，主要精力应该放在读书上了，特别是从开设的课程以及拟古诗创作来看，古诗词方面应该下了不少功夫。

朱自清到清华大学任教的第一个暑假就要结束了。1926 年 8 月 29 日这天，朱自清早早收拾行装，由白马湖出发，来到上海，再次见到了叶圣陶。在这次会见中，叶圣陶邀请朱自清参加第二天晚上在消闲别墅的宴会。

这次宴会之所以在文学史上非常有名，是因为鲁迅于 8 月 30 日来到了上海，和鲁迅同行的，还有许广平。

王伯祥日记云："公宴鲁迅于消闲别墅，兼为佩弦饯行。佩弦昨由白马湖来，明后日将北行也。"王伯祥日记说明这次公宴含有为鲁迅接风和为朱自清饯行的两层意思。出席这次公宴的还有郑振铎、刘大白、夏丏尊、陈望道、沈雁冰、胡愈之、叶圣陶、王伯祥、周予同、章锡琛、刘薰宇、刘叔琴、周建人等，能凑齐这个阵容，恐怕也就鲁迅能有这个号召力吧。《鲁迅日记》1926 年 8 月 30 日记日："下午得郑振铎柬招饮，与三弟至中洋茶楼饮茗，晚至消闲别墅夜饭……"

朱自清就是在这样一个特殊的时候，和鲁迅邂逅于消闲别墅的宴会中，喝酒、漫谈，席间，主事的郑振铎少不了会介绍鲁迅这次去厦门取道上海作短暂的停留，也会介绍朱自清从白马湖取道上海而北上清华，由于人多，私密的话未必谈及，但双方的印象应该都很深。

又一个学期过去了，朱自清无一刻不惦念着江南的家。时间很快就来到了 1927 年 1 月中旬的寒假，朱自清冒着刺骨的寒风再次南下。这次江南之行，他不再是回白马湖度假、过春节了，而是搬家。朱自清没有选择坐船，而是乘上了津浦列车。在列车上，朱自清看着窗外萧条的田野和枯瘦、零落的树干，联想到这些年的奔波即将结束，就要和家人在北京团聚，心潮起伏，心绪难平，一连创作了三首《虞美人》词。

写旧体诗词，是朱自清到清华后新添的雅趣。在旧体诗词创作中，还写了许多首拟古诗词。由于所担任的课程的需要，他要给学生讲中国旧诗，所开的课就有"李杜诗"，接下来准备开"古今诗选"课，拟编写的教材有《诗名著笺前集》《诗名著笺》和《古今诗选小传》等，这些课都要具备深厚的古典文学的基础。朱自清大学期间和从事中学教学的五年，一直从事新文学创作，旧体诗词只在温州写过一首应景的和诗。为了更深入地研究和了解旧体诗词的门径，他开始旧诗的写作，一上手，就是模拟古人，模拟名家名诗，1926年11月2日写了第一首《虞美人》之后，一发不可收，还请俞平伯当他的词曲"老师"，俞平伯还真的认真帮他改过诗词。

穿越寒冬的隆隆开动的列车，并没有阻碍朱自清的诗情。他用三首《虞美人》的拟古词，表达要把家人留在身边的愿望。在其中的一首《虞美人》词中，有"千山一霎头都白，照彻离人色。"之句，表达了时间易逝和人生易老的感怀。

朱自清到达上海已经是1927年1月17日了。当天中午，他不顾旅途疲劳，出席了叶圣陶、王伯祥、夏丏尊、章锡琛、李石岑、周予同、郑振铎、胡愈之、孙福熙等人的邀宴，酌酒快谈，相聚甚欢，北京文坛和上海文坛所发生的事，都是他们相互要了解的谈资。在这一长串的名单中，有一位李石岑先生，朱自清的文章中没有提及。此时，李石岑已经接任周予同任商务印书馆《教育杂志》的主编了。他出生于1892年，比朱自清的资格老，1913年曾留学日本东京高等师范学校，1915年在日本求学期间，编辑出版《民铎》杂志，抨击军阀专权和政治混乱，被日本政府查封。回国后到商务印书馆任编辑，把《民铎》又办到了国内，并兼《时事新报·学灯》的主笔。朱自清曾在《学灯》上发表过不少诗文，和李石岑也是互相景仰的朋友。

在上海的几天，朱自清还与章克标、金溟若等人见面谈事。章克标当时和叶圣陶、胡愈之、丰子恺等人轮值主编《一般》杂志，见他，可能也是关于稿件的事。这几天的上海行程，朱自清心里明白，搬家之后再来上海，就不是过访，而是专程拜访了，有些恋恋不舍之意。

搬家这天是 1927 年 1 月 24 日,一大家人先由白马湖到达上海,朱自清将迈先和逖先交由母亲带回扬州老家,自己携夫人和采芷、闰生乘船北上,于 25 日到达清华园。

直到这时候,朱自清才算真正告别江南。朱自清的人生,也真正翻开了新的一章。

从 1920 年 5 月,朱自清自北京大学毕业到浙江"一师"任教算起,至 1925 年 8 月底到达北京清华大学任教,满打满算五年零两个月时间,都是在江南度过的,再算至 1927 年 1 月全家移离白马湖,也不过六年半多一点,在人生长河中,这个时间不算长,但是在朱自清五十年的生命历程中,也不算短了。这期间所取得的成就,特别是文学创作的成就,占有相当重的分量,他的许多重要作品,如《桨声灯影里的秦淮河》《毁灭》《匆匆》《绿》等,都是在这一时期创作而成的。江南的山山水水,滋润了朱自清的生活、交谊、思想和创作。如果把生命分为几个段落的话,这一时期是他极其重要的人生段落。

第三章
初到清华园
（1925—1931）

1925 年，朱自清受聘清华大学中文系，开启学者生涯。代表作《背影》《荷塘月色》于此时期完成。研究领域从新文学扩展至古典文学，编著《中国歌谣》。1930 年，朱自清原配妻子武钟谦病逝，后与陈竹隐开始书信往来，并于 1931 年订婚。

初到清华园

朱自清在《初到清华记》一文里写了在北大读书时对清华的印象："从前在北平读书的时候，老在城圈儿里呆着。四年中虽也游过三五回西山，却从没来过清华；说起清华，只觉得很远很远而已。那时也不认识清华人，有一回北大和清华学生在青年会举行英语辩论，我也去听。清华的英语确是流利得多，他们胜了。那回的题目和内容，已忘记干净；只记得复辩时，清华那位领袖很神气，引着孔子的什么话。北大答辩时，开头就用了 furiously 一个字叙述这位领袖的态度。这个字也许太过，但也道着一点儿。那天清华学生是坐大汽车进城的，车便停在青年会前头；那时大汽车还很少。那是冬末春初，天很冷。一位清华学生在屋里只穿单大褂，将出门却套上厚厚的皮大氅。这种'行'和'衣'的路数，在当时却透着一股标劲儿。"

在北大求学时，朱自清无论如何也没有想到，自己以后大半生都和清华大学关联到一起了，甚至可以说是休戚与共了。初到清华的那段时间，朱自清还是挺快乐的，十多年后还有如此清晰的记忆：

> 初来清华，在十四年夏天。刚从南方来北平，住在朝阳门边一个朋友家。那时教务长是张仲述先生，我们没见面。我写信给他，约定第三天上午去看他。写信时也和那位朋友商量过，十点赶得到清华么，从朝阳门那儿？他那时已经来过一次，但似乎只记得"长林碧草"，——他写到南方给我的信这么说——说不出路上究竟要

多少时候。他劝我八点动身，雇洋车直到西直门换车，免得老等电车，又换来换去的，耽误事。那时西直门到清华只有洋车直达；后来知道也可以搭香山汽车到海甸再乘洋车，但那是后来的事了。

第三天到了，不知是起得晚了些还是别的，跨出朋友家，已经九点挂零。心里不免有点儿急，车夫走得也特别慢似的。到西直门换了车。据车夫说本有条小路，雨后积水，不通了；那只得由正道了。刚出城一段儿还认识，因为也是去万牲园的路；以后就茫然。到黄庄的时候，瞧着些屋子，以为一定是海甸了；心里想清华也就快到了吧，自己安慰着。快到真的海甸时，问车夫，"到了吧？""没哪。这是海——甸。"这一下更茫然了。海甸这么难到，清华要何年何月呢？而车夫说饿了，非得买点儿吃的。吃吧，反正豁出去了。这一吃又是十来分钟。说还有三里多路呢。那时没有燕京大学，路上没什么看的，只有远处淡淡的西山——那天没有太阳——略略可解闷儿。好容易过了红桥，喇嘛庙，渐渐看见两行高柳，像穿门一般。什刹海的垂杨虽好，但没有这么多这么深，那时路上只有我一辆车，大有长驱直入的神气。柳树前一面牌子，写着"入校车马缓行"；这才真到了，心里想，可是大门还够远的，不用说西院门又骗了我一次，又是六七分钟，才真真到了。坐在张先生客厅里一看钟，十二点还欠十五分。

张先生住在乙所，得走过那"长林碧草"，那浓绿真可醉人。张先生客厅里挂着一副有正书局印的邓完白隶书长联。我有一个会写字的同学，他喜欢邓完白，他也有这一副对联；所以我这时如见故人一般。张先生出来了。他比我高得多，脸也比我长得多，一眼看出是个顶能干的人。我向他道歉来得太晚，他也向我道歉，说刚好有个约会，不能留我吃饭。谈了不大工夫，十二点过了，我告辞。到门口，原车还在，坐着回北平吃饭去。过了一两天，我就搬行李来了。这回却坐了火车，是从环城铁路朝阳门站上车的。

以后城内城外来往的多了，得着一个诀窍：就是在西直门一上洋车，且别想"到"清华，不想着不想着也就到了。——香山汽车也搭过一两次，可真够瞧的。两条腿有时候简直无放处，恨不得不是自己的。有一回，在海甸下了汽车，在现在"西园"后面那个小饭馆里，拣了临街一张四方桌，坐在长凳上，要一碟苜蓿肉，两张家常饼，二两白玫瑰，吃着喝着，也怪有意思；而且还在那桌上写了《我的南方》一首歪诗。那时海甸到清华一路常有穷女人或孩子跟着车要钱。他们除"您修好"等等常用语句外，有时会说"您将来做校长"，这是别处听不见的。

朱自清在这篇文章中所说的"一个朋友"，就是俞平伯。说"没有燕京大学"是指燕京大学还没有搬到新校址。俞平伯此时已是燕京大学的教授，二人没成为同事，也是"同城教授"了。这篇文章虽然没有写出初到清华的感动和快乐，相反的，还尽是路途的遥远和各种到达的辛苦，但字里行间还是传递着一种愉悦的心情。毕竟，在清华任教和他从事五年的中等教育是不可同日而语的。

朱自清这次的北京之行，是从1925年8月22日开始的，他先从白马湖到达上海，当晚住在振华旅馆。和每次去上海时一样，朱自清都要匆匆地奔忙，买书、买杂志、会朋友、送稿件。当晚还拜会了叶圣陶，并和叶圣陶、方光焘共饮于美丽川菜馆。叶圣陶对于朱自清"匆匆旅人的颜色"非常熟悉，在文章《与佩弦》里写道："你的慌忙，我以为有一部分的原因在你的认真。说一句话，不是徒然说话，要掏出真心来说；看一个人，不是徒然访问，要带着好意同去；推而至于讲解要学者领悟，答问要针锋相对：总之，不论一言一动，既要自己感受喜悦，又要别人同沾美丽。这样，就什么都不让随便滑过，什么都得认真。认真得厉害，自然见得时间之暂忽。如何教你不要慌忙呢！"叶圣陶写《与佩弦》的诱因，就是这次取道上海的北京之行，细心的叶圣陶不止一次地看在眼里，而这一次的"匆匆"让他尤为感触，才写下这篇非常贴切的文章。朱自清在上海匆匆两日，也验证了叶圣陶说他始终是一副"慌心的神气"——1925年8月24日夜间，朱自清登上了北上的列车，行前，在振华旅馆和叶圣陶、王伯祥、刘大白、丰子恺、方光焘等朋友依依话别，朋友们还趁着夜色送朱自清到火车站。

朱自清住在俞平伯的家里，还于 1925 年 8 月 27 日和俞平伯一起去拜访了住在八道湾的周作人，这是他到北京拜访的第一位师友。在拜访了清华教务长张仲述之后，朱自清才于 9 月 1 日从俞平伯家搬出，移住到清华中文部教员宿舍古月堂 6 号。

1925 年 9 月 9 日，是清华大学暑假后开学的日子，朱自清所教授的课，主要有两部分，一是给旧学部的学生讲李杜诗，二是给大学普通部学生教授国文。在紧张备课中，朱自清还于 9 月 4 日给胡适写了一封信，感谢老师的推荐。可惜这封信没有保留下来，否则也会收进《胡适来往书信》中。

到了清华任教的朱自清，虽然没有脱离他已经厌烦的教育界，但大学和中学毕竟是两种不同的形态，在时间上更宽裕了，在学术研究上更便利了，在创作上也有了更多思索的空间。而清华的校园环境，清华的图书馆，清华的名教授，清华的学术氛围都给朱自清带来莫大的震撼和动力。在朱自清的生命历程中，进入清华，是一次重大的自我超越，其心境和在江南五年时已完全不同，由一个在全国有影响的青年作家向学者型著名作家过渡。

在清华任教的最初两个月里，朱自清在教学之余，除了写作那首《我的南方》，还于 1925 年 9 月 26 日写作了书评《吴稚晖先生文存》，这篇书评对"文存"的编者颇有微词，甚至认为编者有轻率、投机的嫌疑。朱自清首先是认可吴稚晖先生的文章的，看到报上《文存》出版的广告后，知道编者为一个叫周云青的人，虽有所怀疑，却也特别期待，认为吴稚晖的文章能编成《文存》传承，算是有益的事，便想方设法，"转了两个弯""才到手了一部"，一看，不免大吃一惊，该书是"蓝面儿的薄薄儿的两本东西。我于是转第一个念头，吴先生三四十年的文章，只剩了这么区区两小册，还抵不上《胡适文存》的一半，这却是何道理？"对于编者在序言中的自夸和不检点，他也提出了批评。最后，朱自清感叹道："我写此文，只是想说明编《文存》的不易，给别人编《文存》，更是不易！一面也实在是佩服吴先生的文章，觉得让周先生这么一编，再加上那篇'有意为文'，半亨不亨的序，真是辱没了他老先生和他老先生的'如此妙文'！"除了这篇书评，在 10 月间，朱自清又写作了两篇重要的文章，一篇是《说梦》，另一篇就是著名的《背影》。

初到清华园的朱自清，思想上也出现了一些波动。由中学教员转而大学教授，这种转换不仅体现在教学对象和形式的改变上，也体现在思想上和交谊中，甚至于连夜间做梦，都突然多了起来。在《说梦》一文中，朱自清就借梦说过这样的话："我们终于只能做第二流人物。但这中间也还有个高低。高的如我的朋友 P 君：他梦见花，梦见诗，梦见绮丽的衣裳，……真可算得有梦皆甜了。低的如我：我在江南时，本忝在愚人之列，照例是漆黑一团地睡到天光；不过得声明，哼呵是没有的。北来以后，不知怎样，陡然聪明起来，夜夜有梦，而且不一其梦。但我究竟是新升格的，梦尽管做，却做不着一个清清楚楚的梦！成夜地乱梦颠倒，醒来不知所云，恍然若失。"这种"不知所云"和"恍然若失"的梦，也许与他此时的心境和现实的生活相关，"最难堪的是每早将醒未醒之际，残梦依人，腻腻不去；忽然双眼一睁，如坠深谷，万象寂然——只有一角日光在墙上痴痴地等着！我此时决不起来，必凝神细想，欲追回梦中滋味于万一；但照例是想不出，只惘惘然茫茫然似乎怀念着些什么而已。虽然如此，有一点是知道的：梦中的天地是自由的，任你徜徉，任你翱翔；一睁眼却就给密密的麻绳绑上了，就大大地不同了！我现在确乎有些精神恍惚，这里所写的就够教你知道。但我不因此诅咒梦；我只怪我做梦的艺术不佳，做不着清楚的梦。若做着清楚的梦，若夜夜做着清楚的梦，我想精神恍惚也无妨。照现在这样一大串儿糊里糊涂的梦，直是要将这个'我'化成漆黑一团，却有些儿不便。是的，我得学些本事，今夜做他几个好好的梦。我是彻头彻尾赞美梦的，因为我是素人，而且将永远是素人"。

朱自清矛盾的思想从这段文字中可见一斑：一方面他要"学些本事"，另一方面又要追求做"永远的素人"。朱自清这样的思想和情绪，在《说梦》之前所创作的新诗《塑我自己的像》中也有所体现：

……

　　我一下忽然看见陡削的青山，
　　又是汪洋的海水；

我重复妄想在海天一角里，

塑起一座小小的像！

这只是一个"寻路的人"，

只想在旧世界里找些新路罢了。

这座像，真只是一座小小的像，

神应该帮助我！

但我的刀已太钝了，

我的力已太微了；

而且人们的热望也来了，

人们的骄矜也来了：

骄矜足以压倒我，

热望也足以压倒我。

我胆小了，手颤了，

我的像在未塑以前已经碎了！

但我还是看见它云雾中立着——

但我也只看见它在云雾中立着！

朱自清借"塑一座小小的像"，来反映他内心的情感和外界对他的期许，即便是"刀已太钝""力已太微"，但"人们的热望也来了"，怎么办呢？"我胆小了，手颤了""我的像在未塑以前已经碎了"，真的是这样吗？朱自清不相信命运，更不相信还未塑的像已经碎了，他依然看见他的塑像在"云雾中立着"。从不久之后朱自清确定从事的研究方向看，"学些本事"是尽心尽力去实践了，那尊自己的"塑像"，也在一点点地雕塑着，同时，低调、谦和，做"永远的素人"也成为他的追求。

《背影》的背影

　　《背影》在《文学周报》1925 年 11 月 22 日第 200 期一经发表，立即引起极大反响，各种赞美、评析文章纷至沓来。但许多评价只是从文本出发，对作品的成因和那段时间朱自清思想和情感的变化没有涉及，或涉及得不够深入，《背影》背后隐藏的"故事"也没有体现出来，这反而有碍于读者对这篇文章进行更深入的理解。

　　那么朱自清这篇文章是怎么写成的呢？又是在什么样的生活背景和文化背景下创作的呢？

　　表面上看，《背影》写作的主要动因是收到父亲从扬州寄来的家信。信中说："我身体平安，唯膀子疼痛厉害，举箸提笔，诸多不便，大约大去之期不远矣。""大去"即死亡的意思。这封信，看起来是父子间普通的通信，无非讲一些生活的日常和身体的状况。但是，我们只要注意《背影》最后一节里作者的另一句话，就会体味和感受到这封家书的不同寻常之处：最近几年，"家庭琐屑便往往触他之怒。他待我渐渐不同往日"。说白了，"渐渐不同往日"就是父子之间有了隔阂，有了矛盾。正是这层"隔阂"和"矛盾"，才触发了朱自清内心细腻的情感，情不自禁地泪如雨下，进而牵连地想起父亲对他的种种好处来，一气呵成写成了这篇经典名篇。

　　朱自清父亲和朱自清之间的"隔阂"（家庭琐屑）和"矛盾"，还要从数年前说起。

　　在朱自清考入北大之前的几年，全家过着小康生活，从不为生活发愁。

但是，到了 1912 年，情形发生了变化，祖父朱则余被军阀徐宝山敲诈之后，积攒的钱财很快消耗干净，没有老本可吃的朱家迅速败落，朱则余也因此忧郁而终。父亲朱鸿钧一直在外地做小官。那时候的许多小官僚，不管钱多钱少，思想上都会有一些根深蒂固的旧习甚至恶习，比如沾染吃喝嫖赌、纳个三房四妾什么的。现在看来不成体统，当时也许只是生活小节问题。在朱则余未去世之前，朱鸿钧便在宝应娶了一房淮安籍的姨太太（就是朱自清孩子们口中的胖奶奶），相当于在扬州之外，又另安了一个小家，称"外室"。朱自清稍大懂事后，对父亲的做法是有怨言的。家道中落后，特别是祖父过世后，朱家仅靠朱鸿钧一个人的收入支撑扬州一大家的开支，生活自然十分困难。朱自清就是在这样的境况中读完了小学和中学，并于 1916 年秋考上北京大学预科。同年 12 月 15 日，根据父母之命，和武钟谦完婚。婚后夫妻感情虽然很好，但由于朱自清在北京读书花销不小，父亲的收入既要养妾，又要养家，兼顾不过来，经常缺吃少穿，困难不小。武钟谦也没有别的办法，只能靠变卖首饰来资助朱自清。朱自清为了减轻家累，从预科又改考北大本科，为的是早毕业早工作，挣钱接济家里。1917 年冬，朱鸿钧从宝应调到徐州担任榷运（民国初期盐业专卖的官方机构）局长。徐州是交通要道，比起宝应，更是灯红酒绿、热闹非凡。朱鸿钧在这样的环境中，旧习不改，瞒着扬州和宝应方面，又接连纳了几房妾，等于是家外有妾，妾外又有妾，过起了逍遥自在的生活。但是，世上没有不透风的墙，朱鸿钧纳妾被宝应的那位姨太太知道了。这位姨太太不是个善茬儿，特地赶往徐州，大闹一场。此事惊动上面，即朱鸿钧的最高上级镇守使（统领地方军政）。徐州的镇守使不是别人，正是海州镇守使白宝山的把兄弟陈调元。陈调元是军阀出身，性格果敢，办事武断，直接撤了朱鸿钧的职，还勒令朱鸿钧妥善处理此事，花钱遣散几房妾，别闹出更大的乱子来。朱鸿钧不敢怠慢，为了打发徐州的几个妾，只好东借西凑，还变卖老家的财产，连朱自清祖母的首饰都变卖了，这才凑了五百块大洋，把窟窿给补上。朱自清祖母不堪忍受如此变故，焦虑而死。这对朱家来说，又是雪上加霜。朱自清在接到朱鸿钧报丧信后，离开正在读书的北大，赶到徐州，和父亲会合后准备回扬州协助父亲料理祖母的

丧事。朱自清到了徐州，知道事情的前因后果，"看见满院狼藉的东西，又想起祖母，不禁簌簌地流下眼泪"。(《背影》)

关于这段历史，朱自清的妹妹朱玉华在接受周锦的采访时也说："民国六年之前，父亲的差事一直很好，民国六年因为在徐州收了几个姨太太，在家里最早弄回来的姨太太赶了去大吵大闹，搞得乌烟瘴气，结果丢了差事还欠了债，从此我家就不曾再好起来过。"(周锦，《与朱玉华女士谈朱自清》)

朱自清和祖母很亲，小时候祖母常带他玩，带他上街买吃的，给他讲海州的故事，讲花园庄的故事，还早早就给他说了一门花园庄的亲事。那女孩是曾祖母的娘家人，姓乔，朱自清虽然没有见过，因为听家里人常常说起那女孩，"日子久了，不知不觉熟悉起来了，亲昵起来了"。(《择偶记》)虽然后来那女孩早夭了，但祖母对朱自清种种的好，他还是时常记在心上的。已经虚岁20岁又是大学生的朱自清，看到父亲的所作所为一步步败了家，还气死了祖母，联想到自己读书的钱都靠妻子变卖首饰，心里十分难过。朱自清站在院子里默默流泪，不仅是因为疼爱他的祖母死了，同时也为父亲致使家中债台高筑和生活困难而感到憋屈。而父亲那句"事已至此，不必难过，好在天无绝人之路！"这种自我安慰、自欺欺人的话也没给朱自清留下好印象。

如果说，朱家遭军阀徐宝山的敲诈，气死了祖父，算是不可抗拒的外仇，那么父亲的败家气死祖母，招致债台高筑，把好端端的家进一步带入困境，若说朱自清能很坦荡地原谅父亲，是不现实的。朱自清虽然不能理解父亲，不能责备父亲，但也不能指望朱自清心里的怨气就从此消散。应该说，就是从这时候开始，朱自清对父亲产生了成见和隔阂。

由此开始，隔阂和矛盾又因为各种家庭琐屑而越来越深。

朱自清夫人武钟谦因娘家就在扬州本城，朱自清又在北大读书，长年不在家，经常回娘家小住几天。朱家人就有点看不顺眼，便给朱自清写信，说武钟谦"待不住"。朱自清也是传统观念很强的人，便动了气，马上写信责备武钟谦，暑假还"带了一肚子主意回去"，大有"问罪"之意。但一见迎接的武钟谦"一脸笑，也就拉倒了"。朱自清是拉倒了，父母却对儿媳妇日渐产生了隔阂，连带也觉得朱自清是站在儿媳妇一边的。后来，朱自清大学毕业到浙江的杭州、台州、温州、宁波等地任教，把挣的钱几乎全部寄给家里，身上常常连几毛钱都没有。朱鸿钧在经历了徐州变故之后，再没有找到工作，靠朱自清的薪水和典当维持一大家的生活，持家十分不易。这种局面，一方面是因为从前大手大脚习惯了，另一方面也是对朱自清期望太高，花起钱来不能节制，钱便总是不够花，对朱自清交给家里的钱无论是多还是少，总是不能满意，常常跟朱自清发牢骚，或变相责备朱自清，说些"养儿防老"一类的话。有一次，朱自清暑假回家，父亲就疏通关系，让他进扬州江苏省立第八中学任教，朱鸿钧还跟校长提出一个苛刻、离奇的要求，即朱自清的薪水不能由朱自清领，要由学校送到家里交给朱鸿钧。朱自清只在"八中"工作了两个月左右，就到上海的中国公学中学部和叶圣陶会合，主要是和校方产生误会进而产生了矛盾，但与父亲的所作所为也不能说没有关系。

朱自清在气愤地离开"八中"后，家里人自然不满意，尤其是朱鸿钧，还以为儿子是怕交钱给家里而故意离开的，便常常讥讽武钟谦，说"你也走"啊。武钟谦听了不好受，只好负气带着孩子回到娘家。娘家是继母，回去后，又责备武钟谦在婆家太软弱，不敢说话，受娘家人的气，武钟谦两头受气的日子真不好受。朱自清在《给亡妇》里说："那时你家象个冰窖子，你们在窖里足足住了三个月。"三个月后，朱自清万般无奈，只好将妻子儿女接了出来，跟随自己在江南经历了几年的动荡生活，后来孩子多了，又把母亲接到身边帮助料理家务。而在扬州老家，朱鸿钧带着朱自清的弟弟妹妹，继续他的封建家长制的管理和生活，各种花销，包括弟弟妹妹的读书费用，全靠朱自清一个人的收入供给。即便如此，朱鸿钧依旧继续抱怨"钱不够花"云云。

就这样，朱自清和父亲之间的关系便一直若即若离，父亲一方面嫌儿子给家里的钱不够花，另一方面又指望朱自清的钱养老、还债，还要指望儿子的钱供弟妹们上学。而朱自清心里同样委屈，委屈的根源当然是父亲败家的事了，至少要从那时候算起。在江南的几年间，朱自清生活一直艰难，心情一直郁闷。但作为家里的顶梁柱，既不便多说，又要承担责任，只能把委屈憋在肚子里，继续自己的教书生涯，可谓颠沛流离，忍辱负重，老家也回得渐渐少了。不回的原因当然还是父亲。比如1922年夏天，朱自清带着妻儿回家度暑假，就受到了父亲的冷落，甚至不准他们进家门。朱自清只好怅然而返。后来再次回家，这次倒是准进家门了，父亲却不搭理他，过了几天没趣的日子，只好又悻悻而去。这次经历给朱自清的影响也是很大的。朱自清在《毁灭》里有诗句云："败家的凶惨""骨肉间的仇视"，说的就是自己亲身的境遇。1923年之后，朱自清干脆不回扬州老家了，此举又加深了父亲对他的抱怨。

朱自清骨子里孤傲、坚韧，又是有抱负的青年人，有自己的文学理想，有自己的学术追求，他拼命写作，参加各种文学聚会和文学社团，一有机会就出书，还和朋友合办文艺丛刊，两年多没有回家，也便没有更多的时间和家人亲近、交流，与父亲朱鸿钧的误解和矛盾日渐加深。而朱鸿钧不在自己身上找原因，还一味地抱怨朱自清只顾自己的小家，不顾扬州的大家，因此，和儿子的关系便如《背影》里所说，"家庭琐屑，便往往触他之怒。他待我渐渐不同往日"。

朱自清就是在这样多年的曲折磨难中，还算顺利地进入了清华，成为这所著名大学的教授。朱自清进入清华后，给家里报了信，便开始准备讲课的材料。由此，朱自清的职业也渐由从事中等教育与诗歌、散文的创作，转向大学教育和中国古典文学研究、理论创作的路子上来了。

就是在这时候，朱自清接到了父亲的回信，引发了他对父亲的种种回忆，而父亲一生中最感动他的一面便浮上心头，催生了《背影》。

从《背影》中得知，朱鸿钧在知道儿子入聘清华后，百感交集，他是知道这所名校的根底的。清华学校原是一所中等教育学校，叫"清华学堂"，是用美国所退还的庚子赔款余额兴办的留美预备学校，隶属于外交部，于1911年4月正式成立。学校因经费充裕而吸纳了大量的人才。经过最初的草创，走上正轨之后，校方不再满足于中等学校的规模和程度，产生了创办大学的设想。在社会各界的支持和推动下，经过近十年的筹备，于1925年增设大学部和研究院（国学门）。在朱鸿钧看来，儿子能在这样背景的大学里教书，才算真正有了出息，加上近来身体不好，也联想到自己大半生的所作所为拖累了家庭，甚至影响了儿子的发展，便给朱自清回了这封信，也带有点自我反思的意思。朱自清在接到父亲的信后，看到父亲伤感的文字，感觉父亲"终于忘却我的不好"，反而勾起了对过去生活的点滴回忆，想起父亲对自己的种种好处来。加上自己也算是熬出了头，可以在清华施展自己的才华，可以有一个稳定的平台来实现自己的文学理想和艺术追求，同时生活也会得到改善，不会再为生活而奔波了。于是，一篇流传后世的《背影》便构思而成、一挥而就了。

朱自清对于父亲的记忆当然还有很多，但他没有铺展开来写，而是从家里发生重大变故的徐州事件写起，可能是这件事对朱自清一家的影响太大了吧，几个妾的遣散费（利滚利的高利贷）让朱自清（后来还有朱物华）一直还了几十年。

徐州变故其实也是朱鸿钧后半生背运的开始。但是即便在这种时候，作为父亲，朱鸿钧也没有彻底灰心，而是在家中丧事办完之后，借送儿子去北京上学之机，来到南京下关浦口火车站，并且在分手前为儿子做了力所能及的事——买几个橘子。就是在这个过程中，父亲给朱自清留下了难忘的"背影"。这个背影便像一尊雕像，刻印在朱自清的记忆里，多年以后还记忆犹新，并通过朱自清的演绎，成为传世名篇。

在『同胞的枪弹』中

　　鲁迅先生有一篇著名的悼亡文章《纪念刘和珍君》。刘和珍是国立北京女子师范大学的一名学生，一个爱笑、爱读书的女青年，在 1926 年 3 月 18 日这天，被北洋政府的警察打死了。两个星期后，刘和珍的死还深深地刺激着鲁迅，震撼着鲁迅，一些帮闲文人的造谣诬蔑也让鲁迅愤怒不已。几天后，鲁迅饱含眼泪地写下这篇悼亡文字："四十多个青年的血，洋溢在我的周围，使我艰于呼吸视听，那里还能有什么言语？长歌当哭，是必须在痛定之后的。""始终微笑的和蔼的刘和珍君确是死掉了，这是真的，有她自己的尸骸为证；沉勇而友爱的杨德群君也死掉了，有她自己的尸骸为证；只有一样沉勇而友爱的张静淑君还在医院里呻吟。当三个女子从容地转辗于文明人所发明的枪弹的攒射中的时候，这是怎样的一个惊心动魄的伟大呵！中国军人的屠戮妇婴的伟绩，八国联军的惩创学生的武功，不幸全被这几缕血痕抹杀了。"

　　1926 年 3 月 18 日这天，朱自清也早早就来到天安门广场参与了集会。这次集会本是知识分子内心自发的义举，是抗议日本帝国主义无视中国主权的正义行动，是抗议段祺瑞政府软弱无能的投降主义的爱国行动。但就是这群善良、正义的知识分子和青年学生，却遭到了无情的枪弹镇压。3 月 23 日，屠杀已经过去几天了，朱自清仍难忘那血腥的日子，奋笔写下了《执政府大屠杀记》，朱自清详细记录了那天亲身经历的屠杀："我自天安门出发后，曾将游行队从头至尾看了一回。全数约二千人；工人有两队，至多五十人；广东外交代表团一队，约十余人；国民党北京特别市党部一队，约二三十人；留日归国学生团一队，约二十人，其余便多是北京的学生了，内有女学生三队。"游行到政府门口时，队伍停了下来，不多会儿，"听到劈劈拍拍的枪声了；我生平是第一次听枪声，起初还以为是空枪呢（这时已忘记了看见装子弹的事）。但一两分钟后，有鲜红的热血从上面滴到我的手背上，马褂上了，我立刻明白屠杀已在进行！这时并不害怕，只静静的注意自己的运命，其余什么都忘记。"屠杀还在进行中，朱自清并没有慌张，但逃命是必须的，他接着记述了逃跑的全过程："我们偃卧在东墙角的马粪堆上。马粪堆很高，有人想爬墙过去。墙外就是通路。我看着一个人站着，一个人正向他肩上爬上去。我自己觉得决没有越墙的气力，便也不去看他们。而且里面枪声早又密了，我还得注意运命的转变。这时听见墙边有人问：'是学生不是？'下文不知如何，我猜是墙外的兵问的。那两个爬墙的人，我看见，似乎不是学生，我想他们或者得了兵的允许而下去了。若我猜的不大错，从这一句简单的问语里，我们可以看出卫队乃至政府对于学生海样深的仇恨！而且可以看出，这一次的屠杀确是有意这样'整顿学风'的；我后来知道，这时有几个清华学生和我同在马粪堆上。有一个告诉我，他旁边有一位女学生曾喊他救命，但是他没有法子，这真是可遗憾的事，她以后不知如何了！我们偃卧马粪堆上，不过两分钟，忽然看见对面马厩里有一个兵拿着枪，正装好子弹，似乎就要向我们放。我们立刻起来，仍弯着腰逃走；这时场里还有疏散的枪声，我们也顾不得了。走出马路，就到了东门口。"经过几次逃转，朱自清才脱离险境，坐上了回清华的班车。朱自清幸运地躲过了军警的子弹，也目睹了身边人流血和倒下，最后几乎是慌不择路地逃了回来。自己的命保住了，四十多名年轻学生鲜活的生命消失了，这对朱自清的心灵产生了巨大的震撼，而且他亲耳听到了大兵们的问话，确认这次镇压就是专门针对学生的。年轻时的朱自清，其家人曾在江南遇到过兵乱，朱自清这会儿又遇到了针对学生的屠杀，他对政府和军警的暴行深感愤怒，又无法理解，怀着不平静的心，记下了这一天的经过。

朱自清对这次屠杀的本质很清楚，就是为了取悦于日本人。1926年3月，冯玉祥率领的国民军与奉系军阀张作霖作战。日本人支持张作霖，见奉系失利，便公开出面干涉。3月12日，日本军舰驶入大沽口，炮击国民军。国民军开炮还击。这下惹怒了日本侵略者，其竟然向段祺瑞执政府提出抗议，并纠结英美法等八国公使发出最后通牒，提出停止津沽间的军事行动和撤销防务等无理要求，并限定于两日内答复。否则，"关系各国海军当局，决采认为必要之手段"。这种无理行径激怒了北京包括学生在内的广大市民，他们自发地于18日早上在天安门集会，抗议八国最后通牒。段祺瑞开枪镇压，目的就是讨好八国势力，巩固自己的政权。

屠杀发生后，段祺瑞执政府为了推脱责任，动用其掌握的媒体，造谣污蔑，说学生是"假借共产学术，啸聚群众，屡肇事端……率暴徒数百人，闯袭国务院"。鲁迅、朱自清等正直的知识分子看了报道，怒不可遏。特别是亲身经历此次事件的朱自清，他迅速撰文还击。在《执政府大屠杀记》里，朱自清用有力的事实，还原了事实的真相。文中最后又揭露说："这回的屠杀，死伤之多，过于五卅事件，而且是'同胞的枪弹'，我们将何以间执别人之口！而且在首都的堂堂执政府之前，光天化日之下，屠杀之不足，继之以抢劫，剥尸，这种种兽行，段祺瑞等固可行之而不恤，但我们国民有此无脸的政府，又何以自容于世界！——这正是世界的耻辱呀！我们也想想吧！"鲁迅先生在《纪念刘和珍君》里也说："惨象，已使我目不忍视了；流言，尤使我耳不忍闻。我还有什么话可说呢？"

朱自清的学生韦杰三也在惨案中连中四弹，身受重伤，3月21日不治身亡，年仅21岁。3月22日，清华全体学生进城迎柩，抬棺游行，步行护灵回校。4月2日，朱自清按捺不住惋惜和激动的心情，写下了《哀韦杰三君》。悼文中回忆了韦杰三的可爱，称他是"温雅的少年"，记述了和韦杰三相识的过程，以及从他的老师口中得知的他家境的贫寒和做人的坚韧与善良："这半年来，我们听见的，却只有他的静默而已。他的静默里含有忧郁，悲苦，坚忍，温雅等等，是最足以引人深长之思和切至之情的。""唉，韦君，这真是最后一面了！我们从此真无再见之期了！死生之理，我不能懂得，但不能再见是事实，韦君，我们失掉了你，更将从何处觅你呢？"现在，你"一个人睡在刚秉庙的一间破屋里……天气又这样坏；韦君，你的魂也彷徨着吧！"

朱自清躲过了"同胞的枪弹"，毕竟还有四十多人倒在了血泊中。朱自清的文章，不仅是对一个可爱少年的死表示沉痛的哀悼，更重要的是对现实社会的批驳和揭露。清华学生为了纪念韦杰三，从圆明园搬来一根断石柱，为他立了一个纪念碑。清华学生又发起成立了一个课外社团"韦社"，以写作、讲演、旅行、体育锻炼等为内容来纪念韦杰三，"韦社"于4月28日在工字厅举行成立大会，朱自清受邀担任了该社顾问。

半年之后，因为"同胞的枪弹"而受伤的清华另一名学生何一公也因旧伤复发离开了人世。1927年1月14日，朱自清发表了《悼何一公君》一文，文中说："前年暑假后，我初到清华，同学中第一个来和我谈话的是他，我第一个认识的同学也是他。这因他是温州人，而我在温州教过书，所以我一到他就来看我。那是一个晚上；我们足谈了两个钟头……我只记着他的话和他谈话的神气都是很有趣的。"这又是一个可爱的、有理想有抱负的少年，担任《清华周刊》总编辑、戏剧社社长，理想是做一名戏剧家，也确实写过几部戏。朱自清在文章中回忆了和何一公的交往以及对他的死表示的惋惜。文中虽然未提"三一八"惨案对他的伤害，但何一公美好理想的断裂，又何尝不是对惨案的控诉呢。

同胞的枪弹和政局的动荡，一直让朱自清不安、忧心，让他心潮难平，这也反映在他的拟古词中：

> 烟笼远树浑如幂，
> 青山一桁无颜色。
> 日暮倚楼头，
> 暗惊天下秋！
>
> 半庭黄叶积，

阵阵鸦啼急。

踯躅计征程，

嘶骢何处行？

朱自清热爱青年学生，热爱国家和民族，也希望国家和民族强大，免受外国列强的欺凌，这是出于那个时代知识分子内心真诚的意愿，他们因此而参加"三一八"的请愿游行，未曾想遭到蓄意而无情的屠杀，吹一声警哨，平放一排枪，还"拦门痛击"，直到用枪柄、木棍、大刀乱砍，这都是朱自清目睹和经历的，因此才有揭露暴行的《执政府大屠杀记》，为死难者讨还血债！

游圆明园

1926 年 5 月 30 日，朱自清和朋友顾颉刚、赵万里等人游览了圆明园。

这是朱自清到清华大学任教后第一次正式的游览。当时的圆明园还没有开发成对外开放的真正的公园，基本保持了被八国联军烧毁破坏后的残破景象，管理也是由清华大学代理的。朱自清来北京 10 个月了，清华园离圆明园又不远，加上家眷还没有迁来，单身一人，按说抽个一日半晌，应该很容易就可以去看看的。但是因为初到大学任教，课程教学准备工作繁重，又因为做事严谨，加上各种安排，比如写作、读书、会友等，他没有抽出时间去圆明园游览，也没有到别处去看看。5 月 30 日这天，正好是星期天，朱自清难得有空，中午邀请了几个朋友聚餐，他们是顾颉刚、赵万里、徐中舒、程憬等。饭后，尚有余闲，又是晚春的大好时光，空气澄明，鸟语花香，朱自清便和他们一起，徐步走进了这座历史名园的废墟。

顾颉刚是苏州人，出生于 1893 年，比朱自清大五岁，当年在苏州读小学、中学时，和叶圣陶、王伯祥等人是同学。顾颉刚考入北京大学，和朱自清同样是预科，时间却比朱自清早三年。顾颉刚在读北大预科期间沉迷于戏曲，这可能和他小时候喜欢听祖父母讲各种传奇故事有关。在对戏剧的迷恋中，他发现，一个故事在不同的时代有不同的讲法，因事、因人、因地而流转变化。这个发现，让他萌生了考据的兴趣。在朱自清考入北大预科的头一年，即 1915 年，顾颉刚因病休学了，回到苏州调养。养病期间，好学的顾颉刚下了苦功夫，居然完成了《清代著述考》二十册的撰写工作，对清代学术有了较深的了解和体会。1916年，转北大本科后读哲学，和朱自清成为同学。1918年，北京大学教授刘半农、周作人等发起了征集歌谣的运动，许多人响应，以教授为骨干，其中也有不少是学生。教授们把征集来的各地民歌、童谣每天在《北大日刊》上发表一两首。这事也引起了顾颉刚的兴趣。此时他夫人病逝，回家料理完夫人后事后，因心情郁闷，在家闲居，停止了正在进行的古史研究，响应北大老师们的号召，搜集起歌谣来。顾颉刚先在家人中搜集，逐渐向邻居、亲友、同学搜集，连叶圣陶都帮他采录了不少。在不长的时间内竟搜集了数百首，另外还有方言、谜语、谚语、唱本、风俗、宗教等资料，可谓收获颇丰。在这个过程中，他还写了一篇名为《一个"全金六礼"的总礼单》的民俗文章。他的这些工作成果，包括刘半农、周作人等人在民谣方面所取得的成就，给后来朱自清在清华研究、教授中国民谣带来很大的启发和帮助，他还创作了一部厚重的《中国歌谣》。1920年5月，顾颉刚和朱自清同一年毕业于北京大学，朱自清去了南方，以教书谋生，同时进行创作。顾颉刚由于前前后后在北京大学读书延绵达七年之久，并且有不少古史和民谣方面的学术著作发表，被北大留校，成为一名助教。1922年，顾颉刚离开北大，到商务印书馆编中国历史教科书。这一时期，在南方各中学任教的朱自清常到上海和叶圣陶、王伯祥、周予同、郑振铎等人见面，畅聊文学，和顾颉刚也时有通联，互相欣赏。1922年年底，顾颉刚离开商务印书馆，重回北京大学，担任《歌谣》周刊的编辑，并勤奋创作，接连写作了《郑樵对于诗词与故事的见解》《东岳庙的七十二句》《两个出殡的导子帐》等文章，特别是在《歌谣》上连载的《吴歌甲集》，引起了很大的反响，而发表的《孟姜女故事的转变》一文，更是惊动了学术界。1926年年初，《吴歌甲集》由北京大学歌谣研究室出版，4月又出版了《古史辨》第一册，顾颉刚一时成为史学界瞩目的核心人物。朱自清到清华大学任教后，两位老同学又在北京相见。朱自清非常敬重顾颉刚，对他的学术成果更是敬佩有加。1926年5月，顾颉刚发表了《孟姜女故事之历史系统》后，朱自清可能是知道顾颉刚在暑假后要到厦门大学任国学院研究教授，抑或是朱自清此时已经萌生了要在清华大学开一门中国歌谣课程的想法，因此组织了这次聚餐，也兼有为顾颉刚送行的意思。同时受到邀请的还有赵万里。赵万里出生于 1905 年浙江海宁盐官镇的一个书香世家，入学前就在母亲教导下识字千余，并能背诵几十首唐诗。赵万里在嘉兴浙江省立第二中学读书的最后一学年（1920 年 8 月—1921 年 6 月），朱自清正好在浙江"一师"任教，如果机缘巧合，也许朱自清就做他的老师了。1921 年秋，赵万里考入了东南大学中文系，跟随吴梅学习词学。1925 年，赵万里毕业后，到清华大学国学研究院任助教，和朱自清同时进入清华，在王国维、吴梅等人的指导下，在文史、戏曲、金石、版本、目录、校勘等方面打下了坚实的基础，并崭露出不俗的才华。这一时期，朱自清和赵万里过从甚密，成为好友，经常在一起聚谈思想、讨论学问。徐中舒虽然和朱自清同龄，此时却是清华国学研究院的一名毕业生，他 1925 年考入清华国学研究院的时候，朱自清也才到清华任教。程憬也是清华国学研究院的学生，从事古代哲学研究，主要著作有《中国古代神话研究》。徐中舒和朱自清的结识，根据他在《悼佩弦》一文中透露，是朱光潜介绍的，徐中舒在文中说："那时他刚到清华大学国文系任教，依我的臆测，这时他就把二十几年后的工作的趋向决定了。他一方面努力于中国文学，从散文到诗词赋曲。这是他的责任，他要把这些东西教给他的学生……我初识佩弦时，我对于旧诗曾做了一点小考……引起了他的注意。以后见面的时候，他总是喜欢谈这个问题。"而朱自清和程憬的结识，应该是赵万里介绍的。这里可以多说一句，徐中舒 1926 年夏从清华国学研究院毕业以后，到了上海的立达学园任教，而立达学园的创办者正是朱自清在春晖中学的同事、好友匡互生，徐中舒的工作是不是朱自清介绍的，已经不可考了。

朱自清请顾颉刚、赵万里等吃饭，依朱自清的经济状况和他在《初到清华记》一文中所透露的在"西园"的小聚——只一碟苜蓿肉和两张家常饼，酒也只是二两白玫瑰，加上徐中舒和程憬还是清华国学研究院的学生，喝酒应该不多。饭后，徐中舒和程憬返回清华园，朱自清和顾颉刚、赵万里一起步入了圆明园。圆明园的废墟，已经成为一种特殊的符号和记忆，是中国人情感深处永远的痛。三人徐步在园中，在一处处废墟前流连，对圆明园当年的辉煌，想必也能想象得出，或历历如在眼前。朱、顾、赵三人都出生于南方园林集中处，苏州、扬州和嘉兴三地相距不远，都以园林闻名天下。但是南方的园林毕竟是私家园林，以小巧玲珑著称，和圆明园这样集大成的巨型皇家园林不能同日而语。这么一座金碧辉煌、举世无双的园林，几十年前在入侵的强盗们的一把大火下成为废墟，无论是作为文学家的朱自清，作为历史学家的顾颉刚，还是考据学专家的赵万里，看在眼里，心情都是极为沉重的，一种无法言说的痛，在他们心中渐渐漫漶开来。

从一首诗，看朱自清思想的变革

《朝鲜的夜哭》是朱自清于 1926 年 6 月 14 日写作的一首新诗，发表于同年 7 月 10 日的《晨报附刊》上。

对于国内时事政治，朱自清向来都是敏感和关心的，在江南时遇到的军阀混战，还有五卅惨案，再早更可上溯到辛亥革命和五四运动，朱自清都不是旁观者。最近的如不久前的"三一八"惨案，朱自清更是积极发声，冒着生命危险参与游行，还写作了《执政府大屠杀记》《哀韦杰三君》等好几篇文章，揭露了社会的黑暗，控诉了当局的暴行。对于国际时事，朱自清也不是"两耳不闻窗外事"。1926 年 4 月 25 日，中国近邻朝鲜最后一位国王纯宗逝世。此时的朝鲜，还在日本帝国主义的统治之下，朝鲜人民不断进行各种斗争，都遭到了日本殖民者的残酷镇压。国王的死更加触动了朝鲜民众的亡国之痛，对殖民地的悲惨生活表示强烈的不满，在汉城附近的山中，他们聚集在一起，整夜号哭。6 月 9 日这天，又利用举行国葬的机会，进行反殖民、反统治、争取民族解放的斗争，声势不小，引起了殖民统治者的不满，遭到了残酷的镇压。消息传来，也引起了许多有正义感的中国人的同情，朱自清就是在这样的背景下，饱含同情和悲愤，写下了《朝鲜的夜哭》这首长诗，以声援朝鲜人民的正义斗争。

该诗分为三节。在第一节中，朱自清直抒情感：

> 西山上落了太阳，

朝鲜人失去了他们的君王。

太阳脸边的苦笑，

永远留在他们怯怯的心上。

　　太阳落时千万道霞光，

如今只剩了朦胧的远山一桁。

群鸦遍天匝地的飞绕，

何处是他们的家乡？

　　何处是他们的家乡？

他们力竭声嘶地哀唱。

天何为而苍苍，

海何为而浪浪，

红尘充塞乎两间，又何为而茫茫？

……

　　朱自清用比兴的手法，反复咏叹朝鲜人民面对国家民族沦丧和灭亡的惨痛，以及无家可归的凄凉，咏叹了朝鲜半岛的危亡处境，"他们力竭声嘶地哀唱"传到每一户人家，他们哭号，他们彷徨，他们心已成灰烬，他们需要从哀叹和悲伤中迅速觉醒过来，他们必须从痛失君王中走出小屋，来到露天的旷野，乘夜之未央，在痛哭一场之后而反抗。我想，这就是朱自清在同情之后所要表达的情感，国王死了，连这个国家最后的象征都不复存在了，他们怎么能不悲痛呢？但仅仅是悲痛又有什么用？仅仅是发问"天何为而苍苍，海何为而浪浪，红尘充塞乎两间，又何为而茫茫"是远远不够的。

　　第二节中，朱自清写了朝鲜人民利用举行国葬的机会，走上街头，游行示威。诗中以街灯闪闪如鬼火，行列沉默如僵石，白杨萧萧如秋深等，渲染出一种阴森肃杀的气氛，衬托出朝鲜人民的愤怒已到了视死如归的程度。在铺陈游行示威中，仍在反复咏叹朝鲜人民的悲伤：呜咽如密林中的洞箫，号啕如突起的风暴；祭天的柴燎熊熊如千军万马的腾踔，如东海和黄海的同声狂啸；唠叨和号啕感动着万物；风在咆哮，野兽在鸣噪，树叶不住地震颤，惊鸦连连地啼叫，天沉沉欲堕，海掀起波涛；悲痛的眼泪也浇不尽对殖民者的仇恨，索性就浇没朝鲜的半岛罢！朱自清的抒情达到了浓烈难耐的程度。这里的"东海"，是指现在的日本海。

第三节继续控诉日本殖民主义者对朝鲜人民残酷镇压的罪行。声声凄厉，句句血泪，充满着对朝鲜人民深切的同情。

> ……
> 这时候风如吼，雨如河！
> 谁都料不定铁骑们的踪迹，
> 只踉踉跄跄，提心吊胆，三步两步的延俄！
>
> 这时候一家人早已撒了手，
> 便是情人呵，也只落得东西相左！
> 战战兢兢，零零丁丁，风雨中都念着家山破！
>
> 你箕子的子孙呀！你要记着——
> 记着那马上的朗笑狂歌！
> 你在天的李王呀！你要听着——
> 听着那马上的朗笑狂歌！
>
> 风还是卷地地吹，
> 雨还是漫天地下；
> 天老是不亮呵，奈何！
> 天老是不亮呵，奈何！

这是一首抒情的长诗，虽然朱自清没有亲身经历过那样的现场，仅从报纸上得知的消息，无法描述具体而感人的细节，但是朱自清能够感受到朝鲜民众的心情，诗句也就饱含着满腔的愤怒和抑制不住的激情，犹如黄河之水天上来，奔腾而下，从心底发出巨大的轰鸣，给人以强烈的艺术感染。读这首诗，你会感到句句洋溢着诗人饱满的激情，以及爱朝鲜人民之所爱的真挚，对朝鲜人民的国家沦丧和民族灭亡表示深深同情，对朝鲜人民的不幸命运和悲切表示密切的关注，对朝鲜人民为失去象征一个民族存在的国王而万分悲痛的心情表示理解，仿佛诗人同朝鲜人民参加了那场"朝鲜的夜哭"。

时间过得真快，一转眼，朱自清在清华执教已经一年了。1926 年暑假过后，朱自清继续担任"大一国文"和"李杜诗"的课程。从 1925 年暑假到 1926 年暑假，通过一年的磨合，不消说，朱自清渐渐适应了大学的教学生涯，在备好课、讲好学的过程中，创作也没有间断，新诗、散文、书评序跋、论文和杂论等都有新作，如新诗，除这篇《朝鲜的夜哭》外，还有《我的南方》《塑我自己的像》《战争——呈 W 君》等；散文有《背影》《说梦》《阿河》《执政府大屠杀记》《哀韦杰三君》《关于李白诗》《飘零》《海行杂记》《白采》等；书评有《吴稚晖先生文存》《〈子恺漫画〉代序》《白采的诗〈羸疾者的爱〉》；论文和杂论有《现代生活的学术价值》《翻译事业与清华学生》等，计有十七八篇之多，算是延续了他此前的创作热情。

但是，在 1926 年暑假后，朱自清的创作突然中断，一直到年底，只有两篇短短的跋文《〈萍因遗稿〉跋》《〈子恺画集〉跋》和一篇书评《熬波图》问世，而《〈萍因遗稿〉跋》只有三百来字，严格来说，都算不上一篇完整的作品，《〈子恺画集〉跋》也不足千字。文学创作方面，连一首新诗和散文都没写。如果算上 1926 学年的下学期，即 1927 年上半年，也不过写了一篇悼亡文字《悼何一公君》和一篇翻译作品《为诗而诗》而已。是什么原因让朱自清突然放弃坚持多年的文学创作呢？梳理朱自清这段时间的文字生涯，不难发现，虽然文学创作中断了，但一种新的样式的文字出现了，即"拟古诗词"。原来，朱自清对他以后的人生道路和学术道路重新做了规划，由一个创作家、一个新诗人，走向学问家的道路上去了。"拟古诗词"的写作，就是他研究旧学的开始，或者是"餐前小点"，为他以后的学术研究做好铺垫。从 1926 年 11 月 2 日开始，他接连创作了多首拟古诗词，到了 1927 年度新学期开学时，他已经创作了数十首，并且编了讲义《诗名著笺前集》《诗名著笺》《古今诗选小传》。

朱自清思想的转变，还可以参看他于 1927 年 2 月 5 日出版的《一般》杂志上发表的论文《新诗》，这是一篇未完成稿，从已经发表的上半部分来看，朱自清仔细分析了"新诗破产了"的原因。他首先肯定了新诗的成就："据我所知道，新文学运动以来，新诗最兴旺的日子，是一九一九至一九二三这四年间。《尝试集》是一九一九出版的，接着有《女神》等等；现在所有的新诗集，十之七八是这时期内出版的。这时期的杂志、副刊，以及各种定期或不定期的刊物上，大约总短不了一两首'横列'的新诗，以资点缀，大有饭店里的'应时小吃'之概。"随着诗人们对于新诗的怠慢，各种负面新闻不断出现，朱自清举了一个例子，说有个人，一心一意要当一个新诗人，终日不做他事，只伏在案上写诗，一个星期便写成了一本诗集。这样的诗当然空洞乏味、没有生活了。因此，关于新诗的各种批评和指责便越来越多，就连成名诗人也承认，新诗刚一开始，便进入了死胡同。因而，"新诗的中衰之势，一天天地显明。杂志上，报纸上，渐渐减少了新诗的登载，到后来竟是凤毛麟角了。偶然登载，读者也不一定会看；即使是零零落落的几行，也会跨了过去，另寻别的有趣的题目。而去年据出版新诗集最多的上海亚东图书馆中人告诉我，近年来新诗集的销行，也迥不及从前的好。总之，新诗热已经过去，代它而起的是厌倦，一般的厌倦。这时候本来怀疑新诗的人不用说，便是本来相信新诗的人，也不免有多少的失望"。朱自清在分析种种原因后，认为："生活的空虚是重要的原因。我想我们的生活里，每天应该加进些新的东西。正如锅炉里每天须加进些新的煤一样。太阳天天殷勤地照着我们，我们却老是一成不变，懒懒地躲在运命给我们的方式中，任他东也好，西也好；这未免有些难为情吧！但是，你瞧，我们中有几个不跟着古人，外人，或并世的国人的脚跟讨生活呢？有几个想找出簇新的自己呢？你说现在的新诗尽是歌咏自己，但是真能搔着自己的痒处的，能有几人？自己先找不着，别人是要在自己里找的，自然更是渺无音响！《诗》的二卷里，叶圣陶先生有《诗的泉源》一文，说丰富的生活，自身就是一段诗，写出不写出，都无关系的。没有丰富的生活而写诗，凭你费多大气力，也是'可怜无补费精神'！'丰富'的意思，就是要找出些东西，找出些味儿，在一件大的或小的事儿里，这世界在不经心的人眼里，只是'不过如此'；在找寻者的眼里，便是无穷的宝藏，远到一颗星，细到一根针。"朱自清的话可谓一针见血，对于年轻人的新诗观非常厌恶："他们倚靠着他们的两大护法：传统与模仿。他们骂古典派，'连篇累牍，不出月露之形，积案盈箱，惟是风云之状'，但他们自己不久也便堕入'花呀，鸟呀'，'血呀，泪呀'，'烦闷呀，爱人呀'的窠臼而不自知。新诗于是也有了公式，而一般的厌倦便开始了。更进一步，感伤之作大盛。伤春悲秋，满是一套宽袍大袖的旧衣裳。说完了，只觉'不过如此'，'古已有之'。表面上似乎开了一条新路，而实际上是道地的传统精神。新诗到此，真是换汤不换药，在可存可废之间。自由的形式里，塞以硬块的情思，自然是'没有东西，没有味儿'！"

朱自清这篇论新诗的文章比较长，如果完全写出来，应该达到1万余字。从论文中反映出的观点看，朱自清对于新诗的发展是非常忧虑的，特别是对于那些浅薄的"口水诗"和无病呻吟之作。所以，朱自清在写完《朝鲜的夜哭》之后，就不再从事新诗的写作了，而是一门心思地扑在了学问上。可以说，《朝鲜的夜哭》是他新诗创作的绝唱，同时也是问学之路的起点。

拟古诗词和国学研究

"我慕朱自清的名而选了他的课。他教李白杜甫。这一课学生很少，他讲书时还是十分卖力。学期结束时，我交给他二万余字的李杜诗比较的论文，他大为赞赏。"这是柳无忌先生在《古稀人话青少年》一文中对朱自清的回忆。讲李杜诗，是朱自清初到清华首任课程之一，柳无忌就是他班上的好学生。朱自清所担任的另一课程，即普通国文的班上，也有一批好学生，比如李健吾就是才华横溢的青年才俊。后来，柳、李二位都在文艺研究和创作上取得了不俗的成绩，不敢说是受了朱自清的影响，但他们最初的艺术追求和人生规划，一定是受到朱自清启发的。初到清华的朱自清，卖力地工作和对学生的关心自然是他受到学生尊重的原因之一，同样的，能在教学中遇到好学生，也给朱自清的工作带来了信心和成就感。

清华园里学风严谨，王国维、梁启超、黄晦闻、陈寅恪等导师，都是大名鼎鼎的教授，治学风格一向以严谨著称。学生在这样的环境中，也都养成了良好的学习习惯。柳无忌、李健吾、余冠英等也是他们之中的佼佼者。朱自清初入清华，开始走向实现理想抱负的新征程，当然也要好好规划一下自己的学术研究和文艺创作。文艺创作是他擅长的，无须担心。事实上，自从他在清华担任教职起，他也在渐渐减少文学创作。但是在学术研究上，要想有所建树、取得成果，就得另下一番苦功夫。考虑到要结合自己的教学，朱自清决定在中国古典文学上做一番努力。在当时的国学研究中，不少人因循守旧，崇古轻今，朱自清早就觉察到了，1926 年 4 月 11 日就在论文《现代生活的学术价值》里有所阐述。所以在确定做旧学研究的时候，朱自清就警醒自己，研究旧学，不能脱离现代和当下，这才有他用今人的眼光写作的关于旧学的多篇论文和收在《敝帚集》中的多首"拟古诗"，包括多年后大家熟知的《经典常谈》，也是基于这样的思想才凭借通俗易懂受到大众欢迎的。

在李杜诗的教学中，朱自清就带有这样明确的思想。而在教学与研究中，为了感同身受或身临其境地讲好李杜诗，最好的方法，莫过于亲手创作旧体诗了。这不仅是教学的需求，同时也能提高自己鉴赏、分析、研究的能力。

可能是对自己的旧学底子有些怀疑，抑或是为了精进，他还专门请了两位老师。古诗方面，他拜黄晦闻为师。黄晦闻先生是成名已久的旧诗人、大学者，学问底子很厚。朱自清杂拟的汉魏六朝的五言古诗，请黄晦闻先生点批，还在扉页上写"诗课，敬呈晦闻师教正，学生朱自清"的字样。黄晦闻认真披阅，也有批语如："逐字换句，自是拟古正格。"在古词方面，好友俞平伯家学渊博，加上个人努力，在古典词曲的领悟和创作上较朱自清要老辣不少。朱自清也就就近请他为"师"，朱自清写的第一首拟古词《虞美人·月华如水笼轻雾》，便谦逊地请俞平伯过目。在 1926 年 11 月一个月内，朱自清写作了四首《虞美人》古词，特别是《画楼残烛催人去》一首，俞平伯也不客气，认真修改后，再交给朱自清。朱自清对俞平伯的修改大都认可，还将自己的原词和俞的改词都抄在自己的稿本《敝帚集》中。在抄写过程中，朱自清又做多处修订，在稿本上涂涂抹抹留下了好多墨痕。朱自清在边上还有附语："平伯改本用朱笔录如右，烟水似可易，从此更为直落。"为了比较朱自清的原词和俞平伯改本的异同，同时也说明二位好友的治学严谨，现抄录如下。

朱自清词：

> 画楼残烛催人去，
> 执手都无语。
> 帘前惊雁一声寒，
> 记取旧愁新恨两眉弯。

逢君只说江南好，

月冷花枝袅。

脂车明日隔天涯，

却念江南微雨梦回时。

俞平伯改词：

画楼残烛催人去，

执手凄无语。

帘前惊雁一声寒，

认取旧愁新恨两眉弯。

相逢只说江南道，

待阕鸳鸯好。

来朝陌上走轻车，

不意江南从此隔天涯。

　　朱的原词和俞的改本孰优孰劣，我本是外行，暂且不论。仅从字面看，俞平伯的改动不小，词意似乎也更为妥帖。不仅如此，俞平伯还兴致未减，又填一首《浣溪沙》赠送朱自清，词云："瘦减秋闺昨夜眠，还留密宠掷银笺，背人凄咽立灯前。不再楼头同一醉，出门挥手两风烟，却言相见有明年。"这样的诗词往返，一时间成为二位朋友的常态，朱自清对旧体诗词创作也越来越有兴致了。在当年的清华园里，如果有人看到年轻的朱自清，或低首沉思，或抬头默想，或吟吟哦哦，那必定是在选章择句地沉浸在他的旧体诗词创作中了。

　　就是在旅途中，朱自清也不忘古典诗词的研读和创作。1927年1月寒假期间，在去浙江白马湖探亲的列车上，隆隆开动的列车并没有阻碍朱自清的诗情，他一口气作了《虞美人》三首。从1925年暑假期间初到清华，已经一年半有余了，朱自清只身一人在清华园执教，一家人还居住在宁波上虞白马湖畔的春晖中学，是时候把妻小接回身边了。因此，这次回家接眷时的拟古词，也脱不了这一层的主题，请看：

烟尘千里愁何极，
镇日无消息。
可怜弱絮不禁风，
几度抛家傍路各西东。

一身匏系长安道，
归思空萦绕。
梦魂应不隔关山，
却又衾寒灯灺漏声残。

朱自清在南行归家的列车上，想起千里之外的夫人武钟谦和几个子女，引发了他的愁绪："一身匏系长安道，归思空萦绕。"的"匏系"，出自《论语·阳货》："吾岂匏瓜也哉！焉能系而不食？"匏瓜是葫芦的一种。匏系的古意有羁滞的意思，比喻不为时用或无用之物。李商隐《为大夫安平公华州进贺皇躬痊复物状》云："心但葵倾，迹犹匏系，伏蒲之觐谒未果，献芹之诚恳空深。"宋人秦观在《庆禅师塔铭》中说："出家儿当寻师访道，求脱生死，若匏系一方，乃土偶人耳。"朱自清词中的"匏系"，说的是自己一个人在北京教书，而把家人留在南方，自己对于家人而言，不是匏系又是什么呢？梦魂应不隔关山，在南去的列车上，朱自清写下这首拟古，表达要把家人留在身边的愿望。而另一首《虞美人》更是直白了：

千山一霎头都白，
照彻离人色。
宵来陌上走雷车，

尽是摩挲两眼梦还家。

如今又上江南路，
乍听吴娃语。
暗中独自计归程，
蓦地依依怯怯近乡情。

时间过得真快啊，一霎间，头就白了。如霜的白发映照着匆匆的行人，在不分昼夜飞驰的火车上，无非就是早日还家。又要踏上江南水乡的田野阡陌了，又要听孩儿的吴侬软语了，真的怕不习惯啊！快了，江南旧家越来越近了，心里一边计算着归家的时间，一边近乡情更怯，归来是何人？

三年相别还相见，
乍见翻难辨。
殷勤执手语丝长，
人世白云苍狗两茫茫。

君看我已非年少，
马足关河老。
与君意气一时深，
惜取眼前光景莫沉吟。

在这三首《虞美人》的末尾，落款分别为"1927年，南归津浦车中作""宁沪车中作""宁沪车中赠盛蘅君"。这最后一首，就是赠"盛蘅君"的。盛蘅是谁？不得而知。

朱自清的拟古诗创作始于1927年6月1日，第一首是拟《古诗十九首》里的《行行重行行》，名即"拟行行重行行"，原诗曰："行行重行行，与君生别离。相去万余里，各在天一涯。道路阻且长，会面安可知。胡马依北风，越鸟巢南枝。相去日已远，衣带日已缓。浮云蔽白日，游子不顾反。思君令人老，岁月忽已晚。弃捐勿复道，努力加餐饭。"朱自清拟诗曰："眇眇川涂异，思君难等齐。天地自高厚，故为东与西。相望千万里，相见无端倪。黄叶依故林，梁燕认旧栖。日月有代谢，揽镜伤形影。风云不可测，百姓如俄顷。人生且行乐，春秋多佳景。"这里所录的原诗和朱自清的拟作诗比较阅读，从中也可窥见朱自清不俗的旧学根底。

朱自清知道，1927年暑假过后的新学期里，他要继续给学生讲旧诗，为了提高自己的教学水平，就开始了拟古诗的创作，断断续续从历代诗词里选了四十首，加以拟写，除《拟行行重行行》外，计有《拟青青河畔草》《拟西北有高楼》《拟迢迢牵牛星》《拟回车驾言迈》《拟凛凛岁云暮》《拟孟冬寒气至》等，说是拟写，实际也是创作，甚至比触景生情的创作更有难度，也更见功力。如《饮酒》诗，这是陶渊明的代表作，历代诗话里都有各种解读，朱自清也不能放过，他拟写曰："菊色一何好，星星秋露莹。掇英泛清酒，悠然远利名。独酌不成醉，壶觞亦已倾。日暮天苍苍，但闻归鸟鸣。凭轩自啸咏，且以适吾情。"该诗的用典很多，如"一何好"，出自欧阳修《西斋手植菊花过节始开偶书奉呈圣俞》一诗中的"鲜鲜墙下菊，颜色一何好"之句；朱翌有《十月十四日立冬菊花方盛》中也有"黄菊一何好"。"掇英泛清酒"之句化自晋代文人《秋菊赋》的"泛流英于清醴，似浮萍之随波"。"独酌不成醉"之句出自宋代诗人余靖的《新息道中遇雪》，原为"独酌不成醉，自嫌名利身"。"壶觞亦已倾"之句，化自陶渊明《乞食》的"觞至辄倾杯"之句；明代文人许筠在《送卢判官》中也有"促柱倾壶觞"。这些都说明朱自清阅读的广泛和旧学的渊博。同样的，我们再来看看陶渊明的《饮酒》原诗："秋菊有佳色，裛露掇其英。泛此忘忧物，远我遗世情。一觞虽独尽，杯尽壶自倾。日入群动息，归鸟趋林鸣。啸傲东轩下，聊复得此生。"

朱自清的旧体诗词，不止这四十首，后来还陆续拟写了很多，并且有的已经跳出了原诗词的思想情感，更多地展现了自己的阅读心得和情感经历，如《张志和渔歌子》一词："红树青山理钓丝，扁舟流水任东西。微雨过，夕阳迟，酡颜一笑脱蓑衣。"张志和的原词是这样的："西塞山前白鹭飞，桃花流水鳜鱼肥。青箬笠，绿蓑衣。斜风细雨不须归。"两首词比较阅读很有意思，张志和的词已经是名篇了，无须多说；朱自清的词中用典不少，"红树青山"出自宋人欧阳修的《乐丰亭游春》，有"红树青山日欲斜"之句；"理钓丝"出自唐代白居易《游闲》中的"青竿理钓丝"；"扁舟流水任东西"之句，可以参阅唐人李珣的《渔歌子》："扁舟自得逍遥志。任东西，无定止。""微雨过"可参看宋代苏东坡的《阮郎归》："微雨过，小荷翻。""夕阳迟"可参看唐人刘长卿的《陪王明府泛舟》："山含秋色近，鸟度夕阳迟。""酡颜一笑"典出唐人白居易《舒员外游香山寺数日不归，兼辱尺书，大夸胜》之句"酡颜一笑夭桃绽"；"脱蓑衣"典出自宋代方回的《谢客三首》其二"时脱蓑衣当酒钱"之句。真是每句都有出典。这种读诗读词的功力和随意运用的功力，已经达到炉火纯青的地步了。

朱自清关于拟古诗词的写作，一直延续了好几年，比较集中的还有几个时期，比如 1928 年夏季的 6、7 月间，就是一段高峰期。6 月 7 日作《班捷妤怨歌行》；6 月 11 日完成《辛延年羽林郎》，费时四天；6 月 12 日作《曹植杂诗》；6 月 13 日作《王粲七哀诗》；6 月 14 日作《徐干室思》其一；6 月 28 日完成《徐干室思》其二至其四，费时三天；7 月 4 日完成《徐干室思》其五至其六，费时两天；7 月 11 日完成《阮籍咏怀》，费时七天；7 月 13 日作《张华杂诗》；7 月 19 日虽然没有进行拟古诗创作，却写了一首旧体诗日《情诗》；7 月 25 日完成拟古诗《张协杂诗》，费时六天；7 月 27 日完成《潘岳悼亡诗》，费时两天。从诗后落款日期看，有的一天写就，有的花了好几天的时间，最多的用了七天的时间。

朱自清的拟古诗词的写作，一直延续到 1928 年年底才结束。带有写作日期的最后一首拟古诗写于 1928 年 9 月 19 日，即《刘琨扶风歌》，费时一周。没注明写作日期的还有《陶潜归园田居》《饮酒》《谢灵运入彭蠡湖口》《谢朓暂使下都夜发新林至京邑赠西府同僚》《何逊与胡兴安夜别》《阴铿度青草湖》《庾信咏怀》《送卫王南征》等。

余冠英在《悲忆佩弦师》里说："那时他偶尔做做旧诗，学杜甫，也填小词，近花间派，都很精工，但他自谦说这些不过是练习之作，见不得人。

我向他要几首登在我所编的《清华周刊》文艺栏里，强而后可，但不肯署真名。"先是不想刊登出来，后经说服，可以刊登了，又不想让人知道。这是谦逊的美德。季镇淮在《朱自清先生年谱》里说："这些作品，先生从来秘不示人，其所以模拟者只是作为了解、研究中国旧诗词的一种方法。而研究旧诗词是先生教书工作的一部分。"

1927年9月间，新学期开学后，朱自清又担任新开设的"古今诗选"课，并自编三种讲义：《诗名著笺前集》《诗名著笺》《古今诗选小传》，其他的课程还有"中国文学书选读""古今文选、记叙文、论说文、书翰文"等课。《诗名著笺前集》《诗名著笺》《古今诗选小传》这三本讲义都是关于古典诗歌的，刚入清华两年的朱自清特别看重"古今诗选"这门课，做了大量案头工作。目前看到的《诗名著笺前集》讲稿是1929年清华大学的铅印本，在两年多的讲析过程中，已经做了多次修订、补充和完善，是一部成熟的学术著作。在朱自清逝世后，《朱自清全集》编辑委员会将其易名为《古逸歌谣集说》，并委托王瑶写了一篇《跋》，该《跋》说："本书是一九二九年朱先生在清华大学'古今诗选'班上所用教材的一部分，原稿题'诗名著笺前集'，今易名为'古逸歌谣集说'。"为什么易名，没有说明，可能是后者更贴近讲稿内容吧。王瑶也强调了这部讲稿是一直在变化的，"前几次印的讲义中除目录所列外，还有《芑梁妻歌》《狐裘歌》《百里奚妻琴歌》《渔父歌》《禳田者祝》《夏谚》《越谣歌》《楚人谣》等八篇；但最后一次印讲义时都删去了；却把存着的十三篇又补充了一些材料。这里是根据最后一次的讲义付印的。后面本来还附录着下列三篇备学生参考的文章：（一）吴宓《诗学总论》；（二）郭绍虞《文学之起源》；（三）郭绍虞《古代韵文之探索》，这里没有列入。"从王瑶《跋》中透露的信息看，朱自清对"古今诗选"这门课是相当重视的，不仅对讲义之一的《诗名著笺前集》不断修订，不断增删，还有供学生阅读和深化理解的三篇重要著作。而三本著作中的作者吴宓和郭绍虞又都是这方面的顶级专家。那么，现存的《古逸歌谣集说》是哪十三篇呢？按讲稿顺序为：《击壤歌》《卿云歌》《南风歌》《五子之歌》《麦秀歌》《采薇歌》《饭牛歌》《越人歌》《接舆哥》《孺子歌》《曳杖歌》《弹铗歌》《易水歌》。目前看到的《朱自清全集》第七卷就是录有这十三篇的《诗名著笺前集》，另外八篇没有收入。清华大学的旧档案里，不知还能否查到每次修订的讲稿，否则，另八篇就成佚文了。朱自清的这篇讲稿，内容特别丰富，引文特别详细，并尽可能地周全，仅举首篇《击壤歌》来说，所列的引文就出自几十篇文或书中，有古人，也有当代人，还有日本典籍等。所引之文有如《艺增篇》《自然篇》《须颂篇》等，还有顾观光辑皇甫谧的《帝王世纪》、皇甫谧的《高士传》《太平御览》、王应麟的《困学纪闻》、冯惟讷的《诗记》、邯郸淳的《艺经》、杨慎的《升庵诗话》、崔述的《唐虞考信录》、曾毅的《中国文学史》、顾实的《中国文史大纲》、陈彬和翻译的日本学者盐谷温的《中国文学概论》、朱希祖的《中国古代文学史讲义》、郭绍虞的《中国文学史纲要初稿》《抱朴子·诘鲍篇》、邢恕康节的《伊川击壤集》、冯惟讷的《诗纪别集》、王嘉的《拾遗记》，还有伪《列子·仲尼篇》等。之所以干巴巴地抄录这么多书名，只是想说明，朱自清在编讲义时，是花费了很多心血和功夫的，要翻阅大量的书籍资料。在无数个白天和夜晚，朱自清只要一有空闲，不是写作就是读书，这已经成为他的常态。

朱自清的另一部讲稿《诗名著笺》，也是一部铅印讲稿，同样有大量的引文，有的还是冷僻之书。所录附录部分同样见功力，和讲稿可以互看，如《毛诗序》《季札观乐》《文心雕龙·比兴》，还有顾颉刚的《写歌杂记·起兴》《古史辨·论诗经经历及老子与道家书》、吴康《诗经学大纲·诗义总论》《廉泉国粹教科书·诗经读本目录》。讲稿《古今诗选小传》成稿年代不详，从内容看，是按年代，将有关古今诗人的生平和著作及相关评论资料进行排比辑录，是与教材相配合的教学参考资料。

从拟古诗创作和古典文学研究的成就看，朱自清已经成功转型，侧重于教学和学术研究方面来了，文学创作也只是偶尔为之。

感受荷塘的月色

　　朱自清的名篇《荷塘月色》发表在《小说月报》1927 年第 18 卷第 7 号上。从文章篇末所署"一九二七年七月，北京清华园"来推想，文中描述的景象应该是 6 月末或 7 月初，也许就是他写作的当晚。"荷塘四面，长着许多树，蓊蓊郁郁的""曲曲折折的荷塘上面，弥望的是田田的叶子。叶子出水很高，象亭亭的舞女的裙。层层的叶子中间，零星地点缀着些白花……""这时候最热闹的，要数树上的蝉声与水里的蛙声……"白的荷花，出水很高的田田的叶子，蓊蓊郁郁的树，还有夜里依然在鸣叫的蝉和蛙，这些都是盛夏才有的景象和特征。

　　1927 年的暑假，和往年格外地不同，南方政局不稳，传言很多，特别是上海的"四一二"和广州的"四一五"事变之后，中国的天空布满恐怖的阴云，许多有思想的知识分子都忧心忡忡，鲁迅在《三闲集·序言》中说："我是在二七年被血吓得目瞪口呆，离开广东的。"鲁迅所指的血，就是广州"四一五"反革命事变，此时他在中山大学担任教职，事变发生后，他积极营救被捕学生，因无效愤而辞去一切职务。南方的事变也影响到北京，清华大学破例于 6 月 5 日提前放了暑假，怕社会上进一步发生混乱（事实上已经十分混乱了），不方便让学生回家过暑假。这时候的朱自清，已经于年初把家从浙江上虞白马湖畔的春晖中学搬到了清华园，住在清华园西院 45 号，再不用像往年那样，利用假期、舟车劳顿、行程千里地去和家人团聚了，而是有了真正的"浮生闲情"。朱自清毕竟是创作型的学者，虽然创作思路有所转变，准备花更多的精力研究学问，但触景生情，也是闲不下来，创作的欲望还是蠢蠢欲动。而让人不安的南方的时局，更让朱自清心绪不宁，在《那里走》一篇里，他说："在歧路之前，我只有彷徨罢了。""那（哪）里走"这个问题，"只要有些余暇，它就来盘踞心头，挥也挥不去"。这样烦闷、忧虑的心绪在《一封信》里也如是："现在终日看见一样的脸，板板的天，灰蓬蓬的地；大柳高槐，只是大柳高槐而已。于是木木然，心上什么也没有；有的只是自己，自己的家。"又说："我想着我的渺小，有些战栗起来；清福究竟也不容易享的。这几天似乎有些异样。象一叶扁舟在无边的大海上，象一个猎人在无尽的森林里。走路，说话，都要费很大的力气；还不能如意。心里是一团乱麻，也可说是一团火。似乎在挣扎着，要明白些什么，但似乎什么也没有明白。"这是朱自清借怀念南方友人之口，说出自己心中的焦虑，"南方这一年的变动，是人的意想所赶不上的。我起初还知道他的踪迹；这半年是什么也不知道了。他到底是怎样地过着这狂风似的日子呢？"这里的"他"，也许并不单单指友人，也可能是许多有思想有情怀的知识分子的统称。

《荷塘月色》也是在"这几天心里颇不宁静"中完成的。可见，南方的时局，朱自清并没有置身事外，而是时时惦念心间的。但，朱自清毕竟也是世俗中的年轻人，即便心中有瘀痕，有不快，也要找到排遣、宣泄的方式和渠道，在院子里乘凉的时候，"忽然想起日日走过的荷塘，在这满月的光里，总该另有一番样子吧"。这"另有一番样子"很值得玩味和推敲，是呼应前面"颇不宁静"的心情的。在许多赏析文章中，没有人对这句话重视并加以诠释，大家只顾分析后边对荷塘、对月色的铺陈和描写，其实，忽视了这一句的转换，是不能真正理解朱自清这篇美文的良苦用心的。《荷塘月色》的高明之处，就是在"颇不宁静"的心情中，并没有去写自己的颇不宁静，而是要看看"另有一番样子"的荷塘和荷塘的月色。那么荷塘、月色，以及独立而出的荷塘的月色，究竟是什么样子的呢？朱自清为什么又想看"另有一番"的样子呢？这就是朱自清要看到的现实中的荷塘以及心目中的荷塘。

《王国维生平简介》一文中有这样一段话："我国近代享有国际盛誉的著名学者王国维（字静安）曾于 1924 年冬就任清华大学教授，时与梁启超、陈寅恪、赵元任、李济并称为'五星聚奎'的清华五大导师。1927年6月2日，王国维自沉于颐和园昆明湖，终年50岁。1927年6月16日，在北京下斜街全浙会馆举行王国维悼祭大会。这次悼祭会所收到的数百副挽词挽联尽诉了人们对王国维的悼念和惋惜之情。此外北京的《国学月报》《国学论丛》以及天津《大公报》等各地报刊还先后刊出《王静安先生专号》《王静安先生纪念号》《王静安先生逝世周年纪念》等专辑，以示纪念。王国维的死在海外学术界也引起了震惊，日本学者在大阪市召开王国维先生追忆会，王国维的日本友人、学者纷纷到会追忆或著文写诗凭吊……"王国维的死，就发生在朱自清身边，且是一桩具有国际影响的事件，时间也颇为巧合，这可能也是朱自清"心里颇不宁静"的缘由之一吧。朱自清与王国维当时同在清华大学供职，他俩之间也许并无交集，有什么样层面的交往也不甚明了。但朱自清一定是钦佩王国维的，王以这样的形式突然于盛年辞世，作为工作上的同事和专业上的同行（都是研究中国古典文学的），难免不给朱自清带来震撼，更会产生悲哀、伤感、痛惜之情。王国维的死和南方事变应该没有本质上的关联，于朱自清而言，却在夜色中的荷塘边上，把王国维之死和南方事变联系到了一起。

有人说，朱自清的《荷塘月色》是"立真言、写真景、抒真情"。此话当然没错。但许多人在对真言、真景、真情的解析上，犯了文本主义的错误，停留在"以文说文"上，没有结合当时的大环境和朱自清个人心思的小环境来解析，或解析得不够深入和透彻。同时，有些写景抒情的文章，又刻意去追求作品的寓意，往往给人矫揉造作、生拉硬扯的感觉。这样的例子能举出一大堆。究其原因，可能有很多，但一个重要的原因则是缺乏精深的提炼和表达的功力。《荷塘月色》最让阅读者欣赏的，就是描写的准确和语言的贴切，抒发了作者因置身于荷塘月色美景而生出的"淡淡的喜悦"，又不失因社会原因带来的终究难以排遣的"淡淡的哀愁"。

先来看看让作者心情喜悦的景象："一个人在这苍茫的月下，什么都可以想，什么都可以不想，便觉是个自由的人。""这是独处的妙处，我且受用这无边的荷香月色好了。"还有荷叶像"亭亭的舞女的裙"。白花是"袅娜"

地开着，"如刚出浴的美人"。"微风过处，送来缕缕清香，仿佛远处高楼上渺茫的歌声似的。"这些句子，哪个不饱含喜悦的色彩呢？甚至包括第一段"妻在屋里拍着闰儿，迷迷糊糊地哼着眠歌"，也是充满着温馨和温情。而这种喜悦温馨毕竟又如月光一样"淡淡的"，没有痴狂和激烈。这种准确的描写，拿捏起来是要相当功力的。而更能体现作者功力的，是文章里又出现了和让人心生淡淡喜悦的美景不搭调的句子，"月光是隔了树照过来的，高处丛生的灌木，落下参差的斑驳的黑影"，紧接着是一句"峭楞楞如鬼一般"。这一句，说实在的，如果以"美文"的规则去挑剔，并不美还在其次，重要的是搅扰了淡淡的美景，破坏了喜悦的心情。如"鬼一般"峭楞楞的影子，那是恐怖啊，既不会立生喜悦，也不会诱发"淡淡的哀愁"，又怎么会生出"梵婀玲上奏着的名曲"的联想呢？这是不是作者一种矛盾的心理在作祟？不是的，这正是作者的高妙之处，荷塘是美的，荷花是美的，月色也是美的，但是，在美中，也会有不和谐的音符，这也是开头一句"心里颇不宁静"的真实写照。联系1927年春夏之间国内的大环境，那些流血的屠杀和追捕，就不难理解这样的描写了，原来这一切不过是假象而已。

朱自清的美文，一般都不长，遣词造句很严谨，很考究，他的好朋友叶圣陶在评论《背影》时说过："从前人赞美文章，往往说'人不能轻易一字'，朱先生的文字正当得起这一句。你要给它加一个字或者减一个字是很困难的，这无怪许多人要把它作范文读了。"这篇《荷塘月色》正是这样的，如果读者忽视隐藏在文中的伏笔，可能只会把它当成一篇抒情写景的美文了，其实它把"真言""真景""真情"流落在了纸面上。它是承载了作者相当深的个人情感的。到了文末，作者还是写到了他牵挂的"南方"，想起了"风流的季节"里梁元帝的《采莲赋》，想起了《西洲曲》里的美句。当然，清华园的月色荷塘里，最终是没有浪漫风流的采莲人，也"不见一些流水的影子"。

《荷塘月色》完成后不久，在《一封信》里，朱自清更是意味深长地说："在北京住了两年多了，一切平平常常地过去。要说福气，这也是福气了。因为平平常常，正象'糊涂'一样'难得'，特别是在'这年头'。但不知怎的，总不时想着在那儿过了五六年转徙无常的生活的南方。转徙无常，诚然算不得好日子；但要说到人生味，怕倒比平平常常时候容易深切地感着。"对当时背景有了了解之后，回头再读《荷塘月色》，掩卷漫想，从开头"心里颇不宁静"的忧虑起笔，中间曲折而深邃的写景抒情，到最后"到底惦着江南"结束，这篇美文才真正写出了"味儿"来。

并不是一定要牵强附会，我一度把自己的书斋命名为"荷边小筑"，是因为我确实居住在"荷"边。那还是二十多年前，我在南云台山的山坡上置了三间石头小房，小房背山临"荷"。一大片的荷池望不到边际，号称万亩，荷的品种据说有七十多个。荷池有深有浅，形成一个个荷巷，水浅的地方只有尺许，水深的地方可以行船。站立在门口的石阶上，层层绿的波浪浩如碧海，盛夏时，粉的白的荷花很出挑，很招摇，很吸引人想进入荷花深处探个究竟。有一次和朋友开车，专门绕进了万亩荷花园，缓慢行驶在四面碧绿中，面对蜂拥而至的荷，反而没有觉出它的美来，兴致大减。美，看来也是要有节制的。由此想起汪曾祺有一篇《荷花》的短文，是说养在缸里的观赏荷，文章不长，照引如下：

我们家每年要种两缸荷花，种荷花的藕不是我们常吃的那种藕，要瘦得多，节间也长，颜色黄褐，叫做"藕秧子"。在缸底铺上一层马粪，厚约半尺，然后把藕秧子盘在马粪上，倒进半多缸河泥，晒几天，到河泥坼裂，有缝，再倒两担水，与缸沿持平。过个把星期，缸里就有小荷叶嘴冒出来。再过几天荷叶长大了，冒出花骨朵了，荷花开了，露出嫩黄的小莲蓬，很多很多的花蕊，清香清香的。荷花好象说："我开了。"

荷花到晚上要收朵。轻轻地合成一个大骨朵。第二天一早，又放开。荷花收了朵，就该吃晚饭了。

下雨了。雨打在荷叶上啪啪地响。雨停了，荷叶面上的雨水水银似的摇晃。一阵大风，荷叶倾侧，雨水流泻下来。

荷叶的叶面为什么不沾水呢？

荷叶枯了。

下大雪，荷花缸里落满了雪。

这么短的文章，这么美，也只有汪曾祺能写出来。朱自清和汪曾祺是同乡，又有师生之情，同是两篇写荷的文章，中间相隔几十年，写出了不一样的美。朱自清的荷，重在拟人和环境，有深刻的寓意。而汪曾祺的荷纯属白描，更自然，更纯粹，更唯美。

无独有偶，我的一位画家朋友王兵，为东海县平明小学"朱自清作品陈列室"画了一幅《朱自清读书图》，画面上，年轻的朱自清面容沉着，坐在清华园荷塘边的假山旁，手握经卷，显然是读书累了，正在小憩，那闪烁的目光中，透着智慧之光，似在思索，又似在回想——此时正是黄昏已尽、圆月初上时，四周弥漫着迷茫的雾岚，身后的荷塘，近处的荷花，甚至荷叶上晚露的余韵以及荷塘里的清香，仿佛朱自清在《荷塘月色》里描写的那样，"月光如流水一般，静静地泻在这一片叶子和花上。薄薄的青雾浮起在荷塘里。叶子和花仿佛在牛乳中洗过一样；又象笼着轻纱的梦。虽然是满月，天上却有一层淡淡的云，所以不能朗照……"。作者画朱自清，画他在荷塘边读书赏月，是要费一番思索的，表现出来并非易事，一来月夜里是不能读书的，二来又要画出荷塘的月景，照一般情形来说，很不容易表达，荷塘容易画，月色则较难着墨。众所周知，画家作画，不怕画断山衔月，就怕画月色，因为月景的波光林影时刻是在变幻着的，很不容易在画面上表现出来。清代的国画理论家汤贻汾曾说，"画月下之景，大者亦晦，在晦中而须空明"。的确，要在晦暗中见空明，是很需要独特的表现手法的。另外，散文《荷塘月色》里的朱自清，并不是在荷边读书，而是趁着月色在池边"一条曲折的小煤屑路"上散步并于月影下观赏荷池和荷花的，画家这样处理，我觉得甚妙，读书，并不是真读，只是体现他的身份而已。《朱自清读书图》既为我们展现了委婉细致的月色之美，又抒写出青年朱自清善于读书思考的学者形象，更是流露出忧国忧民的悲悯情怀，更能切合朱自清青年时代的形象，可见画家对朱自清还是十分了解的。

清华大学里的荷塘，我也曾三度造访，当然也是受《荷塘月色》的影响了。最早是 2007 年初冬之时，我在北京大学参加一个文艺方面的短修班，离清华只一路之隔。一天课余，我便跑到了清华园，专门到荷塘边，找到了自清亭。自清亭在湖边一个土堆上，可能是冬天的缘故吧，四周的杂树有点凌乱，气氛也很萧瑟。不知为什么，感觉现存的自清亭不该是这个样子的，亭子粗犷了点，不像我在南方常见的那样小巧精致。但应该是什么样子呢？我也没有一个轮廓，似乎小巧精致也不对，高大轩敞也不对，落寞破败吗，也不尽然，心里略有怅然。再次去清华园，是在某年暑假前夕，我已经在北京潜居一年有余了，清华园一个学理科的研究生爱好文艺，写了一本关于民国女人的书，我去找她谈稿子，签合同，她请我在清华的某个食堂吃便饭，饭后去朱自清观赏、描写过的荷塘边走走，其时荷叶亭亭，荷花正开，终于也体会到朱先生"象超出了平常的自己，到了另一个世界里"的感觉了。当年，朱自清企图超脱现实的心境，以及他所感受的那静谧的月影，风致的荷叶，洁白飘香的荷花，幻影重重的荷塘，自寓的不仅是他洁身自好、不愿同流合污的思想和情感，更多的是对复杂现世的思索——尽管有朗朗月光，但依然交织着脉脉的情思和不尽的愁绪，甚至满满的哀怨，旋律并不和谐，南方的诸事还沉在朱自清的思想中，牵连着他的心绪！可惜此时不是晚上，还是没有看到朱自清笔下的荷塘。当然，即便是晚上，也无法体会"颇不宁静"的时境。第三次去清华园，是写作长篇随笔《俞平伯的诗书人生》时，去追寻俞平伯在清华园时的人生足迹，当然也要去荷塘边流连一番了。那天是周日，荷塘边的小径上人流如潮，大都是学生，又大多是学生情侣。我本想等太阳落山、夜深人静时，也学着朱自清当年的样子，看看夜色中的荷塘和荷花。但，天黑很久了，荷塘边的人流不但没有减少，反而在增多，加上我返程的路途较远，要倒几次地铁，便遗憾地离开了，还给自己找了个理由，现在的荷塘已经不是当年的荷塘了，夜色也不是当年的夜色了，时代也不是朱自清那个时代了，朱自清周遭的环境和他担忧的事也不复存在了，我在荷塘边的体会也仅仅是体会而已，又能说明什么呢？不坐也罢，让月色回归月色，让荷塘回归荷塘，让年轻的情侣们诉说他们的悄悄话吧，这也是今天的荷塘该有的景色。

路在哪里？

1928 年 2 月 7 日，朱自清写完了一篇万余字的思想随笔《那里走》里的第一题《呈萍郢火栗四君》，后来又陆续写了《三个印象》《时代与我》《我们的路》，合在一起，成为一篇重量级的《那里走》。该文的四题中，主题虽各有侧重，却都是在探寻路在哪里，如何走路，走向何方。在这篇思想随笔里，朱自清用清晰的思维，穿插和几个朋友的谈话和交谊，记叙并剖析了十多年来自己所走过的路，也探索和阐述了"革命"之路的种种走法和未来方向，并结合自己的生活经历和文学创作经历，深入浅出，基本上是那一时期朱自清真实的思想体现。

在第一章《呈萍郢火栗四君》中，朱自清冷静地说："近年来为家人的衣食，为自己的职务，日日地忙着，没有坐下闲想的工夫；心里似乎什么都有，又似乎什么都没有。萍见面时，常叹息于我的沉静；他断定这是退步。是的，我有两三年不大能看新书了，现在的思想界，我竟大大地隔膜了；就如无源的水一样，教它如何能够滔滔地长流呢？幸而我还不断地看报，又住在北京，究竟不至于成为与世隔绝的人。况且鲁迅先生说得好：'中国现在是一个进向大时代的时代。'无论你是怎样的小人物，这时代如闪电般，或如游丝般，总不时地让你瞥着一下。它有这样大的力量，决不从它巨灵般的手掌中放掉一个人；你不能不或多或少感着它的威胁。大约因为我现在住着的北京，离开时代的火焰或漩涡还远的缘故吧，我还不能说清这威胁是怎样；但心上常觉有一点除不去的阴影，这却是真的。我是要找一条自己好走的路；

只想找着'自己'好走的路罢了。但那里走呢？或者，那里走呢！我所徬徨的便是这个。"这不仅是朱自清个人的疑问，也是那个时代很多有正义感的知识分子的共同的疑问，不过只是有的人不说出来而已。朱自清能够大声发问，还要探索走一条怎么样的路，可见朱自清并不安于做一个普通的教书先生，也不想做一个平凡的人，虽然"立志究竟重在将来，高远些，空泛些，是无妨的"，但"却是选定了就要举步的""像我这样一个人，现在果然有路可走么？果然有选路的自由与从容么？我有时怀疑这个'有'，于是乎悚然了：那里走呢！"

《那里走》是一篇思想杂论，是朱自清和四位好朋友谈话引出议论的形式，呈现的一种别样的文本。人物依次出场，萍是沈雁冰，郢是叶圣陶，火是刘薰宇，栗不知道是谁，从文中所写推测，应该是一个革命家，有可能是朱自清在北大的同学邓中夏。《那里走》在第一章《呈萍郢火栗四君》里所引出的一君，便是在北京碰到的茅盾先生。茅盾对朱自清的"沉静"表示关心，并认定他这种"沉静"是一种退步。朱自清承认了这种退步。朱自清和茅盾早就认识，但也并非像和叶圣陶、俞平伯那样成为知己。茅盾读过朱自清的文章，朱自清也读过茅盾的多篇小说。就在写作这篇《那里走》之后，朱自清就在评论《近来的几篇小说》里单独写了《茅盾先生的〈幻灭〉》，对这篇小说做了中肯的评价，认为小说所描写的"与其说是一个女子生活的片段，不如说这是一个时代的缩影"，还不客气地指出了小说中的几个"小疵"。

如果栗是邓中夏，在该篇《三个印象》一章中，朱自清是这样写革命家栗的："到京后的一个晚上，栗君突然来访。那是一个很好的月夜，我们沿着水塘边一条幽僻的小路，往复地走了不知几趟。我们缓缓地走着，快快地谈着。他是劝我入党来的。他说像我这样的人，应该加入他们一伙儿工作。工作的范围并不固定；政治，军事固然是的，学术，文学，艺术，也未尝不是的——尽可随其性之所近，努力做去。他末了说，将来怕离开了党，就不能有生活的发展；就是职业，怕也不容易找着的。他的话是很恳切。当时我告诉他我的踌躇，我的性格与时代的矛盾；我说要和几个熟朋友商量商量。后来萍说可以不必；郢来信说现在这时代，确是教人徘徊的；火的信也说将来必须如此时再说吧。我于是只好告诉栗君，我想还是暂时超然的好。"

这段话，可以说是朱自清后半生的写照，他确实一心只在学问里徜徉了。

火是刘薰宇。文中关于刘薰宇的描写是这样的："我们在四马路上走着，从上海谈到文学。火是个深思的人。他说给我将着手的一篇批评论文的大意。他将现在的文学，大别为四派。一是反语或冷嘲；二是乡村生活的描写；三是性欲的描写；四是所谓社会文学，如记一个人力车夫挨巡捕打，而加以同情之类。他以为这四种都是 Petty Bourgeoisie（小资产阶级）的文学。一是说说闲话。二是写人的愚痴；自己在圈子外冷眼看着。四虽意在为 proletariat（无产阶级）说话，但自己的阶级意识仍脱不去；只算'发政施仁'的一种变相，只算一种廉价的同情而已。三所写的颓废的心情，仍以 Bourgeoisie（资产阶级）的物质文明为背景，也是 Petty Bourgeoisie 的产物。这四派中，除第三外，都除外自己说话。"朱自清对火的谈话还是很在意的，"他说，我们要尽量表现或暴露自己的各方面；为图一个新世界早日实现，我们这样促进自己的灭亡，也未尝没有意义的"。"促进自己的灭亡"这句话让朱自清非常悚然；"但转念到这也是无可奈何的事的时候，我又爽然自失。与火相别一年，不知如何，他还未将这篇文写出；我却时时咀嚼他那末一句话"。

在《时代与我》一章中，朱自清继续剖析着自己："这时代是一个新时代。时代的界限，本是很难画出的；但我有理由，从十年前起算这时代。在我的眼里，这十年中，我们有着三个步骤：从自我的解放到国家的解放，从国家的解放到 Class Struggle（阶级斗争）；从另一面看，也可以说是从思想的革命到政治的革命，从政治的革命到经济的革命。我说三个步骤，是说它们先后相承的次序，并不指因果关系而言；论到因果关系，是没有这么简单的。实在，第二，第三两个步骤，只包括近一年来的时间；说以前九年都是酝酿的时期，或是过渡的时期，也未尝不可。在这三个步骤里，我们看出显然不同的两种精神。在第一步骤里，我们要的是解放，有的是自由，做的是学理的研究；在第二，第三步骤里，我们要的是革命，有的是专制的党，做的是军事行动及党纲，主义的宣传。这两种精神的差异，也许就是理想与实际的差异。"

叶圣陶是朱自清友人当中无话不谈的老大哥,是朱自清的畏友。朱自清在文中数次提到这位好友,叶圣陶曾经关心《我们的六月》出版后的发行情况。朱自清是这样写的:"记得前年夏天在上海,《我们的六月》刚在亚东出版。郢有一天问我销得如何?他接着说,现在怕没有多少人要看这种东西了吧?"这里提到的《我们的六月》之前,朱自清和俞平伯曾编有《我们的七月》出版发行,销路大概不错,这才又编辑出版了《我们的六月》。叶圣陶关心书的销路,并且怀疑没有多少人"要看这种东西了吧"。这句话,也引发了朱自清的议论:"这可见当时风气的一斑了。但是很奇怪,在革命后的这一年间,文学却不但没有更加衰落下去,反像有了复兴的样子。只看一看北新,开明等几家书店新出版的书籍目录,你就知道我的话不是无稽之谈。更奇怪的,社会革命烧起了火焰以后,文学因为是非革命的,是不急之务,所以被搁置着;但一面便有人提倡革命文学。革命文学的呼声一天比一天高,同着热情与切望。直到现在,算已是革命的时代,这种文学在理在势,都该出现了;而我们何以还没有看见呢?我的见闻浅陋,是不用说的;但有熟悉近年文坛的朋友与我说起,也以千呼万唤的革命文学还不出来为奇。一面文学的复兴却已成了事实;这复兴后的文学又如何呢?据说还是跟着从前 Petty Bourgeoisie 的系统,一贯地发展着的。直到最近,才有了描写,分析这时代革命生活的小说;但似乎也只能算是所谓同行者的情调罢了。真正的革命文学是,还没有一些影儿,不,还没有一些信儿呢!"

在《那里走》中,朱自清继续剖析了自己多年来思想的不确定性和各种彷徨,叙述了思想上的矛盾和纠结及对于革命的态度:"我们的阶级,如我所预想的,是在向着灭亡走;但我为什么必得跟着?为什么不革自己的命,而甘于作时代的落伍者?我为这件事想过不止一次。我解剖自己,看清我是一个不配革命的人!这小半由于我的性格,大半由于我的素养;总之,可以说是运命规定的吧。——自然,运命这个名词,革命者是不肯说的。在性格上,我是一个因循的人,永远只能跟着而不能领着;我又是没有定见的人,只是东鳞西爪地渔猎一点儿;我是这样地爱变化,甚至说是学时髦,也可以的。"又说："我是生长在都市里的，没有扶过犁，拿过锄头，没有曝过毒日，淋过暴雨。我也没有锯过木头，打过铁；至于运转机器，我也毫无训练与忍耐。我不能预想这些工作的趣味；即使它们有一种我现在还不知道的趣味，我的体力也太不成，终于是无缘的。况且妻子儿女一大家，都指着我活，也不忍丢下了走自己的路。"

不忍丢下妻子儿女一大家而去"走自己的路"是朱自清的真心话。在写这篇《那里走》时，朱自清已经 30 周岁了，那个时候的 30 岁，已经是一个中年人了，朱自清确实也是以中年人自居的。身处美丽的清华园，工作稳定，爱人陪伴，儿女绕膝，朱自清开始认真规划自己后半生的事业和道路了，通过和四个朋友的对话，引发自己的思索和感想，铺展出十多年来的思想演进。最后，他给自己下的结论是："我是想找一件事，钻了进去，消磨了这一生。我终于在国学里找着了一个题目，开始像小儿的学步。"由此，朱自清遁入了书斋，继续拟古诗的创作，阅读大量旧时典籍，一门心思研究起中国传统文化和传统学术来了。

《清华园日记》里的朱自清

《清华园日记》是浦江清在清华大学担任教职时所写的一本日记，日记所记，涉及当时清华大学许多教授以及和浦江清有交往的社会名人。该日记分为两个部分，第一部分是从 1928 年至 1936 年，时记时断。第二部分是从 1948 年至 1949 年。本篇只介绍第一部分里和朱自清有关的记录。

浦江清老家江苏松江县（今上海市松江区），出生于 1904 年，小学和中学都在松江度过，毕业于东南大学西洋文学系。毕业后，到清华大学任陈寅恪的助教。浦江清一出道便不同凡响，在古典文学研究方面颇有心得，同时研究西方的"东方学"文献，精通英、日、俄、法、德、拉丁等多门外语，还学习过梵文，著有《梵文文法》一书，在侪辈中以学识渊博著称。他到清华任陈寅恪的助教是在 1926 年，比朱自清晚一年。大学一毕业就能谋到这份工作，足可以说明他的才华过人。到了 1929 年，浦江清转入清华大学中国文学系任教，和朱自清成为同系同事，又由于和朱自清有着共同的兴趣爱好而成为终身好友，并和朱自清合称为"清华双清"。

浦江清的《清华园日记》始记于 1928 年 1 月 1 日，至 1936 年 1 月 30 日中断，为第一阶段，记述他和朱自清的交往主要在这一时段的日记里。后来还有《西行日记》。到了 1948 年 12 月 12 日恢复记日记时，朱自清已经逝世了。

浦江清日记里第一次出现朱自清，是在 1928 年 1 月 22 日，日记云："斐云招余至其家吃年夜饭。是晚客仅余及王以中君、朱佩弦君及斐云夫人之姊张女士四人。"斐云即赵万里先生，王以中就是王庸先生。王庸是江苏无锡人，出生于 1900 年，1919 年入南京两江高等师范学校读书，1925 年考入清华为国学研究所研究生，亲受梁启超、王国维、陈寅恪等大师的指导，1928年毕业后留校任教，也是学问了得。赵万里这次请客，正是农历除夕，当时民国政府废除旧历制，提倡新生活，但民间还会在这一天过节。赵万里新婚不久，请朋友吃饭，朱、浦、王既是同事，又都是江南人，更主要的还是气味相投，比如他和朱自清的关系，早在 1926 年 5 月 30 日，朱自清就邀请赵万里吃过午宴，同席的还有顾颉刚等人，饭后，还和顾颉刚、赵万里等人看了圆明园遗址。这是有记录的一次宴请，平时在一起聚会、小酌，大约也不会少吧。

1928 年的清华大学，和往年大不一样，民国政府议决已经把清华学校改为国立清华大学了，罗家伦为校长，杨振声担任文学院长兼中国文学系主任。杨振声和朱自清是北京大学前后届的同学，是朱自清的学长，他特别器重朱自清，一到任，就和朱自清商量中文系的草创工作。杨振声在《纪念朱自清先生》一文里，回忆了 1928 年和此前清华大学中文系的基本现状："那时清华风气与现在大不相同，国文是最不时髦的一系，也是最受压迫的一系。教国文的是清代科举出身的老先生们，与洋装革履的英文系相比，大有法币与美钞之别。真的，国文教员的待遇不及他系教员的一半。因之一切都贬了值，买书分不到钱，行政说不上话，国文教员在旁人眼角视线下，走边路，住小房子。我想把国文系提高，使与他系一律平等，那第一得物色人才。"在说过物色人才之后，又说到和朱自清的交往："我到清华时，他就在那受气的国文系中做小媳妇！我去清华的第二天，便到古月堂去访他。他住在西厢房一间小屋里。下午西窗的太阳，射在他整整齐齐的书桌上，他伏在桌上低着头改卷子。就在这小屋子里，我们商定了国文的计划。"正是在杨振声和朱自清的努力下，清华大学中文系才有了新气象。

在这种背景下，清华大学的年轻教师必定比老教师还要开心。到了寒假里，又正值农历除夕，赵万里请吃年夜饭，请朱自清和浦、王二位年轻教师，聊聊新年，聊聊文学，聊聊来年的打算，聊聊同事之谊，开开心心过了个美好的除夕之夜，也算是新年新气象吧。另外，赵万里请客，可能还有另一层意思，即浦、王和他自己，都是吴宓编辑天津《大公报》副刊《文学副刊》的作者。从前的副刊，基本上都是同人性质的，即气味相投的人共同为某一个副刊撰稿。吴宓是清华大学国学院的创办者之一，与陈寅恪、汤用彤并称为"哈佛三杰"。几个同人相聚，大约也没少聊写作方面的话题吧，何况朱自清在创作方面，可以算得上是他们的前辈了。

浦江清日记第二次提到朱自清已到 1928 年 9 月 1 日，这次日记所记之事较多，有朋友来访，有晚上朋友的招宴，还说到有一朋友花五十元新购一辆自行车，欲学骑云云，其中有专门一段写朱自清："至佩弦处闲谈。佩弦方治歌谣学，向周作人处借得书数种在研读。"20 世纪 20 年代初期，北京大学兴起歌谣热，周作人、刘半农等都参与其中，周作人写过几篇关于歌谣的文章，也搜集过不少歌谣。清华大学经杨振声改革后，气象大新，课程安排上也更丰富。朱自清要在新学年里担任中国歌谣课程的老师，所以要在这方面下大力气。也是在新学年里，朱自清的好朋友俞平伯应罗家伦校长之聘，也到国立清华大学中文系任教了，和朱自清成为同事。俞平伯也是诗人，旧诗新诗都写，还兴致很高地写了一首《始来清华园》。俞平伯也喜欢歌谣，1921 年 11 月 9 日到常熟游览时，在常熟旅社里，还想到在杭州看到有人用粉笔写在墙上的歌谣："高山有好水，平地有好花；家家有好女，无钱没想她。"还根据这首歌谣重写了一首白话诗，并作了小序。到清华和朱自清成为同事，交流很多，歌谣也是话题之一吧。这次朱自清到周作人处闲谈，谈起了歌谣学，还说到他向周作人借书的事。在周作人的学生当中，朱自清还没有排进"四大弟子"，但他也是敬重周作人的。当年初到清华园不久，就和俞平伯一起，到周作人家去拜访，这次又借歌谣方面的专书数种，想必也是得到了老师的不少点拨吧。关于歌谣的话题还有后续——到了 1928 年 11 月 7 日，就在朱自清讲授歌谣学的时候，周作人还特意出城到清华来看他这两个学生。朱自清和俞平伯一起招待了来访的周作人，席间有没有讨论歌谣呢？可以肯定的是，周作人曾在 11 月 21 日致信俞平伯，请俞代问朱自清是否愿意代沈尹默在燕京大学讲诗的课，而这讲诗的课，很可能就是歌谣。朱自清答应了，否则，不会有同月24日这天，俞平伯在给周作人的信中，谈及朱自清当日上午在燕京大学讲"歌谣之起源与发展"的课，并称朱自清"大有成为歌谣专家的趋势"。

第三次写到朱自清是在1928年9月6日，日记云："佩弦来闲谈，说起钱基博有《文学史讲义》，云孔子自创雅言，其后孔子门徒遍天下，故战国末文言统一了。""五四"以来，中国文学史是一门新兴的课程，一直是学术界争论较大的一个课目。虽然刘师培早在1917年就在北京大学开设中国古代文学史课，到1918—1919学年时，他已经写成了较成熟的讲稿《中国文学讲稿概略》，但十余年下来，关于这门课，国内还是没有权威者，文史大家刘咸炘就质疑过：

> 文学一科，与史、子诸学并立，沿称已久，而其定义、范围，则古无详说，今亦不免含混，是不可不质定者也。
>
> 近者小说、词、曲见重于时，考论渐多，于是为文学史者祚取以为新异，乃至元有曲而无文，明有小说而无文，此岂足为文学史乎？
>
> 但是，想要另起炉灶别撰一本，则非易事，只能引述了《论语》所谓文学，乃是对德行、政事而言，而所谓学文，则是对力行而言，皆是统言册籍之学。以后学科的分化，才有专以文名，著录诗赋一种，然后扩展为集部，与史、子相分别。到了六朝齐、梁之时，才有文、笔的区分，以有藻韵者为文，无藻韵者为笔。其后雕琢过甚，以复古返质，掀起古文运动，文、笔之说遂废无人谈，而古文与史、子皆入，也未尝定其畛域，浑泛相沿而已。清代阮元复申文笔之说，文的范围才有讨论，章太炎正阮之偏，以为凡着于竹帛谓之文，有无句读、有句读的分别。近人取西人之说，以诗歌、戏曲、小说为纯文学，史传、论文为杂文学。

确实如刘咸炘所言。当年俞平伯要讲中国小说史，还写信给老师周作人，商借鲁迅的《中国小说史略》做参考。后来才有胡小石的《文学史讲义》、林庚的《中国文学史》、台静农的《中国文学史》（未完稿）稍有影响。这次朱自清向浦江清谈及钱基博的《文学史讲义》，可能是浦江清准备担任这门课而引起的。在那个时代，钱基博这本讲稿，和鲁迅的《中国小说史略》几乎齐名，大学老师们参考最多的也是这两本书。

浦江清第四次在日记里写到朱自清，已经到1929年1月31日了。浦江清的日记时断时续，从1928年9月26日中断后，直到1929年1月29日才又重新拾起来，中间中断了四个多月。1929年1月31日这天的日记，浦江清所记的事情很多，涉及朱自清的这一段是："吴雨僧先生及张荫麟君来谈。谈及《大公报》（天津发行）《文学副刊》前途事。此期稿件甚缺乏，缘《大公报》纸张加宽，每期需九千字，而负责撰稿者仅四人。佩弦新加入，尚未见有稿来。以后每人每月需担任七千余字方可对付。"《大公报》的《文学副刊》主编原是吴雨僧，即吴宓。浦江清在1928年1月17日的日记中说："晚上，吴雨僧先生（宓）招饮小桥食社。自今年起，天津《大公报》增几种副刊，其中《文学副刊》，报馆中人聘吴先生总撰，吴先生复请赵斐云君（万里）、张荫麟君、王以中君（庸）及余四人为助。每星期一出一张，故亦定每星期二聚餐一次。"此后不久，吴宓因家事和教学诸事繁忙，就把此事委托浦江清实际办理。浦江清既是撰稿人，也是组稿人，还是编辑。这次谈话，重点应该是关于稿件事。朱自清能加入《大公报》撰稿人的队伍中，也应该是浦江清的建议。

此后两次日记，关于朱自清的记述都是和稿件有关的事，同年2月6日云："晴，暖，发副刊稿至天津。稿共二篇，一即佩弦稿，一即荫麟纪念梁任公之文。"

1929年5月3日之后，浦江清日记再次中断，一年半以后的1930年12月26日才又重新开笔。这段时间，浦江清正在恋爱，单恋燕京大学女生蔡贞芳。从此之后的日记，内容比以前较为详细，多为和蔡贞芳的交往。此外，关于朱自清的记录也不少。开笔第一天的日记即有所记："今天可不同了。预先约好，请贞芳、仰贤来吃饭，并且请公超、佩弦作陪。"还说"佩弦和公超喝了些酒"。仰贤即陈仰贤，是蔡贞芳的同学兼好朋友。重新开笔的日记写得较长，透露了很多在当时还鲜为人知的信息，比如吴宓追求的女学生陈仰贤对吴的态度，浦江清很冷静地写道："仰贤批评吴先生的离婚，表同情于吴师母，并且说吴先生的最小的一个女孩在家里，一听外面门铃响，便说爸来了，最使她的母亲伤心。仰贤批评说，吴先生是最好的教授，但是没有资格做父亲，亦没有资格做丈夫。这使我们都寒心，因为在座诸人都知道，吴在英国，用电报快信与在美国的毛彦文女士来往交涉，他们的感情已决裂了。吴现在唯一希望能得到仰贤的爱，而仰贤的态度如此，恐怕将来要闹成悲剧。"日记里还写了仰贤和贞芳唱昆曲，并说，"他们都是跟溥西园新学的"。溥西园是著名昆曲家，名侗，清朝人，西园是他的号，别号红豆馆主，"民国四公子"之一。1927 年曾任北京乐律研究所所长，后被清华大学、女子文理学院聘为教授，讲授昆曲。1930 年 12 月 26 日浦江清所记日记之时，朱自清正在和陈竹隐女士谈恋爱，陈竹隐也曾是溥西园的学生。朱自清在北大读书期间，于 1916 年 12 月 15 日在扬州和武钟谦女士结婚。1929 年 11 月 26 日，武钟谦因病在扬州家中去世。夫人去世后，朋友们对朱自清的婚姻生活也极为关心，1930 年春天，好友顾颉刚甚至要为朱自清介绍女朋友。朱自清拒绝了顾的好意后，心绪难平，作了一首诗，其中有句云："此生应寂寞，随分弄丹铅。"到了 1930 年下半年，朱自清由溥西园、叶公超先生牵线搭桥，认识了陈竹隐。陈竹隐当时在溥西园门下学习昆曲。溥西园和朱自清是清华的同事，知道朱自清的家庭情况，便做了他们二人的媒人。朱自清和陈竹隐二人恋爱公开后，得到了许多朋友的祝福，俞平伯致周作人的信中都有提及，并认为"渐近自然"。

浦江清于第二天，即 1930 年 12 月 27 日的日记中又写道："晚饭后，访佩弦于南院十八号。佩弦刚和陈竹隐女士从西山回来，还没有吃饭。佩弦替我买了一个故宫博物院印的日历。和陈女士略谈几句，便回来。陈女士为艺术专门学校中国画科毕业生，四川人，习昆曲，会二十出余。佩弦认识她，乃溥西园先生介绍，第一次（今年秋）溥西园先生在西单大陆春请客，我亦被邀。后来，本校教职员公会娱乐会，她被请来唱昆曲。两次的印象都很好，佩弦和她交情日深。"此后日记，多次写到朱自清。如 1930 年 12 月 29 日日记说，"晚上，叶石荪请客""佩弦醉"。30 日，"晚上，赴叶公超君之宴。同座有俞平伯，叶石荪，朱佩弦及邹湘乔。西餐，洋酒。讨论中国旧剧之种种"。31 日，"早上，发《文学副刊》第百一一期稿，因明日元旦邮局不办公，所以早发一日。平伯、佩弦借西客厅请客，故回房里看书"。1931 年 1 月 6 日记："下午回清华。电贞芳，云明日去访，她亦刚进城回来也。晚至佩弦处，适公超、章晓初在，谈至夜分。"本月 8 日，浦江清的日记中写道他晚上请客，朱自清也在他请的九人名单中。本月 9 日，提到"上午在佩弦处谈"。本月 14 日，"晚间和佩弦、瑞珩、士荃、坚白等一同坐清华的校车进城"。本月 18 日，"下午到南院，佩弦进城未回"。这几则日记关于朱自清都是一笔带过。本月 19 日日记云："往图书馆，替贞芳借关于普罗文学理论的书，图书馆中没有，往国文系研究室，向佩弦借了几本。"从这则日记中，看出朱自清藏书之丰富和读书之广杂。本月 25 日日记云："午刻，湘乔宴请熟人，有陈竹隐、廖书筠两女士（皆四川人）。佩弦与陈女士已达到互爱的程度。陈能画，善昆曲，亦不俗，但追求佩弦过于热烈，佩弦亦颇不以为然。佩弦在这里已满五年，照校章得休假一年，资送国外研究。他要到英国，想回国后再结婚，陈女士恐不能等待了。"浦江清日记中"恐不能等待"，并不是担心之语，而是指相爱的程度。朱自清到英国留学一年，于 1932 年 7 月 31 日回国抵达上海，陈竹隐已经提前到达上海，并于朱自清到达的当天，在上海码头等候，随后，即在上海举行了婚礼，许多在上海的老朋友都参加了他们的婚礼。

浦江清 1931 年的日记只记了一个月就中断了。重新写日记，是在一年后的 1932 年 1 月 9 日，两个月后再次中断。直到 1936 年 1 月才又开始。这段时间里，只有一则日记里提到朱自清，是在 1932 年 1 月 16 日，日记云："因旧历年底将届，汇家二百元。又代朱佩弦汇扬州二百陆拾伍元。"其时朱自清正在英国留学，在扬州的父母和子女的生活费用需要他汇钱回家，浦江清大约是受朱自清委托吧，每月给家中汇款。

1936 年的日记中没有关于朱自清的记录。事实上，这年的日记也只记了一个月，就和前几次一样中断了。

在《清华园日记》下半部分的引言里，浦江清谈及他在清华园的好朋友，有"与朱佩弦君最熟"一句，"师友除前述吴、陈、赵、王诸人外，有朱佩弦、叶公超、叶石荪、俞平伯、王了一等在清华"，说到与夫人张企罗的婚姻，"到北方后，佩弦替我决策，开始和企罗通信"。连婚姻大事都请朱自清"决策"，可见二人感情之深厚了。很多年以后，说到清华大学中文系的现状，浦江清更是动情地说："闻一多于三十五年七月，被刺于昆明，为我清华中国文学系一大损失。复员北平后两年，朱佩弦于三十七年八月十二日以胃溃疡开刀，病殁于北大医院，清华中国文学系再遭受一大打击……清华大学中文系现由我代理主任，教授有陈寅恪（兼任历史系教授）、许骏斋、陈梦家、余绍生（冠英）、李广田，连我共六位半，名额不足，人才寥落，大非昔比。"从这段话中，也能看出朱自清在学术界的地位和之于清华大学的重要意义了。

浦江清在朱自清到清华园以后，一直和朱自清一起工作并始终是朋友。可惜的是，浦江清的《清华园日记》，看上去跨度多年，而实际所记的总天数加起来还不足一年，如果能够记全，必定会有更多的关于朱自清的记录，也会让我们能从朋友的角度更全面地了解朱自清。

关于《中国歌谣》

1928 年暑假期间，朱自清编就了散文集《背影》，并于 1928 年 7 月 31 日写作了《背影》一书的序言后，便正式开始考虑如何编写下学期开设的"歌谣"课的讲义。

前文在说到浦江清《清华园日记》里所记 1928 年 9 月 1 日，朱自清曾向周作人借了数本关于歌谣的著作在研读，一来说明他重视这门新课程，二来周作人是他的老师，对歌谣又有研究，在借书时还可以顺便请教。

早在朱自清就读于北大时，就闻听了北大师生大量搜集歌谣的运动，许多师生都参与其中，更有老师和学生在假期中专门去各地搜集歌谣。北京大学还于 1917 年专门成立了歌谣研究会，创立了《歌谣》周刊。一时间，红楼内外几乎无处不谈歌谣。但，他们早期的搜集，并不是为研究歌谣的历史和沿革，也不怀有其他目的，只是单纯地抢救遗产，单纯地留下这个在民间口口（耳）相传几千年的文艺形式。因为"你也不记载我也不记载，只让它在口头飘浮着，不久语音渐变便无从再去稽查"（周作人，《〈绍兴儿歌述略〉序》）了。有这单纯的目的，北大的歌谣搜集，迅速取得了不俗的成果，这才连带着引起了顾颉刚、钟敬文、冯式权、郑振铎、俞平伯等人的研究。比如俞平伯，1921 年 11 月 9 日，到常熟去游览，虞山下，尚湖边，一游就是三天。或许是听了常熟的白茅山歌吧，俞平伯在常熟旅馆中，忽然想起在杭州看到有人用粉笔抄写在墙上的一首歌谣，觉得很有趣，歌谣只有四句："高山有好水，平地有好花；家家有好女，无钱没想她。"平白而通俗的词句给了俞平伯某种启发和暗示，经反复咀嚼，他把这首歌谣演化成了一首新诗，还写了小序对歌谣做了解读。序中自谦地说，新演化的"词句虽多至数倍，而温厚蕴藉之处恐不及原作十分之一"，可见歌谣的力量之大了。周作人更是北大歌谣运动的热心参与者和积极倡导者。早在1911年的时候，他从日本东京回到绍兴，就开始搜集绍兴地区的儿歌童话，他在《〈绍兴儿歌述略〉序》中说，他于民国二年任县教育会长，利用教育会的会报做文章鼓吹，鼓动民众来搜集地方歌谣，可是几乎没有效果，"只有一个人寄过一首歌来，我自己陆续记了有二百则，还都是草稿，没有誊清过"。周作人是怎么"鼓吹"的呢？他说："作人今欲采集儿歌童话，录为一编，以存越国土风之特色，为民俗研究儿童之资料。即大人读之，如闻天籁，起怀旧之思，儿时钓游故地，风雨异时，朋侪之嬉戏，母姊之话言，犹景象宛在，颜色可亲，亦一乐也。第兹事体繁重，非一人才力所能及，尚希当世方闻之士，举其所知，曲赐教益，得以有存，实为大幸。"应该说，这篇发表在当年《绍兴县教育会月刊》上的启事，既说明了事体，文采也足够飞扬。未承想只收到区区一篇歌谣来。但虽然成就不大，周作人并未泄气，除自己搜集二百多则外，还有研究成果。在《〈儿童文学小文论〉序》里，他说，民国二三年的时候，又写出了《童话略论》，后来又写了"两篇讲童话儿歌的论文"。周作人是1917年4月来到北京大学任教的，他刚到不久，北大歌谣研究会就成立了，他搜集的这册歌谣汇编就派上了用场，成了他的成果之一。1919年8月，刘半农从江阴到北京时，从船夫口中采集了一集《江阴船歌》，共有二十多首，兴致很高地送给周作人看，还请周作人为此作序。周作人在序文中，肯定了《江阴船歌》"是中国民歌学术的采集上第一次的成集"，这篇《〈江阴船歌〉序》就发表在1923年1月出版的《歌谣》周刊第6期上。1925年10月5日，周作人为刘经庵的《歌谣与妇女》作序。在序文中，周作人介绍说："我知道刘君最初是在北京大学歌谣研究会。那时他在卫辉，寄来几百首的河北歌谣，都是他自己采集的，后来在燕京大学才和他会见。刘君努力于歌谣采集事业，也并热心于研究，《歌谣与妇女》即是成绩之一。"周作人还积极地评论说："这是一部歌谣选集，但也是一部妇女生活诗史，可以知道过去和现在的情形——与将来的妇女运动的方向。中国妇女向来不但没有经济政治上的权利，便是个人种种的自由也没有，不能得到男子所有的几分，而男子自己实在也还过着奴隶的生活，至于所谓爱的权利在女子自然更不必说了。但是这种不平不满，事实上虽然还少有人出来抗争，在抒情的歌谣上却是处处无心的流露，翻开书来即可明了地看出，就是末后的一种要求我觉得在歌谣唱本里也可直率地表示着；这是很可注意的事，倘若有人专来研究这一项，我相信也可成就一本很有趣味更是很有意思的一部著作。"所幸周作人的愿望没有落空，确实有不少人在认真做这项工作了，除上述提到的成果外，顾颉刚有《吴歌甲集》行世；黄绍年有《孩子们的歌声》出版；刘半农热心搜集歌谣之余，还用民歌体写了不少诗，更有兴趣翻译了一部《海外民歌》；林培庐出版了一本《潮州畲歌集》；章衣萍出版了一部《霓裳续谱》；江绍原翻译了《英吉利谣俗》；等等，可谓成绩斐然，就更不要说在《歌谣》周刊上发表的大量歌谣和评论文章了。周作人在这次歌谣运动中，无疑起到了中坚作用，除了为专书作序跋文章外，还在《歌谣》周刊第31期上，发表了一篇《歌谣与方言调查》，在说到"中国语体文的缺点"时，他指出"在于语汇之太贫弱，而文法之不密还在其次，这个救济的方法当然有采用古文及外来语这两件事，但采用方言也是同样重要的事情"。周作人在《重刊〈霓裳续谱〉序》中又说："像姑娘们所唱的小曲，而其歌词又似多出文人手笔，其名字虽无可考，很令人想起旗亭画壁时的风俗，假如有人搜集这类材料，考察诗歌与唱优的关系，也是很有价值的工作。"

朱自清编歌谣讲稿，研究中国歌谣，找他的老师借资料，再切合不过了。周作人当然也乐见有人做这方面的研究工作了，何况研究者又是他的好学生，何况是作为大学教材要对学生进行授课。这可能对歌谣的搜集、整理，起到更广泛的普及和推广作用，让更多的人参与进来。朱自清对于歌谣的综合研究，也正是在别人分题研究的基础上，进行了综合的研究和系统的整理。

其实，早在编歌谣讲稿之前的1927年第一学期，朱自清就对古代歌谣开始了系统的研究，那时他担任的课程有一门"古今诗选"，编有讲义之一的《诗名著笺前集》，实际上有很多内容就是关于古代歌谣的。到了1928年

5月31日，朱自清为《粤东之风》作序，该序言发表在本年11月28日出版的《民俗》杂志第36期上。《粤东之风》就是一本客家歌谣集，是清华大学历史系学生罗香林搜集整理的。朱自清的序言，分析了歌谣的价值和搜集者所录歌谣的艺术特色，文中说："严格地说，我以为在文艺方面，歌谣只可以'供诗的变迁的研究'；我们将它看作原始的诗而加以衡量，是最公平的办法……歌谣的好处却有一桩，就是率真，就是自然。这个境界，是诗里所不易有；即有，也已加过一番烹炼，与此只相近而不相同。"

朱自清关于《中国歌谣》的讲稿，有可能就是《古今诗选》某章的雏形也未可知。后来，朱自清对这部讲稿进行不断的修订和补充，逐渐成为一部完善的著作，其中的一些章节，也开始在报刊上陆续发表，如1929年4月29日、5月6日《大公报》之《文学副刊》第68、69期上的《中国近世歌谣叙录》，就出自朱自清的《中国歌谣》。《大公报》的《文学副刊》创办于1928年1月，每周一出刊，编辑部设在清华大学，吴宓为总撰稿，赵万里、浦江清、王以中等人为撰员。到了1929年1月19日，为了扩大作者队伍，增加知名度和影响力，吴宓、赵万里赴清华图书馆访朱自清，邀请朱自清加入撰稿者之列。两天后，朱自清和浦江清回访吴宓，同意加入《文学副刊》并成为撰稿人。所以，朱自清才陆续有文章发表在《大公报》的《文学副刊》上，而这篇《中国近世歌谣叙录》正巧就赶上了，还分了两次连载，让歌谣这门新进学科赢得了更多的读者。

1929年9月16日，清华大学本年度第一学期开学，朱自清开设的课程有"古今诗选"和"国文"等，并正式开设"歌谣"课，该课程为选修课，编有讲义《歌谣发凡》和参考资料《歌谣》。《歌谣发凡》是油印本，共分四章，分别是：《歌谣释名》《歌谣的起源与发展》《歌谣的分类》《歌谣的结构》。参考资料《歌谣》内容也相当丰富，收杜文澜《古谣谚·凡例》和郭绍虞的《韵文先生之痕迹》的要点摘录，还有古今中外典籍作品中，关于谣谚和有关谣谚的论述一百四十三条。据姜建、吴为公编著的《朱自清年谱》所记载的课程安排推测，该课程只在每学年第一学期讲授。因为1929年度和1930年度的第一学期都有"歌谣"课，而这两年度的第二学期都没有。

1931 年度因朱自清出国学习考察休假一年（1931 年 8 月—1932 年 8 月），朱自清在这学年都没有上课。既然没有这门课，朱自清关于歌谣的研究停止了吗？并没有。据浦江清在《〈中国歌谣〉跋记》中说，此后又增写了两章，分别是《歌谣的历史》和《歌谣的修辞》。这重要的两章，应该是在 1932 年下半年写成的，并对全书的结构进行了调整，把后写的两章作为全书的第三章和第六章。同时改书名为《中国歌谣》并印成了铅印本。也同样在 1932 年的下半年，朱自清计划再写四章，使这本书达到十章，成为一部完整的著作。浦江清说："后面四章，初具纲目，搜罗了材料，没有完成。"1932 年度第一学期 9 月 18 日开学，朱自清开设的课目中，依旧有"歌谣"一课。据听课的同学笔记记录，"后面四章"的内容分别是：《歌谣的评价》《歌谣研究的面面》《歌谣的分类》《歌谣搜集的历史》。这一时期，朱自清可能因忙于校务（先后兼中文系代主任、主任），加上回国后写《欧游杂记》的稿子和 1933 年度又没有开设"歌谣"课，因此没有把已经成形的《中国歌谣》后四章整理成文，是件十分可惜的事情。朱自清的日记中，也很少有涉及这方面的记录，唯一靠点边的是，1932 年 10 月 3 日日记中，谈及浦江清的来访，说浦对中国语言文字有很深的研究，"继论诗之发展，谓有三级：首为民歌，继为乐府，终乃为诗"；1933 年 3 月 18 日，朱自清日记云："下午赴北大讲中国歌谣的问题，未准备妥帖，但资笑乐而已"。

《中国歌谣》由作家出版社 1957 年正式出版。出版过程较为漫长和曲折。朱自清逝世以后，成立了《朱自清全集》编辑委员会，确定把《中国歌谣》收入全集中去，并由郭良夫比勘油印本和铅印本进行了初步的整理，浦江清和吕叔湘又做了最后的校读。但是，后来"全集"改为"文集"，规模缩小，此部书稿便没有收入。再以后，作家出版社才决定出版单行本，请浦江清写了一篇《跋记》，《跋记》完稿于 1950 年 6 月，七年后才出版，恐怕不完全是效率问题吧。浦江清在跋记中，对这部书稿做了中肯的评价："这是部有系统的著作，材料通乎古今，也吸取外国学者的理论，可惜没有写成。单就这六章，已足见他知识的广博，用心的细密了。"

慢慢翻看《中国歌谣》，在一首首古谣及其演变中，能发现人类思想渐渐演变的过程。歌谣虽然以口口相传的形式流播，但也是有脉可寻的，这从《歌谣的起源与发展》中可以看出。而有些童谣，至今还在乡间流传，如《小红船》："小红船，拉红土，一拉拉到清江浦。买茶叶，送丈母，丈母没在家，掀开门帘看见她：穿红的，小姨子，穿绿的，就是她。梳油头，戴翠花……卖房子卖地就娶她。"类似的还有《小花鸡》："小花鸡，跳磨台，哪天熬到小媳来，多吃多少及时饭，多穿多少可脚鞋。"这样的童谣一直伴随着乡村孩子的童年，一代代传下去。在乡里，这种童谣还有另一个名字，叫"踏流言"，我们小时候常说的"踏流言"有："小割草，满湖跑，跑掉蛋，没落找。"晚上在村上藏蒙蒙（捉迷藏），嘴里会唱着"亮月歌"："初二三，亮月簪；十五六，两头溜；十八九，坐守。"不说月亮，而说"亮月"，至今不知何故。更让读者感到亲切的是，很多人小时候玩一种叫"踢脚班"的游戏，在朱自清的《中国歌谣》里也找到了出处，朱自清引《歌谣》第 10 号中的文字，曰："狸狸斑斑，跳过南山；山南北斗，猎回界口；界口北面，二十弓箭！"朱自清考证说："《古谣谚》引此歌，并《静志居诗话》中文云：'此余童稚日偕闾巷小儿联臂蹋足而歌者，不详何义，亦未有验。'又《古今风谣》载元至正中燕京童谣云：'脚驴斑斑，脚踏南山；南山北斗，养活家狗；家狗磨面，三十弓箭。'"朱自清继续考证，引《歌谣》34 号《转录阑》中说："越中小儿列坐，一人独立作歌，轮数至末字，中者即起立代之，歌曰：'铁脚斑斑，斑过南山；南山里曲，里曲弯弯；新官上任，旧官请出。'"这就说得很明白了，原来是小孩儿做游戏时唱的歌谣。大约这个古老的歌谣传播很广吧，和我小时候在月亮地里玩的"踢脚班"的游戏非常相近：四五个或以上的孩子，排成一排靠墙而坐，把腿伸直，脚尖朝上。其中有一个孩子起立，用脚轻踢孩子们伸出的脚掌，和嘴里唱出的歌谣节奏相同，末音被踢到的孩子立即起身，前一个孩子在其空位上坐下。起身者以同样的方法向下延续，如此循环。这个古老的游戏传到我们那个年代时，口中所唱，已经成三字诀和四字诀的结合了："踢脚班，靠老山；老山丑，踢花柳；花柳成行，回家乘凉。"我们当时也不知道这个游戏有什么道理，所唱童谣是什么意思，为何"花柳成行就要回家乘凉"也不去追究。但却玩得开心。还有一种游戏叫"抱小狗"，有点像戏剧，剧情很简单，一人扮作"二左"，几个孩子坐在墙根。天黑后，二左来了，弓腰拄杖，很老的样子，嘴里说："一腔康，二腔康，多会走到老王庄，不吃老王一碗饭，不喝老王一碗酒，单问老王要只小巴狗。老王？"老王应："哪个？""我，东庄二左。""做么滴？""跟你家要只小巴狗。""小巴狗还没睁眼哦。""好，改天再来。"转身，即改天，二左又来了，还是那样的扮相："一腔康，二腔康，多会走到老王庄，不吃老王一碗饭，不喝老王一碗酒，单问老王要只小巴狗。老王？"老王应："哪个？""我，东庄二左。""做么滴？""跟你家要只小巴狗。""小巴狗还没满月哦。""好，改天再来。"如此演下去，一直到小巴狗躲到烟地里拉屎，而二左所要的小巴狗被狗主人老王用各种理由搪塞，最终都没要着，游戏结束。这个游戏的中间，能插很多内容，如小巴狗有病啦，小巴狗还不能吃食啦，小巴狗正在烟地里拉屎啦，等等，目的就是不给二左。冬天的晚上，会在牛屋里，一边烤着牛屎火，一边听讲古，也有歌谣可唱："讲古讲古，讲到板浦，板浦冒烟，讲到天边，天边说话，讲到老大，老大跳水，讲到小鬼，小鬼迷墙，讲到大娘，大娘扫地，咕啦放个屁！"板浦是我们当地的一个小镇，以美食闻名当地，有"穿海州，吃板浦"之说——海州人讲究穿衣，而板浦人讲究吃喝。为什么"讲古"要讲到板浦呢？是要去吃顿好吃的吗？无考。就这么说着好玩，至于什么意思，管他呢。大人们会说我们这是"踏流言"，带有点讨嫌的意思。殊不知，这种"流言"，都是他们一代一代传下来的。读朱自清的《中国歌谣》，例文中，有很多类似的"童戏"的记录，真是亲切得很，相信每个人阅读，都会想起自己的童年，想起童年的许多趣事来。朱自清能在那个时代就用《中国歌谣》一书来把这些千年传唱的歌谣加以整理和传承，实在是一件功德无量的事。最近几年，许多出版社纷纷出版"民国学术经典"，朱自清的几本学术著作也纷纷以新版的面目问世，其中就有这本《中国歌谣》。

新文学研究和『革命文学』

1929 年 2 月，清华大学 1928 年度第二学期开学，朱自清开设了一门新的课程，即"中国新文学研究"。从 1919 年"五四运动"算起，中国新文学运动不过十年时间，就算加上先前几年的白话文运动，也不过十二三年，在这么短的时间里，虽然新文学创作已经取得了不俗的成就，但要开设一门新课，和"歌谣"课一样，无疑是一项大的挑战和大的工程。但是朱自清还是知难而进，承担了下来。

朱自清可以说是"五四"新文化运动的参与者和践行者，他初入北京大学读书不久，就赶上白话文运动，他的老师如胡适、周作人、钱玄同、刘半农等又是白话新文学运动的积极倡导者和实践者，对于他们的白话文学作品和文学理念都耳熟能详。朱自清在北大求学期间，受他们的影响，积极投身到白话文学创作中来，还加入了以白话文运动为主旨的新潮社。朱自清于 1920 年 5 月北京大学毕业以后，在江南各地教书时，继续坚持文学创作，和白话文创作的另一个重镇上海诸多文学名家又多有交往，大部分还是朋友，如叶圣陶、郑振铎、沈雁冰、刘延陵等人，后来到清华任教，又和北京的周作人、俞平伯、孙伏园、老舍、冰心等过从甚密，由他来开设这门课，真是再恰当不过了。

照例，朱自清开始备课，他花费不少精力和时间编写了一本讲义，名曰《中国新文学研究纲要》。这部纲要编成后，一直讲到 1933 年，此后就没有再讲。在讲课过程中，朱自清不断地修订、删减和增补，共出现三种稿本，一种为铅印本，两种为油印本。

这门课，朱自清还在北京师范大学和燕京大学讲过。

朱自清逝世以后，1948 年成立的《朱自清全集》编辑委员会拟将这部"纲要"整理后编入全集中，列为第十六种，并推举李广田负责整理。后来"全集"改为精简本的《朱自清文集》，该"纲要"就没有收入。在其中的一部稿本后面，还有李广田当年写的《附记》，曰："其中一本，可能是最后讲授所用，剪贴补正之处甚多。这些剪贴补正处，大都字迹模糊，条理也不甚清楚。但为了使这份讲稿能近于完整，便尽可能地把这些剪贴补正处插入了正文。若按照朱先生认真的精神，应当考校各种资料，详细加以订正。我们没有这样做，颇觉歉然。"就是说，李广田并没有把《中国新文学研究纲要》整理完备。到了 1980 年，上海文艺出版社决定发表《中国新文学研究纲要》，请新文学研究大家王瑶指导该文的整理，并由赵园具体负责。赵园根据三种稿本进行比勘，并将整理本发表于《文艺论丛》第 14 辑上，由上海文艺出版社于 1982 年 2 月出版。该"纲要"分《总论》和《各论》。《总论》共有三章组成，分别是第一章《背景》，第二章《经过》，第三章《"外国的影响"与现在的分野》。《各论》部分共有五章组成，分别是第四章《诗》，第五章《小说》，第六章《戏剧》，第七章《散文》，第八章《文学批评》。在当时，还没有报告文学、科幻文学等体裁（或还不成气候），把报告文学和科幻文学分别并归于散文和小说里了。从这些标题上，可以看出朱自清对当时的中国文坛，是非常熟悉的。这门课对朱自清来说应该讲得最为拿手，也最得心，毕竟他是新文学运动的全程参与者，熟悉作品，更熟悉作者。

从《总论》中看，朱自清着重讲了新文学运动早期的酝酿、经过和发展，还有历史背景和外来影响等。《各论》的五个分类，朱自清是以作者为主要线索。比如第四章《诗》，从"诗论"开始，就分别列举了胡适、刘复、宗白华、康白情、俞平伯、郭沫若、梁实秋等人关于新诗的论述。"初期的创作和名作"部分，列举的诗人和名篇就更多了。这种讲法有长有短，长处是清楚明晰；短处是把多文体的作家都割裂了，缺乏整体性，比如郭沫若，就写过诗歌、小说、戏剧、散文、考古等文体，讲课中，就会重复并多次提及，不太容易使学生有个完整的印象。其他《各论》也有相同的问题。但凡事都不可能尽善尽美，在新文学发展的短短十年中，朱自清开创了一门新学科，并认真准备，全面讲解，还是对新文学运动的发展起到了大力推动作用的。

就是在朱自清编写《中国新文学研究纲要》讲稿，翻阅大量图书、杂志和报纸副刊等资料时，他发现近一两年来错过的一件"大"事，即在上海形成的"革命文学"运动。在大量的资料面前，朱自清受到了触动，很快写了一篇文章，这就是发表于1929年3月4日《大公报》第60期《文学副刊》上的《关于"革命文学"的文献》一文。文章开篇就说："去年来，上海有了'文学革命'运动；这似乎是由二月间出版的《创造》月刊（一卷九期）上成仿吾氏《从文学革命到革命文学》一文引起来的。从此'沸沸扬扬'（鲁迅氏语），影响很快很大——不过只限于上海一处；别处因交通及其他关系，这种运动的势力还未能伸入。即如北平，所谓'文化的中心'，直到一年后的今日，也还没有什么人谈到革命文学——青年学生间也没有。上海的情形可大大不同：去年暑假，有人在四马路各书店走了一趟，写信来说，革命文学极一时之盛，看不胜看。最近友人得上海信，说创造社出版各书，邮递不便，而登门购买者极多；他们不须广告，生意奇旺。这可见上海一般青年的心理。现在的出版界和文坛，都以上海为中心；上海的情形，比别处发达，也是自然的道理。除革命文学一派外，还有所谓'以趣味为中心'（成仿吾氏语）的'语丝'派，和'创造的理想主义'（见《新月的态度》一文）的'新月'派；由革命文学派的攻击他们（看成仿吾氏《完成我们的文学革命》——《洪水》三卷二十五期——及彭康氏《什么是健康与尊严？》——《创造》月刊一卷十二号），可知他们是革命文学派的劲敌；而语丝派，受攻击更甚，可知这一派的势力也更大些。他们有着四年的历史（《语丝》于十三年十一月创刊），和在北平、上海两地的影响，根柢自然深厚些。这可以说是我们文坛的三鼎足；也就是我们文艺界的分野；他们间的斗争，便是成仿吾氏所谓'文艺战'。"

上海关于"文学革命"的现状，确实如朱自清所说，是创造社、太阳社与语丝派之间的争论。以成仿吾、郑伯奇为代表的创造社的作家，率先发表文章，挑起争论，批评"五四"一代作家已经落伍，是一帮老朽，所创作的，是以休闲为主的文学，鼓吹所谓的第四阶级即无产阶级的革命文学，矛头直指语丝派。而以鲁迅为首的语丝派，反击也很凶猛，与之展开了长达半年多的论争。创造社的何大白（即郑伯奇）在《文坛的五月》一文中指出："我们所批评的不是鲁迅个人，也不是语丝派几个人，乃是鲁迅与语丝派诸君所代表的一种倾向。""鲁迅和语丝派诸君所代表的倾向，分析下来，我们可以大胆地说，不过是以下几种的混合；就是：很多的趣味，相当的不平，些须的人道精神……"

朱自清由于忙于自己的教学和研究，加上有一阵没有和上海的朋友们见面畅聊，创作也相对较少，没有在上海的报刊上发表文章，对这场争论居然浑然不知，在为了备课新文学讲稿而大量搜集资料时，看到上海关于"革命文学"的大战，当然大吃一惊了。没想到上海方面对于这场论争是如此的热闹、激烈。他一篇篇文章看过来，对不同观点和不同思想的文章都认真咀嚼、静心思考，准备以适当的方式形成文字，插入讲稿中，把这一信息传递给北平的学生。于是，就催生了这篇《关于"革命文学"的文献》。

其实，和朱自清一样关注的，也大有人在。1929年，一位叫李何林的文人就编辑了一本《中国文艺论战》一书，收录了这场论争的主要文章，他在该书序言中说："在这个时期各方所发表的论战的文字，统计不下百余篇；其中《小说月报》和《新月》的文字只在表明自己的文艺态度或稍露其对于创造社的"革命文学"的不满而已。至于以鲁迅为中心的"语丝派"则和创造社一般人立于针锋相对的地位！——也就是它们两方作成了这一次论战的两个敌对阵营的主力。"

从双方论战的这些资料中，朱自清也发现，在语丝派和创造社、太阳社的论战之外，还有其他观点，可分为五个派别。而在发表的文章中，语丝派由于有鲁迅的加持，可以说略胜一筹，在参与人数上，几乎与创造社持平。就是语丝派的，也分为两类，一类是"五四"一代作家，即创造社、太阳社作家所谓的"落伍者""老作家"，比如已经脱离创造社的郁达夫，他发表了《无产阶级专政和无产阶级之文学》《革命广告》等文，又如周作人，发表了署名为"白木"的三篇文章，还有川岛（即章廷谦），在《语丝》上发表了一篇《溪边漫笔》，给鲁迅以声援；另一类是经常给《语丝》《北新》投稿的年轻作者，有的还得到过鲁迅的扶持和帮助，如韩侍桁、胡秋原、高明、李少仙、杨骚等，他们中，有的人曾目睹国民党当局对异己分子的铲除，如胡秋原。而李少仙在南京曾听到国民党官员"宁可错杀一千，不可放过一个"的论调。朱自清在梳理、研究这些论战后，决定以旁观者的视角，客观地记叙这段经过。所以，在《关于"革命文学"的文献》一文中，朱自清亮明了自己的观点："本篇只想介绍几种关于革命文学的理论的书籍和杂志，依次加以简单的说明。他们的是非曲直，姑且置之不论，我是还不希望加入这种文艺战的。"不参加"这种文艺战"也正是朱自清的个性。所以，接下来，朱自清用大量的篇幅，把他看到的这些论争，用公允的笔法完整地记录了下来。朱自清这样的摘抄和记录，和《中国文艺论战》一书可以比较阅读，就能够全面了解论战的全过程了。

朱自清这篇《关于"革命文学"的文献》发表之后，北京的知识、文艺阶层便可以根据朱自清的介绍，比较全面、客观地了解上海文化人发起的这场论争了。从这个意义上说，朱自清的文章，等于向北京的文艺界和知识界发布了一通告示，这对于他们的创作和研究，在方向上和方式上，也必定会产生相应的影响。同样，朱自清在讲授"新文学研究"这门课时，也没有绕开上海的这场论战。

妙峰山调研

1929 年 5 月 17 日至 19 日，朱自清和白荻舟、顾颉刚、徐丙昶、容媛、魏建功、罗香林等十二人一起，参加妙峰山进香考察团，进行民俗调查。回来后，朱自清写了一篇《〈妙峰山圣母灵签〉的分析》，投给了《民俗》周刊。该杂志创刊于 1928 年 3 月，前身为广州国立中山大学语言历史研究所民俗学会编印的《民间文艺》，编辑为董作宾和钟敬文。1928 年改成《民俗》后，编辑为钟敬文、容肇祖和刘万章，他们都是民俗学研究方面的学者。《民俗》的办刊宗旨为 "打破传统腐化的贵族文艺的旧观念"，"提倡新颖而活泼的民间文艺"。

妙峰山位于北京城区的西北郊，当时的山顶方位建有一座碧霞元君庙，历史上，碧霞元君庙曾经是京津冀三地香客的膜拜之处，每年春季，香客络绎不绝，绵延于山道之上，引起许多民俗研究者的注意。

朱自清能够参加这次妙峰山进香考察团的调查工作，和好友顾颉刚有很大的关系。顾颉刚比朱自清更早地接触并研究民俗学，取得了不俗的成果，在广州中山大学时，就是《民间文学》的积极鼓动者。而此时的朱自清正好准备在 1929 年新学期开设选修课 "歌谣"。歌谣中的许多内容又和民俗相关，或者说是其中的重要一部分，能有机会亲自参与民俗方面的考察，对正在积极准备 "歌谣" 一课的讲稿，会有一定的帮助。在三天的考察里，朱自清详细地访问，认真做了笔记，特别是对寺庙中 "圣母灵签"，表现了足够的兴趣，对民间求签人的心理做了较为准确的分析。但在《〈妙峰山圣母灵签〉的分析》一文中，朱自清开篇就说："只就所谓 '灵签' 的本身加以分析；其他相关的问题，暂不涉及。"所以，在文章中，并没有展开来进行深度的研究。

那么朱自清是如何分析的呢？他先用表格的形式，对"灵签"加以举例说明。如"上上"签，签上先有一首诗，然后是诗解。朱自清研读签诗后，认为这些诗虽为七言四句，但"用韵却多不依通行诗韵"，有的还"显系北方的方音"。这当然是创作者受自身学问的限制了，同时也是为了迎合信众的需要。所以朱自清据此断定："此项签诗决不出于高等文人之手；大概是些半通不通的文人做的。"朱自清进一步分析说："他们既那样地不熟悉诗的格律，为什么还要保存诗的形式？我想这是传统的关系，卜筮之词，向为韵语。七言四句之签诗，现在我尚不能确说是起于何时，但不会在唐以前，是一定的；——从现在说，来源大约也总很久了。相沿如此，自然不敢更张；况且用韵语多少有些神秘的气氛，若全用散文，便成直头布袋，会减却签语的庄严。所以如妙峰山的签，宁可解而又详，那四句诗几同虚设，却还要保存着，无非以装门面而已。诗语简单，却不笼统；大抵总指出几件比较具体的事，如财利，官位，疾病，婚姻等，是求签人常会问到的。"原来签诗不过是为了多些"神秘的气氛"，是"装门面而已"，那也就不管诗的格律和好坏了，随便找个半通不通的落寞文人，做几首迎合信众的签诗就可应付了。

《妙峰山圣母灵签》共有五十三条，每一条都有签诗，每一条的末尾，有"板存琉璃厂会远斋，甘姓公议助善"一行字，从中可以得知，这套"灵签"是一位甘姓信众赞助的，出自北京琉璃厂会远斋。朱自清看到这套签时，其"板已漫漶"。虽有刻制之处，却不知刻于何时，签语的来历也"未暇检查，不能知道"。据此可以推测，不通的签诗要么是这位甘姓信众所写，要么是会远斋斋主所凑，或者是甘姓信众请人代撰。朱自清"未暇检查"，可能是时间不够。对这套灵签，朱自清进一步分析说："签分上上，大吉，中平，下下四等。上上全是好话，所谓'并无些些碍阻'。大吉虽也是好话，但多附有条件：如第十五签详云，'虽是大吉，奈迟滞而成，不可性急，耐心可也。'又第二十五签详云，'凡事不差。秉心求神，自然安泰。惟有婚姻，多有阻碍，千万不可。'又第四十二签详语末云，'只是莫坏良心，自然神明加护。'不独详语中如此，诗及解中，也如此说。中平之义，可以签语明之：如第十九签详云，'先难后易，凡事忍耐，不必性急。如问病症，不医自退。如若强求，反有不测。'又第四十三签详云，'年运不通，所作不成。待交立夏，运至福生。内有贵人提拔，名利立就。'诗及解大抵同此，但解中的话有时说得更坏些。下下如第六签详云，'事事不宜。心中改过，向善忏悔，方得吉庆，慎之，慎之！'又第十二签详云，'命运不通，须当祈祷，求神解救，以待春初，方可遂意。'又第三十六签详云，'一切事物，莫管他非，戒慎守己，方保坎坷。忍耐一时，可保无虞。'诗及解也差不多是这种话。上上与大吉签，有些话是很相像的；中平与下下签的详语，也有些是相像的；大吉与中平签，相像的话却很少。"朱自清的调查分析已经足够详细了，他甚至还把一般求签者的求签目的加以归纳，并把结论开列如下：1. 婚姻五十一次；2. 疾病（或灾病）四十九次；3. 见贵（或见贤）四十三次；4. 谋事（或谋望）三十七次；5. 行人（或走失）三十四次；6. 胎产（胎产难或孕生男子贵子）二十六次；7. 词讼二十四次；8. 求财十八次；9. 求官十八次；10. 失物十八次；11. 经营十七次；12. 田蚕十四次；13. 宅舍十三次；14. 防小人三次；15. 出入（或远行）三次。朱自清以为人们对升官发财最为关注，会更多地关心这个方面，没想到婚姻和疾病却占了头两位。这也是人们最基本的生存之道，只有婚姻美满，才能有人丁的兴旺和家族的延续，另外就好比现在所说的，"有什么都不如有一个健康的身体"，所以，这两条排在求签者诉求的第一位也就不奇怪了。朱自清最后分析道："除了上上签尽善尽美之外，其馀三等，却都附有或轻或重的条件；但却没有尽恶的。即使下下签，也还有解救的方法。如第三十二签详云，'动止难行，凡事不宜。家败人亡，骨肉残伤。急告神明，祈禳（禳）则吉。小心谨慎要紧！'上半说得如何厉害，下半却说出解救的法子，便不碍了。这种解救的法子，最多见的是'忍耐'，'守分'。忍耐，守分，是因时运不齐。人须任运待时，不可强求，强求便是妄动，必有不测。这是消极的法子。积极的，则有求神念佛，签中也常见；还有'改过'，'向善'，'正心诚意'，'事事依理'，签中也说及，但较少见。忍耐是依据命运的信仰，神佛也是信仰，事事依理，则是理性化：前两种与后一种是矛盾的，但却在签里能并存着。这种思想的态度，人生的态度，我相信，正反映着一般民众的思想式与人生观。"

朱自清利用三天的调查，对妙峰山圣母灵签写出了一篇详尽的分析报告，在他的诸多散文中，属于另类的一篇。虽是一篇调查分析文章，却也尽量避免写得过于枯燥，展示了朱自清老道的叙述能力。虽然开篇声明"相关的问题，暂不涉及"，但字里行间，还是带着个人的倾向性，也能从文中读出"一般民众的思想式与人生观"。这篇《〈妙峰山圣母灵签〉的分析》的文章在投给《民俗》周刊后，恰巧遇到该周刊出了一点问题而致使脱期，到发表时，已经是1930年第69、70期的合刊了。

这里需要多记一笔的是，这不是顾颉刚等民俗研究者第一次对妙峰山进行民俗调查了，在此之前的1925年，顾颉刚与容庚、容肇祖、孙伏园、庄严等人，受"北京大学研究所国学门风俗调查会"的委托，对妙峰山进香风俗进行了一次调查。容庚、容肇祖是兄弟，都是著名的民俗学家。跟随一起调查的孙伏园当时正在编《京报》副刊并任主笔，商量好把调查报告在《京报》副刊上连载。

几年以后，顾颉刚能邀请朱自清等人再次进行妙峰山之行，可能和上次没有完成调查计划有关。而在人员构成方面，第二次妙峰山民俗调查，虽然少了国内民俗方面的重量级人物容庚和容肇祖，但邀请了他们的胞妹容媛。看来容家兄妹都是热心于民俗学的。两次调查，时间虽然不长，但是收获不小，前一次各人所写的相关文章，在《京报》副刊上连载了数期。顾颉刚还编了一本《妙峰山》专著，序言就出自容肇祖之手，顾颉刚也写了一篇自序，其他调查文章有顾颉刚的《妙峰山的香会》；容庚的《碧霞元君庙考》；顾颉刚的《妙峰山娘娘庙殿宇略考》；容肇祖的《妙峰山进香者的心理》；庄严的《妙峰山进香日记》；孙伏园的《朝山记琐》；顾颉刚的《游妙峰山杂记》等，算是收获满满。这些成果，是中国民俗学界的一次大丰收。第二次调查，也有像朱自清撰写的《〈妙峰山圣母灵签〉的分析》，这样重量级的分析文章和顾颉刚的专文，可以补充第一次调查的缺失部分，成为一次完备的关于妙峰山民俗方面的专题成果。

夫人武钟谦病逝

1929 年 10 月，朱自清夫人武钟谦病重。

武钟谦身体不好，朱自清是知道的，但没想到会这么重。他也多次劝武钟谦去医院看病，武钟谦都以家里事多，走不开为由而推脱，或者自以为是操心孩子多而累着了，歇歇就会好的。直到 1929 年 9、10 月间，武钟谦天天发烧，引起了朱自清的重视，带她到医院一查，才知道病情严重，肺上已经烂了一个大窟窿。即使这样，武钟谦依然天天忙这忙那不停手，六个孩子确实够她操心的。朱自清和医生劝她到西山去静养，她却为了省钱，加上舍不得孩子而不愿意去，说是在家休养。在家哪里能停下忙碌呢？最后实在不行了，朱自清才送武钟谦回老家扬州休养。因为扬州毕竟还有父母能帮忙照顾一下。没想到武钟谦回到扬州不久，1929 年 11 月 26 日，就去世了，年仅三十二岁。遗三子三女，即迈先、采芷、逖先、闰生、效武和六儿。

朱自清在得知武钟谦去世的消息时，十分悲痛，已经决定回扬州老家奔丧。但因为课多所累，且课程已经过半，几经努力也未能找到代课人选，强行回家又怕误了学生的学业，只能把悲痛藏在心里，没有离开学校。这对朱自清来说是莫大的遗憾，也是心里永远的痛。

关于朱自清和武钟谦的情感故事，和武钟谦去世后朱自清的心路历程，本书第一章《择偶记》里已有记述，这里不再重复。武钟谦逝世三周年前夕，应好友徐调孚之约，也为表达对亡妻的深深怀念，朱自清饱含泪水地写下了那篇感人至深的《给亡妇》：

谦，日子真快，一眨眼你已经死了三个年头了。这三年里世事不知变化了多少回，但你未必注意这些个。我知道，你第一惦记的是你几个孩子，第二便轮着我。孩子和我平分你的世界，你在日如此；你死后若还有知，想来还如此的。告诉你，我夏天回家来着：迈儿长得结实极了，比我高一个头。闰儿父亲说是最乖，可是没有先前胖了。采芷和转子都好。五儿全家夸她长得好看；却在腿上生了湿疮，整天坐在竹床上不能下来，看了怪可怜的。六儿，我怎么说好，你明白，你临终时也和母亲谈过，这孩子是只可以养着玩儿的，他左挨右挨去年春天，到底没有挨过去。这孩子生了几个月，你的肺病就重起来了。我劝你少亲近他，只监督着老妈子照管就行。你总是忍不住，一会儿提，一会儿抱的。可是你病中为他操的那一份儿心也够瞧的。那一个夏天他病的时候多，你成天儿忙着，汤呀，药呀，冷呀，暖呀，连觉也没有好好儿睡过。那里有一分一毫想着你自己。瞧着他硬朗点儿你就乐，干枯的笑容在黄蜡般的脸上，我只有暗中叹气而已。

从来想不到做母亲的要象你这样。从迈儿起，你总是自己喂乳，一连四个都这样。你起初不知道按钟点儿喂，后来知道了，却又弄不惯；孩子们每夜里几次将你哭醒了，特别是闷热的夏季。我瞧你的觉老没睡足。白天里还得做菜，照料孩子，很少得空儿。你的身子本来坏，四个孩子就累你七八年。到了第五个，你自己实在不成了，又没乳，只好自己喂奶粉，另雇老妈子专管她。但孩子跟老妈子睡，你就没有放过心；夜里一听见哭，就竖起耳朵听，工夫一大就得过去看。十六年初，和你到北京来，将迈儿，转子留在家里；三年多还不能去接他们，可真把你惦记苦了。你并不常提，我却明白。你后来说你的病就是惦记出来的；那个自然也有份儿，不过大半还是养育孩子累的。你的短短的十二年结婚生活，有十一年耗费在孩子们身上；而你一点不厌倦，有多少力量用多少，一直到自己毁灭为止。你对孩子一般儿爱，不问男的女的，大的小的。也不想到什么"养儿防老，积谷防饥"，只拼命地爱去。你对于教育老实说有些外行，孩子们只要吃得好玩得好就成了。这也难怪你，你自己便是这样长大的。况且孩子们原都还小，吃和玩本来也要紧的。你病重的时候最放不下的还是孩子。病得只剩皮包着骨头了，总不信自己不会好；老说："我死了，这一大群孩子可苦了。"后来说送你回家，你想着可以看见迈儿和转子，也愿意；你万不想到会一走不返的。我送车的时候，你忍不住哭了，说："还不知能不能再见？"可怜，你的心我知道，你满想着好好儿带着六个孩子回来见我的。谦，你那时一定这样想，一定的。

除了孩子，你心里只有我。不错，那时你父亲还在；可是你母亲死了，他另有个女人，你老早就觉得隔了一层似的。出嫁后第一年你虽还一心一意依恋着他老人家，到第二年上我和孩子可就将你的心占住，你再没有多少工夫惦记他了。你还记得第一年我在北京，你在家里。家里来信说你待不住，常回娘家去。我动气了，马上写信责备你。你教人写了一封复信，说家里有事，不能不回去。这是你第一次也可以说第末次的抗议，我从此就没给你写信。暑假时带了一肚子主意回去，但见了面，看你一脸笑，也就拉倒了。打这时候起，你渐渐从你父亲的怀里跑到我这儿。你换了金镯子帮助我的学费，叫我以后还你；但直到你死，我没有还你。你在我家受了许多气，又因为我家的缘故受你家里的气，你都忍着。这全为的是我，我知道。那回我从家乡一个中学半途辞职出走。家里人讽你也走。那里走！只得硬着头皮往你家去。那时你家象个冰窖子，你们在窖里足足住了三个月。好容易我才将你们领出来了，一同上外省去。小家庭这样组织起来了。你虽不是什么阔小姐，可也是自小娇生惯养的，做起主妇来，什么都得干一两手；你居然做下去了，而且高高兴兴地做下去了。菜照例满是你做，可是吃的都是我们；你至多夹上两三筷子就算了。你的菜做得不坏，有一位老在行大大地夸奖过你。你洗衣服也不错，夏天我的绸大褂大概总是你亲自动手。

你在家老不乐意闲着；坐前几个"月子"，老是四五天就起床，说是躺着家里事没条没理的。其实你起来也还不是没条理；咱们家那么多孩子，那儿来条理？在浙江住的时候，逃过两回兵难，我都在北平。真亏你领着母亲和一群孩子东藏西躲的；末一回还要走多少里路，翻一道大岭。这两回差不多只靠你一个人。你不但带了母亲和孩子们，还带了我一箱箱的书；你知道我是最爱书的。在短短的十二年里，你操的心比人家一辈子还多；谦，你那样身子怎么经得住！你将我的责任一股脑儿担负了去，压死了你；我如何对得起你！

你为我的捞什子书也费了不少神；第一回让你父亲的男佣人从家乡捎到上海去。他说了几句闲话，你气得在你父亲面前哭了。第二回是带着逃难，别人都说你傻子。你有你的想头："没有书怎么教书？况且他又爱这个玩意儿。"其实你没有晓得，那些书丢了也并不可惜；不过教你怎么晓得，我平常从来没和你谈过这些个！总而言之，你的心是可感谢的。这十二年里你为我吃的苦真不少，可是没有过几天好日子。我们在一起住，算来也还不到五个年头。无论日子怎么坏，无论是离是合，你从来没对我发过脾气，连一句怨言也没有。——别说怨我，就是怨命也没有过。老实说，我的脾气可不大好，迁怒的事儿有的是。那些时候你往往抽噎着流眼泪，从不回嘴，也不号啕。不过我也只信得过你一个人，有些话我只和你一个人说，因为世界上只你一个人真关心我，真同情我。你不但为我吃苦，更为我分苦；我之有我现在的精神，大半是你给我培养着的。这些年来我很少生病。但我最不耐烦生病，生了病就呻吟不绝，闹那伺候病的人。你是领教过一回的，那回只一两点钟，可是也够麻烦了。你常生病，却总不开口，挣扎着起来；一来怕搅我，二来怕没人做你那份儿事。我有一个坏脾气，怕听人生病，也是真的。后来你天天发烧，自己还以为南方带来的疟疾，一直瞒着我。明明躺着，听见我的脚步，一骨碌就坐起来。我渐渐有些奇怪，让大夫一瞧，这可糟了，你的一个肺已烂了一个大窟窿了！大夫劝你到西山去静养，你丢不下孩子，又舍不得钱；劝你在家里躺着，你也丢不下那份儿家务。越看越不行了，这才送你回去。明知凶多吉少，想不到只一个月工夫你就完了！本来盼望还见得着你，这一来可拉倒了。你也何尝想到这个？父亲告诉我，你回家独住着一所小住宅，还嫌没有客厅，怕我回去不便哪。

前年夏天回家，上你坟上去了。你睡在祖父母的下首，想来还不孤单的。只是当年祖父母的坟太小了，你正睡在圹底下。这叫作"抗圹"，在生人看来是不安心的；等着想办法吧。那时圹上圹下密密地长着青草，朝露浸湿了我的布鞋。你刚埋了半年多，只有圹下多出一块土，别的全然看不出新坟的样子。我和隐今夏回去，本想到你的坟上来；因为她病了没来成。我们想告诉你，五个孩子都好，我们一定尽心教养他们，让他们对得起死了的母亲——你！谦，好好儿放心安睡吧，你。

这篇悼亡文字，采用和亡妻漫谈的形式，回忆和武钟谦一起生活的短暂经历，回忆武钟谦全心全意照料丈夫和孩子的种种往事，还有经历的种种苦难，所受的种种委屈。文中的武钟谦，温婉贤惠，体贴勤劳，朱自清情深意切，字字含泪，和武钟谦进行一番阴阳两隔的长谈，让人读出满腹的心酸与不忍，可以说是天下第一等至情文字。从字里行间，也读出了朱自清的"忏悔"。所以当即将满孝三年时，朱自清独自面对亡妻的遗照，才有这篇言未出而泪先下的文字。李广田先生说："据一位教过女子中学的朋友说，她每次给学生讲这篇文字，讲到最后，总听到学生中间一片唏嘘声，有多少女孩子且已暗暗把眼睛揉搓的通红了。"（《最完整的人格——哀念朱自清先生》）朱自清也说："写《给亡妇》那篇是在一个晚上，中间还停笔挥泪一回。情感的痕迹太深刻了，虽然在情感平静的时候写作，还有些不由自主似的。"（《写作杂谈》）

武钟谦去世以后，朱自清又回到了单身生活的时代，只是这时候的单身，和年轻时完全不一样了，有了老家扬州孩子的牵绊，要靠自己照料衣食，有一段时间还在俞平伯家搭伙。思绪可能老是牵挂着扬州吧，朱自清创作了名篇《扬州的夏日》，算是在精神上回到了扬州。对于在扬州的六个子女，朱自清于想念中，还做了一首《忆诸儿》诗：

> 平生六男女，昼夜别情牵。
> 逝母悲黄口，游兵警故廛。
> 笑啼如昨日，梨栗付谁边？
> 最忆迎兼迈，相离已四年。

朱自清家的六个孩子，本来分散在两地，即北京和扬州。在武钟谦病重时，生活在北京的孩子们也随母亲回扬州了。第二句"黄口"，指雏鸟的口喙呈嫩黄色，"黄口"即雏鸟之谓。《孔子家语·六本》云："孔子见罗雀者，所得皆黄口小雀。夫子问之曰：'大雀独不得，何也？'罗者曰：'大雀善惊而难得，黄口贪食而易得。'"所以，"黄口"就用来比喻幼儿了。《淮南子·氾论》有句曰："古之伐国，不杀黄口，不获二毛，于古为义，于今为笑。"这句诗的意思是，母亲去世时，最为可悲的是年幼的孩子。"游兵警故廛"中的"警"，为"犹惊""威胁""滋扰"之意。"廛"，古称一家所居的房地，后代指住宅、市肆。"故廛"即故乡，这里指扬州。在稿本中，朱自清原注为："报载扬州缉私营兵滋扰。"第三句中的"梨栗"泛指小儿吃食。晋代陶渊明在《责子》中有"通子垂九龄，但觅梨与栗"之句。第四句中的"迎"应该是"逖"之误，即指三女逖先；"迈"即长子迈先。1927年1月24日，朱自清迁家北京时，把迈先和逖先交由朱自清母亲带回扬州。朱自清在稿本有自注，云："二儿向随祖母居扬州，馀四儿则新自平归。"

武钟谦的突然病逝，给朱自清带来了很大的打击。可能是怕触景生情吧，朱自清也搬离了和武钟谦共同生活了三年多的清华园西院，搬到南院18号。

难忘的南行

1930 年，对于朱自清来说，无疑是难忘的一年，朱自清独自一人生活、工作在北京清华大学，消化失去爱人的悲痛，消化孩子不在身边的孤独，在同事和朋友们的关心下，心情得以很好地调整，创作也没有停下，特别是在旧体诗创作方面，可以说是他的一个高峰。

这年的暑假开始不久，还有一个好消息让他的精神得到提振——7 月 7 日这天，朱自清在清华大学第十九次校务会议上，经会议议决，被任命为清华大学中文系代理主任。三天后，即 1930 年 7 月 10 日，朱自清心情不错地冒雨取道天津，登上"天津丸"号航轮南下。这次南行，主要是回扬州老家，一是看孩子，二是为武钟谦扫墓。此外，几年未见的上海的老朋友们，也是要一起欢聚数日的。

就是在这次航轮上，朱自清创作了散文《南行通信（一）》。这篇散文，和另一篇《南行杂记（一）》，都是《朱自清年谱》作者之一姜建先生发现的朱自清的佚文，朱乔森开始编辑《朱自清全集》时，并没有找到这两篇文章。《南行通信（一）》发表在 1930 年 7 月 28 日出版的第十二期《骆驼草》周刊上，署名玄玄。"玄玄"这个笔名，取自他的字佩弦的"弦"，有无其他深意，不得而知。有意思的是，这篇"通信"标有"一"的字样，后续便没有二、三了。其实，从《南行杂记（一）》中得知，朱自清是写了《南行通信》之二的，是在这次南下归来的"天津丸"号船上写的，到天津后，继续投给《骆驼草》杂志。但是，"到现在，一个月了，还不见寄到，怕是永不会寄到的了。我一点不敢怪邮局，在这个年头儿；我只怪自己太懒，反正要回到北平来，为什么不会亲手带给编辑人，却白费四分票，'送掉'一封虽不关紧要，到底是亲手一个字一个字写出的信呢？"原来是《南行通信》之二寄丢了。

仅就《南行通信（一）》来看，该文以书信体，通过论述北京的"大""深""闲"的三大好处，表达对北京的好感和眷恋。文中开篇就说："在北京整整待了三年半，除去年冬天丢了一个亲人是一件不可弥补的损失外，别的一切，感谢——照例应该说感谢上苍或上帝，但现在都不知应该说谁好了，只好姑且从阙吧——总算平平安安过去了。这三年半是中国多事的时候，但是我始终没离开北京一步，也总算是幸福了，虽然我只想到了个人。"虽然口气夸张了些，可见朱自清此时心情是不错的，和五月写给毕业学生的临别赠言"变化多、模式多的时代"差不多，这次他用"多事"来形容，而且扩大成了三年半。"三年半"不应该是从他到清华任教的那一年算起，应该是从他于 1927 年 1 月搬家到北京时算起。接下来，才是对北京的印象："在我，也许可以说在我们这一些人吧，北京实在是意想中中国唯一的好地方。几年前周岂明先生就写过，北京是中国最好的居住的地方，孙春台先生也有《北京乎》一文，称颂北京的好处；这几年时代是大变了，但是我的意见还是和他们一样。一个地方的好处，也和一个人一件东西的相同，平时不大觉得，到离开或丢失时，便一桩桩一件件分明起来了。我现在来说几句北京的好话，在你们北京住着的，或者觉得可笑，说我多此一举吧？"朱自清并没有直接夸北京的好，而是先请出周作人，又举了孙春台的文章，然后才说："北京第一好在大。从宫殿到住宅的院子，到槐树柳树下的道路……其实南方许多地方的逼得人喘不出气儿的街道，也是北京生人受不了的。至于树木，不但大得好，而且也多得好。有人从飞机上看，说北京只是一片绿。一个人到北京来住，不知不觉中眼光会宽起来，心胸就会广起来。我常想小孩子最宜在北京养大，便是为此。北京之所以大，因为它做了几百年的首都，它的怀抱里拥有各地各国的人，各色各样的人，更因为这些人合力创造或输入的文化。"第一好之后，接着说第二好："北京第二好在深。我们都知道北京书多。但是书以外，好东西还多着。如书画，铜器，石刻，拓片，乃至瓷器，玉器等，公家收藏固已很丰富，私人搜集，也各有专长；而内阁大库档案，是极珍贵的近代史料，也是尽人皆知的。中国历史，语言，文学，美术的文物荟萃于北京，这几项的人才也大部分集中在这里。北京的深，在最近的将来，是还不可测的。"第三好的闲又如何呢？朱自清说："假如上海可说是代表近代的，北京便是代表中古的。北京的一切总有一种悠悠不迫的味儿。即如电车吧，在上海是何等地风驰电掣，有许多人上下车都是跳的。北京的车子在宽阔的路上走着，似乎一点也不忙。晚九点以后，确是走得快起来了；但车上已只剩疏朗朗的几个人，像是乘汽车兜风一般，也还是一点不觉忙的——有时从东长安街槐林旁驰过，茂树疏灯相掩映着，还有些飘飘然之感呢。北京真正的闲人其实也很少，但大家骨子里总有些闲味儿。我也喜欢近代的忙，对于中古的闲却似乎更亲近些。但这也许就因为待在北京太久的缘故吧。"至此，朱自清把北京的三大特色都说了一遍，这也可以说是他自己的体会。但是朱自清在对上述的体会做了一番"解释"后，又说："好在我这通信是写给一些朋友的，让他们看我的真话，大约是还不要紧的……我现在是一个人在北京，这回是回到老家去。但我一点也不觉着是回家，一切都像出门作客似的。北京已成了我精神上的家，没有走就想着回来；预定去五个礼拜，但想着南方的天井，潮湿，和蚊子，也许一个月就回来了。说到潮湿，我在动身这一天，却有些恨北平。每年夏季，北京照例是要有几天大雨的，往往连下几天不止……我去年曾坐在一间大屋中看玻璃窗外的夏雨，又走到廊下看院中的流水，觉得也还有些意思。但这回却苦坏了我。不先不后，今夏的雨期恰在我动身这天早晨起头！那种滂沱不止的雨，对于坐在大屋中的我也许不坏，但对于正要开始已生疏了的旅行生活的我，却未免是一种虐政了。我这样从西郊淋进了北京城，在恨恨中睡了一觉。醒来时雨倒住了，我便带着这些阴郁的心情搭早车上天津来了。"

朱自清的这篇"通信"落款的日期是"七月十日，'天津丸'中"。

《南行通信（一）》在《骆驼草》周刊发表时，编者在文后加了一段"按语"式的说明文字："某君南去时，我请他写点通信来，现在已付此《草》，希望'源源'而来。他赶大暑中往江南去，将以受了热而怪张怪李，却难说。此文对于北京，虽怀恋的成分多，颇有相当的平允的。惟末段引需要避暑的某君的话，咒诅北京的雨，却未必尽然。我以为不如咒诅香炉灰式的道路。七月十九日平记。"这段"按语"一看就是老朋友的口气，"平记"的平，即俞平伯。

《骆驼草》周刊创刊于 1930 年 5 月 12 日，周作人担任主编，编辑和发行由废名、冯至负责，以发表小说、随笔、诗歌、文学评论、杂文和翻译文学为主，撰稿者主要有周作人、俞平伯、废名、冯至、李健吾、曹聚仁等。这一时期，周作人的不少重要文章都发表在《骆驼草》上，如《论八股文》《水里的东西》《村里的戏班子》《专斋随笔》等。废名的长篇小说《莫须有先生传》也在该周刊陆续连载。俞平伯因和周作人的特殊关系，在得知朱自清南下探亲时，约了朱自清的"通信"。俞平伯希望朱自清的通信源源不断，可惜因第二篇遗失之后，便不再写了。

1930 年 7 月 26 日，朱自清办完了在扬州的家事之后，到达上海，住在俭德储蓄会。第二天中午就到叶圣陶家，参加他的家宴，在座的还有好友王伯祥。下午，又和叶圣陶、王伯祥、周予同一起游览了兆丰公园。兆丰公园是由公共租界工部局于民国三年（1914 年）在"兆丰花园"的基础上改建而成的。"兆丰花园"是英国人勤努·霍格（Ejenner Hogg）于清咸丰十年（1860 年）建造的私人花园别墅，占地面积很大。公园里有一株悬铃木，非常高大茂盛，还有一口大钟也很著名，而景物风光更是自然优美。三人在公园玩了一下午，少不了述说这几年各人的创作、生活情况和分别时的挂念。到了 7 月 29 日这天，朱自清比较忙碌，先是在旅店接待叶圣陶夫妇和王伯祥的来访，又一起去新乐府观看了昆曲。听完昆曲回到旅店稍事休息，再去看望叶圣陶，并且和叶圣陶一起，又去看望了周予同、王伯祥、夏丏尊、章锡琛、吴仲盐、章同光等友人。正如朱自清在《南行通信（一）》里所说的那样，他这次在上海待的时间较久，和朋友们尽兴相聚，直到 8 月上旬，才乘"天津丸"号北返。

这里需要补记的是，在朱自清南行之前，叶圣陶准备出一本短篇小说选，让朱自清来负责选编——这种信任也是朋友间难得的信任。朱自清选编之后，还一连写了两篇和叶圣陶相关的文章，一篇是散文《我所见到的叶圣陶》，另一篇是评论《叶圣陶的短篇小说》。那么，在南行上海的这段时间里，朱自清除了会见友人，还做了些什么呢？有可能就是和叶圣陶讨论他的短篇小说选。不知什么原因，叶圣陶又不想出这部选集了，于是这两篇稿子就一直存在叶圣陶处。在《我所见到的叶圣陶》里，朱自清回忆了与叶圣陶从认识到交往、相知的往事，着重刻画了叶圣陶质朴、平易、天真的形象。《叶圣陶的短篇小说》的评论，着重勾勒了叶圣陶短篇小说的创作路数，即由"爱与自由的理想"到"现实主义手法的完成"的艺术风格和特色。这两篇文章，都由朱自清收入到他后来出版的《你我》一书中，而《我所见到的叶圣陶》直到1948年5月才发表在《开明》新五号上。在上海逗留期间，朱自清还花费了不少时间，写作了旧体诗《白马湖》。这首诗较长，由这次在上海见到夏丏尊等春晖中学的旧友带来的喜悦所引发，讲述了当年在浙江上虞白马湖畔春晖中学的诸多旧事，也怀念自己一家在此居住的难忘生活。

朱自清继续乘"天津丸"北上，于1930年8月上旬，航轮到达青岛时，下船作短暂的休整，与在青岛的杨振声、王统照等人晤面。杨振声当时任青岛大学校长，在他的号召下，青岛大学汇聚了一批有影响的文化人来此任教，如老舍、沈从文、王统照等。朱自清能在青岛下船，主要还是要见见老学长杨振声。王统照在《悼朱佩弦先生》中有过记述：朱自清忽然高兴，"乘船经过青岛住了两天。杨今甫兄是时正任'青大'校长。我由他得假中归来，一天午后三点，今甫与他同到我的寓处。久别晤谈，自然高兴。遂即同往汇泉，沿着海边沙滩闲步，佩弦头一次看到这样涛明波软的浴场，十分欢忻。我们在一所咖啡馆里谈到傍晚才散去。第二天我与今甫送他往码头上船，回时，在车中谈及普罗文学之是否成立。朋友聚谈之乐令人向往。"王统照也是早期文学研究会成员，和朱自清相熟很早。也是在这篇悼念文章中，王统照还回忆了他们初见时的情景："我与佩弦兄之认识远在民八九年间。那时文学研究会北京分会每月总开一次常会，至少总有十多个会友聚谈，其实并无多少会务，只是藉此'以文会友'而已。有两年我曾被举分会书记之责，每次开会由我召集，故与佩弦在此最熟。他生性沉稳，不多说话。"王统照所记，估计是他记混了，文学研究会成立于1921年年初，此时的朱自清已经去南方教书，在"民八九年"间根本不可能在北京相见。这里可能是北京大学新潮社的聚会。

朱自清关于北返途中在青岛这两天的经历，在《南行杂记（一）》中也有描述。开始就抱怨遗失了的第二封"通信"稿件，说："这里是该说青岛了。""我来去两次经过青岛。船停的时间虽不算少却也不算多，所以只看到青岛的一角；而我们上岸又都在白天，不曾看到青岛的夜——听说青岛夏夜的跳舞很可看，有些人是特地从上海赶来跳舞的。"有商业大都市上海人专门来青岛跳舞，青岛确实是很好了，"青岛之所以好，在海和海上的山。青岛的好在夏天，在夏天的海滨生活；凡是在那一条大胳膊似的海滨上的，多少都有点意思。而在那手腕上，有一间'青岛咖啡'。这是一间长方的平屋，半点不稀奇，但和海水隔不几步，让你坐着有一种喜悦。这间屋好在并不像'屋'，说是大露台，也许还贴切些。三面都是半截板栏，便觉得是海阔天空的气象。一溜儿满挂着竹帘。这些帘子卷着固然显得不寂寞，可是放着更好，特别在白天，我想。隔着竹帘的海和山，有些朦胧的味儿；在夏天的太阳里，只有这样看，凉味最足。自然，黄昏和月下应该别有境界，可惜我们没福受用了。在这里坐着谈话，时时听见海波打在沙滩上的声音，我们有时便静听着，抽着烟卷，瞪着那袅袅的烟儿。谢谢Ｃ君，他的眼力不坏，第一次是他介绍给我这个好地方。Ｃ君又说那里的侍者很好，不像北平那一套客气，也不像上海那一套不客气。但Ｃ君大概是熟主顾又是山东人吧，我们第二次去时，他说的那一套好处便满没表现了。"这里的"Ｃ君"，就是杨振声，他是山东蓬莱人，蓬莱也是靠海的地方。"我自小就听人念'江无底，海无边'这两句谚语，后又读了些诗文中海的描写；我很羡慕海，想着见了海定要吃一惊，暗暗叫声'哎哟'的。那知并不！在南方北方乘过上十次的海轮，毫无发现海的伟大，只觉得单调无聊，即使在有浪的时候。但有一晚满满的月光照在船的一面的海上，海水黑白分明，我们在狭狭一片白光里，看着船旁浪花热闹着，那是不能忘记的。而那晚之好实在月！这两回到青岛，似乎有些喜欢海起来了。可是也喜欢抱着的山，抱着的那只大胳膊，也喜欢'青岛咖啡'，海究竟是有限的。海自己给我的好处，只有海水浴，那在我是第一次的。"朱自清这次在青岛逗留，还下海了，"海水最宜于初学游泳的，容易浮起多了。更有一桩大大的妙处，便是浪。浪是力量，我站着跟趵了好几回；有一回正浮起，它给我个不知道，冲过来了，我竟吃了惊，茫然失措了片刻，才站起来。这固然可笑，但是事后真得劲儿！好些外国小孩子在浪来时，被滚滚的白花埋下去，一会儿又笑着昂起头向前快快游着；他们倒像和浪是好朋友似的。我们在水里待了约莫半点钟，我和S君说，'上去吧，W怕要睡着了。'我们在沙滩上躺着。C君曾告诉我，浴后仰卧在沙滩上，看着青天白云，会什么都不愿想。沙软而细，躺着确是不错；可恨我们去的时候不好，太阳正在头上，不能看青天白云，只试了一试就算了。"朱自清在台州和温州都教过书，对海应该不陌生，但从行文中可见，他下海游泳的次数不多。朱自清接着写道："除了海，青岛的好处是曲折的长林。德国人真'有根'，长林是长林，专为游览，不许造房子。我和C君乘着汽车左弯右转地绕了三四十分钟，车夫说还只在'第一公园'里。C君说，'长着哪！'但是我们终于匆匆出来了。这些林子延绵得好，幽曲得好，低得好，密得好；更好是马路随山而下，俯仰不时，与我们常走的'平如砥，直如矢'的迥乎不同。"这次青岛的短暂逗留，因为有好朋友、老学长的引领，给朱自清留下了美好的印象。但也略有遗憾，就是没有去看看崂山，只望了望杨振声指给他的崂山的尖形的峰。

这篇文章是朱自清回到北京后，于1930年9月13日夜间写就的。在此之前的8月16日晚上，朱自清从南方刚回不久，就应俞平伯之邀，到时昌食堂赴宴。这次宴请，有为朱自清接风的意思，俞平伯只请周作人一人作陪。席间，师生三人谈得一定开心，朱自清除谈这次南行的趣事和会见老友外，大约也谈及了那篇丢失的"通信"稿子。而这篇"杂记"是否是由这次宴会催生而来的也未可知。不过可以肯定的是，这篇《南行杂记（一）》发表在当年9月22日出版的《骆驼草》周刊第20期上。和《南行通信（一）》命运相同的是，《南行杂记（一）》也只到"一"而止了。

欢送吴雨僧赴欧

吴雨僧即吴宓，雨僧是他的字。吴宓出生于1894年，比朱自清大四五岁，他原名玉衡，陕西泾阳县人，1907年就读于三原宏道学堂，1911年考入清华学堂（清华大学前身）留美预备班，属于正宗清华人。吴宓毕业后即留学美国弗吉尼亚州立大学，后转入哈佛大学研究生院。1921年回国后，先任教于东南大学。后到清华外文系任教，成为清华的名教授。1930年8月18日，即朱自清从南方归来不久，朱自清就和浦江清、赵万里一起，在中央公园长美轩设宴，为即将赴欧洲访学的吴宓饯行。

1930年的中央公园，已经于1928年改成中山公园，但大家还是习惯上称中央公园。中央公园的前身是明清两朝皇室的社稷坛，1914年被辟为中央公园并对外开放。长美轩就是坐落在中央公园西侧的一处高档茶社，也经营宴席，饭菜很有特色。在20世纪二三十年代，来这里喝茶、吃饭的教育界、文化界、知识界、出版界人士很多，店里备有在当时很有名的报纸和杂志，也有新文学书籍。鲁迅、马叙伦、周作人、钱玄同、沈从文、朱光潜、林徽因等人常来这里雅聚。长美轩有一道"马叙伦汤"很有名，据说是马叙伦亲自研创发明的，在其所著的《石屋余瀋》中有详细介绍。据说不少人也是冲着这道汤来的。

中央公园除了长美轩有名外，还有一家来今雨轩茶社也很出名，1921年成立的文学研究会就是在来今雨轩召开的成立大会。1921年1月2日，郑振铎写信给周作人，邀请他参加成立仪式，信中说："文学会开成立会，如先生可以，务请必至，时间为 1 月 4 日，地点在中央公园来今雨轩，请注意，不在水榭。"鲁迅也常到这里来喝茶，他在 1924 年 5 月 30 日日记中写道："遇许钦文，邀之至中央公园饮茗。"许钦文后来在《来今雨轩》一文中详细回忆了当时的情况。

朱自清和浦江清、赵万里一起为吴宓送行，一来是四人过从甚密，气味相投；二来因为朱自清也准备明年赴欧洲访学，在此之前先了解一下吴宓的欧洲之行的行程和访学的学校，等他从欧洲归来后，能有些经验提供给朱自清。长美轩的茶点、饭菜和优雅的环境，必定让四人感到和谐完美。吴宓善谈，借着酒意，中西古今，必定好好发挥一番，也必定是皆大欢喜。这次宴聚不久，朱自清又于 1930 年 8 月 25 日赴吴宓家中聚餐，虽然是在吴宅，却是叶石荪的邀请，在座的还有叶公超。两次欢聚之后，朱自清诗情大发，于 1930 年 9 月 11 日作诗一首，即《送吴雨僧先生赴欧洲》，诗曰：

> 惺惺身独醒，汲汲意恒赊。
>
> 道术希前古，文章轻世华。
>
> 他山求玉错，万里走雷车。
>
> 短翮难翻举，临歧恨倍加。

首句"惺惺"一词，比喻吴宓清醒的面貌。唐代杜甫在《喜观即道复题短篇》之二中有"应论十年事，愁绝始惺惺"之句。"独醒"也是呼应"惺惺"的。屈原《渔父》有名句云："举世皆浊我独清，众人皆醉我独醒。""汲汲"即急切的样子。《礼记·问丧》篇中有"其往送也，望望然，汲汲然，如有追而弗及也"之句。"恒"即常之意。晋代陶渊明在《九日闲居》里有"世短意恒多"之句。"赊"即多之意。唐代郎士元在《闻吹杨叶者二首》其二中也有一句"胡马迎风起恨赊"。朱自清在诗中引用这么多复杂的典故，也可以看出吴宓身上多变且可爱的性格。第二句中的"道术"即道德学问之意。"希"，这里作仰慕意。《后汉书·赵壹传》中有"仰高希骥，历年滋多"之句。"前古"即古代。宋代梅尧臣在《将行赛昭亭祠喜雨》中有一句"人经兴瘼叹，事往成前古"。"世华"即世俗的荣华。唐代王绩在《策杖寻隐士》中有"岁岁长如此,方知轻世华"。第三句中的"求玉错",不是错了的错,这里指用来打磨玉石的石头。《诗经·小雅·鹤鸣》中有"它山之石,可以为错"之句。此句可以理解成吴宓以欧洲之错来打磨自己的这块美玉宝石。第四句中的"短翮难翻举"是朱自清自谓。"翮",鸟的翅膀。"临歧"即临岐,本为面临歧路的意思,后也用于赠别之辞。唐代杜甫在《送李校书》中有"临岐意颇切,对酒不能吃"。

朱自清在做完这首送别诗的第二天,即9月12日,就和朋友们一起去北平东火车站送别吴宓一行(和吴宓结伴同行的,还有冯至等)。一起前来车站的,还有张奚若、钱端升、杨震文、徐祖正、赵文玭、浦江清、赵万里等友人。

也是在这个月里,清华大学1930年度第一学期开学,朱自清开设的课程有"古今诗选""歌谣""高级作文"(与俞平伯、杨振声合开),以及"大一国文"等课。此外,受燕京大学中文系主任郭绍虞的邀请,朱自清前往该系兼课,讲授"中国新文学研究"。关于在燕京大学兼课的事,郭绍虞在《忆佩弦》一文中有介绍:"在以前,佩弦在清华,我在燕京,距离得很近;而且我兼着清华的课,佩弦又兼着燕京的课;燕京方面限制教员兼课了,我就与佩弦交换着教,佩弦教的新文艺,我教的文学批评史。直到后来,连交换着教也不可能了……但佩弦在燕京的课还一直照就(旧),没有变更。为此关系,所以见面的机会特别多。中间再有一个时期,我们都开'陶诗研究'一课,彼此之间,交换着搜集的材料与新获的意见。在那时,学问上的切磋,真可以说得到无穷的快乐。"而在1930年9月28日这天,朱自清还完成了一篇语文杂论《论中国文学选本与专籍》。该文深入浅出地探讨了好的文学选本对于中学生培养鉴赏力与表现力的作用,以及高中和初中学生分别应该读什么样的选本。

同事兼朋友吴宓的这次欧洲之行,也搅动了朱自清心中的平静,再有一年,他也有资格申请去国外留学了。

和陈竹隐的爱情

朱自清和陈竹隐的爱情，要从昆曲说起。

清华大学经常有曲会，在工字厅度曲，俞平伯是最热心者之一，自己唱，夫人也唱。那时候，昆曲已经淡出"江湖"很久，成为高雅的小众艺术，文人雅士都会在聚会时唱上几曲。俞平伯不但拍曲成瘾，还作词填曲，比如和刘凤叔就合作过一支《偕游灵隐寺归鞭一套》，还自谱自作了不少，如《江儿水·京寓书怀》等。对于俞平伯热心拍曲，朱自清还向周作人打过"小报告"。1927 年 12 月 14 日，周作人致江绍原的信中，提到俞平伯时，有这样的话："平伯在京，一如曩昔，闻佩弦说他仍很热心于拍曲，可以想见他的兴趣不减于当初。"特别是到了 1930 年 10 月，俞平伯从城里的老宅老君堂搬出，到清华园南院 7 号居住时，和住在 18 号的朱自清相距不远——如前所述，武钟谦因肺炎回扬州养病时，朱自清便从西院搬到南院。俞平伯还把自己的家命名为"秋荔亭"，既无荔，也无亭，一听就是个曲会雅聚之所。事实上也正是如此。一时间更是鼓声不断，曲声悠扬。

朱自清另一位清华大学同事溥侗是位老先生，号西园，别署红豆馆主，是清室后代爱新觉罗氏，世袭镇国将军、辅国公。此人是个大才子，自幼钻研琴棋书画，收藏金石碑帖，通晓词章音律，精于治印，更酷爱京昆艺术。溥侗有个学生叫陈竹隐，1904 年 7 月 14 日出生，名宝珍，字竹隐，以字行。父亲陈正新生有子女十二人，陈竹隐是老小，是陈家的掌上明珠。但全家只靠陈正新教私塾及估衣铺的收入维持，生活清苦。在陈竹隐 16 岁那年，不幸降临——父母双双去世。此后，她考入四川第一女子师范学校就读。师范毕业后，在青岛电话局工作，做一名接线员，一年后又重新考入北平艺术学院，师从齐白石、寿石工、萧子泉等老师，专攻工笔画，也学习昆曲。陈竹隐于1929年从北平艺术学院毕业后，在北平第二救济院找了份工作，因不满院长克扣孤儿口粮愤而辞职，以当家庭教师教人作画为生，同时在溥西园门下学习昆曲。溥侗的女弟子大概不少，浦江清《清华园日记》1930年12月26日记云："贞芳有二位老师在座，更拘束。……我们要求她们唱昆曲，仰贤先唱了，她没有办法，勉强也唱了一个（《琴桃》的首段）。她们是跟溥西园新学的。""二位老师"是指叶公超和朱自清。这天是浦江清的生日，他请在燕京女校读书的女朋友贞芳吃饭，并请叶公超和朱自清作陪，虽然席间"拘束"，但唱曲还是唱了。可见，那时候，不仅在清华，就是北京的其他高校，也是把能唱几句昆曲当成高雅和时髦的爱好的。

朱自清和陈竹隐的认识，事实上就是昆曲做的媒。

那是1930年秋的一天，由溥侗、叶公超牵线搭桥，朱自清和陈竹隐相识了。朱自清为此做了一首《无题》，诗曰：

　　婀娜腰肢瘦一围，入时鞋履海红衣。

　　盈盈巧笑朱唇晕，脉脉无言慧眼微。

　　渐啭歌喉莺语滑，长留馀韵栋尘飞。

　　沉吟踯躅浑疑梦，荏染东风细雨霏。

这是一首情诗，写和陈竹隐初见时的感受。首句中的"婀娜"指面貌的轻盈柔美。曹植的《洛神赋》中有"含辞未吐，气若幽兰。华容婀娜，令我忘餐"之句。"围"，这里作量词，有两种解释，一是，两手拇指和食指合拢的长度；二是，两臂合拢的长度。此处为前者。唐代杜牧的《为人题赠二首》其二中也有"凝腰素一围"。"入时"，合乎时尚。唐代朱庆馀在《近试上张籍水部》中有诗句曰"妆罢低声问夫婿，画眉深浅入时无"。"海红"，果名，也或花名，这里指颜色。第二句中的"盈盈巧笑朱唇晕"可参看宋代赵长卿

《临江仙》中的"破额盈盈巧笑"和宋代曹勋《风流子》中的"朱唇晕酒，脸红微透"。"脉脉"，凝视貌。《古诗十九首》之《迢迢牵牛星》中有"盈盈一水间，脉脉不得语"之句。第三句中的"啭"，即转折发声。宋代刘克庄在《次韵张秘丞皱玉诗》中有一句"不烦绮席啭歌喉"。"莺语"，莺的啼鸣声。唐代白居易在《琵琶行》中有"间关莺语花底滑"。"栋"，即梁。栋尘飞即梁尘飞。《太平御览》卷五七二引汉刘向《别录》中有"汉兴以来，善歌者鲁人虞公，发声清哀，盖动梁尘"。后以"梁尘飞"来形容歌曲的高妙动人。晋代陆机《拟古诗·拟东城一何高》中有"长歌赴促节，哀响逐高微。一唱万夫叹，再唱梁尘飞"。这里指陈竹隐曾习昆曲。最末一句"沉吟踟蹰浑疑梦，荏染东风细雨霏"，可参看宋代虞俦的《和耘老弟冬夜闻雨有怀》，诗中有一句"檐花细落浑疑梦"。"荏染"，温柔之貌。《诗经·小雅·巧言》中有"荏染柔木，君子树之"之句。"霏"，飘扬。《诗经·小雅·采薇》有"今我来思，雨雪霏霏"。

朱自清初见陈竹隐，留下了美好的印象，再没有比以一首诗来表达更完美的了。这不是朱自清第一首为陈竹隐写的《无题》诗，也是在 1930 年 10 月间，还有一首也很感人，诗曰："五载闻声思渺绵，一从相见意难捐。亭亭寒菊秋风里，漠漠飞鸿白日边。伫苦停辛频阅世，微矉浅笑亦随缘。沉吟莫测君心曲，泣路悲丝只自怜。"接下来，他们进入了热恋的阶段。热恋中的情侣，书信往来是必不可少的。1930 年 12 月 4 日，朱自清给陈竹隐写了一封信：

竹隐女士：

　　女师院《季刊》及手书，都已收到。大作颇有意境，但平仄尚未尽谐；多作可渐熟耳。嘱为改易，殊不敢承；重违雅令，姑就来函所述作此词缘起，略加点窜，录如别纸，狂妄勿罪！

　　本星期六五时半，奉约女士及廖、敬、罗三女士，至光陆观《璇宫艳史》，不知得暇否？清约五时十分在青年会相候。如不能来，则当于星期日下午一时半到石驸马奉访，同至光陆也。祝

好！

朱自清

十二月四日灯下

顷决定星期日下午一时半奉访，因星期六恐不得暇也。

五日早 又及

　　这是目前看到的朱自清给陈竹隐的第一封信。从他们相识到这封信的内容推测，应该不是第一封信。陈竹隐收到信后，接连给朱自清回了两封信：

自清先生：

　　赐书悉。星期日叨扰过甚，至今犹感不安。

　　电影看半段较看全段有味之说，甚表同感。因为我自来就是赞赏"缺限美"的人，总觉得一切事到了十足无扣的地步，不如有缺限时之耐人寻味。即如好的文艺创作，只应写到八九成，让读者去寻出十成或十成以外的趣味，惟呆笨的作家，才是作十足无扣的所谓"忠实"的描写。质之高明，以为如何？

　　明日又是星期，若有暇，盼到我处谈谈，因三妹甚愿聆先生教也。此颂

教棋！

陈竹隐

　　又女师大《学术季刊》已代购好，见面时再奉上。

　　从这封所说的内容看，陈竹隐也是一位文艺青年，而且是个资深的文艺青年，关于艺术"缺限美"的认知非常具有美学感知。而那段关于文艺创作中"只应写到八九成"的议论，就是一个行家了。

　　第二封信：

先生：

　　这一周来，真不知忙些什么，竟连提笔写信的工夫都没有。其

305

实，又并未做了什么事，一天天的时光，都是在不经意中便逝去了。

好，"师生"的感情既是不如"朋友"的深厚，那就遵命取消了"夫子"的称谓。不过，名义上的"夫子"虽然取消，实际上的"夫子"还得继续保留下去。——这大概总可以同意吧？

词承改正后生色不少，且意亦深远。年假中先生空暇较多，想多写点东西来领教。

回来因为看了一本新诗集，引动了作兴，也很想尝试，但又有些胆怯。先生亦长于新诗，请指示一点途径！

近况如何？精神较佳否？念念！此颂

教祺！

陈竹隐

只看信上的表述，已经是热恋阶段了。在接下来的大半年的时间里，他们频繁见面，书信不断。如果从 1931 年 8 月 22 日朱自清去欧洲访学那天截止，朱自清给陈竹隐的情书一共有 46 封。从朱自清对陈竹隐的称呼变化中，可以看出他们爱情的走向和亲密程度，最开始是谨慎的"竹隐女士"，接着是"竹隐弟"，然后依次是"隐弟""隐姊""竹隐姊""竹隐""隐""亲爱的隐""亲爱的隐妹""亲爱的宝妹妹""亲爱的宝宝"。朱自清的落款也由"朱自清""自清""清"，到"你的清""你的弦"。同样，陈竹隐情书中的称呼，也是递进式的："自清先生""先生""自清兄""佩哥""佩弦"，落款也由"陈竹隐""竹隐"到"隐妹"。

1930 年 12 月 27 日那天，浦江清在日记中记录了他去清华园南院访朱自清时的情景，说朱自清和陈竹隐刚游西山归来，还没来得及吃晚饭。接着就说朱自清已经和陈竹隐恋爱的事，对陈竹隐也做了一番介绍，说陈唱昆曲很好，和朱自清"交情日深"。和陈竹隐的这次西山之游，朱自清还作诗三首记之，同时表达了对陈竹隐的衷心感激之情。诗云：

文书不放此身闲，秋叶空教红满山。

片片逢君相寄与，始知天意未全悭。

薜荔丹枫各自妍，缤纷更看锦丝缠。
遥思素手安排处，定费灵心几折旋。

经年离索黯营魂，飒飒西风昼掩门。
此日开缄应自诧，些须秋色胜春温。

到了 1930 年 12 月 31 日，清华园在大礼堂搞新年晚会，陈竹隐也被请去唱了一出《游园》。陈竹隐在《追忆朱自清》一文中说："我与佩弦的相识是在一九三一年。那时，因为我常到溥熙元老师那儿去参加'曲会'，老师看到我一天天长大了，北京也没有亲人，便很关心我的婚事，他就与当时清华大学中文系导师叶公超谈起我，并请他帮忙。这一年四月的一天，溥老师带我们几个女同学到一个馆子去吃饭，安排了我与佩弦的见面。陪坐的还有两位清华大学的教授。那天佩弦穿一件米黄色的绸大褂。他身材不高，白白的脸上戴着一副眼镜，显得挺文雅正气，但脚上却穿着一双老式的'双梁鞋'，又显得有些土气。席间我们很少讲话。……佩弦是个做学问的人，他写的文章我读过一些，我很喜欢。他的诗歌与散文所表现的深沉细腻的感情，所描绘的一幅幅恬静、色彩柔和的画面，以及那甜美的语言，都使我很受感动，我很敬佩他。以后他给我来信我也回信，于是我们便交往了。"陈竹隐女士的文中有三处误记，一是"一九三一年"应为 1930 年，"四月的一天"应为秋天，"溥熙元"应为溥西园。可能是年代较长，仅凭记忆还会有差错的——这样的见面，在当时已经是很新式很浪漫的了。

朱自清和陈竹隐的爱情就这样开始了。在 20 世纪 30 年代的清华、北大文化圈内，特别是和朱自清关系密切的朋友之间，都为朱自清重新找到情感寄托而感到高兴。小范围内也常有人议论议论，都是善意的祝福。比如浦江清、叶公超、俞平伯等。浦江清在 1931 年 1 月 25 日日记里说："佩弦与陈女士已达到互爱的程度。陈能画，善昆曲，亦不俗，但追求佩弦过于热烈，佩弦亦颇不以为然。佩弦在这里已满五年，照校章得休假一年，资送国外研究。他要到英国，想回国后再结婚，陈女士恐不能等待了。"1931年7月17日俞平伯写信给周作人，说到朱自清和陈竹隐的婚事，俞平伯说："觉得典故之有味，又寻得一句将来可以写在红纸上送贺礼的话，即是'渐近自然'四字，只是有点流氓气耳。""渐近自然""流氓气耳"，暗示他们的关系已经发展得非同寻常了。朱自清也不避讳，和俞平伯等朋友聚会时，也会谈起陈竹隐。朱自清相约和陈竹隐见面更是越来越频繁。本来，夫人武钟谦于1929年11月26日逝世以后，朱自清内心难过，不准备再娶。1930年清明节，还作诗二首，表达了对亡妻的思念之情。但是，六个孩子实在让他劳心分神，辛苦万分，觉得一个人的力量真是不够，于是在思想摇摆一段时间后，才去相了亲。朱自清和陈竹隐的和谐相处，许多人都看在眼里，为他们高兴，不过别人看到的毕竟是表象，比如浦江清，说陈竹隐"追求佩弦过于热烈，佩弦亦颇不以为然"，其实是不对的。恰恰是陈竹隐开始对朱自清还有些"犹豫"，主要就是相亲时，朱自清穿的那双老款的"双梁鞋"引起的。大约是陈竹隐在同学们中间说过朱自清的穿着，"双梁鞋"让女同学们笑了半天，说坚决不能嫁给这个土包子。这当然是玩笑话了。在朱自清再约她时，她都是欣然赴约的。时间不长二人就很亲密了，所以才有好朋友俞平伯的"渐近自然"之说。陈竹隐在《追忆朱自清》一文里也透露："那时我正住在中南海。佩弦常常进城来看我。我们共同游览瀛台、居仁堂、怀仁堂；有时共同漫步在波光潋滟的中南海边，有时清晨去钓鱼。一次我居然钓到一条半尺长的鱼，还请佩弦喝了鱼汤。"

1931年5月16日，朱自清和陈竹隐订婚了。朱自清在给陈竹隐的信中说了感谢的话："十六那晚上是很可纪念的，我们决定了一件大事，谢谢你。"当时的清华，离城算是很远了，每天有校车往来，所以书信成为二人诉说情感的重要媒介。比如1931年6月12日朱自清的情书中写道："一见你眼睛便清明起来。我更喜欢看你那晕红的双脸，黄昏时的霞彩似的。谢谢你给我的力量！"

1931年8月22日，朱自清从北京出发，取道东北赴欧洲留学。留学期间二人依然书信不断，除了告知各自的生活、学习情况，更多的是诉说思念之情。

朱自清和俞平伯关系密切，特别是俞平伯也到清华和朱自清成为同事后，两个人更是经常一起聚餐，一起参加活动，一起外出旅行，几乎形影不离。朱自清在俞平伯家吃过一次豆糜粥，还专门作诗记之：

> 俨然松粉香喷鼻，遥想青青出釜时。
> 火钵承筐纤手泻，磨床堆雪尺涎垂。
> 碧鲜照箸调秔粥，软滑经唇厌肉糜。
> 此是浙西好风味，主人分惠不忘之。

这首题为《平伯家进豆糜粥》诗，是朱自清在品尝了俞平伯家美味可口的豆糜粥后的有感而发，用许多夸张的词加以褒奖。两人见面的次数，仅以1931年1月为例，就有十余次，如1月1日元旦这天，先是俞平伯到朱自清家不遇，中午朱自清就到了俞平伯家，还一起吃了午饭。4日晚，朱自清再到俞平伯家吃晚饭，饭后又和俞平伯来到家里，再次畅聊到深夜。7日中午，朱自清又去俞平伯家吃午饭，欢迎来访的周作人和沈启无。沈启无是江苏淮阴人，1902年生，诗人，学者，在当时，他与俞平伯、废名、江绍原并称"周作人四大弟子"。但是到了1944年3月，周作人公开发表《破门声明》，断绝与其一切关系。8日晚上，朱自清参加浦江清邀宴，赴清华园西客厅，又与俞平伯相遇，在座的还有顾随、赵万里、叶石荪、钱稻孙、叶公超、毕树棠等。

1931 年 4 月 10 日，朱自清和俞平伯相约出游，这一次，二人同游了阳台山大觉寺。

此时，从清华大学到阳台山的路还是土路、山路，曲曲弯弯二三十里。山上的自然风景极佳，林木茂盛，怪石嶙峋，间或生长着许多稀有的树种。在古树名木的掩映下，分布着大大小小的祠宇、庙观。每年清明一过，山上的杏花、桃花、梨花次第开放，浅红、深红、粉白，远近高低，一层一层，特别入眼，而大觉寺里的那株百年玉兰也竞相开放，玉洁香浓。在清华大学，朱自清和俞平伯都是爱旅游的人，工作、教学、写作之余，总是要抽时间出去放松放松。就说 1931 年 4 月 10 日进山之前吧，俞平伯于 4 日下午，还偕夫人游玩了玉泉山，天黑才回来；4 月 7 日上午，又和陈寅恪一起，同游了万寿山；4 月 8 日，和夫人又游玩了翠微山，还去了八大处踏青；4 月 9 日，又和夫人一起游玩了沙河、汤山公园等地方，同游的还有陈寅恪等人。连续的游玩显然勾起了俞平伯的游兴，他在 4 月 8 日的日记中写道："近日屡出游，不能收心，今日天气晴美，又动游兴，下午雇汽车同环游翠微。""环"，即他的夫人。就是在这样的游兴中，又邀请了好友朱自清同游阳台山，朱自清欣然同意，并相约 10 日一早，在燕京大学会合。

朱自清能够欣然应约，除了因为和俞平伯是知交好友外，自己也喜欢郊外山野的自然风光。而且他此时心情大好，正和陈竹隐热恋中，去郊外远行，赏花听泉看风景，也是好心情的一种延续和表现。朱自清住在清华大学，他比俞平伯早到了约定地点，即燕京大学校友门。朱自清看来是做了充分的准备的，他已经花一块二毛钱雇了头小毛驴在此静候俞平伯了，还带了不少吃的。据俞平伯游记散文《阳台山大觉寺》一文中说，朱自清带有"粉红彩画水持一，牛肉面包一包"。牛肉面包我们都懂，"粉红彩画水持"是什么呢？联系后文，"水持"应该是一种装水的容器，容器上绘有粉红色彩画，事实上就是一个讲究的便于携带的水壶。水持的叫法较为古老，俞平伯旧学好，所以会沿用古称。另外，水持也可以是书房用品，用来盛装磨墨用的水，还会附带一个小勺。主流的水持为鼓圆形，材质多样，有白瓷、青瓷、三彩等，也有金属器或玻璃器。但俞平伯显然不是说朱自清带的是书案上的水持，这样说，只表示是一种高级的盛水的容器。二位好友见面后，朱自清也劝俞平伯雇一头小毛驴。可能觉得骑着毛驴，才像一个旅人的样子吧，古代文人，骑驴旅行是家常便饭，人力车似乎总沾有一点现代意识，不能体会旧式文人游览时的情趣，而且上山费力，下山又要飞奔，颇为不便，甚至还不太安全。俞平伯没有听朱自清的劝，不但雇了一辆人力车，而且车夫还是两个人，因为拉车上山是很费力气的，需要有人轮换。车价呢，也比小毛驴贵了不少——二元五角。俞平伯说"舍驴而车有四说焉"，即"驴之为物虽经尝试而不欲屡试，一也；携来饮食无车则安置不便，二也；驴背上诚有诗思，却不便记载，三也；明知车价昂，无如之何耳"。朱俞二人略做寒暄后，朱自清骑上小毛驴，俞平伯坐人力车，开始向阳台山进发了。这支小型的队伍，让人感觉有点滑稽和可笑，也很好玩儿，这里的"滑稽和可笑"并非贬义，而是非常符合二人的性格。朱自清背着粉红彩画的水持，包袱里是几枚牛肉面包和英国罐头，优哉游哉地骑着小毛驴，水持特别招眼。前边是一身短打的驴夫，牵着毛驴慢慢前行。身后跟着一辆人力车，车上是世家子弟俞平伯，车上还载有他带来的不少吃食等物品，一车夫拉车，另一车夫边上行走，随时准备替换，而行走者的步伐居然和朱自清的驴夫相一致。

这次旅行，俞平伯有游记《阳台山大觉寺》行世。在文中，他有着详细的描写，显然是事先做了功课的，从几时出发，行到何处，看见什么景点，都精确到几时几分，如此才让我们在多年以后，还能如临其境地感受到朱自清骑着小毛驴和他一起出行的风采。比如七时五十五分，过颐和园时，见到"浅漪一片，白鸭数只"。八时四分过安河桥后，"转入大道，亦土道也，特平坦，不复香灰耳。夹道稚柳青青，行行去去，渐见西山，童秃为主，望红石山口（俗呼红山口），以乘车不得过，循百望山行"。可见这条土路上，尘土曾经像"香灰"一样，人畜经过，会腾起烟尘的。好在"稚柳青青，行行去去"，于灰头土脸的景色中，显现出些许生机。而过红石山口时，他的人力车就不如朱自清的小毛驴方便了，必须下车，陪着车夫行走。朱自清则骑在毛驴背上，驴蹄"嘚嘚"有声，颇为悠闲自在。更有意思的是，八时三十分过"西北望"时，必须"停车上捐，铜子十枚，驴则无捐"。哈，朱自清又省了一小笔开销。上山时，骑驴还是比人力车更方便些，这时候的两个人力车夫，不知是轮着拉的，还是一起合力。驴夫只有一人，只需牵驴加鞭。一路上，看到沿途的风景，朱俞二人也是相聊甚欢，这里指指，那里望望，不时点评或赞叹一番，如有不懂之处就问三位随行，基本上都能得到满意的答复。但也有车夫们不懂之处，比如到九时六分时，他们从一个村庄穿过后，"此十里间，群山回合，其中原野浩莽，气象阔大"，俞平伯取出携带的《妙峰山琐记》，一查，知道是"蜘蛛山顶"，问"跌死猫盘道如何如何，驴夫之言莫能详也"。车夫大约也是不知道的。不过，"跌死猫盘道"这名字只从字面上看，也略知山路是险峻的。九时十四分，到达龙王祠。车和驴都由车夫看管，朱俞二人便去祠中游览。龙王祠的大殿在很高的石阶顶端，朱自清来过龙王祠，印象大约不怎么样，他告诉俞平伯，没有什么好看的，白费力气而已。于是便去看了黑龙潭。黑龙潭的景色如何呢？俞平伯是这么描写的："潭以圆廊绕之，循廊而行，从窗牖间遥看平畴，近瞩流水，即潭之一胜也。下临潭，不广而清，如绿琉璃，底有砾石。窄处为源，泡沫不盛。"朱、俞二人在潭边坐下，拿出所带的食物饮品，边吃边欣赏，朱自清看着潭水，评论说，此绿绿得老，不如仙潭嫩绿。形状也如……说不出。俞平伯同意他的观点，因为黑龙潭非方非圆，也不是三角形，不好形容。补充了能量之后，继续向目的地进发，九时五十分过白家潭，十时二十分过温泉疗养院，很快就到了周家巷。朱、俞二人居高远眺，隐约能看到北安河。再看半山腰上，"群山一桁，山腰均点缀以杏花"，朱自清欣赏之余，略有遗憾地说，杏花好，可惜背景差了点。背景就是整体的山体还是灰色的，树枝和山草还没有绿。十时四十六分，他们到达了目的地大觉寺。在大觉寺游览了一会儿，朱自清还去塔后的蓄泉池看了看，池后有一小楼，不高，朱自清登楼而望，返回告诉了俞平伯所看之景。和平常所有野外游览者一样，玩累了，补食，口渴了，补水，到了目的地，必定要大吃一番的。俞平伯带来酱肉、肉松、鸭卵等好吃的。朱自清也带来英国进口的罐头。可是，罐头密封太好，没有专用的工具，很难打开。恰巧有寺内一小童经过，看朱自清很费力气的样子，而且肉汁都流出来了，还是无济于事，便自告奋勇，拿到香积厨，帮忙打开了。朱自清便给了他铜子二十枚，面包两片，算是酬劳。二人吃了罐头、肉松、牛肉、面包，又吃了甜梨（那时候能保存甜梨，很不容易了，疑是罐头）。吃饱喝足后，登上了领要亭，欣赏寺内风景。小童看这二位都是大好人，一直尾随着。朱自清又给了他十枚赏钱，请小童领着看了殿里殿外。这次算是把大觉寺都看了个遍。十二时十分，游览告一段落，便登车上驴，返程。

上山容易下山难，概因为上山时，精神十足，下山时，经过长时间的奔波，已经疲惫不堪了。人是如此，毛驴亦是。朱自清的"坐骑"已经走了几十里路，相当长的一截路还是上山路，下山时，不再像来时"嘚嘚"有声，一路小跑了，而是"雅步时多"，几乎做散步状了。驴夫告诉朱自清，小毛驴连日来，多次驮游客到香山卧佛寺等处赏景看花游玩，已经劳累不堪了。而俞平伯的人力车，此时是下坡，车赶人走，走起来相对容易，常常要停在路边，等等朱自清的小毛驴，等小毛驴跟上来时，再次启动。十二时四十五分，俞平伯到了温泉疗养院时，过了五分钟，朱自清才到。按照事先的计划，他们便在此处停留，痛快地泡了个温泉澡。俞平伯在《阳台山大觉寺》一文里说："此地有垂杨流水，清旷明秀，食浴均可。坐廊下饮西山汽水二，即入浴。人得一室，导汤入池，池形似盆，而较深广。平常浴水入后渐凉，猛加热汤又增刺激，此则温冷恰可，久而弥隽，故佳品也。至内含硫质有益卫生否，事近专门，予不知云。可惜者，池两端各一孔，一入一出，虽终日长流，而究不能彻底换水。"浴罢出来，已经是下午一时三十五分了，上车的上车，骑驴的骑驴，一行人继续下山。路过一村庄时，朱自清的小毛驴越发地缓慢了。朱自清调侃道，去的时候骑驴是军政，现在是训政时期，宪政还没有到哩。话音一落，不知是小毛驴腿一软，还是别的什么原因，朱自清从驴背上掉了下来。还好还好，没有造成事故，不过逗了大家一乐而已，为这次旅行平添了一点谈资。俞平伯也笑道，幸无伤，然则训政时期到否亦有问题也。二人同行至"西北望"时，俞平伯和朱自清相约在清华会合。人力车先跑了起来，眨眼不见踪迹。山道上，只有朱自清骑着小毛驴，在驴夫的陪伴下，缓慢而行了。好在朱自清并没有坚持骑驴到底，到了万寿山时，便"易骑而车"了。下午四时许，和俞平伯在清华南院会合，二人又"小息饮茗"，于五时半，朱自清和俞平伯分手，一天的游览到此结束。

朱自清和俞平伯多次结伴同游，在上海，在杭州，在白马湖，在南京。特别是南京秦淮河的那次同游，更是成就了现代文学史上的一段佳话。二人相约所作的《桨声灯影里的秦淮河》同时成为名篇。这次同游大觉寺，一路谈说，赏花看景，还泡了温泉浴。以朱自清的文学才华，写一篇文章应该信手拈来，不在话下。难道不是吗？俞平伯第二天就写成了一篇《阳台山大觉寺》，虽然是"流水账"式的写法，却也处处显露出文采来。朱自清没有作成一篇游记，可能也和他与陈竹隐处在热恋期有关。从《朱自清全集》"书信卷"中，仅在他游览的前后十数天里，就和陈竹隐频繁通信，如1931年3月10、11、17、19、21、23、31日，就给陈竹隐写了多封信；4月8、13、16、21日，又多次写信。从信的内容看，都是述说别后情形并约下次见面时间的。见面要花时间，写信再花时间，留给写作的时间就不多了。另外，这一时期的创作不够勤奋，和他的写作观的改变也有关系。同样是在1931年3月，朱自清写了一篇《论无话可说》，"十年前我写过诗；后来不写诗了，写散文；入中年以后，散文也不大写得出了——现在是，比散文还要'散'的无话可说"。为什么无话可说呢？朱自清阐述道："许多人苦于有话说不出，另有许多人苦于有话无处说；他们的苦还在话中，我这无话可说的苦却在话外。我觉得自己是一张枯叶，一张烂纸，在这个大时代里。……但是为什么还会写出诗文呢？"从朱自清的话里，我们大致能理解他"无话可说"的缘由了。由于心情使然和写作观念的犹豫不决，使他没有像俞平伯那样很快就写出一篇游记来。而就在俞平伯写作的当天，朱自清还到俞家去看望了俞平伯，少不了会说到这次充满趣味的旅行，俞平伯也许会把稿子拿给朱自清看看。

后来朱自清还有两次游大觉寺的经历，两次都是骑毛驴，第一次是1934年4月17日了，同游的除了俞平伯外，还有夫人陈竹隐和清华教授陈寅恪。按照节气来算，此时的玉兰花应该开败了，而杏花、桃花又正是时候，朱自清就是骑驴去管家岭观看了杏花，又游了七王坟、金山及鹫峰寺等附近的景点。朱自清在当天的日记中说："鹫峰寺顷为林行规别庄，又松树，亭亭盖一院，极幽致。前与平伯游大觉寺，至寺而止，颇以为恨，今得畅游，甚欢也。"第二次是在 1935 年 3 月 29 日，朱自清当天的日记日："游大觉寺，玉兰盛开，景色之美，前所未见。我们在宽心亭内野餐，周围杏花甚多。傅增湘去年在此兴建了不少亭子。有一亭在大觉寺与大空寺之间的小山上。大空寺毫无意思，寺内外的花卉也未开放。吃得甚好，惜六人另走一路，未与我们一同进餐。我租雇了一头毛驴，但它奔跑时我总掌握不好重心，有一次险些摔下来。这次郊游颇尽兴。"

阳台山大觉寺，现在叫西山大觉寺，始建于辽代咸雍四年（1068 年），以清泉、古树和玉兰花而闻名，寺中的古树名木很多，有 160 多株，银杏树拥有 1000 年以上的树龄，玉兰也有 300 多年的历史，和法源寺（丁香）、崇效寺（牡丹），并称为北京三大花卉寺庙。特别是大觉寺的玉兰，树冠直径有十几米的样子，花开得又密又大，所开的花虽然经历多轮，花型一直不变，为玉白色，花瓣肉厚，花大如拳，香气袭人。在其他名木才刚刚萌芽之际，玉兰就已经花开满枝，确实让人惊艳。

也幸亏有了俞平伯的这篇《阳台山大觉寺》，才让我们知道朱自清这次饶有趣味的骑驴旅行。也从俞平伯的文字中，想象出朱自清骑着毛驴的形象。如果不然，谁还记得这一难得的形象呢？虽然朱自清没有著文，但是在 1935 年 3 月 29 日这次游览之后的 4 月 15 日，朱自清还沉浸在当时的美景里，他在日记里，用"歌谣"体，写了一首关于这次游览大觉寺的诗，对大觉寺里的玉兰花进行了赞咏：

> 大觉寺里玉兰花，
> 笔挺挺的一丈多。
> 仰起头来帽子落，
> 看见树顶真巍峨。
> 像宝塔冲霄之势，
> 尖儿上星斗森罗。

花儿是万枝明烛，

一个焰一个嫦娥。

又像吃奶的孩子，

一支支小胖胳膊。

嫩皮肤蜜糖欲滴，

眨着眼儿带笑涡。

上帝一定在此地，

我默默等候抚摩。

　　这种用歌谣体进行新诗的尝试，在朱自清的创作中，只有两次，而且都是兴之所至写在日记里，并没有抄录出来发表。值得回味的是，朱自清三次游大觉寺的交通工具都是毛驴。朴实的、接地气的毛驴，毛驴任劳任怨的精神，似乎也是朱自清所喜欢的。

▲1931 年 8 月，赴英国留学前与清华大学中国文学会全体师生合影。前排右一为俞平伯，右二为朱自清，二排右二为浦江清。

▲ 1931 年，朱自清与陈竹隐女士合影。

▲ 1931 年 3 月 18 日，陈竹隐
赠给朱自清的订婚照片。

▲ 1931 年留学英国时与友
人合影，右为朱自清。

▲ 1931 年 8 月 24 日抵哈尔滨。25 日，朱自清
划船游览松花江太阳岛。

▲朱自清与陈竹隐1931年在北平中
南海。

▲1932年8月4日，朱自清与
陈竹隐在上海结婚。

▶1932年与英国友人摄
于伦敦，二排右二为
朱自清。

▲ 1932年7月26日，自欧洲回国途中摄于 Conte Rosso 号海轮上。左起，朱偰、朱自清、柳无忌、高蔼鸿。朱自清与朱偰在海轮上联句赋诗《归航即景》和《长歌威尼斯行》。

▲ 在欧洲访学期间，朱自清全面考察和学习了英国及欧洲文化，重点了解了小说、诗歌、戏剧、音乐、绘画等方面的成就。图为他在英国收集的部分欧洲建筑雕塑、名画图片。

▶ 散文《欧游杂记》开始发表在《中学生》等刊物上，后于1934年由开明书店出版单行本。

▲朱自清偕陈竹隐赴普陀山度蜜月。右二为朱自清，右三为陈竹隐。

▲朱自清与陈竹隐在普陀山。

◀自 1932 年 9 月起，朱自清担任清华大学中文系主任，为中文系的发展付出了巨大心血。

▲ 1932 年，朱自清、陈竹隐与友人摄于清华大学图书馆门前。右一为陈竹隐，右四为朱自清。

◀朱自清与陈竹隐摄于清华大学
照澜院 18 号前。

▶ 1933 年，朱自清与陈竹隐摄于清
华园。

◀朱自清于 1933 年与友人在清华园北院 9 号门前留影，9 号为朱自清于 1933 年 1 月至 1936 年 3 月的居住处。左一为朱自清。

▼1930 年代，朱自清、陈竹隐与陈竹隐的结拜姐妹及她们的夫婿合影。前排左一为陈竹隐，后排左一为朱自清。

▶1933 年春，在燕京大学郑振铎宅前合影。左起，俞平伯、郭绍虞、浦江清、顾颉刚、赵万里、朱自清、陈竹隐、郑振铎夫人高君箴、顾颉刚夫人殷履安、郑振铎。

▶朱自清签赠闻一多的散
文集《背影》，民国廿二
(1933) 年 5 月开明书店第
4 版。

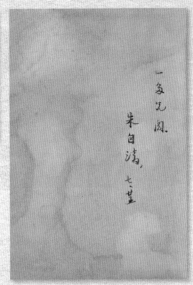

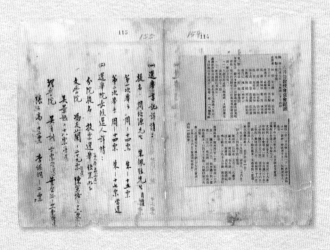

▶1934 年 6 月 7 日，朱
自清在清华大学教授
会上当选为校评议会
评议员、教授会书记。
后多次当选，参与学
校管理与决策。

▲清华大学中国文学会同人合影。左起第七人为朱自清。

▶小坡公与孙儿们于 1935 年在扬州合影。左起，朱自清次子朱闰生、小坡公、朱自清二女朱逖先、朱自清三女朱效武。

▶1935 年，朱自清与三子朱乔森摄于清华园北院网球场。

▶ 1935 年，朱自清夫妇和冯友兰、
叶石荪夫妇等摄于清华园。右
起第二人为朱自清，第三人为
冯友兰，第六人为陈竹隐。

▼吴忠娱女士留学美国临别纪念，1936 年 3 月
22 日摄于北平。前排右三为朱自清，二排左
一为陈竹隐。

▲ 1936 年，与友人摄于北平，左二为浦江清，左四为朱自清。

▲ 1936 年，与友人在北平合影，前排右一为朱自清。

▲ 1936 年 11 月，日军进攻绥远和察东，当地驻军奋起抗击，一举收复了百灵庙和大庙，消息传到北平，各校师生群情振奋。清华和燕京师生联合组成赴绥慰问团。18 日，朱自清（左三）代表清华教职员与清华学生自治会主席王达仁（右三），会同燕京大学教授代表梅贻宝（左二）及学生代表，到绥远集宁前线慰问抗日将士。图为在百灵庙前与将士们的合影。

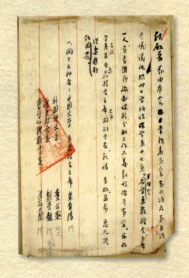

▶ 1937 年 10 月，朱自清随学校远赴长沙，任中文系教授会主席（后改为系主任）。

▲1939 年 8 月，朱自清与夫人陈竹隐、三子朱乔森、
　幼子朱思俞（前右）摄于昆明翠湖公园。

▲1940 年 5 月，朱自清让夫人携子回陈竹隐的故乡成
　都居住，租住了宋公桥报恩寺后院三间茅草屋（今
　毁）。朱自清一人留居昆明。图为 1946 年，朱自清与
　夫人、子女及亲友在成都合影。后排左三为朱自清，
　左四为陈竹隐。前排左起，朱乔森、朱思俞、幼女朱
　蓉隽。

▲1942 年，与友人合影于昆明，左起第六人为朱自清。在此期间，朱自清写了不少富有时代气息的说理散文，如《论轰炸》《论自己》《论别人》《论青年》《论做作》《论东西》等，完成了不少学术论著。

▶朱自清楷书自作诗赠陈福田。

檀島波光異昔時彌天
烽火動歸思三年勞止
如番卒行見迎門影
裏兒

福田兄休假歸檀香山作此贈別
卅二年八月弟朱自清時客昆明

▲ 1944 年，欢送罗常培赴美国考察，在昆明大普吉镇合影。左起，朱自清、
　罗庸、罗常培、闻一多、王力。

李晨嵐沅陵圖殘卷

湘西羨殺好風
帆一角沅陵且
解饞最是浮家
滋味芷數竿漁
綱映衣衫
商量款式幾回
裝鼠嚙雞飛冷
不防今日樂昌
欣合鏡河山遷
我碎奚傷

民國卅四年十一
月避近齋主人
自題時客昆明
將作㮚計

▲ 朱自清题《李晨岚沅陵图残卷》手迹。

第四章
游学欧罗巴
（1931—1932）

1931 年，朱自清赴英国伦敦大学进修语言学，游历欧洲多国。期间撰写《欧游杂记》，与国内友人保持通信，关注徐志摩空难等文坛事件。大量购阅外文书籍，拓宽了学术视野，与陈竹隐的爱情也日渐升温。

启程和途中

清华大学有一个非常好的待遇，就是教授每工作五年，就可申请休假研究一年。这一年的休假研究，可选择国内，也可选择出国访学。如果出国，除可支取一半的薪水外，还可获得往返路费各五百二十美元及每月研究经费一百美元。依照这个规定，朱自清申请休假一年获得批准后，决定赴英国伦敦访学。

1931 年 8 月 22 日，朱自清踏上了欧洲的旅途。也是在这一天，朱自清中断了几年的日记开始复记。当天的日记云：

> 早八时二十五分开车，送者汇臣、稷臣、晓初、汪健君、黄逸云、许七、杨小姐、青玉、妹、敬六妹、黄太太、胡秋原、林庚、隐等。摄两影，一与送别诸人，一与隐。车开，隐犹微笑，旋不见。
>
> 午至天津换卧车，遇协和烟草公司经理（？）安哥斯（？）相助甚力。其人为希腊人，居中国三十年。谓西方人旅居中土，食用皆取诸斯，惟日本人则非本国食不食，非本国衣不衣，其语甚是。余等午餐时，安移入别室。旋相见，谓余等三人可较舒适也。北戴河下车，握手言别，犹祝中国之隆盛，其意可感！
>
> 天气渐冷，晚睡甚适。
>
> 在山海关寄隐第一信。

这真是值得记住的一天。

这次旅行的路线，看来是经过精心策划的，没有像早先留学者那样漂洋过海，而是在国内转几次火车——经沈阳、长春，在哈尔滨待了几天，办好手续后，取道满洲里出境，穿过辽阔的苏联远东地区，抵达莫斯科，再从莫斯科转道西欧，经德国柏林、法国巴黎，再乘船到达英国伦敦。

正如朱自清日记所记，这天早上，在北京前门火车站，朱自清带着不多的行李，和前来送行的陈竹隐话别。送行的人群足够庞大，有朋友，还有陈竹隐的朋友和结拜姊妹。而同事们的送行酒，早在数周前就喝了几场了，比如 1931 年 5 月 13 日晚上，就有学生为他举行了送行宴会，那天俞平伯和浦江清也去了，大家喝得很开心。在 14 日致陈竹隐的信中，朱自清说："昨晚学生为我饯行，（其实真太早！）甚为欢乐。席间与他们猜拳。我的拳太坏，喝了不少的酒。饭后俞、浦两先生唱昆曲，学生亦各唱小调。我真惭愧，什么也唱不出，只敷衍说一小笑话而罢。"虽然在 8 月 22 日送行的人群里没有老朋友俞平伯和浦江清的身影，但他们二人的诗早已作好，俞平伯是《送朱佩弦兄游欧洲》二首，诗云：

> 翰海停车挹晚凉，乌拉岭外有斜阳。
> 稍将远志酬中岁，多作佳游在异乡。
>
> 五月花都春烂漫，十年雾国事微茫。
> 槐阴时霎灯前雨，明日与君天一方。

浦江清先作一首五律《赠别佩弦》，后又作古诗《前诗未尽意，更作两章以媵之》二首相赠。和朱自清同行的，还有赴欧洲留学的李健吾和徐士瑚。李健吾是朱自清的学生，1925 年考入清华大学，先在中文系读书，后又转入西洋文学系，同年由王统照介绍加入文学研究会。这次他是赴法国留学的，研究的兴趣主要在福楼拜等现实主义作家和作品上。徐士瑚于 1925 年考入清华大学西洋文学系，这次随朱自清先生一起赴欧，已申请并获准进入苏格兰四所最古老的大学之一的爱丁堡大学读书。

朱自清在国内的几天旅行中，也充分利用时间，和朋友一起玩了不少地方。这些年，朱自清先在南方奔波，在清华园的六年里，一是担任繁重的教学任务，二是家庭变故，接着又和陈竹隐热恋，让他难得有时间出国作长途旅行。有了这次长假，他真的要好好欣赏下旅途中的大好风光了。在沈阳短暂停留时，他和朋友一起游玩了北陵和故宫。在 1931 年 8 月 23 日日记中说："早五时馀至沈阳，寓沈阳旅馆，雇汽车游北陵……购日人所印北陵、东陵风景一套十六张……饭于一日本料理馆。不通日语，勉强要菜。进虾面及鸡肉锅，费日金四元馀，值中国十元，皆余偶然发兴之故。"从字里行间，能看出朱自清的快乐。当天下午，朱自清一行乘车到达长春，又于 8 月 24 日早上，到达哈尔滨。朱自清在当天的日记里说："早到哈尔滨，寓北京旅馆。屋甚佳，价甚廉。赴俄领事署，嘱明日来。又赴波兰领事馆，适休假。逛中央大街，游特市公园，并至松花江滨。晚许孟雄君来，约明晚便饭。"在 25 日的日记里说："早到波兰领事馆及俄领事馆。俄馆事未办妥。据云许否不敢必云。冯仲云来略谈。下午借徐美金十元。购小玩物十一件。与徐游太阳岛，在松花江划船，极畅。又游道外正阳街。由电车回。晚清华同人公宴，有许孟雄、顾敦吉、胡小石、麴君、孟君、曹盛德君，饭于商务，又在民娘九家啖冰淇凌，点心同北平法国面包房，冰淇凌未必佳。"

此时的哈尔滨异国情调甚浓。在几天的逗留中，朱自清去了不少好玩的地方，他在写给叶圣陶的《西行通讯》中，有详细记录，在说到哈尔滨的外国人时，朱自清说："这里的外国人不象上海的英美人在中国人之上，可是也并不如有些人所想，在中国人之下。中国人算是不让他们欺负了，他们又怎会让中国人欺负呢？中国人不特别尊重他们，却是真的。他们的流品很杂，开大洋行小买卖的固然多，驾着汽车沿街兜揽乘客的也不少，赤着脚爱淘气的顽童随处可见。这样倒能和中国人混在一起，没有什么隔阂了。"说到哈尔滨的文化时，朱自清说："这里虽有很高的文明，却没有文化可言。待一两个礼拜，甚至一个月，大致不会教你腻味，再多可就要看什么人了。这里没有一爿象样的书店，中国书外国书都很稀罕；有些大洋行的窗户里虽放着几本俄文书，想来也只是给商人们消闲的小说罢。最离奇的是这里市招上的中文，如'你吉达'，'民娘九尔'，'阿立古闹如次'等译音，不知出于何人之手。也难怪，中等教育，还在幼稚时期的，已是这里的最高教育了！这样算不算梁漱溟先生所说的整个欧化呢？我想是不能算的。哈尔滨和哈尔滨的白俄一样，这样下去，终于是非驴非马的畸形而已。虽在感着多少新鲜的意味的旅客的我，到底不能不作如此想。"朱自清的议论既精到又准确。说到消闲的公园，朱自清在《西行通讯》中继续说："街两旁很多休息的长椅，并没有树荫遮着；许多俄国人就这么四无依傍地坐在那儿，有些竟是为了消遣来的。闲一些的街中间还有小花园，围以短短的栅栏，里面来回散步的不少。——你从此定可以想到，一个广大的公园，在哈尔滨是决少不了的。这个现在叫做'特市公园'。大小仿佛北平的中山公园，但布置自然两样。里面有许多花坛，用各色的花拼成种种对称的图案；最有意思的是一处入口的两个草狮子。是蹲伏着的，满身碧油油的嫩草，比常见的狮子大些，神气自然极了。园内有小山，有曲水，有亭有桥；桥是外国式，以玲珑胜。水中可以划船，也还有些弯可转。这样便耐人寻味。又有茶座，电影场，电气马（上海大世界等处有）等。这里电影不分场，从某时至某时老是演着；当时颇以为奇，后来才知是外国办法。我们去的那天，正演《西游记》；不知别处会演些好片子否。这公园里也是晚上人多；据说俄国女人常爱成排地在园中走，排的长约等于路的阔，同时总有好两排走着，想来倒也很好看。"说了公园游乐场和电影院，再说城市的交通："因为路好，汽车也好。不止坐着平稳而已，又多！又贱！又快！满街是的，一扬手就来，和北平洋车一样。这儿洋车少而贵；几毛钱便可坐汽车，人多些便和洋车价相等。开车的俄国人居多，开得'棒'极了；拐弯，倒车，简直行所无事，还让你一点不担心。……胡适之先生提倡'汽车文明'，这里我是第一次接触汽车文明了。上海汽车也许比这儿多，但太贵族了，没有多少意思。此地的马车也不少，也贱，和五年前南京的马车差不多，或者还要贱些。"说到城市的吃食，朱自清更是津津有味："我们第一天在一天津馆吃面，以为便宜些；那知第二天吃俄国午餐，竟比天津馆好而便宜得多。去年暑假在上海，有人请吃'俄国大菜'，似乎那时很流行，大约也因为价廉物美吧。俄国菜分量多，便于点菜分食；比吃别国菜自由些；且油重，合于我们的口味。"朱自清在哈尔滨的观察够细致的了，还去了太阳岛观光。八十多年前的太阳岛是什么样子呢？朱自清是这样描绘的："夏天人很多，往往有带了一家人去整日在上面的。岛上最好的玩意自然是游泳，其次许就算划船。我不大喜欢这地方，因为毫不整洁，走着不舒服。……岛上有一个临时照相人。我和一位徐君同去，我们坐在小船上让他照一个相。岸边穿着游泳衣的俄国妇人孩子共四五人，跳跳跑跑地硬挤到我们船边，有的浸在水里，有的爬在船上，一同照在那张相里。这种天真烂漫，倒也有些教人感着温暖的。……照相人，哈尔滨甚多，中国别的大都市里，似未见过；也是外国玩意儿。照得不会好，当时可取，足为纪念而已。从太阳岛划了小船上道外去。我是刚起手划船，在北平三海来过几回；最痛快是这回了。船夫管着方向，他的两桨老是伺候着我的。桨是洋式，长而匀称，支在小铁叉上，又稳，又灵活；桨片是薄薄的，弯弯的。江上又没有什么萍藻，显得宽畅之至。这样不吃力而得讨好，我们过了一个愉快的下午。"旅行途中，没有备课、上课的压力，又没有系务的繁杂，朱自清一行在哈尔滨看得够仔细了，玩得够尽兴了。

这就是朱自清对哈尔滨的印象。真的很感谢朱自清，他把当时的哈尔滨城市和市民风情基本上还原了。多年后，有人给朱自清这篇文章配上了当年的老照片，相映生辉，仿若隔世，不得不佩服朱自清很有远见的记录。很巧的是，朱自清还于 8 月 26 日在哈尔滨见到了吴宓热烈追求的毛彦文及其他人。朱自清在和毛彦文的谈话中得知，和她同来的吴宓去满洲里帮两个瑞士朋友办护照了，朱自清很遗憾没能见到这位前同事兼好朋友，便给吴宓留了一封信托毛彦文转交。当天下午三时，朱自清等人在哈尔滨乘车后，一路北上经满洲里于 27 日夜间进入苏联境内。28 日，在风景优美、人迹稀少的西伯利亚地区，朱自清感触很深，在《西行通讯》中，充满抒情地描写道：

平常想到西伯利亚，眼前便仿佛一片莽莽的平原，黯淡的斜阳照着，或者凛冽的北风吹着，或者连天的冰雪盖着。相信这个印象一半从《敕勒歌》来，一半从翻译的小说来；我们火车中所见，却并不如此惊心动魄的——大概是夏天的缘故罢。荒凉诚然不错，但沿路没有重山，千里的青绿，倒将西伯利亚化作平常的郊野了。只到处点缀着木屋，是向所未见。我们在西伯利亚七日，有五天都下雨，在那牛毛细雨中，这些微微发亮的木屋是有一种特别的调子的。

头两天是晴天，第一天的落日真好看；只有那时候我们承认西伯利亚的伟大。平原渐渐苍茫起来，它的边际不象白天分明，似乎伸展到无穷尽的样子。只有西方一大片深深浅浅的金光，象是一个海。我们指点着，这些是岛屿；那些是船只，还在微风中动摇着呢。金光绚烂极了，这地上是没有的。勉强打个比喻，也许象熊熊的火焰吧，但火焰究竟太平凡了。那深深浅浅的调子，倒有些象名油画家的画板，浓一块淡一块的；虽不经意，而每一点一堆都可见他的精神，他的姿态。那时我们说起"霞"这个名字，觉得声调很响亮，恰是充满了光明似的。又说到"晚霞"；"晚"的声调带一些冥没的意味，便令人有"已近黄昏"之感。L君说英文中无与"霞"相当的字，只能叫做"落日"；若真如此，我们未免要为英国人怅惘了。

第二天傍晚过贝加尔湖；这是一个大大有名的湖，我所渴想一看的。记得郭沫若君的诗里说过苏武在贝加尔湖畔牧羊，真是美丽而悲凉的想象。在黯淡的暮色中过这个寂寞的湖，我不禁也怀古起来了。晚餐前我们忽见窗外很远的一片水；大家猜，别是贝加尔湖吧？晚餐完时，车已沿着湖边走了。向北望去，只见渺渺一白，想不出那边还有地方。这湖单调极了。似乎每一点都同样地平静，没有一个帆影，也没有一个鸟影。夜来了，这该是死之国吧？但我还是坐在窗前呆看。东边从何处起，我们没留意；现在也像西边一样，是无穷的白水。车行两点多钟，贝加尔湖依然在窗外；天是黑透了，我走进屋内，到底不知什么时候完的。

此后的几天中，火车都是行驶在苏联境内，朱自清在日记中，约略描写了沿途的风光和车中的日常琐事。除贝加尔湖冷寂的湖水让他不禁怀起古来，产生悲凉的想象，现实的列车中的生活，让他心情更加多样起来。29日日记曰："午餐入饭车，寂无人。侍者以表相示，相差至五时，云是莫斯科时间也。语言不通，致误午饭时，悔不带一会话书也。"但补偿很快就来了，"晚餐在饭车，各点一菜，猪排最佳，值三卢布有半，牛排三卢布，啤酒一卢布半，鸡子一卢布半"。三样荤菜，加上啤酒，三人边吃边聊，其乐融融。饭后，"一士兵甚和蔼，入余等室，但身有异臭，略令人不快耳"。在孤独的夜行列车中，朱自清因夜冷而醒，想念起热恋中的陈竹隐，再也无法入睡，朱自清日记中有"思念陈、廖不已"之句。30日日记云："今日过大站克拉斯诺亚尔斯克（Krasnoyarsk）、泰谢特（Tayga）、新西伯利亚（Novosibirsk）。读毕《欧美礼仪》《声越诗词录》。"9月1日，朱自清在日记中说："室中来一博士，系习经济学者，其人甚有风趣，好谈话，惟此君身亦有异味。"看来朱自清初次出国，对于外国人身上的异味还不能适应，就连受外国人熏陶过的中国人身上的异味也很敏感。朱自清接着写道："早间过孔古尔（Kungur）前，高山深涧，屈曲数里，火车沿岸行，溪中一小舟，一人独坐其上，殊有画意。"在列车上，那个身有异味的经济学博士，和他的朋友，也是博士，还邀朱自清一行饮酒和打桥牌，看来也是为消解旅途的寂寞了。9月2日晚上抵达莫斯科北站，列车即继续西行，因没能看看莫斯科市貌而表示遗憾。9月3日早上车过科卢索沃时，朱自清一行遇到一个比利时牧师，朱自清在日记中写道："中国语甚佳，意甚殷殷。其人住中国二十六年云。"列车经过波兰时，朱自清还换了一部分波兰币，坐三等无卧车。至9月4日早上九时半时，列车到达柏林，和蒋复璁（字慰堂）在车站小叙。朱自清和蒋复璁是北京大学校友，蒋复璁在北大毕业后，曾于1924年至1926年在清华任教，和朱自清有同事之谊，过从甚密。1930年，蒋复璁经浙江省政府选派，赴德国柏林大学研习哲学，并攻读图书馆专业，同时在普鲁士邦立图书馆任客座馆员。蒋复璁此时正在柏林，朱自清和老朋友在异国相见，来不及叙旧，就要启程了。朱自清在当天的日记中说："晨九时半过柏林，慰堂嘱下车，答以明年再赴德。"从朱自清的日记看，在伦敦学习结束后于1932

年 5 月开始的两个多月的欧洲旅行，是早就计划好了的，否则，不会有"答以明年再赴德"的承诺。

到达欧洲了，朱自清心情大好，观察也更加仔细了，还乐于和车中异国乘客互动，在 9 月 4 日日记中说："车中有俄妇甚有致，与其夫俱，亦翩翩。打桥，其夫妇桥甚精，有记分纸，殆亦甚好之也。牧师甚助余等。"可能是时差问题加上域外的新鲜吧，朱自清已经连续两天没有睡好觉了，在日记里说失眠"甚苦"。9 月 5 日早上，朱自清一行终于到达了目的地巴黎。

巴黎印象

巴黎是朱自清欧洲之行的第一站。

1931 年 9 月 5 日这天的巴黎，下起了雨。朱自清在和车中所遇的俄国夫妇道别后，即赴友人处。朱自清在日记中说："下午见汪、张（大煜）、秦诸君。秦谓法报讥刺中国事，谓《民友》《小巴黎人报》皆有，文极刻毒。"这些信息，对于朱自清来说极其重要，让他知道法国一部分阶层乃至欧洲一部分人对于中国和中国人的偏见。但友情毕竟是温暖的，朋友们接连在中午和晚上招待朱自清吃饭。暂时安顿好后，朱自清第二天就和朋友开始了游玩。接下来的两天，天气都不错，他们参观了著名的卢浮宫、凡尔赛宫、巴黎圣母院、埃菲尔铁塔、殖民地展览会等名胜。朱自清在 6 日的日记中说："下午游凡尔赛，惜未赴镜宫。遇吴景祥君，为言近代建筑德、法、荷三派，又言法国花园太整齐，乏曲折之致。"晚上又和朋友们一起看烟火，朱自清在日记中有"水火交映，奇观也"的赞叹。到了巴黎，也得感受一下巴黎的休闲和饮食文化，看了烟火，又看了凡尔赛街头的喷水景观后，还到街边的小咖啡馆坐了一个小时。7 日这天，朱自清又和朋友汪君一起游览了巴黎圣母院大教堂，朱自清在日记中赞道："甚深邃、幽暗，哥特式之代表建筑也。"从朱自清这天的日记看，他和朋友玩了不少地方，也略有感慨：

> 汪君见告，巴黎有一剧院，每夕演同一戏，已二年，专为外国旅客，布景甚佳。

饭于法国饭店，值五法郎七十五生丁，一荤两素，有啤酒一瓶，甚廉也。

下午乘电车赴万森（Vincenlls），观殖民地展览会，目迷五色。先至工艺馆，次赴各殖民地馆，匆匆未及细阅。以安南宫为最美。晚喷水，有水桥。

　　这是朱自清第一次来到巴黎，只有短短的两天，因为是初到欧洲，巴黎的每一处风景都让他感到新奇，虽然是匆匆一过，却也印象深刻。

　　而朱自清第二次来到巴黎，已经是1932年的5月中旬了，朱自清的心境和思想，经过伦敦七八个月的淘洗，已经得到了沉淀，再到巴黎，已经没有了初来时的新奇，有了一个较客观的印象。朱自清在1932年5月14日日记中说："昨晚我们离伦敦去巴黎……在横渡英伦海峡的渡轮上坐的是三等舱，很不舒适。到巴黎后住罗林旅馆，在巴黎大学神学院附近。"甫一住下，朱自清就和友人看巴黎的花市和巴黎圣母院。至此，朱自清在巴黎待了整整三周，把巴黎好看好玩的地方基本上跑了一遍。三周里，除了看那些著名的景点，如各大公园和各大博物馆，还去看了蒙马特公墓、小仲马、海涅、卢梭、肖邦、圣·皮埃尔、王尔德等人的墓，访问了雨果故居，还观看了一场歌德的著名话剧《浮士德》。

　　朱自清的学生吴达元在《忆佩弦先生》一文中，回忆当年和朱自清一起游巴黎的情景："朱先生休假于民国二十年，二十一年的春天到巴黎。我和级友秦宣夫、李健吾几个人陪着他参观国家图书馆、路佛宫及其他名胜。我和他差不多天天见面，谈话机会很多。我们谈音乐，谈美术，谈文学，谈种种问题。朱先生的谦虚给我很深刻的印象。他的谦虚没有半点虚伪，他的求智识、求学问的精神实在叫人佩服。我和他谈起我的读书计划，他给我很大的鼓励。"又说："有一天，我和他两人到巴黎附近的 Fontainebleau 旅行。我们下了火车就先把博物馆参观了，随后雇一辆马车，逛大树林。朱先生的兴致很好。路上我们遇见别的游客，虽然是不认识的，也照着法国人的风俗和他们互相道好，朱先生也用一两个法文单字跟着打招呼。马车每到一处有名的风景地方，车夫就让我们下车，叫我们走进树林里，告诉我们怎样走和看些什么。后来，走到一处，我们依照车夫的指点，顺着特设的标志在树林里走，一面走，一面谈天。我记得我和朱先生特别谈到某些关于音乐的问题。谈谈走走，不知不觉地迷了方向，找不着标志，回不了候着我们的马车。天气原先是很好的，忽然变坏，下着倾盆大雨，把我们的衣服都淋湿了。我们在树林里摸索，居然也回到城里。那时候，离我们预定回巴黎的火车开车时刻已不很远，可是我们不能不想到我们的马车。坐车时没先付钱。如果我们不管就走，车夫会不会疑心我们的迷途是诚心为了省车钱而溜走的？我和朱先生一商量，他就立刻赞同回到原先雇车的地方，寻找马车夫，不考虑是否赶得上火车。在原来雇车地方，我们打听一下，居然把我们的车夫找着，把钱付了给他，他要请我们喝咖啡去，我们因赶火车辞了他。我们把这事做了，心里非常愉快。朱先生做人之不苟且，于此可见一斑。"

前后两次在巴黎的经历和对巴黎的印象，朱自清后来在散文《巴黎》里有详细的记录和议论。这篇文章也是朱自清在写作《欧游杂记》时用时最多的一篇，也最为精彩。比如在说到巴黎的左岸和右岸时，朱自清说："塞纳河穿过巴黎城中，像一道圆弧。河南称为左岸，著名的拉丁区就在这里。河北称为右岸，地方有左岸两个大，巴黎的繁华全在这一带；说巴黎是'花都'，这一溜儿才真是的。右岸不是穷学生苦学生所能常去的，所以有一位中国朋友说他是左岸的人，抱'不过河'主义；区区一衣带水，却分开了两般人。但论到艺术，两岸可是各有胜场；我们不妨说整个儿巴黎是一座艺术城。从前人说'六朝'卖菜佣都有烟水气，巴黎人谁身上大概都长着一两根雅骨吧。你瞧公园里，大街上，有的是喷水，有的是雕像，博物院处处是，展览会常常开；他们几乎像呼吸空气一样呼吸着艺术气，自然而然就雅起来了。"朱自清的观察很仔细，描写也细腻。在介绍砖厂花园时，朱自清说："也有一个喷水池；白石雕像成行，与一丛丛绿树掩映着。在这里徘徊，可以一直徘徊下去，四围那些纷纷的车马，简直若有若无。花园是所谓法国式，将花草分成一畦畦的，各个排成精巧的花纹，互相对称着。又整洁，又玲珑，教人看着赏心悦目；可是没有野情，也没有蓬勃之气，象北平的叭儿狗。这里春天游人最多，挤挤挨挨的。有时有音乐会，在绿树荫中。乐韵悠扬，随风飘到场中每一个人的耳朵里。"而大名鼎鼎的仙街又是如何呢？朱自清说此街可直达凯旋门，大约有四里半长。"凯旋门地势高，从刚果方场望过去象没多远似的，一走可就知道。街的东半截儿，两旁简直是园子，春天绿叶子密密地遮着；西半截儿才真是街。街道非常宽敞。夹道两行树，笔直笔直地向凯旋门奔凑上去。凯旋门巍峨爽朗地盘踞在街尽头，好象在半天上。欧洲名都街道的形势，怕再没有赶上这儿的；称为'仙街'，不算说大话。街上有戏院，舞场，饭店，够游客们玩儿乐的。凯旋门一八零六年开工，也是拿破仑造来纪功的。但他并没有看（到）它的完成。门高一百六十英尺，宽一百六十四英尺，进身七十二英尺，是世界凯旋门中最大的。门上雕刻着一七九二至一八一五年间法国战事片段的景子，都出于名手，其中罗特（Burguudian Rude，十九世纪）的'出师'一景，慷慨激昂，至今还可以作我们的气。这座门更有一个特别的地方：在拿破仑周忌那一天，从仙街向上看，团团的落日恰好扣在门圈儿里。门圈儿底下是一个无名兵士的墓；他埋在这里，代表大战中死难的一百五十万法国兵。墓是平的，地上嵌着文字；中央有个纪念火，焰子粗粗的，红红的，在风里摇晃着。这个火每天由参战军人团团员来点。门顶可以上去，乘电梯或爬石梯都成；石梯是二百七十三级。上面看，周围不下十二条林荫路，都辐辏到门下，宛然一个大车轮子。"朱自清把当时看到的情境全盘复原了出来，如果有人看过现在的凯旋门，两相对比，必定也有意思。而巴黎最繁华的商业地区又是如何呢？朱自清写道："大铺子差不多都在这一带，珠宝市也在这儿。各店家陈列窗里五花八门，五光十色，珍奇精巧，兼而有之；管保你走一天两天看不完，也看不倦。步道上人挨挨凑凑，常要躲闪着过去。电灯一亮，更不容易走。街上'咖啡'东一处西一处的，沿街安着座儿，有点儿像北平中山公园里的茶座儿。客人慢慢地喝着咖啡或别的，慢慢地抽烟，看来往的人。'咖啡'本是法国的玩意儿；巴黎差不多每道街都有，怕是比那儿都多。巴黎人喝咖啡几乎成了癖，就像我国南方人爱上茶馆。'咖啡'里往往备有纸笔，许多人都在那儿写信；还有人让'咖啡'收信，简直当作自己的家。文人画家更爱坐'咖啡'；他们爱的是无拘无束，容易会朋友，高谈阔论。爱写信固然可以写信，爱作诗也可以作诗。大诗人魏尔仑（Verlaine）的诗，据说少有不在'咖啡'里写的。坐'咖啡'也有派别。一来'咖啡'是熟的好，二来人是熟的好。久而久之，某派人坐某'咖啡'便成了自然之势。这所谓派，当然指文人艺术家而言。一个人独自去坐'咖啡'，偶尔一回，也许不是没有意思，常去却未免寂寞得慌；这也与我国南方人上茶馆一样。若是外国人而又不懂话，那就更可不必去。巴黎最大的'咖啡'有三个，却都在左岸。这三座'咖啡'名字里都含着'圆圆的'意思，都是文人艺术家荟萃的地方。里面装饰满是新派。其中一家，电灯壁画满是立体派，据说这些画全出于名家之手。另一家据说时常陈列着当代画家的作品，待善价而沽之。坐'咖啡'之外还有站'咖啡'，却有点像我国南方的喝柜台酒。这种'咖啡'大概小些。柜台长长的，客人围着要吃的喝的。吃喝都便宜些，为的是不用多伺候你，你吃喝也比较不舒服些。站'咖啡'的人脸向里，没有甚么看的，大概吃喝完了就走。但也有人用胳膊肘儿斜靠在柜台上，半边身子偏向外，写意地眺望，谈天儿。巴黎人吃早点，多半在'咖啡'里。普通是一杯咖啡，两三个月牙饼就够了，不像英国人吃得那么多。月牙饼是一种面包，月牙形，酥而软，趁热吃最香；法国人本会烘面包，这一种不但好吃，而且好看。"之所以如此之多地引用朱自清的文字，是他描写得太精彩了，不急不躁，徐徐说来，明明白白，还夹带着和中国茶馆、柜台酒等休闲元素的比较，就算你没有去过巴黎，没有坐过巴黎的咖啡馆，经朱自清的介绍，是不是已经很清晰明了？是不是已经闻到巴黎咖啡的浓香了？

对于其他地方，如卢森堡花园、埃菲尔铁塔、巴黎歌剧院、塞纳河里的两个小洲，还有国葬院、伤兵养老院、毛得林堂等景点，朱自清都不肯忽略，都尽可能地让读者知道其详情，就像描写咖啡馆一样，事无巨细。朱自清还有一段关于旧书摊的描写，也让人如临其境："沿着塞纳河南的河墙，一带旧书摊儿，六七里长，也是左岸特有的风光。有点象北平东安市场里旧书摊儿。可是背景太好了。河水终日悠悠地流着，两头一眼望不尽；左边卢佛宫，右边圣母堂，古香古色的。书摊儿黯黯的，低低的，窄窄的一溜；一小格儿

一小格儿，或连或断，可没有东安市场里的大。摊上放着些破书；旁边小凳子上坐着掌柜的。到时候将摊儿盖上，锁上小铁锁就走。这些情形也活象东安市场。"朱自清再次和东安市场的旧书摊相比，没有一点生硬和造作，同时，因为塞纳河沿岸的风光，又能让人感受到两地不一样的风情。

接下来，对于遍布在巴黎市区的各种博物馆，朱自清又浓墨重彩地加以描述，认为仅就博物馆之多，也是领先于世界的，并能让人流连忘返，徘徊玩味。在说到卢浮宫（文中称卢佛宫）时，朱自清说："卢佛宫在加罗塞方场之东；主要的建筑是口字形，南头向西伸出一长条儿。这里本是一座堡垒，后来改为王宫。大革命后，各处王宫里的画，宫苑里的雕刻，都保存在此；改为故宫博物院，自然是很顺当的。博物院成立后，历来的政府都尽力搜罗好东西放进去；拿破仑从各国'搬'来大宗的画，更为博物院生色不少。宫房占地极宽，站在那方院子里，颇有海阔天空的意味。院子里养着些鸽子，成群地孤单地仰着头挺着胸在地上一步步地走，一点不怕人。撒些饼干面包之类，它们便都向你身边来。房子造得秀雅而庄严，壁上安着许多王公的雕像。熟悉法国历史的人，到此一定会发思古之幽情的。"对于宫内的藏品，朱自清也尽量做到周详地介绍，雕刻、古物、装饰美术，等等，真是琳琅满目，应有尽有，而朱自清最感兴趣的还是画，特别是著名的"摩那丽沙"（现通译为"蒙娜丽莎"）像，朱自清写道："相传达文齐这幅像画了四个年头，因为要那甜美的微笑的样子，每回'临像'的时候，总请些乐人弹唱给她听，让她高高兴兴坐着。像画好了，他却爱上她了。这幅画是佛兰西司第一手里买的，他没有准儿许认识那女人。一九一一年画曾被人偷走，但两年之后，到底从意大利找回来了。十六世纪中叶，意大利已公认此画为不可有二的画像杰作，作者在与造化争巧。画的奇处就在那一丝儿微笑上。那微笑太飘忽了，太难捉摸了，好象常常在变幻。这果然是个'奇迹'，不过也只是造形的'奇迹'罢了。这儿也有些理想在内；达文齐笔下夹带了一些他心目中的圣母的神气。近世讨论那微笑的可太多了。诗人，哲学家，有的是；他们都想找出点儿意义来。于是摩那丽沙成为一个神秘的浪漫的人了；她那微笑成为'人狮（Sphinx）的凝视'或'鄙薄的讽笑'了。这大概是她与达文齐都梦想不到的吧。"朱自清对"摩那丽沙"微笑的点评和观点虽然算不上独到，也是拿捏得很准了。对于卢森堡博物院，朱自清写道："这里比卢佛宫明亮得多。进门去，宽大的甬道两旁，满陈列着雕像等；里面却多是画。雕刻里有彭彭（Pompon）的《狗熊》与《水禽》等，真是大巧若拙。彭彭现在大概有七八十岁了，天天上动物园去静观禽兽的形态。他熟悉它们，也亲爱它们，所以做出来的东西神气活现；可是形体并不象照相一样地真切，他在天然的曲线里加上些小小的棱角，便带着点'建筑'的味儿。于是我们才看见新东西。那《狗熊》和实物差不多大，是石头的；那《水禽》等却小得可以供在案头，是铜的。雕像本有两种手法，一是干脆地砍石头，二是先用泥塑，再浇铜。彭彭从小是石匠，石头到他手里就象豆腐。他是巧匠而兼艺术家。"把雕像说成有建筑味，这个发现尤其妙，也耐咀嚼。朱自清还一一描写了网球场博物院、罗丹博物院、克吕尼馆、巴黎美术院（小宫）、吉买博物院，等等，文字都活泼可读。朱自清在介绍这些大大小小的博物院时，没有去全面铺排，而是有的着墨不多，有的选其重点，读起来都很有情趣，不让人感到乏味，还引用相关的笑话和与其有关的历史传说，让人体会到别样的感受。

　　层次清晰、重点突出地说完了博物院，朱自清又介绍了巴黎的夜，认为"巴黎的夜也是老牌子"。老牌子就是夜生活多，在全欧洲都名声在外。说非洲饭店还带澡堂子，"可以洗蒸汽澡，听黑人浓烈的音乐"。在蒙马特区，朱自清看到"红磨坊门前一架小红风车，用电灯做了轮廓线；里面看小戏与女人跳舞"，这在当时也是时髦的玩意儿。另外在"塔巴林看女人跳舞，不穿衣服，意在显出好看的身子"。还到仙街看了变戏法，"听威尼斯夜曲"，而里多岛的"夜曲是男女对唱，不过意味到底有点儿两样"。整个一个巴黎，在朱自清的笔下，都复活了。

　　巴黎之行前后两次共二十多天的，巴黎是朱自清除伦敦之外，逗留时间最多、游览最细的欧洲大都市，所得的印象最为深刻，写作所涉及的地方也最多、最为全面，为读者了解那个时代的巴黎市容和自然、人文风貌提供了精准的文本。

初到伦敦

朱自清于 1931 年 9 月 8 日与徐士瑚一起，告别同行的李健吾后离开巴黎赴英国，在过境时，受到了当地管理人员不公正的检查，朱自清在当天的日记中愤怒地写道："与徐君受医生检验，甚以为耻。"但"车上遇一法人，甚有风趣"，这也给朱自清带来小小的快乐。就是在如此两种心情的交错中，朱自清和徐士瑚于当天到达了伦敦。

朱自清这次到英国休假并学习，开始的目的并不明确，或者说并没有具体的打算，甚至连谋求个学位的计划都没有，但总体的设想还是有的，即全面考察欧洲文化和英国的文学艺术，重点对小说、诗歌、戏剧、音乐、绘画等艺术门类进行考察和研究。所以，当 1931 年 9 月 11 日，到达伦敦的第三天早上，送徐士瑚上车去爱丁堡后，朱自清就到皇家学院和伦敦大学索取入学章程了。身边随来的两位学生兼好友先后离开后，朱自清的心里还是"稍觉怅然"（11 日日记）。而在两天前的 9 月 9 日日记中，朱自清深情地写道："下午取款，还徐君。此行甚感李、徐二君。"原本的热热闹闹的"三人行"，变成了朱自清的形单影只，稍觉怅然也是人之常情。

朱自清拿到皇家学院和伦敦大学两所学校的章程并做了研究后，又分别和两所大学取得了联系。他在当天的日记中说："访罗长海先生，温文尔雅人也。雨僧可谓知人。同赴皇家学院（King's College）取学程，并印名刺。又至福伊尔（Foyle）观旧书。饭于里昂餐厅，廉而不取小费，甚佳也。下午去伦敦大学取章程，归写信。"伦敦是到了，并准备长住下去，总不能一直住宾馆吧？所以在拿到两所学校的章程后，朱自清开始打听伦敦的住房，只有住下后，才可定心。几经周折，他从朋友处得悉，某地有便宜房子出租，当天日记云："晚吕君见告，科拉姆街（Coram St.）二十五号有屋甚廉，只二十五先令每星期，早饭及浴均在内矣。同往询问，果然。如连晚饭，冬季每周亦只四十五先令也。"说搬就搬，朱自清看好了房子，谈好了价格，第二天就搬了过去。朱自清在9月12日的日记中说："早移居至七十七号，五先令六丁一日，三十二先令一星期，甚静，但太小耳。"

初到伦敦的朱自清，房子有了，暂时安顿下来了，心情也妥当了，开始了有目的的游览和考察，他约朋友一起，接连逛了伦敦的大街、市场，还有多个名胜景点，游览时间虽短，属于走马观花性质，但也要尽量多跑些地方，以熟悉伦敦的市情和风貌。在9月12日的日记中，朱自清记录了这次游踪："郭、吕二君移至罗宾森（Robinson）夫人处。同游议会大厦、西寺及白金汉宫（Buckingham Palace）、圣詹姆斯街公园（St. James Park）、伦敦博物馆（London Museum）。吕君与许君有病，至二时半始吃饭，亦云苦矣。饭后游国立美术馆（National Gallery）及特拉法尔加广场（Trafalgar Square）。雨甚，湿衣及履。晚饭于里昂餐厅，羊肉甚不佳，账误算，余语言不足用，无以难之。"接下来的几天中，朱自清又去了海德公园和雷根特公园，还接连访友和读报，并自习英语，9月13日早晨，访朋友王赣愚。王赣愚出生于1906年，原名王家茂，字贡予，祖籍江西，生于福建福州。朱自清刚到清华园的1925年，王赣愚也考入清华大学政治学系，1929年毕业后，参加公费留美考试，被选派到美国哈佛大学留学，获政治学硕士和博士学位，旋即又去英国伦敦大学和德国柏林大学短期进修、访问。朱自清在当天的日记中说："王君约余便饭。下午至海德公园……王君谈及中央党部所派之留学生，令余愧恶。王君人甚有理想，顷从拉斯基（Laski）研究。"15日日记云："午饭在顺东楼，刘仲熙君请。下午与陆元诚先生赴使馆并游雷根特公园……晚饭罗先生请，在华英楼，逊于顺东楼。"16日日记云："下午开始工作……晚访王赣愚君，其住屋较此为佳。"17日日记云："早读《洛西·克里蒂西》……下午阅报及文学史。"18日日记云："上午作英文，拟自习英语（Self-Cultivation in English)。阅报。下午读哈代（Hardy）文，极艰涩，甚恨恨！晚读文学副刊，《论美国艺术》一文，意见甚新。虽讥美国，然甚真实也。晚至罗宾森夫人处，谓一屋，需三十先令一月，甚不乐；然冀练习语言，亦遂定移居之计。"朱自清准备再次搬迁了，价格虽贵，为了练习英语口语方便，还是决定搬家。19 日日记云："早作一文，并读报。《论帝国咖啡》一文谓英人不善做咖啡，故饮茶者多。又《法拉第纪念》一文，甚清晰。下午赴格雷科特街（Greycoat Street S. W.）观全国蔷薇协会的秋季展览。种类甚多，似已分四等奖。其评价标准若何，尚不尽知。此英国国花，英人甚重之。"这天的《泰晤士报》刊登了一条日本人占领沈阳的消息，让朱自清心里非常焦虑和不安。朱自清虽身在国外，却关注着家国的安危，这是这一代知识分子的普遍情怀。20 日日记云："早与赵君赴王君处。本拟约出游，王君谓无暇，余知愧矣。午请赵君便饭。赵君甚喜论中国大势。下午与韦、赵二君同赴南肯辛顿（South Kensington），游科学博物馆、维多利亚和阿伯特纪念馆。"21 日日记云："早晤罗君，罗君似甚关心国事。又晤崔敬伯君。从米尔斯旅馆（Mill's Hotel）移至罗宾森夫人处。屋太小，亦不甚称意。罗宾森君见吾读《泰晤士报》，奇之。问曰君能读英文报乎？应曰能。曰佳佳。余英语之劣可见。"朱自清新搬到了罗宾森夫人处，成了她家的房客。她家房客不少，来自多个国家。朱自清在此住了较长的时间。22 日日记云："早读报有论剑桥印刷所三节。觅友谊之家（Friend's House），有小园可坐。下午与王君赴外侨登记处（Alien Registration）注册，费一先令。……郑君晚来谈，甚亲切；其人识马之奇也。"23 日日记云："上午至使馆并访郑震宇君，郑君人甚亲和，殆可交。"25 日日记云："今日做功课一日，但未读中国诗。"26 日日记云："早游莱斯特美术馆（Leicester Gallery）观罗丹（Rodin）雕刻，皆范铜为之，已非原件。《观察家》（Observer）七月间一文最清晰，因思在外国确有许多方便也。《观察家》中言罗丹之雕刻与印象派之画同，虽重自然，而实不尽存真。其说甚得要领。"看完莱斯特美术馆后，朱自清又赴老邦德街吉夫斯美术馆，准备观看普尔陶器陈列会。因为昨天已闭馆了，因此有点失落，日记里用"怅怅"来形容。在路过一条过道时，看到各种睡衣裤及时新长袍与各种运动服，朱自清感到很新奇。在游览皇家艺术协会的迪普洛马和吉布森美术馆时，朱自清在日记中说：馆内有"胜利女神小铜像，卢浮宫中有一残像最著名，今始窥见全型，甚慰。又有《最后晚餐》仿本，乃知中国印本不甚相同之故。又一册画原本在卢浮宫，曾一见之。余今日得细阅，甚爱其中三四帧，尤爱三〇二，题为《与米兰达（Mirranda）》，大海扁舟，帆为风卷，甚有致，惜不知其故事。又有《罢工》一帧，则以意义胜，且是现代生活写真，余购其影片，以作纪念。此馆中又有一椅，系某名人客厅中所用，据云十八世纪名人曾坐此椅者极多也"。朱自清考察十分仔细，记录也很详尽，连一张名人坐过的椅子也不放过，一天的活动也丰富多彩。在回住处时，看到一家书店的橱窗中，有莎士比亚戏剧中人物画一册，雕镂精极，听说是莎士比亚美术馆所印制。美术馆在帕尔马尔街。朱自清又赶到帕尔马尔街寻找，没有找到，略有遗憾。但这一天的活动也足够丰富了。

从这些天的日记看，朱自清还是很清醒地认识到自己英文水平的不足的，采取多种方法恶补英文，同时和朋友往来不断，并和朋友尽可能多地观看伦敦的大小博物馆和公园名胜。而这些观看，对朱自清来说，都不只是泛泛地看看，都是带有学习、求知、探索性质的，日记所记之详细，相当于听课笔记，同样是为了以后便于复习和供写作的材料。所谓考察，也无非这样。

此后，朱自清联系的两所学校也都有了回音，都嘱他10月初开学时前往。

接下来的这段时间里，朱自清继续在伦敦参观学习，访友闲谈。此前去过的海德公园和雷根特公园又去了几次，公园的人文环境、自然环境也深深地吸引了他："周围满是铁栏杆，车门九个，游人出入的门无数，占地二千二百多亩，绕园九里，是伦敦公园中最大的，来的人也最多。园南北都是闹市，园中心却静静的。灌木丛里各色各样野鸟，清脆的繁碎的语声，夏天绿草地上，洁白的绵羊的身影，教人象下了乡，忘记在世界大城里。那草地一片迷蒙的绿，一片芊绵的绿，象水，象烟，象梦；难得的，冬天也这样。西南角上蜿蜒着一条蛇水，算来也占地三百亩，养着好些水鸟，如苍鹭之类。可以摇船，游泳；并有救生会，让下水的人放心大胆。"（《伦敦杂记·公园》）

从朱自清的文章中可以看出，他曾多次来此游览，连冬季也要进来散步。朱自清不仅对公园的风光欣赏不已，对于伦敦居民的公园活动，也特别关注，甚至还驻足听各种各样的演讲。《公园》一文里有这样的描写："每逢星期日下午，各党各派的人都到这儿来宣传他们的道理。公说公有理，婆说婆有理，井水不犯河水。从耶稣教到共产党，差不多样样有。每一处说话的总是一个人。他站在桌子上，椅子上，或是别的什么上，反正在听众当中露出那张嘴脸就成；这些桌椅等等可得他们自己预备，公园里的长椅子是只让人歇着的。听的人或多或少。有一回一个讲耶稣教的，没一个人听，却还打起精神在讲；他盼望来来去去的游人里也许有一两个三四个五六个……爱听他的，只要有人驻一下脚，他的口舌就算不白费了。"9 月 27 日在雷德公园听音乐时，"见共产党宣传队，人甚众。旗帜各异，标语牌不多。继见印度独立演说。一英人致辞以中国为言，颇为印度吐气……余深为印度人哀，又深佩外人注意政治，其认真之态度，中国人绝无之"。散文《公园》里，也有这样的描述："见过一回共产党示威，演说的东也是，西也是；有的站在大车上，颇有点巍巍然。按说那种马拉的大车平常不让进园，这回大约办了个特许。其中有个女的四十上下，嗓子最大，说得也最长；说的是伦敦土话，凡是开口音，总将嘴张到不能再大的地步，一面用胳膊助势。说到后来，嗓子沙了，还是一字不苟地喊下去。天快黑了，他们整队出园喊着口号，标语旗帜也是五光十色的。队伍两旁，又高又大的马巡缓缓跟着，不说话。"这样的公园，不仅可以供人休闲，还是集会、演说之场所，也让人开了眼界。

朱自清在 10 月 2 日的日记中，说到去德雷珀会堂参观交易所艺术社绘画展览时，有这样的描写："水彩居多，余所喜为带东方味者，与《泰晤士报》所评微异，如《岸上》是《泰晤士报》所评，余大抵同意。唯所盛称之《布朗普顿教堂》（Brompton Oratory），余不能领略，殆未明其涵义故耳。至气球、电杆虽取材大胆，究似无甚佳处。又《心灵图案》（Psychic Designs）以下诸物似无可观，所谓《心灵图案》余亦不甚了然。"朱自清还细心观察伦敦市民阶层的生活行状，在 10 月 3 日的日记中说："候 44（路）汽车不得，遇一英人，自愿帮忙。其人售马铃薯，谓马铃薯贱，不得多钱也。又谓甘地主张素食，甚佳；示余徽章，有自然，人道……甚可笑。至福伊尔艺术馆（Foyel Art Gallery）阅花画，有佳者。上去乘电梯只一人，未给小费；司机者一少女，颇悔之。"又说："至马斯基林时，由一工人引路。求助，给五便士。以后问路宜注意。"10月5日晚上，朱自清在观看了英国现代画展后，又去友谊之家听了一场关于非洲问题的演讲。朱自清在日记日："晚至友谊之家听讲演非洲事，所讲余解百分之六七十，唯说笑话处，甚为圆熟，非余所能解。有幻灯片相示，唯似无多系统也。"在去听演讲的路上，朱自清还不忘学习口语："去时路上与罗宾森君'拼命'谈天，渠谓住客两印度博士，皆司医，一名加德（Garde），即短胖者，一名库尔内特（Kulnet），皆在医院研究，库尔内特君研究热带病。洛斯习英文学及语音学。新来两英人，一名平，习化学，一名韦，习医。威廉森女士从事商业，钦哈姆（Chinham）来学语言，萨尔曼则习银行，德行有分行在此也。萨科威茨（Sakowitz）则习建筑。罗宾森君谓两印度博士已得印度博士，犹思得英国博士，地位可以较好，言外之意可见。"朱自清"拼命"谈天，所得信息是得到罗宾森的暗示，让朱自清拼个学位。拿学位，并不是朱自清的初衷，觉得这样考察学习就够了，既开阔了眼界，又补充了知识。再说了，一年时间也不一定能拿到学位。对于这种好意的暗示，朱自清也只能一笑了之。

朱自清痛痛快快地游了公园、动物园，看了街景，参观了多种艺术展和博物馆，还听了几场音乐剧，然后搬了一次住所，在伦敦找了一处房子安顿了下来。一切看起来非常顺利。但却遇到一件颇为尴尬的事。朱自清在皇家学院遇到一位叫里德先生的老教授，向他做了自我介绍，说自己是来自中国某大学的教授，利用休假期间来英国学习，准备进修英国文学和英语语音学。这位教授不客气地回答他，旁听于你无益。朱自清在10月7日的日记中说："早赴皇家学院，候许久始见里德（Reed）教授，一老者也，余以来意告之。里德云旁听于你无益，予正踌躇未及答，后只得告彼余教中文于中国，休假来英，将稍知英文学。渠嘱明日来，又云无多时间与余谈，因忙甚。神气极足，余兴致索然，明日姑往一看，亦不一定真要选课也。"朱自清还在给陈竹隐的信中，叙述了在里德这里遇到的情况，并称学校章程上是允许有旁听生的。

客观地说，老教授的话有其道理，旁听生和正式在籍学生，毕竟要求不一样（自己对自己的要求，老师对学生的要求，还有学校的态度和考试的分数）。但里德先生并没有了解朱自清的背景，也不了解朱自清休假游学的目的。对于朱自清这样的教授来说，学位对他已经可有可无，他只是想充实一下自己的知识结构，提升一下艺术修养。但是里德教授神气活现地表示没有时间听朱自清解释。里德教授的趾高气扬，让朱自清在皇家学院进修的想法打消了一半。第二天，朱自清又和里德教授及副教务长联系，对方再次强调，必须选修四门课，且四门均须为主课。英国人的刻板和较真，从某种意义上说也许没错，即既然收了你的钱，你就得按照要求和规定好好学习。但朱自清觉得这一限制对于自己并不合适，经过慎重考虑后，决定放弃皇家学院。幸而朱自清已于 10 月 6 日到伦敦大学办了交费手续。此后便在这所大学里旁听英语语言学、拉丁文学和英国文学等课了。

旁听生的好处就是选自己需要的课听，也可根据自己的趣味独立思考问题。但即便是这样，在伦敦的学习和生活也不比在国内轻松，上课、读书、买书，还要参观各种展览，观看戏剧和电影（这都是学习的一部分）。朱自清本来就是个"闲不住"的人，用叶圣陶的话说他是个"匆匆的旅人的颜色"，从朱自清的日记里，就可清晰地看到他的忙碌。比如从 1931 年 10 月 14 日和 15 日两天的日记看，就能约略知道其大概了：

十四日 星期三 晴

早阅报，见俄国为中国定一套罗马字母，不知为何。

下午阅《音乐与诗之比较》毕，引证虽足炫人，实无甚新义。

兹列本年度拟读书目如次

1. 通史，阿姆斯特朗

2. 圣经，罗素的批评

3. 神话，戈尔登·怀特海德

4. 四个悲剧

5.理查斯的作品七种

6.文学表现形式，理查

7.现代作家选，美国的七种

8.语音

9.论写作与阅读

十五日 星期四 晴

上午阅报竟，读帕尔默（Palmer）文法，知帕尔默有常用字表。因思桑代克（Thorndike）亦有之，颇拟借来一用也。

下午至图书馆借书，尚适意。

听讲希腊诗与艺术家，幻灯片甚有味，言语殊不易了然。讲者年事已高，手颤不已，余殊为不安。

……

听梅斯费尔德讲，如读诗，引莎士比亚、但丁、荷马四人，大要赞美天才，谓为知宇宙之伟大云。

兹将拟读之近代作家列下：

小说家：贝内特、哈代、劳伦斯、韦尔斯、康拉德、尼瑞第斯

诗人：梅斯费尔德、瓦特·德拉穆尔、哈代、豪斯曼

剧作家：萧伯纳、巴里、高尔斯华绥

散文作家：斯特雷奇、贝洛克

在伦敦大学的校园和课堂里，在各博物馆、展览馆、音乐厅、读书社里，朱自清再次回到了"学生"时代，这位来自中国著名大学的学者兼著名作家，开始了他近一学年的学习、考察生活。

致陈竹隐情书

朱自清在这次欧洲之行期间，正和陈竹隐热恋。两人虽然已经有了婚约，毕竟还没有结婚，要等一年后再相见，这对二人都是个极大的考验。书信往返便成为他们情感交流唯一的纽带了。

朱自清出国期间给陈竹隐的第一封情书，是写在出发当天的列车上，即1931年8月22日，列车过山海关时下车寄出的。信中叙述了早上分别时的情景，也说了一些日常琐事。刚一离开就思念，是许多情侣的常态。朱自清也不例外，在信中说："车上最末的一瞥到你，我永久不会忘记。下午在车中睡着了，梦中模模糊糊的似乎总没有离开你。你现在在做些什么呢？愿你好好地和她们玩着！"这里的"她们"，是指陈竹隐的结拜姊妹。刚过一天，23日又写一封，信中夸陈竹隐昨天所穿的布衣好看："穿了那件布衣，我很喜欢。你的衣服里，我最喜欢的是那件布衣，好好地穿，好好地收藏吧。明年回来，我还愿意看见你穿它的。"因为此信是在沈阳写的，朱自清还说："想到沈阳是你的旧游，就记起你亭亭的影子，但那儿有你的踪迹呢？"朱自清是24日到的哈尔滨，于26日在哈尔滨的信中，告诉陈竹隐自己在松花江划船了，玩得比较开心。朱自清还在国内，就一连给陈竹隐写了五封信。这还没有出国呢，思念之情也太切切了。

1931年9月11日，朱自清到达伦敦的第三天，便给陈竹隐写信，这封信比较长，告诉了陈竹隐在巴黎游览的情况和入境英国时遇到的不公正待遇。还提到已经从使馆取到陈竹隐的信了，朱自清说："读了几遍，使人怅然不能为怀！你的诗做得甚好；第一首尤稳，第二首平仄略差。"另外，朱自清在信中还关心胡秋原的恋爱问题。在本月 21 日的信中，朱自清向陈竹隐讲述了从西伯利亚一路过来的情形，还告诉陈竹隐，自己的胃在每天下午总要疼一次。从这封信开始，朱自清为自己写给陈竹隐的信编了号："在国内寄了五次信，在巴黎寄了一片，在英国这是第二信，算是第七号吧。"朱自清的算术有"问题"，在国内寄了五封信，巴黎寄的明信片算六，"在英国这是第二信"，应该是第八号吧？要不就是没有把巴黎所寄的明信片算在内。10 月 5 日，朱自清信中告诉陈竹隐，收到她的第三号信了，并诉说了对她的思念之情："我这些日子终日神经紧张，头老是昏昏的，肠胃又老不能复原。故兴致殊不好。上星期似乎没有写信给你，真是该死，请谅之！"在这封信中，朱自清还告诉陈竹隐，看了不少戏剧和电影。10 月 7 日又写一信，是因为刚刚收到陈竹隐的信。信中回复了陈竹隐关心的几个问题，让她别加入改组派，还强调"归期决不至迟延，望你放怀"等等（这可能也是朱自清不愿意在国外拿学位的主要原因——那需要两三年的时间）。10 月 21 日，朱自清给陈竹隐写了一封"抗议"信，开头就说："我有十多天没给你信了，这是我的抗议；因为我出国快两月了，只接你四封信（八月二十三、三十日，九月十日、十九日）！照你写信的日期看来，大有愈过愈延搁之势，这个我当然不希望的！你能够，愿意照我们原来约定的，每星期给我一信么？"接着才告诉陈竹隐一些学习、观光和生活上的事情，还讲述了班上的同学构成情况以及所住公寓的人员构成，甚至对于房东夫妇，朱自清也有比较详细的介绍。

　　然而陈竹隐的信还是没有来。到了 10 月 29 日，朱自清日记日："作书与隐，谓至下月十六若仍无书，余即不作书以待之。"朱自清这是闹点小情绪了，带着小情绪给陈竹隐写了一封信，信中说："又是一星期过去了，天天盼你来信，而竟杳无踪影！我想，也许是北宁路有阻？但报上并无此记载！也许你信封上未写明 Via Siberia（由西伯利亚行），因此走了海道？但北平来信，无论注明与否，大抵由西伯利亚走！也许你上了南京，但在南京情形未必甚好，你不见得会走，越想越是莫名其妙！目前我还是每星期给你写信，但到十一月十六若再不接到你的信，我也就等着，不想白写信了。"这种可爱的小情绪，和许多热恋中的情人一样，都是爱之深、情之切的表现。

但到了本月 30 日，朱自清收到了陈竹隐的来信，没有到下月的 16 日。意外的是，这封信不但没能让他开心，反而多了层更深的忧虑。在当天的日记中，朱自清说："晚得隐信，凡二页，分别记（5）（6）字，以两书论。书中着语极淡。又将地名错得不可究诘。信作于四日、八日，而实发于十三日，余甚疑之。此君殆别有新知乎？余因觉可以看开，但一面亦甚粘滞，心怀之苦，与谁言之！且俟局面之开展可耳。"朱自清开始怀疑了，生怕发生什么变故。31 日，朱自清日记又说："上午念及隐信，心殊不安，终日心中皆似不能放下。自问已过中年，绮思虽尚未能免，应无颠倒不能立定足跟之事，而神经过敏如此，无学问复无涵养，所以自存者果何在耶？"事实是，朱自清过于敏感了。当陈竹隐的另一封信及时飘到案头时，朱自清立即于 11 月 5 日给陈竹隐回了一封，信中倾诉了近期的情绪波动和接到信后的大好心情："上星期和这星期接你两信，心里平静多了。接你前一信时，恕我直说，颇为惶惑！因为信中的话似乎太泛泛，而四日、八日各写一纸，直至十三日才付邮，似乎有些不在乎样子，是令我害怕的。今天接你十六日信，还是原来的口气，这就好多了，虽然也是迟至二十才付邮。我恳求你，能不能写完信就付邮呢？"身在国外，远离亲人，朱自清盼接到亲人的信，此情此景颇为真实，也颇为感人。朱自清兴致一来，还写了陈竹隐上次两首诗的和诗，朱自清在当天的日记中说："一个月前收到隐的几首诗，今天就用这几首诗里的韵，和了两首抒情诗，虽然已经有几个月不写诗了，但这两首诗写得还可以。这是我的快乐。"诗曰：

宛转腰身一臂支，双眉淡扫发丝丝。
桥头午夜留人坐，月满风微欲语迟。

寄愁无策倍堪伤，异国秋来草不黄。
山海万重东去路，更从何处着思量。

有了爱情的滋润，朱自清的心情大好，在 11 月 6 日的日记中说："昨天收到隐的来信，是那样地一往情深，我从中得到了极大的安慰。"又说："我把昨天写的抒情诗给陶看了。他欣赏诗中反复出现的鼻音，并赞美这两首诗，说我用了普通的词句却写得很优雅。我觉得他这样说，仅仅是出于客气而已。"朱自清怀疑别人是出于熟人间的客气，其实他这两首情诗确实很好。

　　接下来，朱自清进入了爱情的甜蜜期，在 11 月 14 日、18 日及之后的多封信中，朱自清一边诉说着对陈竹隐的思念，一边报告着伦敦的学习生活、观光旅行和日常起居，还有身边的中国人的日常状况，同时也关心着陈竹隐在北京的生活，关心陈竹隐信中所说的朋友的一些事，并多次考虑着为陈竹隐买什么东西，如金戒指、日历等，总之，从字里行间能够看出朱自清和陈竹隐的爱情已经进入两情相悦的状态中了。

　　此后，直到 1932 年 6 月 23 日在意大利发出的最后一封信，朱自清留学期间，一共给陈竹隐写了 26 封信，从信中，能基本看出朱自清在欧洲学习、观光、生活的大致轮廓，也能感受到朱自清和陈竹隐的爱情热度和情感脉络。

李健吾

1931 年 9 月 11 日，朱自清到达英国伦敦的第三天，送别徐士瑚去爱丁堡大学读书，回到旅馆后，即给李健吾写信：

健吾先生：

别后过海峡，风平浪静。到 Dover 查验护照时，说要受医生检验；别的英国人、外国人都上了车，只留下我们两人。因此几乎将车误了；不禁悄然有国家之感。幸而车上遇一法国人，与两个英国女人兜搭，送烟送酒，甚有趣味。他也送烟给我们，我们谢之；又送酒给仙舟，他闻了闻又送还他。女人似乎一个理，一个不理。车中得此，尚不寂寞也。

到伦敦雇 Taxi。下车匆遽，仙舟付钱，被车夫左绕右绕，多取了两个多先令。英国钱本来麻烦，我们又新来，当然要吃些亏的。

到后第二天就拿出在法国买的地图，自己出去摸索。几天以来，也游了博物院、西寺、伦敦堡等处。只匆匆过目，不及细看。昨到西寺，适逢"课诵"之时，未能到诗人角一看，只见着 Wordsworth 像，甚为怅怅！

昨下午我去访一吴雨僧先生介绍的朋友。徐君独自归寓。据说在地道中转了一二点钟。我们这几天常坐地道车，这回仙舟却迷了路。仙舟今早走，我送他到车站，车站离他寓所极近，但我独回时也迷了路，五十分钟才得到寓。

仙舟在爱丁堡的同乡已将他住屋办妥，今天并可到车站接他。这回比到伦敦好多了。

你这两天见的人定已不少，暇时望将大略情形告知。

朱自清

（一九三一年）九月十一日

李健吾是 1925 年考上清华大学的，先读中文系，是朱自清的学生，各科成绩优异。不久之后就在朱自清的建议下转至西洋文学系学习，其文学天赋极高，在大学读书期间，就开始发表文学作品，1926 年创作的剧本《翠子的将来》等深受好评，朱自清非常欣赏他的文学才华，和他有过多次的交流和晤谈。朱自清在 1927 年 1 月写作的《悼何一公君》一文中，还提到了李健吾，那时候李健吾还是一个学生，朱自清在文中说："到了那礼拜六的傍晚，李健吾君因事找我，由他的稿子说到一公的病；我才知道一公的病很厉害，不过那两日已好些了。我和健吾约了晚饭后去看他。"何一公是清华戏剧社社长，和李健吾一样喜欢戏剧，同学们都戏称何一公是"莎士比亚"。朱自清接着说：何一公"编过几种剧本，但我没有细看过；我在前年本校国庆庆祝会中，看过他编撰兼导演的一个戏。他后来虽谦逊着说不好，我觉得实是不错的。他对于本校的演剧，有种种计划；因缺乏帮助，都还未能实现。但李健吾君告我，一公病前还和他说，在最近的期间内，一定要演一回戏。现在是什么都完了！"朱自清的口气中有对何一公的惋惜，也有对李健吾的尊重。1927 年 5 月 3 日，朱自清翻译了英国作家布拉德利（A. C. Bradley）创作的《为诗而诗》，发表在本年 11 月 5 日《一般》杂志第 3 卷第 3 期，到次年 4 月《一般》第 4 卷第 4 期续完。这篇论文较长，可能是写出来以后，把译稿给英文水平较高的李健吾做了润色，所以发表时署名李健吾、朱佩弦，可见师生二人的关系之密切了。1928 年 12 月 4 日，朱自清为李健吾的戏剧作品《一个兵和他的老婆》写了一篇书评，朱自清在书评中怀着欣喜的心情说："我已经念完勒《一个兵和他的老婆》的故事。我说，健吾，真有你的！"
接着说："这个兵够人味儿。他是个粗透勒顶的粗人，可是他又是个机灵不
过的人。瞧那位店东家两回想揭穿他俩的事儿，他怎们（么）对付来着！还
有，他奉勒营长的命令，去敲那位章老头儿——就是他的丈人勒——去敲他
的竹杠的时候，恰巧他亲家说他将女儿玉子窝藏起来勒，他俩正闹得不可开
交哪。你瞧，他会做得面面儿光；竹杠是敲上勒，却不是他丈人章老头儿！
张冠李戴，才有趣哪。他有这们（么）多的心眼儿，加上他那个当兵的大胆
子，——真想不到——他敢带勒逃出来的章玉子，他的老婆，'重入家门'。
这们（么）着，他俩才成就勒美满的姻缘；不然，后来怎样，只有天知道啦。
可是，顶要紧的，他是个有良心的人。要是他在马房里第一回看见他老婆的
时候，也象他那三个弟兄的性儿，那可不什们（么）都完啦；压根儿这本书
也就甭写啦。所以我说这个兵够人味儿。他有一个健康的身子，还有一颗健
康的心。可是，健吾，咱们真有过这们（么）胆儿大、心儿细、性儿好的兵？
你相信？不论你怎们（么）回答，我觉得这不是现在真有的人；这是你笔底
下造出来的英雄。他没有兵们的坏处，只有他们的好处；不但有他们的好处，
还有咱们的——干脆说你的——好处。这们（么）凑合起来，他才是个可爱
的人。至于章玉子，他的老婆，那女的多少有点儿古怪。但是她的天真烂漫，
也可爱的；做他那样子的人的老婆，她倒也合适。"朱自清这篇书评写得很
活泼，甚至有点儿俏皮，还用了不少北京方言的海州方言，如"粗透勒顶"
等，语调也很特别，"咱们的作家们，说起话来，老是斯斯文文的，慢声慢
气的；有的更是扭扭捏捏、怪声怪气的。至少也得比平常人多绕上几个弯儿。
这们（么）着也有这们（么）着的好处，可是你也这一套，我也这一套，叫
人腻得慌。像他那们（么）大刀阔斧，砍一下儿是一下儿的，似乎还很少哪。
他不多说一句话，也不乱说一句话；句句话从他心坎儿上出来，句句话打在
咱们心坎儿上——句句话紧紧地凑合着，不让漏一丝缝儿。好比船上的布篷，
灌满勒风，到处都紧绷绷的。他的话虽说有五段儿，好像是一口气说完勒似
的；他不许你想你自己的，忘了他的。可是你说他真的着忙？不不！他闲着
哪。他老是那们（么）带玩带笑的。你说他真的有什们（么），说什们（么），

像一个没有底儿的布袋？不不！他老忘不了叫你着急，叫你担心，那位店东家两回的吓诈，且甭提，只提'他们头一宵的恩爱'那一段，那女的三回说到嘴边又瞒过勒的那句话，你能不纳闷儿？再说，'他老婆重入家门'那一段，先说他带勒'一位没有走过世面的弟兄'，上他丈人家去。你想得到，这位护兵会变成他的老婆哪？可惜临了儿他那位丈人拐勒一个不大圆的弯儿；我不信那个老头儿真会那们（么）着崇拜'先王的礼法'！要让他换个样子，另拐上一个弯儿，就好勒。就是这收梢，不大得劲似的"。即便是这个"收梢"，朱自清末了也来一句："除勒这一处，健吾，我敢保这本书没有错儿！"整篇书评的口气都是轻松的，拉家常式的，读来很亲切，也很动人，只是用词有点儿过于京腔京调和方言俚语了，不知是不是朱自清的有意为之。

在巴黎分手之后，朱自清和李健吾师生二人，分别在巴黎和伦敦开始了异国的求学生涯。

时间很快就到了 1932 年 3 月 13 日，李健吾专程从巴黎到达伦敦，和朱自清一起游玩了几天。在《伦敦杂记》的序言里，朱自清说："伦敦的文人宅，我是和李健吾先生同去的。他那时从巴黎到伦敦玩儿。有了他对于那些文人的深切的向往，才引起我访古的雅兴。这个也应该感谢。"朱自清在当天的日记中也说："在米尔斯旅馆见李和秦。"秦即秦善鋆，出生于 1906 年，1929 年清华大学毕业后，于次年留学法国巴黎，在巴黎大学考古研究所及鲁佛学校学习油画和美术史，此次和李健吾一起来伦敦，一是游玩，二是来看望老师朱自清。14 日，朱自清、李健吾、秦善鋆一起吃了顿午饭，畅聊也很投脾气。朱自清在当天的日记中说："秦对一些有关绘画的专门术语做了解释，讲得很透彻。"在三人一起逛街时，朱自清买了一些画和一些画片选，并且因为买书和买唱片花费过多而感到不安。就是在逛街购物时，秦善鋆告诉朱自清，由于太忙，他已经放弃了对音乐的爱好。朱自清听了之后，在日记中十分感慨地说："我们之间的对照是多么的鲜明啊！……为买留声机和两打唱片已花去了十英镑！不务正业使我一步步走进了死胡同。"15 日，朱自清又陪同李健吾去逛舰队街，在舰队街上看到《每日快报》正在建造的新办公大楼，对大楼的特殊造型感到奇怪——该大楼的许多玻璃装饰是黑色的，还在大厅里看到一张基督受难图，雕刻在金银合金板上。又去切尔西参观卡莱尔（Carlyle）的故居。朱自清在当天的日记中说："女管家对我们很和蔼。她给我们讲了加莱尔生平的主要事迹，并向我们朗读了他的书信，她读得很好。"卡莱尔故居给朱自清留下了深刻的印象，在《文人宅》里有这方面的描写。卡莱尔的故居在切尔西，喜欢英格兰足球超级联赛的人都知道有个切尔西队，这是一家豪门球队，有很多国际粉丝。在这篇《文人宅》里，朱自清把卡莱尔译成"加莱尔"，把切尔西译成了"乞而西"等，文章说："加莱尔（Thomas Carlyle，1795—1881）宅，在泰晤士河旁乞而西区（Chelsea）；这一区至今是文人艺士荟萃之处。加莱尔是维多利亚时代初期的散文家，当时号为'乞而西圣人'。一八三四年住到这宅子里，一直到死。书房在三层楼上，他最后一本书《弗来德力大帝传》就在这儿写的。这间房前面临街，后面是小园子；他让前后都砌上夹墙，为的怕那街上的嚣声，园中的鸡叫。他著书时坐的椅子还在；还有一件呢浴衣。据说他最爱穿浴衣，有不少件；苏格兰国家画院所藏他的画像，便穿着灰呢浴衣，坐在沙发上读书，自有一番宽舒的气象。画中读书用的架子还可看见。宅里存着他几封信，女司事愿意念给访问的人听，琅琅有味。二楼加莱尔夫人屋里放着架小屏，上面横的竖的斜的正的贴满了世界各处风景和人物的画片。"16日这天，朱自清和李健吾参观了狄更斯（Dickens）和济慈（Keats）的故居。在狄更斯故居里，朱自清对陈列着狄更斯作品中的人物插图很感兴趣，其中有些插图是烧在瓷器上的。在《文人宅》里，朱自清描写道："屋子里最热闹的是画，画着他小说中的人物，墙上大大小小，突梯滑稽，满是的。所以一屋子春气。他的人物虽只是类型，不免奇幻荒唐之处，可是有真味，有人味。"狄更斯用过的一张珍贵的书桌，上面覆着色泽柔和的紫天鹅绒台布，看上去很美，博得了朱自清和李健吾的赞赏。朱自清在日记中说："六十二年前，即一八七〇年三月十六日，狄更斯生前最后一次伏案阅读。后来这张桌子曾被运往美国送给他的爱女。"让朱自清感到亲切的，还有故居顶楼的一个小窗户，狄更斯14岁时曾住在这里凭窗远眺。朱自清和李健吾有没有从窗口向外眺望，以重温一下少年狄更斯的向往？在济慈纪念馆里，朱自清看到了济慈、雪莱和拜伦的许多来往信件。济慈关于医学方面的笔记也让朱自清、李健吾感到很有趣。哈代的诗《汉普特德一屋》的手稿更是让朱自清神往，朱自清在日记中说:"我真喜欢他的文体。"朱自清还幻想道:"济慈家的花园在当时一定景色很美。李君想像过去那里的人口一定不如现在这么多，所以能听到夜莺的歌声。他打赌说现在那儿肯定不会再有夜莺了。我想他是对的。我们拜读了《夜莺颂》的复制件，济慈在此诗中的笔锋比他信中的笔锋更雄浑有力。"在《文人宅》里，关于济慈有这样一段描写:"济慈(John Keats，1795—1821)宅，在市北汉姆司台德区(Hampstead)。他生卒虽然都不在这屋子里，可是在这儿住，在这儿恋爱，在这儿受人攻击，在这儿写下不朽的诗歌。那时汉姆司台德区还是乡下，以风景著名，不象现时人烟稠密。济慈和他的朋友布朗(Charles Armitage Brown)同住。屋后是个大花园，绿草繁花，静如隔世;中间一棵老梅树，一九二一年干死了，干子还在。据布朗的追记，济慈《夜莺歌》似乎就在这棵树下写成。布朗说，'一八一九年春天，有只夜莺做窠在这屋子近处。济慈常静听它歌唱以自怡悦;一天早晨吃完早饭，他端起一张椅子坐到草地上梅树下，直坐了两三点钟。进屋子的时候，见他拿着几张纸片儿，塞向书后面去。问他，才知道是歌咏我们的夜莺之作。'这里说的梅树，也许就是花园里那一棵。但是屋前还有草地，地上也是一棵三百岁老桑树，枝叶扶疏，至今结桑椹;有人想《夜莺歌》也许在这棵树下写的。济慈的好诗在这宅子里写的最多。"关于济慈故居的保护，朱自清还透露了一段感人的故事:"这屋子保存下来却并不易。一九二一年，业主想出售，由人翻盖招租。地段好，脱手一定快的;本区市长知道了，赶紧组织委员会募款一万镑。款还募得不多，投机的建筑公司已经争先向业主讲价钱。在这千钧一发的当儿，亏得市长和本区四委员迅速行动，用私人名义担保付款，才得挽回危局。后来共收到捐款四千六百五十镑(约合七八万元)，多一半是美国人捐的;那时正当大战之后，为这件事在英国募款是不容易的。"

在短短几天的时间里，朱自清和李健吾、秦善鋆一共参观了四五处名人故居。送别李健吾、秦善鋆几天之后，朱自清还在19日的日记中补记了两条:"1.狄更斯亲笔手稿《男学生的故事》的石版复印件，十页。一九二九年售价 1850 镑。2. 济慈手稿《十四行诗》，一页。一九二六年售价 640 镑。"朱自清补记这些，显然是在为回国后写作积累材料。

两个多月后，朱自清在伦敦大学学习期满，于 1932 年 5 月 13 日从伦敦到达巴黎。和李健吾再次取得了联系，并一起玩了几天。5 月 18 日，朱自清和李健吾见面晤谈后，李健吾还兴致很高地把他新写的剧本读给朱自清听。朱自清在当天的日记中说："李将其新写剧本《在火线上》读给我听。情节甚好，但有些人物的对话太富诗意，且嫌冗长。此外，某些人物显得太优雅，与他们的身份不符。他把他自己的性格与剧中人物混杂在一起了。这是很值得注意的。"5 月 21 日，李健吾还和朋友一起陪朱自清游览参观，当天的日记云："与李、吴同去拉雪兹公墓，看著名的雕塑《致死者》。阿贝拉德、埃露瓦斯、萧邦、塔尔玛、圣·皮埃尔和奥斯卡·王尔德的墓都在这里。王尔德墓前的雕塑系爱泼斯坦所作，是一座展翅欲飞的巨像，有点像埃及的斯芬克斯和亚述人的形象。这座雕像是一位贵妇人出于对王尔德的赞赏而捐款兴建的。"应李健吾之约，1932 年 5 月 31 日，朱自清为李健吾的剧本《在火线上》作序。朱自清在当天的日记中说："为李君的剧本写序言，这是个好剧本。"该篇序文后来收入了《在火线上》，1933 年 1 月由北平青年书店出版。在序言中，朱自清评价道："这回中日的战争是我们的耻辱，也是我们的光荣；有十九军的抵抗，别人和我们自己才感觉到我们居然还活着，没有全变成墓中枯骨。但这口活气是好容易才争得着的，多少老少男女，多少将领兵士，多少血，多少肉，才换来这一点儿。这血肉模糊的一页历史，应该有声有色地写下来，让大家警醒着，鼓励着，前头是希望的路，得看准方向拼命走上去……新近来到巴黎，才听说有两位在给上海战事写戏，其中一位便是李健吾先生，本戏的作者。"朱自清评价恰到好处，没有过分拔高，而是实事求是，认为这部戏"技巧很精密"，是"一部艺术品"。

多年以后，李健吾又将该剧本改名为《老王和他的同志们》，与另一个剧本《母亲的梦》合为一本，由巴金主持的文化生活出版社于 1938 年 8 月出版，李健吾节选了朱自清的原序，略作修改后作为该书的"跋"，跋中有这样的一段话："这回战事不是这个那个英雄的勇气与计谋，而是民众的同心协力。一个朋友来信说，'某军成了民众的武力'；我们正应该如此看。若不看清这一层，写出来的东西，高明些只是英雄崇拜，推办些就成歌功颂德了。这时代用不着这些老玩意，时代的精神早变过来了。……战事戏最难写；戏台太小了，战场太大了，取材是难中之难。既不能像旧戏用四个龙套代表八十三万人马，又不能像《欧洲大观》一类电影，用炮火上台；所以只能旁敲侧击。因此，这种戏特别需要技巧。选择情景，安排人物，穿插言语，都要严密，要对岔儿；还得要'重，拙，大'（借用况周颐论词的话）。巧已经不容易；巧而又能'重，拙，大'，就更难了；所以战事戏成功的很少。"

李健吾是1933年从法国回国的，回国后，在中华教育基金会编辑委员会任职。1935年任暨南大学教授。抗日战争期间苦居上海，从事进步文化运动，是上海剧艺社以及苦干剧团的骨干和中坚。抗战胜利后，应郑振铎之约，与其共同主编《文艺复兴》杂志，发表许多进步文学家的作品，朱自清也曾在《文艺复兴》上发表过文章。这期间，朱自清和李健吾也多有联络，但因不在一个单位工作，所以合作的机会不多，如有要事，多以书信交往。朱自清写给李健吾的书信，现存的，除上述引用一通外，尚有两通，一通写于1936年1月18日，主要谈四件事：一是托请李健吾买书；二是托请李健吾校改散文集《你我》并请将书序寄给朱自清本人修改；三是痛斥日本人之下流；四是告诉李健吾，他不再担任《大公报》文艺副刊的编辑并已转交萧乾接办了。另一通信写于1946年7月19日，是感谢李健吾在《文艺复兴》杂志的"编后"中给其声明文章写作的经过给予了丰厚的稿费，另外告知民主战士闻一多被枪杀，认为是"恐怖时代的前奏"。这里需要着重强调的是，1947年3月12日，李健吾因事到北平，让朱自清为其题诗，朱自清有《健吾以振铎所贻旧纸来索诗书，不成行，辄易一幅应之》二首，其一曰："堪羡逢场能作戏，八年哀乐过于人。山河有怨凭君诉，却颂和平孰与陈？"其二曰："郑先赠纸古色香，千里邮筒密裹来。破笔涂鸦不成列，换将素幅俗堪哈。"

认真听课

朱自清刚到达伦敦还没有找到固定住所时，就于 1931 年 9 月 11 日下午到伦敦大学领取该校的章程了。后来又联系了皇家学院，见到了里德教授，因关于学习的方式方法和里德教授的理念不合，遂放弃了皇家学院，决定只在伦敦大学做一名旁听生。

1931 年 10 月 6 日，朱自清到伦敦大学交费，办了入学手续。在当天的日记中，朱自清简要记录了报到的过程，见到了校方的奎克小姐、杰姆金斯先生、贝克尔博士等人，朱自清用"俱无问题"表示报名、交费的顺利以及心情的愉悦——又要做一名学生了，从 1920 年 5 月北大毕业走向社会后，他一直在做老师，中学的，大学的。没想到相隔十多年，再次以学生的身份走进了课堂，而且是在异国他乡，心情还是有些异样和激动的。

朱自清日记中所记的第一次上课，是在 1931 年 10 月 9 日，上午听詹金斯的课，感觉无条理，所讲内容为英国现代文学。下午上英文文法课，接着又上英语会话课。老师中，有戴维斯夫妇。朱自清夸戴维斯夫人甚佳。但是戴维斯先生起初认为朱自清是日本人，让朱自清极不愉快。此后，朱自清基本上都能按时到伦敦大学，听他应听的那些课程，如拉丁文学、英语理论、英语语音等。在这些任课老师中，有一个老师比较怪，讲课时风趣幽默，肢体动作尤其夸张，讲到滑稽处，喜欢用脚猛烈地踩踏地板，让地板发出很大的声响，朱自清日记中称此种授课为"亦一奇事"也。另有一个叫费兹的老师，教英语写作，朱自清在日记中记录他上课的种种事情最多——后文将有交代。

朱自清在伦敦大学的课排得还是比较满的，每周一下午听演讲，星期二、四、五都有课，基本上和中国大学本科生的课程密集程度差不多。在朱自清的同学中，有欧洲许多国家的学生，女同学又比男同学多。1931年10月21日，朱自清在写给陈竹隐的信中说："同班的女人多极，听讲演时也是女人多于男人。大概外国现在女人过剩，英国男女大约是百分之四十几与五十几之比……我的同班皆德法意各国人，彼此不谈话。"朱自清在这天的日记中还专门写到了一个德国女生，他夸这个德国女同学道："风致愈佳，今日御耳环，摇曳生姿，与金发蓝衣相映，所谓大家风范，与瑞士女子又自不同。"这里所说的瑞士女子，应该就是本书后文《鲁蒂斯豪泽小姐》中的鲁蒂斯豪泽小姐了，都是"大家风范"，而德国女同学更有"摇曳生姿"的风情。从朱自清的文字看，明面上是夸德籍女同学，实际上他同样欣赏那位瑞士女子，只是二人的美各有风姿罢了。看来德籍女生和鲁蒂斯豪泽小姐无疑是班上两名引人注目的班花了。

朱自清的日记中，关于上课的不少，如1931年10月29日日："下午听讲希腊艺术，渐了解其讲演性质，乃从艺术之关于诗中故事者解释，唯仍不能解其主要之点，甚为怅然！"只有认真听讲者才会因为听不懂而"怅然"，这是朱自清对待学习的态度，不需要拿文凭，不需要攒学分，也无须考试，如果只为混日子，还"怅"什么"然"呢？所以他的学习都是自觉的，是出于对知识的渴求。不过下午上课就顺利多了，日记日"读拉姆（Lamb）之《奥赛罗故事》（Othello），甚顺利"。30日日记日："下午头昏不已，上课后至诗集书店购《英国音律论者》一书，心始静，亦一癖也。在该店中见读诗会布告，大喜过望，急购票两张。第一次在下星期四，所读为维多利亚女王时代的诗集（Victorian Poetry），第二次则豪斯曼（Housmen）自读其诗。"1931年11月4日日记日："试读发音课里的元音字母，发现第九个和第二十个难于模仿。"在另一堂写作课上，费兹先生认为朱自清的作业"多了"。他指出一个从句——"在那儿我独自一人冷漠地生活着"，问朱自清，文中所给予的"冷漠"一词是什么含义。朱自清没有作答。费兹告诉朱自清，这个词的含义很广，不仅限于指人。他还补充说：这个从句的笔调不错，像17世纪语言。费兹这样说，朱自清的理解不过是他有点儿幽默而已。朱自清听了几节费兹先生的课，知道这个老师喜欢冷嘲，而冷嘲是英国人的特点之一，并非有什么恶意。朱自清在这天的日记中有"对自己的进步不快感到失望"的表述。

朱自清也会因为参加一些活动而缺课，每每流露出后悔的心情，如1931年11月11日，因为参加了第一次世界大战的停战纪念日的活动，朱自清一大早就到阵亡将士纪念碑前，站在第一排，看到那庄严、肃穆的景象时，被深深地打动。特别是当年的老战士威严地走过来，更使他的心灵受到震撼。许多妇女在强壮的警察的护送下游行前进，她们也都激动异常。朱自清在日记中用"此情此景真是动人"来表达自己的心情。巧合的是，纪念仪式刚刚结束，大雨便倾盆而下，最后还夹着冰雪。但是因这个活动，耽误了听费兹先生的发音课，朱自清在日记中后悔道："星期一下午没听巴尔塞（Balser）博士的讲演，今天又没听费兹先生的发音课，我觉得遗憾。我的健忘使自己也感到吃惊，甚至连上课也忘了。"好在还赶上了费兹先生的另一堂课，只是当费兹先生把作业发给朱自清时，说朱自清用语生僻，跟他们的习惯用法很不一样。严格的费兹先生没有让朱自清更正或修改，而是直接让他重写。朱自清照办了，还在日记中感叹道："想想吧，这是你的致命毛病！"这天的课上，费兹先生对最近的社交礼仪发表了一些意见，他厌恶矫揉造作的形式主义，并对此嗤之以鼻。他认为除了像德国这样的危难之邦外，爱国主义行将灭绝。他不相信英国人民会容忍意大利墨索里尼的行为和言论，他也不会赞成当时受到大多数人支持的中国国民政府，因为这个政府指望从国外搞到些什么。朱自清在日记中表示"我领悟不了他这种政治上的见解"。11月12日，朱自清在所住的公寓新换了一间大点的房子，只是房子里有股子煤气味，给他带来了困扰。在新的房间里，朱自清"决定每天朗读替换词汇表和语音练习读本。暂时不去背诵那些示范诗了"。并且平时也很少做这种练习，朱自清在日记中说："从未抱有写一手好英文的奢望。我做练习的目的是为了扩大词汇量和提高阅读能力。"朱自清之所以在日记中这样表示，说明他是一名务实主义者。这天朱自清还听了德拉马尔先生的课，但朱自清的听力跟不上。德拉马尔先生读讲稿时摇头晃脑分散了朱自清的注意力。加之他咳嗽得厉害，又坐在离讲坛最远的后排座位上，所以经常听不清楚。

在1931年11月13日的会话课上，由于朱自清的英语会话不流利，戴维斯夫人两次劝他在家里多做些替换词汇表上的练习。不过朱自清觉得，自己的主要问题不在于说，而是在于听。朱自清觉得自己的耳朵太迟钝了，大概不适于学音乐和外语。艰难的英语会话，让朱自清感到失望，甚至丧失了信心。但是当晚上和国内朋友在顺东楼用餐时，遇到讲一口上海方言的两位女士，虽然让朱自清感到语言上的亲切，但对于她们一副上海派头的作风和举止，既讨厌又赞赏，朱自清在日记中感叹说："这真是自相矛盾啊。"所以，关于语言，无论是英语还是汉语，朱自清都是非常在意的。

既然英语会话不好，那就加油苦练吧。朱自清在1931年11月16日的日记中说："读吉尔伯特（W. S. Gilbert）和阿西尔·沙利文（Arother Sullivan）的《船夫们或巴拉塔里亚的国王》，感到困难，甚至厌倦。在读这个歌剧的时候，手里老拿着字典在查。"这就是学习的状态，一方面感到厌倦，感到困难，但同时又不能不学，硬逼着自己学，哪怕是手里拿着字典也要坚持下去。好在同学们也都不错，能帮则帮，有一个叫萨科威茨的先生，告诉朱自清两种歌剧的名字：一种叫正歌剧，另一种叫通俗喜剧。这种歌剧的分类知识对朱自清很有用。在接下来的17日这天的课上，奎克小姐分发试卷时，说其中有不少考得很坏。她挑出施赖恩（Schrein）先生的试卷，说是考得最好的一个。而朱自清只得了三分。这种五分判分的卷子，三分也较低了，朱自清在日记中说："我的记了三分，这不是个耻辱吗？"知耻而后勇，这可是中国人的文化。18日的早上，朱自清就和房东罗宾森夫人谈论英语成语了——真是不放过一切可以利用的机会啊！到了学校，费兹先生纠正朱自清辅音L的发音方法，朱自清觉得这个音很难发准确。在写作课上，费兹先生告诉朱自清他的作文不好。同学们也听到费兹的话了。下课后，朱自清在火炉里烧废纸，有一个让朱自清讨厌的德国同学说："瞧你，在烧文章了。我看这倒是个作文题目，就叫'论烧文章'吧！"朱自清听了很恼火，告诉对方，并没有烧作文，不过是把一些废报纸放在炉子里罢了。但是德国人用这样的口气来讥讽朱自清，还是让朱自清感到对方真是恶毒！朱自清在19日的日记中说："我在阅读英语方面的进展实在太慢了，不知道该怎样办才好。看来得做更多的工作，比现在每天做的要多得多。"在朱自清的不断努力下，又去听德拉马尔先生的讲课时，感觉比上星期能多听懂一些了。但是英语写作还是不行，朱自清在23日的日记中说："当贝克尔（Baker）博士的课快要开始时，我的作文还没完成，怎么也写不下去了。听课时几乎心不在焉，不过我还是听懂了大部分内容。"朱自清努力地把作文写完交给费兹，费兹在收下朱自清的作文时，脸上流露出一副怪相，这让朱自清异常地反感，并产生了憎恨的心理，觉得他居然是这样一个人，当他不喜欢某人或某事时，总是带着一副恶意的冷笑。这一天，朱自清学会使用罗杰特（Roget）所编的《英语词典》了，这让他感到欣慰和高兴。24日，朱自清起得很早，在日记中开心地说："这对我很有好处。"到了学校，在听力练习课后，斯威斯（Swiss）夫人突然来找朱自清，并问朱自清关于汉语的发音符号，朱自清答应下星期五告诉她。随后在伦敦大学经济学院听拉斯基（Laski）教授讲课。朱自清在日记里说："那是国际主义者联谊社安排的。伯顿先生是该社的支持者和名誉干事。拉斯基教授少年英俊，如果在街上见到他，我一定不会想到他是教授。他身材细长，个子不高，但嗓音洪亮，即使在房间最远的角落里也能听到他那铿锵有力的声音。我很容易地听懂了他所讲的内容。他经常断开长句。我想这是一种时髦的讲话方法。他是按照两三天前在《泰晤士报》上发表的文章讲的，很有效果。不过，他讲的没有什么实质性的内容。因为这种课是公共课，所以讲得浅一点也是可以谅解的。希望对这种课能进行适当的讨论。拉斯基教授对提问题的人做了措辞巧妙的扼要回答，有时还有点严厉。他的大部分答复是针对史密斯（Smith）教授的讲话的。史密斯教授也在同一个学院讲授国际法。他在为反对国际主义的观点而辩论时，往往是回顾过去的多，展望将来的少。他讲课时口若悬河，令人应接不暇。不过我明白他的推论来自罗马历史。拉斯基教授在回答他的问题时带着嘲讽的语调，引起一阵阵笑声。他在回答一个学生时也是这样。这个学生提出的问题书上已经有了答案。他在上拉斯基教授的课前，理应在书上看到这个问题的回答，而他还要去问。因此在这一点上，这个学生受到了无情的嘲笑。"朱自清听这种课收效很大，从学生的提问到老师的解答，甚至从老师对学生的态度上，他都能从中学到知识，提高会话和阅读的水平。朱自清能一口气写这么多日记，说明他这几天的听课很有成效，感觉很好。

随着时间的推移，朱自清的英语会话和英语写作水平逐步得到提高，基本上达到合格的标准了，也乐于参加一些活动了。1931年11月26日这天，朱自清和同学皮姆先生一起到学院去，参加拉齐姆化学工程纪念实验室的开幕式。开幕式由乔治亲王在大厅里主持。朱自清他们赶到那里时，已经是汗流浃背了。开幕式上的前排座位是留给全体教职员的。朱自清在日记中写道："他们穿着红色的或黑色的长袍，看上去真是有趣。妇女们穿着长袍，显得比平时更美丽。长廊里挤得不得了，我站在后面老是被一个学生挤着。学生们在开会时常常心不在焉，男女学生一个样。一个学生在出口处扔帽子打人。想不到那帽子竟是我的，可是直到散会时我才发现。乔治亲王作了简短而优美的讲话。台上坐着一个戴假发和面罩的人，皮姆认为他是英国大法官兼上议院议长。五点半钟我去听德拉马尔的讲课。"心情好了，帽子被人用作打闹的武器也不介意。1931年11月的最后一天，朱自清到友谊之家去听戴维斯（Davis）先生的课，题目是《旋律与本民族语言》。朱自清在日记中说："他很聪明而且富于幽默感，讲话清晰。我虽然不懂音乐，但很喜欢教堂唱诗班歌手们的歌唱。他们的声音优美而自然，我过去从未听到过。找到了一个歌本，想按音符一个个地去学。戏剧、绘画和音乐将是我下学期感兴趣的学习科目，所以想事先准备一下，学一点入门知识。"朱自清对于音乐的兴趣，可能就是从这时候培养起来的，与此同时，他还决定买一架留声机。1931年12月9日，朱自清日记云："黑格小姐告诉我她这两年读了很多书。"这句话也刺激了朱自清，觉得以前没有扎扎实实地阅读，现在得下决心去读了。朱自清又说："这一点是很关键的，不能再错过机会了！"10日傍晚，朱自清去听德拉马尔的讲课，在日记中说："比上星期能听懂的多了。他讲了塞恩茨巴里（Saintsbary）的《英语散文手册》，并提起乔治·扬（George Young）的名字。他说乔治·扬是专门研究现代英语格律的。"

伦敦大学形式多样的课程，朱自清都喜欢听。1931 年 12 月 15 日，朱自清因没能在大会堂听埃金·伦德（Edgen Lund）女士举行的午餐音乐会而深感遗憾，因为会上演唱了传统歌曲和民歌。16 日，朱自清去听维奥莱特·奥尔福德（Violet Alford）小姐关于比利安民间习俗的讲课，朱自清在日记里说："里面的音乐很有趣。"朱自清还到英国国立美术馆去听有关色彩学的课。朱自清那天到那里时，讲课已开始。讲课的老师正在讲暖色和冷色。暖色和冷色跟实际生活中的冷暖没关系。暖色可以用来代表夏天，而冷色则可以用来代表冬天。讲课老师还认为橙色是最暖的色彩，旁边的蓝色则是最冷的。接着又讲各种色彩的协调和对比，就像音调的协调和对比一样。

这个学年的下学期，朱自清有些课要到雨果语言学院去听了。1932 年 1 月 12 日，朱自清到雨果语言学院听私人授课，教师叫鲍德温，朱自清听不大清，在日记中说："他的发音不像英国人，他发的有些音如‘p’,‘o’,‘wh’或多或少有点像法语的发音。我很失望，想跟办公室商量换个老师，但又拿不准换上来的老师是否就会好些。我现在才知道雨果语言学院是一种商业性的组织。后悔没找帕金森小姐向我推荐过的三位老师。"朱自清因此对校方提出了意见。14 日这天，朱自清日记云："我对雨果语言学院的意见发生了作用，该院办公人员指定一个伦敦人来做我的指导教师。不过，我对这位教师仍然没有多大信心。我后悔仓促地到一个法国学校来听英语的私人授课。"15 日，朱自清新的老师来了，他叫马特（Matt），马特先生的发音很好，但他本人好像不太严肃，朱自清不喜欢他的关于语言学的传统观念，很后悔参加雨果语言学院的私人授课了。这种纯商业性质的授课方法，让朱自清特别不满，在 19 日的日记中说："穷于应付老师和指导教师留下的家庭作业，我感到把那么多的时间花在作业上未免有点冤。我现在急需的是提高阅读能力和扩大词汇量。再说，这位指导教师是个能力平常的人，尽管他发音不错，但这个人对他自己国家的语言知道得并不多。"

很快，伦敦的春天到了。伦敦的春天很美，阳光也多了起来，朱自清在上课之余加紧了他的游览，仅在 3、4 月里，朱自清就看了十几家各类博物馆，对于上课，也开始有意地放缓了，一方面是对老师不满，还有一层原因，是朱自清对于他想了解的东西已经有了基本的认知和把握，接下来只需要消化即可。他在 1932 年 4 月 13 日的日记中，记述了他的这种心态："史蒂文森先生搞了个意外的考试，一点也不懂他上星期三讲了些什么，不过，我把该做的答题都做了，我对考试毫无兴趣，对考得好坏甚至能否及格，都不存奢望。"但有兴趣的课朱自清也会听得认真，如听基特里奇所讲的《李尔王》，他在日记上就概要地写道："包括三个方面：1. 主要情节；2. 次要情节；3. 李尔王的疯狂（人类的本性）。"这也是朱自清在伦敦的最后一节课。这节课之后，朱自清就完全放飞了自己，开始执行云游伦敦及欧洲大陆的计划了。

总之，朱自清在伦敦的七、八个月里，在伦敦大学和雨果语言学院认真学习、听课，圆满完成了自己预先制订的学习计划，接下来的观光和游览，虽然也是学习的一部分，但其形式就轻松而快乐了。

购书成瘾

1931 年 10 月 7 日，朱自清日记云："下午赴剑桥印刷展览会，颇有意思，赠目录二册。有一《圣经》最名贵。余购《诗与音乐比较》一册，此为在英所购第一书也。见琼斯（Jeans）所著之《我们周围的宇宙》（*Universe Around Us*）和《神秘的宇宙》（*A Mysterious Universe*）与怀特海德（Whitehead）的《科学和现代世界》，颇思购之。又昨见罗素（Russell）所著《科学展望》一书与其两种哲学大纲，皆应读也。"又说："至邦普斯（Bampus）（即展览会所在）装订处，见有新装订数书，以抽象派形式（Abstract Form）饰书面，甚美观（皮装、金饰）。又见一中世纪书叶式之祷词，颇思得之，以太贵而罢（二十一先令）。"从文字中，能感觉到朱自清购书的愉悦和对好书的向往。

朱自清爱书，到哪里都喜欢逛书店，访书、淘书、购书。这次伦敦游学，更是开启了疯狂的购书模式，他的日记中，经常有购书的记录，也有多次购书后的后悔和购书太多的警示或牢骚话。但是，书，对于像朱自清这样一个作家型学者，又是不可或缺的知识源泉。同时，他又把访书、淘书、买书、逛书店当成一种乐趣。在 1931 年 10 月 15 日，他开列的想读之书的书单中，就有这样一些作家：小说家有贝内特、哈代、劳伦斯、韦尔斯、康拉德、尼瑞第斯；诗人有梅斯费尔德、瓦特·德拉穆尔、哈代、豪斯曼；剧作家有萧伯纳、巴里、高尔斯华绥；散文作家是斯特雷奇、贝洛克。这份名单既全面，又代表当时英国作家的最高水准。

可惜游学的费用不多，不能满足他的买书需求，否则，他可能会把自己租住的房间当成一个书库的。即便如此，买书还是他的一笔大开销，如1931年10月19日日记云："今日大购书，计得《今日之诗》《各国歌谣》《诗艺》《英国文学小史》《爱书人闲话》《文体论集》诸书，又订牛津版莎翁全集、柴尔德（Child）《英国歌谣集》二书。"这确实是一个大书单，仅一套莎翁全集就该花费不少钱吧。但这些书又确实是他需要的，朱自清是"五四"以后新诗人的代表之一，在清华大学既从事旧诗研究，又从事现代诗的研究，像《今日之诗》《诗艺》这些诗学方面的专著，是他必须解读的，《各国歌谣》《英国歌谣集》两种书同样是他在教学上需要补充的材料，因为朱自清在清华大学开了"歌谣"的选修课，这项工作还在研究中，参考书越多越有助于他的教学和研究。另外几本书也是必须读的。可能是意识到自己购书有些盲目了吧，朱自清在日记中经常警醒自己"加意""节制"，但还是不能自控，"下午赴诗集书店（Poetry Bookshop），购书甚多。余近来食糖、购书之无节制与国内同，大宜注意！"（1931年10月23日）"在福伊尔（Foyel）观书甚久，购书数种，均尚惬意。"（1931年10月31日）"买了四本书，花去一镑多钱，这些书并非急需，怎样才能控制自己在买书上的挥霍浪费呢？"（1931年12月7日）像朱自清这样的纠结，相信许多爱书人都有过的。朱自清曾经说过："买书也是我的嗜好，和抽烟一样。"所以在英国，他虽常常警醒自己，也无意改掉。书店照去，书照买，要节制买书的话照说。号称"世界上最大的新旧书店"的福伊尔，也常常有朱自清的身影。这家书店被喻为"好像掉在书海里"，有新旧两座大楼，都是四层，分了二十五个部，仅店员就有二百多人。地下室里都是旧文学书。朱自清一有空就来逛，挑挑拣拣淘了不少打折的特价书。朱自清在《加尔东尼市场》一文中写到的旧书铺子，也去逛过几次，文章中有这样的描写："先到外头一家旧书铺。没窗没门。仰面灰蓬蓬的，土地，刚下完雨，门口还积着个小小水潭儿。从乱书堆中间进去，一看倒也分门别类的。'文学'在里间，空气变了味，扑鼻子一阵阵的——到如今三年了，不忘记，可也叫不出什么味。《圣经》最多，整整一箱子。不相干的小说左一堆右一堆；却也挑出了一本莎翁全集，几本正正经经诗选。莎翁全集当然是普通本子，可是只花了九便士，才合五六毛钱。铺子里还卖旧话匣片子，不住地开着让人听，三五个男女伙计穿梭似地张罗着。别几家铺子没进去，外边瞧了瞧，也一团灰土气。"

所买的书籍当中，有不少是关于音乐的。类似于《音乐简史》《音乐欣赏指南》什么的，他也都买，在读到一本《弥赛亚》时，朱自清称赞这本书"文字简单明了，具有诗一样的力量，对音乐阐述得非常透彻"。那必须下手了。

在《伦敦杂记》中，朱自清还专门写了一篇《三家书店》，介绍了伦敦三家旧书店的各自特色，可以看成是朱自清在伦敦购书的缩影。这三家旧书店和加尔东尼市场的旧书摊一样，都是以旧书为主，其位置集中在切林克拉斯路（Charing Cross Road，今通译查令十字路）上，朱自清在《三家书店》的开头有介绍："那是热闹地方，顶容易找。路不宽，也不长，只这么弯弯的一段儿；两旁不短的是书，玻璃窗里齐整整排着的，门口摊儿上乱哄哄摆着的，都有。加上那徘徊在窗前的，围绕着摊儿的，看书的人，到处显得拥挤挤，看过去路便更窄了。摊儿上看最痛快，随你翻，用不着'劳驾''多谢'；可是让风吹日晒的到底没什么好书，要看好的还得进铺子去。进去了有时也可随便看，随便翻，但用得着'劳驾''多谢'的时候也有；不过爱买不买，决不至于遭白眼。说是旧书，新书可也有的是；只是来者多数为的旧书罢了。"朱自清先介绍的就是前述的福伊尔，也即最大的一家，朱自清在文章中写到了淘书的乐趣："我的一本《袖珍欧洲指南》，就在这儿从那穿了满染着书尘的工作衣的店员手里，用半价买到的。在摊儿上翻书的时候，往往看不见店员的影子；等到选好了书四面找他，他却从不知那一个角落里钻出来了。但最值得流连的还是那间地下室；那儿有好多排书架子，地上还东一堆西一堆。乍进去，好象掉在书海里；慢慢地才找出道儿来。屋里不够亮，土又多，离窗户远些的地方，白日也得开灯。可是看得自在；他们是早七点到晚九点，你待个几点钟不在乎，一天去几趟也不在乎。只有一件，不可着急。你得象逛庙会逛小市那样，一半玩儿，一半当真，翻翻看看，看看翻翻；也许好几回碰不见一本合意的书，也许霎时间到手了不止一本。"

朱自清又介绍了牛津街上的那一家。虽然牛津街是伦敦的东西通衢，繁华无比，寸土寸金，"但也有一家大书铺，叫作彭勃思（Bumpus）的便是。这铺子开设于一七九〇年左右，原在别处；一八五〇年在牛津街开了一个分店，十九世纪末便全挪到那边去了，维多利亚时代，店主多马斯彭勃思很通声气，来往的有迭更斯，兰姆，麦考莱，威治威斯等人；铺子就在这时候出了名"。这家铺子有多大呢？文章中写道："是五层大楼……下层卖新书，三楼卖儿童书，外国书，四楼五楼卖廉价书；二楼卖绝版书，难得的本子，精装的新书，还有《圣经》，祈祷书，书影等等，似乎是菁华所在。他们有初印本，精印本，著者自印本，著者签字本等目录，搜罗甚博，福也尔家所不及。新书用小牛皮或摩洛哥皮（山羊皮——羊皮也可仿制）装订，烫上金色或别种颜色的立体派图案；稀疏的几条平直线或弧线，还有'点儿'，错综着配置，透出干净，利落，平静，显豁，看了心目清朗。装订的书，数这儿讲究，别家书店里少见。书影是仿中世纪的抄本的一叶，大抵是祷文之类。中世纪抄本用黑色花体字，文首第一字母和叶边空处，常用蓝色金色画上各样花饰，典丽矞皇，穷极工巧，而又经久不变；仿本自然说不上这些，只取其也有一点古色古香罢了"。就是在这家旧书店里，1931 年还举行了两次展览会，朱自清文章中也有介绍："一回是剑桥书籍展览，一回是近代插图书籍展览，都在那'会议厅'里。重要的自然是第一回。牛津剑桥是英国最著名的大学；各有印刷所，也都著名。这里从前展览过牛津书籍，现在再展览剑桥的，可谓无遗憾了。这一年是剑桥目下的辟特印刷所（The Pitt Press）奠基百年纪念，展览会便为的庆祝这个。展览会由鼎鼎大名的斯密兹将军（General Smuts）开幕，到者有科学家詹姆士·金斯（James Jeans），亚特·爱丁顿（Arthur Eddington），还有别的人。展览分两部，现在出版的书约莫四千册是一类；另一类是历史部分。剑桥的书字形清晰，墨色匀称，行款合适，书扉和书衣上最见功夫；尤其擅长的是算学书，专门的科学书。这两种书需要极精密的技巧，极仔细的校对；剑桥是第一把手。但是这些东西，还有他们印的那些冷僻的外国语书，都卖得少，赚不了钱。除了是大学印刷所，别家大概很少愿意承印。剑桥又承印《圣经》；英国准印《圣经》的只剑桥牛津和王家印刷人。斯密兹说剑桥就靠《圣经》和教科书赚钱。可是《泰晤士报》社论中说现在印《圣经》的责任重大，认真地考究地印，也只能够本罢了。——一五八八年英国最早的《圣经》便是由剑桥承印的。"而近代插图书籍展览，是在圣诞节前不久，朱自清在文章中写道："大约是让做父母的给孩子们多买点节礼吧。但在一个外国人，却也值得看看。展览的是七十年来的作品，虽没有什么系统，在这里却可以找着各种美，各种趋势。插图与装饰画不一样，得吟味原书的文字，透出自己的机锋。心要灵，手要熟，二者不可缺一。或实写，或想像，因原书情境，画人性习而异。——童话的插图却只得凭空着笔，想象更自由些；在不自由的成人看来，也许别有一种滋味。看过赵译《阿丽思漫游奇境记》里谭尼尔（John Tenniel）的插画的，当会有同感吧。——所展览的，幽默，秀美，粗豪，典重，各擅胜场，琳琅满目；有人称为'视觉的音乐'颇为近之。最有味的，同一作家，各家插画所表现的却大不相同。譬如莪默伽亚谟（Omar Khayyam），莎士比亚，几乎在一个人手里一个样子；展览会里书多，比较着看方便，可以扩充眼界。插图有'黑白'的，有彩色的；'黑白'的多，为的省事省钱。就黑白画而论。从前是雕版，后来是照相；照相虽然精细，可是失掉了那种生力，只要拿原稿对看就会觉出。这儿也展览原稿，或是铅笔画，或是水彩画；不但可以'对看'，也可以让那些艺术家更和我们接近些。《观察报》记者记这回展览会，说插图的书，字往往印得特别大，意在和谐；却实在不便看。他主张书与图分开，字还照寻常大小印。他自然指大本子而言。但那种'和谐'其实也可爱；若说不便，这种书原是让你慢慢玩赏的，那能象读报一样目下数行呢？再说，将配好了的对儿生生拆开，不但大小不称，怕还要多花钱。"朱自清因为年轻时曾和俞平伯等人编辑出版过《我们的七月》《我们的六月》等图书，加上和从事出版业的叶圣陶、夏丏尊、王伯祥、郑振铎等人是朋友，对图书出版的流程都很精通，所以能够看出门道来，在访书、淘书中，都能有所比较，心中有数。

　　介绍的第三家书店叫诗籍铺（The Poetry Bookshop），是一家迷你小店，一听这名字就知道和诗有关。朱自清在《三家书店》里说："在一个大地方的一道小街上。'叫名'街，实在一条小胡同吧。门前不大见车马，不说；就是行人，一天也只寥寥几个。那道街斜对着无人不知的大英博物院；街口钉着小小的一块字号木牌。初次去时，人家教在博物院左近找。问院门口守卫，他不知道有这个铺子，问路上戴着常礼帽的老者，他想没有这么一个铺子；好容易才找着那块小木牌，真是'远在天边，近在眼前'。这铺子从前在另一处，那才冷僻，连裴罗克的地图上都没名字，据说那儿是一所老宅子，才真够诗味，挪到现在这样平常的地带，未免太可惜。那时候美国游客常去，一个原因许是美国看不见那样老宅子。"这家旧书店的店名很有特色，是诗人赫洛德·孟罗（Harold Monro）在1912年创办的，取极富诗意的"诗籍铺"，顾名思义，是一家专卖诗歌的旧书铺子。这个旧书铺的名气，不是来自卖书，而是常搞些读诗会。朱自清在文中介绍说："星期四晚上准六点钟起，在一间小楼上……从创始以来，差不多没有间断过。前前后后著名的诗人几乎都在这儿读过诗；他们自己的诗，或他们喜欢的诗。入场券六便士，在英国算贱，合四五毛钱。在伦敦的时候，也去过两回。那时孟罗病了，不大能问事，铺子里颇为黯淡。"孟罗即书店老板，也是诗人，"两回都是他夫人爱立达·克莱曼答斯基（Alida Klementaski）读，说是找不着别人。那间小楼也容得下四五十位子，两回去，人都不少；第二回满了座，而且几乎都是女人——还有挨着墙站着听的。屋内只读诗的人小桌上一盏蓝罩子的桌灯亮着，幽幽的。她读济慈和别人的诗，读得很好，口齿既清楚，又有顿挫，内行说，能表出原诗的情味。英国诗有两种读法，将每个重音咬得清清楚楚，顿挫的地方用力，和说话的调子不相像，约翰·德林瓦特（John Drinkwater）便主张这一种。他说，读诗若用说话的调子，太随便，诗会跑了。但是掺用一点儿，象克莱曼答斯基女士那样，也似乎自然流利，别有味道。这怕要看什么样的诗，什么样的读诗人，不可一概而论"。介绍了读诗会，朱自清再来介绍这家旧书店："铺子在楼下，只一间，可是和读诗那座楼远隔着一条甬道。屋子有点黑，四壁是书架，中间桌上放着些诗歌篇子（Sheets），木刻画。篇子有宽长两种，印着诗歌，加上些零星的彩画，是给大人和孩子玩儿的。犄角儿上一张账桌子，坐着一个戴近视眼镜的，和蔼可亲的，圆脸的中年妇人。桌前装着火炉，炉旁蹲着一只大白狮子猫，和女人一样胖。有时也遇见克莱曼答斯基女士，匆匆地来匆匆地去。"但是，书店创始人孟罗于 1932 年 3 月 15 日去世了。朱自清在文章的最后说："第二天晚上到铺子里去，看见两个年轻人在和那女人司账说话；说到诗，说到人生，都是哀悼孟罗的。话音很悲伤，却如清泉流泻，差不多句句象诗；女司账说不出什么，唯唯而已。孟罗在日最尽力于诗人文人的结合，他老让各色的才人聚在一块儿。又好客，家里炉旁（英国终年有用火炉的时候）常有许多人聚谈，到深夜才去。这两位青年的伤感不是偶然的。他的铺子可是赚不了钱；死后由他夫人接手，勉强张罗，现在许还开着。"

朱自清着重介绍的这三家书店，不过是他经常逛的书店的一部分，在大学校园里，在博物馆里，在别的地方，只要有书店，他都要进去看看，一般都不会空手而归。此外，他还根据平时上课需要和参观时所想，在日记里记上打算读的书，如 1932 年 1 月 21 日，就列了一份长长的书单，其中有《韦尔斯的简明史》《神话故事》《莎士比亚故事集》等，还有许多现代作家的名单，2 月 12 日，又提到了《成语和寓言词典》《现代艺术动向》《艺术的心理分析》《从分析中了解你自己》《好伙伴》《街》《文学名流》等。在不断购书之后，朱自清于 1932 年 3 月 17 日日记中说："订购了一批我认为是非买不可的书，希望这是我在伦敦所要买的最后一批。"

关于在伦敦购书的经历，几年以后，朱自清在散文《买书》里还有回忆："在伦敦的时候，从寓所出来，走过近旁小街。有一家小书店门口摆着一架旧书。上前去徘徊了一下，看见一本《牛津书话选》(The Book Lovers' Anthology)，烫花布面，装订不马虎，四百多面，本子也不小，准有七八成新，才一先令六便士，那时合中国一元三毛钱，比东安市场旧洋书还贱些。这选本节录许多名家诗文，说到书的各方面；性质有点像叶德辉氏《书林清话》，但不像《清话》有系统；他们旨趣原是两样的。因为买这本书，结识了那掌柜的；他以后给我找了不少便宜的旧书。有一种书，他找不到旧的，便和我说，他们批购新书按七五扣，他愿意少赚一扣，按九扣卖给我。我没有要他这么办，但是很感谢他的好意。"

朱自清在伦敦游学的后期，可能是因为即将结束在伦敦的学习生活，接着又要在欧洲旅行两个多月，一是无时间逛书店，二是不便于携带，确实没有再买书了。

看戏、观影也疯狂

朱自清在伦敦的学习，充实而紧凑。但作为中国名牌大学的教授，并非一定要坐在课堂里听课才是学习，看各类演出，参观博物馆，参观名人故居，逛书店，逛公园，都是学习的一部分。据他自己统计，仅从 1931 年 9 月到伦敦，至年底，共看了 27 场演出，平均四、五天就看一次。歌剧《船夫们》《修改者》《橘黄色的秋天》，还有喜剧《皇家禁卫军》、戏剧《巴雷茨》等都给他留下了很深的印象。至于莎翁的戏，《罗密欧与朱丽叶》《奥赛罗》《哈姆雷特》《威尼斯商人》等，在英伦可是经常有演出的，他更不会错过这个机会，特别是 1932 年 5 月 3 日至 5 日，朱自清在莎士比亚纪念剧场接连看了四部莎翁的戏，即《李尔王》《凯撒大帝》《第十二夜》《皆大欢喜》。在《伦敦杂记·自序》里，朱自清写道："在英国的期间，赶上莎士比亚故乡新戏院落成……我们连看了三天戏。那几天看的，走的，吃的，住的，样样都有意思。"看原汁原味的英语演出，既有剧情可以观赏，又可学到语言艺术，这是所有大学课堂里都学不到的。从这个角度看，朱自清拒绝皇家学院里德教授的课程是有道理的。朱自清看演出，不仅观赏剧情、学习语言、开阔眼界，他是真正地研究，不少戏剧看完后，还想方设法找来原文剧本和相关评论，了解相关的戏剧艺术知识。

朱自清日记里，详尽地记录了看各类演出和观影的日期和经过，并有切中要害的简短评论——

1931 年 9 月 23 日，朱自清在日记里写道："与王、赵二君至普拉札

(Plaza)，观塔布（Tabu），写原始生活，别有风味，跳舞亦佳。费三先令六，甚贵。"这里的"王、赵二君"分别是王赣愚和赵忠尧。王赣愚在前文《初到伦敦》里已有介绍。赵忠尧生于1902年，浙江诸暨人，1924年东南大学毕业后留校任教，次年到清华任教，和朱自清到清华任教是同一时期。赵忠尧1927年留学美国加州理工学院，1930年获博士学位，1931年秋，到英国剑桥大学卡文迪许实验室，与原子核大师卢瑟福（E. Rutherford）一起工作，已经是一位很有成就的科学家了。朱自清刚到伦敦时，和王赣愚、赵忠尧接触较多，一起下馆子，一起逛公园，一起参观展览，也有这次看演出。本月27日，朱自清日记云："饭后由牛津街归，过艺术协会（Academy）见广告詹宁斯（Jannings）演《伪君子》及《新苏俄之成就》，名满全球，为所动。观毕，大失望。前片甚简单，去改译剧本尚远，遑论其他！后片幼稚已极，直是纪事，劣等之纪事，无丝毫艺术可言！以后仍以信从报纸所载为是！"这天，朱自清的新房东罗宾森约朱自清下午喝茶。茶毕，朱自清又请他到海德公园听音乐以示感谢，听完音乐后，一行人走出公园，看到的公园景色有乡野之趣。接着是晚饭，大约也是愉快的。所以才放松警惕，被路边广告所骗，看了两部劣质片子，但毕竟也是花钱买了个教训，能辨别片子的优劣也是学习的一部分，不过毕竟心情受到了影响，以后看戏、观影、听音乐，要多加小心了。本月28日，朱自清日记云："又至克沃特花园剧院（Covest Garden Theater）购票。"这天，在和王赣愚聊天时，说到艺术修养，王赣愚引美国一位教授的话说："谓举世之人，应能精通一种语言，能读二国语言，音乐图画中能一种，又能打球，斯为得之。"朱自清听后，深以为然。本月29日，朱自清又去看了一场歌剧，他在当天的日记中写道："晚观歌剧，用小望远镜甚费目力，剧以歌为主，知其佳而不知其所以佳。乐队甚佳。"这也是初到国外学习的中国学者的普遍现象，什么艺术都要接触，哪怕"知其佳而不知其所以佳"，也要感受一下这种艺术的氛围。

1931年10月1日，朱自清在日记中写道："下午赴萨沃伊（Savoy）剧院观高尔斯华绥（Galsworthy）之《银盒》（Silver Box），甚佳。"本月3日，又云："下午赴德莱斯剧场（Daly's Theater）观配乐喜剧（Musical Comedy）

《一个农村姑娘》。情节不甚了了，有白（自然）有艺术白，有歌唱。空气极轻快，甚可得喜剧之意义。"看完以后，意犹未尽，晚饭后又"赴皇后音乐厅（Queen's Hall, Promenade），票已没有，即购梅斯费尔德（Masefield）票一张，又取音乐会告白一束。赴马斯基林剧场（Maskelyne Theater）观杂耍，即变戏法，无甚意味，且有侮辱中国人处，余颇为不安也。价甚贵，自问近来太费，宜注意"。朱自清对于戏剧或电影中侮辱或调侃中国人的情节，一直都很反感，这次当然也不例外，他同时也认识到，西方一部分人对中国人有偏见，而这种偏见，又不是一时两时能够改变的，朱自清在反感的同时，也非常无奈。本月22日，朱自清日记云："下午与柳君赴学园剧场（Lyceum）看《轰动一时》，结构极奇，如电影，又如情节剧（Melo - Drama），情节殊不了了。今日未听希腊讲演也。"这里的"柳君"，即柳无忌，是朱自清在清华大学的学生，后来又成为同事。本月23日，朱自清日记云："晚阅《商人的号角》（Trader Horn）电影，甚有意境，然与塔布（Tabu）同为原始派艺术（Primitive）。"本月31日，朱自清日记云："晚至泰维斯托克地方（Tavistock Place）的小戏院听戏，甚易了解。"这个月，朱自清已经在伦敦大学正式听课了，学习英语语言和英语写作，课程非常繁重，常常因为学得不好受到老师的冷嘲而自责，即便是在这种情况下，观影看剧还是没有间断，这也是他努力提高英语会话水平、写作水平和欣赏水平的一个有效途径。在10月30日致浦江清的信中，朱自清说："现在补习英文，亦颇忙碌。拟在伦敦住六七个月，希望能将读写培养至相当能力，庶有以对朋友。"又说："此间天气渐寒，但有日光时就和暖。此间现仍为秋季，但外国秋天，在弟似乎不大觉出它的味道。前日班上出一'伦敦之秋'的题目，弟作文即说不知伦敦秋是怎样。"作为汉语写作方面的大作家，遇到不熟悉的环境也是写不出文字来的。但凭朱自清的才华，完全是可以敷衍一篇的，写写自己在伦敦秋天里的感受和置身的自然环境、人文环境，或干脆就写秋而无秋味的感觉，千把字的作文应该不成问题——难为朱自清的，可能还是英文程度做不到像汉语写作那样游刃有余。所以，除了利用各种渠道加强学习外，也没有别的捷径可走。

1931 年 11 月 4 日，朱自清日记云："晚上去皇后音乐厅，花一个先令买了份节目单。尽管节目单里对每段音乐的内容作了介绍，但我还是听不懂。十点半钟回来时遇见了萨科威茨（Sakowitz）先生。我问他明天应怎样向 R 先生表示祝贺，他让我在生日卡上签名，还告诉我 R 夫人对我的中文署名比英文签名更喜欢，我按她喜欢的去签。"本月 7 日朱自清日记云："到老维克剧院去看《仲夏夜之梦》。这个戏把我们引入一个遥远的但并不陌生的境地。我注意地听着男女演员朗诵无韵诗，但由于缺乏训练，听不懂多少。"本月 9 日，朱自清日记云："奈德女士在莱西朗诵她的诗，我到那里时已弄不到入场券了，我很失望。这对我常犯的懒散和迟钝毛病是个很好的教训。后来到综艺剧场去看卓别林的《城市之光》，这个电影用幽默的手法表现悲剧，是我所知道的能体现卓别林这一特点的最佳之作。"本月 14 日，朱自清日记云："伯顿先生和威廉森小姐邀请我去用柠檬茶和糕点。他们同我谈得非常得体。我告诉他们下星期二想去戈尔登斯格林剧院看歌剧。他们劝我立刻打电话去订票。伯顿先生说着就去替我订了两张正厅前排的票，其中一张是给柳的，准备约他一起去看，但不知他喜不喜欢正厅前排的座位。罗宾森先生借给我《船夫们》一书，这正是下星期二要演的那出歌剧。"这里的柳还是柳无忌。朱自清为了看懂这出歌剧，也是煞费苦心地做了案头工作，专门向房东借来歌剧的原著。在本月 17 日正式观看《船夫们》时，朱自清日记又写道："当我们到戈尔登斯格林剧院正厅头排座位时，女招待突然插过来给后来的人领路。我没有给她看票，也没说话。她担心地问我，同时好像又要走开的样子。这使我的自尊心受到了伤害。"但这并没有影响朱自清观戏的心情，"我们很欣赏歌剧《船夫们》，这是一种通俗喜剧。遗憾的是，尽管我昨天用心读了这个剧本，但还是听不懂多少"。本月 21 日，朱自清日记云："没能弄到一张德鲁瑞拉恩剧院的预订票。失望之余就到施斯托尔剧场去看电影《基基》和《陌生人的吻》。后者是诺马·希勃演的，结局欢快，但不是接吻。《基基》这部片子虽然是电影皇后演的，但完全是美国的无稽之谈。我非常喜欢希勃，她的形象是那样的美丽和高雅。"没弄到剧院的预订票，能看两场电影也不错，特别是看到自己喜欢的影后。心情愉悦的朱自清晚上又去看了一场戏。朱自清在当天的日记中说："晚上去塔维斯托克剧院，那里正在上演萧伯纳的第一个剧本，不过先演的是另一个剧本。这两个戏我都不能听懂全部内容，但我相信演员们演出萧伯纳的剧本是相当成功的。"萧伯纳是当时英国乃至整个欧洲最叫得响的剧作家，在世界范围内的影响力也很巨大。1933年2月，萧伯纳曾来到中国做短暂访问，引起了文坛的轰动，特别是在上海，受到宋庆龄、蔡元培、鲁迅、林语堂等人的接待，许多文坛人士为能一见萧伯纳而感到荣耀，鲁迅因此还写了两篇关于萧伯纳的文章，分别是《看萧和"看萧的人们"记》《〈萧伯纳在上海〉序》。本月25日，朱自清日记云："到马戏场去看旅行剧团的歌舞演出。这是一种新的配乐喜剧。女演员与剧中的农村姑娘差别不大，使我好像置身于故事发生的场合。我能听懂很多，也可能我的判断是错的。票价昂贵而座位很不舒服。"本月28日，朱自清日记云："未到小剧院去，柳劝我别去看《银索》这个戏，因为其中有一两句话侮辱中国人。"柳无忌和朱自清一样，对于污辱中国人的戏剧或电影，他们都十分反感并拒绝观看。

1931年12月3日，朱自清日记云："到蒂沃利剧院看康戈瑞斯舞，真是枯燥乏味。但歌唱场面相当壮观。乐队的音响效果不好，听来杂乱无章，引起观众很大不满，到处是批评声。另一个美国拍的影片《我投降，亲爱的》更是枯燥。我认为美国人最善于演诙谐电影。"又说："动画片《到处捕鱼》倒是有点与众不同，它把传统的表现手法降低到最低限度。"朱自清于当天晚上，又去看了场歌剧，当天的日记说："晚上到金斯韦剧院去看俄国歌剧《修改者》，这是果戈里的作品，曾译成中文，但我没有读过。这个歌剧以动作来表现意境，不懂俄文也能看懂。粗犷的风格使之很有特点。"喜欢的戏剧，回到住所以后，还要深度消化和吸收，这样才能收到更好的效果。朱自清在日记中又说："回来以后，读《泰晤士报》和《观察家》上有关这方面的评论。"本月5日，朱自清日记云："同S先生和R夫人一起到萨德拉斯韦尔斯剧院看戏，买到了正厅后座的票。这出戏的服装和布景不大好，但演技不错，也算是个补偿。"又说"在《泰晤士报》上读到一篇关于瑞典歌剧和剧院的通讯，真是有趣极了，特别是有关瑞典歌剧的发展史，报道得极为详尽"。本月9日，朱自清日记云："到塔维斯托克剧院去看《皇家禁卫军》，这些业余艺术家们的演技有时真是不可信，他们根本不能胜任演喜剧。"本月12日，朱自清日记云："我们到菲尼克斯剧院去看《小小凯瑟琳》，对话很清晰，戏装也很华丽。"本月17日，朱自清日记云："从维也纳来的华尔兹舞剧团的演出看上去有点单调；但布景和服装相当华丽。所以倒不如说它是一场壮丽的露天演出。该剧有点矫揉造作，至少编剧想把主题渲染得很深奥。不知道原作怎么样，因为有时翻译是很靠不住的。"本月18日，朱自清日记云："同陶、柳一起去帕拉达姆剧院，我很喜欢柏林国家剧院的六位舞蹈演员的表演，特别是《人和机器》，使我赞叹不已，八位穿黑条纹衣服的演员的舞蹈也不错。陶告诉我，这种舞叫爵士舞，他还说有关爵士音乐和歌曲的书已出了不少。"本月22日，朱自清日记云："同陶先生一起去看《好伙伴》一剧，我的听力根本跟不上，可能这就是R夫人所说的地道的对话剧。由于这个戏的重点是对白，而我对剧情也只有概括的了解，因此不敢妄加评论。"本月23日，朱自清日记云："去温尔大街的皇后剧院看《巴雷茨》，尽管有很多内容我听不懂，但我认为这是我在伦敦看过的最好的戏剧了。从中得到一种美的感受，那是在其他剧里从未得到过的。"本月28日，朱自清日记云："看《彼得·潘》一剧。这个戏一定会受到孩子们的欢迎，但对成年人来说，局限性未免太大了。所以，我们并不很欣赏它。"本月30日朱自清日记："在歌剧院门口买了个小凳子，以便坐下来等候。一个奥地利姑娘文质彬彬地同我攀谈起来，由于我在等王和陶，所以不能同她长谈。她是个细弱而美丽的姑娘。王和陶直到演出之前几分钟才来到。陶很喜欢这个歌剧——《橘黄色的秋天》。它对英国的习俗惯例作了一些讽刺，让观众看后细细地去体味和沉思。正像陶所说，演员的技巧达到了炉火纯青的地步。这是我在伦敦看到的第三个最使我满意的歌剧。"随着观剧的不断增多，朱自清的英语听力和欣赏水平也得到了很大的提高，对一些戏剧的评论也越来越准确。朱自清日记中所说的"陶"，即陶燠民，于1925年考入清华大学，1929年毕业，是朱自清的学生，1930年与吴宓等同赴欧洲游学，先在巴黎大学学习语音学，后经老师吴宓介绍，到伦敦大学教汉语。朱自清在伦敦大学旁听期间，和陶燠民多有交往。一起看戏观影，一起吃饭，一起散步闲谈，一起讨论时事，他和柳无忌、王赣愚等人是朱自清欣赏和喜欢的几个学生兼好友。

1931 年过去了，朱自清在忙忙碌碌中，迎接了 1932 年的到来。

在新的一年里，朱自清看戏和观影的兴趣依然不减，甚至有过之。1932 年 1 月 1 日，朱自清在去邮局办事后，想弄一张 2 日民间舞蹈节的票，但费了很多周折也没弄到。下午，和清华大学校友在福耶尔苏伊斯饭店谈话时，又想在晚饭后看莫斯科艺术剧院的演出，也没有看成。好在第二天一整天，朱自清都把时间花在了文娱活动上，看杂技演出，又看英格兰和西班牙的民间舞蹈，算是有所弥补。本月 5 日，又和陶燠民等人去看了一场戏，朱自清在当天的日记中说："这个戏与其说戏剧性强，倒不如说新闻性强。"本月 13 日，朱自清到莱赛姆剧院去看《灰姑娘》，他在当天的日记中说："听剧中的对白比较吃力，但总的说来，我很欣赏这个戏，也喜欢那些芭蕾舞和布景。这个戏可以说是老少皆宜，不像《彼得·潘》那样只适合孩子们看。"本月 16 日，朱自清到吉斯巴恩宫剧场去看电影《长腿爹爹》。这部片子朱自清觉得不错，认为对慈善机构的讽刺相当有力。不过，对于电影中的主题仍然落在慈善事业上，有不同意见，认为只是另一种形式罢了。朱自清在日记中说："男主角的行为是对的。但女主角为什么爱上一个她从没有见过面的人呢？那当然是出于感激。这里就有两点值得商榷：第一，对一个摩登女郎来说这样的事情是太不可思议了；第二，它吹捧富翁，把他们表面上对穷人的施舍当成是最高的美德。这完全是资本主义的观念。"看完这部电影后，又"在新剧场看《伯克和海尔的罪恶》，一点也不令人激动。当剧中的第一起谋杀案件发生时，观众都笑了，因为这种气氛确实太过时了，令人不得不笑。第二起谋杀案件的情节还说得过去，比较曲折离奇"。本月 19 日，朱自清为了请歇卜士（Hibbs）夫人和小姐看戏，在莱塞姆剧院订了四张 20 日的戏票。看戏这天，朱自清对演出的《白马客栈》非常欣赏，认为布景和服装妙极了，而且舞台可以旋转。虽然主要的喜剧演员演得不怎么样，但另一个由乔治·吉（George Gee）扮演的角色，踢踏舞跳得非常熟练。本月 22 日，朱自清在艾德尔菲剧院订了一张票，准备于下个月的 3 日下午看歌剧《海伦》，这个歌剧是马克思·赖因哈特（Max Reinhardt）教授导演的，由科克伦主演。这天是星期五，朱自清又订了一张星期天在帕拉达姆剧院举行的音乐会的票。但是，朱自清频繁地看戏、观影，也引来了朋友的非议，在本月23 日，朱自清和柳无忌及一个鲁姓朋友一起吃饭。鲁建议去帝国剧院看嘉宝演出时，朱自清透露了 24 日要去听音乐会的事。鲁对朱自清说了句"根本听不懂还要去听"的话，让朱自清的自尊心受到很大伤害。其实朱自清是很懂音乐的，在这次英国学习和游览期间，还买了留声机和许多古典音乐的唱片，但有人就要这样说，能有什么办法呢？许多人都是以己之心度别人的。本月 26 日，朱自清订了一张 28 日在恩巴塞剧场演出的戏票，这个戏的名字叫《五吋深》，"吋"是英制长度单位。朱自清在日记中说这出戏"多少有点红色"的意味。本月 27 日，朱自清在爱奥尼亚剧场看电影《南希·卡罗尔和鲁思·查特顿》。本月 28 日，朱自清订了一张 30 日在萨德勒韦尔斯剧院演出的芭蕾舞票，然后才去恩巴塞剧场看《五吋深》，朱自清在当天的日记中说："这是个空想主义的戏，有时甚至是说教性的。显然是受苏俄意识形态的影响，但还不敢同苏俄的思想体系进行比较对照。剧情的结构有些松散。女雕塑家的时髦服装很吸引人。当然，这些服装跟俄国人毫无关系。爵士乐曲和《五吋深》里的插曲是轻松愉快的。"本月 30 日在萨德勒韦尔斯剧院看芭蕾舞时，朱自清在日记里说："在萨德勒韦尔斯剧院看芭蕾舞。对我来说这有点新鲜。"早就预订的歌剧《海伦》于 1932 年 2 月 3 日在艾德尔菲剧院正式演出了，朱自清在日记里写了观后感想："场面豪华，极为壮观，具有典型的德国风格。"朱自清还欣赏编剧的才华，认为"其引人入胜的机智融贯于全剧"。

此后，一直到本年 5 月 13 日离开巴黎时为止，朱自清又看了戏剧《罗密欧与朱丽叶》《奥赛罗》《伊莱贾》《哈姆雷特》《马克莱广场》《李尔王》《凯撒大帝》《第十二夜》《皆大欢喜》《伤心之家》《威尼斯商人》《她屈从于征服者》等，还有电影《红鬃烈马》等，有的都不止看了一次。正如朱自清自己所说，仅在 1931 年年底前，就看了二十七部戏剧，而在 1932 年上半年，观影看剧，一点也不比上一年少，所以这样算下来，在短短不到一年的时间里，朱自清欣赏了五六十部西方舞台剧、音乐会，许多还是经典戏剧，基本上完成了他当初制定的对于西方戏剧艺术的考察计划，加上他对于电影、绘画、音乐、舞蹈、杂技等艺术门类的考察，不仅进一步认识了西方的戏剧艺术、电影艺术及其他流行的艺术形式，开阔了眼界，提升了艺术修养，还为他回国后从事中国文学艺术的研究，提供了有益的参考和借鉴。

闻听徐志摩惨死

朱自清是在英国伦敦访学期间，得悉徐志摩遇难的消息的。

1931年12月9日，朱自清在致陈竹隐的信中，说到徐志摩因飞机失事而遇难，心情极其悲伤，用了一大段文字来表达自己的感想："徐志摩君惨死，令人恻恻！他无论有怎样虚侨的地方，到底是我们新诗坛一把手。这样年轻，这样意外的丧命，他真是死不瞑目的。至于陆小曼，自然可怜，但那又是另一回事了。他和陆的结合于他是并无所益的！这是他好朋友间的议论，我只转述罢了。我本想有机会乘一回飞机（在外国），这一来倒有些踌躇了。敝命虽无关得失，但自己也颇爱惜，所以大约决定不试了。——徐的惨死，浦江清先生说是像雪莱；那似乎是掉在海里死的，年纪也轻极了，英国十九世纪浪漫诗人。"从朱自清致陈竹隐的信中可知，是浦江清在给朱自清的信中告诉朱自清这一悲剧的。查朱自清日记，1931年12月7日有这样的话："收到浦的一封伤感的信，它使我置身于阴沉的气氛里，虽然天气晴朗得出奇。"两天后，即9日这天，朱自清就在给陈竹隐的信中表达了自己悲哀的心情和对于徐志摩之死的看法。奇怪的是，在朱自清收到浦江清的信的前两天，即12月5日，朱自清的日记中记述了一个可怕的梦："这两天夜里做了一些奇怪的梦。在其中一个梦里，我被清华大学解聘，并取消了教授资格，因为我的学识不足。在另一个梦里我遭到了枪击，两颗子弹没打中我，但第三颗击中了我。我感到一阵痉挛，并想在死以前把自己的心神集中一下，但却醒过来了。"

朱自清和徐志摩的关系说不上密切，交往也不多。朱自清的文章中，最早出现徐志摩以及关于他诗歌的评论，是在诗论《新诗》一文中，这篇论文写于 1927 年 2 月 5 日，文中说："直到今年四月，闻一多、徐志摩诸先生出了一个《诗镌》，打算重温诗炉的冷火。他们显然要提倡一种新趋势；他们要'创造新的音韵，新的形式与格调'。这是《诗镌》同人之一，刘梦苇先生《中国诗底昨今明》一文中的话。此文印在去年十二月十二日的《晨报·副刊》上，虽不在《诗镌》时代，却可以代表《诗镌》的主张与工作。同文里又述闻一多先生的意见，说'中国诗似乎已经上了正轨'。这是指他们一派的新韵律的诗而言。后来刘先生自己在《诗镌》里也说过同样的话。所谓新韵律，一是用韵，二是每行字数均等，三是行间节拍调匀；他们取法于西洋诗的地方，比取法于旧诗词的地方多。这种趋势，在田汉、陆志韦、徐志摩诸先生的诗中，已经逐渐显露，《诗镌》只是更明白地确定为共同的主张罢了。这种主张有它自己的价值，我想在后面再论。《诗镌》确是一支突起的异军，给我们诗坛不少的颜色！"发表在《诗镌》上的诗，全是格律体新诗，质量还不错，在诗歌界产生了一定的影响，算是一种有益的探索或创新，朱自清也认为对新诗的发展有"自己的价值"，肯定了徐志摩他们的创新，但这些诗终究得不到大众的认可，没能进一步探索，随着《诗镌》的停刊而消逝在历史的长河中。

此后，朱自清还在多篇文章中对徐志摩或其作品有所论及，如散文集《背影》的序言里，朱自清在说到中国现代文学的作家受到外国文学的影响时，从周作人说起，涉及到鲁迅、徐志摩等人，文中说："周先生自己的书，如《泽泻集》等，里面的文章，无论从思想说，从表现说，岂是那些名士派的文章里找得出的？——至多'情趣'有一些相似罢了。我宁可说，他所受的'外国的影响'比中国的多。而其余的作家，外国的影响有时还要多些，象鲁迅先生，徐志摩先生。历史的背景只指给我们一个趋势，详细节目，原要由各人自定；所以说了外国的影响，历史的背景并不因此抹杀的。"虽然只是一笔带过，也可见徐志摩在朱自清心中的分量了。在《论中国诗的出路》一文中，朱自清说："徐志摩先生是试用外国诗的音节到中国诗里最可注意的人。他试用了许多西洋诗体。朱湘先生评志摩的诗一文（见《小说月报》十七卷一号）中曾经列举，都有相当的成功。近来综观他所作，觉得最成功的要算无韵体（Blank Verse）和骈句韵体。他的紧凑与利落，在这两体里表现到最好处。别的如散文体姑不论，如各种奇偶韵体和章韵体，虽因徐先生的诗行短，还能见出相当的效力，但同韵的韵字间距离太长，究竟不能充分发挥韵的作用。"在语文杂感《论白话——读〈南北极〉与〈小彼得〉的感想》一文中，朱自清也列举了徐志摩："徐志摩先生的诗和散文虽然繁密，'浓得化不开'，他却有意做白话。他竭力在摹效北平的口吻，有时是成功的，如《志摩的诗》中《太平景象》一诗。又如《一条金色的光痕》，摹效他家乡硖石的口吻，也是成功的。他的好处在那股活劲儿。有意用一个地方的活语言来作诗作文，他算是我们第一个人；至于他的情思不能为一般民众所了解，那是另一问题，姑且不论。"在诗论《诗与话》一文中，朱自清在评说陆志韦提倡的诗要用白话来表达时，说："陆先生是最早的系统的试验白话诗的音节的诗人，试验的结果有本诗叫作《渡河》，出版在民国十二年。记得那时他已经在试验无韵体了。以后有意的试验种种西洋诗体的，要数徐志摩和卞之琳两位先生。这里要特别提出徐先生，他用北平话写了好些无韵体的诗，大概真的在摹仿莎士比亚，在笔者看来是相当成功的，又用北平话写了好些别的诗，也够味儿。他的散文也在参用着北平话。他是浙江硖石人，集子里有硖石方言的诗，够道地的。他笔底下的北平话也许没有本乡话道地，不过活泼自然，而不难懂。他的北平话大概像陆先生在《用韵》那篇文里说的，'是跟老百姓学'的，可是学的只是说话的腔调，他说的多半还是知识分子自己的话。"另外在《唱新诗等等》《关于"革命文学"的文献》《〈新诗歌〉旬刊》《〈中国新文学大系〉诗集导言》《选诗杂记》《闻一多先生与新诗》《国语和普通话》等文章中，都有提及徐志摩和他的诗，在有些篇章里，还有关于徐志摩及其诗的专门的短论。比如在《唱新诗等等》中，再次提到徐志摩对于《诗镌》所倡导的新体诗韵律的支持："直到去年（1926），闻一多、徐志摩诸先生刊行《诗镌》，才正式反对这自由诗体，而代以格律诗体，也是西洋货色。"

其实，早在 1926 年 6 月 18 日，朱自清和徐志摩就有过通信，讨论的是关于李白的诗。6 月 23 日在《晨报副刊》发表时，还加了个题目《关于李白诗——致徐志摩》，这是现今看到的朱自清致徐志摩唯一的一封信，全信照录如下：

志摩先生：

本月三日的《诗刊》里，有闻一多先生《英译的李太白》一文。文中说及《经乱离后天恩流夜郎忆旧游书怀赠江夏韦太守良宰》一诗；他说：

"太白这时贬居在夜郎，正在想法子求人援救。这回他又请求韦太守'勿弃贾生材'……"

我想闻先生也许错了。据我所知，太白虽以永王事长流夜郎，但未至夜郎，即遇赦得释。他有《流夜郎半道承恩放还兼欣克复之美书怀示息秀才》一诗，可以为证。诗题明说"半道承恩放还"诗中亦有句云：

"去国愁夜郎，投身窜荒谷。半道雪屯蒙，旷如鸟出笼！"

王琦补订薛仲邕太白年谱说：太白得释后，"还憩江夏岳阳"。我想《赠韦太守》一诗，当即是此时所作。诗中所云"良牧（指韦）称神明，深仁恤交道"，是叙流夜郎过江夏时事。末节"传闻赦书至，却放夜郎回"以下，是叙得释后重至江夏时事，及其对韦太守及时局之希望；这篇诗便作于此。此时韦太守已将解职入京；诗中说"勿弃贾生材"，正是希望他荐举的意思，并非求他援救。这篇诗王琦注本及谬（日芑）本均在"流夜郎半道承恩放还"一篇以前，其实是错的。王注次序是略依萧（士赟）本，他所补订的太白年谱中便不如是，"半道承恩放还"一篇明明列在《赠韦太守》一篇以前了。

这些本是些小问题，但《赠韦太守》一诗实在重要，所以我不避琐屑，写了许多话。这篇诗诚如闻先生所说，是"集中第一首长诗"。《柳亭诗话》（作者不知为谁，待考）说：

"李杜长篇，全集中不多见。《北征》一首，沉着森严，龙门叙事之笔也。'忆旧书怀'（即《赠韦太守》）一首，飘扬恣肆，南华寓言之遗也。'光焰万丈'，于此乎见之。"（王注《李集》三十四《丛说》中引）

其重要可知。又胡仔苕溪《渔隐丛话》前集五引荆公云：

"诗人各有所得：'清水出芙蓉，天然去雕饰'，此李白所得也……"

这两句诗也便出在《赠韦太守》这一篇里。话有些出了题外了，就此"带住"吧。

自清

（一九二六年）六月十八日

朱自清在写这封信时，正在清华大学研究古诗，并且对李、杜诗专门下了一番工夫，在拟古诗词创作时，还拟李白的《菩萨蛮》做了一首词。所以他比较有把握和徐志摩讨论关于李白的这首诗。

突然闻听中国新诗第一人徐志摩遇难，对于身在异国他乡，也曾从事新诗创作，并在新诗研究领域倾注大量心血的朱自清来说，确实产生了不小的震动，他在致陈竹隐的信中所流露的情感是真实的，因为这是他和陈竹隐的私信，两人又处在热恋中，要说的话很多，却突然插入了关于徐志摩的这一段感叹，说明徐志摩的死，给朱自清的刺激很大，这也是朱自清对徐志摩中肯而诚实的评价。此评价，至少表现三个意思，一是，朱自清对徐志摩的遇难表示由衷的同情和极大的悲伤以及遗憾，用"惨死""恻恻""死不瞑目"等词；二是，从内心里认同徐志摩"到底是我们新诗坛一把手"；三是，关于社会上沸沸扬扬的对于徐志摩和陆小曼婚姻的讨论，朱自清不作表态，用"另一回事"带过。另外还有一点，就是对浦江清认为徐志摩是中国的"雪莱"表示认同，不仅体现在才华方面，就连死也是相同的意外。

朱自清身在国外，他没有看到全国大大小小的报纸上关于徐志摩的悼念文章，但也不是完全不知道，他在给浦江清的回信中，提到《大公报》的

《文艺副刊》时，就说了这样一句话："公超纪念徐志摩君一文甚佳。""公超"即叶公超，当时是清华大学教授，诗论家。

从欧洲回国以后，朱自清还一直关注徐志摩的相关信息，1933 年 7 月 13 日，朱自清参加叶石荪为冯友兰、浦江清欧洲之行而举行的宴会，宴会结束后在和冯闲谈时，大致知道了徐志摩的遇难经过，朱自清在当天的日记中说："芝生晤保君建，谈徐志摩死情形。大抵正机师与徐谈文学，令副司机开车，遂致出事。机本不载客，徐托保得此免票。正机师开机十一年，极稳，惟好文学。出事之道非必由者，意者徇徐之请，飞绕群山之巅耶。机降地时，徐一耳无棉塞，坐第三排，正机师坐第二排，侧首向后如与徐谈话者，副机师只余半个头，正机师系为机上转手等戳入腹中，徐头破一穴，肋断一骨，脚烧糊。据云机再高三尺便不致碰矣。"朱自清记述的笔调颇为惋惜。

值得补记一笔的是，曾在江南多地教书、谋生的朱自清，经常往返于上海和浙江各地，沪杭列车是他常乘的交通工具，在沪杭列车上，车窗外的江南美景和乡村丽色，常常触动他细腻的情思，让他有感而发，曾在列车上写过一首《沪杭道中》的小诗。徐志摩家住浙江海宁硖石，因为徐家在上海和江南有大量产业，也常在两地奔走，敏感的徐志摩也有类似的一首小诗曰《沪杭车中》。为了对比两位诗人的同一题材的诗，照录如下。

先看徐志摩的《沪杭车中》：

匆匆匆！　催催催！
一卷烟，一片山，几点云影，
一道水，一条桥，一支橹声，
一林松，一丛竹，红叶纷纷：

艳色的田野，艳色的秋景，
梦境似的分明，模糊，消隐，——
催催催！　是车轮还是光阴？
催老了秋容，催老了人生！

徐志摩的诗，不仅有江南的秋色，感觉那列车正在行驶中，光阴也在行驶中，节奏快而时间紧迫，诗人的心也随着一道水、一条桥、一丛松竹的一闪而过，留在了美丽的水乡，情感也得以畅快地抒发。

朱自清的《沪杭道中》：

　　　　雨儿一丝一丝地下着，
　　每每的田园在雨里浴着，
　　一片青黄的颜色越发鲜艳欲滴了！
　　青的新出的秧针，
　　一块块错落地铺着；
　　黄的割下的麦子，
　　把把地叠着；
　　还有深黑色待种的水田，
　　和青的黄的间着；
　　好一张彩色花毡呵！
　　　　一处处小河缓缓地流着；
　　河上有些窄窄的板桥搭着；
　　河里几只小船自家横着；
　　岸旁几个人撑着伞走着；
　　那边田里一个农夫，披了蓑，戴了笠，
　　慢慢地跟着一只牛将地犁着；
　　牛儿走走歇歇，往前看着。
　　　　远远天和地密密地接了。
　　苍茫里有些影子，
　　大概是些丛树和屋宇吧？
　　却都给烟雾罩着了。
　　　　我们在烟雾里、花毡上过着；
　　雨儿还在一丝一丝地下着。

朱自清的诗有着和徐志摩的诗相同的意境，所不同的就是节奏的缓和心情的缓，都是写江南，眼前也是一样的风景，就连小河、小船、水田和板桥都是相似的。但朱自清的诗里有让人停下来看一看和想一想的景象，光阴也没有那样飞速前行。细想一下，两个人的命运，居然也和各自呈现的诗意非常切合。《沪杭道中》写于1920年5月，朱自清刚刚北大毕业，有一种意气风发的心情。两位"五四"以来新诗运动的重要实践者和青年学者，同样奔波于沪杭道上，同样留下了自己的新诗，既是历史的巧合，也是诗人灵性和情感的共通。朱自清闻听徐志摩因飞机失事而逝世后，流露出的伤感和惺惺相惜，才更加真实、动人和激荡人心。

　　1931 年 9 月 21 日，朱自清从所住的米尔斯旅馆，移居到罗宾森夫人家。
他在这天写给陈竹隐的信中说："今早搬到此地。此地房价较廉；我是希望练
习语言的机会多些，因此地不是旅馆，是一种公寓性质。房东老夫妇二人，
尚和气，他们似乎喜欢谈话，我盼望同他们多谈些。"由此，朱自清在伦敦
有了一个稳定的住所，房子虽小，因价格不贵，又有"和气"的老夫妇二人
能"多谈些"话，朱自清决定长住下去。

　　罗宾森家还住有另外一些房客，从朱自清日记中大略知道有鲁滨孙、沙
曼、威廉森小姐等几个外国人，此外，还有中国留学生郭先生和吕先生。关
于郭、吕二位，在朱自清日记里初次出现是在 9 月 11 日和 12 日两天，那时
朱自清还没有搬到罗宾森夫人家。先出现的是吕先生，11 日日记日："晚吕
君见告，科拉姆街（Coram St.）二十五号有屋甚廉，只二十五先令每星期。"12
日日记日："郭、吕二君移至罗宾森（Robinson）夫人处。"朱自清不说"罗
宾森先生处"，而说"罗宾森夫人处"，可能是因为罗宾森夫人平常比较强势，
类似于中国的一家之主吧。或者这也是一种尊重女性的习俗也未可知。至于
"郭、吕二君"，只知其姓，不知其名，他俩所入学校、所学专业也没有说明，
大约不过是一般房客而已。

　　无论如何，朱自清在此后的一段时间内，要跟罗宾森夫妇和这些房客住
在同一个屋檐下了。这些房客都有谁呢？除朱自清日记中时有出现外，他在
1931 年 10 月 21 日写给陈竹隐的信中，有较详细的介绍："这里现在有四个

英国人，一德人，二印人，一美国人，一荷兰人。房东老夫妇二人。住客中女人凡二，一为英国人，一即荷兰人。英女在商店做事，荷女则在学校中，二人皆甚丑。英人殆三十余，荷人亦二十五六（看外国女人年岁，不大容易，少年人往往显得老，老年人却往往显得少）。荷人语音尖锐，听之伤耳。英人语言甚好。他们常在客厅跳舞。英女高极，比我怕要高一头半。她因礼貌关系，敷衍我几句话。她也问过我会跳舞否？我直说不会。男房东说，你看跳舞可怕吧。我说也并不。我心里想，若我会跳舞，跟这位英女跳，高低悬殊，岂非大笑话！"又说："此处中国人带太太者有三四人。有一四川人邹德高，其夫人四川人，不知姓名。又有一樊某之夫人亦四川人。你们贵省人真是走遍天下皆有。但此两夫人均瘦极，似乎还不如你呢。此处无单身中国女子留学生，又男学生娶中外杂种女子及外国女子者也有一二人，但所娶均女招待之类，再高则不会嫁中国人也。"从这番介绍中，和朱自清相邻的房客结构基本清晰了。

通过短短二十多天的磨合，朱自清对这个老年房东就开始心生不满了，1931年10月15日，朱自清在日记中说："听讲希腊诗与艺术家，幻灯片甚有味，言语殊不易了然，讲者年事已高，手颤不已。余殊为不安，罗宾森夫人与萨科威茨君亦在，余甚不喜罗宾森夫人。今早吃早饭时，彼入室，未见余，不知作何语，其夫嗫嚅示意。大要谓余迟到，实则余只迟到一二次。今早R夫人入时，加德（Garde）君尚未入，而渠并不注意，可见为进餐之故也。"朱自清这里用了"彼"和"渠"两个人称代词，都是指罗宾森夫人。从这段话里，还知道朱自清把罗宾森夫人又称作"R夫人"，而且以后基本沿用了这一称呼，而另一个房客叫加德。至于罗宾森，朱自清日记中也简称R君了。这种简写，没有其他实际意义，只是为书写方便。10月27日朱自清日记云："早观投票站选举，又与罗宾森君往……有人询其号数，R君不肯告之。"第二天，即本月28日，朱自清又与罗宾森夫人商量搬到另一个房间的事，朱自清日记云："上午与R夫人商量移屋事，R夫人告余萨科威茨君之屋，下月十四可空，并谓先不知余将移屋事。余略加思索，觉此处究竟略有练习语言机会，且可省煤气费，即亦应之。余羞惭之念颇足误事，但此次甚盼非失策也。此系近日来心中一大事，如此决定亦佳。"朱自清要搬到罗宾森夫人出租的公寓的另一间屋里，是因为另一间比已住这间的面积略大一点。朱自清在这个问题上还检讨了自己的"羞惭之念颇足误事"，希望这次决定"非失策也"。

在 1931 年 11 月间，恰逢罗宾森夫人的生日快到了，房客们要和房东一起过生日。11 月 4 日这天，朱自清日记云："罗斯小姐告诉我明天是 R 夫人的生日，问我是否同意给 R 夫人买些礼物。我同意。"这样问话哪能不同意？如果不同意，房东马上就知道了，岂不得罪了房东？生日这天一大早，生日庆典就开始了，朱自清日记云："罗斯小姐和威廉森（Williamson）小姐就来敲门叫我们去吃早饭，只听见罗斯乐呵呵地笑着说：'懒汉们！'我急忙下去，跟在皮姆（Pim）先生后面走进餐厅。人们向我们欢呼，以为我们拥着 R 夫人来了，她是该受到欢呼的，可是还没来。屋里到处在放礼花。"于是，"王先生和罗斯小姐轮流去请 R 夫人。他们回来说 'R 夫人要在浴室里过生日'，引起了一阵哄堂大笑。当 R 夫人终于走进来的时候，我们都向她欢呼，王和伯顿站在椅子上欢呼致贺。房间里又放起了礼花。大家平静下来以后，我们一个个地离开了那里"。这种外国人过生日的场面，朱自清也是第一次经历，热闹归热闹，感觉就是一场闹剧。

作为房客，朱自清也努力和其他房客搞好关系，避免发生矛盾或冲突。但大家毕竟来自不同的地方，原先也并不熟悉，风俗习性不同，相处起来需多加小心谨慎。1931 年 11 月 8 日，朱自清日记云："拜访周、冯和王，但没遇见王。周在读一些统计数字，他对社会事务非常感兴趣。我把听甘地演讲的事告诉了冯。"又应邀和 R 夫人一起去参加一个茶会，同去的还有罗斯小姐、萨科威茨先生和加德博士。朱自清分析，R 夫人肯邀请房客参加茶会，"一定是对我们赠礼的回酬。我们穿过哈姆斯特德花圃，那是个很美的地方。柴尔德夫人和莫里斯（Morris）夫人迎接我们。这是个很好的招待会"。

1931 年 11 月 12 日这天，朱自清终于如愿以偿地换进了新的房间里。没想到的是，虽然新房子比原来的大些，却有煤气的味道，很令朱自清讨厌。朱自清检查了一下，发现煤气罐子太旧，裂了。煤气的味儿就是从裂缝中渗漏出来的。这又给朱自清的思想增加了负担，他决定先看看情况再说，如果影响健康就想法搬家。

房客们互相走动，有来有往，互相看着顺眼、气味相投的人自然会聚到一起，闲谈几句，有时也会像国内一样，大家互相吃请。11月14日这天，房客伯顿先生和威廉森小姐邀请朱自清去用柠檬茶和糕点。朱自清看他们真诚相邀，去了，和两人边吃边聊，他们修养较好，和朱自清谈话也显得体。朱自清告诉他们，下星期二想去戈尔登斯格林剧院看歌剧。两位邻居立即热情高涨，出谋划策，让朱自清立刻打电话去订票。伯顿先生好像等不及似的去打了电话，替朱自清订了两张正厅前排的票——订两张票，是因为朱自清要请柳无忌一起看的。不久后，拿到戏票了，朱自清又不知道柳无忌喜不喜欢正厅前排的座位。看来这次被邀请很愉快，朱自清回到公寓以后，又到罗宾森先生处借一本《船大们》。这本书正是下星期二要演的那出歌剧的底本。看戏之前，先看看原著，这也是一个学习的好办法，相当于考试前的预习功课了，不至于到时候听不懂。

1931年11月15日这天，另一位房客萨科威茨先生又约朱自清去看电影《卫兵》，朱自清不好意思推托，日记中说是看在对方的"面子"上才同意一起去观影的。在看电影的途中，朱自清和萨科威茨先生遇到一个多嘴多舌的老酒鬼，该老酒鬼不识时务地和朱自清搭讪，絮絮不休地说话。他的行为引起了朱自清的一点兴趣，这不正好是学习英语的好机会吗？可老酒鬼说话太快，朱自清听不大懂。而萨科威茨先生干脆不理他。朱自清便也不理他，又疑心他也许会辱骂人。朱自清又不失时机地和萨科威茨先生谈话。可是对方听不大懂朱自清讲的英语，甚至连朱自清的单个字母的发音也听不懂。这种情况让朱自清觉得十分难为情。当他们一起来到剧院门口，准备去订票的时候，朱自清在日记中说："很幸运的是最便宜的票也要六先令多，这就给了我一个制造借口的机会。我对萨科威茨先生说票价太贵了，劝他留在那儿，我不看了。"朱自清不想看电影，票价贵固然是一个方面，另一方面还是自己的英文会话水平不能和萨科威茨先生自然交流，怕对方笑话。朱自清在回来的路上，去路边的餐厅吃饭，这是朱自清单独吃的最贵的一顿饭。巧的是，在餐厅休息室里，碰到了房东罗宾森夫人。朱自清便把看电影的路上和萨科威茨先生不能自然对话的事说了，罗宾森夫人听了后，问朱自清的语音练习做得怎么样了。朱自清很憎恶罗宾森夫人谈话中总是那样矫揉造作和装腔作势的样子。朱自清在日记中说："在这一点上罗宾森先生比她好多了。"不过这个罗宾森夫人也有诚实的一面——第二天，朱自清准备付上星期四搬入新房子的房租和早餐费时，罗宾森夫人说朱自清计算错了，让他下星期再付。这说明罗宾森夫人是个诚实的人。每天晚上，朱自清会像在国内时一样，在睡前读几页书，他在读吉尔伯特（W. S. Gilbert）和阿西尔·沙利文（Arother Sullivan）的《船夫们或巴拉塔里亚的国王》的时候，感到困难，甚至厌倦，手里老拿着字典，一边读一边查。虽然要不停地查字典，为了能多读一会儿书，朱自清还是坚持这样阅读。没想到这给朱自清惹了一点小麻烦——本月20日晚上，罗宾森夫人拐弯抹角地问朱自清近来是不是工作到很晚。其实她的话一出口，朱自清就知道了，她是在暗示朱自清耗电过多。朱自清觉得，她完全可以用"勤奋"（Laboriously）这个词，大可不必用"晚"（Lately）一词，也许在她看来，"勤奋"这个词太长了，朱自清理解能力还达不到。罗宾森夫人的装腔作势和不磊落，再次给朱自清留下了不好的印象。

这样的小麻烦，在日常生活中，朱自清经常会碰到，甚至让他有不高兴或者自责的时候。比如11月20日，朱自清整个下午都心情不爽，其实也不是什么大事，就是在高尔街上的那家快捷奶制品店里，由一个女招待引起的——朱自清去要求女招待更正收据上的数字，女招待手里拿着杯子正在忙什么，一见朱自清跟她说话，就把杯子放在桌子上，不料慌忙中杯子没放稳，从桌上摔下来了，跌得粉碎。这是个突发小事故，把他们俩都吓了一跳。朱自清感到很抱歉，希望招待总管不要责备这个女招待。其实，朱自清的这个小烦恼主要还是在为别人着想，表示他的善良和温厚。那么，其他房客给朱自清的印象又如何呢？在1931年12月4日的日记中，朱自清说："黑格（Haig）小姐向我夸奖陶很聪明，我觉得有点沮丧！我讨厌的那个德国男孩劝我不妨读一读高尔斯华绥的作品，这倒不失为好的意见，不是吗？"12月5日的日记中说："同S先生在金龟餐厅吃饭，菜很好。我不喜欢S先生说英语时那种轻浮的笑声，连 R 夫人这样厉害的女人也觉得'可怕'！"

朱自清在伦敦的最初的一两个月中，其英语口语会话一直是个问题，为了快速掌握英语会话，朱自清曾在 12 月 10 日向罗宾森夫人打听有没有教英语口语的私人教师。让朱自清哭笑不得的是，她居然向朱自清推荐了她自己，并且告诉朱自清说，大学毕业生教课每课要收费五到七先令，她只要收两个半先令即可。朱自清不好直接拒绝，回答她考虑考虑。朱自清说考虑考虑，其实就是婉拒。朱自清买的两份《泰晤士报》的文学增刊，不知让罗宾森夫人放到哪里去了，问她，她竟然说假话，说罗宾森告诉她朱自清不想要了，所以就拿走了。不过又说，她会从楼上把它们拿回来的。但一直到很晚了，也没见她拿下来，弄得朱自清整个下午都不高兴。

房客们有时候也会聚在一起搞一搞娱乐活动，活跃一下气氛，放松一下心情。1931 年 12 月 12 日，大家都聚到了朱自清的屋子里演哑剧，完全是即兴的表演，用朱自清日记里的话说，就是"胡闹"。胡闹的结果，让罗宾森夫人很不高兴。第二天晚上，她还对朱自清等人冷冷地谈起魏先生。朱自清认为，显而易见，她是讨厌魏先生所拉的小风琴。但朱自清听她又好像话中有话，猜想一下，也许是昨晚上大家演哑剧时，魏先生把她的一只花瓶和几只碟子打破了。然后，她告诉朱自清等人，说魏先生明天要回家。另一个房客多嘴地问她，魏先生还回不回来？她用一种奇怪的、不愉快的声调回答："我不知道。"就是说，这个魏先生，被她赶走了。这多少带有点杀鸡儆猴的意思，起因就是大家在朱自清房间里的"胡闹"。

由于对罗宾森夫人不满情绪的累积，朱自清一连几天伤脑筋，为要不要迁出罗宾森夫人家而烦恼。朱自清经过再三考虑，是倾向于迁走的。在朱自清看来，罗宾森夫人的脾气不但不好，还爱弄虚作假和多收费用，甚至对不喜欢的人还要变着花样赶走。迁到哪里比较合适呢？朱自清也考虑过，他想住在雷根特公园路一带。

就在朱自清为迁居颇费脑筋时，又发生了一件不愉快的事，1931 年 12 月 19 日这天，朱自清和罗宾森夫人、S 先生及特雷尔先生一起打牌。贾先生在一旁观看，假装要说说朱自清的牌，然后告诉朱自清，S 先生有点生气了，因为收音机里的音乐分散了他的注意力。朱自清觉得这是误解。这场误解是贾先生的小收音机引起的。贾先生说他是为了朱自清才把收音机拿来的（一边打牌一边听）。朱自清听后很惊奇，S 先生和罗宾森夫人竟都不喜欢这个收音机。在朱自清看来，他们两人的观点经常是一致的。因此，收音机开着的时候，朱自清很不安，直到把它关掉后大家才开始再打牌。贾先生事后说："他们平时不是挺喜欢音乐吗？"贾先生讲这话时口气中有点嘲笑罗宾森夫人。这件事的直接结果就是，朱自清最终下了决心，新年以后搬家！朱自清在当天的日记中说："R 夫人真是一个脾气不好的尖刻女人，她有时装得很和蔼，我不喜欢她。"看来，罗宾森夫人是个两面人，有时候装得很和善、真诚，而真实的面目并不是这样的。她的装，只不过因为她是房东，和她利益或行事习惯对立时，她就原形毕露了。

决定新年后搬家的朱自清，也要留个好印象给罗宾森夫妇，朱自清在 12 月 21 日的日记中说："送了一块中国锦缎和一包香烟给 R 夫妇，用去六镑六先令。"这天，贾先生还给来访的柳无忌和朱自清照了一张合照，仿佛是搬家前的一次留念。

要搬家就得先找房子。1931 年 12 月 22 日，朱自清在一天中去了普里姆罗斯山庄两次，想找一间比较像样的房子，但找不到一处满意的。朱自清很想搬到柳无忌刚刚找到的新住处去，在当天的日记中，朱自清记道："因为那里的女房东确实是个与人为善的妇人。"朱自清没有找到合适的房子，回到公寓后，和俄国人打了一会儿乒乓球。这个俄国人显得很庄重，不接受朱自清的招待。朱自清虽然因他谢绝了自己的好意而感到有点尴尬，但却非常欣赏这个俄国人。

圣诞节到了。朱自清在 1931 年 12 月 24 日的日记中记述了他整个下午的活动：

> 下午到拉普霍尔·塔克父子公司去买点东西。我买了一套高级的贺年片，并在那里看了厚厚的三大本样品。看来很少有像我这样在店里逗留如此久来挑选圣诞节卡片的顾客。管理人员从楼上拿来

一些高级贺年片，很粗鲁地交给我，并暗示我营业时间已过，要我离店。但我没听懂，又开始看起样品来了。他再次走到我身边，但不说什么，让我继续看。我又挑选了五套样品，并要他去拿。他说顾客都走了，而且恐怕没有这种存货了。他说话时用一种嘲弄的口吻，这是英国人的特点。他劝我到对面的商店去买，并以轻蔑而含蓄的态度指给我看那家商店。这是我最憎恶的态度，它使人啼笑皆非，但又不得罪你。而且我发现第四卷样品不见了，于是就不得不走。这个管理人员把我当作日本人了。

那些有趣的样品包括以下几类：

1. 手帕型的

2. 绣花型的（我喜欢有一艘船的画面）

3. 蝶翅型的（船、三只鸟）

4. 黄铜型的（圆形，里面有风车图案）

5. 玻璃型的（圣母像）

6. 羊皮纸型（四开本）

7. 飞鸟形及其他

8. 刺绣的花瓶

9. 猫头鹰型（头像）

10. 烫金型的

晚上到牛津街去观赏圣诞节前夕的街景，发现来往的车辆和行人比平时还少。除了里昂餐厅的窗口有点变样以外，没有什么特殊的变化。

一个年轻而有礼的德国姑娘走过来招待 R 夫人。我想她不是这里的服务员。她坐在休息室里同我们闲谈。R 夫人在谈话中告诉她我有三千个朋友，各种各样的绅士每天来拜访我。我说我打扰了他们，很觉过意不去。当然，R 夫人非得做些更正不可，我没有那么多朋友。可是她还说她喜欢他们。我的老天哪！——她甚至说我在中国一定是个很了不起的人，所以才会有那么许多人来访问我。

这是英国人挖苦别人的另一种表达方式。

　　我对槲树和冬青树很感兴趣，这两种树在英国是作为圣诞节的节日装饰物的。

　　R夫人告诉我萨科威茨先生写了一封长信给她，说他很抱歉，因为出租汽车来得太快，他来不及向寄宿的客人们告别。他还祝我们圣诞节快乐，说这是他和他夫人共同希望我们接受的祝贺。萨科威茨先生的这封信有点奇怪，我怀疑他是否真心诚意。

　　今天我觉得有一种节日的感觉，这是我到伦敦来以后没有经历过的。

　　1931年12月25日这天，节日气氛仍旧很浓，朱自清和房客加德博士一起在雷根特公园散步。加德博士像平时一样大谈印度的独立问题。朱自清总是同意他的观点，同意他的观点并不是真的同意，主要是要和他多讲话。下午，朱自清又和鲁先生去柳无忌的住处，朱自清还送了一些礼物给柳无忌的房东歇卜士夫人。所以，晚上在歇卜士夫人家吃得也非常痛快。歇卜士夫人家的餐桌上还有一棵圣诞树，挂着五颜六色的彩球和各种有趣的玩具。食物也比罗宾森夫人家的要好得多。饭后，朱自清又吃水果，晚上大家还在一起做游戏。朱自清在《伦敦杂记》的《圣诞节》一篇里，详细地记述了这次活动："圣诞节的晚上，在朋友的房东太太家里。照例该吃火鸡，酸梅布丁；那位房东太太手头颇窘，却还卖了几件旧家具，买了一只二十二磅重的大火鸡来过节。可惜女仆不小心，烤枯了一点儿；老太太自个儿唠叨了几句，大节下，也就算了。可是火鸡味道也并不怎样特别似的。吃饭时候，大家一面扔纸球，一面扯花炮——两个人扯，有时只响一下，有时还夹着小纸片儿，多半是带着'爱'字儿的吉语。饭后做游戏，有音乐椅子（椅子数目比人少一个；乐声止时，众人抢着坐），掩目吹蜡烛，抓瞎，抢人（分队），抢气球等等，大家居然一团孩子气。最后还有跳舞。"这里的"朋友"就是柳无忌，"朋友的房东太太"就是歇卜士夫人。朱自清在当天的日记中，对跳舞的描写较详细一些："歇卜士小姐教鲁和我跳舞，鲁一经指点就会，但我不行。柳跳得很好。歇卜士夫妇非常热情好客。"

可能玩得太晚了，朱自清在柳无忌家住了一晚上。第二天吃早饭时，朱自清想，这里的伙食比罗宾森夫人家的要好，因为女房东对每件事情都很用心。她还邀请朱自清和鲁先生在她那里留一整天，过一个完整的新年。朱自清在 1931 年 12 月 26 日的日记中说："她的话讲得这么客气和谦逊，我们就不好拒绝了。但是我很知道鲁是不喜欢这里寂静和单调的生活的。他急于想离开，但现在还不能脱身，于是就在柳的房间里跟我们聊天。我讲话时，他不屑一听。他对我的藐视使我想起了我教杜甫诗的情景。他嘲笑中国的新文学，并且每当他谈到西方文学的时候，总是把脸转向柳。在这种情况下，对我说来最好的办法是沉默。我闭口不谈了，默默地分析着鲁的性格特征，但没成功。我觉得可以这样说，他聪明，直率，骄傲，自以为是，以我为主，古怪偏执，懒散浮夸。总之一句话，我不喜欢他。在喝茶以前他就走了。柳累了，我们安安静静地留在那儿。我明知久留是不智之举，但傻乎乎地直到晚饭后还留在那儿。当柳要去洗澡的时候，我才告辞，并答应他们星期天还去。"通过这样的交往和分析，朱自清认清了一些人的真实面目，歇卜士夫人的热情，鲁先生的"自以为是"和"古怪偏执，懒散浮夸"，都便于朱自清及时修正自己的交往能力和处事哲学。

1931 年 12 月 27 日，朱自清邀请邻居房客贾先生在新华味斋吃午饭。新华味斋，一听就是一家中餐厅。没想到的是，贾先生吃完饭后连谢都不谢一声就撇下朱自清急急忙忙地跳上公共汽车走了。朱自清和他在饭桌上谈得不多，因为彼此没有什么共同语言。朱自清请他，可能是回报上次他为朱自清和柳无忌拍照的事。晚上，朱自清又去访罗先生，他出门不在。于是朱自清就到苗先生处，谈了一会儿就出去了。朱自清在街上遇见了罗先生和陈女士。朱自清跟他们谈话时，有点心不在焉，朱自清在日记中用了"很笨拙"来形容自己的态度。天黑后，朱自清独自归来，路上，他认真地想了想罗宾森夫人家的这些房客，发现所认识的中国学生比英国学生更加冷漠。也是在这一天，朱自清又专程到歇卜士夫人家与其谈妥，住到她家去。

朱自清是在 1931 年 12 月 28 日告诉罗宾森夫人，下星期一要搬走的，搬走的理由是，因为必须省下钱来准备回国。精明的罗宾森夫人不大相信，但也无可奈何。1932 年 1 月 4 日，朱自清从罗宾森夫人家搬到歇卜士太太家了，和学生兼朋友柳无忌成了邻居。

他乡遇故知

回过头来再说朱自清和柳无忌在英国的偶遇和交往。

据说人生有几大幸事。"他乡遇故知"便是其中之一。

朱自清只身一人在伦敦大学听课，学习英语语音和英国文学及其他艺术，正按部就班施行自己的计划时，没承想遇到了他的好学生柳无忌先生！朱自清在 1931 年 10 月 10 日的日记里，怀着欣喜的心情写道："上午在查林路口忽遇柳无忌君，大喜。"仅仅到伦敦大学听课的第二天，就有如此大的惊喜，真是世界之大，无巧不有。

柳无忌父亲是大名鼎鼎的南社诗圣柳亚子，受家庭熏陶，柳无忌从小就显露出语言天赋，随父亲见过许多南社名人。后来在上海圣约翰学校读书，英文成绩尤其了得，17 岁时就能将拜伦的《哀希腊》一诗译成中文。1925 年秋，柳无忌进入清华大学。朱自清当时刚入清华当教授，给旧学制的学生讲李杜诗，柳无忌正是这个班上的学生。可能受其父的影响，柳无忌喜欢中国古典诗词，对李杜诗也是情有独钟，老师讲得卖力，学生也学得认真，一学期下来，柳无忌居然交了一篇两万多字的关于李杜诗比较的论文给朱自清。朱自清看后大为吃惊和赞赏，给了高分。从此师生相互留下了很好的印象。在清华的两年，柳无忌也有回忆："1925 年夏天，悲惨地回到黎里（吴江县一小镇）家里，对于前途一点也没有把握的我，已是十八岁了。幸而在清华学校教书的二舅父郑桐荪，为我设法从后门（不经过考试）送进清华园，在那里度过了两年最愉快的学生生活。"（《柳无忌散文选——古稀话旧》）

在当年的清华园里，柳无忌还在一篇文章中，叙述了他与梁启超接触的一个有趣的小故事。那时，清华国学研究院有好几位著名导师，其中最引人注目的是梁启超和王国维二先生。柳无忌喜欢旧体诗词，从小就对苏曼殊的作品进行过收集和编辑，是个不折不扣的"苏迷"。此后他一直都在收集苏曼殊的作品。后来他偶然得到一部《班定远（班超）平西域记》，作者署名为"曼殊室主人"。柳无忌为之大喜，以为"曼殊室主人"就是苏曼殊，这本书也就是苏曼殊的新发表之作。但其父柳亚子提醒他说，好像梁任公也曾用过"曼殊室主人"的名号。因此叫他就近向梁启超询问清楚。他果然去见梁任公。结果呢，柳无忌写道："我不虚此行，但是失望了。"梁启超告诉他，他本人就是《班定远（班超）平西域记》剧本的作者，"曼殊室主人"就是他本人。

1927年，柳无忌在清华毕业后，公费赴美国留学。次年，柳无忌取得美国劳伦斯大学学士学位，随即转入耶鲁大学研究院攻读英国文学。1931年，柳无忌以论文《英国浪漫主义诗人雪莱》获得美国耶鲁大学文学博士学位，旋即赴欧洲进修，主要任务是搜集藏在英、法、德等国各图书馆中的中国旧小说。就是在英国进修、工作期间，和朱自清邂逅于伦敦街头。多年后，柳无忌在回忆文章《与朱自清同寓伦敦》中写道："抵伦敦后还不到几天，住在不列颠博物院附近一家小公寓内，有一下午在街上溜达，忽然迎面来了一个比我更矮的东方人；再走近一看，是个中国人的相貌。我们大家停步，面对面相互谛视，觉得有点面熟。就这样，我无意地遇到了在清华大学教我李白、杜甫那门功课的朱自清老师。他比我大不了几岁，我又是他的一个好学生，在异域相遇，有一番亲切的感觉。"

朱自清和柳无忌在伦敦僻静的马路上邂逅几天之后，二人就一起参加了留英学会的一个活动，此后，二人交往便密切起来。1931年10月22日下午，朱自清和柳无忌一起观看了话剧《轰动一时》，朱自清在当天的日记中说："结构极奇，如电影，又如情节剧。"10月24日，朱自清一早专门理了发，下午到芬乞来路柳无忌的住所去看望他。朱自清看到柳无忌的住所不错，日记中用"尚佳"一词形容，同时又觉得窗外车水马龙，"亦非最乐处耳"。在和柳无忌的闲谈中，朱自清流露出自己"买书太多殊非计"的想法。又谈到柳无忌新写的论文，朱自清在日记中写道："柳君以论文见示，乃《雪莱在英国的声誉》（Shelley's Reputation in England），后抄各教授评语，首列方法，次材料之统率（Command），次新旧材料之运用，次创造力（Originality），次逻辑（Logic）与文体风格（English Style），分优（Superior）与可（Acceptable）两等，后有总评，大抵谓柳君英文不甚符合语言习惯（Idiomatic），重复太多，转折及重复太多。柳君云下半写成太匆促导致尔尔，现仍在不列颠博物馆搜集此题材料也。又谓此次得一十九世纪题目，甚属不易，因题目大都为人做过矣。"朱自清看得够详细了，而且如果不是记忆好，这一段肯定是在翻看柳无忌的论文时用心记下来的。

1931年11月5日，朱自清和柳无忌参加诗集书店所办的读诗会，听英语诗朗诵。这是三天前就约好了的一次活动。朱自清和柳无忌到达诗集书店后，朗诵者是一个中年女性，除了一首诗以外，其他的诗，朱自清都没有听懂。但朱自清很欣赏她那清晰的发音。柳无忌也有同感，并说虽然吐字优美，但并不认为她是个很好的朗诵者。朱自清在当天的日记中说："这位朗诵者很有才华，但她给我印象最深的是另外两点：一是韵脚在英文诗的朗读中不像在中文诗里那样重要；另一点是英文诗中的重读音比日常说话中要多得多。前一点使我想到我们以后得建立白话诗的格律。后一点是：在我们的语言中，轻音字的用韵并不太难。"听完诗朗诵回来后，朱自清和柳无忌以及其他两个朋友打了一晚上的桥牌。

11月17日，朱自清和柳无忌一起赴戈尔斯登格林剧院看歌剧《船夫们》。对于这部通俗喜剧，朱自清尽管昨天用心读了这个剧本，但还是有很多听不懂。朱自清的英文水平自然不能和柳无忌相比，两人参加各种活动时，对于生僻或怪异的词汇，朱自清想必也会请教柳无忌。柳无忌在《与朱自清同寓伦敦》里说："我正在寻找可以安身的住处，与他的计划不约而同。最好不过的，如能找到一个地方，我们可以同住，比较热闹，有照应。朱自清的英文会话有困难，我毕竟在美国已住了四年；对于我们，伦敦虽同为异域，我却以老马识途自居了。"有了口语能力出众的柳无忌常常相伴，二人相处也更加投机了。11 月 19 日晚上，二人又赴基尔德会堂所办的读诗会，听约翰·高尔斯华绥朗诵自己的作品。朱自清在日记里说："这个朗诵会是为了支持非洲动物保护协会而举办的。高尔斯华绥先生的声音非常清晰，节奏分明，他朗读自己写的小说和剧本的片段，并且按照不同的内容而变换音调。最后，他朗诵了自己手稿中的几首诗。"诗人们喜欢朗诵自己的诗，中外都很常见，但是高尔斯华绥朗读他自己的小说，想必更有新鲜之感吧。不过这次朗诵会还有一个小插曲，朱自清在日记中有详细记述：当高尔斯华绥"朗诵完他的剧作《正义》中一个法官的一段话时，从剧场楼厅上传来了一个人的声音。我听不懂他的意思，但相信他是在提抗议。这是一个老头儿，他好几次向高尔斯华绥先生挑战，但没有成功。听众阻止他大声说话。那老头的嗓门越高，听众们就越是向他进行牵制性的示威。高尔斯华绥先生只在他开始起哄时回答了他的第一句问话，后来就静静地听他说话。过了一会儿，高尔斯华绥先生向听众问道：'你们愿意听完这个朗诵吗？'听众答以雷鸣般的掌声和跺脚"。到这里，朱自清和听众一样，对这个提问者也心存不满了。但当朱自清"在门口遇见那个古怪的老人"时，发现"他是一个穷工人"，便立即"改变了看法，重新评价他的挑战"也有其意义。在这次欧游中，朱自清日记中有多次参加读诗会的记录。在朱自清回国后，又过了两个多月的 1932 年 10 月 14 日，朱自清在清华中国文学会迎新大会做演讲时，他说："英国的读诗会，本人曾听过几个，一次，是在一条小胡同内，找了半天才找到，是一间诗集店，主人，主妇，都会作诗。每到一定时间，有一个读诗会，有一人宣读。票价六角。有一次是店主太太宣读，听众都是女子，只有本人和另一男子，躲在后边，不敢出头。其余两次，都是很大的读诗会。可见在英国，很常见。"

不久后，朱自清因讨厌房东罗宾森太太的小气和多疑，决定搬出去，找了几处房子也不满意，恰在这时，柳无忌在伦敦北郊芬乞来路找到了一处理想的房子，他就随柳无忌一起去看看。柳无忌在《与朱自清同寓伦敦》里介绍道：这是"一家老大房子。当年它应是十分漂亮、阔绰的，可是现在却与主人同样的不走运。当我们按铃时，一个爱尔兰女佣人把我们接进去，跟着房东太太与她的女儿也出来，与我们交谈。她们温文有礼，说有两间房，愿意租与东方人。这样，我们就在'维多利亚时代的上流妇人'，希布斯太太的家中住下了"。这位希布斯太太，朱自清在日记里记作"歇卜士夫人"（从柳、朱二人的音译中，也可知他们英文的差异）。柳无忌选了两间中较大的一间，还有一间侧房，朱自清觉得不错，就决定搬来和柳无忌做邻居。朱自清没有搬来之前，就来过柳无忌的住处，和柳无忌、房东太太一家一起过了圣诞节，直到第二天晚上才离开。到了 1932 年 1 月 4 日，朱自清就搬到了歇卜士太太家，和柳无忌做了邻居。两位中国房客先后入住后，和房东一家相处得很好，柳无忌在《与朱自清同寓伦敦》里说："我们每天与希太太及小姐同进早餐与晚饭。这是英国租房的惯例，与美国不同；除午饭外，房客餐宿于寄寓的家中，与房东太太保持相当友谊。在这方面，朱自清与我做到了。"1 月 6 日这天，朱自清和柳无忌在居所附近一个茶室吃午饭，饭后还一边闲坐一边吃了一磅的核桃。朱自清这天还遇到一个叫埃利斯的传记文学作家，朱自清称他是一个和蔼的绅士。第二天，在和歇卜士夫人聊天时，她还信得过地把自己女儿的恋爱经历告诉了朱自清，朱自清在日记中感叹地说："她和我们有着同样的道德观念。"这天晚上，朱自清和柳无忌二人一同去吉尔福特大街 18 号访问林语堂。林语堂特别开心，跟两位中国作家介绍他的中文打字机的设计。这位早早就出名的文学家，大概对于书写的效率很不满意吧，又累又慢，书写往往跟不上思维。见过世面的林语堂，从英文打字机上找到了灵感，或得到了启发，居然花了不少时间琢磨起了中文打字机来，而且其原理还靠谱。面对两位更年轻的书写者，他大大地卖弄了一回。朱自清在当天的日记中说："他在这方面的研究工作至少已有十多年了。他的打字机上将装有六十个键，键盘排成弧形，一排挨着一排。他认为方块字的主要构成成分是部首，根据他的统计，汉字左偏旁有八十多个，右偏旁约有一千三百个。故左偏旁的字形约占字盘的三分之一，右偏旁约占三分之二。两种偏旁在打字时合并成为一个字。那些不由左右偏旁构成的汉字则需要个别的字型，大约有七八百字。因此，打字机上的总字数大约为三千个。他认为这种打字机打一个汉字的时间相当于在英文打字机上打三个键的时间。这真是一项了不起的工作！使我非常钦佩，并以最大的热情祝愿他成功。"

朱自清有了稳定的住处，心也定了下来，继续执行自己的学习计划，除了听课外，就是到处参观、看戏、逛书店、听音乐。每天早上，他和柳无忌从房东家出来，步行不远就是芬乞来路上的公交车站，两人一边走，一边看，异国的风情让朱自清时有感悟。然后再和柳无忌一同等车，一同进城。乘车有时拥挤，有时并不拥挤，大多数乘客也都彬彬有礼，这些都是让朱自清深感愉悦的。到了不列颠博物院附近，与柳无忌分手，各奔各的目的地，各忙各的事务去了。但是，也有不愉快的时候，比如有一次，朱自清在日记中写道："柳先生和我在贝克街等公共汽车，车子挤得很。柳挤车时无意中踩了一个妇女，她的男友把柳拖下了车。我勃然大怒，但无可奈何，因为我被挤在车上下不来。柳最后还是上了车。后来我换乘另一辆车，因为这辆车实在太挤了。"

冬春季的伦敦，雾很重，在街头常有伸手不见五指的感觉。街头的公共汽车也有意思，除驾驶员外，还得有一个帮忙的人，姑且叫"辅驾"吧，即协助驾驶员开车的意思。辅驾在马路上高举一个火炬，引导汽车慢吞吞地向前行驶。平常十分钟的路，雾重时要走几十分钟。即使到了市中心，灯火通明了，也还有阴暗的感觉。

忙了一天后，朱自清回到住处就开始工作，躲在自己的小房间里，不是写信就是写日记，或者看书。柳无忌回来时，每次看他都在伏案工作。所以除了吃饭时间，二人很少在各自的住处交谈。不过对于他们共同的房东，朱自清和柳无忌都有好印象。朱自清除了在《圣诞节》里有所描写外，还专门写过一篇《房东太太》，把房东太太这位"维多利亚时代"的刻板而守旧的老妇人的性格描写得淋漓尽致。这个房东太太是个善良的人，她家的饭菜也不坏，对朱、柳二人都还尊重、客气。朱自清在《圣诞节》里有一段在她家一起过圣诞节的描述，那时候，朱自清还没有正式成为她家的房客呢。在《房东太太》里，朱自清开头就赞美道："歇卜士太太（Mrs. Hibbs）没有来过中国，也并不怎样喜欢中国，可是我们看，她有中国那老味儿。她说人家笑她母女是维多利亚时代的人，那是老古板的意思；但她承认她们是的，她不在乎这个。"又说："她爱说话，也会说话，一开口滔滔不绝；押房子，卖家具等等，都会告诉你。但是只高高兴兴地告诉你，至少也平平淡淡地告诉你，决不垂头丧气，决不唉声叹气。她说话是个趣味，我们听话也是个趣味（在她的话里，她死了的丈夫和儿子都是活的，她的一些住客也是活的）；所以后来虽然听了四个多月，倒并不觉得厌倦。"

柳无忌也喜欢这位房东太太，说她"对房客的膳食却从不吝惜……因此我们住得好，吃得好，而使朱自清更高兴的是他有听讲英文的机会。……那位房东小姐（她高出我们有两个头）平时很静默，我们两个东方人更不大讲话，所以饭桌上只有老太太滔滔不绝地谈天说地，把她们家中的一些故事都搬了出来。小姐有时补充一两句，我们偶尔也参加一些赞许的话，表示听得津津有味。那时候，希布斯太太高兴了"。（《与朱自清同寓伦敦》）

朱自清也会和柳无忌一起去郊外游玩。他在 1932 年 1 月 17 日日记中说："和柳一起长途跋涉到哈姆斯特德公园去，走了大约八英里路，几乎把我弄得筋疲力竭。"柳无忌也在《与朱自清同寓伦敦》中说，他们去过一个叫 Hampstead 的旷野散步，"那不是一个整齐的用人工布置的公园，只是一片浩漫、没有边际、灌木丛生的原野，望出去有旷然无涯的感觉，好似置身在大自然的怀抱中"。这里有很多游客，而且还有许多现代诗人和作家也住在这里，比如散文家约翰生博士、戏剧家高尔斯华绥等，朱自清能在这样的旷野上呼吸新鲜空气，和伦敦的当地人共同游览郊外风光，必定也是心旷神怡的。多年以后，有一部电影，叫《汉普斯特公园》，"汉普斯特公园"也译作"汉普斯特德公园"，就是朱自清日记里的"哈姆斯特德公园"的今译。这是一部节奏缓慢而迷人的电影，叙述了一位住在伦敦汉普斯特德公园附近的美国寡妇，与一位独居老男人之间的浪漫爱情。不知为什么，看这部电影时，老是想到朱自清和柳无忌游览公园时的样子，还有朱自清写过的房东歇卜士太太，无端地把电影里那个美国寡妇和歇卜士太太联系在一起。

如果有空闲，朱自清和柳无忌也是无所不谈，1932 年 2 月 1 日，朱自清日记云："柳告诉我，他同高小姐暂时不打算结婚，因他俩在中国很难找到工作。高小姐现在在美国的一个医院里工作，月薪七十五美元。柳说这些话时似乎有些心绪不宁。鲁猜想他上星期六在爱情问题上碰到了挫折。我若是他的话，将对此毫不在乎并骄傲地一走了之。但我不希望这样。"但是爱情的魅力就在于那些彼此都在意又互相牵挂的小矛盾——不久之后，柳无忌和从美国来到伦敦的高小姐结束了两地恋情，顺利地结婚了。在朱自清4月19日的日记里，说到已经从歇卜士夫人家搬出来后，歇卜士夫人又请朱自清于20日回去吃一顿晚饭时，朱自清说："柳无忌和高小姐也去。"这天，朱自清还给陈竹隐写了一封信，信中说到了柳无忌和夫人高蔼鸿的结婚事："清华有一柳君在此结婚，简单极了，只在领事馆登记一下就行了。我大约和他们夫妇同游欧洲各处。"在朱自清、柳无忌和高小姐在歇卜士夫人家吃饭的第二天，即21日，朱自清日记说："与 W. C. 柳夫妇及秦闲聊很久。"4月22日日记又云："昨晚商定与柳君夫妇同去旅行的计划。为此很高兴。"4月26日，朱自清和柳无忌夫妇去佛朗卡蒂旅游，4月29日，朱自清和柳无忌夫妇及刘崇铉、陈麟瑞一起去温莎堡旅游，参观了伊顿公学、托马斯·格雷故居等地。朱自清在当天日记中有记述："去温莎堡游览，正巧英王在那里小住，故旅客公寓和圆塔等都不开放。我们在教长的禅房里拍了照片。北边的游廊很美，东边的游廊也不开放。"虽然因为英王来了，游览没有尽兴，却也并不失望。朱自清在日记中接着说："参观伊顿公学，看了低年级和高年级学院以及小教堂等，我们对图书馆特感兴趣，那里有很多手稿，还有一套日本天皇赠送的日本民间歌集，极为珍贵。"又"参观教堂庭院，托马斯·格雷（Tomas Gray）曾在这儿写下他那著名的挽歌辞，看到了他曾在其下写作的紫杉树。他的坟墓与他母亲和姨母的墓在一块墓地上，环境非常幽美安谧，通往墓地的小径也是那样幽静。这里可真是地道的英国乡村。一老翁在那里照料墓地，他住在一座建于十四世纪的英国式的村舍中，里面陈列着托马斯·格雷的遗物。这座小房子很美"。那天，朱自清一行在弗霍姆旅馆过夜，旅馆坐落在林子里，环境十分美丽，房间也非常好。4月30日这天，朱自清、柳无忌夫妇一行，又驱车去公园看爱德华三世雕像，景象非凡。因出租汽车不准进入公园，朱自清一行雇了一辆漂亮的马车。在公园里，他们泛舟湖心，四周景色极佳。因为在返回伦敦时，坐错了火车，坐到了梅登黑德，又从那里换乘到牛津。晚上住在布里奇旅馆时，朱自清在当天的日记中说："该旅馆坐落于泰晤士河畔，客厅和起居室都很华丽，花园也很优美。我很喜欢这些房间里凸出在墙外的窗户。"那就是飘窗了。而这天晚上，朱自清又和柳无忌谈了很久。

在牛津，朱自清于5月1日和柳无忌一起，赴牛津大教堂、马丁学院、马格德伦学院和圣玛丽教堂等处参观，还见到了也在散步的爱因斯坦。朱自清在当天的日记中写道："去教堂，见到爱因斯坦教授在附近散步。我们原打算到大教堂去做礼拜，但柳未戴帽子，因此不许进入。在旷野中散步是一种十分美好的享受，我们漫步于彻韦尔河畔，河流蜿蜒曲折，环境十分幽美。"又说："参观马丁学院和马格德伦学院。中午去圣玛丽教堂，并参加了一点宗教仪式。下午租了一条用篙撑的游艇，由柳来操纵。用茶后去公园。"第二天，他们继续参观，朱自清在日记中写道："柳身穿牛津大学长袍制服带领我们六人在校内各处参观。若不是他带领，我们要进入这些地方就得另外付钱。我们一行参观了牛津大学学院、新学院、拉德克利夫藏书楼和博德利安图书馆。站在拉德克利夫藏书楼顶上可以俯瞰牛津全景。博德利安图书馆不仅藏书多，而且设备很好。在展览室里看到了奥马尔·卡亚姆（Omar Khayyam）用波斯语写的《鲁比亚茨》（手稿）和菲茨杰拉德（Fitzgerald）的译文。格莱利·海威特（Graily Hewitt）的著作也陈列在那里，弗洛伦斯·金斯托德（Florence Kinstord）小姐为这些巨著做了很好的装饰（C. M. 费思的遗物）。观赏五塔和圣约翰学院美丽的花园。下午去罗兹纪念馆，其中陈列着殖民时代的文献，这里可说是英帝国主义的中心了。参观自然博物馆（动物和人类学），看到了图腾形象。"接着，朱自清一行又参观了沙尔多尼亚剧院和贝利奥尔学院，参观布莱克维尔书店和牛津印刷所（展览室）。还到普莱剧场去看《巴克莱广场》。朱自清觉得这个剧院像个谷仓，演出的戏相当奇特和费解，看来剧情的基础是亨利·詹姆斯（Henry James）的史学观。5月3日这天，朱自清一行继续在牛津参观，去基督教堂和伍德斯托克。朱自清在日记中写道："马罗巴勒夫殿堂宏伟壮丽，但要到本月底才开放。那儿景色幽美。我们在附近漫步，流连忘返。"又说："下午到艾冯河畔的斯特拉特福，下榻于佩顿旅馆，招待得很好。去莎士比亚纪念剧场看演出。剧场外涂红色，看上去很刺眼，但它的造型很优美。整个照明设备完全是隐蔽的；剧院内部的装潢很吸引人。"朱自清和柳无忌一行在牛津的几天中，不仅到处参观，还专门看了莎士比亚的诞生地，看了他后来的新居和安葬的墓地以及他读过书的中学。还接连看了《李尔王》《第十二夜》《皆大欢喜》等莎剧。这次牛津之行，可谓收获满满。

这次牛津游览后，朱自清就和柳无忌夫妇分别出游了。

在欧洲近一年的时间里，朱自清不仅和巧遇的柳无忌成为好邻居并成为知己，还常常遇到别的朋友，比如和文字学家唐兰一起去英国国家美术馆参观，专程到米尔斯旅馆看望住在那里的李健吾等，后来在柏林的一个茶话会上还见到蒋复璁夫妇并认识了冯至。冯至还请朱自清吃了一顿家宴，1932年6月19日，朱自清和蒋复璁、冯至还一起去游览了德国的无忧宫。更有趣的是，朱自清在临回国之前两个月时间的游览中，居然有几次邂逅也在欧洲各国游览的柳无忌夫妇。其中有两次还大大游玩一通，一次是在瑞士的少女峰，一次是在意大利的那不勒斯。朱自清的散文《滂卑故城》，写的就是那次在意大利的游踪。

他乡遇故知，给朱自清的异国游学和旅行带来了许多惊喜和便利，也增进了朋友间的友情，是这次游学、考察的意外收获。

鲁蒂斯豪泽小姐

　　朱自清的同学中，有一个瑞士人鲁蒂斯豪泽小姐，人漂亮，性格好，热爱汉语，跟朱自清索要过汉语语音字母表，朱自清在 1931 年 11 月 27 日那天上课之前，把汉语语音字母表带给了她。让朱自清感到奇怪的是，她换了个座位，坐到朱自清旁边的椅子上了，变成了同桌。她还告诉朱自清，她即将结束自己的学业，在圣诞节之前回到瑞士去，言语之中，流露出不舍的同学之情。

　　离圣诞节不到一个月的时间了，同学之谊就要结束了。朱自清听到这个消息后，在日记中用"我对这个消息感到遗憾"来表达。

　　1931 年 12 月 1 日这天，朱自清情绪不错，在伦敦大学校园里买了三张大学校园风景的蚀刻画作为这次游学的纪念品，一张是大图书馆的外景，另一张是大图书馆的内景，第三张是大会堂的景色。这些建筑物在造型方面很有个性，朱自清在日记中用"花了不少力量"来表达，可看上去却偏偏缺少艺术性。这天上课前，朱自清遇见了鲁蒂斯豪泽小姐，还打了招呼，让朱自清奇怪的是，上课时，他们没有坐在一起。鲁蒂斯豪泽小姐在上周五跟朱自清要过地址，大约有要去拜访的意思吧，因为离得远或是没有坐在一起的有意报复，朱自清没有把地址给她。

　　第二天继续上课，讲授英国语言学的费兹先生发还给朱自清的音标练习本里，有许多地方朱自清都做错了。这些错误中一部分是朱自清的粗心大意所致，并不是他不会做。为什么粗心大意呢？朱自清在日记中用"因为我做作业时很仓促"来说明，而为什么仓促又没有说明，可能还是因为鲁蒂斯豪泽小姐没有和他坐同桌？从当天晚上，朱自清请教罗宾森夫人英国绅士陪同女友外出时有哪些习惯中分析，有可能是朱自清准备邀请鲁蒂斯豪泽小姐看戏或吃饭了，这也是他"做作业时很仓促"的真实原因吧。罗宾森夫人告诉朱自清：男方请女方外出时，必须为女方付账。此外，她还告诉朱自清，习惯上总是男方等女方；男方无论在何处遇见女方，应该先对她微笑或者鞠躬，然后再同她说话。

本月11日，罗宾森夫人家搬来了一个新邻居，是同胞冉先生，朱自清在日记中说："他是个生气勃勃的青年。但是说实话，我不愿和我的同胞住在一起，因为我得同他聊天并和他做伴，这样将会占去我很多时间。"

在这天的课堂上，朱自清又有意外的惊喜，好几天没来听课的鲁蒂斯豪泽小姐，这天下午出乎意料地来到伦敦大学听课了，更出人意料的是，她又和朱自清坐在了一起。这让朱自清殊为开心。朱自清在日记中写道："我陪她去图书馆。我们虽然压低了嗓门谈话，但图书馆管理员还是向我们发出了警告。"一起上了一下午的课，又一起泡图书馆，并且在图书馆一直小声地说话。从图书馆出来后，朱自清又请她到高尔街上的快捷奶制品店吃饭。非常不幸的是，朱自清又和上次不小心碰坏了杯子的那位女侍者相遇了，女侍者有点生气。当朱自清同她说话时，她拉长了脸露出一副很不高兴的样子。朱自清在日记中说："这是我在伦敦看到的第三张怪脸。我也有点生气了。"朱自清生气的结果更糟糕——鲁蒂斯豪泽小姐把朱自清替她付的饭钱退还了回来，这使朱自清非常惊讶，并感到失望。看来罗宾森夫人的指导并不是万能的。为此，朱自清在这一天接下来的时间很不愉快。朱自清在日记中总结了不快乐的原因："首先是冉先生迁来；其次是R夫人仍没有把文学增刊送来；第三是我同鲁蒂斯豪泽小姐同行时遇见了吴博士；第四是上面提到的在饭店里的那件事。"这里的第三点值得注意，同鲁蒂斯豪泽小姐在路上同行时，为什么因被吴博士看到而不开心？难道是怕中国人说闲话？我们无法揣摩朱自清的心理。好在从快捷奶制品店出来后，朱自清又陪鲁蒂斯豪泽小姐一起到牛津广场走了走，散了一会儿步，还在广场上拿了两份创办工艺学校的计划书，两个人对工艺学校有了共同话题，算是给朱自清一点安慰吧。

可能是朱自清给鲁蒂斯豪泽小姐留下了很好的印象，也可能是她要跟朱自清学习汉语吧，总之，本月15日这天，鲁蒂斯豪泽小姐主动约定第二天下午三时半和朱自清见面。16日这天，朱自清的英语老师费兹先生主动找到朱自清，问朱自清是否继续在伦敦大学旁听，他想和朱自清交换教学，他教朱自清英语语音，朱自清教他汉语。朱自清觉得这倒是一笔好交易。不过下学期就不上费兹的课了，如果不上他的课，他是否还愿意这样交换呢？朱自清也不敢保证。这天费兹先生的课拖延了，三时半到了还没下课。这次拖课，最直接的影响就是耽误了朱自清和鲁蒂斯豪泽小姐的约会。在别的教室上课的鲁蒂斯豪泽小姐已经在走廊里急躁地等着朱自清了。朱自清从窗口中都看见了她焦急的样子。但是朱自清在国内教学都是严格要求学生的，所以他也不想早退。鲁蒂斯豪泽小姐等了一会儿，实在等得不耐烦了，就直接敲朱自清上课的教室的门。朱自清只好提前退课，和鲁蒂斯豪泽小姐会合。走在校园里，鲁蒂斯豪泽小姐给朱自清看工艺学校的考试题，继续聊共同感兴趣的话题。朱自清又和她一起到瑟克特路去闲走了一会儿，又到高尔街，遇见了柳无忌、郭、佟三位同胞。柳无忌起初没有注意到朱自清和鲁蒂斯豪泽小姐在一起，等朱自清脱帽向他们打招呼的时候，柳无忌才看到朱自清和鲁蒂斯豪泽小姐。这次见面，有可能是鲁蒂斯豪泽小姐想考工艺学校，请朱自清给她参谋参谋。也可能不是。更大的可能是，两人对这一话题有同好，借这个话题见面而已。分手前，朱自清和鲁蒂斯豪泽小姐两人还约定后天再次见面。

但是到了17日，朱自清收到鲁蒂斯豪泽小姐寄给他的一封信，说明天下午她的女房东将为她回国饯行，所以不能再见朱自清了。鲁蒂斯豪泽小姐接着又邀请朱自清到他们的国家相会，并且要陪朱自清到山顶上去喝茶。瑞士也是阿尔卑斯山山脉地区的重要国家，到处都是山，在山顶上喝茶必定充满了浪漫的情调。朱自清当然开心了，立即给她写了一封回信，寄出之后才发现，信里有两处地方写错了。这封信没有保留下来，几个月以后，朱自清到达瑞士时不知有没有和鲁蒂斯豪泽小姐在山顶上喝茶，朱自清的日记里没有记录，他在散文《瑞士》里也只字未提。不过，对于瑞士的山景和湖景，朱自清还是看了几处，并做了详细的描写："瑞士有'欧洲的公园'之称。起初以为有些好风景而已；到了那里，才知无处不是好风景，而且除了好风景似乎就没有什么别的。这大半由于天然，小半也是人工。瑞士人似乎是靠游客活的，只看很小的地方也有若干的旅馆就知道。他们拼命地筑铁道通轮船，让爱逛山的爱游湖的都有落儿；而且车船两便，票在手里，爱怎么走就怎么走。瑞士是山国，铁道依山而筑，隧道极少；所以老是高高低低，有时象差得很远的。还有一种爬山铁道，这儿特别多。狭狭的双轨之间，另加一条特别轨：有时是一个个方格儿，有时是一个个钩子；车底下带一种齿轮似的东西，一步步咬着这些方格儿，这些钩子，慢慢地爬上爬下。这种铁道不用说工程大极了；有些简直是笔陡笔陡的。"又说："逛山的味道实在比游湖好。瑞士的湖水一例是淡蓝的，真正平得象镜子一样。太阳照着的时候，那水在微风里摇晃着，宛然是西方小姑娘的眼。若遇着阴天或者下小雨，湖上迷迷蒙蒙的，水天混在一块儿，人在睡梦里。也有风大的时候；那时水上便皱起粼粼的细纹，有点象颦眉的西子。可是这些变幻的光景在岸上或山上才能整个儿看见，在湖里倒不能领略许多。况且轮船走得究竟慢些，常觉得看来看去还是湖，不免也腻味，逛山就不同，一会儿看见湖，一会儿不看见；本来湖在左边，不知怎么一转弯，忽然挪到右边了。湖上固然可以看山，山上还可看山，阿尔卑斯有的是重峦叠嶂，怎么看也不会穷。山上不但可以看山，还可以看谷；稀稀疏疏错错落落的房舍，仿佛有鸡鸣犬吠的声音，在山肚里，在山脚下。看风景能够流连低徊固然高雅，但目不暇接地过去，新境界层出不穷，也未尝不淋漓痛快；坐火车逛山便是这个办法。"朱自清在写下这些优美文字的时候，有没有想到那个曾经的美丽的女同学呢？

有趣的是，虽然在 18 日这天鲁蒂斯豪泽小姐没有按约定和朱自清见面，倒是她的妹妹和朱自清见面了——一定是受鲁蒂斯豪泽小姐的委托。朱自清还和她妹妹一起去逛了不列颠博物馆。原来，鲁蒂斯豪泽小姐是托她妹妹找朱自清代买一幅中国画的，还让朱自清帮忙挑选。鲁蒂斯豪泽小姐的妹妹自己挑了一幅《猛虎图》，但拿不准她姐姐是否喜欢。朱自清在日记中也没有说明他的参考起了什么作用。但朱自清把她送到寄宿的地方后，送给她姊妹俩一盒巧克力。朱自清在日记中说："我料想她姐姐可能在家，但不好意思问，于是就和她告别了。"主动约朱自清见面的鲁蒂斯豪泽小姐不知为什么要来这一招，合理的解释是，鲁蒂斯豪泽小姐喜欢上朱自清了，但又不知道朱自清的想法，只好试探性地考察着朱自清。而朱自清和陈竹隐已经有了婚约，加上好朋友吴宓和毛彦文的爱情闹剧，让朱自清在情感上更为慎重，在和鲁蒂斯豪泽小姐的几次约会中，并没有说过超越同学之情的话，行为上也很绅士，这就让鲁蒂斯豪泽小姐最终知难而退了。一盒巧克力，既结束了朱自清和瑞士女孩鲁蒂斯豪泽小姐的异国同学之谊，也表达了自己的心情。

十几天之后的年终岁末，即 12 月 30 日，朱自清收到埃尔莎·鲁蒂斯豪泽小姐从瑞士寄来的明信片。朱自清收到明信片后，有没有给她回寄一张明信片或写一封信呢？日记里没有记录。

1932 年 1 月 11 日，朱自清再次收到鲁蒂斯豪泽小姐寄来的一封信，信中的内容，朱自清日记里同样没有记录。但是第二天，朱自清给鲁蒂斯豪泽小姐写了一封长信。朱自清只在日记里说是"长信"，有多长，说了些什么，日记里也没有透露。朱自清与他在英国游学期间交往过并带来愉悦的异性朋友的友谊到此为止。只是，那封长信是朱自清留在异国的一个谜。

歇卜士夫人

　　前文已经写过，1932 年 1 月 4 日，朱自清从罗宾森夫人家搬到芬乞来路新居，和柳无忌做了邻居。在搬家的前一天，朱自清就参加了房东歇卜士夫人组织的茶会和晚餐，饭后还加入了他们的家庭舞会。朱自清在日记中说："我从来没有想到过我会跳探戈舞，可今晚我却跳了。"

　　到了新居的当天，柳无忌就带着朱自清到哈姆斯特德公共图书馆去了。朱自清在日记中说："这是一个很方便的读书地方。"又说："由于房间还没收拾好，我一整天都无所事事。晚饭不错。饭后我们玩了一会儿'纳普'，我很喜欢它。"所谓"纳普"，就是一种扑克牌的玩法。从此，朱自清成为歇卜士夫人家的房客了。

　　正如朱自清在《房东太太》一文里所描写的那样，歇卜士太太是个"道地的贤妻良母"，虽然丈夫已经去世，她的谈话以及对待女儿的态度中，处处都能体现出"贤妻良母"的特性来。关于歇卜士太太的人生经历和她女儿的情况，文章中略有介绍：

　　　　她原是个阔小姐，从小送到比利时受教育，学法文，学钢琴。钢琴大约还熟，法文可生疏了。她说街上如有法国人向她问话，她想起答话的时候，那人怕已经拐了弯儿了。结婚时得着她姑母一大笔遗产；靠着这笔遗产，她支持了这个家庭二十多年。歇卜士先生在剑桥大学毕业，一心想做诗人，成天住在云里雾里。他二十年只在家里待着，偶然教几个学生。他的诗送到剑桥的刊物上去，原稿却寄回了，附着一封客气的信。他又自己花钱印了一小本诗集，封面上注明，希望出版家采纳印行，但是并没有什么回响。太太常劝先生删诗行，譬如说，四行中可以删去三行罢；但是他不肯割爱，于是乎只好敝帚自珍了。

歇卜士先生却会说好几国话。大战后太太带了先生小姐，还有一个朋友去逛意大利；住旅馆雇船等等，全交给诗人的先生办，因为他会说意大利话。幸而没出错儿。临上火车，到了站台上，他却不见了。眼见车就要开了，太太这一急非同小可，又不会说给别人，只好教小姐去张看，却不许她远走。好容易先生钻出来了，从从容容的，原来他上"更衣室"来着。

太太最伤心她的儿子。他也是大学生，长的一表人才。大战时去从军；训练的时候偶然回家，非常爱惜那庄严的制服，从不教它有一个褶儿。大战快完的时候，却来了恶消息，他尽了他的职务了。太太最伤心的是这个时候的这种消息，她在举世庆祝休战声中，迷迷糊糊过了好些日子。后来逛意大利，便是解闷儿去的。她那时甚至于该领的恤金，无心也不忍去领——等到限期已过，即使要领，可也不成了。

小姐现在是她唯一的亲人；她就为这个女孩子活着。早晨一块儿拾掇拾掇屋子，吃完了早饭，一块儿上街散步，回来便坐在饭厅里，说说话，看看通俗小说，就过了一天。晚上睡在一屋里。一星期也同出去看一两回电影。小姐大约有二十四五了，高个儿，总在五英尺十寸左右；蟹壳脸，露牙齿，脸上倒是和和气气的。爱笑，说话也天真得象个十二三岁小姑娘。先生死后，他的学生爱利斯（Ellis）很爱歇卜士太太，几次想和她结婚，她不肯。爱利斯是个传记家，有点小名气。那回诗人德拉梅在伦敦大学院讲文学的创造，曾经提到他的书。

朱自清和柳无忌这两位房客的入住，给歇卜士夫人一家的生活带来了许多乐趣。歇卜士夫人的快乐人生也便一直延续着。1932年1月17日早上吃早餐时，歇卜士夫人突然对朱自清说，她要把一首有趣的诗，当作她的墓志铭，刻在墓碑上。朱自清忘了是谁的诗了，但内容还记得，诗云：

> 这儿一个可怜的女人，
> 她在世永没有住过嘴。
> 上帝说她会复活，
> 我们希望她永不会。

　　虽然有自嘲的意思，朱自清倒是希望她死后真的能复活。但是，和谐的生活，因为一个日本人要来住而发生了不快，1932年1月26日这天，有一个日本女人打电话给歇卜士夫人，她要介绍一对日本夫妇在歇卜士家租房子住一个月时间。这消息让歇卜士夫人很高兴。但是却给朱自清和柳无忌带来了难题：此时，日本军国主义正对我国发动侵略战争，朱自清和柳无忌都是爱国的知识分子，在这个时候，绝不想和日本人住在一起。所幸的是，这对日本夫妇后来又不来了，理由是，他们不愿意在短期内搬两次家。1月29日这天，朱自清从报纸上看到日本人占领了上海，商务印书馆和北火车站被炸成一片火海。朱自清在当天日记中写道："这真是人类文化的浩劫，我担心东方图书馆是否还幸存着！"歇卜士夫人也看出了两个中国人心头的愁绪，跟朱自清和柳无忌——拥抱，表示同情。

　　伦敦遇到了奇寒，1932年2月10日，朱自清随歇卜士夫人一家搬到了金树公寓，她原来在芬乞来路的房子，已经卖出去了。在《房东太太》里，朱自清也有介绍："这房子招徕住客，远在歇卜士先生在世时候。那时只收一个人，每日供早晚两餐，连宿费每星期五镑钱，合八九十元，够贵的。广告登出了，第一个来的是日本人，他们答应下了。第二天又来了个西班牙人，却只好谢绝了。从此住这所房的总是日本人多；先生死了，住客多了，后来竟有'日本房'的名字。"而这些日本人也会胡闹，在外面乱搞女人。有一回，一个日本人"忽然在饭桌上谈论自由恋爱，而且似乎是冲着小姐说的。这一来太太可动了气。饭后就告诉那个人，请他另外找房住。这个人走了，可是日本人有个俱乐部，他大约在俱乐部里报告了些什么，以后日本人来住的便越来越少了。房间老是空着，太太的积蓄早完了；还只能在房子上打主意，这才抵押了出去"。歇卜士太太以为现在经济不好，没有人会买她的房子，等手头里宽裕了再赎回来，没想到的是，"房子终于标卖，而且圣诞节后不久，便卖给一个犹太人了"。她当然不想卖了，赖着不搬，"经理人又向法院告诉，法院出传票教她去。她去了，女儿搀扶着；她从来没上过堂，法官说欠钱不让房，是要坐牢的。她又气又怕，几乎昏倒在堂上；结果只得答应了加紧找房。这种种也都是为了女儿，她可一点儿不悔"。刚搬到金树公寓，歇卜士夫人分给朱自清一个小房间，朱自清嫌屋子太小，要了后边的一个大房间，房租却是两镑五先令，比他以前的房间贵了十个先令。

歇卜士夫人可能是生性过于敏感了，1932 年 2 月 14 日，一个叫莱格（Legge）的房客与歇卜士夫人通电话时出言不逊，使歇卜士夫人在吃饭时哭了。2 月 20 日，又因为"礼貌"问题，和女仆发生了争执，朱自清在当天的日记中说："歇卜士夫人和女仆福洛丽（Flory）发生了口角，因为后者给凯德先生开饭时未戴白帽檐儿。歇卜士夫人对我说，这是对女主人和客人的失礼。但女仆说她对歇卜士夫人的客人已服侍得够好的了，其中也包括我。歇卜士夫人认为福洛丽对凯德如此无礼，是因为他的贫穷而不喜欢他，但她喜欢莱格，因为她认为他富有。"这个事让朱自清有点烦恼。还有一件事，也让朱自清烦恼，那就是凯德将要为更衣室付两个几尼的租金。"几尼"是英国一种旧金币的货币单位。凯德的所为，跟朱自清的态度正好相反。因此，朱自清希望那个日本人搬进来，他就可以借故搬走了。这事并没有消停，第二天，歇卜士夫人又告诉朱自清，福洛丽每个月可以从另一个日本人住客那里得到小费。日本人给她两先令或两个半先令。福洛丽还不喜欢柳无忌，因为柳无忌只在去年圣诞节前给过她四个先令，后来除了一张贺年片外什么也没给。这就是福洛丽为什么当着朱自清的面对歇卜士夫人说日本人很有钱。昨晚开饭时她不戴白帽檐儿大概是这个原因了。看来势利眼在哪个国家都有的。接着朱自清在日记中又说："如果不是歇卜士夫人的议论使我对福洛丽产生偏见的话，她今天在厨房里的表现也实在使人难以容忍。我听见歇卜士夫人叫她快点做布丁，她说：'只有他一个人在家？'歇卜士夫人在楼下回答了她以后，她们就一起上楼了。福洛丽于是乎就在厨房里砰砰啪啪地摔打开了。我认为这是冲着我来的。她摔打了好一阵子，这使我很受刺激。我现在一点不喜欢这个住所了，希望日本人快点搬来。"除这件事外，歇卜士夫人还告诉朱自清，凯德想坐在桌子中间靠近火炉的那个座位上，但她不愿让朱自清屈居末位。她说她要把座位重新安排一下，让朱自清坐在她的右侧，而让歇卜士小姐坐在中间那个座位上。这应该是照顾朱自清了。然而福洛丽还是没完没了，朱自清在22日的日记中写道："歇卜士夫人告诉我，福洛丽今天午饭时把我们臭骂一顿。因为她今天没有像往常一样给她啤酒喝。"24日这天，歇卜士夫人一大早就唠叨个不停，她走出餐厅后，另一个房客莱格惊讶地说："啊，老天哪！老天！"原来，那个福洛丽越来越放肆了，今天她竟当面对凯德无礼。其实莱格没必要大惊小怪，她也曾对歇卜士夫人出言不逊过。

1932年3月5日，朱自清出门访友，朋友告诉朱自清，唱片商店向他推荐的一张名叫《内疚》的唱片很好。此后，朱自清又从另一个朋友那里借了两张中国唱片，以便回到住所后，放给歇卜士夫人和其他人听听。回到住所后，当第一支曲子《游园惊梦》刚刚开始唱响时，歇卜士夫人就对她女儿说："那是猫叫吗？"朱自清听懂了她的话，那是暗示她不爱听了，弄得朱自清非常扫兴。朱自清所放的《游园惊梦》是京剧，是中国的国粹，没想到歇卜士夫人这么不懂欣赏。

接下来又接连发生了几起不愉快的事。3月6日这天，喝茶的时候，歇卜士夫人开始抱怨凯德，说了许多抱怨的话。朱自清觉得他们之间应该有些摩擦吧。果然，歇卜士夫人告诉朱自清，凯德的姐姐看见凯德同歇卜士小姐一起跳舞，就对凯德说："你该有个妻子了。"这句话刺伤了歇卜士夫人，觉得凯德的姐姐对她和女儿不敬。歇卜士太太还说，她不喜欢凯德，因为他太穷了。3月7日这天，受不了歇卜士夫人脾气的莱格走了。莱格常常在背后责怪歇卜士夫人。朱自清在当天的日记中说到莱格离开时，说："他很喜欢这里的许多男女房客。他还喜欢男女分桌吃饭，这样他就可以放肆地取闹。他还说凯德在此也顶多再住一两周了。这使歇卜士夫人很担心。"而 3 月 8 日这天，歇卜士夫人又对凯德发起了牢骚，因为凯德除了第一周付两个几尼的更衣室房租外，就不付了。到了 3 月 22 日晚上，凯德先生的外甥女来了，歇卜士夫人对她女儿说，在这糟糕的天气里她不希望接待来客，而凯德未经她的许可就把外甥女带来了。朱自清在当天的日记中写道："不管怎样人已经来了。凯德的甥女很开朗。她并不好看，但很活泼。歇卜士小姐虽然只比她年长八岁，但像她的长辈。我们一起打乒乓球。这女孩球艺不高，然风度颇佳。"3 月 23 日，朱自清在日记中说："歇卜士夫人令人生厌的唠叨使我今晚颇不愉快，她为炉火连续灭了几夜对女仆抱怨不止，从一大早就开始了毫无休止的唠叨，估计明晨她仍将继续这个话题。这使我想起莱格的感叹：'啊，天哪！天！'她那些反反复复没完没了的废话实在使人讨厌。"歇卜士夫人还唯恐事情不大，3 月 25 日这天，把女仆背地里说凯德的坏话告诉了凯德，让凯德很恼火，表示若不适于在此居住，愿意搬走。歇卜士夫人听了竟跳起来，说："你可以明天就走。"在当天的日记中评论道："这真让人难以忍受。我看歇卜士夫人快要发疯了。昨晚她对她女儿做布丁有点'生疏'而唠叨不休。我实在感到厌烦了。她并不像我当初想象的那样和蔼可亲。"

经过这段时间的磨合，歇卜士夫人的本来面目，越来越让朱自清看得清楚。对于歇卜士夫人和一些房客，朱自清也心存不满，朱自清在 3 月 28 日的日记中说："我不喜欢凯德，他心胸狭隘且固执己见。昨晚他在谈话中对我含沙射影，这倒是很少有过的事。"而一个叫马奇的房客，离开后，给歇卜士夫人来信说莱格搬走是因为她留居东方人。朱自清听说后特别愤怒，在 3 月 30 日的日记中说："这是可耻的借口。歇卜士夫人大概太喜欢东方人了，所以引起了西方人的不快。但她最好是不要让我知道。正如莱格批评的那样，她可真是太直率了。凯德在这一点上未说什么，可能莱格曾告诉他一些有关我的事。我敢肯定凯德并不喜欢东方人。我第一次感到生活在异国人中间的烦恼。己所不欲勿施于人，这条金科玉律需要阅历甚多才能体察得到。"

就在朱自清被房东和房客搞得越来越烦恼时，机会来了，1932 年 4 月 13 日，歇卜士夫人告诉朱自清，明天那个日本人要搬来了。朱自清在当天的日记里说："我对她说我很抱歉，根据我们事前达成的谅解，日本人搬进来我就搬走。她建议把休憩室改为我的起居室并让我在那里用餐，但我觉得那太寒酸了。我说那个日本人也不会愿意与我同住在一个屋子里的。"

说搬就搬，朱自清很快就在雷根特公园路 118 号租到了一个房间。1932 年 4 月 14 日，朱自清在日记里说："歇卜士夫人不让我付这三天的房租，我劝她也是徒然。她含着泪说，她并不想要钱，而是从来未能了解我和无忌的想法。我深受感动，但还是必须搬走。"

在搬家之前，凯德同朱自清谈心。他觉得他的同胞和朱自清不同。他认为战争不是任何个人的过错，而是国家的过错，他说在前线休战的间歇里，他们甚至和德国人交换纸烟。朱自清在日记中写道："但他对我表示赞赏，因为他知道，如果我们中国人一旦与人建立友谊，那将是牢固的友谊，但同敌人绝不妥协。这倒的确是的，我们是有一些什么内在的东西不同于英国人。他的这个看法是相当有道理的。他还说他想象不出同一个敌对的战胜国的人坐在一起是什么滋味。"

歇卜士夫人是朱自清在英国期间遇到的第二个女房东，相处达四个月之久，由最初的印象很好，到逐渐认清了对方的真面目，也是朱自清在英国积累的人世间的一点经验吧。不过，朱自清在散文《房东太太》中，文笔还是收敛了很多，不像日记里那么直率，基本上都是在赞美歇卜士夫人，把她好的一面呈现出来。

留声机、唱片和音乐

　　朱自清喜欢音乐，不仅听了多场音乐会，还看了多场音乐剧和芭蕾舞剧。关于音乐方面的书籍也买了不少。

　　买留声机的事，他开始并没有计划。是和鲁潼平一次无意的谈话，让他萌发了购买的欲望——1932年1月23日，朱自清和柳无忌、鲁潼平一起吃饭，鲁潼平建议去帝国剧院看嘉宝演戏。朱自清和柳无忌都同意了鲁潼平的建议。但是，出乎意料的是，鲁潼平又劝朱自清可以少看点戏，省下的钱去买个留声机。朱自清当时并没有答复，因为买留声机，或以在家的方式听音乐，并不是朱自清迫切需要的，所以，心性直率的朱自清还以为鲁潼平是出于一番善意，鼓励自己多听音乐，便告诉鲁潼平，他明天要去帕拉达姆听一场音乐会，言下之意，听听就可以了，没必要买留声机。而鲁潼平的真实面目这时候才表露出来，说了一句话，深深地刺伤了朱自清，并促使朱自清改变自己的想法——你连留声机都舍不得买，又听不懂，还假装喜欢音乐。朱自清在当天的日记中说："他说我根本听不懂还要去。他的话伤了我的自尊心，但我回答'是的'。我们到了剧场，在我脱大衣的时候，鲁等得很不耐烦。他先向柳发牢骚，接着又责备我。我请他俩先走。演出时我默默无言，只说了短短的两句话。走出剧场以后，我立即跟他们分了手。"可能就是在"默默无言"时，朱自清暗暗做了决定，买留声机，在音乐方面下下功夫，堵堵这个小政客的嘴。

　　朱自清不是那种自视甚高的人，但也是学问精湛的教授，鲁潼平用这样的口气跟朱自清说话，当然是他的智商堪忧了。朱自清用一句轻描淡写的"是的"回应，是一种以退为进的反击策略，并保持后边的一系列不满的表现，这也适合朱自清的个性。同时，既然艺术都是相通的，音乐为什么不去更进一步地研究和探索呢？就是培养一种兴趣爱好，也是漫长的人生中一件大有裨益的事嘛。何况，自己心爱的未婚妻陈竹隐也是音乐爱好者，能唱多支昆曲，他们的生活中，应该有一架欧洲最先进也最流行的留声机，趁自己身在欧洲之便，还可以精选些唱片带回国内。

再说这个敢以这样的态度对待朱自清的鲁潼平，又是何许人也呢？敢如此奚落朱自清并对朱自清无礼？要知道，朱自清不仅是新文学运动的先驱者之一，在文学创作和学术界有着重大的影响，就是一些在新文学界名声更大的作家或学者，如鲁迅、胡适、周作人等人，也不敢轻视朱自清，跟他同辈的作家、学者，如叶圣陶、俞平伯、郁达夫、郑振铎等人，更是把朱自清当作敬畏的同行和朋友，这个鲁潼平，算哪路神仙呢？原来，鲁潼平不过是挂着学者之名，实是一个一心钻营的投机分子，他大学毕业后，曾在美国学习新闻，回国后在民国政府外交部任职。这次来到英国，在民国政府驻英国大使馆做随员，就是一般的办事员，志趣并不在学术或新闻上，总想以此之机镀金后攀附权贵。可惜朱自清没有那么大的权力，所有的不过是不值一文的文名和才华而已，因此他从内心里瞧不上朱自清，只不过想利用朱自清来附庸风雅罢了。

朱自清开始也没有看透他，加上身在异国，朋友不多，便和他有了来往。

朱自清和鲁潼平在英国最早的相见，是在1931年10月26日晚上，朱自清的居住地来了一位不速之客，他就是鲁潼平，刚一落座的鲁潼平，就向朱自清报告了自己的婚事，云将和蔡女士结婚。这个蔡女士，朱自清也知道，就是朱自清清华大学的同事兼好友王化成的妻妹。朱自清在当天的日记中说："其人机会甚佳，而无志学问，甚可惜也！"这就是道不同不相为谋了。此后，鲁潼平多次和朱自清相聚，或吃饭或饮茶，有时是鲁潼平和朋友一起请朱自清，朱自清出于礼貌，也会请鲁潼平及其朋友。但朱自清从内心里讨厌他。他怂恿朱自清买留声机并非出自真心，不过是小人之心愚弄朱自清而已。1932 年 2 月 7 日，鲁潼平又到朱自清的住处来，和柳无忌一起玩桥牌，鲁潼平当着众人的面，再一次对朱自清不敬，朱自清在日记中说："他公然嘲弄了我一次，使我很难堪。"即使这样，朱自清也没有和他公开翻脸，而是在悄悄地做自己的事，一边听课学习，一边留心音乐方面的书籍和唱片，并继续听音乐会，看歌舞剧。

1932 年 2 月 12 日，朱自清在福伊尔商场音乐部闲逛，看看关于音乐方面的图书、唱片和设备，也包括留声机。可能是过于专心吧，直到三时才想起原计划此时应去西尔科克先生办事处同他见面。2 月 14 日，朱自清匆匆走进阿尔伯特音乐厅听音乐，到的时候，顶楼的好座位都被人占满了，朱自清只好站在众人的身后。朱自清在当天的日记中说："这是个椭圆形的建筑，许多人站在我前面，我几乎连舞台也看不见，费了很大的劲才从他们的肩头之间看见了克赖斯勒（Kreisler）先生。可是我站得太高太远，所以看不清楚。观众四五次地要他'再来一个！'我想这一定是很少见的。"但这种音乐，并不是朱自清欣赏的那种，朱自清什么音乐都听，什么表演都看，目的就是提升自己的欣赏水平和鉴别能力。朱自清在日记里继续说："说老实话，我可欣赏不了这种音乐，十几个节目中，只有一个有点打动我。对我来说，实在领略不了这种精巧微妙的艺术，真是毫无办法！"

到了 1932 年 2 月 15 日这天，朱自清终于下定决心，到音乐商店买了一架留声机和一本《哥伦比亚音乐史》。至此，朱自清拥有了一架留声机，成了一名真正的音乐"发烧友"，并在逛书店时，购买了多本音乐方面的书籍，开始认真研读。2 月 16 日，朱自清读完了第三本关于音乐方面的书。17 日，朱自清去博贝尔斯剧场看一种带有小型歌舞的时事讽刺剧，其中的情节相当突出，表现了英国社会中一些玩世不恭、幽默发噱的插曲。朱自清在当天的日记中说："舞台装置的引人之处倒不在于它的活动布景或侧景，而是它那表现梦境的纱幕。女演员的合唱也不错。她们穿着半裸的紧身服装。"18 日，朱自清因急欲选购代表各阶段音乐史的唱片而心神不定，还专程进城去打听 P. 斯科尔斯关于留声机唱片的第二册书，但买不到，只好买了他写的另外一本《音乐简史》。朱自清在日记中用"自我安慰"来安抚自己。但由于目的没有达到而精神恍惚，致使朱自清在离开图书馆进城时，匆忙间把购买不久的自动铅笔遗落在那里的桌上了。朱自清在日记中有点拿不准又可惜地说："不过也说不好是否确实遗忘在图书馆里。那还是支新笔！"

从 1932 年 2 月 15 日至 18 日连续四天，朱自清都在做着和音乐有关的事，从买留声机，到听音乐会，读音乐方面的书籍，买自己想买的音乐书籍，他真是要在音乐方面做些改变了。但是 2 月 20 日，朱自清的留声机突然出现了故障，转盘不转了，这让朱自清感到很伤脑筋，深感意外和失望。费劲查找了半天，也不知毛病出在哪里。就是在焦躁不安中，朱自清去看了巴特尔福莱夫人的演出。朱自清在当天的日记中说："我喜欢那音乐，表演也很精彩。我以为剧本本身就写得很好。当我发现一个日本人坐在我前排座位上时，感到很不是滋味，几乎要退出剧场。但从他和夫人的谈话，以及从他夫人的服装、相貌上，我很快弄清楚他是个中国人，于是我冷静下来了。不过，我在自己国家的危急关头进戏院，这无论如何是不可原谅的！"朱自清的自责表现了一个爱国知识分子的情怀。但是，无论如何，留声机出了故障，也是让朱自清定不下心的，于是他在 2 月 22 日来到了出售留声机的那家商店，和店员进行了交涉，店员告诉他，转盘不转有可能是由于没打开留声机上的制动器——原来这么简单。2 月 23 日，朱自清看完了《音乐欣赏者指南》一书后，在当天的日记中说："此书写得很清晰，比《乐理入门》这一类书好多了。非常想读珀西·巴克（Percy Buck）写的《如何欣赏音乐》一书。不知有没有这一类为哥伦比亚音乐史唱片而出版的书，最好是分开出售的，因为我已经有唱片了。"到了 2 月 25 日，朱自清又读了几本音乐方面的书，还读完了《音乐简史》，并开始读《音乐史》，朱自清称《音乐史》"是一本好书"。2 月 26 日，朱自清去看了爱泼斯坦（Epstein）的画展，朱自清认为他的作品都是极端现代派的。然后到邦德街的一家音乐厅去听自动钢琴音乐会，朱自清认为"演奏的节目虽一目了然，然其内涵非常错综复杂，使人不能立刻领悟"。

1932 年 2 月 28 日，鲁潼平再次在朱自清的日记中出现——朱自清在陪唐兰一起去国家美术馆参观后，又同去拜访了鲁潼平，谈了什么并不重要。

但朱自清在当天的日记中非常厌恶地说:"我不喜欢鲁那张冷笑的面孔。"看来鲁潼平是对每一个学者都摆出一副小政客的嘴脸的,对朱自清如此,对唐兰也如此。

1932年3月3日,这个讽刺朱自清不懂音乐的家伙,开始作妖作怪了,居然向朱自清借钱。朱自清在当天的日记中厌恶地说:"鲁潼平真是讨厌,他向我借十英镑并说短期内就归还。我不得不答应,但我不信任他,我想他是个下流坯。我是从唐兰先生那里得到这个印象的,他告诉我有关鲁与他的妻子的事。我怕他会不辞而别。但无论如何我必须把这笔钱借给他。我经常自投罗网——如果我不告诉他我买了个留声机,他可能不会向我借钱。要沉默!这是一条宝贵的原则。对于金钱,我倒是不太在乎的,但我不喜欢他这个人,这是其一;此外,我也需要钱来实现我的旅行计划。假如失去十镑,那总是桩倒霉的事。"3月4日,朱自清在日记中用"借给鲁这个下流坯十英镑"来表达对鲁潼平的极度不满。

买唱片、听音乐,还到处寻找关于音乐方面的图书,是这一阶段朱自清游学生涯中的重要内容。很多朋友都知道朱自清的新爱好了,有人向他推荐了一张名叫《内疚》的唱片,他也向中国朋友借了两张中国唱片。他选好并预订的唱片也都陆续来了。但这样的花费太大了,朱自清在3月9日的日记中惊讶地说:"我在音乐方面花掉的钱要超过九镑了,天哪!"惊讶归惊讶,唱片还是要买,3月11日,又去店里退换所订的唱片,这次遇到另一个店员,他态度粗暴,对朱自清很冷淡。朱自清在当天的日记中说:"我发誓以后决不再到这家商店去买唱片了。"被粗暴地对待,也不过是不在"这家"买,别家还是照买不误。3月14日,朱自清又在日记中说:"因买书和唱片花费过多而不安。"在"不安"中,又于3月19日"买了一张夜莺和教堂钟声的唱片"。这天又在阿斯托里亚听萨克斯管弦交响乐团的演奏,由赫伯特·劳吉斯指挥。他们自称像这种类型的管弦乐队是世界上独一无二的。它们包括各种大小不同的萨克斯管,其他大约有六或八个单簧管,三或四个吉他,还有钢琴、手风琴(或爵士手风琴)、鼓和钹等。朱自清对乐队演出时,乐队演员在演奏时的摇来摆去,感到不明,不知"用意何在"。3月20日,朱自清读完了斯克尔斯的《音乐史》。3 月 21 日，又在马康尼（Makone）先生处弄到一本旧的牛津版民歌集，皮面烫金边，是一本漂亮得不可多得的小书，朱自清甚为中意。还有一件事，也让朱自清特别开心，以前他一直没有买到的书，任课老师马康尼先生告诉他，他能弄到，朱自清在日记中用"甚喜"来表示快乐的心情。这天，继续读音乐方面图书的朱自清，在读到列奥尼德·萨巴尼也夫（Leonid Sabaneyeff）的《俄罗斯现代作曲家》最后一章时，在当天的日记中写道："该章主要叙述革命后的俄国音乐。作者说，事实上俄罗斯音乐具有幻想式的神秘主义色彩，所以它不会轻易屈从于政治，就像人类过去不屈从于教会一样。工人们并不欣赏所谓的革命音乐，他们反倒对资产阶级音乐或民歌以及流传于工厂中的民谣很欣赏。不过，作者举出两个实际上都是从工人中成长起来的作曲家为例，他们是戴希沃夫（Dyshevoff）和罗斯拉夫耶茨（Roslavyets）。这两人的创作风格截然不同。作者介绍说，后者的歌是为工人和为革命而作。此外，格奈辛（Gnyesin）也是个有才干的作曲家，他的纪念碑钢琴协奏曲是献给一九〇五年的革命的，是部浪漫主义作品。作者认为虽然塞里比亚派的目标是团结全人类，但只对该派的少数发起人有吸引力，因此民族乐派将取代塞里比亚派。他主张音乐应属于人民大众。"这天的活动真丰富啊，全部和音乐有关，朱自清在日记中继续写道："去老维克剧场看芭蕾舞，听古诺、埃尔加、德彪西、拉威尔和范汉恩等人的音乐。幼儿园组曲是埃尔加作的，演奏结束时，听众们向指挥奥顿·多林喊'再来一个！'他把包厢里的埃尔加请到舞台上，听众们向他热烈欢呼。"这一天，简直就是音乐的一天。3 月 23 日，朱自清到一个教堂去听风琴独奏，但因天气寒冷而停止了演出。朱自清回家后，意犹未尽，在第十四版《大英百科全书》上查了"风琴"词条，领会了关于"风琴"一词的定义。3 月 25日，朱自清读《弥赛亚》（《救星》），这是一部关于音乐的名著。朱自清在当天的日记中说："文字简单明了，具有诗一样的力量。它对音乐阐述得非常透彻，见不到冗长的句子。"3 月 29 日，朱自清买了一张《从爵士乐到韵律节奏》的讲课唱片，在听了讲课唱片后，大约弄明白为什么爵士乐队的乐手在演出时要左右摇摆了吧？但他又后悔买了《厄尔金》这张唱片了。第二天，朱自清去音乐商店，将《厄尔金》换了另一张更老的歌曲唱片。在这天的日记中，朱自清再次提醒自己："音乐唱片买得太多了！！乱花钱。"

1932 年 4 月 3 日，朱自清在住所接待了来访的朋友 V. L. 和秦善鋆。秦善鋆想为泰勒（Taylor）回纽约向朱自清借二十英镑，朱自清答应了。这天的谈话也让朱自清感到愉快，也许这是他痛快地答应借钱的原因吧。朱自清在当天的日记中说："我们谈到西方音乐在中国的情况。他认为，对我们民族来说，西方音乐比科学更难被理解和接受，在我们这一代，要真正做到把它们引进和吸收过来，是办不到的。"这里的"他"，就是秦善鋆。4 月 4 日，朱自清日记云："花了很多时间在福伊尔挑选 S. H. 的唱片，听了听《伏尔加船夫曲》，这支曲子真是深沉雄伟。"

可以说，在离开伦敦前的那一两个月中，朱自清购买了一架留声机后，开始疯狂地恶补音乐方面的知识，买了大量的音乐图书和唱片。本来就有考察西方戏剧的任务并观看了大量舞台剧、音乐剧的朱自清，这段时间就更加注重音乐剧和音乐会了。稍许遗憾的是，朱自清在音乐方面所下的功夫，没有在他的文章中有所体现，他也没有写过一篇关于音乐的文章。

为朱光潜新书作序

1932 年 4 月 5 日，朱自清在日记中说："为 K. T. 的书写了两篇序言，并不感到满意。但我已尽了自己的最大努力，故寄出。"

"K. T."，即朱光潜。

朱光潜的两部美术著作分别是《谈美》和《文艺心理学》。朱光潜在《记朱佩弦先生》一文中也说到此事："后来他由清华休假到欧洲去，我还在英国没有归来，在英国彼此又有一个短时期的往还。那时候，我的《文艺心理学》和《谈美》的初稿都已写成，他在旅途中替我仔细看过原稿，指示我一些意见，并且还替我做了两篇序。后来我的《诗论》初稿也送给他，由他斟酌过。我对于佩弦先生始终当作一位良师益友信赖。这不是偶然的。在我的学文艺的朋友中，他是和我相知最深底一位。我的研究范围和他的也很相近，而且他是那样可信赖的一位朋友，请他看稿子他必仔细看，请他批评他也必切切实实地批评。我的《文艺心理学》有一两章是由他的批评而完全改写过底，在序文里我已经提到这一点。"

朱光潜文中所说的朱自清是在旅途中看完了他的两本书稿，应该是指在伦敦。朱自清在写这两篇序言之前的 4 月 1 日、2 日，连续两天没有写日记，只有日期后边写了"阴"，估计就是在认真读这两部书稿。在《谈美》的序中，朱自清说："新文化运动以来，文艺理论的介绍，各新杂志上常常看见；就中自以关于文学的为主，别的偶然一现而已。同时各杂志的插图却不断地复印西洋名画，不分时代，不论派别，大都凭编辑人或他们朋友的嗜好。也有选印雕像的，但比较少。他们有时给这些名作来一点儿说明，但不说明的时候多。青年们往往将杂志当水火，当饭菜；他们从这里得着美学的知识，正如从这里得着许多别的知识一样。他们也往往应用这点知识去欣赏，去批评别人的作品，去创造自己的。不少的诗文和绘画就如此形成。但这种东鳞西爪积累起来的知识只是'杂拌儿'……从这种凌乱的知识里，得不着清清楚楚的美感观念。徘徊于美感与快感之间，考据批评与欣赏之间，自然美与艺术美之间，常使自己冲突，自己烦恼，而不知道怎样去解那连环。"正因为如此，朱光潜《谈美》一书的问世，正是时候。朱自清接着说："这部小书便是帮助你走出这些迷路的。它让你将那些杂牌军队改编为正式军队；裁汰冗弱，补充械弹，所谓'兵在精而不在多'。其次指给你一些简截不绕弯的道路让你走上前去，不至于彷徨在大野里，也不至于彷徨在牛角尖里。其次它告诉你怎样在咱们的旧环境中应用新战术；它自然只能给你一两个例子看，让你可以举一反三。它矫正你的错误，针砭你的缺失，鼓励你走向前去。"

在《文艺心理学》的序言里，朱自清更是从朱光潜八年前的另一本书《无言之美》谈起，说现在又读"《文艺心理学》的原稿，真是缘分"。朱自清在序言中说："美学大约还得算是年轻的学问，给一般读者说法的书几乎没有；这可窘住了中国翻译介绍的人。据我所知，我们现有的几部关于艺术或美学的书，大抵以日文书为底本；往往薄得可怜，用语行文又太将就原作，像是西洋人说中国话，总不能够让我们十二分听进去。再则这类书里，只有哲学的话头，很少心理的解释，不用说生理的。像'高头讲章'一般，美学差不多变成丑学了。"这个分析是真实的，文艺心理学在当时确实很新鲜，也很时尚。正因为新鲜和时尚，相关的书籍和资料就会少得出奇。而朱自清对于这本稀见的《文艺心理学》特别欣赏，评价道：作者"不想在这里建立自己的系统，只简截了当地分析重要的纲领，公公道道地指出一些比较平坦的大路。这正是眼前需要的基础工作。我们可以用它作一面镜子，来照自己的面孔，也许会发现新的光彩。书中虽以西方文艺为论据，但作者并未忘记中国；他不断地指点出来，关于中国文艺的新见解是可能的。所以此书并不是专写给念过西洋诗，看过西洋画的人读的。他这书虽然并不忽略重要的哲人的学说，可是以'美感经验'开宗明义，逐步解释种种关联的心理的，以及相伴的生理的作用，自是科学的态度。在这个领域内介绍这个态度的，中国似乎还无先例；一般读者将乐于知道直到他们自己的时代止的对于美的事物的看法。孟实先生的选择是煞费苦心的；他并不将一大堆人名与书名向你头顶上直压下来，教你望而却步或者皱着眉毛走上去，直到掉到梦里而后已。他只举出一些继往开来的学说，为一般读者所必须知道的。所以你念下去时，熟人渐多，作者这样腾出地位给每一家学说足够的说明和例证，你这样也便于捉摸，记忆"。

就在为朱光潜的两本新书写了序言之后的 1932 年 4 月 11 日，朱自清又收到朱光潜的另一本书《实验美学概要》手稿。朱光潜对朱自清也太信任了，从时间上看，朱光潜是刚刚收到朱自清寄出的两篇序文，就把另一部新作手稿寄来了。可能是忙于准备欧洲各国之游吧，朱自清没有为好朋友的这一部新作写序。

说来有趣，朱自清在伦敦的这段时间里，所买之书和所读之书，有许多也是关于文艺学和美学的，加上他又热衷于参观各大博物馆和美术馆，甚至参与当地人的读诗会，对于西方艺术有了大概的了解，加上年轻时和丰子恺为好友，经常和丰子恺谈画论艺，自己的新书《踪迹》和俞平伯的新书《忆》，以及他们的《我们的七月》的封面都是请丰子恺画的，从这些经验中，也得到了美学的熏陶，再结合朱光潜文章中的观点和理论，他的思维和情感也很切合为这两本书来写序。

朱自清和朱光潜在很早以前就认识了，1924 年春，朱自清还在浙江白马湖畔春晖中学任教的时候，朱光潜所供职的上海中国公学中学部因江浙军阀战事而暂停，经朋友介绍，也来到了春晖中学任教，和朱自清成为同事，虽然同事时间不长，二人相处却极好，经常一起谈文论艺，喝酒聊天，还一起去附近游览，结下了深厚的情谊。后来春晖中学闹了学潮，朱光潜和一部分教员来到上海，在匡互生的主持下，成立了立达学园。朱自清因为家累而没有随众好友一起到上海去，继续留在了春晖中学，直到 1925 年 8 月。但是，朱自清和立达学园的老朋友们依旧保持着友谊，和朱光潜也常有见面。朱光潜也没有在上海待多久，于 1925 年出国留学，先后在欧洲的多所大学读书，如英国爱丁堡大学、伦敦大学、法国巴黎大学、斯特拉斯堡大学，并获得了文学硕士、博士学位。两位老朋友，能够在英国伦敦相遇，并还有合作，实乃天赐机缘——朱光潜的新著中，能有朱自清的序言，而朱自清能够为朱光潜的新书作序，真的是珠联璧合，相互辉映。

朱光潜是 1933 年回国的，任国立北京大学教授，两个人的合作仍在继续。朱光潜在朱自清逝世后写作的《记朱佩弦先生》一文中，还深情地回忆了两个人的友情："民国二十二年，我回国任教北京大学。他约我在清华讲了一年'文艺心理学'，此后过从的机会就更多。在北平底文艺界朋友们常聚会讨论，有他必有我。于今还值得提起底有两件事。一是《文学杂志》，名义上虽由我主编，实际上他和沈从文、杨金甫、冯君培诸人撑持的力量最多。这刊物因抗战停了十年，去年算是又恢复起来了。头一期就有佩弦先生的文章，但是因为他多病，文债的担负又重，我们不像从前那样容易得到他的文章。其次是朗诵会，当时朋友们都觉得语体文必须读得上口，而且读起来一要能表情，二要能悦耳。以往我们中国人在这方面太不讲究，现在要想语体文走上正轨，我们就不能不在这方面讲究，所以大家定期聚会，专门练习朗诵，有时趁便讨论一般文学问题。佩弦先生对于这件事最起劲。语文本是他的兴趣中心，他随时对于一个字的用法或一个字的讲法都潜心玩索，参加过朗诵会底朋友们都还记得，他对于语体文不但写得好，而且也读得好。"

写完这篇文章之后，朱光潜又以书评《朱佩弦先生的〈诗言志辨〉》的形式，再次追悼朱自清，还在文中不无惋惜地说："此后十年二十年应该是他的秋收时节。可老天偏吝惜这十年二十年不给他。"朱光潜对朱自清的这本《诗言志辨》做了极高的评价，认为是"对于文学批评史底一种重要的贡献"。可惜朱自清无法看到朱光潜对自己新作的评价了，不然，两位老友对各自新作的互相欣赏和评论，一定是文学界的又一个佳话。

博物馆

在伦敦期间，参观大大小小的博物馆，或类似于博物馆的各种展览馆、纪念馆、美术馆，也是朱自清这次考察游学的一项重要计划。朱自清甫到伦敦，就马不停蹄地看了分布在伦敦各处的博物馆，如伦敦博物馆、科学博物馆、维多利亚和阿尔伯特博物馆、莱丝特美术馆、老邦德街吉夫斯美术馆、迪普洛马和吉布森美术馆、德雷珀会堂、不列颠博物馆等。朱自清参观这些馆，并不只是看看表象，走马观花，而是对许多藏品都要进行追踪、探索和研究。在《博物院》一文里，朱自清说伦敦的博物馆很多，"千头万绪""只好捡大的说罢了"。

那么朱自清对在伦敦看过的博物馆都有哪些印象呢？维多利亚和阿尔伯特是一个美术博物馆，最为富丽堂皇，"所收藏的都是美术史材料，而装饰用的工艺品尤多，东方的西方的都有。漆器，瓷器，家具，织物，服装，书籍装订，道地五光十色。这里颇有中国东西，漆器瓷器玉器不用说，壁画佛像，罗汉木像，还有乾隆宝座也都见于该院的'东方百珍图录'里"。这段话是朱自清在散文《博物院》中的描写。而不列颠博物馆里又是另一番景象，它们重视"考古学的收藏，名人文件，抄本和印本书籍，都数一数二；顾恺之《女史箴》卷子和敦煌卷子便在此院中"。当然，中国的这些好东西，都是被英国人抢去的，特别是英法联军火烧圆明园期间，抢走的好东西不计其数。

对于英国博物馆和欧洲大陆许多大博物馆里收藏的别国的好东西，欧洲人有一个很霸道的观点，说这些宝贝，只适合在他们的博物馆收藏。言下之意是，别国没有这个能力。没有收藏的能力是涉及多方面的，比如贫穷、落后、战乱、愚昧、麻木，等等，但被强取豪夺也是"没有能力"的主要原因，试想，东西都不在了，还怎么收藏？欧洲人如此霸道的观点，至今还在某些老牌帝国主义国家流行。十多年前，德国柏林某文化机构里的某位大员在说到柏林博物馆岛上的新博物馆里所藏的许多世界珍贵物品时，就说过类似的话，说中东的战乱，说战乱中毁坏了多少多少古代瑰宝，而这些古代瑰宝曾是重要的古代文明，等等，一副惋惜的口气。言外之意是，与其这样被毁，不如在有条件的博物馆收藏。殊不知这些战乱是谁造成的呢？他们还沾沾自喜地认为，如果不是他们花大力气提前把这些珍宝弄来收藏好，怕是早就消失得无影无踪了。朱自清在英国及欧洲大陆许多博物馆里都看到过来自中国的这些珍宝，其心情是复杂而又无可奈何的。

有些博物馆，朱自清还反复地去，看了再看，如 1932 年 4 月 7 日，朱自清告诉歇卜士夫人，不能和他们玩牌了，因为要去不列颠博物馆。而此后一连四天，朱自清都泡在不列颠博物馆里，这四天又恰巧天天下雨，参观的人比平时要少一些，可以安心地看，安心地描写形状、抄写摘要了。在不列颠博物馆，除了上述提到的顾恺之《女史箴》的卷子和敦煌卷子，他还看到了什么呢？朱自清在散文《博物院》里有较详细的介绍："瓷器也不少，中国的，土耳其的，欧洲各国的都有；中国的不用说，土耳其的青花，浑厚朴拙，比欧洲金的蓝的或刻镂的好。考古学方面，埃及王拉米塞斯第二（约公元前 1250）巨大的花岗石像，几乎有自然史院大爬虫那么高，足为我们扬眉吐气；也有坐像。坐立像都僵直而四方，大有虽地动山摇不倒之势。这些像的石质尺寸和形状，表示统治者永久的超人的权力。还有贝叶的《死者的书》，用象形字和俗字两体写成。罗塞他石，用埃及两体字和希腊文刻着诏书一通（公元前 195），一七九八年出土；从这块石头上，学者比对希腊文，才读通了埃及文字。"接下来，朱自清又写了希腊帕特农神庙（Parthenon）的各种雕刻件，并号称这是该馆"最足以自豪的"藏品。朱自清介绍道："这个庙在雅典，奉祀女神雅典巴昔奴；配利克里斯（Pericles）时代，教成千带万的艺术家，用最美的大理石，重建起来，总其事的是配氏的好友兼顾问，著名雕刻家费迪亚斯（Phidias）。那时物阜民丰，费了二十年工夫，到了公元前四三五年，才造成。庙是长方形，有门无窗；或单行或双行的石柱围绕着，象女神的马队一般。短的两头，柱上承着三角形的楣；这上面都雕着像。庙墙外上部，是著名的刻壁。庙在一六八七年让威尼斯人炸毁了一部分；一八〇一年，爱而近伯爵从雅典人手里将三角楣上的像，刻壁，和些别的买回英国，费了七万镑，约合百万元；后来转卖给这博物院，却只要一半价钱。院中特设了一间爱而近室陈列那些艺术品，并参考巴黎国家图书馆所藏的巴昔农庙诸图，做成庙的模型，巍巍然立在石山上。"在介绍希腊雕像时，该雕像又与埃及的大不相同："绝无僵直和紧张的样子。那些艺术家比较自由，得以研究人体的比例；骨架，肌理，皮肉，他们都懂得清楚，而且有本事表现出来。又能抓住要点，使全体和谐不乱。无论坐像立像，都自然，庄严，造成希腊艺术的特色：清明而有力。当时运动竞技极发达；艺术家雕神像，常以得奖的人为'模特儿'，赤裸裸的身体里充满了活动与力量。可是究竟是神像；所以不能是如实的人像而只是理想的人像。这时代所缺少的是热情，幻想；那要等后世艺人去发展了。庙的东楣上命运女神三姊妹像，头已经失去了，可是那衣褶如水的轻妙，衣褶下身体的充盈，也从繁复的光影中显现，几乎不相信是石人。那刻壁浮雕着女神节贵家少女献衣的行列。少女们穿着长袍，庄严的衣褶，和运命女神的又不一样，手里各自拿着些东西；后面跟着成队的老人，妇女，雄赳赳的骑士，还有带祭品的人，齐向诸神而进。诸神清明彻骨，在等待着这一行人众。这刻壁上那么多人，却不繁杂，不零散，打成一片，布局时必然煞费苦心。而细看诸少女诸骑士，也各有精神，绝不一律；其间刀锋或深或浅，光影大异。少壮的骑士更象生龙活虎，千载如见。"如此细致而精准的描写，没有精心的观察和出神入化的文笔根本办不到。

在参观这些博物馆、名人故居时，朱自清对名人文件也感兴趣："院中所藏名人的文件太多了。象莎士比亚押房契，密尔顿出卖《失乐园》合同（这合同是书记代签，不出密氏亲笔），巴格来夫（Palgrave）《金库集》稿，格雷《挽歌》稿，哈代《苔丝》稿，达文齐（今译达·芬奇），密凯安杰罗（今译米开朗琪罗）的手册，还有维多利亚后四岁时铅笔签字，都亲切有味。至于荷马史诗的贝叶，公元一世纪所写，在埃及发现的，以及九世纪时希伯来文《旧约圣经》残页，据说也许是世界上最古《圣经》钞本的，却真令人悠然遐想。还有，二世纪时，罗马舰队一官员，向兵丁买了一个七岁的东方小儿为奴，立了一张贝叶契，上端盖着泥印七颗；和英国大宪章的原本，很可比着看。院里藏的中古钞本也不少；那时欧洲僧侣非常闲，日以抄书为事；字用峨特体，多棱角，精工是不用说的。他们最考究字头和插画，必然细心勾勒着上鲜丽的颜色，蓝和金用得多些；颜色也选得精，至今不变。某抄本有岁历图，二幅，画十二月风俗，细致风华，极为少见。每幅下另有一栏，画种种游戏，人物短小，却也滑稽可喜。画目如下：正月，析薪；二月，炬舞；三月，种花，伐木；四月，情人园会；五月，荡舟；六月，比武；七月，行猎，刘麦；八月，获稻；九月，酿酒；十月，耕种；十一月，猎归；十二月，屠豕。钞本和印本书籍之多，世界上只有巴黎国家图书馆可与这博物院相比；此处印本共三百二十万余册。有穹窿顶的大阅览室，圆形，室中桌子的安排，好像车轮的辐，可坐四百八十五人；管理员高踞在毂中。"

各种美术馆是必须看的，国家美术馆、泰特美术馆等都多次留下朱自清的身影。朱自清对印象派、浪漫派、神秘派都有非常深的印象，这也引发他很多的感想。在《博物院》里，朱自清有这样精细的描写："特耐尔（今译透纳）是十九世纪英国最大的风景画家，也是印象派的先锋。他是个穷苦的孩子，小时候住在菜市旁的陋巷里，常只在泰晤士河的码头和驳船上玩儿。他对于泰晤士河太熟了，所以后来爱画船，画水，画太阳光。再后来他费了二十多年工夫专研究光影和色彩，轮廓与内容差不多全不管；这便做了印象派的前驱了。他画过一幅《日出：湾头堡子》，那堡子淡得只见影儿，左手一行树，也只有树的意思罢了；可是，瞧，那金黄的朝阳的光，顺着树水似的流过去，你只觉着温暖，只觉着柔和，在你的身上，那光却又像一片海，满处都是的，可是闪闪烁烁，仪态万千，教你无从捉摸，有点儿着急。"可见朱自清看得多么专注了。而泰特美术馆中还藏着诗人布莱克（William Blake, 1757—1827）和罗塞蒂（Dante Gabriel Rossetti, 1828—1882）的画。

朱自清对于他们也是有相当的了解："前一位是浪漫诗人的先驱，号称神秘派。自幼儿想象多，都表现在诗与画里。他的图案非常宏伟；色彩也如火焰，如一飞冲天的翅膀。所画的人体并不切实，只用作表现姿态，表现动的符号而已。后一位是先拉斐尔派的主角；这一派是诗与画双管齐下的。他们不相信'为艺术的艺术'，而以知识为重。画要叙事，要教训，要接触民众的心，让他们相信美的新观念；画笔要细腻，颜色却不必调和。罗氏作品有着清明的调子，强厚的感情；只是理想虽高，气韵却不够生动似的。"

朱自清在英国后期的游览中，以伦敦为中心，又观看了不少博物馆，如1932年5月7日，朱自清参观了菲茨威廉博物馆，5月10日，参观了自然历史博物馆和肯辛顿花园，5月11日上午去看了维多利亚和阿尔伯特博物馆，午后又去杜尔维治美术馆参观，朱自清在当天的日记中说："这个美术馆以展出荷兰画著称，我去看时里面有十五幅凯卜的画。展览会的环境和陈设很美。"13日去看了帝国战争博物馆，又看了维多利亚和阿尔伯特博物馆。这也是朱自清在英国伦敦参观的最后一批博物馆。

总之，英国的博物馆文化，也是朱自清这次游学要重点考察的，而伦敦地区又是英国各类博物馆、展览馆、纪念馆、美术馆等最为集中之地，朱自清不惜花费很多时间，一个一个参观，从中汲取营养，感受世界文化，所受到的启发，所提升的艺术修养，不是一篇《博物院》所能体现出来的。

伦敦的吃

民以食为天。无论生活在什么样的环境当中，吃都是生活中最基本的日常之一。朱自清刚到欧洲，就和朋友们开启了各种吃的模式。吃，除了填饱肚子外，还是一种享乐，同时也是一种社交的形式。这些，朱自清在欧洲都有经历。1931 年 9 月 5 日，在巴黎停留时，午饭就在大学饭店吃，晚饭又吃了一家天津馆子，都是朋友们所请。但是在国外吃中国菜，总是不习惯，因此朱自清在这天的日记中用"菜未佳"来表示。

吃什么，怎么吃，和谁吃，在哪里吃，这样的一日三餐，朱自清并不是每顿饭都要记流水账，只有在和朋友们吃饭时，或吃某个有特色的馆子，并给他带来感触时，才会顺手记上一笔。1931 年 9 月 7 日日记日："晚坐大咖啡馆，如扬州茶店也。"朱自清在日常生活中，常有吃多了的记录。但能找到"扬州茶店"的感觉，也是不多见的。朱自清从小在扬州长大，淮扬菜是讲究比较多的菜系，大约是吃了不少当地美食，特别是扬州的茶点，更是名扬四方。能在国外感受到家乡风味，真是难得。此外，因吃而引起的肠胃不舒服，也会记上一笔。在欧洲，最早出现这类文字的，是在 1931 年 9 月 20 日，朱自清日记日："近肠胃殊不适，甚可厌。"

朱自清最早的日记是从 1924 年 7 月 28 日开始，至 11 月 30 日结束，此后直到这次出国，才又恢复记日记。从朱自清的文章、日记、书信和他逝世后朋友的悼念文章看，朱自清并不是一个美食家，他对吃不怎么讲究，也不去研究和享受美食，更没有像周作人那样，专门写吃吃喝喝的文章，而他的学生汪曾祺，不但会写美食文章，还会烹饪，像汪曾祺这样会吃、会做又会写的，就是美食家了。朱自清只是对偶尔吃到的可口饭菜才会评说一两句，比如1924年4个多月的日记里，写到吃饭的有二三十条，带有评说的，只有数条：1924年8月16日，朱自清晚上应邀到徐奎家吃饭，日记说："吃酥面萝卜丝饼，甚佳。"9月19日日记曰："……席间有鸡，甚嫩美，芋艿煨鸭，亦鲜隽。"周锦在《与周翕庭先生谈朱自清》一文中采访朱自清的妹夫周翕庭时，周翕庭说："朱先生不喜欢山珍海味，但是对一般的吃却很有讲究。他喜欢芦叶包的白粽子，认为有清香，不夹杂味。据他的经验，苏北河边的芦叶最好，摘取自顶端向下数第二三两片更好，因为第一片嫩淡，第四片以下老涩，都不是正味。"朱自清所谈还是在理的。如果把这些体会和吃到的好东西写成文章，也可能得到不少篇美食随笔。但是朱自清的心思都花在学术研究上了，再加上生活的穷困，伙食以吃饱为主，也无法经常下馆子。一个常靠借贷维持日常开销的朱自清，要去做个美食家，谈何容易。他的这方面的创作，有一篇《论吃饭》，但绝不是谈美食的，而是论有一口饭吃对一般穷苦大众的重要性。

这次欧洲之行，朱自清恢复了日记的写作，让我们能够大略知道他在欧洲期间的部分饮食情况，如和朋友之间的吃请，自己去吃什么有特色的馆子，朱自清时常在日记中带上一笔。同时，也多次有胃不舒服的记录，他自己认为都和吃有关，有时以为菜肴不佳、不宜，抑或是自己贪吃，从未想到是胃病的早期征兆。1931年9月26日，朱自清日记曰："肠胃仍不甚佳，舌皮似破，水土殊未服。余素善适应异地环境，出国乃不尔，甚怪。"朱自清还是两天前的晚上和朋友们一起下了馆子，日记中说："晚至上海楼吃饭，中国人殊少，菜不恶。"因为菜不恶，大约是吃了不少。到了27日，日记中还说"肠胃仍不佳"。28日中午又下了一顿馆子，日记中说："上午王君来，同吃午饭。"王君即王赣愚。29日，大约是实在撑不住了，在日记中说："肠胃仍劣！明日决减食。"这几乎是在发誓了。到了1931年10月3日，朱自清在日记里说："饭于南京楼，三分之一（镑），一汤二菜，甚佳，菜极丰。"这已经是非常克制了。但是，10月6日那天，朱自清有吃泻药的日记："下午吃泻盐，泻二次，较舒适矣。"这难道是 10 月 3 日那天在南京楼又吃多了？一汤两菜，一个人吃，也是不少了，莫非是减食后的反弹？10 月 7 日，朱自清再赴南京楼午餐，日记中用"甚佳"来表示满意。但是，到了晚上，胃又不适了。真是反反复复啊！

朱自清在伦敦，基本上以中餐为主，仅南京楼就去过不少次，有一次吃午饭时，还在南京楼遇到一个中国学生在大骂美国学生，起因是看了一篇美国人写的论文。对于西餐，朱自清还是不适应，1931 年 10 月 18 日晚，王昭隽在一家烤肉店吃饭，朱自清在日记中用"甚不美"来评价。而他常去的当地餐饮店，是离他前后两个居住地都不远的快捷奶制品店。

关于朱自清在伦敦的吃，《伦敦杂记》里就有一篇专文，篇名就叫《吃的》，文中记述了在伦敦大半年的吃食，认为"英国饭吃来吃去，主菜无非是煎炸牛肉排羊排骨，配上两样素菜"，仅此而已。在说到圣诞节时的英国人的餐饮，朱自清写道："一九三一年十二月烹调社开了一回晚餐会，从十八世纪以来的食谱中选了五样菜（汤和点心在内），据说是又好吃，又费事。这时候正是英国的国货年，所以报纸上颇为揄扬一番。"而伦敦大街上的餐饮，也是有等级之分的，朱自清在《吃的》中说："头等饭店总是法国菜，二等的有意大利菜、法国菜、瑞士菜之分；旧城馆子和茶饭店等才是本国味道。茶饭店与煎炸店其实都是小饭店的别称。茶饭店的'饭'原指的午饭，可是卖的东西并不简单，吃晚饭满成；煎炸店除了煎炸牛肉排羊排骨之外，也卖别的。头等饭店没去过，意大利的馆子却去过两家。一家在牛津街，规模很不小，晚饭时有女杂耍和跳舞。只记得那回第一道菜是生蚝之类；一种特制的盘子，边上围着七八个圆格子，每格放半个生蚝，吃起来很雅相。另一家在由斯敦路，也是个热闹地方。这家却小小的，通心细粉做得最好；将粉切成半分来长的小圈儿，用黄油煎熟了，平铺在盘儿里，撒上干酪（计司）粉，轻松鲜美，妙不可言。还有炸'搦气蚝'，鲜嫩清香，蜻蜓，瑶柱，都不能及；只有宁波的蛎黄仿佛近之。"朱自清还介绍了他常吃的三家便宜餐馆："拉衣恩司（Lyons）、快车奶房、ABC 面包房。每家都开了许多店子，遍布市内外；ABC 比较少些，也贵些，拉衣恩司最多。快车奶房炸小牛肉小牛肝和红烧鸭块都还可口；他们烧鸭块用木炭火，所以颇有中国风味。ABC炸牛肝也可吃，但火急肝老，总差点儿事；点心烤得却好，有几件比得上北平法国面包房。拉衣恩司似乎没甚么出色的东西；但他家有两处'角店'，都在闹市转角处，那里却有好吃的。角店一是上下两大间，一是三层三大间，都可容一千五百人左右；晚上有乐队奏乐。一进去只见黑压压地坐满了人，过道处窄得可以，但是气象颇为阔大（有个英国学生讥为'穷人的宫殿'，也许不错）；在那里往往找了半天站了半天才等着空位子。这三家所有的店子都用女侍者，只有两处角店里却用了些男侍者——男侍者工钱贵些。男女侍者都穿了黑制服，女的更戴上白帽子，分层招待客人。也只有在角店里才要给点小费（虽然门上标明'无小费'字样），别处这三家开的铺子里都不用给的。曾去过一处角店，烤鸡做得还入味；但是一只鸡腿就合中国一元五角，若吃鸡翅还要贵点儿。茶饭店有时备着骨牌等等，供客人消遣，可是向侍者要了玩的极少；客人多的地方，老是有人等位子，干脆就用不着备了。此外还有一种生蚝店，专吃生蚝，不便宜；一位房东太太告诉我说'不卫生'，但是吃的人也不见少。吃生蚝却不宜在夏天，所以英国人说月名中没有'R'（五六七八月），生蚝就不当令了。伦敦中国饭店也有七八家，贵贱差得很大，看地方而定。菜虽也有些高低，可都是变相的广东味儿，远不如上海新雅好。在一家广东楼要过一碗鸡肉馄饨，合中国一元六角，也够贵了。"介绍完这些伦敦土著的和中国的馆子，朱自清再次介绍了茶饭店，并对店中食物的来历、做法和口感都做了详细的介绍："茶饭店里可以吃到一种甜烧饼（muffin）和窝儿饼（crumpet）。甜烧饼仿佛我们的火烧，但是没馅儿，软软的，略有甜味，好象掺了米粉做的。窝儿饼面上有好些小窝窝儿，象蜂房，比较地薄，也象掺了米粉。这两样大约都是法国来的；但甜烧饼来得早，至少二百年前就有了。厨师多住在祝来巷（Drury Lane），就是那著名的戏园子的地方；从前用盘子顶在头上卖，手里摇着铃子。那时节人家都爱吃，买了来，多多抹上黄油，在客厅或饭厅壁炉上烤得热辣辣的，让油都浸进去，一口咬下来，要不沾到两边口角上。这种偷闲的生活是很有意思的。但是后来的窝儿饼浸油更容易，更香，又不太厚，太软，有咬嚼些，样式也波俏；人们渐渐地喜欢它，就少买那甜烧饼了。一位女士看了这种光景，心下难过；便写信给《泰晤士报》，为甜烧饼抱不平。《泰晤士报》特地做了一篇小社论，劝人吃甜烧饼以存古风；但对于那位女士所说的窝儿饼的坏话，却宁愿存而不论，大约那论者也是爱吃窝儿饼的。"这段描写有点像周作人对于家乡的那些小吃的介绍，有点"食话"的语调。对于英国人的饮食习惯，朱自清还有进一步的观察："英国人每日下午四时半左右要喝一回茶，就着烤面包黄油。请茶会时，自然还有别的，如火腿夹面包，生豌豆苗夹面包，茶馒头（tea-scone）等等。他们很看重下午茶，几乎必不可少。又可乘此请客，比请晚饭简便省钱得多。英国人喜欢喝茶，过于喝咖啡，和法国人相反；他们也煮不好咖啡。喝的茶现在多半是印度茶；茶饭店里虽卖中国茶，但是主顾寥寥。不让利权外溢固然也有关系，可是不利于中国茶的宣传（如说制时不干净）和茶味太淡才是主要原因。印度茶色浓味苦，加上牛奶和糖正合适；中国红茶不够劲儿，可是香气好。奇怪的是茶饭店里卖的，色香味都淡得没影子。那样茶怎么会运出去，真莫名其妙。"朱自清对于中国茶的抱屈，是真实的，欧洲人对于中国茶的吃法，直到现在也完全是在胡闹，简单说，就跟中国低档旅馆里的纸包茶一样，粉末状的，这能喝出个什么感觉来？

关于在伦敦的饮食，朱自清在致陈竹隐的信里，也多次涉及，主要还是借吃食说肠胃问题，如在 1932 年 5 月 30 日的信中说："胃又捣起鬼来了。起初是吃一种卢巴果（深粉红，长形），是房东晚饭时当点心给我们的，味道甚好，但吃下去就闹肚子……胃是不好，但不见得比在国内时更不好，大抵此处早饭太重，晚饭也重之故。此地早饭吃厚麦粥、火腿蛋、烤面包，晚饭汤或鱼，牛羊肉，再加甜点心，本也可少吃，但又有舍不得；胃病大抵从'贪'得来，说来也大可笑。可知'割爱'真非平常人所能办到的。"

对于朱自清而言，吃，不仅是关乎口感和饱饿，还关乎肠胃，稍有不慎，就引起肠胃的不适。在 30 岁左右正当年轻的时候，出现肠胃问题，给朱自清的创作、研究、教学和日常生活造成了很多的麻烦，特别是在西南联大及其后时期，肠胃问题经常一连几天地折磨他，乃至使他什么都不能干。

周游欧罗巴

朱自清是 1932 年 5 月 13 日从伦敦出发，晚上到达巴黎的。14 日就开始了游览，在连续几天中，把巴黎的名胜景点、大小博物馆、著名的街道等几乎游了个遍。朱自清在巴黎的游踪，在前文《巴黎印象》一节里，有较详细的介绍。这里需要补记一笔的是，朱自清曾在 1932 年 6 月 1 日那天晚上，去参观了六个卡巴莱餐馆。朱自清在当天的日记中说："晚上参观了六个卡巴莱餐馆，它们是：哈蒙非洲餐厅和巴思（咖啡馆），此处以黑人音乐著称；三侨咖啡馆以黑人摇摆舞出众；凯维安餐厅以古老的法国歌曲引人；红线餐馆有游乐设备和舞女；达巴林餐厅则是以跳裸体舞来吸引顾客；最后一家是里德饭店，我们在这里观赏音乐舞蹈等节目，听威尼斯小夜曲。观光到此结束。"关于卡巴莱，这是在欧洲流传较久的一种歌厅音乐剧，通过演出人员现场气氛的调节，用歌曲与观众分享故事和感受，舞台也因地制宜，不需要去精心制作布景、灯光等，服装、道具也不复杂，表演者更是简单、直接，用歌和舞中最纯粹的一面与观众互动、交流，是一种用音乐、舞蹈进行情感表达、和观众互动的表演形式。

朱自清这次在巴黎二十多天，算是玩得尽兴了，直到 1932 年 6 月 5 日晚上，才离开巴黎到达比利时的布鲁塞尔，入住商业旅馆。

6 月 6 日，朱自清参观了德维尔旅馆、正义宫、维尔兹博物馆和著名的喷泉与花边商店。又参观了皇家艺术博物馆，在那里，朱自清看到了许多鲁本斯和凡·戴克的画，有一幅《巴克斯的胜利》，朱自清很喜欢。又去滑铁卢。

这是著名的景点，距布鲁塞尔不远，这个不起眼的小镇之所以有名，是因为1815年的那场战役——在滑铁卢，拿破仑率领法国军队与英国、普鲁士联军展开一场激战，最终法军惨败。随后，拿破仑退位，结束了其政治生涯。现在人们所说的滑铁卢，已经被赋予了另一层意义，即惨痛的失败。朱自清游玩时的滑铁卢，是一个安静的小镇，朱自清在日记中用一句"滑铁卢战役纪念碑一带的景色很美"来赞美，接着又看了风景画博物馆，还觉得斯瓦内斯森林颇有情趣。在布鲁塞尔，朱自清可以说是精力充沛，不顾疲劳地又看了不少地方，当天的日记云："步行至塞恩奎特纳尔公园，观赏其中的大战纪念碑、风景优美的广场、雄伟的拱门和可爱的阿姆卜鲁西亚、玛利洛奈斯广场。我很喜欢后者，在广场中有个美丽的小男孩。还游览了皇家广场。"

1932年6月7日，朱自清到达了荷兰的海牙，跟随着向导浏览了市容。去看了骑士大厅、古老的监狱、茅里什依乌斯和米斯达哥博物馆。在茅里什依乌斯博物馆里，朱自清看到了许多名画，其中有一幅莫伦纳所作的《五种官能》，朱自清觉得此画很幽默。下午又参观了和平宫，内部很华丽，花园的布局也很幽美。朱自清在当天的日记中说："和平宫附近有许多新建筑物，其中公寓大厦可能是最好的，围栏、窗户和楼梯都很美丽，窗框的不同颜色与围栏、墙壁的色彩对比鲜明，相映成趣，给人以清新的感受。觉得法国别墅缺少的正是这种强有力的对比。"朱自清又去看了著名的斯文宁俄的海滩，认为那里风景如画，火车穿过的森林更是幽深而葱郁，是对游客一种莫大的抚慰。朱自清在散文《荷兰》里，对于在荷兰的旅行，感受很深："简直觉得是新秋的样子。淡淡的天色，寂寂的田野，火车走着，象没人理会一般。天尽头处偶尔看见一架半架风车，动也不动，象向天揸开的铁手。在瑞士走，有时也是这样一劲儿的静；可是这儿的肃穆，瑞士却没有。瑞士大半是山道，窄狭的，弯曲的，这儿是一片广原，气象自然不同。火车渐渐走近城市，一溜房子看见了。红的黄的颜色，在那灰灰的背景上，越显得鲜明照眼。那尖屋顶原是三角形的底子，但左右两边近底处各折了一折，便多出两个角来；机灵里透着老实，象个小胖子，又象个小老头儿。"说到荷兰的房子，朱自清说："荷兰人有名地会盖房子。近代谈建筑，数一数二是荷兰人。

快到罗特丹（Rotterdam）的时候，有一家工厂，房屋是新样子。房子分两截，近处一截是一道内曲线，两大排玻璃窗子反射着强弱不同的光。接连着的一截是比较平正些的八层楼，窗子也是横排的。'楼梯间'满用玻璃，外面既好看，上楼又明亮好走，比旧式阴森森的楼梯间，只在墙上开着小窗户的自然好多了。整排不断的横窗户也是现代建筑的特色；靠着钢骨水泥，才能这样办。这家工厂的横窗户有两个式样，窗宽墙窄是一式，墙宽窗窄又是一式。有人说这种墙和窗子象面包夹火腿；但那是面包那是火腿却弄不明白。又有人说这种房子仿佛满支在玻璃上，老教人疑心要倒塌似的。可是我只觉得一条条连接不断的横线都有大气力，足以支撑这座大屋子而有余，而且一眼看下去，痛快极了。"对于这种新式的建筑，朱自清的描写够详细的了，感慨也够深的了。而荷兰的绘画，朱自清也不吝赞美之词："荷兰人又有名地会画画。十七世纪的时候，荷兰脱离了西班牙的羁绊，渐渐地兴盛，小康的人家多起来了。他们衣食既足，自然想着些风雅的玩意儿。那些大幅的神话画宗教画，本来专供装饰宫殿小教堂之用。他们是新国，用不着这些。他们只要小幅头画着本地风光的。人像也好，风俗也好，景物也好，只要'荷兰的'就行。在这些画里，他们亲亲切切地看见自己。要求既多，供给当然跟着。那时画是上市的，和皮鞋与蔬菜一样，价钱也差不多。就中风俗画（Genre picture）最流行。直到现在，一提起荷兰画家，人总容易想起这种画。这种画的取材是极平凡的日常生活；而且限于室内，采的光往往是灰暗的。这种材料的生命在亲切有味或滑稽可喜。一个卖野味的铺子可以成为一幅画，一顿饭也可以成为一幅画。有些滑稽太过，便近乎低级趣味。譬如海牙毛利丘司（Mauritshuis）画院所藏的莫兰那（Molenaer）画的《五觉图》。《嗅觉》一幅，画一妇人捧着小孩，他正在拉屎。《触觉》一幅更奇，画一妇人坐着，一男人探手入她的衣底；妇人便举起一只鞋，要向他的头上打下去。这画院里的名画却真多。陀（Dou）的《年轻的管家妇》，琐琐屑屑地画出来，没有一些地方不熨帖。鲍特（Potter）的《牛》工极了，身上一个蝇子都没有放过，但是活极了，那牛简直要从墙上缓缓地走下来；布局也单纯得好。卫米尔（Vermeer）画他本乡代夫脱（Delft）的风景一幅，充分表现那静肃的味道。他是小风景画家，以善分光影和精于布局著名。风景画取材杂，要安排得停当是不容易的。荷兰画像，哈司（Hals）是大师。但他的好东西都在他故乡哈来姆（Haorlem），别处见不着。亚姆斯特丹的力克士博物院（Ryks Museum）中有他一幅《俳优》，是一个弹着琵琶的人，神气颇足。这些都是十七世纪的画家。"读这段文字，就是在读一篇精美的画论。但是由于时间紧迫，朱自清于6月8日就离开了荷兰，去德国了，在日记中，朱自清因为错过去看大画家伦勃朗的故居和他的雕像而感到遗憾。

朱自清是1932年6月9日早上抵达柏林的。和去其他欧洲城市一样，一到柏林，就参观种种宫殿和博物馆、大教堂，10日这天，非常巧的是，朱自清在柏林遇到了柳无忌夫妇，便结伴一起参观。在柏林的十几天中，朱自清参观了很多地方，仅从日记中看，他参观、游览的地方有：10日，去亚历山大广场，参观地下铁道中央站，晚上参观动物园；11日，去国家美术馆参观新展品，看了许多现代画和现代雕塑，去米格尔看DO-X型飞机；12日，参观国家美术馆的新画室；14日，参观国家图书馆的东方部分藏书；15日，参观新的和老的博物馆，又参观佩加蒙博物馆，德国博物馆，小亚细亚博物馆，还来了个新体验，乘飞机游览了柏林上空，在幻想电影院看自然派运动的画展；16日，参观人文学第一博物馆，游览动物园，看了蒂坦尼亚宫；17日，参观腓特烈大帝博物馆，又去汉斯法特兰特；18日，参观人文学第二博物馆；19日，去波茨坦，参观桑苏西宫、奈恩宫等。这种密集的参观，在疲劳中，也给朱自清带来极大的感官震撼及享受。21日，朱自清离开柏林，前往德累斯顿。

这次在柏林参观的这么多博物馆，在朱自清散文《柏林》里占有不少笔墨："柏林重要的博物院集中在司勃来河中一个小洲上。这就叫作博物院洲。虽然叫作洲，因为周围陆地太多，河道几乎挤得没有了，加上十六道桥，走上去毫不觉得身在洲中。洲上总共七个博物院，六个是通连着的。最奇伟的是勃嘉蒙（Pergamon）与近东古迹两个。勃嘉蒙在小亚细亚，是希腊的重要城市，就是现在的贝加玛。柏林博物院因在那儿发掘，掘出一座大享殿，是祭大神宙斯用的。这座殿是二千二百年前造的，规模宏壮，雕刻精美。掘出的时候已经残破；经学者苦心研究，知道原来是什么样子，便照着修补起来，安放在一间特建的大屋子里。屋子之大，让人要怎么看这座殿都成。屋顶满是玻璃，让光从上面来，最均匀不过；墙是淡蓝色，衬出这座白石的殿越发有神儿。殿是方锁形，周围都是爱翁匿克式石柱，象是个廊子。当锁口的地方，是若干层的台阶儿。两头也有几层，上面各有殿基；殿基上，柱子下，便是那著名的'壁雕'。壁雕（Frieze）是希腊建筑里特别的装饰；在狭长的石条子上半深浅地雕刻着些故事，嵌在墙壁中间。这种壁雕颇有名作。如现存在不列颠博物院里的雅典巴昔农神殿的壁雕便是。这里的是一百三十二码长，有一部分已经移到殿对面的墙上去。所刻的故事是奥灵匹亚诸神与地之诸子巨人们的战争。其中人物精力饱满，历劫如生。另一间大屋里安放着罗马建筑的残迹。一是大三座门，上下两层，上层全为装饰用。两层各用六对哥林斯式的石柱，与门相间着，隔出略带曲折的廊子。上层三座门是实的，里面各安着一尊雕像，全体整齐秀美之至。一是小神殿。两样都在第二世纪的时候。"这里的"勃嘉蒙"现在通译作"帕加马"了。

朱自清在柏林的游览和考察，在散文《柏林》里还有多方面的呈现，他在形容柏林的街道时，是这样写的："宽大，干净，伦敦巴黎都赶不上的；又因为不景气，来往的车辆也显得稀些。在这儿走路，尽可以从容自在地呼吸空气，不用张张望望躲躲闪闪。找路也顶容易，因为街道大概是纵横交切，少有'旁逸斜出'的。最大最阔的一条叫菩提树下，柏林大学，国家图书馆，新国家画院，国家歌剧院都在这条街上。东头接着博物院洲，大教堂，故宫；西边到著名的勃朗登堡门为止，长不到二里。过了那座门便是梯尔园，街道还是直伸下去——这一下可长了，三十七八里。勃朗登堡门和巴黎凯旋门一样，也是纪功的。建筑在十八世纪末年，有点仿雅典奈昔克里司门的式样。高六十六英尺，宽六十八码半；两边各有六根多力克式石柱子。顶上是站在驷马车里的胜利神像，雄伟庄严，表现出德意志国都的神采。那神像在一八零七年被拿破仑当作胜利品带走，但七年后便又让德国的队伍带回来了。"

朱自清在写到波次丹（今通译波茨坦）时，文笔也是详尽的："柏林西南有个波次丹（Potsdam），是佛来德列大帝的城。城外有个无愁园，园里有个无愁宫，便是大帝常住的地方。大帝迷法国，这座宫，这座园子都仿凡尔赛的样子。但规模小多了，神儿差远了。大帝和伏尔泰是好朋友，他请伏尔泰在宫里住过好些日子，那间屋便在宫西头。宫西边有一架大风车。据说大帝不喜欢那风车日夜转动的声音，派人跟那产主说要买它。出乎意外，产主愣不肯。大帝恼了，又派人去说，不卖便要拆。产主也恼了，说，他会拆，我会告他。大帝想不到乡下人这么倔强，大加赏识，那风车只好由它响了。因此现在便叫它做'历史的风车'。隔无愁宫没多少路，有一座新宫，里面有一间'贝厅'，墙上地上满嵌着美丽的贝壳和宝石，虽然奇诡，却以素雅胜。"文中的"无愁宫"，现译为"无忧宫"。

朱自清到达德累斯顿是在 1932 年 6 月 21 日。日记中说："参观德累斯顿博物馆，内有许多荷兰与意大利作品。库尼莱蒂的威尼斯风景画结构相当复杂。博物馆后面有仙女出浴的塑像，共十四个，构思甚巧。"在 6 月 23 日致陈竹隐的信中，也说："看了博物院和女神出浴池。院中有拉飞尔圣母像，最著名，面相美妙温雅，论者以为女性之最美的表现。"在《欧游杂记》里，朱自清把德累斯顿译作德瑞司登，有散文《德瑞司登》记其游踪，开头就说："德瑞司登（Dresden）在柏林东南，是静静的一座都市。欧洲人说这里有一种礼拜日的味道，因为他们的礼拜日是安息的日子，静不过。这里只有一条热闹的大街；在街上走尽可从从容容，斯斯文文的。街尽处便是易北河。河穿全市而过，弯了两回，所以望不尽。河上有五座桥，彼此隔得远远的，显出玲珑的样子。临河一带高地，叫做勃吕儿原。站在原上，易北河的风光便都到了眼里。这是一个阴天，不时地下着小雨；望过去清淡极了，水与天亮闪闪的，山只剩一些轮廓，人家的屋子和田地都黑黑儿的。有人称这个原为'欧洲的露台'，未免太过些，但是确也有些可赏玩的东西。从前有位著名的文人在这儿写信给他的未婚夫人，说他正从高岸上往下看，河上一处处的绿野与村落好象'绣在一张毯子上''河水刚掉转脸亲了德瑞司登一下，马上又溜开去'。这儿说的是第一个弯子。他还说'绕着的山好象花箍子，响蓝的天好象在意大利似的'。在晴天这大约是真的。"朱自清所描述的"欧洲的露台"，现在都统称"欧洲的阳台"了。朱自清还参观了圣母大教堂，在《德瑞司登》一文中，称其为圣母堂。文中写道："大街东有圣母堂，也是著名的古迹。一七三六年十二月奥古斯都第二在这里举行过一回管风琴比赛会。与赛的，大音乐家巴赫（Bach）和一个法国人叫马降的。那时巴赫还未大大出名，马降心高气傲，自以为能手。比赛的前一天，巴赫从来比锡来，看见管风琴好，不觉技痒，就坐下弹了一回。想不到马降在一旁窃听。这一听可够他受的。等不到第二天，他半夜里便溜出德瑞司登了。结果巴赫在奥古斯都第二和四千听众之前演了出独角戏。一八四三年乐圣瓦格纳也在这里演奏过他的名曲《使徒宴》。哥德也站在这里的讲台上说过话，他赞美易北河上的景致，就是在他眼前的。这在一八一三年八月。教堂上有一座高塔顶，远远地就瞧见。相传一七六九年弗雷德力大帝攻打此地，想着这高顶上必有敌人的瞭望台，下令开炮轰。也不知怎样，轰了三天还没轰着。大帝又恨又恼，透着满瞧不起的神儿回头命令炮手道：'由那老笨家伙去罢！'"朱自清参观和写这篇文章时，万万没有想到，十多年之后，这座举世闻名的圣母大教堂，就在二战的炮火中成为废墟。

1932 年 6 月 22 日，朱自清到达了科隆，参观了科隆大教堂，珍宝馆中的塔，在朱自清日记中有"塔的正面造型极美"的评价，然后又参观了科隆博物馆。在 23 日致陈竹隐的信中，描写了到达科隆的感受："科隆有一教堂，系戈昔式，双尖塔高耸入云，近看雕镂工细，庄严精美兼而有之，所以著名于世。"朱自清把科隆，译为"哥龙"，在散文《莱茵河》里，对于科隆大教堂，有这样一段文字："哥龙的大教堂是哥龙的荣耀；单凭这个，哥龙便不死了。这是戈昔式，是世界上最宏大的戈昔式教堂之一。建筑在一二四八年，到一八八零年才全部落成。欧洲教堂往往如此，大约总是钱不够之故。教堂门墙伟丽，尖拱和直棱，特意繁密，又雕了些小花，小动物，和《圣经》人物，零星点缀着；近前细看，其精工真令人惊叹。门墙上两尖塔，高五百十五英尺，直入云霄。戈昔式要的是高而灵巧，让灵魂容易上通于天。这也是月光里看好。淡蓝的天干干净净的，只有两条尖尖的影子映在上面；象是人天仅有的通路，又象是人类祈祷的一双胳膊。森严肃穆，不说一字，抵得千言万语。教堂里非常宽大，顶高一百六十英尺。大石柱一行行的，高的一百四十八英尺，低的也六十英尺，都可合抱；在里面走，就象在大森林里，和世界隔绝。尖塔可以上去，玲珑剔透，有凌云之势。塔下通回廊。廊中向下看教堂里，觉得别人小得可怜，自己高得可怪，真是颠倒梦想。"

1932年6月23日早上，朱自清从科隆乘船游莱茵河，在当天致陈竹隐的信中，朱自清说："莱茵（河）沿岸古迹最多，从哥伯伦以下，两岸皆中世纪古堡，令人悠然遐想，如谢安之登冶城。"在《莱茵河》一文中，描写更为详细："两岸山上布满了旧时的堡垒，高高下下的，错错落落的，斑斑驳驳的：有些已经残破，有些还完好无恙。这中间住过英雄，住过盗贼，或据险自豪，或纵横驰骋，也曾热闹过一番。现在却无精打采，任凭日晒风吹，一声儿不响。坐在轮船上两边看，那些古色古香各种各样的堡垒历历地从眼前过去；仿佛自己已经跳出了这个时代而在那些堡垒里过着无拘无束的日子。游这一段儿，火车却不如轮船；朝日不如残阳，晴天不如阴天，阴天不如月夜——月夜，再加上几点儿萤火，一闪一闪地在寻觅荒草里的幽灵似的。最好还得爬上山去，在堡垒内外徘徊徘徊。"

1932年6月23日晚上，朱自清到达法兰克福。第二天，和友人一起参观歌德故居和新区，还去逛了棕榈公园。6月25日，朱自清到达瑞士的卢塞恩，游览了狮子纪念碑、冰河公园、古城墙和瞭望塔，午后游里吉，又乘船去威茨南，并乘登山的火车上山，从火车上看山景，还看到了蔚蓝的湖泊。26日继续乘火车在瑞士观光，因错过了看皮拉托斯山而感到遗憾，而卢塞恩和因特拉肯一带的美丽风光，又让他赞不绝口。火车终日盘桓于湖光山色及森林瀑布之间，让朱自清好好地领略了一番瑞士的山水美景。午后，火车抵达因特拉肯。朱自清在当天的日记中说："天色阴沉，高山隐于云雾迷蒙中，因特拉肯为群山环绕，河水蓝得可爱。漫步在市内主要大街上。街道两旁木工场甚多。去库赛尔游览，那里有花钟和湖滨浴场。晚饭后在山脚下散步。我下榻的欧洲旅馆女店主使人感到亲切和聪明。"27日继续在瑞士游览，还登上了少女峰，朱自清在日记中写道："饱览雪山景色，然白茫茫外空无他物。山旁凿石而成的两个车站很美。我们乘登山车到山顶，因未戴墨镜，日光在白雪上的反射很刺眼。没有见到爱斯基摩猎狗。从另一条路下山返回因特拉肯，还能长时间地看到修道士山。"当天，朱自清启程去日内瓦，朱自清继续写道："（火车）在斯皮埃茨停留。这是个好地方。街道呈五级阶梯形，走在最高层，下面景物尽收眼底。下榻的旅馆有漂亮的阳台和屋顶花园。屋顶花园面对湖面，阳台则面对最高一层街道。在阳台上能听见街上人们的说话声。这真是个安静得出奇的城镇。"28日中午抵达蒙特勒，买了些巧克力，这才乘船到达日内瓦，并游览了日内瓦的城市风光。29日又在导游的指引下，参观了德维尔旅馆和国际联盟、历史博物馆等风景名胜，当天晚上，到达意大利米兰。

　　朱自清从1932年6月29日到达意大利米兰后，一直到7月8日登船返国，都是在意大利各地游览的。30日早上，观光米兰大教堂和市容，接着，参观玛利亚大教堂和德拉格拉齐教堂，因急于订票而错过了参观画廊。当天晚上，朱自清到了威尼斯。1932年7月1日，朱自清参观了圣马库斯教堂和钟楼，还在楼顶眺望了威尼斯的城市景色，接着参观了杜卡尔宫和两年一度的国际艺术展览。7月2日，朱自清参观了斯汤姆查宫、威尼斯学院和卡多罗，归途经里亚托桥，朱自清在当天的日记中说："这座桥很美，从远处望去尤佳。"7月3日，在参观了现代画展和奥连特尔博物馆后，于午后抵达佛罗伦萨。在这天的日记中，朱自清说："访但丁故居、彼特拉克故居及其坟墓所在的教堂。但丁的《神曲》是在这个教堂里写的。还去看了一座桥，据说但丁与其情人曾在这座桥上相会。"7月4日继续在佛罗伦萨游览，晚到达罗马。7月5日随美国捷运公司组织的游览团一起观光。7月6日去参观圣彼得教堂、万神殿和古罗马圆形大剧场，然后动身去那不勒斯。7月7日参观国家博物馆，又参观庞贝古城，还看到了正在冒烟的维苏威火山。当天晚上，朱自清动身去布林迪西。7月8日，在布林迪西游览后，登上了回国的康蒂·罗莎邮船。

回到上海

1932 年 7 月 31 日，经过二十多天的海上航行，朱自清到达上海。

朱自清于 1931 年 8 月 22 日从北京启程去欧洲，到顺利返回上海，历时近一年。去时路线是绕亚欧大陆铁路线，回时是乘船经大西洋、地中海、红海、阿拉伯海、印度洋、南海，往返全程走了个"O"字形。朱自清在当天的日记中说："到上海。遇王礼锡、楚玉、胡秋原、秦、强、卢。王夫人为我设宴。后来林先生也为我举办盛大宴会。"

朱自清在上海的朋友很多，码头迎接的人群里有王礼锡和胡秋原，这似乎出乎朱自清的预料，因此日记中表述也有意思，用一个"遇"字，带有偶然的意思。为什么有他俩呢？王礼锡出生于 1901 年，1917 年秋考入江西省第七师范学校读书，"五四"运动后，积极投入学生爱国运动，是个年轻的社会活动家。1922 年初，王礼锡因领导学生运动而被第七师范开除。后由同乡李松风介绍转入抚州三师，毕业后考入南昌心远大学，得到国学名师汪辟疆的指点，钻研宋诗，潜心于历代诗家诗作的研究。此后还在武汉创办农民讲习所。1929 年开始写诗，结集为《市声草》出版，1930 年去日本，并在日本筹办《读书杂志》，1931 年回到上海，继续主编《读书杂志》，与诗人陆晶清结成伉俪。胡秋原比王礼锡还年轻，出生于 1910 年，15 岁考入国立武昌大学学习理工，主编《武汉评论》，1928 年又入上海复旦大学学习文学。1929 年，赴日本早稻田大学学习政治经济学，后经熊十力、蔡元培等荐助，获得湖北省官费补助。胡秋原在上海和王礼锡认识并协助其筹办《读书杂志》，1931 年，日寇发动"九一八"事变占领我国东三省后，胡秋原毅然放弃学业，以文学做刀枪力主抗日，同时任上海大学教授。同年底，胡秋原主编《文化评论》，在创刊号上发表《阿狗文艺论》一文，宣称"文学艺术至死又是自由的、民主的独立"的主张，又发表《勿侵入文艺》《钱杏邨理论之清算与民族文学学术之批评》等论点尖锐的文章，从而引发了鲁迅、瞿秋白、冯雪峰等左翼作家对他的批判，双方展开了激烈的论战，胡秋原也因此成为文坛赫赫有名的"第三种人"。

朱自清日记中所说的"王夫人为我设宴"中的王夫人，应该就是王礼锡的爱人陆晶清了。

陆晶清不算无名小辈，虽然出生于 1907 年，却早早就涉足新文学创作，1922 年秋，还在北京女子师范大学读书时，就开始在《晨报副刊》《文学旬刊》《语丝》等新文艺作家把控的阵地上发表新诗，还主编《蔷薇周刊》，和许广平等人一样，参加过女师大风潮，在"三一八"惨案中受伤，此时正协助丈夫王礼锡编辑《读书杂志》。而胡秋原和朱自清在一年前就已经认识了，朱自清出国赴欧洲送行的人群里，就有胡秋原。朱自清在出国后的几次和陈竹隐的通信中，也提到过这位青年，并且还关心过他的恋爱问题，如朱自清在 1931 年 8 月 23 日致陈竹隐的信中说："胡先生几时走？也极念。"当时的胡秋原，在送朱自清出国时已经决定要南下上海了。在 1931 年 9 月 11 日致陈竹隐的信中朱自清又说："胡秋原先生现在何处，他的恋爱事已成就否？极念！"看来，胡秋原当时在北京，和爱情有关，并且他的恋爱对象和陈竹隐相熟，所以朱自清出国和回来时都有他的身影。至此，王礼锡和胡秋原来码头迎接朱自清并设宴招待的目的，大致有二，一是本身就和朱自清、陈竹隐相熟，二是二位都有刊物在手，顺便来向朱自清拉稿，以壮声威。不过朱自清后来也没有在他们主办的杂志上发表过文章。倒是朱自清和陈竹隐在上海办完婚礼，去普陀度蜜月后回上海时，看到王礼锡为他们拍摄的婚纱照，朱自清在日记中用"余影甚尴尬"来形容。朱自清还在到达上海的当天，去看望了生病的胡秋原。

其实，梳理一下朱自清和王礼锡、胡秋原的关系，并不复杂——这还要从王礼锡的夫人陆晶清说起。胡秋原在日本，因《读书杂志》事而经常和王礼锡、陆晶清夫妇见面，陆晶清看胡秋原年轻精干、文采飞扬，就要帮他介绍女朋友，正好她当年女师大的小学妹敬幼如在二人分别时有此之托，便介绍他俩认识。此时敬幼如还在北平女师大读书。陆晶清就把胡秋原的照片并附一封信寄给了敬幼如。此后敬幼如给胡秋原回复时，也寄了两张照片来。由于媒人是双方都信得过的新派女作家，照片互看又都满意，两人在书信往来中便确定了恋爱关系。敬幼如原籍浙江山阴，因先祖游宦四川，便在成都定居。敬幼如的父亲曾任民国县长，幼如是其最小的女儿，在成都读过小学，成绩一直很优秀。1926 年敬幼如在重庆四川省立第二女子师范毕业后来北平，考入国立女师大预科读书，和该校的成都籍学姐学妹结拜干姐妹，其中国画系的陈竹隐为老大，廖书筠为老二，三姐江炜，四姐凌楚荃，五姐青胜蓝，敬幼如排行老六，七妹罗汝仪。1931 年 6 月，胡秋原学期结束后，专程从日本回北平看望敬幼如。当时陈竹隐和敬幼如等几个姐妹，合租中南海里的一幢小楼，朱自清常去中南海找陈竹隐，就结识了回国探望敬幼如的胡秋原了。不久，朱自清出国游学，在送行的人群中，就有敬幼如和胡秋原，即朱自清在日记中所说的"敬六妹"。这次朱自清回国到达上海，又恰好胡秋原和敬幼如在王礼锡和陆晶清的主持下刚刚于 7 月 15 日举行了婚礼，所以，才有在码头上"遇"到胡秋原、王礼锡等人。此时王礼锡和陆晶清的事业正处在巅峰，由陆晶清出面招待，也就很正常了。

朱自清在日记中所说的"后来林先生也为我举办盛大宴会"的林先生，即林语堂。

还是在英国期间，朱自清去林语堂下榻的宾馆看望了林语堂，并听其讲述发明的中文打字机后，又于 1932 年 2 月 27 日在伦敦的上海楼，和北大校友聚会时，听了林语堂的一场演讲，林语堂演讲的题目是《中国文化的时代精神》，随后还和大家进行了一场热烈讨论，两人再次进行了密切的交流。在伦敦期间，朱自清和林语堂一共有过三四次见面交流，互相印象都不错。林语堂比朱自清先回到上海，由他举办一场"盛大宴会"，也符合林语堂的做派。另有一层原因是，林语堂这次从国外归来，准备办一本新杂志，名曰

《论语》，朱自清的一些文章，也适合《论语》的体例，所以，这次请客也兼有约稿之意。后来，朱自清业余时间主要在写《欧游杂记》和给《大公报》的《文学副刊》写稿，其他创作较少，但也在《论语》上发表了《伦敦竹枝词》等文。1934年4月林语堂又办《人世间》半月刊，把朱自清列为该刊特约撰稿人，朱自清很快就在《人世间》上发表一篇《说扬州》的散文。

热热闹闹的欢迎活动结束以后，朱自清便和陈竹隐一起商量婚礼诸事了。1932年8月1日早上，朱自清在日记中只记简单的一笔："早在六妹处。"六妹即陈竹隐的结拜六妹敬幼如。大概一上午都在商量婚礼的各项程序吧。下午，朱自清这才有时间访问在上海的老朋友，他先到了开明书店，拜访了叶圣陶。叶圣陶派夫人去请王伯祥等人，然后朱自清和叶圣陶、方光焘、王伯祥等人一起谈天说地。王伯祥的日记里，有关这次会晤有较详细的记录，谈话一直到下午六时。又和叶圣陶、宋云彬等人一起陪朱自清到福州路杏花楼订了婚宴，还在望平街一带接洽印了结婚请柬，然后才到"味雅小饮，至九时乃散。散后复过佩弦旅社谈，至十一时始归"。8月2日又是繁忙的一天，早上还是先到六妹处，大约把昨天订宴和印请柬诸事向六妹做了说明，毕竟她是代表陈竹隐的娘家人的。胡秋原也来了，大约帮了不少的忙，朱自清在日记中用"秋原的勤劬，可佩之至"来表述。下午又至开明书店，见叶圣陶夫人，请她一起发出请柬。又访叶圣陶、方光焘、王伯祥和章锡琛诸友，请他们晚上在功德林吃饭。8月3日，在方光焘夫妇的陪同下，去江湾立达学园，访匡互生、丰子恺、刘薰宇等原白马湖畔春晖中学的老朋友，朱自清在当天的日记中说："沿途观战迹。方云现已渐恢复，无甚凄凉景象矣。"

1932年8月4日这天，是朱自清和陈竹隐举行婚礼的日子，他们举行了一场新式的婚礼。一大早，朱自清从所住宾馆，迁到大中华旅馆，先托运三件行李至北京，然后接待了赶来参加婚礼的陈竹隐的结拜三妹，晚上在杏花楼酒店举行了一场简朴而热闹的婚礼。陈竹隐说："那时北京结婚还要坐花车，穿披纱礼服，礼节很多，而上海比较开明，于是我们就决定在上海结婚。我们用当时上海最新式的简便方法举行了结婚典礼：事先发个结婚帖子。八月四日那天，请了文艺界的一些人士，我记得有茅盾、叶圣陶、丰子恺等人，在一个广东饭馆聚会了一次。"（《追忆朱自清》）王伯祥也在日记里说："下午强起……六时与谷人偕圣陶夫妇同赴佩弦喜筵，遇互生、惠群、克标、载良、承法、薰宇、熙先等，即同席。余则雪村自南京赶来，延陵自杭州赶来，亦俱足记，他多不识，且女宾多，大概陈氏戚友云。宾客劝酒甚殷，佩弦竟大醉狂吐，幸扶旅社后即安。"从王伯祥的记叙中，可以看出婚礼的热烈，陈竹隐的'戚友'很多，大家频频劝酒，以至于把新郎朱自清都喝醉了。

婚礼结束后，朱自清和陈竹隐在上海逗留了两天，于 1932 年 8 月 6 日乘船去普陀度蜜月。8 月 7 日早上到达普陀，住在白象庵。朱自清在日记中说："庵新而小，设备殊不完善，但招待尚佳耳。"陈竹隐在《追忆朱自清》一文中说："我们度蜜月时，他带着旅途回来的疲倦，就开始了紧张的写作生活。为了他能安安静静地写，我们特意住在普陀一个小寺院里。"这天，朱自清和陈竹隐还下海游泳。在普陀的十天中，朱自清和陈竹隐基本上把岛上的风光游了个遍。8 月 9 日，朱自清和陈竹隐游了后寺、佛山顶、天灯茅篷、古佛洞、梵音洞、仙人井等，朱自清在当天的日记中说："后寺甚清幽。遇杜朝馥君。天灯可见普陀全景，亦佳，梵音洞沿路见海极旷达之致，洞亦有意思。寺中有康有为诗。"朱自清还在日记中录了该诗：

> 汪汪极目浪无边，
> 东望蓬莱入梵天。
> 裂石十寻听潮入，
> 化身现相各随缘。

8 月 11 日，朱自清和陈竹隐又游紫竹林、观音跳、天福庵等处。12 日游盘陀石、二龟听法石、大佛顶、观音洞、普慧庵等，在观音洞还遇到周昌寿及其夫人等人，寒暄过后，朱自清和陈竹隐又游杨枝庵、朝阳洞，还取了仙人井的水。晚上，朱自清访周昌寿等人于普慧庵。周昌寿在朱自清面前是个老资格的学者和编辑家了，他生于 1888 年，比朱自清大 10 岁，长期在商务印书馆任编辑，以翻译和编辑物理学著作而出名，1932 年该馆编译所改为编审部，他任编审。郭沫若在记述 1923 年初由日本回上海经历的回忆录中曾说到周昌寿，称他和郑贞文等人是商务印书馆"实际上已经是不可缺少的中坚人物"。（《郭沫若文集》第 7 卷，作家出版社）在那一时期商务印书馆出版的"万有文库""大学丛书"两个图书系列中，周昌寿撰写了其中的《以太》《宇宙论》《天体物理学》《飞机》《法拉第传》《罗伦彻及蒲郎克传》等一批科普作品，影响了几代年轻人，而且这两套在中国近代史上颇具影响力的丛书，在拟题、组稿、审定和编辑方面，也都凝聚了周昌寿的心血。所以，朱自清特别尊重他，在日记中称他为先生。第二天，即 8 月 14 日，让朱自清感到意外的是，周昌寿和夫人一起请朱自清和陈竹隐吃了饭。朱自清在当天的日记中说："周先生、周夫人约午饭，傅夫人宜调，周夫人之女及侄女，极文雅可爱。"

这次结婚旅行，一直到 8 月 16 日，朱自清和陈竹隐才回到上海。晚上，即访王礼锡、陆晶清夫妇。8 月 17 日，朱自清、陈竹隐去拜访柳无忌夫妇，见到了柳亚子先生，相聊后，参加了柳亚子在觉林安排的午宴，朱自清在日记里说："饭甚佳，远胜功德林。"下午又去开明书店会晤夏丏尊，聊了一通后，应夏丏尊之约，去聚丰园吃饭。聚丰园是一家四川菜馆，朱自清在日记中用了"甚佳，甚佳"来赞叹。这次晚宴不仅异常丰盛，陪客也不得了，他们分别是方光焘夫妇、叶圣陶夫妇，夏丏尊、徐调孚、胡愈之、王伯祥、章锡琛。都是上海的文化名人。王伯祥在那天的日记中说："晨九时，丏尊来言，佩弦夫妇已由普陀回沪，今日下午六时在聚丰园请吃饭，邀予参加。……至六时，予径赴聚丰园，客尚未至。坐甫定而熙先夫妇、佩弦夫妇、雪村、调孚偕来。有顷，圣陶夫妇、丏尊先生后至。久之，愈之乃到。九时许散出，过精美饮冰。十一时始行。"这次聚饮非常热闹，朱自清夫妇十分满意。后又在精美吃冰，系叶圣陶请客。8 月 18 日这天安排也非常丰富，早至六妹处，午饭后，去拜访陈望道。陈望道不在家，回来的路上却巧遇了陈望道的夫人。朱自清得知陈望道外出后，便告辞了。下午还遇有一奇事，即张平江约朱自清夫妇游览明园，朱自清夫妇来了，张平江却没来，这种邀请未免也太虚伪了。朱自清、陈竹隐只好自己玩。8 月 19 日这天，陈望道来看望朱自清夫妇，并向朱自清约稿。陈望道是浙江义乌人，生于 1891 年，早年留学日本，1919 年受聘于浙江一师，朱自清 1920 年去一师任教时，他已经到达上海。陈望道也是文学研究会成员之一，加入时间是 1922 年。陈望道任教于上海大学、复旦大学，均任中文系主任。1932 年出版《修辞学发凡》。陈望道离开不一会儿，胡愈之又来。晚上胡愈之在梁园设宴，请朱自清夫妇吃饭，在座的还有茅盾、方光焘夫妇、叶圣陶夫妇、夏丏尊等，基本上是 8 月 17 日晚上的原班人马。

在一连欢聚几次之后，朱自清、陈竹隐夫妇于 1932 年 8 月 20 日一早从上海出发回扬州探亲，于当日晚上到达扬州家中。

朱自清的这次欧洲休假游学，从北京出发时，送行的人群中有未婚妻陈竹隐。一年之后回上海时，迎接的人群里还有从北京赶来的陈竹隐，两位有情人在上海举行了简朴而热闹的婚礼后，又赴普陀游玩几天，回上海再和朋友一起欢聚数日。至此，朱自清不但圆满完成了这次欧洲的休假游学，也圆满完成了自己的婚姻大事。

第五章
清华园里尽朝晖
（1932—1937）

　　自欧洲归国后，朱自清继续在清华大学任教，研究重心转向古典文学批评。参与清华曲社活动，与陈寅恪等学者探讨学术。1934年，出版《欧游杂记》。1936年，母亲病逝，朱自清返乡奔丧。抗战前夕，时局动荡，朱自清创作出《维我中华歌》。

从扬州到南京

1932 年 8 月 20 日，朱自清和陈竹隐到达扬州。

朱自清和陈竹隐这次扬州探亲，实际上也是蜜月旅行计划中的一部分。毕竟朱自清父母和六个孩子一大家人都在扬州，作为儿媳和继母，陈竹隐是要回家拜见公婆、和孩子们见面的。此时，朱自清在扬州的家，已经于1930 年春季以后，从东关街仁丰里迁至安乐巷 53 号（后改为 27 号，即现在的朱自清故居）。朱自清刚一到家，就接到清华电报嘱复职。此时，朱自清已经考虑好不再担任清华大学中文系代理主任一职了，遂于第二天，即1932 年 8 月 21 日致电清华校方，辞去中文系代理主任一职。

朱自清也是好久未见到父母和孩子们了，这次回来，一大家人都十分开心，围住朱自清问在国外的见闻。朱自清和武钟谦的第五个孩子朱冷梅（效武）在《我对爸爸的怀念》一文中说："约在我虚龄 6 岁那年夏天，爸爸从欧洲回国，偕同新结婚的继母，回到扬州探望祖父、祖母。在此期间，他们带着我们一群孩子去逛了瘦西湖和平山堂。"

关于朱冷梅，这里可以多记一笔。在朱冷梅的记忆里，他只见过朱自清一面，还不是这一次。朱冷梅生于 1928 年 1 月 11 日，即朱自清在散文《儿女》中所说的阿毛。朱自清和陈竹隐新婚回家探亲时，朱冷梅只有 4 岁半，还不大记事，关于当时的情景，他在《我对爸爸的怀念》里有说明："以上这些都不是我记忆中的印象，仅是在我记事以后，从祖父、胖奶奶，以及哥哥、姐姐们的日常零零星星的谈话里所得的一鳞半爪。"那么朱冷梅真正记得父亲的音容笑貌是哪一次呢？他在《我对爸爸的怀念》里继续说："给我印象最深的，是我虚龄10岁的那年，祖母不幸去世了。三叔国华写信通知了爸爸，这年夏天他从北京回到扬州家里，可以说，这是我记忆中第一次见到爸爸，真正地听到他的声音，见到他的笑貌。因为妈妈带我回扬州，离开爸爸时，我还是一个茫昧无知的幼儿，其后，他虽和继母来过一趟，可在我的脑海里仍没有留下清晰的印象。而这次总算是记得清清楚楚的了，至今在我的记忆中留下的爸爸形象，就是这次唯一的聚晤。他的模样、身材和我的二叔物华很相象。不同的是：爸爸总是笑容可掬，和蔼可亲。""爸爸这趟回来，带给我们一些玩具。分给我的是一只小兔子，也许因为我是属兔的缘故吧！那只小兔子长着一身白茸茸的毛，瞪着一对红眼睛，很好玩，至今我还记忆犹新哩！"朱冷梅在写这篇文章时已经是个重病在身的老人了，一个人的一生，只见过父亲一面，其心情可想而知。仅有的这次见面，成为朱冷梅一生当中最美好的回忆："爸爸很关心孩子们的学习，虽然他蹲在家里的时间很短暂，还给闰生二哥和逖先二姐讲古文，教他们打算盘，什么'斤求两''两求斤'，我在旁听了很是感到新鲜好玩。我小时候开蒙是从祖父教我识'字块'开始的，后来又教我念唐诗，虽然我那时并不完全懂得诗里的涵义，但却能背诵得琅琅上口。爸爸常是逗着我背给他听，那时我可真得意哩！"此后不久，抗战爆发，朱自清奔波各处，直到去世，朱冷梅都没有再见父亲一面。

这次偕新夫人回扬州，陈竹隐也在《追忆朱自清》里说："婚后，我们回扬州去看望了父母孩子。佩弦对扬州很有感情，那里的一山一水他都热爱，尤其留恋扬州的瘦西湖。他曾带我和孩子们一起去逛瘦西湖、平山堂。那天佩弦很高兴，津津有味地给我们介绍湖山及各处的风景，说得是那么生动，使人觉得真象是在诗画中一样。看到他那么高的兴致，我不禁笑着说：'我看过一篇叫《桨声灯影里的秦淮河》的文章，把那儿写得那么美，其实不过是一湾臭水。真是文人哪，死人都说得活！'佩弦说：'喂！不要当面骂人呀！'我们都开心地笑了。"那天一起游园的，还有清华同事余冠英夫妇。那天游园还决定了一个事，即朱自清原住的南院十八号房子较小，余冠英答应把他在清华园北院的住房借给朱自清住半年。这次回扬州探亲，朱自清待到8

月 26 日，时间不长，共六天，除了和家人共享天伦之乐外，游览和会客也占据了他不少的时间。仅从朱自清这几天的日记中，即可观之一貌。8 月 21日："上午遇舜年。""晚光之来谈，又赴方石处，殊无聊。"22 日："早在怡园，下午在富春，遇居石涛先生，鲍星南先生答应为九子代订《东方》与《中学生》。访守一。"23 日："下午赴史公祠购碑帖两份。""在香影廊吃茶。""晚青兰邀便饭于春园，极好。"24 日："赴守一约，菜甚佳。"25 日："隐病不能行，访青兰、舜年。"朱自清、陈竹隐于 1932 年 8 月 26 日一早从扬州渡江到达镇江，和二弟朱物华一起游览了镇江的风景名胜，和陈竹隐游览了松隐、竹林、鹤林三寺。和陈竹隐、朱物华夫妇一起游览了甘露寺、金山、钓石等处。他们一行还在 8 月 27 日一早在万花楼吃茶，朱自清夸"肴甚佳"。

朱自清和陈竹隐是在 1932 年 8 月 28 日到达南京的，入住中央饭店，当天晚上，朱自清妹妹朱玉华偕未婚夫周翕庭来看望。晚上朱自清和陈竹隐一起去陈竹隐三妹（结拜）处。第二天，即 8 月 29 日，朱自清和陈竹隐一起，在朱玉华、周翕庭的陪伴下，游览了中山陵、体育场、灵谷寺、明孝陵等处。朱自清在日记中评论道："中山陵祭堂太小，但石级隐而不露，颇佳。体育场尚佳。"这天的游览，还巧遇了卢冀野。此时的卢冀野名气很响，号称"江南才子"，他 1905 年出生于南京，家学渊源，旧学功底出色。以"特别生"的名义被东南大学文科录取。大学期间，师从国学大师吴梅学曲。东大毕业后，即在金陵大学任教，不久升为教授。卢冀野创作勤奋，形式多样，涉猎范围甚广，新诗、旧诗、小说、戏剧都写，二十多岁时就写了《琵琶赚蒋檀青落魂》《茱萸会万苍头流涕》《无为州蒋令甘棠》《仇宛娘碧海情深》《燕子僧天生成佛》共五个剧本。1928 年前后，他在南京升州路小板巷家中辟了一个名为"饮虹簃"的藏书楼，自署"饮虹簃主人"，雇养刻字匠，在家专事镂版，自费刊刻了《金陵卢氏饮虹簃丛书》《饮虹簃校刻清人散曲二十种》等散曲总集，其中《金陵卢氏饮虹簃丛书》包括元明两代五十多名散曲作家近六十个散曲集子及一部曲韵。他的名声惊动当时的文艺界，不少人都推崇他的才华和作品，比如他的一首旧诗《江上听雨》就惊艳了无数人，诗云："掌中几醉白云杯，得月楼台打扫开。一夜鹃声花落后，隔帘烟雨渡江来。"

再看他的一首新诗《本事》："记得当时年纪小，我爱谈天你爱笑。有一回并肩坐在桃树下，风在林梢鸟在叫。我们不知怎样困觉了，梦里花儿落多少？"熟悉琼瑶小说的人都知道，这首诗还被琼瑶引进了小说《船》中。卢冀野还写过几首关于扬州的小令，也是一绝，其中一首曰："风光何必数扬州，玄武湖边艳迹稠。豆蔻含羞玉笋柔，任君偷，一半儿樱桃一半儿口。"能在南京的游览中遇到卢冀野，朱自清非常开心，当天的日记用"谈风甚佳"来形容。这里可以补记一笔，大约十年后，即1942年6月13日，朱自清在重庆参加教育部大一国文委员会会议时，在当天的日记里写道："早访魏，饭于卢冀野家……晚卢约饭，菜甚佳。座有俊升、刘钟明、建功、傅君。卢夫人甚和蔼。"这里的魏即魏建功，和朱自清一起参会。早饭、晚饭都能在卢冀野家吃，交情可谓非同一般。在这次会议期间，朱自清还应卢冀野之约，于6月22日这天，写了一篇《写作杂谈》的杂论，被天地出版社收进1943年9月出版的《文艺写作经验谈》中。

南京对于朱自清来说，是旧游之地，不仅当年在北大求学时经常路过、逗留，在江南各中学教书的五年中，也数次来开会、游览、会友，还写过多篇文章。这次新婚燕尔，游兴依然不减，8月30日这天，朱自清一早就游览了燕子矶及头台洞、三台洞、鸡鸣寺，中午在后湖吃饭，喝了四川大曲。饭后，又去游玄武湖，朱自清在日记中写道："早晨在台城上看，亦好。""三妹、五妹、汪竹一诸位约晚饭，尽欢而散。"这里的"三妹""五妹"及后边的"二妹"均为陈竹隐的结拜姐妹。这几天，朱自清真是玩得开心。

其实，朱自清这次返回清华途中取道南京，并非一味地为了旅游，还有一项重要议程，就是参加妹妹朱玉华和周翁庭的结婚典礼。1932年8月31日这天，朱自清、陈竹隐一起去南京万全酒店，来到结婚典礼现场。朱自清在日记中说："卢冀野演说最好，仇亮卿证婚，马客谈介绍，词亦得当。马为人极好。二妹、三妹来。"在妹妹的婚礼上，卢冀野出席并发表演说，说明卢冀野交谊甚广，和新郎关系肯定非同一般。

很多年以后，身在台湾的朱、周二人在接受台湾朱自清研究专家周锦的采访时，周翁庭说了这样的话："朱先生给人的最初印象往往是短小精悍，但只要交谈过几句话，就会发现他是温文有礼的彬彬君子。""他说话很和缓，很少把喜怒形之于色，总是很平静，平静得近于冷淡，有些初见的人常认为他不够热情。其实是错误的，因为他有些'口吃'，经常自我约束着。""在朋友的谈话中，朱先生不大喜欢表示意见，然而却是一位很好的听众。他全神贯注地听，不发出一点声音，却又会让你感觉到他是在用心听着。如果有人想探询他的意见，多半微笑着摇摇头，绝不肯打扰别人的谈兴。""他对于饮食从不挑剔，有什么吃什么，都是津津有味。他还把国华和玉华的不吃猪肉当笑话说过。""出去游玩，他多能尊重别人的意见。只是决定了之后，他不喜欢更改，更不愿意半途折回。即使遇到风雨，或是发现并不好玩，也还是要坚持到底，他似乎把玩乐也看做一件重要事情，认真的做着。""抗战时期，我一家人住在昆明，他常到家里来，朱先生喜欢叙些家常。国家大事他不谈，不着边际的高谈阔论他不喜欢，反而是那一家的烧饼好吃，甚么地方小饭店里的包子不错，他记得清楚，而且特别有兴趣。""他不谈自己教书的事情，也不喜欢问别人工作的情形。朱先生认为'做一行怨一行'是人的天性，抗战的生活已经够苦了，何必再要戳那个痛脚。""朱先生的常识非常丰富。有一年端午节，他显得很高兴，如数家珍地谈到我国各地方的粽子样式，说出了一般人家门口插艾叶和菖蒲的意思。""他做事很认真，从写给我们的信上可以看出来。尽管是几行的短笺，也是写得很整齐很工整的。再从订正和删改的痕迹，可以看到他写成后最少要读两三遍。删去的字上那个圆圈，也都是很讲究，一点不随便。""他每次来到家里，大家打过招呼之后，就是找孩子们玩。他可以带着孩子出去逛半天，也可以跟孩子们闲聊一两个小时，这时候他自己就似乎成了一个大孩子。""抗战前他到西湖玩，他对于十年前曾游过的地方的一草一木、一花一石，似乎都还记得很清楚。在'三潭印月'旁，他发现大柳树少了两棵，若有所失地在那儿徘徊了好一阵子。他不满意湖滨一些亭榭刺眼的大红色彩，而为了找不到过去的纯朴，懊恼得连晚饭都吃不下。这也许就是他的文人气质。"周翁庭的这些话，虽然是零散的，但是把朱自清的生活习惯、为人处世等都说出来了。周锦的这次采访，时间是1978年1月7日，地点在台北永和。当时朱玉华一家和儿孙住在一起，朱玉华还在妇联会附设复兴小学上班，谈到朱自清的时候，她是这样说的："大哥对我们太好了！民国二十一年八月三十一日，我在南京结婚，还是大哥代表父亲来主持的呢！""父亲反对女孩子多读书，当然也是因为家里没有钱。大哥却想法子把我和母亲接到他在宁波中学教书的地方，要我读书，后来再把我送到南京一女中把中学读完。""本来大哥要让我读大学的，只是这时候他孩子太多，拿不出钱来，他就请二哥负担，因为二哥已经在大学做教授，是没有问题的。然而却因为二嫂是我的同班同学，不愿我读的书比她多，全力反对，只好作罢了。这不能怪大哥，可是在我结婚时候，大哥还私下向我说了很多抱歉的话。""大哥很喜欢喝酒，尤其是在写文章之前。在我家，父亲是不喝酒的，大哥特别有这样的嗜好，可能与写文章有些关系。再就是他看起来慢腾腾的很随和，骨子里却是急性子、很好强，所以要喝酒。他的胃病，跟喝酒很有关系，但是因为他的人太好了，谁也不忍心干涉他。""大哥也吸烟，只是不多，也没有一般人吞云吐雾的那种样子。有时候，他坐在书房里用脑筋，会把香烟举到眼前，一个人凝视着袅袅的烟雾出神，好像在那里面可以看到很多东西，也好像很快乐。""我们家客厅里挂着一幅祖父手写的《朱子家训》，家里的人都要照着做，所以日常生活都很有规律，而且也成了习惯。""大哥很爱干净，即使在家里，也都是穿得整整齐齐的，外出时候更是讲究。一回到家，换下的外出衣服总是自己整理，刷干净了挂起来，才做别的事情。""大哥也很风趣，他爱吃鱼虾和海鲜。有一次一位同桌吃饭的亲戚，称赞'爱吃鱼的人都很聪明'，大哥却笑笑说：'那倒不一定，我就是因为不聪明，所以才要多吃鱼的。'""大哥很正直，是非分得很清楚，与朋友很重感情，所以和一些文学上的朋友处得和家里人一样。""大哥很节俭，从来不乱花钱，到北京上学或是出远门回家，除了买一点父亲、母亲喜欢吃的或用的东西外，对于弟弟妹妹，一直没有买过任何零碎。我们也曾觉得他有些小气，不过现在想起来，他是对的。"在说到武钟谦的时候，朱玉华说："大嫂虽然长得并不漂亮，而且婚前与大哥也不认识，但结婚后感情很好，大哥也很体贴。因为大嫂身体不好，常生病，大哥怕她过分操劳，就自己学会了缝补，也帮着洗涤。""冬天拣些旧衣服送给叫化子或穷人，大哥总要仔细检查过，找到脱线或破了的地方，一定亲自补好了才拿出去。""大哥长我十岁，如果活着，现在也该八十了。对于他，我们是没有资格批评的，只能说：'实在是个好人！'"从朱玉华和周翕庭的讲话中，朱自清清廉正直的形象呼之欲出了。

参加完妹妹的婚礼，朱自清于1932年9月1日登上北去的列车。朱自清在当天的日记中说："与平江及雷女士同车。三弟来送车。车上遇顾一樵先生，以《岳飞》一书相赠。包房甚适意。"顾一樵即顾毓琇。顾毓琇出生于1902年12月24日，字一樵，江苏无锡人，1915年入清华学堂读书，1923年赴美国麻省理工学院专攻电机工程，1928年获博士学位。除专业外，顾毓琇还是个诗人和戏剧家，出版过诗集。事有凑巧，这次朱自清和他同车巧遇，正好是他回到母校，创办清华大学电机工程系的时候，他还担任系主任。他送给朱自清的《岳飞》是一部四幕话剧。出版《岳飞》话剧的单行本之后，顾毓琇又扩充内容，出版了《岳飞及其他》，包括《岳飞》《项羽》《荆轲》及《苏武》四本古装话剧。这次列车上巧遇，又同是回清华园，必定十分亲密地谈说了一路。

朱自清和陈竹隐于1932年9月2日到达天津，下车后，在天津国民饭店住了一晚，于9月3日上午到达北平，暂时住在中央饭店。下午朱自清去清华园，和冯友兰见面，再次力辞中文系代理主任一职，没有获得冯友兰的同意。冯友兰的意思，一定也是校方的意见。

新学期的清华园

　　历经一年的欧洲访学，朱自清于 1932 年第一学期开学前回到了清华园，在力辞中文系代理主任不获批准之后，朱自清开始新学期的准备工作。1932 年 9 月 4 日朱自清日记说："午饭在金家，晚饭在吴家。"5 日这天，朱自清又访沈宅，对其家庭陈设十分钦佩。这次去沈家，主要是为陈竹隐的工作，效果不错，沈愿意邀陈竹隐任美校教师。陈竹隐在《追忆朱自清》一文中说："返回清华大学后，我们住在北院九号。那时清华大学规定教授太太不能在清华工作，主要是禁止家属参预学校的事，我便想去城里教书。但是当时由于教育经费都被挪用了，各个学校都发不出薪水，'女子文理学院'倒还发些钱，但我挣的钱连应酬都不够，无奈只好不工作了。"

　　1932 年 9 月 8 日，清华大学开学在即，朱自清进城访客，巧遇刚入清华大学中文系任教的闻一多。闻一多也是才子，他生于 1899 年 11 月，湖北蕲水人，十岁到武昌就读于两湖师范附属高等小学。1912 年以复试鄂籍第一名的成绩考入北京清华留美预备学校，在清华度过了十年学子生涯。他喜欢中国古代诗歌、诗话、小品、笔记等。他初入清华时，还有关于他的一个段子，当时他叫闻多，同学就用谐音的英文词"widow"（寡妇）给他起了绰号。闻一多听了，毫不介意。潘光旦知道后，便建议他改成闻一多，他立刻笑领了。在清华期间，闻一多兴趣广泛，1916 年就在《清华周刊》发表系列读书笔记，总称《二月庐漫记》，同时创作旧体诗。1919 年"五四"运动爆发，闻一多紧随校园运动的潮流，积极参与，手书岳飞的《满江红》张贴于饭厅大门前，之后，还发表演说，激励学生。1922年7月，闻一多赴美留学，先后在芝加哥美术学院、纽约艺术学院进行学习，专攻美术，对文学也怀有极大的兴趣。1922年底，与梁实秋合著的《冬夜草儿评论》出版。1923年9月出版第一部诗集《红烛》。1925年5月回国后，在北京艺术专科学校任教务长。1928年1月出版第二部诗集《死水》。1930年秋，闻一多受聘于国立青岛大学，任文学院院长兼国文系主任。1932年，青岛大学内部派系纷争，闻一多受到不少攻击与诽谤，离开青岛，回到母校清华大学任中文系教授。朱自清早就知道闻一多，但一直未曾有交谊，这次成为同事，又在访客中巧遇，遂开始交流起来。二人话语投机，惺惺相惜，相互留下了很好的印象。也是从这时候开始，二人成为了终生好友。1932年9月9日，朱自清继续访友，有些想见的人没有见到，但仍然拜访了陈岱孙、叶企孙、顾一樵、闻一多、萧叔玉、容希白等人。9月14日，朱自清在清华大学作访英游欧的演说，他在日记中说，主要讲了三点：一是提倡英货；二是西方人对中国人的态度；三是纯粹艺术论。关于这次演讲，朱自清用"勉强敷衍"带过，可能对演讲不甚满意。9月18日这天，清华大学1932年度第一学期开始上课，朱自清在本学年里开设的课有"古今诗选""歌谣""中国新文学研究"和"大一国文"，这都是朱自清讲熟了的课，想来没有问题。代理中文系主任既然辞不掉，就于这9月20日正式担任了。朱自清在日记中"叫苦"说："中国文学系已经略有棘手处，人皆不欲守法，最难办。"陈竹隐在《追忆朱自清》里说："佩弦这时担任清华大学中国文学系主任，工作很忙，一边担任教学工作，讲授三门课程，一边从事写作。为了探索新文学的道路，使新文学大众化，他还深入到下层老百姓中间，了解大众要求，学习民间语言。有一次他带我一起到劈柴（辟才）胡同的茶社去听刘宝全的京韵大鼓。那天我们听了刘宝全唱的《西厢记》，还买了《刘唐下乡》的唱片。佩弦还常常自己去听。"

除了正常的上课之外，朱自清关于这次欧洲之游的文章，应叶圣陶邀请，开始在《中学生》杂志边写边连载。在1932年度第一学期，即下半年里，朱自清共创作和发表欧洲之行的系列随笔计有《佛罗伦司》《滂卑故城》《瑞士》《荷兰》《柏林》等。这些文章，以及以后陆续发表的这方面的文章，后来都收入了散文集《欧游杂记》中。

此外，因朱自清担任中文系代理主任，要处理日常系务，又承担不少课程，加上自加压力的创作任务十分繁重，在新的学期里非常繁忙，有这么几件事情值得一说——

一是，1932年10月3日，朱自清应郑振铎的邀请，赴燕京大学国文学会演讲。这次演讲，虽然题目未知，但大致离不开他这次欧洲之行的见闻和他熟悉的古今诗选方面的内容，因为邀请他的是"国文学会"嘛。此外，这次演讲，是郑振铎托郭绍虞带话给朱自清的，到底是好朋友，如此郑重的事，朋友带话就可办妥。这天晚上，浦江清来访，聊的话题是严肃的中国语言文学的特点和比较文学史问题，朱自清在日记里有详细记载："江清来谈：一、中国语言文字之特点，中国语乃孤立语，与暹罗、西藏同系，异于印欧之屈折语及日本、土耳其之粘着语（Agglutinative Language），以位置定效用。又为分析的，非综合的，乃语言之最进化者。中国字为象形，形一而声可各从其乡，所谓书同文，象形字不足用，幸有谐声等五书辅之，乃可久存，见于记载，以省文故，另成一体与语言离，如今之拍电报然，又如数学公式然。故中国文开始即与语离。中国文学当以文言为正宗。至《尚书》之文难读者，盖杂白话分子多。又谓以后文体变易，大抵以杂入白话分子故。继论诗之发展，谓有三级：首为民歌，继为乐府，终乃为诗。衡之诗、词、曲莫不然。诗自工部而后即为纯粹吟诵之品，词自东坡后，曲则明清传奇皆然。二、比较文学史方法：中国中古文学多受印度影响，小说话与诗杂，继乃移诗于前，话渐多。此种诗至宋变为大曲，又变为诸宫调，为戏曲之原。至唐七言诗则受波斯影响，日本、朝鲜则被中国影响。又谓人类学有所谓传布说，谓文化大抵由传布，异地各自独立发展同样文化者，绝鲜其例。因思希腊无小说，印度无戏剧，自亚历山大东征后乃相交易而有。故元曲实间接受希腊影响，其具悲剧味盖非无因。"对于浦江清这些话，朱自清非常有感触，用"浦君可谓能思想者，自愧弗如远甚"的话"记此自勉"。

二是，1932年10月6日，下午四时，朱自清出席清华教授会会议，听清华陕西实业考察团报告陕西贫困荒凉的景象。朱自清在当天的日记中说："赵先生报告陕西实业考察团目睹情形。赵先生系在南组，往陕南一带。据云陕西苛捐杂税之重，实出意表。税犹照政府所定名目，但有增无减；捐则创新立异，而烟亩捐尤重。人民力耕所入，不足以纳税，则售房屋子女以偿之。盖催比极严。然昔日一千平心可得一元，今则亦只能得八毛矣。陕西人民出境极不易。道路既荒凉，不到站即不得食；而出境时又不许多带现金。以故虽受苦，仍只能居故土。又吸食鸦片者众，人民疲弱已极，虽境中土匪首亦须川人等为之。沿途所经村落，居户往往甚少。盖三年大旱，富者及中人之家多已迁徙他方矣。陕西各县往往甚小，某县每年收入田赋才八元，可谓素所未闻。各路土匪甚多，陕民之不能出境，此亦一因。又谓关中地土太瘠，恐永无办法。又谓途中起居饮食甚苦，因团中人甚众，往往饮料食料不敷也。又谓团员所至，各处招待，大抵如缴捐办法，按户摊派，且亦用催比。事后调查，其中不少浮报，竟有报至千元者。"

三是，1932年10月7日这天，朱自清赴天津南开大学，作一场"中国诗之出路"的演讲。这个讲题朱自清是讲熟了的，加上他这次欧洲游学的经历和阅读大量英文原诗，应该是一次成功的演讲。而这次天津之行，他没有住在宾馆里，而是住在学生兼好友柳无忌家。朱自清在日记中简略介绍了行程和经历："车中遇方令孺女士，尚有姿态。下车后陈君来接，方女士亦偕往。讲演毕略谈即去。余宿柳无忌君家，柳君伉俪待殷勤之至。"第二早上朱自清从天津返回时，误了车，于中午十二时半才到东兴楼。这天中午，朱自清在东兴楼设宴请客，受邀的客人分别是黄节、周作人、杨振声、徐霞村等。黄节即黄晦闻，朱自清的老师。这次请客，虽然误了点，但"饮酒兴致颇佳"。

四是，1932年10月13日，听胡适作"东西方文化冲突问题"的演讲；14日，朱自清自己在清华作中国文学系迎新大会的演讲。胡适的演讲，朱自清是听众，是学生，他在当天的日记里有这样的记录："下午适之先生讲演文化冲突的问题，大旨不外两端：（1）中国人应不以好的为满足，应求较好的；（2）西洋文化是较好的。所谓冲突指旧有相似之物与新来者抵抗而言。抵抗有大小，如机械（以自鸣钟为例）最易被接受，宗教即甚难。其说不甚圆满，亦无切实办法。"14 日的演讲，朱自清是作为新任中国文学系主任而第一个出场，他主要是介绍伦敦的读诗会。演讲中，朱自清还谈了参观名人故居、英国的过年风俗等。接下来演讲的，还有俞平伯等人。俞平伯主要讲歌诗和诵诗的区别，歌和诵，居然有区别，俞平伯是这方面的专家，他的演讲别具一格。这次演讲会，引起了一些议论。据朱自清日记记载，周孝若就告诉朱自清，闻一多说，"诗与乐无多关系"。有争论是好事，特别是在大学校园里，学术有争论才有进步，没有争论就是一潭死水。

五是，连续创作数篇重要的文章。除前面所说的为《中学生》杂志连载的《欧游杂记》系列作品外，还应徐调孚之约，写作一篇悼亡散文《给亡妇》，1932 年 10 月 11 日写完后，送给好朋友俞平伯看。俞平伯看后没有说什么。只字未评，未免让朱自清有些忐忑。10 月 13 日那天，朱自清还在日记里记了一句："平伯读《给亡妇》，无评语。"字里行间，既有所期待，也有些不甘，因为这篇文章是朱自清真情的流露。直到 16 日那天，朱自清又写成了一篇文章《论白话》，才在日记里写道："昨平伯见告，《给亡妇》一文太浓，如作回忆口气当较淡云云。""云云"是又说了很多的意思，大约也是"淡"的发挥。朱自清对俞平伯的意见是何态度呢？在该篇文章收入散文集《你我》时，朱自清在序言里说："《给亡妇》想试用不欧化的口语，但也没有完全如愿。"这句话可能和俞平伯"云云"所谈内容有关。再说《论白话》，该篇全称应是《论白话——读〈南北极〉与〈小彼得〉的感想》，这是一篇书评，发表于当年《清华周刊》第 38 卷第 4 期《文艺专号》上。《南北极》和《小彼得》分别是穆时英和张天翼的短篇小说集。白话文学中的短篇小说集，当时的文坛还不是太多。朱自清的这篇书评论述了白话文学在语言上的努力和突破方向，强调"北平话"在白话文学中的重要意义。

六是，订了两次学习计划。一次是在 1932 年 10 月 19 日，一次是在同月 25 日。学习是每个人都必须做的，只有不断学习，才能不断进步，无关乎学问高低。那么作为大学教授的朱自清，为什么要强调加强学习呢？从日记中看，有两件事情对他有所触动，一是 10 月 19 日上午，朱自清在上课时，感觉没有充分发挥。没有充分发挥的原因，是知识掌握不够熟练。这给朱自清带来苦恼，他下决心要给自己补充知识。补充知识就要读书，朱自清决定，定期学习日文、英文，读诗论及批评方面的书，还要研究新诗，读《香山集》和《放翁集》，新文学的书也必须要读。10 月 20 日这天早上，朱自清在接待来访的陈梦家、方玮德等人时，就和陈梦家论诗了。朱自清从改造旧诗说起。而陈梦家只论音数而不论音节，并说改造的旧诗就是白话诗，何必作标新立异之论？二是，10 月 21 日这天，朱自清在给学生上"古今诗选"课时，把《明月何皎皎》背错了。老师偶尔背错了旧诗，声明一声即可，没想到自己跟自己计较上了，觉得是读书不熟造成的，唯一的办法，就是恶补，多读。所以，在 10 月 25 日的日记中，朱自清给自己定的读书次序是：

每日读《诗经》，诵诗、词、曲、新诗（诗每周居四日）。
二、四、六上午准备功课。
一、三、五上午读专书。
一、三、五下午读专书、治事。
饭后读报及杂志。
晚作文及读小书。

这个读书计划可不是个小计划，一周基本上就没有休息的时间了。朱自清是个严谨的学人，他的计划应该都是会努力实施的。从他日记中可略窥一斑，比如 1932 年 10 月 26 日日记云："晚读《中国文人画之研究》，陈师曾译大邨西崖一文，条理极佳，始言模仿自然之不可能及其不如摄影，次论文人画重描线，贵水墨，崇气韵，谓气韵即个性之表现。又论诗、书、画同源，末谓文人画不当如董思翁之言，仅指派别，实就著者身份言之；一切画实在起于文人之手，南宗一名良不足以尽之。书中论画家、画工、文人三种画之别亦佳。惟大邨之说实不免偏畸。书端有姚茫文序，调停画家、文人之间，良获我心。至陈君自作《文人画之价值》一文空疏浮泛，不具论。"仅从日记文字观，朱自清读书都是带有研究心态的。若把这些文字稍加扩充，前后连缀些《中国文人画之研究》的背景，再加个结论，就是一篇书评了。

七是，关于叶石荪先生的辞职，朱自清也表明了意见。朱自清是1932年10月28日早上听冯友兰告诉他叶石荪辞职的消息的，朱自清在日记中说："学生诉辞有无著作一条，闻之憬然。"在得知叶石荪的情况后，朱自清于下午去看望他。朱自清在日记中说："承以远近所遭遇详情见告，觉系中人待彼确不佳，然石荪所述批评似确有嫌笼统处。又其猜疑似亦过多，渠仅存百七十元，又因二年聘约及五年出洋等权，自有弃之可惜之意，惟渠欲学生道歉，恐不易也。"叶石荪因为没有作品被学生责疑，心里不爽，要辞职。朱自清是了解叶石荪的，他生于1893年，四川古宋人，原名叶麐，石荪是他的字。他虽然作品不多，教书却不错，所以在学校还是受欢迎的。叶石荪虽然比朱自清大五岁左右，两人却是北京大学哲学系上下级的同学，朱自清比他高一届。叶石荪曾在《悼佩弦》一文中，写到当年在北大求学时，对朱自清的印象："他与我同是新潮社底社员，因此彼此都知道。我只在听胡适之先生底课时，要人丛中偶尔看到他。他是一个矮小的人。白白的一张脸。一个很高广的前额，浓眉。在浓眉之下，透过眼镜，我们可以看见一双难以形容的眼睛……一个不大不小、正直的鼻子。两片薄薄的嘴唇。他的举止安详，态度从容，说话缓慢，声音带一点扬州腔调。"叶石荪进入清华大学任教比朱自清要晚，他是1930年留学法国回来后，任清华大学理学院教授的。朱自清欧游回清华后，两人关系开始密切起来。这次叶石荪受了委屈，萌生辞职的想法。在朱自清的调解下，学生还是道歉了。1932年10月31日，朱自清在日记里说："访石荪，出示学生道歉信，写得非常漂亮，非常不在乎，信是能手，闻系陈遵所为。"至此，叶石荪辞职风波得以平息。

八是，听从学生建议，开设小班。1932年11月1日早上，两位一年级学生来找朱自清，请求为中国文学系一年级学生十人专开一班国文。朱自清在日记中说："此事有理而不易办。"有理，可能是这十个学生国文水平较高，需要强化提升；不易办，是没有这个先例，也无老师愿意额外兼课。到了晚上，朱自清告诉这两个学生，等到下学期再定，有可能办到。到了第二天，朱自清又把此事向文学院院长冯友兰做了报告，也没有得到解决的好办法。从朱自清日记中分析，可能是因为学期中，分不出老师来授课（也许还涉及经费问题）。但朱自清把此事和闻一多商量时，闻一多表示愿意教小班。朱自清心里便有了底，还和闻一多对后一步工作进行了商讨。到了11月3日这天，闻一多将课程修正案签注交给朱自清时，朱自清看后，认为"甚有佳见"。因此，开"专班"的事，到了4日即有了结果，朱自清在日记里说："上午接陈寅恪先生来信，于课程有所签注。"于是，"专班"便开成了，朱自清在当天的日记中写道："定加授一年国文一小时，分四讲，每讲二小时。一、中国语言的性质，二、中国文学的范围，三、中国文学的内涵，四、中国文学的形式。"至此，短短四天时间，中文系一年级学生关于专开一班的事得以解决。

九是，请郑振铎来清华讲明清短剧。郑振铎是个古典文学研究方面的全面手，无论是版本学、目录学、校雠学，还是小说、戏曲、诗词、民间文艺等都精通，1932年11月9日朱自清日记记其事云："下午振铎来讲明清二代的短剧，该短剧与杂剧异者有三：1. 非主角独唱，2. 不限四折（自一折至十二折），3. 不限北曲。此即所谓南杂剧。其源有二：一从杂剧来，而以四折说四事，如王九思之作是，嗣有用三折者；二从传奇来者，如《四艳记》，乃四短剧合成者，每一种各数折。短剧兴于明嘉靖、正德间，清代亦盛。大抵以文雅为主，盖此等剧已不可演之场上，故案头之性质愈富，有诗情而不俗恶，如《琵琶行》在杂剧与传奇中皆俗，在短剧《青衫泪》中即不尔矣。然讽刺一支亦甚可注意，如清中叶唐英即为此派重要作家，其《借靴》一折极负盛名，盖从马致远《借马》折来。末谓散曲之书有《盛明杂剧》初、二集，又《杂剧三编》，又《清人杂剧》第一集。"朱自清的记述可谓详尽了，从中也可以看出郑振铎对讲座准备之详尽和学问之扎实。这次讲座的余音是，到了这个月的13日中午，郑振铎请朱自清吃饭，席间，郑振铎向朱自清出示了他珍藏的雕版善本《还魂记》《牡丹亭》《琵琶行》三书，一来是展现自己的收藏，二来算是给9日的讲座收了个尾。

十是，朱自清和叶公超论诗。叶公超是大才子，潇洒风流，学问精深，又精通英文和西方文学，和朱自清惺惺相惜，过从甚密。他虽在清华任外国文学系教授，却经常和朱自清讨论新旧文学和外国文艺，可以说无话不谈、打成一片。1932 年 11 月 15 日，他来到朱自清家，和朱自清讨论中外诗歌，朱自清在当天的日记里有较详细的记录：叶公超认为，"中国所以无长诗之故，因中国无宗教信仰，不思灵魂得救，而西方有识者皆腐心焦虑于此。又中国人对自然与西方不同，西方人最初亦只以自然作背景，渐乃付以生命，至华兹华斯（Wordsworth）竟于自然中吹入全神思想，且彼等对自然有一种美的直觉，此实中国所无也。又谓西洋近代诗，日趋精确，阅者渐少，小说新体已成，诗尚在创造中"。关于叶公超的这番议论，朱自清未作评价，应该是叶公超的一家之言吧，这毕竟是他的个人观点，个人对西方文学的理解，也带有一定的时代性和局限性。但能谈后抄录于日记，也是一种默认。不过朱自清对于叶公超在西方诗歌方面的阐述，还是持欣赏态度的，认为在西方现代诗创造中，美国方面的试验为最积极，以年轻诗人为代表。朱自清还在日记中抄录了叶公超举的例诗《日落》，这是美国诗人 E. E. 卡明兹的诗：

耀眼的

金光

闪耀在

   银色的塔尖上

唱着祷文

   洪亮的钟声

在芬芳的玫瑰从中回荡

   远方的暮钟

   和着

阵阵疾风

   像梦一样

飞驰在

大海上——

朱自清又在诗后说:"公超为予讲解此诗,谓此种诗每字用法非常精准,只令人发生一种联想。又谓现在只有诗与读者,而无诗人,不似昔者有诗人、诗篇、读者三方关系也。"这是叶公超对西方现代诗歌的观点,实际上也是对国内现代新诗的批评和建议。

总之,朱自清从欧洲回国,在上海和陈竹隐完婚,回老家扬州逗留几天,又去南京参加完妹妹的婚礼,就赶回清华大学,欲辞去中文系代理主任一职而未获同意后,在新学年的第一个学期是忙碌且充实的,一方面教书、主持系务工作,一方面坚持创作和研究,都取得了可喜的成就。

和鲁迅的交往

　　朱自清在北京大学读书期间，听过鲁迅的同辈人周作人、胡适、沈尹默、沈兼士、章士钊、马叙伦等名师的课，也听过鲁迅的好友钱玄同的课。但朱自清没有听过鲁迅的课。那段时间，鲁迅还在补树书屋抄古碑，后期开始写小说，没到北大兼课。朱自清在1920年5月从北大毕业后，直到鲁迅去世，和鲁迅只有过几次见面的机会，也有文字上的相互联系，还在上海同桌吃过饭。但他们之间的关系却一直比较微妙，只限于"打个招呼"的范畴，没怎么亲近，就连朱自清和陈竹隐在上海的婚宴，请了不少上海的文化名人，都没有就近请鲁迅。朱自清和鲁迅家有老亲，按理应该互相走动很多，究竟是什么原因让他们保持这种若即若离的关系呢？

　　朱自清和鲁迅真正意义上的接触、互动，是在1932年的11月，这个月的9日，鲁迅来北京探望母亲。在北京逗留的十几天中，北京的文化界、学术界闻风而动，不少大学和机构都希望能请鲁迅去演讲。鲁迅也确实在北京大学、辅仁大学、女子文理学院、北京师范大学、中国大学等作了一系列的演讲，引起较大的反响。清华大学当然不能错过这次机会了。时任清华大学中文系代理主任的朱自清也去请鲁迅演讲，遭到鲁迅的拒绝。1932年11月24日，朱自清日记云："访鲁迅，请讲演，未允。"《鲁迅日记》在同日有类似的记录："上午朱自清来，约赴清华讲演，即谢绝。"朱自清没有讲鲁迅为什么"未允"，鲁迅也没有说为什么"谢绝"。

　　吴组缃在《敬悼佩弦先生》一文中，对这次不成功的邀请有比较详细的记述:"朱先生满头汗,不住用手帕抹着,说:'他不肯来,大约他对清华印象不好,也许是抽不出时间。他在城里有好几处讲演,北大和师大。'停停又说:'只好这样罢,你们进城去听他讲罢。反正一样的。'"从吴组缃这段文字里,我们大致能读出这样的信息,一是这次演讲很可能是同学们希望朱自清能请到鲁迅,一睹鲁迅的风采。因为朱自清当时不仅是中文系代理主任,还是著名作家,由他出面很合适,也较有把握。二是鲁迅对朱自清邀请的回话也是含糊其词的,"谢绝"也没明说什么原因,而一个"谢"又包含一些客气和感谢之意,算是给朱自清留了面子,也给自己留了余地。在朱自清听来,可能是鲁迅对"清华印象不好",也或许是"抽不出时间"。三是朱自清没请来鲁迅作演讲,觉得对不起学生,满头汗大约是走得急,也可能是心里急造成的,因为时节毕竟是 11 月底了,北京已经很冷了,在这么冷的天,还"满头汗",而且用手帕不住地抹,心情之急可想而知。所以朱自清最后才提醒学生,可以自行进城去听鲁迅的演讲。但朱自清到底还是不甘心,过了几天,即 1932 年 11 月 27 日下午,又去请了鲁迅,日记所记,也只比 24 日多了个"下午"二字,即"下午访鲁迅,请讲演,未允"。同日,《鲁迅日记》云:"午后往师范大学讲演……下午静农来,朱自清来。"鲁迅这次连关于演讲的事都没提。朱自清两次邀请未成,心情十分不爽。坏心情是有延续的,到了第二天,即 28 日,朱自清日记云:"心境殊劣,以无(心)工作也。"心情坏到连工作都不想干了,应该是两次请不动鲁迅造成的。

其实,朱自清和鲁迅之间的关联,应该早在 1922 年就有了。这年的 1 月,年仅 25 岁的朱自清,和鲁迅、周作人、沈雁冰、叶圣陶、许地山、王统照、冰心、庐隐等十七人,被著名的《小说月报》聘为"本刊特约文稿担任者"。依《小说月报》当年在文学界的地位,能够和鲁迅、周作人同时列名,虽然是郑振铎的关系,但也说明朱自清当时在文学界不仅是初露锋芒,还已经得到相当一部分白话文作家的肯定,甚至是青年领袖之一了。两年多以后,鲁迅还为朱自清说话,起因是在 1925 年 12 月 8 日,朱自清已经到了清华,一位叫周灵均的作者在北京星星文学社出版的《文学周刊》第 17 号上发表文章,题目叫《删诗》,很粗暴地对胡适的《尝试集》、郭沫若的《女神》、朱自清等人的《雪朝》以及许多新诗集给予了全盘否定，用词也非常极端，如"不佳""不是诗""未成熟的作品"等。鲁迅读到这篇文章后，专门写了一篇《"说不出"》，相当尖锐地批评了周灵均这种武断的作风，认为他是"提起一支屠城的笔，扫荡了文坛上一切野草"，还举了例子，说："看客在戏台下喝倒彩，食客在膳堂里发飙，伶人厨子，无嘴可开，只能怪自己没本领。但若看客开口一唱戏，食客动手一做菜，可就难说了。"批判了这种恶劣的批评倾向。

更重要的是，在鲁迅为朱自清等人的作品仗义执言一年之后，朱自清和鲁迅有了一次同桌聚饮之缘，时间是在1926年暑假期间，朱自清回浙江上虞白马湖家中度夏，假期结束北上清华，途经上海时应老朋友之约，于6月29日，先和叶圣陶、王伯祥、胡愈之、郑振铎、周予同等人喝了一场酒，酒后还去冷饮店吃了冷饮，第二天，就在消闲别墅和鲁迅相聚于更豪华的宴席上了。说豪华，当然不仅指排场了，还因为出席宴会的都是当时上海新文艺界及出版界的重要人物，此时的鲁迅心情较为复杂，"三一八"惨案后，鲁迅发表了《淡淡的血痕中》《一觉》等一系列文章，抗议北洋政府的暴行，并称3月18日那天为"民国以来最黑暗的一天"，为此遭到当局的通缉，避难于山本医院、德国医院、法国医院等，5月才能回家，7月，他每天去中央公园和齐宗颐一起翻译《小约翰》，算是做了点工作。但显然，北京不容易再待下去了。他在《朝花夕拾》的前言里说到那段生活时，用了"流离"一词，写作也是在"医院和木匠房"里。能和这么多朋友聚餐于上海，也是一种宽慰了。另外，鲁迅8月26日从北京出来，是带着许广平一起出行，先到天津，又从天津到达上海，29日入住沪宁旅馆，当天移住孟渊旅社，并和许广平在上海分手。和许广平分手，尽管是短暂的，大约心里也不够痛快吧。朱自清能在这样一个特殊的时候，和鲁迅邂逅于宴席中，双方印象应该都很深。这里略做一点补充，朱自清在上海，和叶圣陶等文人相聚甚欢，在北京，同样也能和京派文人打成一片，比如多次赴周作人、吴宓、顾颉刚、钱玄同、刘半农等人的聚餐、游览等活动。这里有几个例子可举——朱自清邀请鲁迅演讲被拒的前后，如1929年1月12日，朱自清应周作人邀请，到八道湾周宅赴宴，欢迎罗家伦就任清华大学校长，同席的除朱、周、罗外，还有俞平伯、钱玄同、冯友兰、杨振声、徐祖正、张凤举、刘廷芳等人；1929年5月18日晚，赴周作人在周宅的邀宴，在座的有傅斯年、钱玄同、刘半农、俞平伯、马裕藻、马衡等人。1929年1月，加入了以吴宓、赵万里等人为主的《大公报》撰稿者之列；同年5月，和白荻舟、顾颉刚、魏建功等人到妙峰山调查民俗；等等。就在鲁迅到北京探母的前一个月（1932年10月8日），朱自清还亲自设宴于东兴楼，请周作人、黄节、杨振声、徐霞村等人吃饭，朱自清当日的日记云："饮酒兴致颇佳。"值得一说的还有一事，即如前所述，朱自清于1932年8月结束为期一年的欧洲之游回到上海，和陈竹隐女士结婚，并在上海杏花楼订桌请客，在邀请嘉宾的名单里，没有鲁迅。朱自清8月4日的日记云："晤天瘘、延陵诸老友。大醉不省人事。"王伯祥日记记载了那天的婚礼，到场的嘉宾有："互生、惠群、克标、载良、承法、薰宇、熙先等。"陈竹隐在《追忆朱自清》里也说到那天的婚宴，邀请的嘉宾"有茅盾、叶圣陶、丰子恺等人"。朱自清度蜜月在上海，没有去拜访鲁迅，说明朱自清和鲁迅虽然有亲戚关系，但并无多少走动和往来。从这些蛛丝马迹中透露的信息看，鲁迅不愿意接受朱自清的邀请到清华大学演讲，似乎有点眉目了。

但此种说法似乎并不成立，这样未免小看了鲁迅。因为鲁迅的好朋友郑振铎和上海、北京多方面的文化人都有往来，而鲁迅和郑的关系一直保持得很好，比如1933年4月22日，郑振铎在北京为扩大左联刊物《文学杂志》的影响，特意在东兴楼设宴组稿，朱自清就在受邀之列。同时接受邀请的，还有顾颉刚、陈受颐、许地山、魏建功、严既澄、郭绍虞、俞平伯、杨振声、赵万里等人，朱自清在当天日记中有"余允作一文"的话。第二天，朱自清又赴北海五龙亭，出席《文学杂志》社茶话会。这是左联北京支部为团结北京文艺界、扩大杂志影响而举行的文艺茶话会。在会上，朱自清对文艺工作如何开展谈了自己的看法，表示愿意同杂志社合作。参加这次茶话会的，还有郑振铎、范文澜等文艺界人士。会后，北京左联负责人之一的王志之给鲁迅写了一封信，汇报了此次茶话会的成果，鲁迅看信后很满意，并高兴地说:"郑朱皆合作,甚好。"此事离朱自清邀请鲁迅演讲被拒不过五个月左右的时间,因此,说鲁迅对朱自清个人有什么成见并没有可信的依据。倒是朱自清,对鲁迅的个别作品略有不屑,1933 年 5 月 11 日,朱自清读完《两地书》后,觉得"无多意义",在当天日记中说:"《大公》文副所论甚有见。书中鲁对许之昵称曰'小鬼'曰'害马'曰'孩子'曰'少爷'(最先),除'少爷'外,皆截引许信中语,所存问者,除关于学校生活者外,只及眠食。"之后,朱自清还对于鲁迅在文章批判许多人也不能理解,"鲁骂人甚多,朱老夫子,朱山根(顾颉刚)、田千顷(陈万里)、白果皆被骂及;连伏老也不免被损了若干次,更有长虹亦挨骂,书中于革命军中消息颇多述及。"这天,朱自清读书不少,论及的书也有《词源》《事林广记》和茅盾的《秋收》等,只对《两地书》有不积极的评价和延伸出来的对鲁迅"骂人"的不满。

1935 年 1 月 5 日,在北京和天津同时产生很大影响的"全国木刻联合展览会"在北京太庙举行。朱自清在当天的日记中,对木刻展谈了自己的心得:"青年艺术家们对工农颇有好感。我对此种艺术并不熟悉,故不太会欣赏。不过在展览会上有机会读到比利时人梅塞里尔(Maserreel, 1889?—)的四部著作,每部作品前都有序,我读了这四篇序言后,对木刻总算有了些印象。序言中说以白线条代替黑线条,这种艺术效果和手法是英国人倍威克(Bewick, 1753—1828)的创造,而梅塞里尔的作品中受此影响是明显的。"需要说明的是,这次木刻展览,和鲁迅有很大关系。鲁迅在晚年,着力推广木刻版画,尤其对青年版画家更是倾力提携,还经常和青年木刻家座谈、交流,他本人也收藏了不少木刻作品。这次木刻展,虽由平津木刻研究会金肇野、唐诃、许仑英等发起主办,却得到了鲁迅和郑振铎的大力支持,更为重要的是,第三展室"西洋现代版画"由鲁迅所选(第二展室"中国古代木刻及图书"由郑振铎所选)。在当时,鲁迅和郑振铎可以说是这方面的专家,在木刻收藏和推广方面起着导师的作用。这次大规模的展览,报纸上肯定发布了消息,朋友间大约也有议论。朱自清原本就兴趣较广,经常参加各类艺术活动,仅在这次"全国木刻联合展览会"前后,就数次观展和参加艺术活动,如在 1934 年 9 月 9 日,就进城观看了苏州书画展,在当天的日记中，表达了对张大千兄弟作品的喜欢，特别是对张大千的画，还发表了感想，认为"画面并不匀称和充实，留下很多让观众自己去想象的余地。色彩富有装饰性。看来艺术家喜欢浅蓝和红色。此两色淡雅肃穆，颇为突出。特别是后者，更为画家所好。唯一不足之处，是画中人物的单调，好像只有绅士和淑女似的，且女性形象健壮而不纤雅"。1934 年 10 月 29 日，参加了哈丽特·蒙罗小姐的诗朗诵会，在当天的日记里特别记一句"她已七十二岁了"。1934 年 11 月 4 日，进城会晤了胡适后，又参观了 N. P. L. 书画展览，此展览大部分是照片，他开列了三幅感兴趣的作品："中世纪手稿的复制品""维也纳国家图书馆的壁画复制品""具有现代派建筑风格的瑞士国家图书馆照片"。这个月的 18 日，参观了中国戏剧展，对新增的一些乐器和剧本感兴趣。还在 1934 年 12 月 7 日，观看了华光女校在北京饭店的歌舞演出，8 日观看易卜生话剧《娜拉》。在 1935 年 1 月 13 日，观看了朋友的油画，在当天的日记中评论说："秦请我看他的油画，并告以如何欣赏色彩，甚难捉摸。唯一使人一目了然的画，是一张美女像，用的是传统画法。他还给我看了他的钢笔画，无非是黑白对比的效果记录而已。"这个月的 17 日，在家听唱片《太平乐急》和《纳曾利》。当天的日记中说："据说前者是唐代音乐，后者为朝鲜音乐。"本月 20 日下午赴朱光潜家，参加读书与文学讨论会，对李健吾扮演的一个迂腐气十足的旧官吏，感到矛盾得可笑。对马小姐表演摩登女郎，评价是"驾轻就熟，因其本人就是个摩登女郎"。本月 28 日日记云："在国际艺术协会展览馆看到了溥心畲的画。他画的技巧可能不错，但内容似很空洞。"值得一提的还有 1935 年 4 月 5 日，他在观看艺术学院展览时，在日记中所作的评论："王雪涛的虫、草小画颇生动。齐白石的六幅画相当具有创造性，所画'柳枝莲荷'与'香蕉树'，笔法雄浑有力，蜻蜓画得很细腻，我尚未见过像他这样处理的。画中之水使我印象尤深，波纹很凝重。'风景'是长条幅，在其下部画了一间茅舍，舍前有水塘，许多鸭子在其中游着，姿态各异，均系一笔画成。此外，在画的右角，他又画了两间屋子。这完全跳出传统手法，对此我将保留我的意见。"所以说，朱自清一直就是一个艺术欣赏者，他能专门进城去参观与鲁迅有关的木刻展，更多是出于对艺术的喜爱，当然，也不排除是对鲁迅、郑振铎等人能够参与这样的活动的欣赏。

1936年9月26日，朱自清日记云："访鲁迅太太。借二十元，为吉人婚事也。"

朱自清为什么要访"鲁迅太太"？日记上没有说明，但后一句"为吉人婚事也"，从中可见端倪。吉人，即朱吉人。他是"鲁迅太太"朱安的侄儿，是朱安弟弟家的孩子，《鲁迅日记》里有几次提到他。

在朱自清访"鲁迅太太"后不久，即1936年10月19日，鲁迅逝世。当天，朱自清没有得到鲁迅逝世的消息，晚上在中国文学会开会，并写毕《伦敦杂记》之七的《博物院》，这篇文章费时半月之久。第二天，朱自清日记有"昨日鲁迅先生逝世"的记录，并说"吊慰鲁迅太太"，说明朱自清进城到阜成门的鲁迅家，参加了吊慰活动。本月24日，清华大学在同方部举行鲁迅追悼会，朱自清参加并作了演讲，据赵俪生《鲁迅追悼会记》一文说："朱先生说鲁迅先生近几年的著作看的不多，不便发什么议论，于是就只说了几点印象。最后朱先生提到一点，那就是《狂人日记》中提到的一句话'救救孩子'，这句话在鲁迅不是一句空话，而是终生实行着的一句实话。在他的一生中，他始终帮忙青年人，所以在死后青年人也哀悼他。"这天的日记，朱自清还写道："闻一多以鲁迅比韩愈。韩氏当时经解被歪曲，故文体改革实属必要。"到了11月16日，朱自清再度进城，到鲁迅家访鲁迅夫人朱安。这一次来鲁迅家，身份略微有点变化，应该是以亲戚身份去的，带有慰问的成分，听朱安说了不少话，在这天的日记中说，"告以鲁迅一生之困难生活情形"。

鲁迅逝世以后，朱自清对鲁迅依然抱着尊敬的态度。比如1940年暑假期间，朱自清休假一年在成都，叶圣陶请他参与编辑《略读指导举隅》和《精读指导举隅》，1940年10月下旬，朱自清为鲁迅的小说《药》写了指导大概，编入了《精读指导举隅》里。

时间一晃到了1946年11月，朱自清亦经历了西南联大九年的奔波回到北京，此时他已经是北京《新生报》副刊《语言与文学》的主编，由余冠英具体负责编辑，朱自清在《语言与文学》上开有一专栏《周话》，不定期地发表文章，署名自清。11月8日这天，朱自清写了一篇"周话"，发表在11日出版的《语言与文学》第4期上。这篇文章主要是谈鲁迅的"中国语文观"的，不久后，在收入《标准与尺度》一书时，改标题为《鲁迅先生的中国语文观》。在鲁迅刚一逝世的时候，有太多人写了关于鲁迅的悼念文章，包括朱自清的许多好友，如叶圣陶，从鲁迅逝世到12月1日，在极短的时间内，就写作并发表了《鲁迅先生的精神》《挽鲁迅先生》《学习鲁迅先生的真诚态度》等，这当然是应该也是有必要的。可直到十年以后，朱自清才有一篇短文问世，而且谈的是鲁迅的中国语文观。他在这篇文章的开头就说："这里是就鲁迅先生的文章中论到中国语言文字的话，综合地加以说明，不参加自己意见。有些就抄他的原文，但是恕不一一加引号，也不注明出处。"这段"说明"看似略有霸气，实际上是对鲁迅先生的尊重，表明他是赞赏鲁迅先生的"语文观"的。大约一年后，即1947年10月15日，朱自清又写了一篇关于鲁迅的文章，即杂论《鲁迅先生的杂感》，这篇杂感是朱自清讨论"百读不厌"而引发的，朱自清认为，"所谓'百读不厌'，注重趣味与快感，不适用于我们的现代文学，可是现代作品里也有引人'百读不厌'的"，那就是鲁迅先生的《阿Q正传》。之所以《阿Q正传》"百读不厌"，是引入了幽默，"这幽默是严肃的，不是油腔滑调的，更不只是为幽默而幽默"。在表明了这个意思后，才对鲁迅的杂文做出议论，认为鲁迅先生的贡献在于他的杂感也是诗，"这种诗的结晶在《野草》里'达到了那高峰'"。几天后的10月19日，朱自清参加在清华大学大礼堂举行的鲁迅逝世11周年纪念会，并作演讲，高度评价了鲁迅对中国文学的贡献。

清华园曲社

朱自清不像俞平伯那样热衷于拍曲。但是因为夫人陈竹隐是溥西园的学生，他能唱多折昆曲，也会参加清华园的曲会，有时是和夫人一起参加，有时是他自己也参与其中。

说朱自清参加曲会，必绕不开俞平伯。

1924 年年底，俞平伯从杭州回到北京，他的工作趋于稳定，一直在几所大学教书、填词、作诗、写文章、做研究，准备写作的《红楼梦新论》还没有开笔就被出版家预订了去。但再忙，他也会抽时间拍曲。拍曲是他最重要的业余生活。俞平伯甚至还抽暇填《倾杯赏芙蓉·咏落叶》南曲一首，由刘凤叔为之谱曲。和刘凤叔还合作有《偕游灵隐寺归鞭一套》。此后，他还自作自谱多首曲，如《江儿水·京寓书怀》，词非常美："绿柳全舒翠，红飞半落苔。感缠绵儿女胭脂态，茫茫歧路莺花界，虚舟来往无牵碍。有修竹天寒人在。旧曲重听，待说与知音能解。"曲美，词美，唱曲人文雅富贵，虽嗓音不好，却也是一种享受！这段时间的拍曲，是俞平伯重要抑或说唯一的业余生活。待到 1925 年 8 月末，俞平伯来到清华园，和朱自清同寓北京，二位好友不可能不谈到拍曲事，朱自清或也会参与俞平伯参加的曲会。1927 年 12 月 14 日，周作人在致江绍原的信中，谈到俞平伯时，有这样的话："平伯在京，一如曩昔，闻佩弦说他仍很热心于拍曲，可以想见他的兴趣不减于当初。"这段话里透出多种信息，涉及拍曲也有三层意思：一是"热心于拍曲"；二是"兴趣""一如曩昔"，而且"不减于当初"；三是周作人是从朱自清那里听说的，并不是俞平伯亲口相告，那么朱自清多多少少也会参与几次拍曲吧，即便不会唱，欣赏好友的才华也是一种乐趣。

1928 年，俞平伯到清华任教。到了 1930 年 10 月，俞平伯从老君堂搬出来，搬到清华园南院 7 号，把自己的书房取名为"秋荔亭"。这下更为自由了，他索性把秋荔亭当成了清华昆曲爱好者的活动场所，经常邀请几个同好，到家里拍曲，秋荔亭一时曲声悠扬。而朱自清此时因原配武钟谦去世，在俞平伯家搭伙吃饭，对于俞平伯家的小型曲会，也是多有了解的。1931 年 1 月 3 日这天，俞平伯在清华园秋荔亭举行了一场曲会，参加的有冯友兰、浦江清、邹湘乔、杨武之等人。那天俞平伯曲兴很高，唱了两支曲子，《下山》和《惊梦》。还请魏建功给他刻一方"秋荔亭拍曲"印。就在这次雅集几天后，即 1 月 8 日晚上，在清华园西客厅，俞平伯与朱自清、叶公超、叶石荪、顾随、赵万里、钱稻孙、毕树棠等一起出席浦江清的邀宴。席间，大家高谈阔论，由词而谈到昆曲、皮黄、新剧和新文学，朱自清也发表了自己的见解。

昆曲是中国的国粹，历史上有过辉煌——18 世纪之前的 400 年里，昆曲一直是中国的主打戏剧，它以完美的表现方式向人们展示着世间的万般风情，是宫廷相府中的常客，是文人雅士的时尚。正是这种富丽华美的演出氛围，风流高雅的刻意追求，使得昆曲日益走向文雅、繁难的境地。但这样的文雅、繁难也埋下了衰亡的种子。18 世纪后期，地方戏开始兴起，它们的出现打破了长期以来形成的演出格局，戏曲的发展也由贵族化向大众化过渡，昆曲不可避免地开始走下坡路。到 1850 年前后，昆曲败落之势更为明显，许多昆曲艺人被生活所迫，转行表演流行的京剧去了。到了俞平伯的祖、父辈，昆曲的演出班子已经彻底消失，唱曲除成为一些小众"玩友"雅集的保留节目外，在公众场合几乎绝迹。俞平伯远远地望见昆曲消亡的尾巴，同时也拽住了昆曲留下的一点点余音。就是这点余音，使俞平伯的内心起了波澜，要为昆曲的保留和传承做一点微薄的贡献。

机遇出现在 1933 年的 9 月，那是一次难忘的江南之行，对于久居北平的俞平伯夫妇来说，这次江南之行，不仅是游山玩水、访师问友，更是一次愉快的昆曲之旅。杨振华在《"红学家"的昆曲之爱》里介绍道：

俞先生的《癸酉南归日记》随处可见俞氏夫妇在昆曲世界里如鱼得水的情景：9月17日，到苏州，晚饭后，他们找到了一位吹笛人翁松龄，灯前小聚，唱了如下曲子：《折柳》《思凡》《学堂游园》《拾书》。22日，到达上海，午后到大世界"仙霓社"看《荆钗记》及《折柳》。24日下午，又到大世界看《偷诗》……这天晚饭后，还是带了妻子、妻弟去看昆剧，碰上倾盆大雨，到场时《楼会》已演过，观看《宋十回》《活捉》，感到表演水平极高。25日，来到嘉兴，昆曲家陈延甫来接车，天气阴雨，他们不能外出，与喜爱昆曲的旅馆老板郑启澄一起在楼上唱曲。晚饭酒后，还回到房间唱曲，到9点钟才曲散。客人离开后，俞平伯还挑灯校订《认子》的工尺谱。"是日竟日未离曲与笛，亦旅游中一快。"26日，陈延甫来访，又一起拍曲。10月1日，在杭州，应表兄之约唱昆曲，俞平伯度《折柳》"寄生草"一曲，吹笛的是京昆名家俞振飞。

3日，看昆剧到凌晨2点半。4日，正好是中秋，到葛荫山庄参加昆曲雅集，他唱了《拾画》一支，以及《惊梦》和《折柳》。

通过俞平伯的日记，可知俞氏夫妇的这次"南归"，几乎一直和昆曲相伴，也可见他们对昆曲的痴迷。到了1934年正月，俞平伯做出一个惊人之举，邀请陈延甫来北京。俞并不是请一个昆曲家来北京游山玩水，而是让他的昆曲才华得以展露。

陈延甫来京后，住在东城遂安伯胡同；第二天，便来到俞家，为俞平伯、许宝驯夫妇所设拍期拍曲、撇笛。后来，为了拍曲方便，陈延甫干脆也住西郊，离清华园近一些，经常在清晨赶往俞平伯家里，其所有工作都和昆曲有关。朱复所撰《昆曲笛师陈延甫简历》中，有一段专门记述陈延甫到俞平伯家拍曲的经历，以及他在北京与昆曲有关的其他活动："凡四载未间断，为俞夫妇习曲《哭宴》《泼水》《惊魂》《冥勘》《错莽》《询图》《草地》《窥醉》《思乡》《北钱》《功宴》《谏父》等一百余折。亦为清华园其他业余曲家所设拍期理曲，如为浦江清拍曲《秋江》《女弹》《北樵》等。次年春，俞平伯联合清华园诸曲家组成谷音社，陈任该社同期、公期主要笛师，俞亲为拟《介绍陈延甫指导昆曲酬例》，广设拍期，鼓励学生习曲，如 1935 年 10 月陈为清华学生张宗和、李远义、黄席春、刁鸿翔等拍曲《阳关》等。同年 11 月 21 日谷音社主要成员在城内承华阁宴请曲家俞振飞，席间每人唱曲，由陈一人司笛，其中为俞伴奏《乔醋》（太师引）。在日常曲集时，陈亦曾为搭配某角色，如 1935 年 9 月 28 日俞寓秋荔亭曲会，《问病》一曲由张宗和（饰潘必正）、俞平伯（饰老道姑）、陈延甫（饰进安）和许宝驯（饰陈妙常）合唱。陈亦经常为城内各曲社的集唱活动撅笛伴奏，如言咏社、潜庐曲社、珠萦社等。"

有了陈延甫的加盟，秋荔亭内雅音不绝，俞平伯更是萌发了集社的想法。1934 年仲夏，一个月明风轻的夜晚，在水木清华的工字厅水轩，俞平伯牵头，举行了第一次公开的曲集，到场的除了清华园的昆曲爱好者，还有京城其他曲友，大家轮流表演，直至深夜仍不愿散去。就是在这时候，俞平伯开始酝酿曲社。到了第二年正月，还是在水木清华的工字厅，俞平伯再一次召集曲会，亲自演唱了《紫钗记》《单刀会》和《玉簪记》中的曲子各一折，引起现场阵阵热烈掌声。这一次，俞平伯正式确定，把曲社定名为"谷音社"，取"空谷传声，其音不绝"之意，希望昆曲这门艺术能发扬光大。但是，好事多磨，已经确定好的谷音社直到 1935 年 3 月 17 日，才在清华园俞平伯寓所正式召开成立会。俞平伯亲自撰写了《谷音社社约引言》和《周期细则》，并被推为社长。在"社约引言"里，他说："夫音歌感人，迹在微眇。涵咏风雅，陶写性情。虽迹近俳优，犹贤于博弈，不为无益，宁遭此有涯。然达者观其领会，则亦进修之一助也。故诗以兴矣，礼以立矣，终日成于乐；德可据也，仁可依也，又曰游于世；一唱而三欢，岂不可深长思乎。或以为盖有雅郑之殊，古今之别焉。不知器有古今，而声无所谓古今也，乐有雅郑，而兴感群怨之迹不必书异也。磨调作于明之中世，当时虽曰新歌，此日则成古调矣。其宫商管色之配合，虽稍稍凌杂，得非先代之遗声乎。其出字毕韵之试题严，固犹唐宋之旧也。夫以数百年之传，不能永于一旦，虽曰时会使然，亦后起者之责耳。同人爰有谷音社之结集，发议于甲戌之夏，成立于乙亥之春。譬诸空谷传声，虚堂习听，寂寥甚矣，而闻跫然之足音，得无开颜而一笑乎。于是朋簪遂合，针芥焉投，同气相求，苔岑不异。声无哀乐，未必中年，韵有于喁，何分前后；发豪情于宫徵，飞逸兴于管弦。爰标社约，以告同侪。"俞平伯充分发挥了自己的写作特长，历述了歌、诗、曲、乐在陶冶人们性情和操守方面的作用和功绩，简明扼要地概括了昆曲的发展史，明确了谷音社成立的目的和意义，即"涵咏风雅，陶写性情"，"发豪情于宫徵，飞逸兴于管弦"。这篇"引言"用词非常精致漂亮，是一篇难得的美赋。文中的这些约定，已经明确了曲社的职责，就是要承担拯救昆曲的责任。

朱自清先是在俞平伯的影响下，后又在夫人陈竹隐的熏陶下，也会常常被邀请参加清华园的曲会，有时也陪夫人一起参加。如 1932 年 12 月 10 日晚上，和陈竹隐一起参加了清华园曲会，观看了昆曲《三醉》《思凡》《小宴》《骂曹》等，陈竹隐也有登台表演。朱自清对陈竹隐的评价是："竹身段颇好，嗓子稍低，又脸上无戏，竹今晚扮相极佳。"那么别人表现如何呢？朱自清在日记里也有记载："陈祖同君身段、扮相细腻已极，唱工亦不错。"1933 年3 月 19 日，朱自清还专门去看望了陈竹隐的曲学老师溥侗，晚上观看了北平艺专的音乐会。1933 年 5 月 5 日下午，和陈竹隐一起，参加昆曲演唱会，同时参加的，还有俞平伯夫妇和浦江清、许宝驹等。第二天，即 5 月 6 日一早，俞平伯夫妇及浦江清来谈，说起对昨天唱曲人的意见，朱自清在当天的日记里说："余谓七公《琴挑》稍次，浦公以为不然，因《琴挑》唱得甚稳，惟七公嗓子不佳耳。又论陶君《三醉》，谓最要不得，因无高低，亦不稳。王季烈次子昨在场，谓此君嗓音只能唱《毛毛雨》耳。实则陶唱余甚赏识，可见评衡当重知识，余直是妄自饶舌耳。"朱自清不光参与唱曲，还喜欢唱后评论，已悄然成为曲迷了。1933 年的 6 月 3 日，朱自清进城时，看望了溥侗、黄节、刘文典等人，溥侗是陈竹隐的老师，教陈竹隐昆曲，也是朱、陈二人的媒人；黄节即黄晦闻，是朱自清的老师；刘文典是朱自清清华的同事。10月 8 日，朱自清在庆林春宴客，请溥侗、赵万里等人。10 月 15 日，朱自清日记云："下午至四明戏院听高腔戏，《思凡》与昆曲似不同，《夜巡》《相梁刺梁》均佳……"朱自清已经很懂戏了。1934 年 2 月 18 日，朱自清专程赴北平图书馆，观看戏曲音乐展览会。3月11日下午，进城观看国剧（京剧）展览会。3月16日，听齐如山在清华作"昆曲"的讲演。在不长的时间里，连续观看或听关于京剧和昆曲的展览或演讲，也可以看出朱自清对于拍曲的兴趣已经渐渐浓浓起来，并且想多做些了解，提高自己的欣赏水平。那么，朱自清有没有清唱过或登台演出过呢？从现有资料看，没有。可能是朱自清生性拘谨，他不愿意在这种场合展现自己的弱项，或还完全没有入门，也或仅仅是入门而已。但，清华园有拍曲，他还会偶有参与，如1935年9月28日，朱自清出席清华大学举行的谷音社昆曲演唱会，俞平伯夫妇等参加了这次演唱会。1936年11月3日晚上，朱自清赴俞平伯家，应邀陪宴。这次家庭聚餐也可看成是谷音社的一场小型活动，席间，俞平伯准备邀请杨荫浏、郭绍虞加入谷音社。那天在座的还有谷音社成员冯友兰、汪健君、浦江清、陈延甫等人。总之，因为好友俞平伯的关系，加上夫人陈竹隐，朱自清对于昆曲也有了兴趣并时有参与。

陈竹隐病中

　　1933 年 1 月 5 日这天，朱自清的生活比较丰富，先是结束一天的读书学习，然后参加学校的教授会，讨论应付日益恶化的时局，筹划保证学校安全及保护学校文物诸事。中午浦江清请唐心一吃饭，朱自清作陪，日记里记"颇有失态处"。晚上在吴景超家吃徽州菜。虽然（朱自清认为）吴景超骨子里是个严肃、冷淡之人，但是吴太太极和蔼。至于吴太太做菜的手艺，朱自清评价不高，认为"无甚佳处"。吴景超生于 1901 年，安徽歙县人，字北海。他于 1914 年就读于南京金陵中学，次年考入清华留美预备学校。1923 年赴美，就读于明尼苏达大学，1925 年获学士学位后，又入芝加哥大学继续深造，先后获硕士学位（1926）、博士学位（1928）。回国后，先任金陵大学社会学系教授兼系主任，1931 年任清华大学教授，1932 年任教务长。就是在教务长的任上，朱自清到他家品尝了其夫人的徽州菜。徽州菜很有特色，按说徽州商人在扬州很多，不少有钱人家的厨师都请的是徽州人，淮扬菜不少名肴都脱胎于徽州菜，朱自清评价不高，可能是心情及对吴景超感觉不好所致，和中午陪客时的失态也有联系。那么，朱自清为何失去了平时的平稳和温和的做派呢？原来，他和陈竹隐都患病（伤风）了。

　　"伤风"原是小病，但陈竹隐反应较重，到 1933 年 1 月 7 日还没有好，还请刘大夫诊治。好在到了 1 月 10 日，"竹病愈"。可"病愈"不过是假象，或者病愈不过是伤风好了，别的病症又出现了——到了 12 日，朱自清日记有"竹病，心绪甚恶"的记录。14 日这天，朱自清请来一位中医为陈竹隐诊病。朱自清在当天的日记中说："竹信中医之理甚笃，然中医诊金昂甚。"1月15日这天，朱自清访叶石荪，谈了朱光潜《论音律》，晚上到俞平伯处打桥牌并吃晚饭，饭后回来时，和住在城里准备诊病的陈竹隐通电话，朱自清用"竹似怒"表示和陈竹隐通话时感觉到的她的情绪——因为生病，心情不爽。这天晚上，朱自清给陈竹隐写了一封信，信曰：

> 隐妹：
>
> 　　昨晚回来，看看空房子，非常寂寞；想起两礼拜，真是长日子，不知怎样过去。
>
> 　　豆豉里要不要搁盐，请告我照办。
>
> 　　你的衣服放在小箱里给你送来。
>
> 　　医院的药票如在你处，请检交来人。
>
> 　　明天看完了，别忘了写信给我！明晚上我也许打电话给你。
>
> 你的清
> （一九三三年一月）十五日

这看似一封普通的信，信中也不过交代几件家常琐事，但能感受到朱自清对陈竹隐的关心。信中的"明天"就是1月16日，朱自清和陈竹隐通了电话后，又写了信，信中说："今晚等你吃饭，但你没有回来，想来大夫不教你回来。刚才打电话进城，说是金宅已上了门，叫不开；大约今晚风大的缘故吧，不然九点半不会上门的。今早读你的信并和你通电话后，将几日来烦躁的心情安静了许多；但刚才电话通不了，又教我乱起来了。今晚怕又做不了事，觉怕也睡不好，令人懊丧之至……这两天真苦了我，什么事都不想做，只惦记着你！心里老是乱糟糟的。你有朋友陪着玩儿，大约还好；我今天来了客人，又开会。一忙了，倒觉得松活些。来的是蒋慰堂，本来在德国，这回从南京来，说了些有趣的故事；等你回来和你说，无非是海船上的花样。"又说："送去的东西想收到了，不知大夫许你多早晚回来。我盼你真盼得有些傻了。"陈竹隐生病在城里，朱自清惦念不已："再说一句，今晚的闭门羹真害我不浅！本来想多写些，心思实在恶劣，只好就此带住，祝你安好！"在信落款日期后边，朱自清还预约了明天的电话："明早想再通一电话，但须等到十一点，还不知通得了否？怅怅！只好看运气吧！"

在陈竹隐住院诊病、朱自清心情烦躁之际，朱自清家也有好事，1933年1月19日，木匠送来了订购的家具，1月20日，朱自清家移居北院9号，朱自清在日记中用"甚适意"表示开心。1月21日下午，浦江清、叶石荪来和朱自清谈话，后来石璞也来了，他是来专门看望陈竹隐的。从朱自清日记中能推断出，搬家时，陈竹隐从城里回来了一趟。1月22日，朱自清和陈竹隐再次进城。进城后，陈竹隐因事和朱自清分头活动。朱自清去了杨振声家，中午在杨家用午餐，朱自清当天日记写道："毕树棠君在座，酒系白干，以桂圆、枣子泡成，甚浓厚，菜亦佳。饭后论《啼笑姻缘》及《人海微澜》。旋陶孟和夫妇来，陶夫人余已不见数载，而少年似昔，境遇与人生关系真钜哉。"1月23日这天，朱自清又给陈竹隐写了一封信：

隐：

　　昨天在杨宅又多喝了酒。酒实在好，用桂圆肉和枣子泡的白干，色味俱浓，可是喝了后一直不舒服到晚上。由杨宅出来便上高宅去，高二爹说今年田上收成不好，甚为着急，又说起我的二叔祖母的事，我也觉得烦躁。七点钟车回校，晚饭吃不下，只喝了些白菜肉片汤（虽然吃不下，可是肉是不能不吃的）。余太太听见我回来，还以为城里出了什么事。他们家昨晚上有客，今早在过道中看见他们那张黑圈椅背断了，大约是坐坏的。这些年轻人真有意思，可是苦了椅子。想起我们那些小小的新椅子将来不知运命如何，但我们只坐着吃饭，大概不要紧。因人吃饭虽然也有文野之分，但只以饭菜为对象，身子或直或偃；仰着吃饭，如伸懒腰一般的，实在很不多见也。

　　郑裁缝的账，你的钱若不够付，我后天下午带点钱给你。今天我差不多将银行钱全支来了，又向章晓初借些，大约勉强可过这个旧正月了。

你觉得怎么样？徐右丞处已去否？我昨晚睡得很好，独据一榻，虽然冷些，却宽大自由得多。你睡得好吗？

清

（一九三三年一月）二十三日

这封信是朱自清进城在杨振声家喝酒，又去高二爹家闲坐，回家吃过晚饭后写给陈竹隐的。这段时间，朱自清和陈竹隐搬了新房，除添置家具外，陈竹隐也做了些衣服，家里现金并不宽裕，向朋友借了些钱，才可以过这个农历春节。信中"你觉得怎么样"之句，是问候陈竹隐的病情的。

十几天之后，即 1933 年 2 月 11 日上午，浦江清来谈话，朱自清留他在家吃午饭，陈竹隐烹饪手艺不错。此时的朱自清，对陈竹隐的病情还是不放心。2 月 12 日，朱自清和陈竹隐再次进城，朱自清当天的日记云："独归，隐留城中，明早赴协和诊病。归时殊闷闷，下车遇平伯，往七号小坐，平伯以法国面包房奶油蛋糕见飨，美甚，余所未尝。"2 月 13 日这天，朱自清上课时注意力不集中，精神恍惚。果然，朱自清下班回家后，余冠英来告诉朱自清金宅有电话来，谓陈竹隐诊病恐太晚，回不来了。朱自清心里不安，晚上打电话进城询问。朱自清在日记里说："知竹生子宫瘤尚小，无碍，已动刀矣，明日仍须往诊。"知道陈竹隐的病情，特别是得知"无碍"的安心话后，朱自清心里稍许放心。晚上，浦江清来到朱宅，谈其研究计划，谈得很细。朱自清日记云："一、语根字典，从《释名》《广雅》《说文》等入手，顷潘尊行从事于此，然其人陋甚。二、中国文学史论，就最重要之问题论，可以引人注意。三、中国文学年表。四、元曲字典。又论著述，以为只总结帐及划时代之作为价值，述古多而创新少即不足论。冯芝生哲学史，渠意当属此类。"看来，浦江清的研究计划是宏大的，不要说那么多内容了，只其中任何一项，都是一个大工程。2 月 14 日这天，朱自清早上阅新文学卷之后，于下午进城，直接来到协和医院，和陈竹隐见面。又专程去见李大夫，听了李大夫对陈竹隐病情的详告。朱自清在当天的日记中说："大夫甚和蔼，谓竹生小瘤，或小产亦未可知。又嘱竹最好在城中住二星期，即可痊愈。"在医院和陈竹隐告别后，朱自清又匆忙回校了。

至此，陈竹隐的病情终于确诊并做了手术。但因陈竹隐有孕在身，安全起见，还要在医院住两个星期。在这两个星期中，朱自清要忙于期末考试的批卷、放假安排等诸多杂事，又担心独自在城里的陈竹隐，虽然有结拜姐妹的照顾，终究许多事情都要独自一人面对。朱自清这一阵的心情，日记中多有记录，1933 年 2 月 15 日："思念竹不已，不能作事。"2 月 16 日："早接竹信，殊慰……与竹通电话，精神较有着落。竹谓尚有血，拟星六归也。"星六即星期六。又说："晚与竹通电，因风大，金宅已上门，恨恨。""上门"即休息之意。当时，朱自清和陈竹隐互通电话，都是用借住的朋友家的电话，有时并不方便。2 月 17 日早上，朱自清给陈竹隐写信，信中有"盼她将盼得傻了"的话，其心情可见一斑。这天下午，朱自清焦急中再次乘车入城，见到了恢复中的陈竹隐，"知昨日之晕乃精神支持不住所致，非流血过多也"。陈竹隐在城里，住在她的亲戚金家，和金家的金七妹要好，前文所说的"金宅"即是。金家住几进大宅，还有电话，想来是个有钱的大户人家。这几次，学校事多，朱自清进城都是当日往返。2 月 18 日这天，朱自清手头拮据，一早去赵万里那儿"借洋二十元，谈甚畅"。朱自清带着新借的二十元钱，心里有底，随即进城，来到金七妹家看望陈竹隐，受到金家的热情招待。朱自清日记云："金宅午炖鸡，晚炖牛肉，相待甚厚。"朱自清在金宅一天，金七妹还向朱自清询问清华大学英语教学方面的问题。朱自清以为陈竹隐病情稳定后，回家就会安心下来，过一个平静的农历新年，没想到陈竹隐无意中说下周四还要入城的话，"又须住，余颇失望。旋竹谓早九时来即可不住"。这些日子的奔波，朱自清已经有些"神经过敏"了，一听说陈竹隐周四还得进一次城，"颇感失望"。又听陈竹隐说要是九点以前进城，就可以不住，这才放下心来。2 月 19 日一早，朱自清和陈竹隐一起告别金家，回到学校。

至此，陈竹隐病愈，朱自清牵肠挂肚的日子也随之结束，家庭生活恢复正常，陈竹隐只需安心保胎即好。

《春》与《赋得早春》

《春》是朱自清的代表作。《赋得早春》是俞平伯的文章。这两篇文章有关联吗？如有，是什么关联？

1933年2月21日，朱自清日记云："成《春》一文。"第二天，即2月22日，朱自清将《春》寄给俞平伯，日记写道："以《春》寄俞宅、二毛公鉴定之。"这里的"二毛公"，是俞平伯的父亲俞陛云。俞陛云是词曲家，也是文章家，书法也了得。朱自清多次去俞平伯家谈话、闲坐、吃饭、论文、打桥牌，又和俞平伯是至交好友，和"二毛公"当然也很熟悉了，更是深深佩服俞家父子在文学和旧学方面的功底，所以把新作《春》请俞平伯父子斧正，主要是想听到他们真实的意见。那么《春》是一篇怎样的散文呢？文章不长，全文如下：

盼望着，盼望着，东风来了，春天的脚步近了。

一切都像刚睡醒的样子，欣欣然张开了眼。山朗润起来了，水涨起来了，太阳的脸红起来了。

小草偷偷地从土里钻出来，嫩嫩的，绿绿的。园子里，田野里，瞧去，一大片一大片满是的。坐着，躺着，打两个滚，踢几脚球，赛几趟跑，捉几回迷藏。风轻悄悄的，草软绵绵的。

桃树、杏树、梨树，你不让我，我不让你，都开满了花赶趟儿。红的像火，粉的像霞，白的像雪。花里带着甜味儿，闭了眼，树上仿佛已经满是桃儿、杏儿、梨儿。花下成千成百的蜜蜂嗡嗡地闹着，大小的蝴蝶飞来飞去。野花遍地是：杂样儿，有名字的，没名字的，散在花丛里，像眼睛，像星星，还眨呀眨的。

"吹面不寒杨柳风"，不错的，像母亲的手抚摸着你。风里带来些新翻的泥土的气息，混着青草味儿，还有各种花的香，都在微微润湿的空气里酝酿。鸟儿将巢安在繁花嫩叶当中，高兴起来了，呼朋引伴地卖弄清脆的喉咙，唱出宛转的曲子，跟轻风流水应和着。牛背上牧童的短笛，这时候也成天在嘹亮地响。

雨是最寻常的，一下就是三两天。可别恼。看，像牛毛，像花针，像细丝，密密地斜织着，人家屋顶上全笼着一层薄烟。树叶子却绿得发亮，小草也青得逼你的眼。傍晚时候，上灯了，一点点黄晕的光，烘托出一片安静而和平的夜。在乡下，小路上，石桥边，有撑起伞慢慢走着的人；还有地里工作的农民，披着蓑，戴着笠的。他们的草屋，稀稀疏疏的，在雨里静默着。

天上风筝渐渐多了，地上孩子也多了。城里乡下，家家户户，老老小小，他们也赶趟儿似的，一个个都出来了。舒活舒活筋骨，抖擞抖擞精神，各做各的一份事去。"一年之计在于春"；刚起头儿，有的是工夫，有的是希望。

春天像刚落地的娃娃，从头到脚都是新的，它生长着。

春天像小姑娘，花枝招展的，笑着，走着。

春天像健壮的青年，有铁一般的胳膊和腰脚，他领着我们上前去。

寄出《春》的第二天，即 1933 年 2 月 23 日，朱自清下午到清华园的一处靶场打靶，当天的日记云："前五枪得五分，次五得十八分，末五得二十二分。"五枪一组，朱自清共打三组，分数由低到高（应该是环数由低到高），说明成绩越打越好。关于这次打靶，可能和日本侵略者紧逼华北有关，说明学校也做好了排除万难的准备，连教授都要练练枪法，以备不测。

这里还需多记一笔，在二十多天前的 2 月 2 日下午，朱自清还专门听了一场关于枪械的演讲，讲课人叫王力山，朱自清在当天的日记里有详细的记录，王力山把枪讲得特别细，从枪的构造、性能到子弹等，为后来学校组织的这次打靶做了预演。打完靶之后，朱自清没有回家，而是直接来到了俞家。

朱自清这次到俞平伯家，主要还是为《春》而来。俞家父子果然都是诚信之人，朱自清日记云："访平伯、二毛公，以《春》之鉴定书见示，颇有意思，不懂的只一句：'都开满了花赶趟儿！'"看来二毛公还是极其认真的，不但读了文章，还写了"鉴定书"。俞平伯也拿出他头一天新写的《赋得早春》一文请朱自清看。朱自清看后，在当天的日记中写道："文太俏皮，但老道却老道。平伯谓与《春》比殆差二十年也。"俞平伯说他的散文《赋得早春》比朱自清《春》差二十年，当然是客套话了。但对俞平伯这篇散文，以朱自清日记中的口气："太俏皮""老道却老道"，包括"殆差二十年也"，可看出朱自清对俞平伯这篇散文评价应该不高，或不是极为欣赏。为了和《春》作比较，将《赋得早春》也附上：

"有闲即赋得"，名言也，应制，赋得之一体耳。顷有小闲，虽非三个，拈得早春作成截搭，既勾文债，又以点缀节序排遣有涯，岂非一箭双雕乎？

去冬蒙上海某书局赏给一字之题曰"冬"，并申明专为青年们预备的，——阿呀，了不得！原封原件恭谨地璧还了。听说友人中并有接到别的字的，揣书局老板之意岂将把我配在四季花名，梅兰竹菊乎？

今既无意于"梅兰"，"冬"决计是不写的了。冬天除掉干烤以外，——又不会溜冰，有什么可说的呢？况且节过雨水，虽窗前仍然是残雪，室中依旧有洋炉，再说冬天，不时髦。

六年前的二月曾缀小文名曰《春来》，其开首一引语"假使冬天来了，春天还能远吗？"然则风霜花鸟互为因缘，四序如环，浮生一往。打开窗子说，春只是春，秋只是秋，悲伤作啥呢？

"今天春浅腊侵年，冰雪破春妍，东风有讯无人见，露微意柳际花边，寒夜纵长，孤衾易暖，钟鼓渐清圆"，闲雅出之，而弦外微音动人惆怅。过了新年，人人就都得着一种温柔秘密的消息，也不知从那儿得着的，要写它出来，也怕不容易罢。

"饭店门前摆粥摊"。前数年始来清华园，做客于西院友家。其时迤西一带尚少西洋中古式的建筑物，一望夷旷，惬于行散，虽疏林衰草，淡日小风，而春绪蕴藉，可人心目，于是不觉感伤起来：

骀荡风回枯树林，疏烟微日隔遥岑，暮怀欲与沉沉下，知负春前烂缦心。

这又是一年，在北京东城，庭院积雪已久，渐渐只剩靠北窗下的一点点了，有《浣溪沙》之作：

昨夜风恬梦不惊，今朝初日上帘旌，半庭残雪映微明。
渐觉敞裘堪暖客，却看寒鸟又呼晴，匆匆春意隔年生。

移居清华后，门外石桥日日经由，等闲视之。有一个早春之晨去等"博士"而"博士"不来，闲步小河北岸，作词道：

桥头尽日经行地，桥前便是东流水，初日翠连漪，溶溶去不回。
春来依旧矣，春去知何似。花草总芳菲，空枝闻鸟啼。

文士叹老嗟卑，其根柢殆如姑娘们之爱胭脂花粉，同属天长而地久，何时可以"奥伏"，总该在大时代到了之后乎，也难说。就算一来了就"奥伏"，那末还没有来自然不会"奥伏"的，不待言。这简直近乎命定。寻行数墨地检查自己，与昨日之我又有什么不同呢？往好里说，感伤的调子似乎已在那边减退了——不，不曾加多起来，这大概就是中年以来第二件成绩了。

不大懂人事的小孩子，在成人的眼中自另有一种看法：是爱惜？感慨惆怅？都不对！简直是痛苦。如果他能够忠实地表示这难表示的痛苦，也许碰巧可以做出很像样的作物的。但说他的感觉就是那孩子自己的呢，谁信，问他自己肯不肯信？

把这"早春"移往人世间的一切，这就叫"前夜"。记得儿时，姊姊嫁后初归，那时正是大热，我在床上，直欢喜得睡不着。今日已如隔世。憧憬的欢欣大约也同似水的流年是一样的罢。

诸君在这总算过得去的环境里读了四年的书，有几位是时常见面的，一旦卷起书包，惋惜着说要走了，让我说话，岂可辞乎？人之一生，梦跟着梦。虽然夹书包上学堂的梦是残了，而在一脚踏到社会上这一点看，未必不是另外一个梦的起头，未必不是一杯满满的酒，那就好好地喝去罢。究竟滋味怎样，冷暖自知，何待别人说，我也正不配说话哩，只好请诸君多担待点罢。

一九三三年二月二十二日。

这篇《赋得早春》的标题后有括弧，括弧里的文字日"为清华年刊作"。从这篇文章的内容来看，是应《清华年刊》之约而写的。约俞平伯写稿的人应该是叶公超。朱自清 2 月 25 日日记中说："公超见告，已以《早春》一文还平伯，因体例不合也。"这里的《早春》即《赋得早春》的简写——这就是退稿了。

朱自清日记里提到《赋得早春》一文，和他创作的《春》有没有关联呢？有的。现在都知道，朱自清的这篇《春》能够成为名篇，是因为它入选了当代教科书中，成为亿万学生的范本。但是，在当年，朱自清并没有把这篇文章当回事，至少，在他本人创作的诸多散文当中，他并没有觉得这篇散文有多么了不得。因为在他编辑散文集《你我》时，在《春》创作前后的散文，大都收入了集中，而这篇《春》却没有入集。不光是朱自清自己没有把这篇《春》收入集中，就是在他去世以后，清华大学成立《朱自清全集》编

498

委会负责编辑朱自清作品时，也没有把《春》收进来（后来缩减成《朱自清文集》）。直到朱乔森选编、江苏教育出版社出版《朱自清全集》时，才把《春》编入第四卷中，落款日期写成"1933年7月"，实际上，这个日期是朱自清《春》第一次发表的时间。那么朱自清的《春》发表在哪里呢？在中华书局1933年7月出版的《初中国文读本》第一册上。该书由朱文叔编，舒新城、陆费逵校。该书的编例中，有这样的话："本书编选主旨，一方面顾到文学本身，一方面更注重民族精神之陶冶、现代文化之理解，故除选录成文外，又特约多人，按初中学生程度，分别撰述既富兴味、又有内容之文字，编入各册，藉矫从来偏重文艺之趋向……第一册概用平易条达、篇幅较短之文字……多采积极发扬的作品，伤感沉郁足以沮丧青年精神者不用。"从编例中可以看出，《春》正好适合。该书附注还提示说，课题左上角有星号者，系特约撰述之作品。而《春》左上角正好有星号。这说明，朱自清是应中华书局之约，才写这篇《春》的。同样带星号的，还有叶绍钧（圣陶）的《晨》、孙福熙的《夏天的生活》等篇。那么，怎么会和俞平伯的《赋得早春》相联系呢？这要从中华书局约稿说起。中华书局的约稿人，正是朱自清的朋友舒新城。在接到舒新城的约稿后，朱自清是拒绝了的。1932年12月22日，朱自清给舒新城写了一封信，信中说："前奉惠示谨悉一一。本拟勉力凑一文奉上。课务碌碌，卒不如人愿，思之恨恨；乞谅之。倘承少假时日，当能在以报雅命。在沪时叨扰，谢谢。是日谈笑极痛快，至今念及脸上犹浮微笑也。"在写信的第二天，即1932年12月23日，朱自清日记中有"寄要信多通"的字样。在朱自清给舒新城去信婉拒写作这篇命题作文之后的一两个月内，朱自清和俞平伯多次见面，比如俞平伯找朱自清闹着要加薪（加薪事持续数月，直到1933年5月31日，朱自清和冯友兰、梅贻琦一起到他家谈话，才算平息）；比如开教授会；比如几次在俞平伯家吃饭、打桥牌、吃法国面包房奶油蛋糕；比如和俞平伯一起游东岳庙；比如数次朋友的邀请，同桌都有俞平伯等等。在频繁见面谈诗论文中，说到舒新城的约稿，俞平伯倒是和朱自清想法不一样，觉得稿子可以写。有可能在得知另一个好朋友叶圣陶也答应舒新城写稿后，朱自清才重新答应。又因为二人约过同题散文《桨声灯影里的秦淮河》，俞平伯也答应写一篇关于春的散文，来应付叶公超的约稿。这样，《春》和《赋得早春》才几乎同时写成。只是这次没有完全同题。稍有遗憾的是，俞平伯的稿子叶公超还没有看中。

按说朱自清不怕费事地请俞平伯、二毛公来对《春》进行把脉，提意见，应该特别重视才对，至少收进散文集《你我》里不算过分吧？朱自清最终没有选——这说明至少从朱自清的角度来看，这篇文章不过尔尔。这种思想，从朱自清的论文《论中国文学选本与专籍》中可略窥一二："我说的选本是指用心选出来的，有目的有意义的而言。至于随手检阅而得，只要是著名的人著名的篇，便印为讲义，今日预备明日之用，这是碰本，不是选本。这种也许可以叫做'模范文'，但文之可以为'模范'者甚多，碰着的便是'模范'，碰不着的便不是，是什么道理？"现在再看这篇《春》，确实文字太工整，有做作的痕迹而鲜有出彩之处。

和陈寅恪谈艺

　　陈寅恪是清华大学历史系著名教授、史学家，也在中文系兼课。朱自清是中文系主任，在排课和学生毕业答辩中经常和他见面，也经常交流学问，更是在多种场合听过陈寅恪关于文史方面的谈话，本就虚心的朱自清，在听了陈寅恪的这些宏论后，受益很多，回来在日记中记上一笔，以便日后有时间慢慢消化。如1933年3月4日晚上，叶公超请朱自清吃饭，在座的就有陈寅恪。朱自清在当天日记中说："寅恪谓有《亚里士多德（Aristotel）集释》一种，时价值二三千元。又谈孔云卿先生每日读拉丁文籍。又谈钱宾四《诸子系年》稿，谓作教本最佳，其中前人诸说皆经提要收入，而新见亦多。最重要者说明《史记·六国表》。但据《秦纪》，不可信，《竹书纪年》系魏史，与秦之不通于上国者不同。诸子与纪年合，而《史记》年代多误。谓纵横之说，以为当较晚于《史记》所载，此一大发明。寅恪云更可以据楚文楚二主名及《过秦论》中秦孝公之事证之。又论哲学史，以为汉魏晋一段甚难。"朱自清所记述的陈寅恪之论，看似不多的几笔，内容相当丰富，且隐藏诸多学问。陈寅恪平时不大如此畅快地谈话，这次叶公超家的饭菜想必称心，加上有朱自清作陪，心情大好，便开怀畅谈。他先谈了西方古代先哲的亚里士多德，这位引领西方科学、哲学几千年的一代宗师，陈寅恪居然藏有他著作的稀有版本，且价格昂贵，自然让人羡慕了。每天要读拉丁文的孔云卿，即孔繁霱，云卿是他的字，此人生于1894年，山东滕县人，1917年留学美国，1922年获芝加哥大学硕士学位，翌年赴德国柏林大学深造，1927年回国任清华大学史学系教授，和陈寅恪是同事，讲授西洋史和西洋哲学史。如此一个学问家，每天都要坚持读拉丁文典籍，同样让人感慨。这就是"比你优秀的人比你还用功"的典范。陈寅恪谈孔云卿，无非是很开心有这么一个用功的同僚。接着陈寅恪开始谈史，这更是他的强项。陈寅恪讲得痛快，朱自清、叶公超听得认真。朱自清在当天的日记里写"寅恪谈吐极佳，余第一次见其意兴好也"。可能是陈寅恪的畅谈也诱导了叶公超，他也谈起了近代人作诗的方法，认为诗中不必有"我"，只传达境界即成。他还打了个比方，比如吃一个苹果，觉得苹果好吃，"即崇其甘味，不必有自己"。

1933 年 3 月 21 日下午，朱自清在孙铁仙处喝茶，茶后去拜访陈寅恪，又听了陈寅恪的谈话，这一次是谈前日开会事，和之前大谈读书及史学不同，涉及系里的琐屑小事。朱自清在日记中转述陈寅恪的话："二叶及闻主张与主任教授相反，其逻辑推论（Logical Consequences）有二：1. 主任教员学问易满足，2. 主任教员与学生勾结。又谓彼颇疑二叶及闻有野心，来耍手段（Play Politics），因举韩湘文毁公超之说及闻一多青岛事为证。韩谓清华外国语文系自公超来后颇多事，其说乃闻诸温特（Winter），温特似与公超善，不知何有此言。陈前日开会时间太长，神经又颇受刺激，故颇失常态。今日所言甚简而重复不知若干次，渠意在取瑟而歌。"看来人学问再深也并非圣人，都有情绪化的一面。这里"二叶"即叶公超和叶石荪，闻即闻一多，都是朱自清信得过的同事兼朋友，对于陈寅恪的话，朱自清认为是前日开会时间太长，陈寅恪神经受到刺激所致。后来朱自清又把陈寅恪的话告诉了俞平伯，俞平伯对陈寅恪的话也不以为然。

两天后，即 3 月 23 日，清华大学研究生考试，有位毕业生叫朱延丰，他的答辩挺好，朱自清用"甚佳"来表示，"大抵能持论，剖析事理颇佳"。陈寅恪也是考试老师之一，他认为朱延丰的答辩精深处尚少，然而也难能可贵。陈寅恪还现场问了几个问题，朱自清认为所问问题极佳，为此还在日记里抄了数则："一、新旧唐书记载籍贯以《新唐书》为可信，因《旧唐书》据碑志多记郡望也。二、唐代人吃饭，分食，多用匙；广东用手，中土僧人游印度者，恒以此相比。又从高丽情形及诗中见之。三、玄奘在印，印人称为摩诃衍提婆或摩荼提婆，译之大乘天、解脱天也。天为印人称中土僧人通名。四、官职趋势，京官由小而大（如侍中），外官由大而小。"陈寅恪的学问真是庞杂，临时提出的问题都让朱自清佩服不已。

1933 年 5 月 3 日，这天，朱自清为下学期课程而奔走，上午先去见了刘盼遂、王了一、许骏斋，商定下学年课程。下午又去拜访陈寅恪，也是商定课程，并大体定了下来。但陈寅恪不读萧涤非的论文。

这个萧涤非，朱自清日记里有几次提到他。萧涤非研究生毕业以后，朱自清和他还有交往，对他颇为欣赏。但在校时，朱自清一直秉公办事。1933 年 3 月 2 日上午，清华大学张教务长来，商量萧涤非毕业考试的事。3 月 5 日，朱自清日记云："访黄晦闻先生，商萧君考试事，并略翻萧君论文，盖乐府史也。黄先生允口试时任中古文学史一科。"黄晦闻生于 1873 年，此时已经五十多岁，他是朱自清学习旧体诗的老师，是个老学究。朱自清请他做萧涤非毕业答辩的老师，可见萧涤非并非一般的学生。此君出生于 1906 年，1926 年考入清华大学中文系，是朱自清的学生，不仅学习全优，还是运动健将，百米跑创造了 11 秒 1 的清华大学校纪录。1930 年，他以平均八十分以上的成绩免试进入清华研究院，得到汉乐府专家黄晦闻的指导，三年成绩全是"上"或"超"，在清华园名气很响，他的毕业论文就是后来有影响的《汉魏六朝乐府文学史》。朱自清对萧涤非的才华很看重，在日记里都称他"萧君"。但是 3 月 15 日研究院考试时，在全体委员都到的情况下，萧涤非却发挥失常，朱自清日记里有"令人失望"之句，结局也在"殊纠纷"的争议中，"久之始定为中等"。大家的意见，朱自清也总结了三条：一是，萧涤非的知识"大抵转贩而来"；二是，"其答案多模棱闪避之辞，记诵亦太劣"；三是，"无想象力，不能持论"。在萧涤非考试结束后，闻一多对中国文学系学生的治学方法极为不满。杨遇夫也同意闻一多的话。朱自清当天的日记最后说："余甚愧恶，因余见亦尔也。"

陈寅恪也参加 3 月 15 日清华研究院的考试，也知道萧涤非的成绩，所以，到了 5 月 3 日这天，他告诉朱自清，他不读萧涤非的论文。但却愿意和朱自清讨论别的学问，朱自清日记曰："陈谈中国乐谱之最早者，当推日僧空海所录唐人《梵吹谱》，其中平仄声与今迥异，此或系六朝遗声；空海入唐在文宗时，犹中唐也。此谱名《鱼山集》（《高僧传》谓梵吹传于曹子建，乃在鱼山听梵音而制），本见元人钞本，今印入《声明及音律》一书中。其次即刘半农藏《敦煌卷子》中乐谱，殆五代时物，此卷在美国某博物院中，李济之摄影以赠刘者，盖数年前事。再次则为姜白石谱。再次则为《事林广记》中乐谱，书为宋元间人所辑，日本印行，不易得，沈子培以其中乐谱抽印单行。"朱自清每次和陈寅恪谈话都收获颇丰。

这里顺带说一句，萧涤非的论文后来还是通过了评审。朱自清还在日记中对他的《汉乐府变迁史》长文大大赞赏了一通，认为"其佳处首在引史证诗，其于汉晋书南北史隋书似皆遍阅，故时能举出不经见之材料以证明当时风俗。次则于近人所举乐府问题有较详确之讨论，如谓五言来自楚歌，不当于铙歌中寻踪迹"。

1933 年 10 月 18 日，朱自清日记曰："陈寅恪谈四声，疑古三声相混，受梵吹始分为三，因韦陀中梵唱亦分三调也。又谓《高僧传》谓齐竟陵王子良集诸文士作《梵吹新声》，《南齐书》中亦有之，而为人所删去。亦见《南史·陆厥传》后。又谓诗音平入通押，或因详略之故。如 n、ng 省去即可与入声相押也。又今日之平声，昔日恐亦有语尾。故此事殊难定耳。"

陈寅恪和朱自清多次谈"梵吹""梵唱""梵音"等，都是指佛教歌曲。陈寅恪研究佛学，著述很多，不少专著都受到学界的追捧和重视，朱自清相当佩服，所以听其高论，可增长学问和见识，补充自己在这方面的欠缺。1933 年 12 月 20 日，朱自清还在百忙中把《四声三问》读了一遍。朱自清深有体会地把自己的读书心得写进了日记："陈义凡三：1. 中土平、上、去三声之分，系文士依据及摹拟转读佛经之声（入声不易混，自为一类）。2. 四声之说起于周颙、沈约，以建康为南朝政治文化之中心，善声沙门及审音文士共居之地，二者之间发生相互影响，实情理之当然，而由《高僧传》所载善声沙门之生卒年考之，建康经吹之盛，实始自宋之中世而极于齐之初年。是时竟陵王子良在鸡笼西邸，同时集诸文士作《四部要略》，又集诸名僧造《经吹新声》，此又二者相关之机缘也。至曹植《鱼山集》，自系伪作，其事出刘敬叔之《异苑》，及刘义庆《演验记》。东晋中晚时代，经声虽已流行，而尚无鱼山制契之神话，逮东晋末年，始有此传说。此传说实会有一善声沙门与审音文士合作之暗示，而此二种人之合作，即四声之起源。3. 论四声者皆说五声而不及四声，盖四声只用于属文，谈音理则当言五也。"这些文字，实际上也是陈寅恪这篇文章的内容提要，朱自清读完之后，能够提纲挈领，把重点提出来，可见他不是随便翻翻，而是认真读进去并消化成自己的心得的。

与黄晦闻论艺

　　1933 年 4 月 7 日，朱自清在日记里"宣布"："准备作文。"这个现象比较少见。读朱自清日记，"准备作文"还是第一次见到，一般都是"作文"，在"作文"过程中，日记只写日期而无内容，接着是"文成"或"作某某毕"。日记里说是"准备"，恐怕也是构思好久或酝酿成熟，可以一挥而就了。这天，朱自清还到叶石荪家拜访，叶石荪告诉朱自清其夫人将回国，接着又听叶石荪讲其家庭生活，"大抵石荪人甚诚笃，然太注意琐碎处，致其夫人处处受干涉，此殆因其从艰苦中来而然……石荪也盼留其夫人，但难也。""难也"应该是朱自清的感慨。事实是，叶石荪的这个外国夫人去国后，再也未回。看完叶石荪，又去看俞平伯。同一天里，朱自清和两位当时最能谈得来的朋友交谈，是不是和"准备作文"有关呢？应该是的。因为朱自清准备"作"的这篇文章，是和他的老师黄晦闻探讨"清商曲书"的，题目叫《与黄晦闻先生论清商曲书》，而叶石荪和俞平伯两位也都是这方面的行家。此后的 4 月 8 日、9 日两天，朱自清都在写文章，特别是 9 日这天，黄晦闻还邀请了几个友人吃饭，朱自清也在邀请之内，同席的还有杨振声、叶公超、郑颖孙等人。黄晦闻点的菜当中，有一道咸肘子，黄晦闻说味道如鸭子，把猪肉吃成鸭肉，意思是好吃。但朱自清认为酱炙鱼最好吃。这是一顿丰盛的宴席，朱自清用"菜甚佳"来形容。这次和黄晦闻在席间相遇，有没有谈论学问？特别是谈论和朱自清所写文章相关的话题？不得而知，但是至少给朱自清的作文带来了润滑剂的功能，让他能够心情欢畅地投入到写作状态中。4 月 10

日，朱自清在日记中宣布"文成"，但又说"殊干燥，然为不苟之作"。甚至影响到上课，认为课上得"殊不如意"。精心准备或构思充分的文章，费尽心力写出来之后，自己却不满意，这种情况在写作者中经常遇到，特别是文章"干燥"，那就是缺少韵味了。但不是文章写得真不好，而是没有达到作者自己想要的效果。那么这篇文章主要论述的是什么呢？

如要读懂这篇文章，就要先弄清什么是"清商"，"清商"是指古代五音（宫、商、角、徵、羽）中的商音，其特点是凄清悲切。又指清商乐。在朱自清那个时代，已经是一门较偏的学问了。

这是一篇以书信形式创作的论文，朱自清开头就称"晦闻师函丈"。"函丈"一词是老师的意思，或是对老师的敬称。也称"函杖"。原意为讲学者与听讲者座席之间相距有一丈的距离。宋代陆游在《斋中杂兴》之一中有"成童入乡校，诸老席函丈"之句，清代词人纳兰性德在《上座主徐健庵先生书》中有这样的句子："榜发之日，随诸生后端拜堂下，仰瞻风采，心神肃然。继而屡赐延接，引之函丈之侧。"所以，从朱自清采用的称呼上看，对老师极尽尊敬之意。朱自清接着点题曰："倾读师所为《辨乐府清商三调》文，尚有未解之惑，原得申其说以请益焉。"这是很谦虚的表达。朱自清在行文方面，为了和黄晦闻的文风相一致，也采用文言之法。

从这篇文章整体结构和叙事内容看，朱自清是下了一番功夫的，材料也准备得特别充分，不然也不敢与老师，而且是这方面已经定论的大师商讨。朱自清先引梁启超的《中国之美文及其历史》中的"大抵替清商割地，始自吴兢，而郑樵、郭茂倩沿其误"说起，引《乐府诗集》，又引《宋书》《隋书》《伎录》《短歌行》《乐府古辞考》等典籍，加以论述、分析，弄清了清商三调的来龙去脉。最后，朱自清在文末说："师文中言《宋志》所载'清商三调歌诗'共三十五曲，当系并大曲及楚调怨诗计之。又言三十五曲中有汉相和旧歌十一曲，所列皆古辞，师盖以古辞悉入相和歌也。兹二端，生不能无惑，因具论如上，幸师有以教正之。敬颂道安。学生朱自清谨上。"

朱自清的这篇《与黄晦闻先生论清商曲书》发表在 1933 年 5 月 8 日出版的《清华周刊》第 39 卷第 8 期上，同时发表的，还有黄晦闻的两篇文章：

《宋书乐志相和与清商三调歌诗为郑樵通志乐略相和歌三调之所本》《答朱佩弦先生论清商曲书》。从这个发表形式上看，该期《清华周刊》是有意把三文发表在一起的，或本来就是事先的策划，抑或是编者在收到黄、朱文章后，又请黄晦闻作的答复文。但是，朱自清在看到这期杂志后，对于黄晦闻《答朱佩弦先生论清商曲书》中的所答，颇为不服，在 5 月 10 日日记中说："《周刊》文史专号中有黄晦闻答余论乐府书，所举例仍不足服余。末节谓彼始倡乐府研究，其意乃在撰作，今于题目源流纷争，殊非本怀。且治诗甚亟，亦无暇分其力于乐府，以后余如续有所见，惟所发布，渠不能一一作答云云。以黄先生之高年而盛气凌人如此，亦殊可笑也。"看来，黄晦闻对于朱自清责疑他的这篇文章，还劳心他来作答，而他作答又并无新内容可以展示，心怀不满。这从 5 月 7 日朱自清找他商谈下年度课务之事时，黄晦闻"尚未得许"的态度上，已经初露端倪。因为黄晦闻是北京大学的诗学教授，是受聘兼职清华大学研究院导师的，而清华大学中文系的课程又由朱自清来安排，提前向他打招呼本是本职工作，而他没有明确表态，是不是和这篇论文有关呢？黄晦闻是同盟会早期会员，1913 年加入柳亚子成立的南社，写了大量爱国诗篇，后专心做学术研究，著有《诗学》《诗律》《诗旨纂辞》《汉魏乐府风笺》等专著，是当之无愧的诗学大家，而且"国学"一词也是他首先提出来的，后来才有胡适的校正说明。他于 1917 年到北京大学专教诗学，朱自清那时是北大的好学生。没想到这个好学生如今不但是清华大学中文系主任，和他成为同事，还这么不懂事地对他的权威发起挑战，心里有点情绪也是有可能的。再说，此时（1933 年上半年）离他逝世只有一年多（1935 年 1 月 24 日），本来就性情耿直的他，对时事更多的是忧愤、不满，政府有人让他从政，他都坚辞不就，一心从事学术研究，并要在学术上留下好名声。朱自清的这篇文章，对他多少有点触动。

但是朱自清依然知道自己既是学生又是工作牵头人的双重身份，在 1933 年 5 月 21 这天再次拜访黄晦闻，商量确定下学年的功课。这一次黄晦闻给足了朱自清的面子，答应教两课，即"阮诗"和"诗律"。这两课恰好都是他的强项，有专著《阮步兵诗注》和《诗律》行世。

让朱自清没想到的是，黄晦闻的课最终还是出了一点问题，先是在1933年6月3日这天，朱自清在青年会吃完午饭后，去拜访黄晦闻，闲谈中，黄晦闻突然说"清华事易变"。朱自清吃了一惊，不知何故。到了这年的9月27日，朱自清专门找蒋廷黻，蒋廷黻此时任文学院院长兼历史系主任。朱自清找他干什么呢？日记中说得很明白，即"商黄晦闻诗律一科人数不足事"。"诗律"一科是选修课，人数不足，黄晦闻可能向朱自清提出过。朱自清没有办法解决，只能向蒋廷黻报告。蒋的回复是"全无办法"。

朱自清和老师黄晦闻论艺之事，以及论艺的余音，到这里才算告一段落。

与陈竹隐游览、观展

　　和陈竹隐重新组建家庭之后，朱自清在工作、阅读、创作、交谊等诸方面更加勤勉和有条理起来。但在共同营造的生活中，朱自清和陈竹隐有一个共同的爱好，即以游览的方式放松身心。游览的形式多种多样，到异地可以畅游大好河山，是一种正式的旅游；而易于发现好风景的家边游也是一种选择。关键还要看和谁游，适合的游伴也是游览的重要元素。所以即便没有走出北平城，也依然没有影响他们游览的兴致。有时是朱自清、陈竹隐和朋友们同游，有时是朱自清一个人出门办事途中顺便放松一下，而朱自清和陈竹隐一同游览也有数次。

　　先说朱自清只身游览。仅以 1933 年为例，比如 1 月 1 日那天下午，在赴杨振声的招宴之后，朱自清就去了南海冰场，看到了年轻人"人人有冰狂"的欢乐劲儿，"余心颇以为快"。这个严格算起来，还不算游览，只不过是借着酒兴看景而已。1 月 26 日下午，朱自清正式游览了东岳庙。东岳庙在朝阳门外，为道教正一派在华北地区最大的宫观，主祀泰山神东岳大帝。东岳庙从 1319 年买地开始动工，到 1323 年建成并初具规模。1447 年 5 月，明英宗朱祁镇主持修葺东岳庙，8 月完工后亲自撰写《御制东岳庙碑》。后又经明清两代多次修葺，东岳庙兴盛数百年。到了民国期间，因军阀混战，东岳庙一度成为军营，后虽有好转，但香火难继，渐趋衰落。到朱自清游览之时，东岳庙虽失去原有风采，但规模、气势还在，朱自清在日记里记录了游览时的印象和体会："庙广大巍峨，神道甚多，殆极道教大成。七十二司塑像，变化太少。庭中有碑林，大抵皆各会碑记。"虽寥寥数语，也能大体感受到东岳庙的态势。

再说朱、陈夫妇同游。1933 年 2 月 15 日，朱自清和陈竹隐同游了大钟寺。大钟寺原名觉生寺，和清华大学同在海淀，建于清雍正十一年（1733），顾名思义，大钟寺里有一口大钟非常有名。关于这口大钟，还有一个民间故事——据说这口钟有四十三吨半，号称天下钟王。传说明朝燕王朱棣做了皇帝后，怕民反，就命人搜集民间刀枪，熔化后铸了一口大钟，刻上《华严经》，说只要钟声常鸣，就无人敢反、天下太平了。后来不知什么原因，这口钟沉到了西直门外万寿寺前的大河里。到了清代，皇帝命人把钟打捞上来，移到觉生寺去悬挂。这觉生寺也就随民间叫成了大钟寺。大钟寺坐北朝南，规模宏大，由南往北依次为照壁、山门、钟鼓楼、天王殿、大雄宝殿、后殿、藏经楼、大钟楼和东西翼楼，另有六座配庑分布于两侧。最为著名的当然是大钟楼了。朱自清和陈竹隐在观看大钟楼时，也玩了当时流行的"打金钱眼"的游戏，朱自清日记云："余投铜币入钟孔，其一中。"什么意思呢？民间传说，如果用铜元投入钟孔，能击中作响，主一年顺利。朱自清和陈竹隐同来，当然要讨个好彩头了。1933 年 3 月 29 日，朱自清和陈竹隐同游朗润园。朗润园在燕京大学校园内，朱自清到燕大来兼课，少不了来游览。这朗润园是有自己历史的名园，最初为圆明园附园，称春和园，咸丰年间才改名朗润园，一度归清廷内务府管理。1920 年由燕京大学购入，成为校园的一部分。朗润园有东西两门，园内松柏成荫，古建筑众多，殿宇奇伟，有宫门三楹，额有"壶天小境"，小桥流水也颇有看点，云片石堆砌的假山也可观赏，还有四方涵碧亭、水座、游廊、山障、修竹万竿等景点，是散步、座谈、闲游的好地方。燕京大学因和清华大学相距很近，步行出门，不远就到，朱自清和陈竹隐在这里散步，体会早春清润的气候，必定也心旷神怡吧。几天之后的4 月 1 日，朱自清日记有"早游市场，下午游公园"的记录，这里的"公园"，即为中央公园。这天游公园，还遇到不少熟人，如"稷臣夫妇、李季谷等"。4 月 5 日清明节这天，朱自清和陈竹隐又坐车去长城游览踏青，朱自清在当天日记中曰："车上遇梁宗岱、袁嫩、何肇先诸君，颇不寂寞，但天气太劣，上城时雾气迷漫，四望一白，即最高层楼亦未见。"看来同游者殊为重要，但看不到好风光，还是十分遗憾的。4月14日这天，朱自清和陈竹隐又游览了燕京大学的另一处园林蔚秀园。蔚秀园也是圆明园的附园，称含芳园，曾和圆明园一起遭八国联军毁坏，光绪年间重修。重修后的蔚秀园，有三片小湖，购买时间比朗润园要晚，1931年才购入，经改造后，成为教师宿舍。蔚秀园非常秀雅，湖中有小岛，岛上房舍古雅气派，是当年醇亲王所建，园中湖山、戏台、花园、清碑、亭台、阁榭分布得当，也是散步、游览的好地方。

朱自清在日记中的记载，正式的看花、游览还有好几次，如1933年4月27日晚上，吴雨僧请客赏花，4月30日一早又游览了公园。5月21日这天，朱自清和陈竹隐一起看了太庙灰鹤。朱自清在这天的日记云："纡徐回翔，哺子尤可观，不知在危城中。"后一句，不仅是灰鹤在危城中，也是指自身的处境，因为承德已经被日军占领，敌人的飞机时不时地在头顶盘旋。看完灰鹤，朱自清和陈竹隐去稷园看了芍药花，再看书画展览，认为张大千的《观荷图》《蒹葭秋水》和陈师曾的《牡丹》甚佳。说到看画展，可以往回十几天，来到5月7日的早上，这天，朱自清和陈竹隐一起进城逛公园，先遇叶公超，闲聊中，叶公超说北平无春，又无曙光。叶公超走过不少地方，也是个有心之人，他说曙光在爱尔兰最长，往往会有两个小时左右。可能早上有雾吧，又可能知道朱自清伉俪进城逛公园再顺便看画，说起画来时，叶公超说宋人画朝雾，用渲染法，先以水湿纸，俟干，用淡墨敷纸上，再画其他，雾景即现。但是此法后世画家已经不用了，雾景便也无人再画。这一段交流，可以看成是进城看画的一个很好的铺垫。那么，朱自清夫妇是看谁的画呢？日记中说是看"杨济川君展览会"，即杨济川画展。日记里，朱自清对杨济川的画做了极高的评价："皆工笔，杨君画颇有功力，且不尽循旧径，大抵花叶姿态颜色，俱称清丽，牵牛、紫藤、丹枫、石榴等均妙肖自然，昆虫亦生动，虽不及白石翁，然彼是写意，自较易得神也。工笔鸟最易板滞，虽杨君亦不能免，然杨题画语有谓法度当守，自然景物亦当体察，意甚当。如《紫燕》等三四幅，姿势极难画，而远看颇活泼，亦甚不易。一芦雁扇面最佳。杨君作芦花，别出心裁，实已是写意，非复工笔。其法即就白地渲染而成，此扇面颇有天水苍茫、来往自在之致。杨君画柳叶百篇一律，是一小疵，又画水中鱼亦嫌板。"朱自清的这段述评和所观杨济川的工笔画一样，很见功力，稍加铺垫即可成一篇精彩的画论。陈竹隐也善画，当初他们热恋之时，大约也没少谈画论艺吧。这次夫妇一同观画，欣赏趣味想必更是一致，可谓大饱眼福了。看完杨济川的画展，又去看了王凯成的画展。对于王凯成的画，朱自清又是另一番评价了："直是李逵使板斧，毫无章法。"这一句话就给王凯成的画定了调。但朱自清话风更为犀利，"李逵因孔武有力，此公直举鼎绝膑矣。其画喜用墨染，作树干用水墨，乃如棉絮为之，竹谓似初学者不知笔含水多少者所为，是也"。树干应该坚挺而沧桑，在"此公"的画中，却软绵绵如棉絮，陈竹隐也看不下去了，认为像是个初学者。朱自清继续不客气地评论道："间架可谓无之，但见横七竖八而已。有一幅画树影用铅笔画法，路径可取而画不佳。着色画只一二幅，其一似是天冬草，密叶交垂，浓淡色相间，带图案意味，尚有魄力。要之，此人有些思想，而才力俱不足。题语皆说国难，与画丝毫无涉。"看来这个王凯成是个概念先行之人。以国难来博得同情和支持，又算是一个投机主义者。

悼匡互生

1933 年 4 月 26 日，朱自清和往日一样，工作之余，抽空读读报纸，在下午读《时事新报》时，突然看到匡互生已于本月 22 日去世的消息，心中怅然。朱自清在日记中说："余尚未覆兴如信；本想给互生写信，今亦已不及。"没能在匡互生生前表达慰问之情，朱自清不免难过和后悔。

5 月 12 日，朱自清饱含悲哀之情，写下了这篇追忆散文《哀互生》。

匡互生是湖南邵阳东乡人，生于 1891 年，幼年在本乡读书。1910 年到长沙入省立邵阳中学读书。1915 年考入北京高等师范学校，专攻天文学。1919 年年初将同言社改组为工学会，并出版《工学》杂志。当年的 5 月 4 日，他是"五四运动"的积极参与者。是年夏，匡互生毕业于北京高师，回湖南长沙楚怡小学任教。1920 年应聘于湖南省立第一师范学校，任教务主任。1922 年到上海中国公学任教。1924 年受聘于浙江上虞春晖中学任训育主任，提倡教育改革。朱自清就是在这时候和匡互生成为同事的。当时的白马湖畔春晖中学正是群贤会聚、欣欣向荣的时期，有朱自清、夏丏尊、丰子恺、朱光潜、刘薰宇、匡互生等一大批文化精英，他们之间的相处更是其乐融融，也经常聚餐、旅行、畅谈，还办了一份叫《春晖》的校报，朱自清就在《春晖》上发表过几篇文章。离开白马湖以后，朱自清还一直记得那个地方，在多篇诗文中都提到了白马湖和春晖中学，如散文《白采》《儿女》《你我〈自序〉》《看花》《山野掇拾》《春晖的一月》《吴稚晖先生文存》《蒙自杂记》等。在旧诗《中秋》的自序里等，还专门写有同名的一诗一文。在《白马湖》一文中，朱自清对白马湖有一段描写："白马湖并非圆圆的或方方的一个湖，如你所想到的，这是曲曲折折大大小小许多湖的总名。湖水清极了，如你所能想到的，一点儿不含糊，像镜子。沿铁路的水，再没有比这里清的，这是公论。遇到旱年的夏季，别处湖里都长了草，这里却还是一清如故。白马湖最大的，也是最好的一个，便是我们住过的屋的门前那一个。那个湖不算小，但湖口让两面的山包抄住了。外面只见微微的碧波而已，想不到有那么大的一片。湖的尽里头，有一个三四十户人家的村落，叫做西徐岙，因为姓徐的多。这村落与外面本是不相通的，村里人要出来得撑船。后来春晖中学在湖边造了房子，这才造了两座玲珑的小木桥，筑起一道煤屑路，直通到驿亭车站。那是窄窄的一条人行路，蜿蜒曲折的，路上虽常不见人，走起来却不见寂寞。尤其在微雨的春天，一个初到的来客，他左顾右盼，是只有觉得热闹的。"在写到春晖中学时，朱自清写道："春晖中学在湖的最胜处，我们住过的屋也相去不远，是半西式。湖光山色从门里从墙头进来，到我们窗前、桌上。"朱自清还有一首五言诗《白马湖》，更是写出了他对白马湖故人的思念。朱自清是在1933年3月里接到刘薰宇的信，才知道白马湖时期的老朋友匡互生生病了，这实在是让他吃惊的消息。朱自清在《哀互生》里说："而且是没有希望的病，医生说只好等日子了。四月底在《时事新报》上见到立达学会的通告，想不到这么快互生就殁了！后来听说他病中的光景，那实在太惨；为他想，早点去，少吃些苦头，也未尝不好的。但丢下立达这个学校，这班朋友，这班学生，他一定不甘心，不瞑目！"

朱自清所说的"立达这个学校"，是在春晖中学闹了学潮后，匡互生到了上海，与夏丏尊、丰子恺等春晖中学的旧人一起创办的立达中学。拿主意和跑腿的，都是匡互生一个人。朱自清当时也很犹豫，想去，思想斗争很久，因为家累较重，不仅孩子多，还有母亲和妹妹（在宁波读书），才没有随朋友们去上海，而是在春晖中学又坚持了一个学期。

1925年秋，匡互生又在江湾租地建舍，改名为立达学园，增办高中，并设农艺科和艺术专修科。朱自清在春晖中学和到清华教书后，每次去上海时，都会去江湾看望这位老朋友，并和老朋友一起吃饭喝酒，有时候还住在立达学园。1932年8月初，朱自清从欧洲回到国内，刚到上海，就和陈竹隐一起去拜访了匡互生。朱自清和陈竹隐的结婚宴会上，在众多的老朋友里，也有匡互生的身影。匡互生在文学上没有什么成就，在办学上还是很有办法的。另外他的为人、做事，也是一副老大哥的做派，敢当家，能做主。立达学园在他的操办下，也是欣欣向荣、蒸蒸日上，在学园开辟了农场，学生从事养鸡、养蜂和园艺等方面的学习，并接受生产劳动教育。后来学园添设农村教育科，培养县、区、乡各级行政人员；培养乡校校长、教员和从事推广农业合作、民众教育运动的人员等，是个全面发展的综合类学校。1930年8月，匡互生继续扩大办学规模，把农村教育科迁至南翔柴塘，购地20余亩，建立立达分园，并设立附属小学。

为了团结人才，共建立达，匡互生还成立了立达学会，叶圣陶、胡愈之、周予同、陈之佛、刘大白、夏衍等都是学会会员。

正当学园办得兴旺之时，"一·二八"淞沪抗战爆发，江湾、南翔两地校舍先后毁于战火当中。匡互生不顾身患肠癌，忙于复校，因此未能及时医治，于1933年4月22日在上海病逝，年仅42岁。朱自清在《哀互生》的文章中，高度赞扬了匡互生的道德品格和工作的态度："互生最叫我们纪念的是他做人的态度。他本来是一副铜筋铁骨，黑皮肤衬着那一套大布之衣，看去像个乡下人。他什么苦都吃得，从不晓得享用，也像乡下人。他心里那一团火，也像乡下人。那一团火是热，是力，是光。他不爱多说话，但常常微笑；那微笑是自然的，温暖的。在他看，人是可以互相爱着的，除了一些成见已深，不愿打开窗户说亮话的。他对这些人却有些憎恶，不肯假借一点颜色。世界上只有能憎的人才能爱；爱憎没有定见，只是毫无作为的角色。互生觉得青年成见还少，希望最多；所以愿意将自己的生命一滴不剩而献给他们，让爱的宗教在他们中间发荣滋长，让他们都走向新世界去。互生不好发议论，只埋着头干干干，是儒家的真正精神。我和他并没有深谈过，但从他的行事看来，相信我是认识他的。"又说："互生办事的专心，少有人及得他。他办立达便饮食坐卧只惦着立达，再不想别的。立达好像他的情人，他的独子。他性情本有些狷介，但为了立达，也常去看一班大人先生，更常去看那些有钱可借的老板之类。他东补西凑地为立达筹款子，还要跑北京，跑南京。有一回他本可以留学去，但丢不下立达，到底没有去。他将生命献给立达，立达也便是他的生命。他办立达这么多年，并没有让多少人知道他个人的名字；他早忘记了自己。现在他那样壮健的身子到底为立达牺牲了。他殉了自己的理想，是有意义的。只是这理想刚在萌芽；我们都该想想，立达怎样才可不死呢？立达不死，互生其实也便不死了。"朱自清对于失去这样一位老朋友感到非常痛惜，在匡互生去世二十天后，终于写出了这篇情深意切的悼念文字。

打桥牌

　　朱自清在教学、研究、写作之余，有几个爱好，这几个爱好给他的业余生活带来了乐趣，也抵消了一些烦人的俗事及无端找上门来的烦恼，同时也是社交场结交朋友、巩固友情的一种形式和桥梁。第一个爱好是观看近郊的自然景观和城区的公园、庙宇，包括一些书画展览和音乐会；第二个爱好是陪陈竹隐唱曲、听曲，从前只偶尔凑好朋友俞平伯的热闹，后来和陈竹隐从谈恋爱到结婚，受其影响，也便对此种高雅艺术渐渐有了兴致；第三个爱好是朋友欢聚，包括喝酒、饮茶、读书会、朗诵会、音乐会等；第四个爱好是打桥牌。前三种爱好，在本书不同的篇章里都有或多或少的介绍，只有打桥牌所述不多。

　　其实，打桥牌，是朱自清最大的业余爱好之一，在赴欧洲的火车上就和外国人临时凑过局，在英伦留学也偶有一玩。但爱玩不等于沉溺，也是有所为而有所不为。真正玩得较多的时间段，是他1932年8月从欧洲回国以后。当然，这里的"较多"，也是相对而言，实则也没有几回。朱自清从欧洲回到清华园，各种讲座多，又忙于还文债（写作）和《欧游杂记》的写作，再加上和陈竹隐新婚不久，前两三个月还无暇玩牌。当教学、写作和生活逐渐适应后，桥牌便又玩了起来。朱自清回国后日记里第一次所记玩桥牌是在1932年11月1日。那天下午，俞平伯来约朱自清去西山看红叶，不知什么原因没去成，于是就在俞平伯家打桥牌。朱自清日记说"连胜二局"，从这几个字看，开心之情跃然纸上。1932年11月5日，那天北京下大雪，朱自清日记云："下午赴钟宅宴会，打牌，尚有趣味。"这里的"钟宅"应该是陈竹隐某一个结拜姐妹的家。这段时间，日记中出现的"钟宅""金宅""金九弟""二娃""三妹""六妹""高二爹""以颜""金七哥""七嫂""吴大姐""李四胖""吴二哥""吴二嫂"等，都和陈竹隐有关，或者说是陈竹隐的亲戚或亲戚家。两次打牌之后，到了1933年1月15日才再有打桥牌的记录："在平伯处打契约桥牌，并吃晚饭。"可以看出来，三次玩牌，其中两次是在俞平伯家。1933年1月26日："晚玩扑克，余兴致终觉不高，近于赌殊不甚乐；即'桥'亦不愿多为之，惟在钟宅与岳大婶等一局，至今尚频觉有意思耳。又酒兴尚佳。"从日记中看出，这次玩扑克，不是"桥牌"，而且带点小赌的意味，所以兴致才"终觉不高"。朱自清反思一下，即使是玩桥牌，也不愿多为之。确实，从1932年11月1日，到这次1933年的1月26日，近三个月里，也不过区区四次。那么在这四次中，只有那次在钟宅和岳大婶那一局，还有点意思，至今不忘。那么也就是说，打牌也要看跟什么人玩，跟挚友（俞平伯）或配合默契的人（岳大婶）一起玩才有趣，被动地玩，就没劲了。至于喝酒，那还是有极高兴致的。从朱自清的这段反思的日记中可以看出，玩什么，怎么玩，跟谁玩，他还是有十分清醒的认识，并不是为纯粹地消磨时光。

在写过这段反思日记的第二天，即1933年1月27日，朱自清又玩了一次牌九。此时正是寒假期间。这天午后，朱自清和陈竹隐去高二爹家拜访，不巧高二爹不在家。"又访以颜，坚约吃饭，情极诚挚。渠告我今年只任外堂，殆袁敦礼忌能也，为之黯然。"这天晚上的牌九玩得怎么样呢？朱自清日记曰："兴致落寞，但以小注敷衍。"实在是没招了才陪玩的，下些小注，输赢无所谓。这两天一直在城里奔走，赌牌九、逛街、走亲戚，耽误了28日的日记。29日这天，朱自清补记了昨天的日记："北平晴天真多，给人很大好处。我早六时光景即醒，夜间辗转反侧，不知何故，想来是太累之故。早醒后即睡不着，时天黑人静，然思潮坌涌，皆关隐，幻想离合，实是积习。"接着又说："记昨日系一长段，写后心甚舒畅。又想起一事，七嫂爱七哥而七哥冷落异常；我爱隐而隐无意中冷落，情形正反，岂天地间无佳偶乎？然将何以论少谷夫妇？总之，忍耐终不可缺。然浦公所云少谷十五年如一日殆不可堪者，又将何说？呜呼！婚姻之迹难凭，恋爱纷无定论，今日世间之事，如是而已。过渡时代的人，殆有期之运命也邪！"这是朱自清连续三天积累的感想。1933年2月12日，朱自清和陈竹隐在城里，中午"赴石荪宴为二娃及曾觉之作介，空气尚佳"。晚上，因陈竹隐第二天一早要去协和医院看病，朱自清一人回清华，日记曰："归时殊闷闷，下车遇平伯，往七号小坐，平伯以法国面包房奶油蛋糕见餍，美甚，余所未尝。作契约桥戏，略胜。"朱自清在俞平伯家玩的这种叫"契约桥牌"的桥牌，水平总是比俞平伯高一些。但是本年2月23日这天，朱自清输了。在这之前几天，朱自清应约为某教科书写一篇课文《春》，这种专为教材写的文章，朱自清一时拿不准，写好后，请俞平伯和俞父一起鉴定，相当于提提意见了。朱自清于这天到了俞家，日记说，俞平伯的父亲二毛公"以《春》之鉴定书见示，颇有意思"。应该是大加赞赏了。稿子谈完了，老节目，打桥牌。朱自清日记曰："俞公与余同边，大负。"可能是二毛公的水平不行吧。

值得一说的是，在俞平伯向朱自清提出加薪的要求后，朱自清代表校方，来来往往和俞平伯交涉了好几回，最后搬出了文学院院长冯友兰和校长梅贻琦向俞平伯解释，事情才告平息。按照正常的思维，朱自清当中文系主任，本系的教授闹着要加薪，还说，明年继续保持加薪的权利，并威胁，如不加薪，就辞职。如此撂挑子的话，并没有惹恼或激怒朱自清。如果朱自清认为俞平伯这是不支持自己的工作也能说得过去，但朱自清从未这么想，俞平伯也没有因为朱自清不为自己加薪事向校方施压而怪罪朱自清。朱自清的职务只是代表校方，俞平伯是向校方提出自认为是合理化的要求，和朱自清本人没有任何关系。如果不是朱自清做中文系主任，别的主任他一样提这个要求。同理，也和这个主任本人没有关系。简单说，就是以公对公。而作为校方代表的朱自清，就有义务解决这个问题。所以有趣的事情出现了，朱自清三番五次跟俞平伯解释，每一次又在俞平伯家混吃混喝，还打桥牌，一点也没有影响他们的友情。俞平伯闹加薪这个事情，朱自清是在1933年4月8日接到俞平伯的信，那么写信日期至少应该提前一两天吧。反反复复地解释，一直"闹"到 6 月 5 日，在仍没有解决的情况下，朱自清陪同冯友兰、梅贻琦冒雨来到俞平伯家，俞平伯在校长亲自解释下，想通了，不再坚持加薪了。第二天，即 6 月 6 日，朱自清就到俞平伯家玩起了桥牌。这次战果如何，日记里没有说。到了 6 月 9 日，借送研究生萧涤非论文之际，又到俞平伯家玩了一次桥牌。从这件事情上，也可见朱自清和俞平伯的友情是真挚的，不掺杂一点虚情假意。不过，"桥牌外交"过后，直到本年 10 月 31 日，相隔近五个月，才又玩一回桥牌，朱自清自己都感喟曰"此调不弹久矣"。

而这天打桥牌，也是有原因的。1933 年 10 月 31 日，是朱自清的学生李健吾结婚的日子，一早朱自清就入城，向李健吾道喜。在这天的婚礼上，周作人是证婚人，朱自清也被邀请讲了话。参加完李健吾的婚礼后，朱自清到中山公园看了溥心畬的画。溥心畬姓爱新觉罗，生于 1896 年，曾留学德国，诗、书、画皆通，画工笔山水，兼擅人物，整个民国期间名气很大，有"南张北溥"之誉，张即张大千。朱自清在观后日记中说："仿宋山水确佳。又有黄嵓木《寻亲图》，绘西南栈道，颇苍老奇险，皴法用小横线甚佳。又《落日半庭》一幅以红色点染树枝叶，意境颇耐寻味。又《潇湘云山》上下各一山峰，下峰上略有树，中隔白纸，布局奇极。此外尚有《放风筝》一幅，一线遥连上下，亦新，惟似印过。绘《鸟争》亦可取，字学唐碑，秀劲可爱。又溥画贾岛'独醒潭底影，数息树边身'凡十二幅，皆不同，中三四幅极秀劲。"又是参加朋友婚礼，又游了公园，欣赏了画作，高兴之余，约好友玩了把桥牌，算是让好心情延续吧。又过一个多月，本年 12 月 8 日，朱自清应萧叔玉之招吃饭，同席还有蒋廷黻、孙国华夫妇，饭后玩了会纸牌。本年 12 月 23 日，再次在蒋廷黻家打桥牌，也有萧叔玉。在这天的日记中，除了记有打桥牌事，还花费了不少笔墨，记下读理查斯为李安宅《意义的逻辑》一书所作的序言的感想，朱自清读得极其认真，所记皆为心得，曰："首谓西方今日之问题有许多只是字的用法的问题，即文法的问题。如相对论不以时空为实质（名词）而以为物性（关系与静止）。又如生物学中之生力论、机械论所争之问题，生物、无生物之异在种类乎？在程度乎？将来此等问题殆皆语用学之范围也。次言语用学论种类与程度之异何在，当知此异非本存在，乃吾人思想之途径不同所致。物之不同由于用字之别（动字、名字、实体字、形容字……），而用字之别则吾人心之作用也。次论西方由文法而有逻辑，由逻辑而有科学，中国需要科学，然中国思想尚未研究语构与语用，科学乃对事物之思想方法，亦对谈事物之工具之文字之方法也。次论思想、文字、事物三者之关系乃科学之基础，西方始因种种字有特殊方法联合，因为事物亦尔。今方求去此观念，然此观念实西方逻辑与科学之原因也。次论中西文孰佳，顷难论定，将来每种代表的思想在人类知识中皆有一地位，谁能通此知识者即为世界之主人。现在企图看进思想、文字、事物之关系者，已略有结果，即基本英语，即将日常英语中之观念，分为碎片，中文亦可如此为之。"打完桥牌，心情可能大好吧，读书也真读进去了，感想也真是有感而发，朱自清所记的这段文字颇富哲思，如稍加扩充，就是一篇读书随笔了。

1934 年 1 月 1 日，民国新年，朱自清日记曰："晚在蒋宅作桥戏，蒋、俞、萨手皆佳，余仍脑筋不能贯注。"那就是输了。蒋，即蒋廷黻；俞，即俞平伯。为什么"脑筋不能贯注"呢？原来"金七哥偕幺妹来。幺妹谓昨在北京饭店见陈说钱端升与别的女子跳舞，因谓周太太等甚冷，其实我早已忘怀了，她不曾忘怀，念之惆怅。"人一惆怅，脑筋不能贯注就只能输牌。1 月 13 日，这天下午朱自清到师大去给这学期的学生考试，晚上应冰心夫妇之招，答应为《妇女与文艺》作文，晚上，"共作桥戏"。原来，冰心也是桥牌爱好者。1 月 19 日："晚赵凤喈夫妇来访，打桥牌。"赵凤喈是安徽和县人，生于 1896 年，字鸣岐，曾获法国巴黎大学法学硕士学位，1933 年受聘于清华大学正在筹建的法律学系，后入政治学系担任教授。朱自清与这位新来的同事关系应该不错，后来还数次参加他家的茶会或与他打桥牌，如 2 月 13 日这天，朱自清参加赵凤喈召集的家庭茶会，还听蒋廷黻讲在火车上打契约桥牌的事，觉得远胜拍卖桥。朱自清是个讲究的人，玩牌也守规矩。本月 24 日打桥牌时，朱自清日记说："赵鸣岐君殊不文雅，大约新学习之故也。"

有意思的是，俞平伯关于加薪事，说到做到，果真来年还"保持加薪的权利"。这是在 1934 年 1 月 28 日，这天，朱自清写书评文章《读〈心病〉》

一文一直到凌晨四点（《心病》是李健吾的长篇小说）。天亮即收到俞平伯的信，这次关于加薪的要求有明确的数目，即加薪四十元。朱自清在日记中有点无奈地说："此又一难题。"有难题，当然要解决了。第二天，即1月29日，朱自清上午和林庚谈论放风筝的事，两个大学者居然把放风筝一事谈得有条有理，津津有味，朱自清在日记中说：林庚"谓软风筝为佳，又须放一根线或两根线的，三根线的无甚意思。又谓仙人骑鹤，立体的尤妙，谓风筝为阴二月为最宜，在城里屋内院子里看，天上真有意思，只恨电线杆子耳。又谓迎日最好，光色鲜明，二月东南风多，故佳。又谓晚间放灯，乃从大风筝上滑上去的"。是什么原因让两位饱学之士突然对放风筝有了兴致已经不重要了，重要的是，他们谈论如此之久还如此之专业，可能是此时的季节让他们突然回忆起少年时代在家乡放风筝的趣事吧。谈完开心的童年趣事，下午时，朱自清便到了俞平伯家。如果说不是为了俞平伯又闹加薪事，恐怕不确，说是专为解决俞平伯闹加薪事，也不完全正确，主要的，还是为了打桥牌，毕竟又有不少天没到俞宅打桥牌了。这不，这天下午，朱自清在俞平伯家和唐培经合伙打契约牌，"运气甚好"。那一定是赢了。那么俞平伯的"难题"又最终如何呢？本年3月7日、8日终得以解决。朱自清在7日日记中曰："告平伯不能特别加薪事，尚无表现，不知难题如何也。"8日日记曰："下午至平伯处，谈加薪事经过情形，平公不坚持，甚慰。"

1934年5月27日，朱自清和陈竹隐一起进城。这段时间，朱自清只要陪陈竹隐进城，一般不是看病，就是购物或观展，还要到她的亲戚家住宿或吃饭。这天也不例外，在看了西北文物展等两个展览之后，自然是赶不回清华了，晚上朱自清和陈竹隐便住在"琏斝处"。这天晚上朱自清打牌输了五元。牌场结束后，"又玩桌上高尔夫球，渐有门径"。大概桌上高尔夫球也是初玩，并且初次掌握了技巧。这年的6月29日，朱自清日记云："在平伯处与叔玉君玩牌，未能合作，颇负，闻陈之迈乃高手。"看来朱自清对于桥牌中的高手也是膜拜的。7月正值暑假，没有教学任务，时间相对自由些。这个月，朱自清一共打了五次桥牌，7月7日、11日、18日、21日、23日，21日这天还玩了两次，下午一次，晚上一次，日记云："请于、徐两家去哈梅尔共进午餐，烹调甚美。饭后去徐家打桥牌。"又说："晚赴石荪的宴会，菜肴颇好。与 F. C. 赵等玩桥牌。吾妻当其配手，彼常责怪，余甚不快。"这里的"于"，是"俞"字的简写，朱自清在日记中，会把"俞"用"于"字替代，可能是写起来笔画少吧。可能和陈竹隐配合不多，加上老被陈竹隐责怪，所以"甚不快"。这和当代人打掼蛋一样，夫妻档经常会互相责怪和抱怨，牌总是打不好。本年 8 月 27 这天和陈竹隐进城，下午在陈竹隐的亲戚家再次玩牌，日记中，在夸了他家的饭甚佳之后，笔头一转说："玩牌时，三毛盛气凌人使我不快。他不过是个天真的孩子而已，平时我是不大在意的，可今天却有点计较了，大概是情绪不佳所致。"

至此，大致可以了解到，朱自清最大的爱好之一是打桥牌，但也不是经常为之。而且"牌搭子"基本固定，一是在俞平伯家，大都和俞平伯家人一起玩。二是在蒋廷黻家。后来蒋廷黻调离清华大学到南京去工作，又到新入清华大学的赵凤喈家打过几次。后因为对赵凤喈打牌作风看不惯，也就很少和他玩牌了。三是在陈竹隐的亲戚家，陈竹隐这些四川籍的亲戚家大多是大家大口，世俗风气较重，打牌又常带些"彩头"，朱自清大多是陪玩，赌注也很小，应付而已。此后，朱自清日记中还有数次打桥牌的简单记录，而且和赵凤喈又有几次合作，直到北京沦陷后的西南联大时期，朱自清的这个爱好还一直保持，但都是有所克制，是紧张工作之余的放松和调剂，牌搭子大多是几个处得来的同事。

《维我中华歌》及其他

张志和是四川人，曾在川军中任师长，1932 年脱离川军。1934 年出国考察，到过印度、新加坡、埃及、意大利、瑞士、法国、英国、荷兰等国，1935 年春回到上海，进入文化圈子，集资开办辛垦书店，取"辛苦垦荒"之意，主编《研究与批判》杂志。后又出版《现代战争论》等书，说明抗战必胜的道理。全面抗战前夕，为了了解日本，张志和再度出国，在日本住了半年多，曾去千叶县探望郭沫若。回国后，于 1936 年春来到北平，拜访不少文化名人。1936 年 4 月 19 日，朱自清日记有"张志和等来，明日彼将去上海，赠以普洱茶膏"的记录。

为什么要赠朱自清普洱茶膏呢？原来，四川老家的敬亭中学是张志和的父亲创办的，他这次来找朱自清，是请朱自清为该校写一首校歌。朱自清答应了，并于 4 月 20 日将歌词写好，在当天的日记中有"为敬亭中学写一校歌歌词。该校是张志和之父创立"的话，歌词为：

> 书声朗，琴声扬。邛之子，萃一堂。
>
> 孜孜为学，皎皎立身。
>
> 除旧染，作新民。
>
> 或尽力乡邦，或效命疆场。
>
> 愿为佳子弟，愿为国之光。
>
> 美轮美奂，百年大计。

伊谁之惠，敬亭张公之赐。

　　该歌词比较贴近学校的特色。邛即邛崃，张家是四川邛崃人。歌词既有乡邦特色又有时代意义，"效命疆场"更是彰显了张志和的军人身份，也是对学生的鼓励。朱自清带着写好的歌词进城，亲手交给他，并和他话别。4月20日日记中还说："张谓他系西南政治委员会顾问之一，为李宗仁将军之助手，将住广州。"《朱自清全集》第五卷关于这首歌有两个注释，在"张公"的注释中，说指张志和，为误记，实指张志和父亲。

　　朱自清为学校或班级写歌已经不是第一次了，但每次都是有人托请，属于遵命之作。也有一次例外，便是那首《维我中华歌》。据朱自清1935年4月12日日记载，那天他突然"勉力写成一点东西"，便是这首歌词：

　　　　维我中华，
　　　决决大邦！
　　　原田膴膴，
　　　山高水长。
　　　历五千年，
　　　多少治乱兴衰；
　　　铢积寸累，
　　　汉家文化日光昌。
　　　孝武皇帝开疆拓舆，
　　　威名震四方；
　　　忽必烈汗，
　　　铁骑纵横，
　　　长驱欧亚。
　　　青年人，慎莫忘：
　　　天行有常，
　　　人谋不臧。

百余年间，

蹙国万里，

舆图变色，

痛切衷肠。

　青年人，莫悲伤，

卧薪尝胆，

努力图自强。

先民有言：

不问收获只耕耘。

献尔好身手，

举长矢，射天狼！

还我河山，

好头颅一掷何妨？

神州睡狮，

震天一吼孰能量！

　维我中华，

泱泱大邦！

原田膴膴，

山高水长。

鸡鸣嘐嘐风雨晦，

着先鞭，

莫彷徨。

三军夺帅吾侪不可夺志，

精诚所至，

金石难当。

有志者，

事竟成，

国以永康。

这首歌词，也是非常切合当时的情形。在日本侵略者的步步紧逼下，东北沦陷，华北危急，日本侵略者的飞机大炮已经布置在北平周围，华北处在危急当中，整个中国都处在危急当中，梅贻琦校长也多次在校务会、教授会等会议上和同事们商量清华大学的前途和搬迁方案，各种信息汇总到朱自清这里，加重了他心里的危机感，每一个有正义感的知识分子都对整个国家和民族的前途忧心忡忡。这首歌词就是在这样的背景下自然产生的。朱自清日记中说是"勉力"，实是喷发，是对年轻人的激励，也是对全国人民的激励。这首歌词写成后，于次年发表于《十日杂志》上。现存《十日杂志》的资料不多。正如"十日"所示，该杂志是旬刊，于1935年10月创刊于上海，属于综合类刊物，主编为张佛千。栏目有《十日论坛》《国际问题谈话》《时事译丛》《文艺小景》等，朱自清的这首歌词应该就发表在《文艺小景》一栏内。张佛千曾于1933年8月在北平办过一本《老实话》杂志，也是旬刊，也有《文艺小景》栏目，到1935年6月第67期时停刊。这是一份具有抗日元素的军中刊物。朱自清有可能是这一时期认识了张佛千。张佛千生于1907年，早年在上海中国公学大学部读书，朱自清曾在中国公学中学部任教，二人也算是校友。张佛千本人热爱文学，涉猎小说、散文、诗歌等，在《老实话》和《十日杂志》上都发表过文章。《十日杂志》创刊语就出自他的手笔："先说为什么要办这末（么）一个刊物？也可以这样说，是为办刊物而办刊物，为读者求得一通俗的完善的一般的读物而办刊物。使读者能够得到一通俗的完善的一版的读物，这便是我们的目的……什么是我们的立场？我们的立场，便是读者的立场，也便是国民的立场。读者所要说的话，我们便大胆地说出来；读者所需要的各种知识，我们便系统地正确地加以介绍。因为要使刊物成为一般的读物，所以内容是很杂，正符合'杂志'的意义，于是便用《十日杂志》这四个朴实的字，作为刊物的名称……这就算发刊词。"

另据朱乔森在《朱自清全集》第五卷编后记中说，1936年春天，朱自清的这首《维我中华歌》经人谱曲后，在北平市大中学生联合歌咏团举办的露天音乐会上，600名爱国学生在故宫太和殿广场，向北平人民演唱了这首激励救亡的歌。

在 1936 年和 1937 年中，朱自清还分别作了《清华大学第八级毕业级歌》和《清华大学第九级级歌》，两首级歌，都和国家危亡结合起来，鼓励学生"为校光，为国光"，奋发图强。《清华大学第八毕业级级歌》曰："维风雨飘摇，维风雨飘摇。鸡鸣四野声嘐嘐。同堂朝复朝，同堂朝复朝。天涯海角来订交。同德同心，其利断金。慷慨各努力，吾侪任重路迢迢，为校光，为国光，诸弟兄姊妹，志气干云霄。少年志气干云霄。"歌词豪迈激昂，充满激情。

《清华大学第九级级歌》曰：

> 莽莽平原，漠漠长天，举眼破碎河山。
> 同学少年，同学少年，来挽既倒狂澜。
> 去向民间，去向民间，国家元气在民间。
> 莫怕艰难，莫怕熬煎，戮力同学全在咱。

有着诗人身份和新诗创作实践的朱自清，加上深厚的旧学功底，已经深谙歌词创作的规律，并能结合歌词的特定群体和受众，创作出符合需求的歌词了。在此后多年的西南联大时期，朱自清又写了几首歌词。

母亲去世，回扬州奔丧

1936 年 5 月 28 日，朱自清阅读燕京大学一名李姓女学生关于中国近代民谣的论文，题目叫《近世歌谣之研究》。作为古代民谣学方面的专家，朱自清被聘为燕京大学硕士毕业生口（面）试委员会委员，下周五就要参与面试这位女学生，所以他要把她的论文读完。朱自清对这篇论文颇为不满，用"肤浅、空洞无物"一语记在日记里。朱自清还不知道，他母亲周绮桐正是于这一天去世了。1936 年 5 月 30 日这天，朱自清接到三弟朱国华的信，谓母亲日益严重，急需款项。朱自清看信后，"颇受震动"。由于信写于母亲去世之前，接信较晚，朱自清当天就匆匆进城，到前门某银行兑换黄金。可能是心急吧，朱自清的态度惹恼了柜员，黄金没有兑现，心情更为糟糕。在回程的汽车上，朱自清心情郁闷，在车上巧遇浦江清夫人，未经浦太太允许，就为她关车窗，却因此碰了她的手臂，十分懊恼。朱自清为浦太太关车窗，其实是在帮她，因为车窗外有一个女乞丐把手伸进了车里。朱自清在日记里后悔地说："其实我可以给那个女乞丐一个铜板，而不必关窗。"总之，一事不顺而事事不顺。5 月 31 日，朱自清还参加了李其古先生的生日宴会。李其古应该是个老先生，之所以要请朱自清参加他的生日宴，是因为李其古曾托朱自清找郑振铎，为许寿裳长子许世瑛谋事。请朱自清，可能有感谢之意。但是，朱自清回到家里就看到父亲寄来的信，得知母亲已经于五月二十八日五时十五分逝世，终年 65 岁。

从后来发生的情形推测，朱自清父亲朱鸿钧在信上已经跟朱自清说明了母亲葬礼的具体安排，所以朱自清没有急于赶回扬州。朱鸿钧毕竟做过数年小官，分得清家事公事，加上北平毕竟远隔千里，学期又即将结束，朱自清系务和教学很忙，无人能代理许多琐屑的工作，还要为下学期的招生做准备，所以，朱自清接受了父亲关于母亲葬礼的安排。

1936 年 7 月 6 日，朱自清从北平南下，火车上遇梁思成和梁士纯，一路谈话，消除了旅途的寂寞。7 月 8 日午夜时分朱自清到达镇江。镇江和扬州只一江之隔，渡江后，回家见到了父亲和干娘。7 月 9 日朱自清日记简要记录了丧事的过程："昨晚道士做法事，超度死者。法事以散花开始，道士先安座，然后他在宣纸上画出鹤与一长寿字。继而道士落座并诵经。晨三时起，举行殡仪。送葬行列行进颇速。灵柩厝于西门外之都天庙。"

母亲入土为安，朱自清在扬州逗留了几天。7 月 10 日，朱自清在常春茶室会见了朋友袁剑清，又和袁剑清、孔子勤去了冶春。对冶春的环境大加赞赏，"多树，被称为绿杨村"。又赴袁剑清宴会，遇到一帮朋友。11 日这天除购得英刻《陶渊明集》和《绵州竹枝词》外，还是会见扬州的朋友，再游冶春，又坐船去了瘦西湖的五亭桥。在周星北家用了午餐，朱自清日记曰："用冰，菜肴亦佳，以银杏及海蜇为最。"也是在这一天，父亲向朱自清出示了写给母亲的挽联："来归近五十载，内外少闲享，子成列，女有家，绕膝孙枝，你原无憾；卧病历百馀天，膏肓伏二竖，祷无灵，医罔效，伤心梁桉，我独何堪。"三弟朱国华又讲述了母亲生前的梦："母见祖母，祖母曾为母求延寿于阎罗。此次再请，不许，以四妹故也。四妹前生庶母之女也，自杀死。阎王为调解令为母女，然女颇固执，故母不得生。为此女命定享九十一岁。"12 日这天，朱自清和父亲及孩子们泪别。朱自清和武钟谦生的孩子，除迈先和采芷在北京上学，留在扬州的还有三个孩子，他们是逖先、闰生和效武。几天前的 8 日，朱自清在日记里写过要"认真考虑孩子们的环境"，看来目前能力还是不足，所以"内心感情颇复杂"。

1936 年 12 月 12 日下午三时，朱自清到达上海。

扬州有少年时结交的同学玩伴，上海有青年时结交的文学朋友，人到中年的朱自清见到他们都很亲。到了上海，朱自清甫一下车，就去找朴实、忠厚的老大哥夏丏尊，晤谈之后，去南京旅馆。夏丏尊太了解老朋友了，在他的招呼下，上海的朋友迅速会聚到南京旅馆，他们中有周予同、章锡琛、方光焘、许杰、章克标等，北平、上海都有事业的郑振铎也来了。老朋友相见，自然会聊起许多话题。好消息朱自清日记里没有说，不好的消息倒是有几条，他们一个共同的朋友张其山在杭州骑马摔死了，周予同正在为其家属筹措生活费用。又听说刘延陵到处散布郑振铎的话，朱自清日记中说，这是个颇不愉快的消息。7 月 13 日，朱自清在日记中写道："晨访陈麟瑞，彼评郑甚严刻，谓为人须以真诚云。与陈赴大东茶室，称以茶室确甚贴切。约陈至柳家午餐。访方，并同去刘延陵家。彼与郑之交涉终成事实。"陈麟瑞生于 1905 年，1928 年毕业于清华大学，是柳亚子的女婿，在清华时，是朱自清的学生，曾留学英、美、法、德诸国。此时在上海暨南大学、复旦大学等多所大学任教。朱自清找他，有了解郑振铎和刘延陵不和之事的意思。陈麟瑞对郑振铎有"甚严刻"的评价。他们所光顾的让朱自清感慨的大东茶室，当时是上海两家著名的茶室之一，另一家是鲁迅常去的新雅茶室，都是文化人的聚集地。朱自清在浙江一师时的学生曹聚仁曾写过《上海春秋》，文中提到过大中酒楼，是经营广东点心和广东菜式的茶楼，很多文化人也称这里为大中茶室。早茶过后，朱自清和陈麟瑞又到柳亚子家吃午餐，餐后又约方光焘一起去刘延陵家。日记所记就是这么一个过程。当然也证实了昨天晚上所传的郑振铎和刘延陵关系紧张的话了。朱自清这天的晚餐是在夏丏尊家吃的，"夏太太亲自下厨做菜，甚感"。7 月 14 日，朱自清上午上街购物，中午刘延陵请客，朱自清日记曰："此饭店系现代式，有冷气。几未举箸。公纯推荐乐乡，系专营炙烤肉食之饭店。"公纯是个什么人物呢？朱自清没有说明，查相关资料也没有搞清。饭后，朱自清又回拜公纯，朱自清日记有关于他的一段记录，曰："他告以大陆银行并不可靠。如愿投资，不如购公债。公纯家房屋颇大，但无现代化卫生设备。公纯甚悲观，不想作任何娱乐。他已感到幻灭，但仍希望赚一些钱，间或参与政治。"从朱自清的话中推测，公纯可能是朱自清在浙江一师的同事或学生。下午，朱自清去看望方光焘，然后一起赴郑振铎晚上的邀宴，同席的还有茅盾、王统照、傅东华、徐调孚、周予同等老朋友。

朱自清在日记中说:"不喜欢东华,不仅因其杭州土话,亦因其谈锋之尖刻。菜肴颇佳,尤以炒腰花等为最。"7月15日,方光焘邀请朱自清到新雅饮茶。至此,朱自清这次上海之行,沪上文人喜欢光临的两大茶室都来过了。方光焘生于1898年,和朱自清同岁,是著名语言学家,此时在上海暨南大学教授语言学,学术研究和文学创作双管齐下,文学作品有《兰曼之死》,翻译作品有哈代的《姐姐的日记》等,学术著作有《体系与方法》等。两位志同道合的学者交流语言学,方光焘很高兴,谈文法达两个小时,朱自清认为他很有见地。中午也在新雅茶室吃饭,郑振铎也来了。朱自清日记中有"劝振铎"的话。可能朱自清经过这两天的了解,已经知道郑振铎和刘延陵之间不愉快的原因了。晚上,朱自清为感谢方光焘这几天的热情款待,在晋隆回请他吃了晚饭。回宾馆后,朱自清再次打电话给郑振铎和方光焘,除了感谢这两三天的招待,也有再次说合郑刘之意。

1936年7月16日,朱自清乘首班沪杭列车到达杭州,在星桥下车。

四年前的夏天,朱自清和陈竹隐在上海结婚后回扬州小住,8月底和陈竹隐一起去南京旅行,非常重要的一个项目,就是参加妹妹朱玉华和妹夫周翕庭的婚礼。朱自清这次来杭州,就是专门来看看妹妹一家的。杭州已经不比他十多年前教书时的杭州了,已经有了生疏感,为寻找朱玉华家的住处也颇费周折。到了妹妹家,安顿好之后,朱自清于7月17日一个人来到西湖。西湖于朱自清来说已是旧游了。1920年他还是个二十刚出头的青年,冒冒失失来到杭州浙江一师任教,和好朋友俞平伯、叶圣陶、刘延陵一起,无数次地游览过西湖美景,也接待过郑振铎等从上海过来的新朋友,他们谈文学、谈理想,也畅想未来,转眼已是人到中年。朱自清一人在船上,是否想起当年的意气风发呢?湖中看西湖汪庄,朱自清日记中用"甚佳"来赞美,又说:"地狭有亭八座,且式样各异。"汪庄是西湖的胜景之一,位于南屏山北麓,三面临湖,庄园内景色很美,有亭阁楼台、假山叠石、石笋林立、绿树成荫,是朱自清特别想看的地方。船至方庄途中,突然遇到一阵暴雨,朱自清非常享受西湖遇雨。据说游览西湖,晴天不如阴天,阴天不如雨天,雨天不如雪天。西湖遇雪固然最胜,西湖遇雨也是难得,朱自清便在日记中写道:"颇得苏轼'白雨跳珠乱入船'诗句之意境。"朱自清雨后又游览了"三潭印月"。去过西湖的人都知道，三潭印月是湖中的三个相连又独立的小岛，岛上柳绿花香，各种乔木和雕梁画栋的建筑相映成趣，湖中有岛，岛中有湖，园中有园，曲回多变，一年四季都有好景可看。朱自清边走边赏，还有新发现，湖边新造了圆形堤防。那么午餐在哪里吃的呢？西悦来，只花费两块钱，不多不少。7月18日，朱自清继续游览，这次不是独自一人，而是在妹妹朱玉华和妹夫周翕庭的陪伴下，游览了九溪十八涧。这里有清澈的流水，竹树浓密的山谷，古建筑和民居也很有特色，朱自清在日记中说："步行越过蜿蜒曲折之小河，在龙井庙逗留。它建于宋朝，地名方圆巷。"游完九溪十八涧，朱自清一行又去了理安寺。理安寺又叫法雨寺，在九溪杨梅村的古道旁，这里环境清雅，历代有许多文人在这里题诗作赋。这里的楠树林让朱自清一行感受到一种广阔而幽深的气氛。

1936年7月19日，朱自清和妹妹一家告别，离开了杭州。在去苏州的途中，朱自清又在嘉兴作短暂停留，游览了南湖并荡舟，还登上江南名楼烟雨楼眺望湖景，湖中的景色和娇美的船娘，都给朱自清带来了愉悦并引发了赞叹。带着好心情，朱自清于当天下午到达苏州叶圣陶家。

这次江南之行，朱自清在上海没有见到老朋友叶圣陶，原来他住到苏州来了。苏州是叶圣陶的老家，在上海这些年，他依然喜欢苏州的小桥流水，便在苏州滚绣坊青石弄安置了房产，每年都择机在苏州住上一阵子。

苏州城区巷弄多，1936年7月19日下午，朱自清费了不少周折才找到叶圣陶家，朱自清日记用"好不容易"来形容。刚到叶家，看到带花园的大房子，很有感慨。老朋友相见，略作寒暄，"旋访心如及叔琴等。共至凝园，穿行假山"。苏州的园林很多，除熟知的"四大园林"外，还有耦园、艺园、退思园、可园、西园、鹤园、绣园、曲园等多处，朱自清日记中所说的凝园，应该是怡园的误写。怡园也是一处精巧的园林，虽然规模不大，但假山叠石、雕梁画栋、曲桥水榭同样可喜。当天晚上，叶圣陶设宴招待朱自清。第二天，即7月20日，朱自清和叶圣陶、刘叔琴等游览了灵岩与天平山。朱自清当天日记云："乘人力车去胥门，并乘摆渡。有汽车通往灵岩。轿夫甚多，但我们一乘未雇。因西施而著名之古迹，如琴台，很有趣。抵天平山，至钵盂泉。我独攀顶峰。山腰以上即无路，山石奇特。穿过上白云，至望湖台。远眺太湖，湖光闪闪。"游玩了一天，尽兴而归，刘叔琴在元大昌请客。元大昌在苏州阊门外石路，是家老字号，原以卖绍酒出名，后也兼做餐饮，又在观前街等地建有分店，是苏州有名的酒家。刘叔琴是朱自清的老朋友，生于1892年，浙江镇海人，毕业于日本东京高等师范学校，曾任教于浙江上虞白马湖春晖中学和上海立达学园，此时任开明书店文史编辑，和叶圣陶是同事。这天的酒喝得开心，朱自清日记中有"饮酒过多"的记录，但不至于醉吧。因为 7 月 21 日上午，又去张家花园等园林游玩去了。所谓张家花园就是网师园，是苏州名园，1917 年由军阀张作霖花巨资购买并赠送给张锡銮。从此苏州人就习惯上叫张家花园了。接下来的游玩，朱自清日记里有这样的记录："游虎丘。在冷香阁饮茶，梅树四围，此冷香之所以得名也。巡行千人石、剑池、铁华岩、小吴轩等处。"游完虎丘已经近中午了，他们行走在苏州的街市上，来到山塘街，在一家酒店用午餐。山塘街有不少有名的酒店，经营苏州特色菜肴。昨天晚上吃了绍兴味大馆子元大昌，今天再吃吃苏州特色本帮菜也不错，一定是很合朱自清胃口，日记中用菜"甚佳"来赞美。接下来继续游览，去的地方不少，日记曰："留园宽广，拙政园清疏，狮子林假山格外曲折。刘君邀再至元大昌饮酒。"朱自清对扑面而来的苏州园林的印象，有些消化不了，一个下午去了三个著名的园林，加上晚上还有一场美宴，用"宽广""清疏""假山格外曲折"来形容三处园林的特色。再吃元大昌，多半原因是刘叔琴是浙江人，对绍兴菜情有独钟。7 月 22 日是朱自清在苏州的最后一天，日记曰："访一些书商。在中国式茶馆吴苑约一小时，那里很热。"这里的访书商，可能是逛旧书店。大约没有看到心仪的书，日记中没有买书的记录。到了苏州，坐坐苏式的茶楼，体验一下苏州的茶馆也是不可缺少的。怎奈天气太热而没有多少感觉。不过接下来由叶圣陶为他这次苏州之行举行送别宴会，朱自清还是非常开心的，日记中用"虽非正规但颇盛大"来形容。盛大可能是排场大，也可能是客人多。总之，朱自清非常感动。

朱自清这次苏州之行，虽然没有留下文章或旧诗，叶圣陶却在一篇《假山》的散文里提到："佩弦到苏州来，我陪他看了几个花园。花园都有假山，作为园子的主要部分。假山下大都是荷花池。亭台轩榭之类，就环拱着假山和池塘布置起来。佩弦虽是中年人，而且身子比较胖，却还有小孩的心性，看见假山总想爬。"这段话，特别是最后一句，形象地说明了朱自清特有的真实情感和好奇精神。再说叶圣陶在苏州接待朱自清，其实他在 7 月 20 日那天是有安排的，王伯祥在那天的日记里有记载："丐尊为予所纠之会，今早举行第一期，即由予召集，具酒邀会家飨之，到仲盐、洗人、丐尊、雪村、调孚、云彬、均正、祖璋九人。圣陶则以佩弦方在苏盘桓，障游未能即到，托予代表也。"叶圣陶非常注重和朱自清的友谊，尽管他在上海有重要活动，也还是托朋友代表，要在苏州陪好朱自清。

1936 年 7 月 22 日午夜，朱自清乘火车到达南京。

7 月 23 日一早，朱自清就匆匆走访了蒋廷黻、吴景超、蒋复璁等友人，又到陈竹隐的结拜姐妹三妹、五妹家问候。蒋廷黻已经于 1935 年末离开他任教六年多的清华大学，到南京国民政府行政院任政务处处长。蒋廷黻弃学从政，早就有迹象，在清华期间，他担任历史系主任，在他的领导下，历史系迥然有别于传统的史料派，气氛焕然一新。他本人除学术研究外，还写了很多篇政论文章，仅在他和胡适等人创办的《独立评论》上，六年来就发表文章 60 多篇。1934 年 6 月，他还以非官方代表身份出访苏联、德国、英国，进一步对从政产生兴趣。在清华期间，朱自清和蒋廷黻交往较多。这次南京一见，是蒋弃学从政后，朱自清第一次见到他，半年多未见，想必聊得挺开心。不过朱自清对政治毫不关心，对于蒋所从事的工作也毫无兴致，应该所谈不多。吴景超原是清华大学社会学系的教授，曾发起成立中国社会学社。1935 年冬，和蒋廷黻一前一后来到南京，任国民政府行政院秘书。蒋复璁曾在清华大学担任过兼职讲师，后来在图书馆学方面做出成就，1933 年更是担任国立中央图书馆筹备处主任，创办《学觚》半月刊，1935 年被聘为中央古物保管委员会常务委员。朱自清在同一天见到清华的老熟人，对于他们的现状也大致都有了了解。奔波一天下来，晚上被朋友邀请到曲园酒家吃饭，还欣赏了从小巴黎请来的歌手的精彩演出，一天的疲劳得以消散。7 月24 日一早，蒋复璁还和朋友一起专程到宾馆看望了朱自清，老朋友还是注重礼节的。作为著名学者和有影响的新文学作家，南京的新闻媒体自然闻风而动不放过朱自清了，上午就有三名记者来访，朱自清都予以接待。中午在吴景超家吃饭，不知有没有吃到吴景超夫人做的徽州菜。下午又到蒋廷黻家与其家人及孙先生打桥牌，老牌搭子没变，只是打牌的地址由北平转到了南京。由于配合的默契，一个下午玩得十分有趣。晚上又赴三妹与五妹的招待宴席，邀请来陪酒的都是三妹和五妹的朋友，有军人，还有报纸编辑，谈笑间，举杯频频，喝了不少大曲酒。这一天玩得开心，酒当然也就尽兴了。7月25日又是充实的一天，上午，蒋复璁邀请朱自清游览了中山陵。中山陵建筑庞大，在形体组合、色彩运用、材料表现和细部处理上，都有独到的设计。一路看下来，朱自清对谭墓和音乐台甚感兴趣。游完中山陵，直奔梁得所画展。梁得所出生于1905年，曾就读于山东齐鲁大学攻读医学，多才多艺，美术、音乐、文学等方面都有所成就，1926年还在上海《良友》画报当了一阵子主编，经他改革，《良友》画报气象一新，内容包罗万象，融时事、政治、经济、军事、社会文化、风土人情、美术、摄影于一体，成为全国有影响的画报，发行量高达三万余份。许多文化名人都在《良友》上亮相，鲁迅等文化名人都曾给予实质性的支持。离开《良友》后，梁得所于1933年又创办了大众出版社，主编《大众画报》《小说半月刊》《文化月刊》《科学图解月刊》《时事旬报》，同时担任五种杂志的主编，其精力之充沛让人敬佩。此外，他还编译了《西洋美术大纲》并著有随笔集《若草》和若干小说等文学作品。这次梁得所在南京举办革命历史画展，一展他在绘画方面的艺术才能，朱自清当然要到现场一睹为快了。下午，朱自清继续会友，因时间紧张，未能见到卢冀野等朋友，为此感到遗憾。晚上，蒋复璁在德、奥、瑞同学会宴请朱自清，作陪的阵容也够规格，有滕固、谢寿康、宗白华、任叔傥（疑是伍叔傥）和郭子雄诸友。滕固生于1901年，字若渠，江苏宝山人（今上海），早年毕业于上海美术专科学校，曾留学日本，攻读文学和艺术史，获硕士学位，1929年又赴德国柏林大学攻读美术史，获博士学位。回国后在国民政府行政院任档案管理处代理处长，工作期间依然坚持创作。艺术论集有《唐宋绘画史》《中国美术小史》《唯美派的文学》等，也从事文学创作，在《小说月报》《创造季刊》上发表过不少小说、诗歌和艺术论文。谢寿康生于1897年，字次彭，江西赣县人，1912年6月，年仅15岁的谢寿康被择优选送到欧洲留学，入比利时布鲁塞尔自由大学，攻读政治经济系，1914年转学法国巴黎法政学校经科获学士学位，1918年入瑞士罗山大学读书，获得政治学硕士学位，后又入比利时布鲁塞尔自由大学获经济学博士学位。回国后，1929年任国立中央大学文学院院长。1935年任国立戏剧学校教授。宗白华生于 1897 年，江苏常熟人，1918 年毕业于上海同济大学语言科，1919 年 8 月受聘于上海《时事新报》副刊《学灯》任编辑。1920 年至 1925 年留学德国，先后在法兰克福大学和柏林大学学习哲学和美学，回国后曾任教于国立中央大学哲学系。宗白华早在 1923 年就创作了《流云小诗》。蒋复璁在为朱自清送行的晚宴上，能把南京的文化名人邀请来陪朱自清，看出来蒋复璁还是很用心的。这天晚上，刘延陵特地从上海赶来，和朱自清话别，此情可感。

朱自清在南京的三天里，游山观景，会友访亲，虽然有朋友接待和招待，但大约和三妹、五妹等亲戚间的走动，加上购物，花费了六十元，大大超出了预算，朱自清在日记中用"可惧也"来形容。

1936 且 7 月 26 日，在返回北平的火车中，巧遇了汪敬熙，朱自清日记云："但未能立即认出。交谈整一下午。他无情地批评生物学界之秉学派。"汪敬熙是比朱自清高一届的北京大学的同学，第一批新潮社成员，在大学里就发表文学作品，还帮朱自清修改过翻译文章。后来朱自清在作品里还写到过他。能在火车上巧遇老同学，给寂寞的旅程带来了莫大的愉悦。

暂别清华园

　　1937 年 7 月 7 日，日本帝国主义在北平近郊宛平城制造了震惊中外的卢沟桥事变（又称"七七事变"），引起全国各地军民的强烈反响。"七七事变"的第二天，中国共产党中央委员会就通电全国，呼吁："全中国的同胞们，平津危急！华北危急！中华民族危急！只有全民族实行抗战，才是我们的出路！"并且提出了"不让日本帝国主义占领中国寸土！""为保卫国土流最后一滴血！"的响亮口号。

　　在日本侵略军的步步紧逼下，各种消息传来，清华园很不安静。1937年 7 月 24 日，朱自清出席校方的宣传会议，起草拒绝北平成为不设防城市的建议的讲话稿。本月 26 日在致杨树达的信中，朱自清继续对事变深感担忧。信中说："北方局面日来原稍缓和，近日又趋紧张。究竟如何？颇难逆睹。校长尚未回校，校方暂时尚不拟作任何计划，一切照常进行。两校招生，报考人不及去年之半数（不及三千）。此间间有人迁徙，但大多数尚安静。"杨树达是清华大学教授，卢沟桥事变发生以后，暂回老家长沙。此信是报告校方态势的。其实就在朱自清写此信的下午，日本侵略者向我守军第二十九军发出最后通牒，要求中国守军于 28 日前全部撤出平津地区，否则将采取行动。宋哲元严词拒绝，并于 7 月 27 日向全国发表自卫守土通电，坚决守土抗战。这天下午，朱自清和陈竹隐带着采芷、乔森和思俞匆匆进城，住进西单兴隆街 21 号张明英宅内。7 月 28 日，北平沦陷。两年以后的 1939 年 6 月，身在昆明西南联大的朱自清感于北平沦陷的悲愤，根据记忆，创作了《北平沦陷那一天》，回忆了当时的经过和感受，启示自己永远不能忘却。全文如下：

二十六年七月二十七日的下午，风声很紧，我们从西郊搬到西单牌楼左近胡同里朋友的屋子里。朋友全家回南，只住着他的一位同乡和几个仆人。我们进了城，城门就关上了。街上有点儿乱，但是大体上还平静。听说敌人有哀的美敦书给我们北平的当局，限二十八日答复，实在就是叫咱们非投降不可。要不然，二十八日他们便要动手。我们那时虽然还猜不透当局的意思。但是看光景，背城一战是不可免的。

二十八日那一天，在床上便听见隆隆的声音。我们想，大概是轰炸西苑兵营了。赶紧起来，到胡同口买报去。胡同口正冲着西长安街。这儿有西城到东城的电车道，可是这当儿两头都不见电车的影子。只剩两条电车轨在闪闪的发光。街上洋车也少，行人也少。那么长一条街，显得空空的，静静的。胡同口，街两边走道儿上却站着不少闲人，东望望，西望望，都不作声，像等着什么消息似的。街中间站着一个警察，沉着脸不说话。有一个骑车的警察，扶着车和他咬了几句耳朵，又匆匆上车走了。

报上看出咱们是决定打了。我匆匆拿着报看着回到住的地方。隆隆的声音还在稀疏地响着。午饭匆匆地吃了。门口接二连三地叫"号外！号外！"买进来抢着看，起先说咱们抢回丰台，抢回天津老站了，后来说咱们抢回廊坊了，最后说咱们打进通州了。这一下午，屋里的电话铃也直响。有的朋友报告消息，有的朋友打听消息。报告的消息有的从地方政府里得来，有的从外交界得来，都和"号外"里说得差不多。我们眼睛忙着看号外，耳朵忙着听电话，可是忙得高兴极了。

六点钟的样子，忽然有一架飞机嗡嗡地出现在高空中。大家都到院子里仰起头看，想看看是不是咱们中央的。飞机绕着弯儿，随着弯儿，均匀地撒着一搭一搭的纸片儿，像个长尾巴似的。纸片儿马上散开了，纷纷扬扬的像蝴蝶儿乱飞。我们明白了，这是敌人打得不好，派飞机来撒传单冤人了。仆人们开门出去，在胡同里捡了两张进来，果然是的。满纸荒谬的劝降的话。我们略看一看，便撕掉扔了。

　　天黑了，白天里稀疏的隆隆的声音却密起来了。这时候屋里的电话铃也响得密起来了。大家在电话里猜着，是敌人在进攻西苑了，是敌人在进攻南苑了。这是炮声，一下一下响的是咱们的，两下两下响的是他们的。可是敌人怎么就能够打到西苑或南苑呢？谁都在闷葫芦里！一会儿警察挨家通知，叫塞严了窗户跟门儿什么的，还得准备些土，拌上尿跟葱，说是夜里敌人的飞机许来放毒气。我们不相信敌人敢在北平城里放毒气。但是仆人们照着警察吩咐的办了。我们焦急地等着电话里的好消息，直到十二点才睡。睡得不坏，模糊地凌乱地做着胜利的梦。

　　二十九日天刚亮，电话铃响了。一个朋友用确定的口气说，宋哲元、秦德纯昨儿夜里都走了！北平的局面变了！就算归了敌人了！他说昨儿的好消息也不是全没影儿，可是说得太热闹些。他说我们现在像从天顶上摔下来了，可是别灰心！瞧昨儿个大家那么焦急地盼望胜利的消息，那么热烈地接受胜利的消息，可见北平的人心是不死的。只要人心不死，最后的胜利终究是咱们的！等着瞧罢，北平是不会平静下去的，总有那么一天，咱们会更热闹一下。那就是咱们得着决定的胜利的日子！这个日子不久就会到来的！我相信我的朋友的话句句都不错！

　　躲在朋友的宅子里，朱自清一家惶惶不安地过了两天，1937年7月29日，朱自清接钱稻孙电话，得悉清华园目前已经十分危险，便和王化成等人一起，急访冯友兰，并到警察局请求帮助，又冒险雇汽车回清华园察看。本年8月5日，日军占领了清华园。朱自清和陈竹隐一起返回清华园收拾衣物。8月

11 日，将长子朱迈先托叶公超带回扬州老家。当天又访俞平伯，商讨下一步的行动。8 月 17 日，迁居至东斜街新租的房子里。到了 8 月 30 日，再次迁居至黄米胡同，与孙国华同寓。本年 9 月 13 日，国立长沙临时大学筹备委员会举行第一次全体会议。自此，国立长沙临时大学开始运转，该大学由清华、北大、南开三所大学合组而成，临时大学的内部保留三校自身的建制，这也是为以后的复员做好准备。朱自清得到这一消息后，也是百感交集，大学还能办下去，师生又能团聚，是值得欣慰的，同时离开北平已成定局，又让他极其不甘。但家国沦陷，目前的方法无疑是最佳选择。本年 9 月 17 日，黄子卿来访，商量何时动身去湖南长沙临大。黄子卿是广东梅县人，1921 年清华毕业后去美国留学，曾先后获得威斯康星大学、康奈尔大学、麻省理工学院学士、硕士、博士学位，回国后任清华大学化学系教授。两位清华老同事商量的结果，应该是分头行动，这样目标小，便于安全，到达天津后再会合。

1937 年 9 月 22 日这天，朱自清只身一人，启程赴天津。这天的朱自清日记云："车站检查行李甚严。中国警察之凶，令人悚然。抵天津，平安出站，住六国饭店。见友人甚多。"此时的天津，已经是爱国人士南下的中转站，许多南下的学者都在此中转，所以见到许多友人。陈竹隐在《追忆朱自清》一文中说："北平沦陷后，梅贻琦校长先带一部职员南下长沙，不久来电报叫佩弦也去，于是佩弦马上南下了。走的那天，他戴着一副眼镜，提了一个讲课用不起眼的旧皮包，加上他个子也不高，没有引起日本人的注意，总算躲过了日本人的搜查。"朱自清在天津待了两三天后，于 9 月 25 日自塘沽登船赴青岛。吴大猷在《回忆》里记述了这段经历："我们离津所乘的轮船，是在近海行驶的二千吨左右的小船。同舱房的有饶毓泰老师夫妇、清华大学化学系教授黄子卿、清华大学文学系教授朱自清。房间在船尾，船颠得很厉害，船舱内空气极为浑浊，即使经常在海上航行的人也要呕吐。独朱自清仍能每餐进几匙鱼肝油，真使人既敬佩又羡慕。"朱自清不晕船，这可能和他小时候生活在扬州有关，扬州临近大运河和长江，又遍布湖泊和河流，出门乘船是主要的交通工具，加上他在江南任教的五年间，长年乘各种船，所以练就了不晕船的本领。但在船上的经历，朱自清在1937年9月25日日记中有这样的记载："我们的票上有号码，但当我进入船舱时，我的座位已被人占据。侍者谓那是公司里的人送来的客人。其后，我注意到同一号码竟有若干张票。那是管事与侍者串通的骗局。我厌恶他们。最后有人搬到邻舱去了。结果该舱位很快就被那些到处转悠的乘客们强占。如果他是个弱者，侍者就会强迫他到底舱去。"朱自清日记中有"船甚颠簸"的话，证明了吴大猷的描述。在船上几天，还遇到一个惊险的小插曲，朱自清在9月27日日记中说："舱外过道上有人往棉被上丢了个燃着的烟头以致着了火。幸而我们及早发现而扑灭。我首先嗅到气味，但判断不敏锐。"9月28日早上，朱自清抵达青岛，宿新亚大旅社。此时的青岛，由于战乱，已经非常萧条。第二天，朱自清还抽闲去海滨公园、炮台和太平公园等处看了看。对海滨公园和太平公园印象较深，认为其设计"甚具匠心，每条小径均通往一新颖去处。太平公园环山而建，山顶有亭，由该亭可饱览海上景色"。（据29日日记）当天晚上，朱自清购到一张单人卧铺小房间的火车票由青岛前往济南，因饮茶过多和欣赏房间陈设而致失眠。30日早上八时，朱自清抵达济南，旋即换乘津浦线火车，半夜到达徐州。10月1日凌晨三时许，换乘陇海路火车赴陈桥，又换乘平汉路火车，于10月2日早上抵达汉口，宿扬子江旅馆。这一路下来，昼夜兼程，真是历尽了辛苦。

稍事休息后，朱自清于10月2日下午赴武汉大学访老朋友陈源。朱自清对武汉大学的建筑物的评价是"建筑物很美，但不适用"。陈源此时任武汉大学文学院院长，住在校园东湖的山上，环境安静幽美。朱自清和陈源略做谈话，告知一路南行的目的和路上所遇的种种，对陈源七岁的女儿颇为喜欢，夸她"颇可爱"。又去磨石街25号访另一位老朋友闻一多，少不了商谈清华大学中文系以后的形势，还和闻一多等人一起吃了晚餐。更为巧合的是，这天还巧遇了三弟朱国华，并且由朱国华代买了卧铺票去长沙。这次和朱国华相遇，劫后相逢，百感交集。多年以后，朱自清有诗记此事：

> 同生四兄弟，汝最与我亲。

念汝生不永，吾家方患贫。

弱冠执教鞭，三载含酸辛。

不耻恶衣食，锱铢黾朝昏。

辞家就闽学，读律期致身。

学成厕下僚，有志未得申。

兄弟天一方，劳苦仅相闻。

军兴过汉上，执手展殷勤。

相视杂悲喜，面目侵风尘。

小聚还复别，临歧久谆谆。

我旋客天南，汝亦事骏奔。

……

这首诗名曰《寄三弟叙永》，是朱自清在多年以后的 1945 年 5 月 27 日写的。朱自清在当天的日记中说："下午作《寄三弟》诗，至晚始成。"叙永是四川南部的一个县，朱自清从昆明至四川往返途中，叙永是必经之地，常在这里停留和朋友叙旧。从这首诗的"军兴过汉上，执手展殷勤"中，能够读出这次和三弟在武汉偶遇的心情。

朱自清于 1937 年 10 月 3 日晚上离开武汉，在当天日记中写道："晚乘武长线车，三弟代买卧铺票，甚感。"

至此，朱自清一路奔波，终于到达了后方，回到了清华的怀抱，回到了朋友、同事和同学们中间。只是时过境迁，此时的清华，已经不可称"园"了。

第六章
西南联大日月长
（1937—1946）

　　抗日战争全面爆发后，朱自清随校南迁，辗转长沙、蒙自、昆明。《经典常谈》即创作于这一阶段，生活困顿使他的胃病加剧。朱自清与闻一多、沈从文等学者共事，同时关注学生的创作。1946 年，惊闻闻一多遇刺，参与整理其遗著。

梅贻琦

朱自清冒着生命危险只身逃出北京，历经十多天辗转、奔波，途中辗转六七次之多，于 10 月 4 日中午到达长沙。随即入住位于长沙小吴门外韭菜园 1 号的圣经书院（也称"圣经学校"，"书院"是沿袭古称）——国立长沙临时大学即设于此处，朱自清相当于正式报到了。

刚到长沙，朱自清就开始了紧张的忙碌。

当天下午，朱自清丢下简单的行李，还没有消除旅途的疲劳，就拜访了清华大学校长梅贻琦先生、教务长潘光旦先生和秘书长沈履先生。

这是朱自清在西南联大（含长沙临大）时期，第一次见到梅贻琦。梅贻琦在长沙临大筹备期间，最担心的就是教授们能否顺利来到新校址报到。他的担心有两层原因，一个是怕周作人、俞平伯那样的教授较多，因各种原因不愿意离开北平；另一个是担心他们出行时路上的安全，毕竟许多地方因为日军的步步紧逼，造成社会混乱，危险随时发生。清华大学中坚力量、中文系旗帜性人物朱自清能够顺利到达，给梅贻琦等校方领导带来极大的安慰和信心。

梅贻琦于 1889 年 12 月出生于天津，1904 年入南开中学读书，1908 年进入保定高等学堂就读，1909 年以第六名的成绩成为庚子赔款的首批赴美留学生。1910 年，梅贻琦进入美国伍斯特理工学院学习电机工程，1914 年获电机工程学士学位后于 1915 年春季回国，同年秋季，担任清华学校（清华大学前身）物理教师，后任教务长，并曾暂代校务，还曾担任清华大学留美学生监督处监督等多种职务，1931年10月出任国立清华大学校长。

朱自清于1925年入清华期间，就和梅贻琦成为同事。当时清华学校校长是曹云祥，梅贻琦和朱自清因在不同的系和从事不同的教职，两人并无多少交集。到1928年正式改称清华大学，罗家伦担任校长，杨振声任中国文学系主任时，朱自清主要协助杨振声为重振中文系做一些实际的工作，而在学术上，进一步从事古典文学的研究和拟古诗创作，和梅贻琦从事的工作依然没有交叉。罗家伦担任校长期间，做了大量有益于学校的创新，中文系也得到了加强和重视，朱自清的才华得以进一步显现。但由于罗家伦工作作风专断，最终引起师生的"驱罗"运动，就由梅贻琦正式出任校长了。

梅贻琦担任校长期间，朱自清正在英国伦敦留学，学习英国文学和英语语音学并搜集英国歌谣和考察书画艺术，直到1932年9月3日，朱自清才回到清华大学，9月22日，朱自清担任清华大学中文系主任。这时候，朱自清才正式和梅贻琦有了工作上的交往。但由于朱自清主要工作职责在中文系这边，上面还有文学院，加上二人从事的学术方向不同，和梅贻琦直接交往并不多，只有在出席学校教授会的时候，才能听到梅贻琦的讲话。梅贻琦是一位开明校长，按时召开的教授会，气氛民主又热烈，临时教授会更是如此，如1933年3月9日，朱自清出席由燕树棠、萧叔玉、萨本栋、叶企孙、冯友兰提议召开的清华教授会临时会议，会上讨论"热河事变"，气氛十分热烈，教授分激烈派与平和派两派。燕树棠、闻一多等属激烈派。何为"热河事变"呢？是指1933年1月1日，日本侵略者进攻山海关，三天攻陷。2月下旬，伪满洲国日伪联军又大举进犯我国沿长城各关隘，情形危急。代理行政院长宋子文执行蒋介石攘外必先安内的政策，坐失良机，热河省"土皇帝"汤玉麟一战而败，至3月3日，日本侵略者兵不血刃开进热河省首府承德，至此，热河失陷。这激起清华师生的强烈愤慨。临时教授会就是在这样的情形下召开的。会议争论的结果是，推举张若煛、冯友兰、燕树棠、萧叔玉、浦薛凤等人起草《国立清华大学教授会致国民政府电》，该电要求政府相关要员出来负责，"深自引咎，亟图挽回，否则人心一去，前途有更不堪设想者"。这种教授会，主持者都是作为校长的梅贻琦，他能让大家各抒己见，本身就非常难得，何况决策最终又符合大多数教授的意愿呢。他的风度和决断，自然也就得到教授们的支持和拥护了。

但是，除这种公开场合的会议或活动，朱自清和梅贻琦的交往，从1932年9月至1937年10月，5年间，只有那么几次。查朱自清日记，1933年3月26日，朱自清日记云："赴今甫宴，座有黄晦闻先生、邓叔存、吴鸣岐、梅月涵诸先生。"这里的今甫，即杨振声，邓叔存即邓以哲，梅月涵即梅贻琦，月涵是他的字。那么杨振声为什么要请客呢？原来是他得到了邓石如隶书条屏四幅，该作品共八幅，虽为残缺，也十分难得。邓石如是清代著名大书法家。这幅作品，据朱自清日记云："乃邓晚年书贻释云衫者，疑作泉，曰云衫者据张伯英跋也，别有周止庵跋。张跋谓此书雄浑苍劲，得自然之趣，与描头画角者异。然其中一二幅老而近于野，亦未可一概论。今甫得于厂甸，价三百元。"三百元得一残件，看来确实是好东西。这应该是一次家宴。杨振声于古董店铺收到名贵好东西，需要在朋友们面前展示一番。同时还展示了另一件与邓石如有关的作品："又观邓石如与梅柏言《石交图》。"这《石交图》，朱自清忘了是为何人而作，只记得题跋甚多。看来这也是一幅珍品。可能是这次宴会上的朱自清给梅贻琦留下了好印象吧，第二天，3月27日，梅贻琦又设宴，邀请朱自清出席。同时出席宴会的还有周先庚夫妇、刘崇铉夫妇、王文山、郑桐荪等人。据现存资料看，这是梅贻琦第一次宴请朱自清。但这天朱自清的日记中，有一句"余殊为失态"的话，值得揣摩。在这样一个文人雅聚的场合，怎么会失态呢？梅贻琦这次邀请的客人，除他本人外，其他人都不在朱自清的"朋友圈"，推杯换盏间，自然有"话不投机"的地方，朱自清的发言直言不讳，事后想想，没有给他们面子，就相当于没有给梅贻琦面子，毕竟客人都是梅贻琦的至交嘛。此外，也许朱自清当天喝多了酒，有"失态"之感。朱自清会有事后反思的习惯，这些反思会在日记中随手记一笔，其实无足轻重。1933年5月22日，朱自清日记云："下午校长召集学生，告以时局紧张。"这里的校长即梅贻琦，时局紧张，就是指"热河事件"的外溢，彼时，日本侵略者的飞机常来城里骚扰，如本月11日，朱自清日记云："下午斐云来告日本飞机今早掷弹于齐化门外，又在安定门上放机枪。晚间消息，掷弹乃在西城也。"再如本年4月24日出席由梅贻琦主持的校评议会，商量学校南迁事，当时也是因为"热河事变"，所以学校南迁有三个方案，朱自清日记说："首取长沙，次取苏州，次取洛阳。"这天梅贻琦又紧急召集学生开会，告之时局，看来要做打算了。会后的晚间，在梅贻琦继续主持的教授会上，又进行迁校的"试投票，本校应迁至长沙、洛阳、苏州、南通四处中之何处，未开票"。从朱自清日记所记情况看，只是摸摸底，票是投了，并没有当场查看投票结果，主要可能是看看教授们的想法。有意思的是，朱自清的好朋友、清华大学名教授俞平伯因对于工资不满意，要求加薪。这让担任系主任的朱自清颇为为难。朱自清为此事和俞平伯谈过，告知办不到。俞平伯就以辞职来威胁。文学院院长冯友兰和朱自清也一起跟俞平伯解释，还是不行。为解决此事，朱自清几次和冯友兰商量，最后搬出了梅贻琦。朱自清在1933年6月5日日记中说："早晤芝生，谓平伯事不成。下午访平伯，告之，并告晚间当与梅、冯同往。晚冒雨同往，平伯意渐不坚持。"为一名教授加薪的理由不足要向当事人解释，清华大学校长、文学院院长、中文系主任三级领导冒雨前往，俞平伯的面子足够大了，同时也说明清华大学的开明和梅贻琦的民主作风。好在俞平伯"渐不坚持"，算是圆满解决。清华大学能留住俞平伯，是朱自清和梅贻琦一次成功的合作。还有一次是北大、清华两位校长分别在同一天中午和晚上请客的事，也颇有意思，那是1934年6月3日，学期即将结束时，朱自清到北京大学去找朱光潜谈事，后来又和叶公超谈钱锺书进入清华中文系教书的事。中午时，北京大学校长蒋梦麟请朱自清吃饭，也是公私皆有，席间商定了工作方面的几件事，据朱自清日记云："1、通知试期等，2、汇集试卷，3、开会决定。"看来事情不小，不然一个大学校长不会亲自请客商谈"试期"诸事。中午的饭菜怎么样呢？日记云："丰泽园海参甚佳，馀也不坏。"海参都吃上了，而且甚佳，其余的菜也挺好。那么到了晚上，梅贻琦请客，可能是菜太一般了，朱自清用"晚梅先生宴客，菜差多也"一笔带过，连什么菜都没说。而此后几天，朱自清和梅贻琦接触稍多。如1934年6月7日下午，朱自清在清华教授会会议上，再次当选下年度评议会评议员。清华大学的评议会是由校长、教务长、秘书长、各院院长及教授会代表组成，负责制定学校章程、审议预算、确定系科废立、建筑或重要设备的建设、留学生派遣及管理计划等学校的大政方针，是个重要的机构。朱自清以教授身份再次当选，说明他在教授中颇有威望。本月19日，朱自清连续参加学校两个重要的会议：早上是清华毕业生成绩审查委员会会议，下午又参加清华考试委员会会议。晚上又参加由梅贻琦为文学院师生所设的茶话会，师生们聆听了梅贻琦的讲话。茶话会期间，朱自清又和文学院代理院长蒋廷黻商谈聘请钱锺书来中文系执教的事，依旧没有谈妥。后又多次交涉，仍未有结果。1935年2月6日，梅贻琦在家里举行了一次茶话会，梅贻琦作了一次讲话，涉及到清华大学的未来，朱自清在当天的日记中说："梅报告说教育部打算牺牲清华去援助武汉大学。他建议说，长沙的教会学校很适于作我们（清华）的分校，需花费五十万元。"只知道参加这次茶话会的还有顾毓琇，其他人，日记中没有记载。不少人都作了发言，有人建议研究一两项军事项目，这样可以得到政府的支持。这次家庭聚会上，梅贻琦再次提到清华大学的前途和迁址事，而且第一次具体提到了长沙的教会学校，即圣经书院。1935年7月18日正值暑假期间，张仲述邀请梅贻琦及朱自清等人午餐，结果梅贻琦谈大学问题，成了主人。从不多的这些交往看，朱自清和梅贻琦大多是在工作场合或宴会场合交往，也有几次朱自清致梅贻琦的信，信中所谈，全部是关于中文系聘请助教或给教师增加工资等公事，私交几乎没有。朱自清和梅贻琦的真正带有私交性质的交往，是1935年暑假期间，即8月22日至25日，朱自清和梅贻琦一家赴西山松堂小住四天。四天中，朱自清和梅贻琦几乎朝夕相见，并共同游玩了附近的景点。这次共同小住，不仅增进了彼此间的了解，其友情也进一步得到了巩固。到1935年12月29日，朱自清再次出席梅贻琦的邀宴，同时被邀的还有冯友兰和蒋廷黻等。在这天的日记里，朱自清流露出难得的真性情，说出了心里话："衷心感谢梅，承蒙他的好意，使我应邀参加一些重要会议。"

可以说，在朱自清精力最为充沛的这段年月里，和梅贻琦的关系，已经由普通的工作关系，逐渐密切起来，所以，到了国难来临，北平沦陷，清华大学被迫南迁，需要教师全力相助之时，无论从家国情怀，还是个人交谊，朱自清都成为校方代表梅贻琦的坚定支持者，也就水到渠成了。

梅贻琦在简单地问询朱自清在途中的经历之后，就逐渐了解了中文系的情况。朱自清亦把掌握的教师信息报告了校长。也是在这一天，长沙临时大学第五次常委会任命朱自清为长沙临大中文系教授会主席，相当于中文系主任。朱自清在清华的时候，有几次要辞去中文系主任一职，专心问学、著述，这一次的教授会主席之职（整个长沙临大），他却丝毫没有犹豫就接受了任命——谁都知道，国难当头，教育是抗战的一部分，任何人唯有全力以赴，才能分担学校的负担，也是尽心尽职为抗战做贡献。

初到长沙

　　到了长沙，刚一安定下来的朱自清，就上街采购日常生活用品，并且主动融入长沙的市民阶层，也开始和朋友走动，生活渐渐趋于正常。1937 年 10 月 5 日下午，朱自清应王所安邀请，到李合盛吃烤牛肉。这是匆忙离开北平之后，第一次吃到美味可口的饭菜，日记中照例还是以"甚佳"一词表示满意。10 月 6 日上午，看望朋友外，继续采购日常生活物资，汪一彪邀往青年会吃锅贴、汤包和面条，日记中又用"味美"来夸赞。

　　1937 年 10 月 7 日上午，朱自清到商务印书馆选书，结束后，中午在曲园设宴，招待叶公超和邵循正。邵循正是清华大学青年教师，1909 年出生，1930 年考入清华大学研究院学习历史学，所著硕士学位论文为《中法越南关系始末》二十余万字，引起不小的反响。1934 年赴欧洲留学，在法国巴黎法兰西学院东方语言学院跟随汉学家伯希和攻读蒙古史，学习古波斯文；次年转入德国柏林大学继续攻读蒙古史，1936 年回国后，被聘为清华大学历史系讲师。这次也随校南迁，来到长沙临时大学历史系任专任讲师。叶公超是朱自清的老朋友，在清华同事多年，他高中和大学都是在美国读的，是个地道的"美国通"，曾获美国麻省赫斯特大学学士学位，号称其英语比汉语的水平高。1924 年获英国剑桥大学文学硕士学位。少年成名，浪漫潇洒，曾在上海参与创建《新月》杂志，1929 年任清华大学外国文学系教授，和朱自清关系密切。不久前，北平沦陷时，朱自清还把长子朱迈先托请他带到扬州，然后去南京。朱自清此时和叶公超同住在韭菜园宿舍里。朱自清这时候请客，应该是感谢不久前托请叶公超把朱迈先带到扬州，毕竟那是冒风险和担责任的事，另外也有工作上的交集。在这天的日记中，朱自清说："宴公超、心恒于曲园，菜不佳。"这天，朱自清的行李也到了。晚上，朋友又请朱自清到远东喝咖啡。关于日常生活和交往，朱自清在日记里还警告自己："需注意节用及沉默。"10月8日日记曰："啖涝糟蛋。"这是长沙的日常饭食。这天，朱自清还为学校挑选书籍。下午突然响起突袭警报声，大家立即往中央大楼地下室跑。"发紧急警报时我跑起来，颇不稳重"。不过教授们吃饭不用东跑西跑了，他们有了自己的厨师，朱自清日记说"菜甚可口"。这天长沙还刮起了大风，秋色渐浓，气候潮湿。接下来的连续几天，朱自清情绪都不高，一是因宿舍事，二是文科迁址事，三是扬州的家里没钱了，缺少300元。在情绪低落时，甚至担心自己会生病，认为一旦生病绝无人照料。所以他决定，如生病便去住医院。

1937年10月9日，朱自清日记曰："梅校长下午四时于麻园岭举行茶会。参加者六十余人，宣布文学院迁至南岳。"这就是确定搬迁了。10月11日，朱自清拜访冯友兰，商谈临大文学院迁址衡山事宜。长沙临时大学是由北大校长蒋梦麟、清华校长梅贻琦、南开校长张伯苓、湖南教育厅厅长朱经农、湖南大学校长皮宗石、教育部代表杨振声六人为筹备委员，指定三校校长为常务委员，杨振声为秘书主任，校址设长沙韭菜园1号原圣经书院旧址里。经过数天的集中，共有教师148人，职员108人，学生1452人（包括借读生218人，招收新生114人），合并为文、理、工、法商4个学院17个系。因韭菜园1号校舍不够，又将文学院迁到衡山的南岳圣经书院分院，对外称长沙临时大学南岳分校。其中清华学生631人，教师73人，把文学院迁出圣经书院而到地处衡山山中的南岳圣经书院分院，是个不小的工程，这些都是要他这个中文系教授会主席操心的。可能是朱自清流露出迁址的难吧，冯友兰还强调，迁址势在必行。10月12日，朱自清参观了三家书店，了解书店运营情况，为以后的购书做到心中有底。这天，陈岱孙邀请朱自清前往天心阁参观。天心阁始建于明代万历年间，清代又经多次重修，乾隆四十二年，城南书院重修天心阁，湖南学政李汪度还写有《重修天心阁记》以记之，文中有"城东南隅，地脉隆起，崇墉跨其首……冈形衍迤，遥于岳麓对，上建天心、文昌二阁，以振其势"之描写，使天心阁名声大噪。后又经多次修葺，使天心阁更是名声远扬。到了1924年，长沙城墙拆除，只保留天心阁一段。到了1928年，湖南省省长唐生智再度重修天心阁，次年建成。朱自清和陈岱孙这次登阁，登高眺望长沙城，饱览了全城风景，非常惬意。谁能想到，一年后的11月12日，天心阁毁于"文夕大火"之中，这次人祸，只留天心阁的城垣残址。登临天心阁，领略胜景，心情大畅，午饭吃煎馅饼，朱自清大为赞赏，称作"鸳鸯饼"，因其一半咸一半甜。晚上又邀请陈岱孙和汪一彪等去李合盛吃了一顿。

10月13日，收到闻一多的信，信中推荐陈梦家来清华任教。这天，朱自清还拜访许杰和王力。许杰是浙江天台人，1921年入浙江省立第五师范读书，发起组织微光文学社，开始文学创作，发表不少新诗、小说和散文，在《小说月报》1924年第15卷第8号上发表中篇小说《惨雾》而引起文坛关注。1924年至1926年曾在宁波、上海任教，恰好朱自清这时候也在宁波白马湖畔春晖中学任教，二人可能就是在这时认识的。许杰在《朱佩弦先生的路》里，记述了当年在上海的见面："一次在上海的一家旅馆……那是哪一年里的事，我几乎忘记了。但记得他问起我今后做学问的计划与路向，我不时几乎有些发窘。"发窘的原因是还有彷徨，不知道能够做什么。这次又在长沙见面，许杰在文中说："抗战初起那年，我从上海到了长沙，正巧佩弦先生也随着清华南迁，到了那里。那时，我多次到小吴门外的圣经学院去看他，接连碰面了好几次。"碰面好几次都谈些什么呢？许杰又在《坎坷道路上的足迹（十三）》里说："我同朱自清协商，问是否可以到这个临时大学教书，朱自清告诉我，目前只能以清华、北大、燕京（应为南开）三校原有的教职员为主，不聘请校外人员。其时，中央戏剧学院的院长余上沅也到了长沙，准备在长沙复校，朱自清便介绍我去同余上沅联系。所以，由于朱自清的介绍，我同余上沅有过一面之交。"王力是朱自清的同事，早在1926年朱自清任教于清华大学时，王力就考入了清华大学国学研究院，师从赵元任；1927年赴法国巴黎大学留学；1931年，以论文《博白方音实验录》获法国文学博士学位；1932 年回国，任教于清华大学；1936 年写了《中国文法学初探》，倡导从汉语的现实中寻求语言规律。这次王力来长沙，一路上更为艰险，历经两个月才到达。10 月 15 日这天，朱自清日记曰："遇玄珠，分析政治形势。"玄珠系茅盾的另一个别名。茅盾的别名很多，还有郎损、止敬、蒲牢、微明等。朱自清在长沙偶遇茅盾，两位老朋友分外开心，朱自清听了茅盾分析了当前的政治形势。茅盾来长沙，是因子女要在长沙读书，如此战乱之时，特地护送而来。可能是因为韭菜园会聚了一大批文人、教授的缘故吧，茅盾才顺道来看望老朋友，故而和朱自清巧遇。10 月 16 日，长沙临大召开系主任会议，确定了课程设置的一些原则，主要是根据已经来的教员开设课程，这也是战时的临时之举。10 月 18 日，朱自清到岳麓山旅游，参观了湖南大学图书馆与清华新建筑，又看了高级农校。由于对地形不熟，没有找到黄兴墓和蔡锷墓。回来后，又接待了曹禺等人。10 月 19 日，梅贻琦告诉朱自清，经长沙临大第十三次常委会推定，他被任命为临时大学贷金委员会召集人，负责办理学生贷金事宜。因为当时许多学生迢迢千里赶往长沙，途中历经艰辛困苦，有的身边财物丧失殆尽，一无所有，生活无着，长沙临大便特设贷金委员会，以解学生燃眉之急。朱自清日记云："此难办之职务也。"该委员会成员还有杨武之、施嘉炀、吴俊升、陈序经等人。

10 月 20 日这天，朱自清的事情比较多，在当天的日记里说："一些学生在申请免费时对校长粗鲁无礼。他们离开办公室后，吴、黄与我责备他们。对中年人的态度仍是我们这一代人最重要、最麻烦的问题。然而，校方与我们教授也不能让学生独任其咎。"这天中午，朱自清原本要参加陆先生的午餐会，但十时至十二时长沙响起警报声，朱自清没能赴宴，等警报解除时，朱自清再到达餐馆，主人已经离开了。朱自清在日记中还后悔买了一些不必要的书籍，只有一本，觉得很有用，就是他也花费精力研究的关于陶渊明的一书。朱自清上午能够见到校长被一群学生无礼对待，是因他跟学校借钱去了。前几日扬州来信，家里需要 300 元款项，但朱自清借不出来，只借了 100 元，给扬州的老家汇款 80 元以应急用。当天，又给北京的陈竹隐写信，关心北京的情形，简述在长沙的近况，还开列了一大堆关于陶渊明的诗和宋诗的相关书籍和材料，让陈竹隐寄给他。这些材料，应该是他新学期在临时大学所开课程的参考。晚上，月色很好，朱自清和朋友一起泛月，朱自清日记云："月色融融，催人入梦。"10月21日，长沙临大召开贷金委员会会议，决定借款申请书的审查办法。下午又去看望了孙伏园。因为昨天的好月色今天还有延续，朱自清再次在月光下独自散步，月光如水，日记赞曰："觉万物淋漓如洗。"

10月22日晚上，朱自清日记曰："一多拍电报给我，要求今晚有人去火车站接他，我亲往迎接。"朱自清乘着夜色，赶到火车站接闻一多全家——还是在一周前，朱自清就致信校长梅贻琦，拟请闻一多暂缓休假，回校救急。这回闻一多赶来了，老朋友相见，当然要热情接待了。当晚就谈工作，朱自清日记说："我们谈及课程，尽管向他陈述了困难，他还是不同意不开汉语语音课。"看来，闻一多要开语音这门课，而校方有困难。但闻一多不同意不开。这让朱自清很为难——闻一多是校方非常重视的教授，他的意见也很重要。特别这次又把已经决定休假的他请回来，就更要慎重考虑他的意见了。清华大学有一个很好的传统，或者说是教授福利吧，即教授在学校服务满五年后，可以脱产休假一年。所谓休假，其实就是带薪研究——很多教授平时忙于教务，无法专心从事自己的学术研究，特别是一些大的课题，耗费时间多，如果有一年时间，差不多就能完成自己一直想完成的重大科研项目了。闻一多已经确定在1937年学年里休假。但是抗战爆发了，学校迫切需要用人，像闻一多这样能讲、会讲、又受到学生欢迎的名教授，自然是清华的招牌。在这非常时期，也为了学校的利益，朱自清致信梅贻琦，特地请闻一多暂缓休假。而闻一多也从大局出发，同意校方的安排，披星戴月，带着一家人赶来长沙。接到闻一多，把他安顿好之后，朱自清当晚又读《现代诗论》。10月23日上午，读完《现代诗论》，又读《宋诗钞》18页。当天下午，为去衡山做准备，购买日常生活用品花费七块钱。晚上王力来谈，又和王力一起去找闻一多，可惜闻一多外出还没有回来。可能是根据闻一多的意见吧，朱自清在10月25日的日记中，有"修改课程表"的记录。

10月24日天气不错，长沙临大中文系也初有眉目，分散在全国各地的教师和学生也陆续到校，朱自清心情大好，便再次去岳麓山玩了玩。岳麓山的名气太大了，山中名木古树多，大树参天，百鸟鸣叫，朱自清感觉极好，这一回他找到了黄兴墓和大禹碑。黄兴是辛亥革命的先驱，该墓坐落在岳麓山云麓峰北侧小月亮坪上方，爬上去要费不少力气。大禹碑也在那一带，在云麓峰左侧石壁，面东而立，为明代嘉定五年摹拓刻本，碑文九行，共77个字，字体形如蝌蚪，似篆非篆，难以辨认。朱自清看了这两处景点，也算是这一时期紧张工作之余的放松吧。10月25日，朱自清在修改了课程表之后，下午和闻一多一起去下麻园岭拜访了冯友兰和陈岱孙，晚上还做东请他们吃了晚餐，所聊大概离不开马上就要到衡山南岳圣经书院新学期开学诸事。10月26日这天，朱自清听到学校同事之间的一些纷争，也听到有人抱怨梅贻琦上班时间不固定，难以见到，甚至打电话都找不到；又接到浦江清电报，告知仍滞留松江不能马上赶来长沙临大。这天学校还发了九月份的薪水和十月份的补助费50元。10月27日，王化成和浦薛凤来看朱自清。王化成是江苏丹徒人，出生于1903年，清华毕业后，留学美国明尼苏达大学，后又入芝加哥大学获政治学博士学位，回国即在清华任教。他和朱自清是朋友。1937年7月29日，朱自清接钱稻孙电话，得悉清华大学即将沦陷，情况危急之时，他急访冯友兰，后又雇汽车返回清华大学察看形势，陪同朱自清同行的就有清华大学政治系教授王化成。浦薛凤是江苏常熟人，号逖生，出生于1900年，少时即能赋诗吟咏，朱自清日记里常有和逖生打桥牌和和诗的记录，当年在清华园读书时，他和闻一多是同学。浦薛凤的学历也有美国背景，是哈佛大学硕士、翰墨林大学法学博士，回国后在多所大学任教，后任清华大学政治系教授。王化成、浦薛凤都和朱自清关系较好，虽然不在一个系，但毕竟既是同事，又是老乡，此时在即将开学之际来看看老朋友，叙叙旧，也是极好的一种消闲，还可增进友谊。朱自清还收到陈竹隐托清华大学职员带来了朱自清急用的一箱书，日记中有"甚感谢。尤谢竹"的记录。"竹"即陈竹隐。10月28日，朱自清在长沙临大接待了沈从文和杨振声，朱自清在当天的日记里说："杨、沈与我商讨教科书的计划。杨建议我们可自己写一些有关中国文化的课文，而不是注释。这是个好主意。"又说："杨告诉我常务委员会指定我为大学文科委员会主席。这应该是冯的工作。我将尽最大努力摆脱这件工作。"冯即冯友兰。

在即将开学前夕，朱自清还于 10 月 29 日辞去了两个兼职，一个是临大文学院院务委员会召集人，另一个是临大贷金委员会召集人。前者，朱自清推荐了吴俊升继任，自己改任书记。而临大贷金委员会，主要是为学生服务的。朱自清因文学院就要搬进南岳圣经书院，不能理职，只好辞去，并推荐了施嘉炀继任。朱自清这天还决定付印《国文选》，承印者为湖南印书馆。朱自清日记曰："开始选课，有学生十一人来。"10 月 30 日，朱自清日记曰："此为学生注册选课之第二日。中文系学生总数三十一人，其中八名系清华学生。"看来分散在全国的学生来长沙太难了。10 月 31 日，朱自清拜访许士仁，"商谈戏剧学校国文教员职务一事，彼告以已聘请高洌。"这是朱自清为许士杰谋的事，虽然没有谋成，朱自清也是尽力了。

朱自清于 1937 年 10 月 4 日赶到长沙，一直忙到月底，才算忙出了一个眉目。1937 年 11 月 1 日，国立长沙临时大学正式开学。朱自清也随文学院搬到了衡山的南岳圣经书院分部，开始一段从未有过的新生活。

南岳山中

南岳圣经书院分部的建筑群掩映在衡山险峻的半山腰上，四周环境很美，层峦叠翠，峡谷幽深，流泉飞瀑，作为风景绝佳之地，历代都吸引了许多文人墨客来读书问学，也吸引了四面八方的游客到此一游，流连忘返。

南岳圣经书院分部，即南岳书院，也叫"郡侯书院"或"明道山房"，坐落在湖南南岳衡山的山岭上。唐郡侯李泌曾两度隐居南岳烟霞峰下，建"端居室"，只身居其中读书问学而不问世事。韩愈有诗曰："郡侯家多书，架插三万轴……为人强记览，过眼不再读。伟哉群圣文，磊落载其腹。行年五十余，出守数已六。"其子李蘩，任随州刺史，为纪念其父在南岳山中读书之事，建书院于南岳庙左，因此而得名。到了南宋开禧中期，书院开始收徒。据《续文献通考》卷五十说：当时"掌教有官，育士有田，略仿四书院之制"。到了宝庆年间，转运使张嗣可以其地"近市喧杂，地势湫隘"，将书院移建于集贤峰下，改名郡侯书院。又到元朝至大元年（1308），翰林院学士杨宗饬出任山长，更新为书院。至顺、至正年间，有当地士绅屡次重修扩建。后废。明朝万历年间，巡抚李天麟在烟霞峰李泌故宅遗址上，重建明道山房，以"仰郡侯之风"。后又废。到了清朝乾隆九年（1744），知县德贵再次在烟霞峰故址上建义学，仍沿旧称为郡侯书院。光绪十八年（1892），因其地偏僻，道路难行，李宗莲等人另外选择烟霞峰一侧的平整之地重建，称为"郡侯读书堂"。清末再废。现存建筑为1922年重建，归长沙圣经书院所管，对外称分院，亦称圣经书院。谁都没有想到，这座兴兴废废、不断改址的具有千余年历史的旧式书院，在 1937 年初冬之季，迎来了一批新的客人，国立长沙临时大学文学院的几百名师生相聚于此，成为书院的新主人，朱自清和他的同事们，与学生一起，在这里度过了难忘的三个多月。

　　1937 年 11 月 1 日，朱自清买了一本评论《说文解字》的书和其他一些书籍，继续准备自己的教学。11 月 2 日朱自清整理了行装，还参加了在下麻园岭举行的一场盛大宴会（日记语），虽然得悉《国文选》一课遇到麻烦，但也未能改变他的行程。1937 年 11 月 3 日，朱自清和临时大学同事闻一多、陈梦家、叶公超、罗皑岚、柳无忌、金岳霖、冯友兰等二十多名教职人员，从长沙来到南岳衡山的圣经书院分院。在当天的日记里，朱自清说："九时离长沙，下午抵山上住所。行李在车顶，幸而我的未湿。我们在中国旅行服务公司用午餐。杜先生安排脚夫给我们搬行李，学校为我们付这笔费用。在此遇行政负责人杨先生，他脚蹬马靴，像个士兵，人很精明。"来自南开大学的柳无忌在日记中也记述了那天的情景："冒着长沙秋天时有的蒙蒙细雨，于九点一刻开车，路上的风景不错，惟车行太快，惊弓之鸟的我不免悸悸。幸而一路平安，雨也渐止，天霁了。车在下摄司摆渡，经湘潭、衡山，在一点左右到达南岳市公路车站。在站旁中国旅行社招待所进行午餐，我们一行人就出发上文学院所在地圣经学院。在市内买手杖一枝。步行，经南岳寺、图书馆、黄庭观、白龙潭，约一小时许而达圣经学院。……石阶三百四十四级，拾级而登，汗流气喘，乃抵临大文学院教员宿舍，即圣经学院西人教员住舍。为一小洋房，位在校址之巅，下望溪谷，仰视群山，四周尽是松树花草，堪称胜地。"柳无忌的描述够详细的了，但还可从冯友兰的描述中得到补充："这座校舍正在南岳衡山的脚下，背后靠着衡山，大门前也有一条从衡山流下来的小河。大雨之后，小河会变成一个小瀑布。地方很是清幽。在兵荒马乱之中，有这样一个地方可以读书，师生都很满意。"

　　朱自清因为是文学院院务委员会的召集人，又是临大中文系教授会主席，到了圣经书院，屁股还没坐稳，就开始了工作——主持分房。战时工作也简单，教员宿舍的房子有大间和小间，就采用抽签的办法。有的两人一间，有的一人一间。比如柳无忌就抽得一双人间，和罗皑岚同住在楼上 201 室，房间虽然不大，又朝北背阴，但风景极佳，柳无忌说："开窗一望，高山数头，松树千枝，亭亭直立，颇觉幽爽。"朱自清抽得一单人宿舍，在三层楼。这倒也符合他的个性。另外他毕竟是教授会主席，有很多系务工作需要他处理。所以这间屋不仅是他的宿舍，也兼做了办公场所。

安顿下来之后，因连日苦雨不断，朱自清和其他教授一样，躲在湿冷的房间里看书、写作、备课，偶尔串串门，和教授们议论一下天气，议论一下南岳山中的美景，更多的是议论时局，谈说那些从战火中赶来的、有的尚在路上的各地学生，语气中不免为他们担忧，对这一届学生的特殊处境深表同情。但毕竟还是有校舍了，虽然远离繁华的都市，虽然地处封闭的深山，终究不再因战火而奔波了，也不用在日伪的眼皮子底下受气了，为此他和教授们一样深感欣慰。那么家中妻小的情况还好吗？十多天前，汇往扬州的80块钱收到了吗？这些都是朱自清挂念的。由于无电，只能点着油灯照明。夜晚，在如豆的灯光下，朱自清矮小的身影映照在古老的墙壁上，他的剪影也是那么的坚毅、坚强。由于随身所带的书籍极少，他把更多的闲时用在对学术和教学课程的思考上，不再分心做其他自己无兴趣的研究。1937 年 11 月 5 日，朱自清在日记中说："发现自己对研究宣传语言方面全然无能为力。首先是无兴趣；其次语言在宣传中作用不大，至少对中国的现状来说是如此。决定放弃从事这方面的研究计划。"

离原定的 11 月 18 日正式上课还有些天，许多教授做了周到的准备之后，开始劳逸结合起来，有的顶风冒雨上山游览，更多的人待在室内不愿外出。朱自清读书之余，偶有时间就在书院四周走走，看看。虽然天气寒冷，时有雨雾，四周的山景还是很有看头的。不过他也抽时间去了几次南岳市区，如 11 月 6 日，他就到南岳市去买点心，结果没有他喜欢的零食，深感失望。但是南岳有点像海淀，倒是他的发现。11 月 8 日南岳市大集，他赶集时买了十个橙子，花了两角钱。然后便一头扎进了南岳市图书馆整整一天，为准备写作的"沉思翰藻说"搜集材料。

初来南岳的这几天，从柳无忌的日记中，还可知道那几天的雨中文学院附近的山野风光，虽说不上美好，却很真实。节录如下：

十一月四日

午后大雾拨开，仍阴。饭毕，下石级散步，斜走一小径，约数十步，下眺山谷，心旷神怡。见斜坡上有一鲜红野花，未得攀摘之。树上正开白花，闻之不香，不知结何果实。野草树叶，少数已红，有将变红者。来日红叶满山，夹在青翠之松柏间，一定十分可爱。徘徊观望久之……

十一月五日

……山中赏雨，也是一件雅事，但是我总希望天晴，好出去走走。一天没有离屋子，怪闷的，弥漫的大雾，看不到远景，从窗中望出，只见浓重的雾气，盖上了远近的山头……有时雨大雾小，又有时无雨有雾，极尽变化的能事。山中打雷也与他处不同，不是霹雳一响，却连续的轰轰隆隆几声，有一种节奏，但乍听时有些害怕，仿佛天地末日快要来临了。

十一月六日

雨一夜未止。今日仍大风雨，可说最凄凉的一天。今晚——当我写此日记时——更是狂风骤雨交加，闹得窗户砰砰作声。我的房间朝西北，正好当风口，虽然关上玻璃窗，依旧风从缝入，吹得冷飕飕的；雨打窗，又从隙间钻进，近窗处满地皆水。房顶上有几处滴漏，真是不得了也。

十一月七日

昨晚狂风怒吼，一夜未止，山风可畏哉！今日天气奇冷，不时飘雨，晚上逆风又起，我已经将所有衣服尽穿身上，而犹不觉暖。未来的冬天不好过也。

从节录的柳无忌的日记中，知道了圣经书院连日不断的凄风苦雨，也知道了堪称中国文化精英的朱自清和临大教授们日常的生活。他们的坚守，他们的担当，他们在国难时所表现出的吃苦精神，无不让人动容。更何况，他们的伙食又很差。在柳无忌的日记里，常有"硬饭粗菜""食无鲜肉"这样的字眼，还说"湖南米饭硬得粒粒可数，吞之，不能细嚼……我有个念头：给我一包花生米，佳酒一壶，慢慢地饮，细细地嚼，必定美味不过"。

但天一放晴，这些大学教授又像孩子一样放飞了，互相约着一起爬山游玩去了。

11月9日、10日，一连两天，朱自清和闻一多、吴达元、杨业治同游南台寺、福严寺、上封寺、祝融峰、藏经殿等衡山胜迹。闻一多是朱自清朋友兼同事，吴、杨二位曾是朱自清学生，现在也是同事。四人一起上山，一起游玩古寺，观赏山景，必有不少共同话题吧。南台寺、福严寺都是名声很大的古寺，前者有"天下法源"之称，它建于南朝梁天监年间，是六朝古刹，原是海印和尚修行的处所，在寺院后左边的南山岩壁上，有一如台的大石。传说当年海印和尚常在这块石上坐禅念经，所以寺名"南台"。福严寺在历史上出现了楚圆、保宗、慈感、文演等一代宗师。这两大古寺和祝圣、上封二寺并称"南岳四大名蓝"。朱自清一行四人，且走且看且聊，刚下过雨的山景、森林，在阳光下显得清新炫目，林更绿了，山更青了，山道旁不时有溪流瀑布挂在山崖，发出各种悦耳的声响，像一曲大型交响曲，身边的岩石上，更有水滴叮咚地落在石阶上，鸟鸣也从道旁林间欢快地响起，像是热烈欢迎远道而来的客人。当行走间再回首寻找圣经学院时，学院建筑居然完全被林木所掩了，费了老大的劲才看到宿舍的一个楼角。到福严寺里，但见寺里千年银杏古树傲然挺立，庙舍也十分威严，下望绿树红土，耕田如环，河水若带。朱自清等人在寺中徜徉一会儿，是否想起宋朝著名诗人杨万里的《崇德道中望福严寺》呢？朱自清、闻一多等都精通古典文学，大约早就熟悉这位诗人的赞咏吧："一径青松露，三门白水烟。殿横林外脊，塔漏隙中天。地旷迎先见，村移眺更妍。追程坐行役，不得泊春船。"据柳无忌日记中所记，此时的寺中聚集了不少来自全国各地的军人和学生。此外，在寺中不远处的一处平地上，柳无忌还看到有兵丁二十余人在操练，寺中还住有中山大学农学院的师生二十多人。朱自清一行四人还看到一种和谐的景象，这便是午饭时，一群军人、学生、僧人同坐一桌，这种融洽的气氛，也只有在国难来临时才会出现吧。

在去祝融峰的途中，朱自清一行还看了如狮子一样屹立的天然巨石，就是著名的狮子岩了。到了开云亭时，稍作小憩，有题字曰："精诚所至，衡岳云开"，正好暗合了连续几天的阴风苦雨，此时正好阳光灿烂，他们便一路欢声上了上封寺，少不了又饱览了一番美景，真是好长时间没有这么痛快地畅游了。

雨后的南岳名胜，朱自清算是走马观花过了，回来后，立即开展工作，在读罢杨士培所著《文字学》之后，又给长沙临时大学清华办事处去信，商谈俞平伯、闻一多、余冠英的休假及薪水诸事。按规定，俞平伯、余冠英和闻一多一样都应该休假。早在数天前，朱自清就把闻一多给请回来了，那么俞平伯和余冠英，学校也想请他俩回来，休假之事，以后再补。现在上课在即，关于他们三人的诸多事情得向校方重新确认。关于朱自清和俞平伯的友谊，在前文中多有谈及，这次朱自清南下，最惦记和关心的友人，还是俞平伯。早在 1937 年 9 月 21 日向俞平伯辞行后，朱自清在南下的路上，就一直不停地给俞平伯写信，到天津，到青岛，到长沙，都有信去，一直到 1938 年 1 月 24 日，朱自清还给俞平伯写了好几封信。许玉蓉编纂的《俞平伯年谱》里，多次记录了俞平伯收到朱自清信的记录。如 1937 年 10 月 29 日，收到 16 日寄自长沙临时大学的信。这是朱自清到长沙后，俞平伯收到的第一封朱自清的信，此信在路上走了十三天。俞平伯接到信后，当天就回了信。11 月 19 日，收到朱自清 11 月 3 日寄自长沙的信。11 月 28 日，收到朱自清两封信，一封是朱自清写给俞平伯的信，另一封是朱自清写给临时大学关于俞平伯休假一年薪金待遇的信（抄件）。战时邮路真是不畅通，俞平伯 12 月 8 日才收到朱自清 10 月 29 日从长沙发来的信。1938 年 1 月 18 日、20 日两天，俞平伯收到朱自清分别于 1937 年 12 月 26 日和 11 日寄自南岳山中的信。先寄出的信后收到，这也说明邮路的艰难。从俞平伯的相关资料上看，朱、俞二人的频繁通信，一是因为俞平伯的休假事；二是朱自清的夫人孩子还在北京，朱家的一些物品寄存在俞家；三是俞平伯的两个女儿此时正在临大读书。1月6日，俞平伯写信给浦薛凤，托其照顾已从济南齐鲁大学转入临大读书的两个女儿，并寄七律一首："泽中鸿雁几辛酸，逆旅长安菽水难。少日谁知堪北虏，屏居今喜尚南冠。原来绯绿逢场戏，只在青黄反手间。岂必虫沙偿故劫，清霜不媚谢庭兰。"1938年2月6日中午，俞平伯在宴请朋友时，又向他们了解长沙临时大学的情况，关心那里的许多朋友。2月8日下午，和夫人一起专程去看望朱自清夫人陈竹隐及其子女，表达了拳拳牵挂之心。

之所以不厌其烦地列举朱自清给俞平伯写信，是说明朱自清在南岳圣经书院的临大文学院时一直是繁忙的，不仅给朋友写信，家书也不会少，而且还处处关心本系的教员。1937年11月11日致长沙临时大学清华办事处的信上说："校务会议决议案及转致俞平伯、闻一多先生两函，均已收悉。查闻先生业由学校去信，请其展（暂）缓休假一年，现已到南岳，不能再以休假教授论。此次之信，自可无庸转交，兹特附还。至俞平伯先生之信，当即转寄，惟九月份薪及十月份维持费，拟恳即行设法汇寄（或可由天津熊大缜先生转发）平北斋内老君堂七十九号俞先生收，为荷。又中国文学系尚有国内休假研究教员余冠英先生，前经向校长及冯院长谈及，承告照国内研究教授同样办理，余先生寓扬州羊巷陈宅，并请将九月薪及十月份维持费寄去。"朱自清的信，既公事公办，也可看出朋友情谊。

1937年11月12日之后，连续几天中，朱自清都泡在南岳图书馆中查阅资料，或在宿舍读书、摘抄，至11月18日，朱自清读完了《文字学》和《荒原》，又读《甲骨文例》《左传真伪考及其他》等书。除读书查资料外，朱自清写信也很多，至1937年11月21日，朱自清仅给陈竹隐就写了17封信，接着是18封、19封。紧接着，扬州也传来要打仗的消息，这都使他十分挂念家人。朱自清在不断思念家人中，情感喷发，于1937年12月17日，写了一首献给陈竹隐的诗：

> 勒住群山一径分，乍行幽谷忽干云。
> 刚肠也学青峰样，百折千回只忆君。

在这样复杂的心情中，朱自清仍然不忘研究和写作。在连续多日去南岳图书馆查资料后，于 11 月 24 日开始写一篇关于"沉思翰藻说"的论文，中间还趁着好天气，出去看了水帘洞的瀑布。27 日日记曰："有三个接连的瀑布，但除站在一点上则不能同时见到。瀑布虽非大得惊人，却很美丽。"27 日上午继续写作，下午又游了祝圣寺。到了 28 日早上，文章写成。这篇文章，题目是《〈文选序〉"事出于沉思，义归乎翰藻"说》（《朱自清全集》第八卷在该文后所记写作日期是 1937 年 11 月 8 日，和日记不符，应该是编校失误）。该文引用大量资料，旁征博引，把"事出于沉思，义归乎翰藻"之说讲透讲明。这篇论文，从 11 月 8 日开始查资料，到动笔写作，再到完稿，用了二十天时间。在南岳山中写出的这篇论文被选入"北京大学文学研究所油印论文之九"，有了更多的读者受众，给从事这一方面研究的学者和爱好者提供了一个范本，也是朱自清在古典文学研究方面一篇重要的成果。

就在忙忙碌碌中，临大文学院正式开学了。本学期朱自清开设的课是"宋诗"和"陶渊明"。

苦中作乐

闻一多在《八年的回忆与感想》中，对于南岳圣经书院分院那段难忘的经历有这样的描写："记得教授们每天晚上吃完饭，大家聚在一间房子里，一边吃着茶，抽着烟，一边看着报纸，研究着地图，谈论着战事和各种问题，有时一个同事新从北方来到，大家更是兴奋地听他的逃难的故事和沿途的消息。……南岳是个偏僻地方，报纸要两三天以后才能看到。世界注意不到我们，我们也就渐渐不大注意世界了，于是在有规则性的上课与逛山的日程中，大家的生活又慢慢安定下来。"柳无忌在 1937 年 11 月 28 日日记中写道："晚同炳之（罗廷光）去仲济处，阅报及听广播消息。山居如世外桃源，报来不易，有客自长沙来，乃群集询问之。返舍去佩弦师（朱自清）室，诸人又来打听我们听到的消息。闲谈至九时半。"

是的，大学虽然冠以"临时"，但朱自清和其他师生一样，是准备做长期打算的。课余之际，他们在校园附近的山道上漫步，去山上的各个名胜景点游览。无论是漫步，还是逛山、游览，都不忘探讨学术。他们把认真读书研究、掌握本领、精诚团结、报效祖国，当成自觉的行为了。朱自清也"既来之则安之"，摆开架势，延续北平时的状态，进入他习惯的读书、研究、写作的状态中，除前文说到的费时多天写成的《〈文选序〉"事出于沉思，义归乎翰藻"说》，朱自清又于 1937 年 12 月 2 日开笔，用三天时间，写成了四千余字的散文《出北平记》，记述了他离开北平的惊险经历和路上的所见所闻。后来又陆续写了泰恩·萨凯《在昨日之前》的书评和《日本语的欧化——谷崎润一郎〈文章读本〉提要》《日本语的面目》等文章。还写了陈子展《近三十年中国文学史》的杂论。可惜，在如此艰难的条件下，这些文章除少数几篇留下外，其余都散佚了。

　　教授们生活清苦，除闲时逛山为乐，作打油诗也是一乐。北大副教授容肇祖就发挥了自己的才干，作打油诗数首，把住在南岳圣经书院宿舍的临大许多老师的名字都嵌进了诗里，挺有趣味：

冯阑雅趣竟如何（冯友兰）

闻一由来未见多（闻一多）

性缓佩弦犹可急（朱佩弦）

愿公超上莫蹉跎（叶公超）

鼎沈洛水是耶非（沈有鼎）

秉璧犹能完莹归（郑秉璧）

养士三千江上浦（浦江清）

无忌何时破赵围（柳无忌）

从容先着祖生鞭（容肇祖）

未达元希扫虏烟（吴达元）

晓梦醒来身在楚（孙晓梦）

皕岚依旧听鸣泉（罗皕岚）

久旱苍生望岳霖（金岳霖）

谁能济世与寿民（刘寿民）

汉家重见王业治（杨业治）

堂前燕子亦卜孙（燕卜孙）（此绝冯芝生作）

卜得先甲与先庚（周先庚）

大家有喜报俊升（吴俊升）

功在朝廷光史册（罗廷光）

停云千古留大名（停云楼，我们的宿舍）

这组打油诗作得不坏，也和所指人物相匹配，不仅体现了教授们的才情，也是他们苦中作乐的一种消闲吧。

说到苦中作乐，冯友兰在他的自述里也有描写："有一次在饭厅吃饭，菜太咸，有人说，太咸也有好处，可以防止人多吃菜。闻一多随口用汉儒解经的套子说：'咸者，闲也，所以防闲人之多吃也。'"闻一多还兴致很高地作一首诗，云："惟有哲学最诡恢，金公眼罩郑公杯。吟诗马二评红袖，占卜冗三用纸枚。"冯友兰解释说："这是为了嘲戏哲学系的人而作的。哲学系的金岳霖眼睛怕光，经常戴一副眼罩。郑昕喜欢喝酒。第二句是指他两人所说的。当时吴宓有一首诗，其中有'相携红袖非春意'之句，我认为不很得体，第三句就是指此而言。第四句是说沈（冗三）有鼎，他正在研究周易占卦的方法，用纸枚代替蓍草。"闻一多性情爽朗，菜咸了他都有心情调侃，对于打油诗，就更是在行了。关于吴宓的"红袖"诗，还有尾声，冯友兰继续写道："我们住的那座楼旁边有棵蜡梅。那时蜡梅正开，站在楼上栏杆旁边，恰好与蜡梅相齐。有一天闻一多同我又说起吴宓的那一句'红袖'诗，他随口说出了一句诗：'每饭不忘红袖句'，我随口应了一句：'凭栏唯见蜡梅花'。"原来，教授们的闲谈话题也是那么的文艺。

郑昕在《怀念佩弦先生》一文中也记述了那一时期临大文学院和朱自清的事，摘要如下：

没有人手头有够用的书，学校也还未来得及替我们预备一个图书室，好在每人只教两样功课，每周上课四五小时。除上课外，大家集体的"上""下"，"上"是上山：半山亭，南天门，上封寺，方广寺，藏经殿，虎跑泉等等，有时在寺中留宿，看日落日出；"下"是到山脚下的小镇买买日用必需品，或在小馆子里吃湖南腊肉就白酒。上山下市，都少不了佩弦。我当时对于他的印象是坦白、诚恳、短小精悍的人。他爬山饮酒，都能尽兴，从来不肯示弱。我的履平地，登高山，习惯上是越走越快，在这批中年人的队伍里，我荣任了行路冠军。在有一次爬上封寺的途中，佩弦和我边走边谈，从来他说话都有些急促，快到山顶时他才松一口气说"我走不过你"！我才知道他想赶过我。他爱饮酒，酒量并不太大，大约白酒四五两之间吧。他从不少喝过四五两，也没有一次别人举杯他不举杯的。酒微酡时，谨慎便盖不住他的豪爽；然而他从不失态。在这几十个同事和几百个同学的集体生活群中，他好像始终负着"主委"一类的责任，因为他细致、和蔼、勇于任事而且具有一颗公平的心。

文中所记的朱自清，写他爬山、喝酒，可谓是活灵活现了。

那时候南岳圣经书院的教授们，爬山都是成群结队的。有一次，即1937 年 12 月 11 日至 13 日，朱自清和文学院同人再游上封寺、方广寺、黑龙潭瀑布等衡山名胜时，同行的有吴宓、浦江清、周先庚、吴俊升、陈梦家和赵萝蕤夫妇，就连来访的潘伯鹰都被邀请在列了。潘伯鹰熟读经史子集，作诗、写小说、绘画、书法样样精通，而性格更是孤傲狂狷，很有个性，所著小说《人海微澜》发表在当年的天津《大公报》时，风靡一时，另还创作有小说《隐刑》《强魂》《雅莹》等，旧诗曾深得诗词大家吴宓的欣赏，被吴宓采之收入其专著《空轩诗话》里。潘伯鹰不但文艺才能过人，还善于社会活动，在文艺界有一定的名声。但是，1931 年不知怎么得罪了国民党当局，被捕入狱。幸亏文名在外，得到爱才的章士钊等名人的大力营救才得脱险。全面抗战爆发后，他也来到后方长沙、南岳，顺访了南岳圣经书院的各位文化名人。朱自清等教授要爬山观光，这才顺便邀他同游，并在山上的寺庙里住了两晚。朱自清在 1937 年 12 月 11 日记中说到他："潘先生朗诵一些情诗，确有独到之处，尤其是范耕堂所作的一首，内容如下：'新欢如大道，骏马驰金鞍。持之慎勿失，千里亦易殚。故欢如羊肠，曲折千回盘。异时所经历，一一催心肝。'"可以想象一下，这帮才子们上山，同宿同吃，聊旧诗中的趣话，该会怎样的热闹呢？朱自清在日记里还略记观山的感受，如12月12日日记曰："观日出。因天空相当清朗，故景象亦平常。然日出前见启明星闪耀舞踊，甚壮丽。"又说："石涧潭有瀑布，长瀑叠月，有'声光影三绝'之称。"那么，13日游黑龙潭瀑布又怎样呢？黑龙潭瀑布"飞瀑似雪"。

但是这样住在山里，日子也不安稳，未过多久，日军就来轰炸了。

柳无忌在1937年12月22日日记中写道："今日校中规定空袭警报规定。九时三刻在戏剧班上课，忽闻机声轧轧甚近。教室外学生走动甚多，听讲者面呈不安色。告以如愿者，可以自由离室，但无人出去。"就在日机来袭这天，朱自清和冯友兰、刘寿民联合做东，在南岳大旅社为汪敬熙夫妇等饯行。日军轰炸的警报还是常有响起，柳无忌在12月27日日记中说："读现代诗。不久忽锣声大作，警报来了。皑岚自午睡中跳出床来，共下室趋避。时已下午四时半，不信敌机会来。"又说："大家都有一印象，以为临大命运即告终。"

南岳显然不是久留之地，但又会迁往何处呢？有人说会迁到长沙，还有人说会迁到桂林。朱自清在1937年12月23日日记中说："本校将迁往桂林之消息传开后，学生们情绪低落。"

朱自清和临大的同事们就在这样不安的环境和气氛中，迎来了1938年元旦，文学院师生也搞了个简短的联欢会。吴宓在1937年12月31日日记中写道："晚，在图书馆，即宓等居室之楼下，开分校师生新年同乐会。沿长案列座，进简朴之糕点，以祝昔在北平清华，真可谓流离中之欢聚也。有冯、钱诸公讲演；有自前线工作归来的学生报告；有各种谐谈；有涂文、李劼、傅幼侠之唱京戏，浦江清、李有鼎之唱昆曲。又有奏乐器者。"朱自清在这种场合从来都是低调小心的，但他都乐于参与。在联欢会结束以后，他还兴致很高地和浦江清、柳无忌、陈雪屏一起打了三局桥牌至午夜。

1938年1月1日，即头一天元旦晚会的余音刚过，朱自清就和钱穆、容肇祖、浦江清等同游邺侯书院，又去看了河林、云海等衡山名胜和自然景观。这天的朱自清日记云："与钱、元、贺、浦几位同游邺侯书院及观河林。云海甚壮观。"旅游归来，旅游时的余兴还不减，就像酒后回甘一样，还沉浸在当时美好的情境中，朱自清在和浦江清一同回忆刚刚的游览时，禁不住诗兴大发，诗句脱口而出，遂开始联句作诗。朱自清在1月2日的日记中记下了这次联句："……与浦赋诗，描写昨日之旅游。"联句之后，大概又互相润色一次吧，1月3日日记云："写成纪游诗如下：元日南岳观河林纪游联句。"诗曰：

积阴忽放晴，元日风物美。（佩）

晓发读书堂，曳杖青山趾。（江）

修坂知几盘，滑滑泥沾屣。（佩）

浮云瀚前峰，霏雾失远市。（江）

望中半山亭，一径烟霞指。（佩）

直上到寥廓，崖壑旷瞻视。（江）

路曲紫竹林，茅屋才盈咫。

拥彗支离疏，对客但阿唯。（佩）

邺侯书院高，石阑聊徙倚，

当年三万轴，名山馨兰芷。

想见济物功，得力在书史，

如何乡人愚，中龛杂神祀。（江）

问讯观河林，豁然在眼底，

羊肠宛转通，步步生荆杞。（佩）

同游六七人，呼啸隔遐迩。

水田开阡陌，（江）照影明镜比。（佩）

分脉散清泉，（江）涓涓随杖履。（佩）

庵前列翠竹，庵后森杉梓。

开窗眺山云，晴光忽在几。

老尼年八十，款客陈果篚。（江）

各剖新橙黄，共嗟风栗旨。

更将火钵来，湿袜干可喜。（佩）

尼言家湘潭，剃度忘岁纪。

入山五十载，有徒多先死。

非关修养勤，菩萨赐福祉。（江）

出门不见人，拾级下山觜。

四顾唯一白，满谷云弥弥。

群飞三月絮，狂涌百川水。

浮沉若轻鸥，浩荡云海里。（佩）

危礐积黄叶，曲涧孕碧蘦。

朱实不知名，野花方吐蕊。（江）

高下穷幽奇，日脚映山绮。

蓦然得官道，一往如平砥。（佩）

……

朱自清和浦江清游山、联诗之后的第三天，即 1938 年 1 月 4 日，朱自清日记云："大学拍来电报，谓迁往云南之计划已定，我们应在此待命。"

又要迁徙了。算起来，南来不过三四个月。但生活还要继续，书还得读。1938 年 1 月 7 日，朱自清读宋诗，日记曰："王安石《再和前韵寄蔡天启》一诗甚难解。"9 日，朱自清又约同事们游衡山广济寺，在当天的日记中说："游广济寺。途中有长石板路，行走甚难。见树挂，颇壮观。广济寺处林海中。游黄帝岩，见'寿岳'字样石刻，刻岩下活埋者事记，甚别致。"接下来朱自清又开始写作了。因时运不济，所写文章中的几篇如《在昨日之前》《近三十年中国文学史》等，意外丢失了。留下来的，还有后来收在《语文零拾》里的《日本语的欧化——谷崎润一郎〈文章读本〉提要》。朱自清能读书能写作，也会玩文字游戏。1938 年 1 月 13 日，容元胎（即容肇祖）集王阳明诗句成一诗。这又是一个只有在如此特殊的环境中才会有的创造。朱自清在当天的日记中抄录了这首集句：

故园日与青春远（卷十九，《清平卫即事》），

风景依稀过眼生（卷二十，《又用日仁韵》）。

烽火正防胡骑入（卷二十，《狮子山》），

江流不尽楚天清（卷二十，《又次陈维濬韵》）。

枉劳诗句裁风雅（卷二十，《病中大司马乔公有诗见怀次韵》），

只把游山作课程（卷二十，《龙蟠山中用韵》）。

长拟归耕犹未得（卷二十，《喜雨》），

却惭尘土逐虚名（卷二十，《再至阳明别洞和邢太守韵》）。

这也太有才了，这要把王阳明的书读熟了才有这本领吧？这首集句，天衣无缝，特别是"只把游山作课程"，简直是朱自清他们生活的写照，堪称神来之笔。

随着学期末的考试结束，农历春节的临近，整个南岳校区都在传闻临大搬迁的事。柳无忌在 1938 年 1 月 17 日日记中云："今日有消息：临大迁昆明已经做最后决定。据云于下月初即开始搬校，学生步行经贵阳去滇，教授可自由行动，定于三月十五日在昆集会。一切与我的计划相合。现在我预备先去长沙，转港返沪，再自沪偕鸿及小孩（她快将近四个月了）去昆。"接下来的几天，柳无忌都在整理行装，准备长途旅行。行期定在 1 月 21 日。这天，朱自清的日记只记四字个："柳君离去。"这天午后，柳无忌雇来轿子及挑夫，把整理好的简单的行李放上轿子，准备离校。朱自清和浦江清赶来送行。三人站立宿舍门前，心情沉重。昨晚下了一场雪，又连着下起雨来。雪停雨止，天气阴寒，冷气透骨，朱自清、浦江清和柳无忌相对无语，心里却有万千感慨，虽然不久后又会在昆明相聚，可路途遥遥，烽火连天，谁又能知道前路如何呢？柳无忌在日记中写到了那天的离别场景，"佩弦师及江清送至校门口。文学院星散，离校者已有一半以上，日来在此甚凄凉，今则我自己也走了，剩下孤零零的几个人。回首二月前此间人才云集之盛况，不觉凄然"。又感叹说，"别矣南岳！景色太好，颇恋恋不舍"。朱自清和浦江清心情也不好受，目送柳无忌一行消失在山道上。

此次离别四十年后，柳无忌身在美国，写了篇《与朱自清同寓伦敦》，在文中深情地说："我与朱自清先生在湖南南岳的长沙临时大学文学院及云

南昆明的西南联合大学，一起教书，由师生、伴侣，成为同事。在昆明时，我们大家有家眷，跑警报，对付生活，无暇作交际来往。抗战结束，我偕家人来美。二年后，哀伤地听到一代文人、名教授朱自清在北平逝世的噩耗。"

人人都准备走或已经走了。1938年1月24日，朱自清接到二弟朱物华的信，决定与校共赴云南。

临大在南岳完成了时代赋予的历史性任务。冯友兰说："我们在南岳底时间，虽不过三个多月，但是我觉得在这个短时期，中国的大学教育，有了最高的表现。那个文学院的学术空气，我敢说比三校的任何时期都浓厚。教授学生真是打成一片。有个北大同学说，在南岳一个月所学底比在北平一个学期还多。"（《回忆朱佩弦先生与闻一多先生》）确实是这样。在国难面前，大家突然都成熟了，学生肯学，教师一门心思展开工作，朱自清一连写了几篇论文，汤用彤一头扎进佛学里，写出一本《中国佛教史》，闻一多摆开一案子的书，考订《周易》。大家也情感丰沛，但一想到时局，又顿觉凄然，随之又更加用功下力了。

在除夕之夜，朱自清出席了留下来的师生的聚餐会。酒席上，朱自清朗诵了冯友兰写的两首诗，之一云："二贤祠里拜朱张，一会千秋嘉会堂。公所可游南岳耳，江山半壁太凄凉。"之二云："洛阳文物一尘灰，汴水繁华又草莱。非只怀公伤往迹，亲知南渡事堪哀。"朱自清面色严峻，眼含泪花，声音低沉颤抖，一字一字地慢慢地把字音拉长。大家都被朱自清的情绪感染了，立刻沉浸在哀伤里，许多人流下了凄怆的泪水。长沙临大精英荟萃，人才济济，朱自清和其他教授一样，入不敷出，生活非常艰苦。在这种情境中，大家都能同舟共济，同心同德，同甘共苦，苦中作乐，以民族文化的继承、弘扬为使命，教学、读书、著述从未间断，既不戚戚于贫贱，也不汲汲于富贵，和美丽山水亲近，和大自然交流，有着超脱玄远的思想境界，也时刻关心着国家大事。但是，当大家即将再度做千里迁移时，又怎能不伤心感怀呢？

南下道中

1938 年 2 月 16 日，长沙临时大学的师生分三路，一路是由大部分学生编成队伍，组成湘黔滇旅行团，步行赶往昆明，还计划途中做些调查研究，身体好的教授愿意而且能够步行的也和学生大队一起出发。性格豪迈的闻一多就是随着"旅行团"向大后方挺进的。另一路师生由粤汉铁路乘火车到广州经中国香港、越南入滇。而朱自清和冯友兰、陈岱孙、汤用彤、钱穆等十余名教授走的是另一条道，乘汽车从南岳动身赶往昆明。就在朱自清动身的前一天，即 2 月 15 日，邮差最后一次送来邮件。朱自清得到陈竹隐的信，2 月 15 日日记云："内附两儿之照片二张，其一是思俞，表情淘气可爱，他闭着眼睛笑着。" 2 月 16 日一早，朱自清一行离开南岳，中午在衡阳吃午饭，晚宿于全州——仅仅一天，南岳就成记忆。

1938 年 2 月 17 日，又经过一天多的旅行，于中午时分到达桂林，朱自清看望了金章维之后，一行人又简单浏览了桂林市容。朱自清对桂林最初印象是，"山奇形怪状"，"但不雄伟"。

在接下来的几天中，朱自清和冯友兰等人游览了桂林著名的风景名胜，七星岩、月牙山、还珠洞、木龙洞、风洞山等，还有画屏一样的漓江山水。朱自清在 1938 年 2 月 18 日日记中说："见到'平蛮三将碑'及'元祐党人碑'。七星岩之岩洞不及上方山。导游以韵文作说明，称为仰山，亦赶行情之意也。"在 2 月 20 日日记中说："下午游良丰花园，其岩洞、流水、河房皆具特色。""观桂剧，觉较湘剧为佳。"在 2 月 21 日日记中说："十二时半乘船去阳朔。我们得三艘平底船，我乘较大的一艘。船行很慢，景色不错。下午七时在龙门抛锚，是一小村庄。村民正在举行仪式，他们唱着，敲着鼓，从庙内抬出一木制龙头。那歌声，在我听来很悲伤。鼓声伴着歌声敲得很响。拖拽船只上水之纤夫与船上的全体人员在同大自然搏斗时悲哀地呼喊。那喊叫与姿态很刺激我们的感觉。"这是朱自清记得较为详细的日记，可见村民的奠祀场景给他留下深刻的印象。晚上住在宾馆，和冯友兰等人听留声机唱片，闲聊的话题也是很多，还讨论家庭和婚姻，度过了极其丰富的一天。2月22日继续在漓江游览，更是痛快尽兴，日记说，"竟日在舟中。风景愈行愈美，岸上奇山如屏风。朝过大墟，晚宿羊皮村"。大约是玩得太过尽兴了吧，朱自清这天破了点小财，不小心把眼镜丢了。夜里还做了一个噩梦，在梦中几乎死去。也可能是这两天确实玩累了。2月23日继续行船，日记说，"船在画山边经过。大墟与兴坪间很美"，"晚抵阳朔。这城市像瑞士山区休养地。这儿的山是整体的，而非桂林那样到处分散"。2月24日这天，天气继续晴好，桂林那边的汽车开过来了，教授们又立即出发，因为风景再好，毕竟不是他们的目的地，他们的使命十分明确：到昆明建立西南联大。又是一路疾行，于当日晚上到达柳州。柳州也是美丽的城市，他们还不顾舟车劳顿，趁夜参观柳州的旧城。2月25日，更是早早就来到柳州著名的名胜立鱼峰参观游览。

立鱼峰在柳江南岸，"平地崛起，突兀耸秀"，峰不高，仅68米，海拔也不过156米，却闻名天下。此峰得到过唐代大文学家柳宗元的称赞，谓"山小而高，其形如立鱼"，故得名立鱼峰，也叫石鱼山。山上树木高大葱茏，浓荫匝地，亭台楼阁穿插其间，十分妥帖精巧。半山腰上有崖刻"柳江砥柱"四个大字。山中还遍布洞穴，有清凉洞、玉洞、盘古洞、纯阳洞、阴风洞、蠡斯洞、三姐岩七个岩洞彼此贯通，习称"灵通七窍"。明代大旅行家徐霞客曾来一游，盛称诸洞景奇："是山透腹环转，中空外达，八面玲珑，即桂林诸洞所不多见也。"洞里的历代摩崖石刻更是目不暇接。朱自清一行在桂林的漓江玩了山水，在行船上看了如画的绿屏，又在柳州爬了立鱼峰，和同事好友对历代摩崖石刻，或高声辨读，或默默揣想，又在峰顶上看柳江岸边的古城，心情大好的同时，又格外沉重，山河毕竟已经破碎，堂堂一群中国最高级知识分子，却是在流离中游览祖国的大好河山。看了立鱼峰后，朱自清一行在大塘吃了午饭，又于晚上赶到了南宁，住在大升旅馆。或许是人多事多的缘由吧，也或许是长时间寂寞地旅行，同行的教授们之间发生了一点小小的语言上的摩擦，不过朱自清在日记中用"甚无谓"一笔带过。

连续的长途奔波中顺带的参观游览，触发了朱自清的诗情和灵感，河山虽然美丽，战局却不很乐观，一路思之想之，于1938年2月25日到了南宁后，成诗一首："招携南渡乱烽催，碌碌湘衡小住才。谁分漓江清浅水，征人又照鬓丝来。"最后一句，化用的是陆游《沈园》诗里的"伤心桥下春波绿，曾似惊鸿照影来"之句。相同的境遇，朱自清的诗，比起陈寅恪、吴宓的诗来，或许多了些无奈而少了些悲愤，甚至有"小住才"的新典故。此典出自陈岱孙，陈岱孙曾告诉朱自清一联语，曰："小住为佳，得小住且小住；如何是好，愿如何便如何。"这是说南岳三个月的小住经历。但此典用在这里，似乎并不严谨。与朱自清他们走不同的道路而抵达云南的吴宓，在《大劫一首》里，同样关于"南渡"，就流露出更为深切的悲观情绪："绮梦空时大劫临，西迁南渡共浮沉。魂依京阙烟尘黯，愁对潇湘雾雨深。入郢焚麇仍苦战，碎瓯焦土费筹吟。惟祁更始全邦梦，万众安危在帝心。"再说陈寅恪，到了云南蒙自后，心情不佳。蒙自有一个叫南湖的小湖，湖中有岛，曰松岛。西南联大蒙自分校的师生常来散步。有一天，傍晚时分了，陈寅恪与吴宓在南湖散步，欣赏湖里的荷花，忽听见桥旁的酒楼里有划拳、碰杯声，不禁悲从中来，吟道："景物居然似旧京，荷花海子忆升平。桥边鬓影还明灭，楼外笙歌杂醉醒。南渡自应思往事，北归端恐待来生。黄河难塞黄金尽，日暮人间几万程。"吴、陈二人的诗都是到了目的地之后的感怀，和此时尚在途中的朱自清心情颇不一样。事实上，朱自清在这首诗之后，复杂的情感被催生，思想高度活跃，又成诗数首，名曰《漓江绝句》：

> 龟行蜗步百丈长，蒲伏压篙黄头郎。
> 上滩哀响动山谷，不是猿声也断肠。（上水船）

九折屏风水一方，绝无依傍上穹苍。

妃黔俪白荆关笔，点染烟云独擅场。（画山）

皮鼓蓬蓬彻九幽，百夫争扛木龙头。

齐心高唱祈年曲，自听劳歌自送愁。（龙门夜泊观赛神）

"不是猿声也断肠"之句，也是化用古人《巴东三峡歌》："巴东三峡巫峡长，猿鸣三声泪沾裳。巴东三峡猿鸣悲，猿鸣三声泪沾衣。"明人何景明也有《竹枝词》："青枫江上孤舟客，不听猿啼亦断肠。"南渡中的朱自清，在疲乏中写下诗作，并非一时诗兴大发，而是这几天游览中的有感而发，以写景带出个人情思，和后来的陈寅恪、吴宓在蒙自的诗终是合上了拍。

1938年2月26日继续驱车南行，在苏圩用了午餐，晚上抵达龙州。到了龙州，就算边陲了。有龙就有水，朱自清日记曰："两岸曲曲弯弯。左江景色为附近之冠。"休息一晚后，第二天，朱自清和冯友兰一起到有关部门办理护照，朱自清还看到两株盛开的海棠，而事情办得也很顺利，办事人员还提供汽车试用。下午游览了龙元洞。1938年3月1日，上午游了仙岩，此山小巧玲珑，可爱异常。这天终于办理好取道越南的护照和车票。

1938年3月2日，朱自清日记曰："海关官员检查行李时略有麻烦。幸而只检查了几件。见镇南关警察局负责人陈文琪先生，是个漂亮小伙子（延陵的朋友）。他领我们通过边境到东当上火车。我们在四等车厢。"一行人乘火车向越南河内进发。

在这之前，还经历了一场小小的劫难，同行的冯友兰在通过凭祥县一处小拱门时，胳膊碰墙骨折了。

抵达河内后，朱自清立即去了中国领事馆，奔走联系，送冯友兰入院治疗。1938年3月3日这天，朱自清等人还抽空去看了河内的路易士博物馆。朱自清在日记中说："高棉及老挝之遗迹颇引人注意。尤以老挝佛像之直线及高棉建筑物之装饰怪兽为最突出。后者作极度变形，最令人注目。"3月4日，朱自清赴火车站送别了同行的其他几位教授，自己和陈岱孙留了下来，照顾住院的冯友兰。三个名教授在河内医院又相处了八九天，从3月5日开始，朱自清开始读《瓯北诗话》，至7日，读完。3月7日这天，朱自清又读《天南四字经》，朱自清日记曰："此书仿《三字经》，述安南历史者也。谓是'新刊'，然丝毫未及法国统治事，殆古本也。"8日这天，朱自清购得一双绳编草鞋，又读《荀子》一书。在河内陪伴冯友兰的几天中，朱自清遇到了梁思永，此时梁思永是史语所研究员，和朱自清几乎同时从长沙取道越南迁往昆明，也在越南逗留，朱自清在3月6日日记曰："梁思永与李志奇来此。"第二天，即3月7日，梁思永做东，请朱自清喝咖啡，朱自清晚上还和梁思永讨论甲骨文，说了很多话，但是对于自己学问之不足，深有"痛感"。3月9日，梁思永离开时，又去咖啡馆饮咖啡吃点心。朱自清和陈岱孙在陪伴冯友兰的几天中，也会抽空闲聊，在1938年3月10日日记中，朱自清记有陈岱孙讲述的三十年前的一种"乡间游戏"，曰："时间是旧历一月，有人从书中任拈两字，公之与众，使作对联，并定下收卷时间，然后将卷子送给他指定的判卷人。同时他必须出赏格，可能从别人处也收集一些赏格。公布结果时搭起一台，判卷人走上讲台依'元、眼、花、魁'宣读结果。人们列队领取台上陈列之奖赏。仪式在私人祠堂举行，并燃点香烛。得奖者依次朗读自己所作之对联，乡民们听着。元，得四枚铜钱，眼，得三枚，等等。"

陪伴结束之后，朱自清、陈岱孙、冯友兰一行于3月12日经越南的河内乘滇越火车，在开远逗留一天后，于1938年3月14日抵达目的地昆明，入住拓东路迤西会馆。至此，朱自清这一路南下人员，历经近一个月的艰难，终于到达，而步行南下的、人数更为庞大的教授、学生大军，还跋涉在路上。

昆明的春天

　　朱自清和去年 10 月刚到长沙时一样，1938 年 3 月 14 日到达昆明的当天晚上，就开始了紧张的忙碌。

　　先是赴黄子卿的邀请晚宴。黄子卿和朱自清是清华大学的同事，去年暑假期间，政府决定成立国立长沙临时大学时，他和朱自清一起商量过如何出城、南下长沙的路线并在天津会合，结伴到达了长沙临大。这次同甘苦共患难的经历，更加深了两个人的友谊。先到昆明的黄子卿，设宴为朱自清接风洗尘，让朱自清更加感受到了友情的温暖。饭后，朱自清又去看望妹妹和妹夫周翕庭一家。朱自清的妹妹朱玉华，小时候曾随朱自清一家在浙江宁波白马湖畔的春晖中学住过一段时间并上学读书，后来，朱自清又送妹妹到南京读书。周翕庭在民国政府任职，抗战爆发后，他们一家也来到了昆明。从去年在武汉巧遇三弟朱国华后，这是他在战乱游离的途中见到的又一个亲人。喜事是，妹妹刚于十二天前诞下一女婴。这天朱自清还得到确切消息，文学院去蒙自办学。

　　1938 年 3 月 15 日这天，朱自清先是访梁思成、林徽因夫妇。此时，梁、林二人正在全国各地测绘和拍摄大量的古建筑遗物，并对这些古建筑进行考察研究，写成文章在国外学术期刊上发表，引起国际上对中国古代建筑的重视，后来，梁思成编写《中国建筑史》，这些考察成果都成为他写作的重要资料。朱自清得悉他们也在昆明，特来拜访，并在梁家用午餐。后又见中学同窗好友徐绍谷，徐绍谷是为筹备中国农民银行而来昆明的，朱自清在日记中希望他成功；再后是赴云南大学，访云大校长熊庆来以及好友王化成。熊庆来出生于1893年，比朱自清大几岁，1911年考入云南省外文专修班学习法语，后来公费考取比利时留学，再后又去法国格伦诺布尔等大学学习数学和物理，1920年获马赛大学理科硕士学位后回国，先在云南等地任教，1926年，清华大学请他创办算术系，和朱自清成为同事。1932年至1934年，熊庆来再度赴欧洲留学，获法国国家理科博士学位后回国，继续任教于清华。1934年，他的论文《关于无穷级整函数与亚纯函数》发表，所定义的"无穷级函数"，被国际上称为"熊氏无穷数"。1937年熊庆来任云南大学校长。朱自清一路奔波刚到昆明，就拜访这位科学家，一来是对熊庆来的尊重，二来也了解一下云南的各方面情况，特别是教育界和报刊界。朱自清毕竟是第一次来昆明，对这里的政治环境、学术环境、文化环境和生活环境都很陌生，和这位云南籍的老同事闲谈，也便于以后的工作和生活的适应。在云南大学还见到了王化成和孙小亮等旧友。朱自清在日记中大夸云大的校园环境，云："风景有如意大利之佛罗伦萨。林徽音谓云南建筑物甚合理。"当天还访问了张奚若和萧乾。萧乾曾主编天津《大公报》的《文艺副刊》，发表过朱自清的文章。又去四妹家，周翕庭宴请于共和春，朱自清夸赞"菜肴佳"。朱自清继续奔波访友，早上刚和徐绍谷见面，下午再去，见到伯母及绍谷夫人。这天，朱自清接到夫人陈竹隐信，信中询问搬家的意见。朱自清日记云："此一难题也。"

　　3月16日，朱自清继续赴朋友的宴请，日记曰："苏邀去著名牛肉馆，不甚好吃。苏告其恋爱史。赴罗、陈宴会，苏夫妇是主宾。"又访吴晗，未遇，不过取回了寄往吴晗处的书和包裹。又记曰："与萧、黄共进晚餐。谈及迁移家眷事。"虽然朱自清感迁家是一大难题，他也开始考虑陈竹隐带两个孩子南下之事了。3月17日这天，朱自清去参观了云南民俗博物馆，日记曰："其珍品如下：陈鹄摹本陈圆圆像，杜文秀之帅盔等，潘荣贵之王帽等，钱沣书字，担当之画，蔡锷之联，蔡锷之四川都督印，罗佩会之省长印。"参观后在妹妹家吃了午餐。下午，朱自清赴玉龙堆18号访郑昕。又访李长之、施蛰存、王赣愚。此时的施蛰存已经是很有名望的教授和作家了，还主编过大型文学刊物《现代》，鲁迅曾写文章专门评论过他。全面抗日战争爆发后，他随上海一批作家、学者也来到了昆明，不久后，任教于云南大学。王赣愚是福建福州人，1906 年出生，也是清华毕业生，1929 年赴美国哈佛大学研究院学习，获硕士和博士学位，1935 年回国后任教于南开大学政治系，在天津《益世报》上发表过社论和专论，是朱自清在长沙临时大学时的同事。在长沙临时大学决定搬迁到云南昆明时，他作为先行人员，提前来到了云南昆明。刚到昆明的王赣愚，就和熊庆来取得了联系，商量校址事宜，城里、乡下、会馆、祠堂、旧学校，到处跑，搞调查研究，还多次和熊庆来一起去拜访云南当局的各方面负责人，干劲十足。同时，王赣愚在昆明翠湖东路 24 号的住处，一时成为西南联大的"联络处"，也成为教师和学生转信的"邮政所"。在"先行官"王赣愚的多方协调下，前后经过三四个月的努力，终于选定了校址。也可能是王赣愚在工作中的精神让同是清华校友的熊庆来看在眼里，在"先行官"工作结束后不久，他就被聘到云南大学做教授了。还巧遇了杨石先夫人，她告诉了朱自清这次来昆明的一路经历，说越南的海防检查甚严，致无关闭皮箱的时间，且检查人员极其粗暴。还说安南的小偷特别多。她的这些话，给朱自清带来了负担，日记中说："此于将来迁移中烦恼事也。"朱自清来看望过这位长沙临时大学搬迁云南的"先行官"之后，又去看了唐继尧墓。一天之中，朱自清最先去参观民俗博物馆，在看望那么多同事和朋友之后，以瞻仰唐继尧墓结束，其行动的快速和敏捷非一般人能比，正如叶圣陶在《与佩弦》一文中所描绘的那样，说朱自清"行步急，仿佛有无量的事务在前头"。也正如朱自清在长诗《毁灭》中所说的："……我不再仰眼看青天，不再低头看白水，只谨慎着我双双的脚步；我要一步步踏在泥土里，打上深深的脚印！"在初到昆明的几天中，除了上述友朋，还先后拜访周培源、吴景超、董同龢、罗庸等文化名人。

朱自清喜欢游览，既然到了昆明，学校还没有开学，就得抓紧时间看看昆明的风景名胜和古迹遗址，圆通公园就在市区，朱自清就于 1938 年 3 月 18 日这天，游览了圆通山，欣赏了樱花和海棠花。当天，云南大学教职员工在海棠春宴请了朱自清和陈岱孙。3 月 19 日，朱自清游览了大观楼，欣赏了风景。3月20日，又和陈岱孙、浦江清等乘船游览了西山、华林寺、太华山、三清阁等名胜景点，朱自清在日记里说："游西山，乘船。先访华林寺，罗汉造型很好，有些是长臂长腿，奇形怪状，但有艺术感。次去太华山，在一间二楼房间饱览美景。一茅屋内有六口之家，三位女子与两个小孩，他们弹奏广东音乐并歌唱。一女子著蓝色短衫，发与妻相似，小孩约四岁，也很像思俞。这使我感伤。最后我们游三清阁，峭壁间山洞很大。我们极目远眺，视野宽阔。"在这几天的奔波中，朱自清还有几次买书和丢书的经历，如买得《水壹》《宋诗精华录》等，也有购物时，把书遗落店中的事。3月22日，朱自清读书，日记云："读一九三八年二月《天下月刊》上 H. H. 胡所写《陈三立的诗》。令人爱读。H. H. 胡写道：'他与民族的命运如此血肉相连，因而显得崇高而卓越。这同一八九八年至一九〇〇年的这段历史相似。他的诗堪与伟大诗人杜甫脍炙人口的诗作要提并论。'（一三七页）诗人'忠实地保持与继承了中国古代的优秀传统'。（一四〇页）'虽然陈三立不写情诗给妻子，但有数首描写婚姻生活之乐趣者'。（一四一页）'再者，他是描写自然美景之能手，但非纯粹反映自然'。（一四一页）。"读书，并抄录心仪的句子，这是一般做学问者的读书常态。朱自清也常会这么办。隔一天后，朱自清还去昆华图书馆买了一些诗评。3月23日，朱自清游金殿、黑龙潭。朱自清日记曰："金殿林木甚盛。黑龙潭风景极好。宋柏及唐梅之姿态甚美。玉皇殿李某碑文颇具哲理，为前所未见。"3月27日又访昙花庵，对庵中的花大加赞美。3月29日和金岳霖、萧叔玉等人骑马游览了筇竹寺、海源寺和灵源别墅，真是游兴不减。

昆明的春天实在是好啊——本来就是四季如春的"春城"，加上正值3月中下旬，正是昆明一年中最美的季节，朱自清等西南联大的同事们，大都是第一次来昆明，自然对昆明的美景早就心向往之了，正好可以利用开学前的机会，看看玩玩，放松一下神经，恢复一下元气，迎接即将到来的新学期。

就在朱自清流连于昆明的景点和拜访亲友时，中华全国文艺界抗敌协会于 1938 年 3 月 27 日在武汉成立，该协会的"旨趣"是："我们应该把分散的各个战友的力量，团结起来，像前线将士用他们的枪一样，用我们的笔，来发动群众，捍卫祖国，粉碎寇敌，争取胜利。"朱自清和郭沫若、茅盾、冯乃超、叶圣陶、郑振铎、老舍、巴金、郁达夫、丁玲、胡风、田汉、沈从文、朱光潜、曹聚仁、许地山等四十五人当选为理事。理事会推选老舍为总务部主任，主持文协日常工作。后来还出版会刊《抗战文艺》，朱自清、茅盾、叶圣陶、郑振铎、丰子恺、老舍等三十三人当选为编委会委员。同年3月28日，朱自清还应邀到云南大学，为女生们做"新语言"的演讲。这天演讲的两位嘉宾也很不得了，一个是熊庆来校长，另一个是林徽因。3月30日，朱自清经过数日考虑，决定接滞留北平的妻儿来昆明。他还把这一决定告诉了朋友。3月31日，朱自清访王化成、陈通夫，商量在蒙自租房子的事。这天朱自清接到陈竹隐的信，陈也建议搬家——真是不谋而合。

1938年4月1日，朱自清和朋友同访林徽因，与梁思成夫妇共进午餐。4月2日，朱自清和罗庸一起决定去一次蒙自，毕竟要去那里办学了，先打个前站看看，熟悉一下情况。晚上，朱自清赴共和春，参加周翕庭和蒋梦麟的邀宴。也是在这天，奉教育部电令，国立长沙临时大学改组为国立西南联合大学，联大内部保留清华、北大、南开三校建制。4月4日，因联大校舍还没有建好，联大文学院决定搬迁至蒙自。

蒙自分校

　　冯友兰在自述里说："胡适已经出任中国驻美大使了，联合大学的文学院院长由我担任。当时昆明的校舍不敷分配，又把文学院分设在蒙自。蒙自原来是中国和越南通商的一个重要城市，那里设有海关。后来滇越铁路通车了，蒙自失去了原来的重要性，海关也迁走了。海关衙门空着，联大文学院就设在海关衙门里面。我又从昆明转蒙自，文学院的师生大部分也都到了。那座海关衙门久不住人，杂草丛生，好像一座废园，其中蛇类很多。有一位同事，晚上看见墙上有条大裂缝，拿灯一照，原来是一条大蟒倒挂下来。"联大文学院就在这座"废园"里开始了运转。

　　1938年4月5日，朱自清来到蒙自。他是首批来到联大蒙自分校的教师之一。

　　联大文学院租借了蒙自海关和东方汇理银行。刚来时，朱自清连日奔忙，安排校舍及教师住所。他自己也住在海关院内的一个小平房里，"朱自清先生是一个独间，面积约十平方米。房间里面放着一张床铺、一张方桌、一张小书桌、一张竹书架、一张藤椅和几张凳子，但已摆得满满的了。迎面几扇窗户，室外是一个大院子，由于南国的自然条件，庭中枝藤丛绕，但也夹杂有许多叫不出名字的自生自长的鲜花，可供推窗欣赏"。（李为扬，《和朱自清先生过从的回忆》）

　　朱自清爱游，到哪里都不停歇，刚在蒙自安顿好，就于1938年4月7日去游览了蒙自的南湖、三山、军山。朱自清日记说"三山风景佳丽"。这天，朱自清特意在日记里记了一笔："见到夜合花。"夜合花又叫夜香木兰，一般生长在温暖湿润、半阴半阳的环境中，枝叶是深绿色的，婆娑有致，花朵纯白，夜间散发出浓郁的香气。已经有学生陆续报到了，4月11日那天，下午就有百余名学生到校。4月15日，又应历史学家雷海宗等邀请，再游三山公园，朱自清日记曰："晨光明媚，美不胜收，张与崔不禁高唱起来，当地人对此甚惊奇。"游完公园，朱自清又去火车站接了学生。

4月19日，西南联大常委会决议，由樊际昌、陈岱孙和朱自清负责蒙自分校校务委员会教授会代表的推选工作。这一天的日记中，朱自清记述了一女生被劫的情况，那还是头一天，即4月18日，朱自清听说有一女生被劫了。第二天的情况也还未明："女生被劫案真相未明，官方报告谓：晚七时许一老妇坐其房前，该女生奔来呼救，尾随而来之二男子见状跑开，老妇只见其一着白衫，别无所见。女大学生姓王。老妇及其邻居等当即陪同她回学生宿舍。官方今晨查询，并无女生出面回答。看来昨晚之事可能是女生受了欺凌或出于误会。县长闻知此事后已要求查明真相，并对该女生表示同情和慰问。"

蒙自是来了，必须要适应新情况了。朱自清在海关的小房间里时间不长，可能是缘于冯友兰所说的屋里常有蟒蛇光顾吧，4月20日就搬到东方汇理银行307室了。在这里，朱自清写作了《什么是宋诗的精华——评遗石老人（陈衍）评点〈宋诗精华录〉》。"宋诗"也是朱自清新学期要开的课（因为学校迁移，新学期要到5月上旬才开学），这篇文章对于遗石老人评点的《宋诗精华录》，做了分析和评点，加上他后来又读《宋诗选》，这些都是为以后的上课做准备。

朱自清初到南国，自然被美景所吸引，在昆明就和陈岱孙、浦江清等游览了西山、华宁寺、太华山、三清阁等几处风景名胜。到蒙自以后，依然游兴不减，除4月7日、15日陆续游览南湖外，还于4月22日，赴十里铺，参观少数民族村落。朱自清日记说："据云此处夷人已七分汉化，不甚罗曼斯矣。然逢一夷女极美。"关于朱自清已经游览过的南湖，联大的老师和学生都有诗文呈现，比如有一个叫王日叟的联大学生在其散文《南湖盛事》里有这样的描写:"……学生宿舍则男生住在歌胪士洋行,女生住在城内士绅周伯斋先生的公馆。海关(校区)和洋行都在城外,两处相距约 200 米,有一条农村的石板街相连。而在另一侧有一片洼地,足有二十来亩大小,听当地人说叫南湖。大家心想这不是坑吗,怎么叫湖? 哪知一个初夏夜晚,大雨倾盆,第二天起来看时,宿舍前面虽非碧波万顷,却是汪洋一片……自此以后每天晚饭后,大家必都绕湖散步。"看来这南湖的"湖"也是季节性的。不过在当时,作为联大的师生在这里散步的风景,还是很有情致的。王日叟在散文里又说:"看吧,这边过来的戴着礼帽、西装笔挺的是朱自清。那边一袭长袍、颌下一把胡子、慢慢走来的是冯友兰。个子不高、拿着手杖、很快走来的是汤用彤。夹着个布包、慢慢挨过来的又是陈寅恪。而当时最为许多学生艳羡的,是一对青年教授夫妇:男的风度翩翩,不愧是位诗人,女的更是身材修长、仪态娴雅,饶具东方之美,那便是陈梦家和他的夫人赵萝蕤。"文章中所说的南湖,也是陈寅恪用旧诗感怀过的。他和吴宓交谊最多,陈、吴住在城里,上完课后,二人常常一起散步。南湖边便是他们常来之地,留下过他们的足迹。

朱自清在学生们的心目中,声誉和地位也是颇高的。在同事们的眼中,朱自清依然不改脾气,研读、教学之余,和朋友闲谈、聚餐。郑昕在《怀念佩弦先生》一文里如是说:"蒙自是个小城,海关和南湖是城外的风景区,课余仍有游观之乐与饮酒清谈的机会。蒙自开远一带出的是'杂果酒',我们刚到时还能喝到三五年的陈酒,随着需要的增加,市上只能买到甜而不香的新酒,间或从本地士绅处能得到十年以上的陈酒。佩弦和我照例是携着得来的酒,一次饮完,大约是一斤上下吧。起初的话题是上下古今,不着边际地乱谈,后来渐渐论到各人自己,佩弦最能说干脆话:'我们中人之资的人,全靠勤勉,才能多少有些成就。''世界上人分两种,一种最不容易满足,一种最容易满足,我是属于后一类的。'我们共饮的机会,一月至少有一次,也有一星期多到两三次的。"

搬进了条件稍好些的房间,至 4 月 23 日,朱自清把《宋诗精华录》读完了,开始读《宋诗选》。4 月 25 日,老同学徐绍谷筹办的中国农民银行开幕式就要举行了，朱自清作了贺诗一首。这是一首稀见的四言诗，在朱自清的诗中独一无二，诗曰：

维我中华，以农立国。

圣人垂训，首曰足食。

国步多艰，民生实难。

农人妇子，啼饥号寒。

不有赒赡，邦本沉沦。

银行之设，实惠农民。

自设银行，效绩日彰。

始于四省，爰及南疆。

南疆经始，徐君心算。

矢勤矢勇，美轮美奂。

匪惟货殖，民隐是求。

利农利国，嘉谋嘉猷。

这里可以多记一笔。1941 年夏末，朱自清在成都休假时，收到徐绍谷来信，要携夫人一起到成都，朱自清写了两首诗以寄怀，诗曰：

少年同学气如虹，川媚山辉挹不穷。

从里推襟惭人眼，世间垂滋有弯弓。

画眉时倩张郎笔，投辖长钦孟母风。

雍穆一门能醉客，难忘酒醒日生京。

朔南廿载几分驰，断续鳞鸿系梦思。

雅兴平生在湖海，好怀随处得酣嬉。

裨谌谋野看经国，刘晏亲民见远归。

闻道同车来问讯，望江楼畔一轩眉。

到了1942年下半年，徐绍谷在云南的银行生意越来越好。当得悉云南实业银行新厦落成开幕，徐绍谷要担任总经理时，朱自清再次以诗贺之。

再说朱自清在蒙自的游迹。4月27日，和西南联大同人约五十人兴致很高地游览了辅家庄苗寨。朱自清在当天的日记里说："寨内苗人仅十余户，故可看处不多。临别前，三位盛装苗女与我们合影，其服饰之美大大超过以往于照片上所见者。寨主答允于农历三月初三与我校联欢，届时苗人将演奏芦笙及舞蹈。他向我等出示芦笙，其形制与音调颇似苏格兰风笛。"这天，朱自清是骑马来到苗寨的，还遇到小惊险。朱自清日记写了他骑马遇险的经过："由于马鞍较高，故只能小跑，我认为我已能掌握骑术。此间马较昆明的更精壮，多数不带嚼子。归途中，我的马突然摔倒，我从其颈部落下来，而右脚仍在蹬里，用了两分钟才拨出来，幸而那马倒下而未将我拖走。它躺在地上像要死一样，我拉了两次缰绳，它才挺直身子，乱蹬一阵，站立起来。当地一男童子军帮我重新备上马鞍。"

苗寨寨主所说的三月初三很快就到了，那天是阳历5月2日，他没有食言，率领苗人表演队来了。在和苗人联欢时，朱自清骑了一匹没有驯服好的马，装备也欠佳，但依然能疾走驰骋。朱自清日记曰："看苗族男子舞蹈，有独舞与对舞。独舞者边舞边奏芦笙，两腿交替跳跃。对舞者时而互相踢脚，时而互相追逐，踢踏动作颇活泼。我们以酒款待之。"和苗人联欢还有余兴——晚上，教授们自发举行了一场演唱会，大家自娱自乐。

南国再响读书声

　　西南联大 1937 年第二学期于 1938 年 5 月 4 日开始上课。那天，在联大蒙自分校学生纪念"五四运动"集会上，朱自清和张佛泉、罗常培等人进行了讲演，朱自清讲了当年他参加"五四运动"时的许多趣闻轶事，几次引起了学生的欢笑。老师和同学们都没有想到，三个月前，他们还在湖南南岳衡山的深山里上课，对未来的学校搬迁感到迷茫，没想到在南国边陲小镇蒙自，再响起他们熟悉的读书声。5 月 5 日、6 日两天都在读《陈散原别集》，这是一部诗集，陈散原就是陈三立。读完之后，朱自清颇有感慨，认为陈三立创造了许多新语汇和新语法。但是他也同意胡先骕的意见，书中力作甚少。不久，朱自清又读陈三立的另一部著作《散原精舍集》。

　　5 月 7 日，梅贻琦、沈履等来到蒙自分校。分校举行了茶话会，朱自清前往参加。5 月 8 日朱自清赴礼堂出席清华建校二十七周年校庆纪念会，听梅贻琦、浦薛凤讲演。朱自清在日记里说："九时半在礼堂举行庆祝二十七周年校庆典礼。梅先生讲话朴实而有力，与平时讲话大不一样。浦谈了中国的政治理论，很有说服力。他认为'治'应重于'政'。据他的说法，'治'即统计者及其组织，而'政'则为政策与法律。"蒙自虽然为小城，对外地人还是陌生并新鲜的，朱自清在纪念会之后，还陪同梅、沈在城内观光。晚上，再次参加茶话会。茶话会比一般会议要轻松，所以梅贻琦讲了一个有关胡须的故事，引得与会者哄堂大笑。5 月 9 日，朱自清又随梅贻琦作为东道主之一，招待蒙自县城要人。5 月 10 日，朱自清被推举为蒙自分校文、法两院战区学生救济及寒苦学生贷金委员会委员。该委员会委员还有樊继昌、陈岱孙、叶公超、闻一多等人，是专门审核申请贷金的困难学生的机构。朱自清还担任了蒙自分校学生生活指导委员会委员、分校图书委员会委员。5月13日下午，出席蒙自分校校务委员会会议，当选为书记。

5月20日这天，联大蒙自分校中文系和外文系组织了一个文学社，即南湖诗社，朱自清和闻一多应邀担任导师。诗社成员有向长清、刘兆吉、查良铮（穆旦）、赵瑞蕻、刘绶松等二十多人，赵瑞蕻说："朱先生总是认真地看我们诗社交给他的稿子，提出意见；还同我们亲热地在一起讨论新诗创作与诗歌研究等问题。"（《梅雨潭的新绿——怀念朱自清先生》）朱自清一直支持学生热爱新文艺，这样的例子能举出很多。比如，一年多后，他因病辞去了中文系主任的职务，一次新主任罗常培在茶话会上，发现新生刘北汜在调查表里填的是"爱读新文艺作品，讨厌旧文学"，罗主任很不满，不点名批评了刘北汜，说中国文学系就是研读古文的系，爱新文艺的不要读中国文学系！朱自清和杨振声一起反对罗常培。朱自清激动地说："我们不能认为学生爱好新文艺是要不得的事。我认为这是好现象，我们应该指导学生向学习白话文的路上走。这应是中文系的主要道路。研读古文只不过便利学生发掘古代文化遗产，不能当作中文系唯一的目标！"当时不少大学都重古轻今，西南联大也不例外。社会上广为流传的一个段子是，西南联大刘文典在一次跑警报时，看到前边步履蹒跚的陈寅恪，正想紧赶两步上前搀扶，突然看到年轻些的沈从文从后边赶了上来。刘文典顿时火起，冲着沈从文大嚷："我跑是为了保存国粹，为学生讲《庄子》，学生跑是为了保存文化火种，可你这个该死的，跟着跑什么跑啊！"据说还有一次，学校当局要给沈从文晋升，刘文典听说后勃然大怒，对众人大叫道："在西南联大，陈寅恪才是真正的教授，他该拿400块钱，我该拿40块钱，朱自清该拿4块钱，可我不会给沈从文4毛钱！如果沈从文都是教授，那我是什么？"这两个段子有好几个版本，但大致意思差不多。可见新文学作家在这些老派教授心里的地位了。但是朱自清始终不这么认为，他一直支持学生热爱新文艺，无论当年在杭州的浙江一师，还是北京的清华园，他担任过各类文学社团的顾问。所以当蒙自分校热爱诗歌的学生向长清、刘兆吉、查良铮、赵瑞蕻、刘绥松等学生成立南湖诗社并请他任导师时，他和闻一多都欣然接受。当年的诗社社员刘兆吉在回忆文章中说："文法学院迁到蒙自。一天，我和向长清商量如何实现旅途中成立诗社的计划。我们一起拜访了闻一多先生，同时想到朱自清教授也在蒙自分校，因而也请他为指导教师。两位教授欣然同意。我俩立即分头邀请同学加入诗社。因为在南岳时，曾多次出壁报，对于爱好写诗的人，已经心中有数。很快就组织了二十多人的诗社，并同意命名为南湖诗社。因为诗刊没有经费，同学们多来自沦陷区，经济困难，出刊形式只好因陋就简，采用壁报的形式。投稿人把诗写在稿纸上，然后交给向长清或我。……诗刊共出四期，形式虽然很简陋，但从内容分析，的确有许多好诗，有些诗篇达到了发表的水平。我们选了一部分给闻、朱两位指导教师过目，他俩也称赞是好诗。……有指导教师参加的诗刊全体社员座谈会，只开过两次。在我模糊的印象里，似乎谈及新诗的前途、动向问题，也谈到新旧诗对比问题，对新旧诗问题有过争论。……绝大部分诗社成员的意见，连闻、朱两位指导教师在内，都主张南湖诗社以研究新诗、写新诗为主要方向。"（刘兆吉，《闻一多朱自清指导的南湖诗社始末》）

有了稳定的生活环境，朱自清又开始手不释卷、著书写文了。在蒙自短短的几个月里，朱自清主要的工作就是编制《大学中国文学系科目草案》。这个工作不轻松，朱自清在编制中，常与罗常培一起商量。此《草案》的编制，是受教育部的委托，朱自清担任中国文学部分，罗常培担任中国语文部分。5 月 16 日下午，朱自清和罗常培讨论了这一课程草案，后又数次和罗常培讨论此事。朱自清在《部颁大学中国文学系科目表商榷》一文中说："二十七年，承教育部委托撰拟《大学中国文学系科目草案》，我就和罗莘田（常培）先生一起商量，拟成了一份，送到了部里。"叶圣陶在《嘉沪通信》中说："最近教育部专家拟订大学课程草案，中国文学方面出佩弦手笔，中国语文方面则属于罗常培君。佩弦扩大文学史之内容，将周、秦经子与宋、元词曲归入现代语言文字学科，并注重文法、修辞。此亦至寻常之见解，而印刷品分发于各大学，讥之者纷起。一般人盖以为往日办法已属至善，偶或更张，即为外行。其实循旧日课程，学生用功即成学究，荒惰即一无所得，求其继往而开来，未可得也。"看来顽固的势力一旦形成，要想改变，要撞破多大的阻力啊！但是，事实证明，朱自清的改革是符合当时的大学中文系办学方向的，直至现在，这种体例也基本沿用。

7月7日这天，是抗战一周年，蒙自分校举行了纪念活动，朱自清出席活动并听了冯友兰的演讲。

朱自清在蒙自时间不长，学期结束后，蒙自分校撤回昆明，朱自清也回到昆明，联系住房，8月4日再次返回蒙自，并于第二天出席蒙自分校校务委员会会议，接替樊继昌担任分校校务委员会代理主席一职，负责分校的结束工作。

短暂的蒙自分校结束了，这段岁月却一直留在朱自清的心中。一年以后，朱自清写了一篇《蒙自杂记》散文，记叙了这段不寻常的人生经历，文章平实、细致，采用作者喜欢的口语体，写了蒙自真实的街市和市民的趣事，挺有趣味，摘抄几段如下：

> 蒙自小得好，人少得好。看惯了大城的人，见了蒙自的城圈儿会觉得像玩具似的，正像坐惯了普通火车的人，乍踏上个碧石小火车，会觉得像玩具似的一样。但是住下来，就渐渐觉得有意思。城里只有一条大街，不消几趟就走熟了。书店，文具店，点心店，电筒店，差不多闭了眼可以找到门儿。城外的名胜去处，南湖，湖里的崧岛，军山，三山公园，一下午便可走遍，怪省力的。不论城里城外，在路上走，有时候会看不见一个人。整个儿天地仿佛是自己的；自我扩展到无穷远，无穷大。这叫我想起了台州和白马湖，在那两处住的时候，也有这种静味。

> 大街上有一家卖糖粥的，带着卖煎粑粑。桌子凳子乃至碗匙等都很干净，又便宜，我们联大师生照顾的特别多。掌柜是个四川人，姓雷，白发苍苍的。他脸上常挂着微笑，却并不是巴结顾客的样儿。他爱点古玩什么的，每张桌子上，竹器瓷器占着一半儿；糖

粥和粑粑便摆在这些桌子上吃。他家里还藏着些"精品"，高兴的时候，会特地去拿来请顾客赏玩一番。老头儿有个老伴儿，带一个伙计，就这么活着，倒也自得其乐。我们管这个铺子叫"雷稀饭"，管那掌柜的也叫这名儿；他的人缘儿是很好的。

城里最可注意的是人家的门对儿。这里许多门对儿都切合着人家的姓。别地方固然也有这么办的，但没有这里的多。散步的时候边看边猜，倒很有意思。但是最多的是抗战的门对儿。昆明也有，不过按比例说，怕不及蒙自的多；多了，就造成一种氛围气，叫在街上走的人不忘记这个时代的这个国家。这似乎也算利用旧形式宣传抗战建国，是值得鼓励的。眼前旧历年就到了，这种抗战春联，大可提倡一下。

……蒙自的民众相当的乐意接受宣传。联大的学生曾经来过一次灭蝇运动。四五月间蒙自苍蝇真多。有一位朋友在街上笑了一下，一张口便飞进一个去。灭蝇运动之后，街上许多食物铺子，备了冷布罩子，虽然简陋，不能不说是进步。铺子的人常和我们说，"这是你们来了之后才有的呀"。可见他们是很虚心的。

蒙自有个火把节，四乡是在阴历六月二十四晚上，城里是二十五晚上。那晚上城里人家都在门口烧着芦秆或树枝，一处处一堆堆熊熊的火光，围着些男男女女大人小孩；孩子们手里更提着烂布浸油的火球儿晃来晃去的，跳着叫着，冷静的城顿然热闹起来。这火是光，是热，是力量，是青年。四乡地方空阔，都用一棵棵小树烧；想象着一片茫茫的大黑暗里涌起一团团的热火，光景够雄伟的。四乡那些夷人，该更享受这个节，他们该更热烈地跳着叫着罢。这也许是个被除节，但暗示着生活力的伟大，是个有意义的风俗；在这抗战时期，需要鼓舞精神的时期，它的意义更是深厚。

南湖在冬春两季水很少，有一半简直干得不剩一点二滴儿。但到了夏季，涨得溶溶滟滟的，真是返老还童一般。湖堤上种了成行的由加利树；高而直的干子，不差什么也有"参天"之势。细而长的叶子，像惯于拂水的垂杨，我一站到堤上禁不住想到北平的什刹海。再加上崧岛那一带田田的荷叶，亭亭的荷花，更像什刹海了。崧岛是个好地方，但我看还不如三山公园曲折幽静。这里只有三个小土堆儿，几个朴素小亭儿。可是回旋起伏，树木掩映，这儿那儿更点缀着一些石桌石墩之类；看上去也罢，走起来也罢，都让人有点余味可以咀嚼似的。这不能不感谢那位李崧军长。南湖上的路都是他的军士筑的，崧岛和军山也是他重新修整的；而这个小小的公园，更见出他的匠心。这一带他写的匾额很多。他自然不是书家，不过笔势瘦硬，颇有些英气。

联大租借了海关和东方汇理银行旧址，是蒙自最好的地方。海关里高大的由加利树，和一片软软的绿草是主要的调子，进了门不但心胸一宽，而且周身觉得润润的。树头上好些白鹭，和北平太庙里的"灰鹤"是一类，北方叫作"老等"。那洁白的羽毛，那伶俐的姿态，耐人看，一清早看尤好。在一个角落里有一条灌木林的甬道，夜里月光从叶缝里筛下来，该是顶有趣的。另一个角落长着些杧果树和木瓜树，可惜太阳力量不够，果实结得不肥，但沾着点热带味，也叫人高兴。银行里花多，遍地的颜色，随时都有，不寂寞。最艳丽的要数叶子花。花是浊浓的紫，脉络分明活像叶，一丛丛的，一片片的，真是"浓得化不开"。花开的时候真久。我们四月里去，它就开了，八月里走，它还没谢呢。

朱自清的学生李为扬在回忆蒙自这段学习生活时，写了一篇《和朱自清先生过从的回忆》，用较长的篇幅写了和朱自清的交往："我从到蒙自至毕业离开，前后大约四个月时间，我和朱先生的接触是比较多的。我常常在下课后绕到他寝室进去坐一坐，有时他也会托人带个口信或是写张便函到学生宿舍，约我去他寝室一谈。因为那时抗战才开始半年，前后方音讯经常隔断；但奇怪的是人们偶然也会接到一封来自遥远家乡的信，发信日期却是几星期前而接信时又是已沦陷了的城市。也有的来信是沦陷以后所写，不知怎样被带出来投邮了。大家对于这样的奇迹总看成是喜从天降，真正深切感受到'烽火连三月，家书抵万金'的况味。同学中间马上就互相争传起来，共享慰藉。朱先生也欢喜从我这里听到这类消息而得到莫大的安慰。他非常关心战局，关心家乡，尤其爱听扬州方面的消息。几乎我每次和他碰面都是围绕着这些话题。有几次为了弄清报纸上报道的战役，他特地把中国地图翻出来，要我和他一起对照着仔细寻找一城一镇的位置。"

朱自清关心抗战中的具体战役，从大里说，是关心中国的抗战形势，从小里说，是为前线的长子朱迈先担忧。而作为学生的李为扬可能还并不知道朱迈先正在前线和日军作战。李为扬继续回忆道："那时越南还是法国的殖民地，云南边境各城市的越南侨民，其本人或其上辈都是为了不满法帝的统治迁来中国的，所以一般都和当地居民和睦相处。他们同情中国抗战，痛恨法帝虚伪、暴虐。我到蒙自不久，因一个偶然的机会结识了越侨的活跃人物严继祖，他又介绍我认识了许多越侨。有一次他约我到'南美'咖啡馆主人家作客，饭后主人的女儿武白玉特地弹了一曲越南琴，备极哀怨，给我留下深刻的印象，归而作《南歌子》一首。"这不是李为扬到蒙自的第一首词了，他还因为蒙自特殊的地理位置而写了一首《清平乐》。这次又写了一首《南歌子》。一次偶然的机会，李为扬和朱自清说起了这两首词，说是学着写的。朱自清听了很高兴，要看看。李为扬便把两首词抄给了朱自清，《南歌子》曰：

> 樊口如樱小，蛮腰似柳长。
> 春风吹薄绿纱裳，细拨红牙低奏月如霜。
> 故国悲烟雨，南疆懒化装。
> 凝眸泪转九回肠，愁对天涯无语问沧桑。

《清平乐》曰：

> 汗流如豆，热得人难受。
> 六月骄阳腾火兽，大地纹风不透。

且拼铁骨铜筋，周旋宇宙精灵。

纵使肌焦肤裂，依然固我原形。

朱自清读了李为扬的两首词后，微笑着告诉他，写得不错。一首反法，一首抗日。朱自清思考了一会儿，告诉李为扬，越南人一天到晚嚼槟榔，把嘴唇染得通红，这个"樱"字非常形象。"蛮腰"也语涉双关。连同"春风吹薄绿纱裳"一句，直把越南少女的形象活灵活现地描绘了出来。不到蒙自来，不能和越南的侨民生活在一起，也就不容易体会到这种感觉的。第二首很含蓄。朱自清认为，《南歌子》可题为"观越南武白玉女士弹琴"；《清平乐》可题为"一九三八年夏，抗日战局正酣，挥汗口占于云南蒙自"。李为扬知道，这是朱自清对他的鼓励，让他多搞些创作，所以对这两首词的缺点并未指出来。

李为扬这一届学生，是1934年秋季入学的，1937年暑假后，又从北平及全国各地一路迁徙南下，是经历过长沙临大的级数最高的一届学生，1938年暑假前就要毕业了，因为西南联大刚成立不久，一切还未能就绪，所以这届毕业生仍由三校各用原校名义发毕业文凭。因此，李为扬他们便是抗日战争开始后，获得清华大学毕业文凭的最后一批毕业生了。由于特殊的历史机缘，清华大学的毕业生准备编一本毕业纪念册，名《清华第十级年刊》。由于李为扬是编委之一，他便特地请朱自清写几句临别赠言给这个特别的班级，以资勖勉。朱自清在"年刊"中恳挚地写道：

向来批评清华毕业生的人都说他们在作人方面太稚气、太骄气。但是今年的毕业同学，一年来播荡在这严重的困难中间，相信一定是不同了。这一年是抗战建国开始的一年，是民族复兴开始的一年。千千万万的战士英勇地牺牲了。千千万万的同胞惨苦地牺牲了。而诸君还能完成自己的学业，可见国家社会待诸君还是很厚的。诸君又走了这么多路，更多地认识了我们的内地，我们的农村，我们的国家。诸君一定会不负所学，各尽所能，来报效我们的民族，以完成抗战建国的大业的。

朱自清 二十七年八月，蒙自

朱自清的题词很实在，又很动情。

这届特殊的同学终于毕业了，就要分赴全国各地了，朱自清也随送行人员出现在站台上，"大学生毕业，对古老的西南边陲蒙自来说，可算是破天荒的大事。那天，我们背着行囊，和前来送行的师友谈笑着，分开看热闹的人流，踏上火车。汽笛长鸣，车轮蠕动了。朱自清先生留给我最后的深深的印象是：清癯面庞，中等身材，精神抖擞，站在蒙自车站的月台上，向着我们毕业生乘坐的快离去的个旧锡矿小火车挥手，频频地挥手，不住地挥手……直到车行了很远，还隐约看见他那高举着的礼帽影儿在远空中摇荡。"（《和朱自清先生过从的回忆》）这一届的大学毕业生真是太不容易了，去年秋冬，在南岳只学习了三个月，又千里迢迢来到昆明，再来到边陲蒙自，五月初才开学，只短短两个多月就毕业了。接下来迎接他们的，又是烽火连天的抗战岁月。

而朱自清和他的同事们，也结束了在蒙自的使命，陆续返回昆明。

家眷南迁

早在朱自清取道越南来到昆明之时，陈竹隐就一直有南迁和朱自清会合的打算。1938 年 4 月 29 日，朱自清接到陈竹隐的信，陈竹隐就透露有可能和冯太太一起南下。还告诉朱自清，郭绍虞表示，如果陈竹隐南下需要经费，他可以借给。这已经在做南下的准备了。5 月 14 日，朱自清接到采芷的信，得知陈竹隐 5 月 15 日离开天津。5 月 30 日，天气阴晴不定，朱自清接到陈竹隐的电报，不日将到达越南海防，便丝毫没有耽误，于当天在碧色寨见到樊继昌，向其说明情况后，立即动身，于晚上六时到越南的达老街，宿在法国酒店。5 月 31 日，冒着阵雨登上了去海防的火车，上车后才发现行走匆忙，把扇子遗落在旅馆的床上了。当晚，朱自清到达海防，下榻巴黎饭店。到这时候，朱自清才可静下心来出去吃饭，他找到一家中国人开的法国饭店，在环境、杯盘都十分整洁的饭店里，吃了一顿晚餐。6 月 1 日，朱自清在叙雅园进餐，主人龚明德赠送了鱼翅和酒，还陪朱自清一行接船人员逛街购物，朱自清定制了一条黄裤子。6 月 2 日中午，海防的天气不好，一直下雨，朱自清早早就在码头迎接了。当一家人在异国相聚时，是何等的开心啊，朱自清看看采芷，摸摸乔森，抱抱思俞，一年未见，都变了，又都没变。由于昨天去领事馆打了招呼，开了证明信，行李免去海关检查，一家人很顺利地在海防住下来。在海防玩了两三天后，于 6 月 5 日回到了蒙自，住在学校里。

关于来云南路上的这段经历，陈竹隐在《追忆朱自清》一文中，有较详细的回忆：

……那时日本人的吉普车在城里横冲直撞。在告别北京时，我差一点叫日本人的车撞上，结果我坐的三轮车翻了，车夫受了伤，我的脚也蹩了，我就是一瘸一拐地启程南下的。在南下的船上，我们还遇到日本人的搜查。日本兵把全船的人都轰到甲板上，排成一队，挨个儿检查。他们认为可疑的人便用装水果的大蒲包把头一裹就拉走，完全不由分说。看着这蛮横的情景，真使人体会到亡国的痛苦。

船快到越南的海防时，又遇到了台风。大风大浪打得船上下颠簸。大家都翻肠倒肚地吐呀，吐呀！放在格子里的暖瓶全被摔碎了，人也根本无法躺在床铺上。我的大女儿在隔壁舱房里边吐边哭喊着："娘啊！我冷啊，冷啊！"而我身边还有两个小孩子，我在舱里死死用两手抓住栏杆，用脚抵住舱壁，挡着两个孩子不让他们掉下来。听着隔壁女儿的哭喊声，我心里真是难受极了。大风浪整整折磨我们一夜，第二天风浪小了，可厨房里的盘碗餐具都打碎了，大家都只好饿肚子。

船到海防靠了岸，佩弦等人都已在那儿焦急地等着我们了。那地方风景可真美呀！到处都是绿树，绿叶中间花儿是那么红，红得艳极了。可那时越南是法国殖民地。这美丽的土地是在殖民主义者铁蹄的践踏下，越南人也饱尝着亡国的痛苦。越南老百姓连房子开个窗户都要经过法国人批准。在码头上，穷苦的搬运工人为了生活拼命地抢着搬行李。在旅馆里，法国有钱的人常常用鞭子抽打这些穷人。佩弦有时见到这情景，便气愤地制止说："你不要抽他，他是中国人！"佩弦还很动感情地对孩子们讲："我们要亡了国，也会像他们那样！"

1938 年 6 月 6 日，朱自清把家安在蒙自市大井巷，与王化成、孙国华做了邻居。王化成是联大政治系的教授，孙国华是哲学心理学系的教授。朱自清把家安顿下来不久，6 月 21 日接到父亲来信，知道扬州家中遭遇了抢劫，被劫去 120 元，为此既气愤又担忧，毕竟那边老老少少还有一大家子人，他们的安全，也牵动着朱自清的心。而住在蒙自，也颇为操心，经常学校、家庭两头难顾。朱自清开始托朋友在昆明找房子。1938 年 7 月 16 日，朱自清接到温特沃思信，说他可能在近期找到住房，并愿意与朱自清及钱士良共同租用。7 月 18 日，朱自清接到朋友的信，说有一住房，朱自清看了介绍，颇为满意。这天早上，采芷擦玻璃杯时不小心割破了手指。7 月 22 日，朱自清日记曰："收到昆明来信数封，均系推荐住房者，决定去昆明一看。" 7 月 23 日，因为蒙自分校即将撤入昆明，朱自清不得不提前回昆明找房子住。7 月 24 日到达昆明后，住在徐绍谷的银行里。7 月 25 日，应徐绍谷之邀到其家，看到他家租住的带花园的房子甚美。7 月 26 日，徐绍谷请朱自清和妹妹朱玉华在海堂春午宴。饭后和朋友一起去看房子，因太小而不满意。

在昆明联系住房的几天里，朱自清还于 1938 年 7 月 28 日分别拜访了陆侃如和林同济。陆侃如 1903 年出生于江苏海门，1924 年由北京大学中文系毕业后，考入清华大学研究院专攻中国古典文学，是个高材生。他在大学一年级时就出版了《屈原》，大学毕业时又出版《宋玉》。研究生毕业后，他在上海中国公学任教授，并在复旦大学、暨南大学兼职。1932 年留学法国，和他一起出国留学的，还有其夫人冯沅君。冯沅君也是个才女，17 岁考入北京女子高师，参加过"五四"运动。1922 年，22 岁的冯沅君在创造社的刊物上发表了以《卷葹》为名的系列小说，得到鲁迅的赏识，并成为《语丝》的主要撰稿人之一。1925 年，她从北大研究所毕业，任教于金陵大学。1932 年夏，陆侃如和冯沅君同时出国留学，入法国巴黎大学研究院学习，1935 年夫妇同时获得文学博士学位。1935 年回国后，陆侃如任燕京大学教授兼中文系主任。抗日战争爆发后，陆侃如在北京待了一段时间，于 1938 年初南下昆明，再迁至云南的中山大学师范学院任教。林同济出生于 1906 年，福建福州人，16 岁在北京崇德中学毕业后，考入清华学校（清华大学前身）高等科。20 岁赴美留学，专攻国际关系和西方文学史，兼及文学、哲学。1928 年起，先后获得密歇根大学学士学位、加利福尼亚大学伯克利分校硕士、博士学位。回国后任教于天津南开大学。此时也任教于西南联大，和朱自清是同事。朱自清利用来昆明找房子的机会，抽空来看望了两位朋友。朱自清在当天的日记中说："陆（侃如）告冯找到两处房，他将写信，请冯让一处给他。我已看过一丘田的一处，陆又带我看了青云街的一处，不如一丘田的好，但尚可住。"7月29日日记云："上午访陈梦家，商量住房问题。"

7月30日去冰庐看房。费了不少周折，房子终于找好了，即位于昆明青云街284号的冰庐。7月30日这天，采芷也于下午抵达昆明。7月31日，朱自清与来访的徐梦麟谈采芷入学的事。一连几天，朱自清都在昆明忙着住房问题，直到1938年8月2日，才签了租房合同，付了房租，三弟朱国华赠给朱自清一条洋服裤，徐绍谷还送了朱自清多件藤制家具。房子终于有了着落，可以把小家搬过来了。8月3日一早，朱自清离开昆明，徐绍谷送他回蒙自，处理蒙自分校的后续事宜。8月4日上午十一时，朱自清才回到蒙自。

1938年8月13日，朱自清送陈竹隐和乔森、思俞到车站，让他们先回昆明新租的青云街家中，自己则要留下来，处理蒙自分校的结束工作。结束工作十分繁忙，既有欢迎宴——8月15日晚，偕姚从吾、张佛泉、蔡枢衡在清熙馆设宴，欢迎周炳琳、袁同礼，并由吴宓作陪；又要为毕业的学生送行，为这届学生作了《临别赠言》，在《临别赠言》里，希望学生"不负所学，各尽所能，来报效我们的民族，以完成抗战建国的大业"。8月16日，朱自清收到采芷寄来的信，告知邻居都不愿意迁走。朱自清在日记里说："真难题也！生活即斗争，信然，对此深感厌倦。"这还没有完，8月23日，朱自清又接到陈竹隐的信，向朱自清抱怨街上的嘈杂声太响，致使她失眠了三夜，她对居住的环境深感不适和忧郁。陈竹隐信中还流露出再换房的打算。朱自清不禁感到生活的悲苦和无奈，在8月23日的日记中说："住房问题甚费心思。"8月25日至28日的四天里，朱自清一直忙于校务，除毕业班的学生，其余学生都要搬迁，这事是头等大事，不能出半点差错，而且每天他都亲自为搬走的各班同学送行。8月29日，朱自清再次收到陈竹隐信，告诉朱自清，采芷病重入惠滇医院治疗，医生诊断为流感或肠炎。此事更是令朱自清牵肠挂肚难以入眠。到了30日好消息让朱自清稍感宽慰——陈竹隐最新一封家书，告知采芷已经不烧了。

1938 年 8 月 31 日，朱自清结束了蒙自分校的工作。而 9 月 1 日陈竹隐家书又到，采芷又复烧。朱自清在日记中说："此消息使我很不安。我想她是得了流行性感冒。" 9 月 2 日，连日睡眠不好，加上为采芷操心，陈竹隐也病倒了。就是在这样的心情中，朱自清还完成了理查斯著作阅读札记的写作。9 月 3 日，朱自清动身回昆明。在列车上，还巧遇了吴文藻和冰心夫妇。老朋友南国相见，来不及有更多的感慨，也来不及回忆当年在北平时所参加的种种文艺活动，大家心里都有心事，手上也有很多工作要料理。非常不巧的是，火车在过彝良时出轨，一个小时左右才修复，到昆明已经是晚上十点半了。第二天，朱自清赶紧去医院看望采芷，情况还好，明天可以出院。但是 9 月 5 日，乔森又病了，陈竹隐脚上又患了溃疡。而 9 月 9 日，朱自清又感冒了，第二天发烧，整整一天卧床不起。

家是迁来了，小家团圆了，可接踵而来的各种琐屑杂事，同样扰得朱自清心灵不安又不得不面对。

寻找朱迈先

　　还是在蒙自的时候，朱自清把家安顿在蒙自城内大井巷之后，下班回家又热闹了。看到采芷和两个幼小的孩子整天快快乐乐的，不免想念留在扬州老家的几个儿女，更为大儿子朱迈先担忧。

　　出生于1918年的迈先早已出落成一个大小伙子了，比朱自清高了很多，也很懂事。一年前日寇占领北平时，朱自清看情势危急，就托南下的叶公超把迈先带到扬州老家。随着抗日战争的不断深入，朱自清和迈先失去了联系。1938年4月27日，朱自清在灯下写作一天的日记时，在日记末尾记了一笔："因思念迈先而略感惆怅，他是个好孩子，而我曾对他很粗暴。上苍保佑，愿他平安。"

　　朱自清是从扬州的家书中，知道朱迈先已于1937年年末离开扬州，和许多热血青年一样，参与到救亡运动中了。此后便再也没有收到朱迈先的任何讯息。1938年6月21日，朱自清接到父亲来信，得知家中遭劫，更加担心失联的迈先。1938年7月7日，朱自清于早上六时，就参加蒙自分校抗战一周年纪念会，冯友兰做演讲，其中谈到一年来的抗战成绩时，令人满意，"中国方面坚持持久战，大有希望，各城一时失陷，不足悲观。我等最后胜利之日，将在日本资源耗尽之时"。7月16日这天，朱自清在日记中说："迈先一友人自延安来。李一洲告采芷说迈先不在那里，他和他的友人均未收到过迈先的信。为此很为迈先的命运担忧。拟在汉口《大公报》上登一广告。"

其实，朱迈先在1936年的"一二·九"运动时，就秘密加入了中国共产党，当时他还是北平崇德中学的一名高中生，和后来成为电影演员的孙道临是同学。朱迈先回到扬州后，就读于扬州中学，从事共产党地下工作，并积极投入抗日活动。

1937年年底，扬州和沪宁沿线上的许多城市相继沦陷，成为敌占区。共产党员"陈素、江上青等人与上海市文化界救亡协会取得联系，在郭沫若、夏衍等人的支持下，成立了江都县文化界救亡协会流动宣传团，简称'江文团'，朱迈先积极参加'江文团'，进行革命宣传活动。宣传团带着很多宣传用具，还有大量进步书刊以及各人的行李，全靠人挑车拉，十分辛苦。王石诚曾在回忆文章中说：'当时朱迈先、莫朴、李公然等人出力最大。''江文团'沿途演剧、唱歌、演讲、写标语、画漫画、办壁报，受到群众的热烈欢迎。他们赶排了《我们的故乡》《放下你的鞭子》等戏剧。陈素、江上青、朱迈先都当过主演。不少有志青年中途加入'江文团'，队伍由从扬州出发时的18人扩大到30多人，并于1938年初抵达安徽六安。六安当时是第五战区安徽省的政治中心，安徽省抗敌动员委员会、桂系部队十一集团军和政治部都设在这里。陈素很快与中共长江局和安徽党组织接上了关系，建立起'江文团'中共地下党支部。当时中共党员只有陈素、江上青、朱迈先三人，陈素任党支部书记"。

"江文团"在安徽短暂休整后，"又去河南固始、商城，湖北麻城、浠水等地进行抗日宣传活动，队伍逐渐扩大到40多人。当时'江文团'的人员都要求去延安抗大学习，董必武对他们说：'你们已有实际工作能力，不必再去延安学习了。目前广西部队需要政工人员，十一集团军三个师政治部都需要你们去工作。到这些师政治部去工作，可以发挥大作用，对抗战有益，希望你们服从分配，踊跃担负起抗日民族统一战线的光荣任务。'不久，八路军办事处就把'江文团'成员分配到国民党桂系部队三十一军三个师的政治部工作，'江文团'的集体革命活动就此结束，陈素任一三一师政治部少校科长，朱迈先任中尉科员，江上青任一三八师上尉科员"。（许凤仪，《朱自清长子朱迈先被杀冤案昭雪始末》）

从朱自清日记中分析，在和迈先失联后，他曾多方打听过，所以李一洲才告诉采芷说"迈先不在那里"。"那里"，指延安。这让朱自清更加焦急。

大约是朱迈先工作太忙，加上也不知道朱自清不断随校迁移的相关情况，扬州又是沦陷区，朱迈先也就没有及时和家里取得联系。

1938年7月19日，朱自清寄十块钱给汉口的一个朋友，请他在《大公报》上刊登寻找朱迈先的启事。朱自清在日记中说，但愿尽人皆知。

时间一晃就到了1938年10月19日，朱自清突然接到一封信，拆开一看，是儿子迈先寄来的，欣喜万分。信中，迈先详细地向父亲述说了离家一年来的经历，并告诉朱自清，他目前在十一军某部任政治训导员。朱自清这天的日记里有一句"甚快意"的话，可见心情之大好。朱迈先能给父亲写信并知道准确地址，一定是看到《大公报》上的广告了。

从此，朱自清心里的一块石头落了地。1938年10月31日，朱自清忙于一天的讲课后，给迈先写了一封长信。可惜这封信没有保留下来。朱自清留下来的给长子唯一的信写于1948年5月21日。大约在此前两日，朱自清接到儿媳妇傅丽卿的信，还有孙子的照片，特别开心。在这天的信中，朱自清欣喜地写道："我等今春游颐和园，友人为在玉兰花下摄一影，放大后甚好。兹寄去一张。丽媳尚未相见，得此可识翁姑面目。九滋亦久不见，见之亦必高兴。父迩年胃病，颇瘦减，但精神尚佳也。"九滋就是朱迈先的小名，即《儿女》一文中的阿九。

关于朱迈先的相关情况，还有后续，根据相关材料，整理如下——

朱迈先一直在国民党部队里任职，一次在战斗中负伤，治疗期间，认识了护士傅丽卿，两个异乡人一见倾心，不久和傅丽卿结婚。1948年8月，朱自清去世，朱迈先考虑到携妻带子千里迢迢去北京十分不便，加之经济又非常拮据，便独自一人赴北京奔丧。傅丽卿因为没有能与公公见上一面而终生遗憾。朱迈先奔丧结束后，经姑父周翕庭介绍到国民党后勤总署组训司任秘书。1949年，南京疏散人口，后勤总署迁广州，继而又要迁重庆。丽卿不愿去重庆，后由老上级蒋雄介绍他至桂北第八专署任秘书。1949年年底，朱迈先代表桂北国民党军政人员向中共领导的桂林市政府联系起义事宜获得批准，遂起义成功。桂北军区司令周祖晃和七千余官兵接受了和平改编。朱迈先遂被送往广西军政大学学习。学习结业后，朱迈先被安置在桂林松坡中学任教。

时隔不久，"镇反"运动开始，曾任国民党师长的蒋雄被捕，长期在蒋雄部下工作并受到蒋雄提携的朱迈先随之也被逮捕。朱迈先被捕后，没有工作的傅丽卿难以抚养两儿一女三个孩子。一次，傅丽卿去探监，朱迈先对她说，我和父亲一样，是爱国的，没有做过对不起党和人民的坏事，组织上会查清的，你放心。你现在没有工作，生活困难，先把孩子送给北京的母亲抚养。傅丽卿没有见过婆母，也不知婆母的生活情况，生怕婆母受累，便写了封信给婆母陈竹隐，陈述朱迈先和自己的困难处境。不久，便收到婆母从清华园寄来的30元钱解了燃眉之急。此后，每个月都能收到婆母寄来的钱，有时30元，有时20元，以维持一家四口人的最低生活费用。婆母确实是尽了最大力量的。因为她每月工资只有60元，身边也有几个孩子，穿衣吃饭不算，还要供孩子上学，生活也是极其艰苦的。傅丽卿每次收到婆母寄来的钱，总是热泪盈眶，万分激动。直到一年后傅丽卿在一家医院工作，才叫婆母不要再寄钱来。

蒋雄是湖南新宁县人，他被押回老家审讯；因为朱迈先长期在蒋雄手下工作，也被押到湖南新宁县受审。1951年年底，蒋雄因是国民党高级将领被枪决，朱迈先也以"匪特"罪被湖南新宁县法院判处死刑，执行枪决，时年33岁。

1982年，也就是朱迈先去世30多年后，傅丽卿带着子女和儿媳妇去北京拜见婆母，拜祭已故的公公朱自清。婆婆见到长媳和孙儿、孙女、孙媳非常高兴。她特地将在国内的亲属一起邀至北京，吃了一顿团圆饭。随后又一起到北京西郊朱自清的墓地进行了祭扫。也就是在这次全家团聚中，傅丽卿将多年来为迈先申诉的情况告诉了大家。全家人一致认为：朱迈先从中学起便从事革命活动。国共合作期间，他是听从中共长江局分配至国民党广西部队从事政治工作的，解放战争期间，又是他亲自出面与共产党联系，组织起义获得成功的，他一生没有进行过反革命活动，将他"镇压"是冤枉的，这宗冤案一定要继续申诉。傅丽卿回到广西后，又多次向当时判处朱迈先死刑的湖南新宁县法院申诉，并提供了搜集的大量材料和人证、物证，法院经过认真复查，终于在 1984 年作出结论：1951 年的判决纯属错判，朱迈先属于起义人员，且起义后表现良好，撤销原判，恢复朱迈先名誉。

不断迁移的家

朱自清从蒙自回到昆明家里时，正值假期，开始有时间整理小家，仅书房就整理了一天，还在自己的书房里安放了一张床，工作累了可以方便休息，布置也相对紧凑一些。连续多天，朱自清都忙着拜访朋友，或在家接待朋友到访，应酬也不少。从 1938 年 9 月 8 日开始，至月底，朱自清分别拜访了杨振声、陈梦家、冯友兰、闻一多、罗常培、徐绍谷、王力、黄子坚、陈岱孙、浦江清、王化成、沈从文、萧叔玉、汪一彪、郑颖孙等，有的还多次拜访，如沈从文和罗常培。来朱自清家看望朱自清或回访的朋友亦不少，如徐绍谷、罗廷光夫妇、蔡夫妇、王化成、萧叔玉、沈从文、罗常培、穆木天、张克诚、楚图南、杨之川、张太太等，徐绍谷也是数次来访，8 月 18 日还夫妇一起来。在这二十多天里，朱自清还应邀到梅贻琦家吃了晚餐，喝了黄酒。

由于小家迁到昆明，朱自清的生活逐渐稳定了下来，除了开始写作《经典常谈》里的部分文章外，大部分时间用在应酬上，如接待外地来昆明的朋友，或几个同事友人聚饮；还和几个爱好玩牌的朋友成立了"桥牌俱乐部"，约定一周活动一次；有几次和朋友一起出游，陪家人游玩了昆明的不少地方，如 1938 年 10 月 2 日，游了西山，看到华林寺与太华寺里有许多难民，还看到许多船上载满了家具等。10 月 30 日，率全家游览了海源寺。海源寺在昆明西郊。海源，顾名思义，就是海的源头。昆明的海，就是滇池，出水处在海源寺右侧的玉案山脚，水质清纯，人工修建后称龙潭。海源寺修建于元代，香火鼎盛时间较长，明代文人伯沐昂有《海源寺》五律一首："揽胜游兰若，心清俗虑忘。经余闲贝叶，僧定静禅房。夕照明花坞，春波漾柳塘。徜徉应得趣，题咏赋诗章。"明末大旅行家徐霞客考察海源寺时，在文中称"海源寺侧穴涌出之水，遂为省西之第一流也"。有这么一个名声在外的海源寺，加上朱自清、陈竹隐都喜欢旅游观光，自然要在十月的好天气里，邀朋友张先生一家来海源寺观光了。11月3日，朱自清应徐绍谷的邀请，和徐绍谷的同事一起，乘他的小汽车，去温泉洗澡，朱自清当天的日记记其事："池子不大，石底。洗澡的人很少。水很清净，暖而不热，比北京的温泉或小汤山均好。"

青云街的房子环境确实不好，朱自清决定换房，1938年11月23日日记曰："租了对面七十九号楼上的一层，本月二十一日晚上订了合同。"11月28日，好友浦薛凤到朱自清家来，还带来了一筐黄果。黄果是柑的一种，又叫柳橙，或柳丁，通常叫广柑。朱自清家孩子多，好朋友来家拜访，通常都不会空手的。11月29日，朱自清在搬家之前，和原房东发生点小争执，朱自清日记曰："房东与房东太太都耍无赖，后者坚持没有新房客来我不得退租，这意味着我得付空房房租。妻几乎与之口角，后来我找房东，他答应若住不满一月就退余下的房租。但看来他言不由衷，因为他一面记账，一面心不在焉地同我说话。"第二天，即11月30日，朱自清搬进了新家。家是搬了，押金却没有拿回来。1938年12月12日，朱自清去找旧房东交涉，对方还是拖着，只说十天内退回。就在学校的事和家事的忙碌中，朱自清感到身体不适，12月13日，朱自清日记曰："请王大夫诊察，告以心脏渗血。"第二天下午，朱自清又请沃森大夫检查心脏，日记曰："他听了我的心音，量了血压和脉搏，并验尿。他说我胸中有细微的声音，是血液流经心室所致。他找不出任何表明我心脏衰弱的征候，但他感到我太苍白瘦弱，不太正常。我的血压是一百零五，脉搏跳动五十五次，可能太低。医生说可能是我的生活习惯引起的。"12月16日，房东一早就到朱自清家，要求增加电灯费。朱自清同意每月付六块钱，先预付了两个月。这天，闻一多和浦江清到朱自清家来看看新搬的环境，顺便谈工作，共同选定特别阅读室里展出的书目。12月18日，朱自清开笔写一篇散文，内容是松江难民逃出日寇魔掌，定名为《松江客谈》。到了19日，写完《松江客谈》，考虑不宜发表，便没有投稿。20日这天，朱自清花了整整一天时间，写了一篇散文《新语言》，朱自清在日记中说："相当满意。共五千字。"还感叹说："少有写得如此顺利者。"好事情延续到21日，朱自清日记云："由我等介绍，同济大学理学院院长王葆仁从楼下的房东那里借了款。直接介绍人为朱汝华。为此甚愉快。"25日，原房东扣押的押金退回来了，朱自清说今天他们夫妇态度很好。

朱自清一家在青云街的家里，度过了动荡不安的1938年，迎来了1939年的元旦，朱自清于新年这天，还到梅贻琦家拜了年。元月2日凌晨两点，朱自清听到有响声，估计有人推门，警觉地立即起床，打开餐厅的门，看看是否有贼，结果未见任何迹象。

在新一年里，朱自清、陈竹隐一家仍游兴不减。1939年1月21日、22日两天，朱自清辞去沈从文的邀请，和徐绍谷夫妇一起，率全家去了温泉。朱自清夫妇还和孩子们一起游了温泉。朱自清日记曰："在严燮成家进丰盛之西餐，并洗温泉浴。严家甚宽敞。晚宿于同泰旅馆。"22日记曰："我们借两枝猎枪去温泉，准备练习射击，但起床太晚，枪主已来，徐只好把枪交还。潘先生夫妇必须回去参加十二时半梅校长的午餐会，故我们只能作短途步行，既未登山也未涉水，我对此很不满意。"朱自清这次游览未能尽兴。

1939年3月5日，朱自清率夫人陈竹隐、儿子朱乔森、二弟朱物华、三弟朱国华和同事、同乡兼好友余冠英去了黑龙潭和金殿参观浏览。黑龙潭和金殿都是昆明著名的景点。黑龙潭在北郊龙泉山麓，四周山势险峻，奇峰挺拔，古树名木经多年养育，十分繁茂，有遮天蔽日之势。历代建筑的许多殿宇，依山傍势，层层叠叠，上上下下，曲曲拐拐，气势尤为逼人，可看可赏处很多。在山麓一隅，有一眼泉水涌出，汇为一潭。潭水碧绿清澈，深幽无底，黑洞神秘莫测，仿佛有神龙藏身，便被叫作"黑龙潭"。有意思的是，在黑龙潭旁边，另有一潭，此潭和黑龙潭完全不一样，潭水浑浊不清，更应该称"黑"才对。如此相挨，却一清一浑，且有水口相通，令人不解，让人颇生联想，也会生发出不同的感慨来。黑龙潭不大，面积约600平方米。朱自清一家和余冠英他们也被周围奇峰异景所吸引，流连其间，多有感叹。其后又一起参观了潭旁的"起云阁"。说起这"起云阁",还有一番来历,是为纪念明末义士薛尔望而修建的。据《明史》记载,南明永历十五年,永历皇帝在吴三桂率领的大清重兵的追击下,从昆明败退到缅甸。薛氏和许多明朝人一样为大明的灭亡而哀叹,留下"不能背城战,君臣同死社稷,故欲走蛮邦以苟活,重可羞耶""吾不惜以七尺躯为天下明大义"等语,率一家数口,投潭殉节。"起云阁"中曾有清康熙年间云南按察使许宏勋撰写的一副楹联:"寒潭千载洁,玉骨一堆香。"这副联,在朱自清等人游览时,不知还在否。但朱自清和余冠英都是文史方面的名家,一定会对薛氏的义节大加议论的。如今日寇横行,前方将士正在浴血奋战,难得有昆明这块栖息之地。黑龙潭的景点很多,散布也不远,有道观庙宇,有亭台阁树;山上清泉碧流,藏在一棵棵遮天蔽日的名树古木下,涓涓有声,叮咚作响,在如此交相辉映的美景下,朱自清一家和余冠英一定是大饱了眼福。游完黑龙潭,一个上午的时间也差不多了,下午又去了金殿游玩。金殿和黑龙潭一样,也是昆明著名的景点,俗名鹦鹉山,也有许多道观和古建筑,如雷神殿、老君殿、三丰殿、天门、棂星门等。朱自清、余冠英两位好友难得如此有闲,沉浸在这样的风光山水中。

1939 年 4 月 23 日,朱自清从朋友处较晚才回家。到家才知道思俞病了,陈竹隐也在陪着孩子,不敢入睡。第二天一早便带着孩子去昆华医院诊病,被诊断为猩红热,立即转到市立医院,入住特别病房,陈竹隐留在医院陪护。25 日,朱自清日记曰:"再次去医院,准备用具,小弟体温为三十八度。自昨晚起到今天施行各种注射。"26 日日记曰:"小弟体温下降,但他的皮肤时时出现红斑,尚不能乐观。"在思俞生病住院期间,朱自清还一直忙碌着。27 日改一天学生作文。28 日和杨振声、浦江青一起去书店买书。29 日一早到医院,得知已查明思俞不是猩红热,是淋巴腺炎。朱自清日记曰:"昨晚竹通宵未眠。为了小问题而严厉责备,我们又像以往那样遇到没有价值的难题。"到了 30 日,朱自清再到医院时,陈竹隐不再焦急,朱自清用"气氛大有改进"来自慰。5 月 1 日,朱自清还是动用了朋友徐绍谷的关系,由徐绍谷出面,介绍医院秦院长给朱自清认识,为买注射药针,朱自清向秦院长提出请求。5月2日，朱自清日记云："小弟体温未下降，有并发症的征侯。"到了4日、5日两天，思俞的病有了好转。5日这天，采芷从学校回来，发现疹子状物，又带采芷去医院诊断，结果为扁桃腺炎。10日，朱自清心疼一直在医院陪护的陈竹隐，日记里说："妻甚瘦弱，在医院多日不能很好吃、睡。待小弟体温正常后，最好让他们回来。"朱思俞的病一直到5月15日才稳定下来，并于当天和陈竹隐一起回家。在二十多天的住院期间，朱自清除一边惦念着医院，还要一边教书和写作，也累得够呛。而不久之后的5月21日，朱自清也病倒了，患痢疾。坚持一天后，去医院看大夫，开了口服药和注射针剂。至5月28日病情才好转。大概痢疾还没有好利索，到了6月3日，朱自清得到了两剂中药处方，一剂治痢疾，一剂治咳嗽。还把两剂处方抄在日记里。

可能是因为工作方便吧，朱自清还在家里召开过一次会议，即1939年6月29日召开的《今日评论》编委会会议。《今日评论》是联大教授于1939年1月1日共同创办的战时周刊，1941年4月13日停刊，在两年零四个月中，共出5卷114期。朱自清是《今日评论》周刊的文艺编辑。能把《今日评论》周刊的编委会安排在家里开，陈竹隐少不了会烧水泡茶忙碌一番的。1939年7月5日，朱自清作论文《论句子的主词及表句》，就发表在本月23日的《今日评论》上。在家里召开的《今日评论》编委会会议，此后在8月18日又召开一次。

然而，这样带有浓郁学术气氛的编委会也没开几次，因昆明经常遭遇日军飞机轰炸和其他原因，朱自清准备搬家。1939年8月6日，朱自清日记曰："到笑烟村、黄土坡、大塘子去找房子。在黄土坡，华罗庚给看了四间房。在笑烟村，承彭光钦热心，看了惠家的房屋。合适房难得，目前暂无希望。拉了警报，但敌机未来。"8月8日，从彭光钦那儿传来好消息，房子有了眉目，但"微妙之困难尚多"。到了8月9日，住房问题终于解决，房子在北郊梨园村（又作梨烟村），和魏建功毗邻。9月6日，朱自清日记曰："与妻去梨园村，在达元家用丰盛之午餐。然后访魏先生，他分给我们楼下三间房子，带一个厨房及一个女仆用的小房间。我们定于本月十三日搬家。"12

日那天，朱自清在家捆扎行李，一直忙到午夜十二点。13 日，朱自清请七辆牛车和五个搬运工，用时五个小时，把家搬到了梨园村。从梨园村到联大，须步行一个半小时左右。这么长的时间，休闲时偶尔走走还可以，每周都要走几个来回，也够辛苦的。朱自清搬家之后，所留下的书籍由三弟国华代为搬运，其经过十分艰辛。朱自清在《寄三弟叙永》里有记之："铁鹫肆荼毒，邻室无遗痕。赖汝移藏书，插架今纷纶。"和朱自清一前一后搬来梨园村的，还有联大教授杨武之、吴有训、赵忠尧、吴达元、杨业治、赵访熊等多人，一时间，梨园村又成为知识分子的聚集地。

搬到梨园村，条件也未见好，上下班反而多走不少路，仅从 1939 年 9 月下旬的几天日记看，朱自清就够累了。23 日："归来。回家途中行走特别困难。"24 日："夜十二时大雨归宿舍，倦甚。"25 日："淅沥的雨声，微弱的灯光与疲倦的身躯，真是个凄凉的夜晚。"26 日："乘人力车归家，与车夫稍口角。"路上不易，家庭琐屑当然也少不了了，家务事也做，有过分的举止也会反思。10 月 11 日日记云："今晨对孩子发脾气，对他们和妻均太过分了，感到抱歉。为了家庭快乐，无论如何应克制自己。家庭毕竟是个整体，我一人不能出格。"又说："今早做了许多家务事。"12 日日记曰："五时始归家，晚回，为单做些易消化之晚餐故也。"14 日："日常工作，孩子们吵闹不休，使我很脑火。"加上"妻抱怨云南的物价不断上涨"，朱自清第一次萌生了迁家的想法："想举家迁到四川去"。15 日："早三弟来。村内一游，精神渐好。"又写道："午睡后，云消雾散，晴空万里，访张之骎，谈"九一八"以来东北政治。晚饭后在庭院散步，王应榆为述自身历史及黄河一带之形势，彼之态度异常认真。"16 日："下午进城，行走甚慢故未感疲倦。走一小时零三刻钟到达 N. S. 。"但一些应有的应酬依然少不了。朱自清经常接受别人的邀请，有时到饭店，有时在家里，如 1939 年 9 月 25 日，朱自清应邀到余冠英家吃晚餐，吃到扬州风味的家乡饭菜，十分满意。朱自清负担重，一般不在外面请客，但偶尔也会在家里请一次，如 1939 年 11 月 5 日这天，朱自清就在家里请客，被请的教员有陈岱孙、李继侗、邵循正、浦江清、吴达元等。朱自清在日记里说："饭菜佳，甚感妻。打桥牌，甚无兴致，盖过于疲倦故也。"11 月 9 日，朱自清回到家里，陈竹隐抱怨房东一家太刻薄，但也无能为力，只能勉强支撑。11 月 19 日，是朱自清生日，这天，朱自清在家请客，有三弟国华，同事阮竹勋、吴达元、沈刚如等。1939 年 12 月 30 日，又在家请雷海宗夫妇吃饭。1940 年 1 月 22 日，陈省身夫妇来访，又留其吃了午饭。1940 年 2 月 18 日，李继侗到朱自清家拜访，还带来了黄油和雪茶，朱自清留其吃了午饭。1940 年 3 月 14 日，应叶公超的邀请，朱自清和陈竹隐一起出席了他的宴请，同席的还有吴宓和张奚若。叶公超是朱自清和陈竹隐的媒人之一，吴、张又是老朋友，这次聚饮，如果说起往事，也必定很有意趣。

朱自清一家在昆明，因手头一直不够宽裕，生活遇到不少波折和困难。

1940 年 5 月，日本侵略者逼迫英国封锁了云南通往越南的公路和通往缅甸的公路，切断了中国从海外输入战时物资的唯一通道，昆明首当其冲，物价飞涨，人民生活受到了极大威胁，联大的教授们一时间陷入了赤贫。朱自清一个人的薪水要几处花，家里生活更是难以为继。再加上朱自清也计划本学年休假从事学术研究一年，和陈竹隐商量之后，决定移家成都。这次移家成都，还有另外的原因，一是陈竹隐在成都有些亲戚，可以照应；二是采芷已经在成都读中学了，也需要人照顾；三是成都的物价比昆明便宜很多，生活成本可以降低。这样，陈竹隐就带着乔森和思俞回到了故乡成都，租住在东门外宋公桥报恩寺后院三间简陋的小房子里。

至此，朱自清家再次分为三处，扬州一处，成都一处，他自己在昆明也算一处。

《经典常谈》

《经典常谈》是一本关于中国古代典籍的启蒙读物，共收入朱自清撰写的十三篇文章，内容涉及《说文解字》、《周易》、《尚书》、《诗经》、《三礼》、《春秋三传》、《四书》、《战国策》、《史记》、《汉书》、诸子、诗、文等经典内容。朱自清前前后后用了几年的时间，经过不断地修改、润色，最终形成了现在的定本。朱自清用浅明而切实的文字，于十三篇文章中，要言不烦地介绍了我国文化遗产中的经典作品。全书见解精辟，文字流畅、自然、深入浅出，是一部了解中国古代文化典籍的入门指南。

1938 年 9 月 3 日，朱自清从蒙自回到了昆明。在处理几天家里的事务后，第一个去拜访的，就是老朋友杨振声。几天后，冯友兰又告诉朱自清关于杨振声的工作选择，朱自清 9 月 12 日日记云："今甫近来有两个职位供选择，一为武汉大学中文系主任，一为北京大学政治系主任。"但事实上，杨振声还和沈从文合作，负责国内中小学教科书的编写工作。1938 年 9 月 20 日，沈从文来访，除了谈起一位朋友在延安的见闻外，主要说起了编教科书的事——这时朱自清具体听说要编一本关于中国古代文学典籍的普及性读物。沈从文当时的身份是杨振声的助手，他这次拜访，很可能就是受杨振声的委托来试探朱自清。朱自清当时并没有答应沈从文，他是个谨慎的人，要慎重考虑一下。

那么，杨、沈二人为什么有意要把编写一本关于古代文学基础的中学教科书交给朱自清呢？应该有以下几个原因：一是朱自清在 1920 年北大毕业后，在杭州、扬州、上海、台州、温州、宁波等好几所中学做过国文老师，非常了解中学生的语文能力和老师的教学水平；二是朱自清从小就读通了古文，1925年到清华大学担任教授后，又一直从事中国古代文学的教学和研究，讲过"古诗十九首""唐诗""宋诗""中国古代歌谣"等课，还写了不少篇关于古代文学的论文；三是朱自清是著名作家，文字清新，叙述精当，在写作上没有问题；还有一点就是，朱自清做事认真，敢于负责。有了这几个优势，这部书必然就落到朱自清的手中了。

关于朱自清和沈从文、杨振声的交往，要从沈、杨二人编《大公报》说起，时间是在1933年8月。

在这之前，同样从事新文学创作的朱自清当然早就知道沈从文的大名了，但两人一直没有什么交谊。1929年，沈从文经胡适邀请，到上海的中国公学任教。1930年，又经担任校长的杨振声邀请，到国立青岛大学（国立山东大学前身）执教。1933年，杨振声受民国政府教育部委托，主编《高小实验国语教科书》和《中学国文教科书》两项大工程后，就邀请沈从文出任其助手，同时与沈从文合作编辑天津《大公报·文艺副刊》。这也是朱自清和沈从文关系密切的开始——1933年8月15日，朱自清应杨振声的邀请，参加一场有意义的茶会，商量在《大公报》开辟《文艺副刊》的事。于是朱自清就成了沈从文的作者（沈从文是主编）。所以，早在1933年在清华大学时，朱自清就和沈从文建立了深厚友谊。沈从文在昆明访问了刚从蒙自回来的朱自清，邀请其编写中学教科书。朱自清经过慎重考虑，于1938年9月21日，回访了沈从文和杨振声。这一次谈话，比上一次推进了很多，双方一拍即合，朱自清当天的日记日："定教科书目录。"这便是那本漫谈中国古代文学基础的专著，最初定名为《古典常谈》（即后来的《经典常谈》），以使中等教育程度的读者概要性地了解中国古典文学的经典。

1938年9月23日，朱自清正式开笔写作《经典常谈》。朱自清在当天的日记中说："上午在沈家开始做事，写《诗经概论》二段。"这就是朱自清的风格，说干就干，决不拖泥带水。

有趣的是，朱自清没有从第一篇开始写起，起手便写了第四篇，即《〈诗经〉第四》。原因也不难理解,《诗经》是朱自清讲熟悉了的课,他在北平清华大学时,都能在课堂上现场背诵《诗经》里的诗,有一次背错了还懊恼了一晚上。加上要试写一段让沈从文看看,便捡最熟悉的写起了。几天后,《〈诗经〉第四》便告写成。1938 年 10 月 1 日,朱自清拜访杨振声,自然也谈到了《经典常谈》的事,朱自清日记里说:今甫"暗示教科书完成之期限"。这样,朱自清就加快了速度,10 月 3 日和 10 月 17 日,又分别写成了《三〈礼〉第五》《〈春秋〉三传第六》,在短短二十多天的时间里,就一口气写了三篇,可见朱自清对这些经典是很熟的,虽然在日记里有写作"甚费力"的表述。如前所述,这种文章属于普及、入门类读物,并不好写,写浅了,初习者不买账,写深了,又读不懂。正如叶圣陶在《读〈经典常谈〉》里说的:"它是一些古书的'切实而浅明的白话文导言'。谁要知道某书是什么,它就告诉你个什么,看了这本书当然不就是读了古书,可是古书的来历,其中的大要,历来对于该书有什么问题,直到现在为止,对于该书已经研究到什么程度,都可以有个简明的概念。学生如果自己在一大堆参考书里去摸索,费力甚多,所得未必会这么简明。……但是这本书本来不是写给专家们看的,在需要读些古书的学生,这本书正适合他们的理解能力跟所需分量。尤其是'各篇的讨论,尽量采择近人新说'(序文中语),近人新说当然不单为它'新',而为它是最近研究的结果,比较可作定论;使学生在入门的当儿,便祛除了狭陋跟迂腐的弊病,是大可称美的一点。"叶圣陶的话是中肯的,切中事实的。朱自清也正是按照这个路子写下去的。1939 年 2 月 5 日,写作了《"四书"第七》和《〈战国策〉第八》,费时近一个月;1939 年 2 月 13 日作《〈说文解字〉第一》,费时一周;3 月 13 日作《诸子第十》,费时四日;3 月 29 日作《辞赋第十一》,费时三月;4 月 11 日作《诗第十二》,费时十一日;5 月 2 日作《文第十三》,费时半月,《文第十三》这篇文章后来改名为《中国散文的发展》,发表在《中学生战时半月刊》上,分两期,于本年 9 月 20 日和 10 月 5 日载完;5 月 16 日作《〈史记〉〈汉书〉第九》,费时十日;到 1939 年 9 月 29 日写完《〈尚书〉第三》,费时三日后,基本完成了全书的写作计划。其间的 1939 年 5 月 18 日,朱自清还为写成的各文加了注释。

《经典常谈》各篇的写作，除《文第十三》外，朱自清并未像以前的作品那样，写一篇先发表一篇。这种作品语言简明，介绍的是华夏民族数千年来文化典籍中的精粹，须提纲挈领，娓娓道来，体例一贯，因为其内容包括《说文解字》、《周易》、《尚书》、《诗经》、《三礼》、《春秋三传》、《四书》、《战国策》、《史记》、《汉书》、诸子、辞赋、诗、文等十数种，都是中国古代文学、历史、哲学的经典。在写作过程当中，朱自清要不断地打磨、修改、补充、完善。所以他不急于拿出去发表。另外，朱自清一边写作，一边注释，仅注释部分，就做了几次修订。

1940 年 7 月 18 日，朱自清动身去成都休假时，把书稿带在身边，便于得空时再好好修改，同时也请好朋友叶圣陶看看。到达成都的家中后，于1940 年 8 月 5 日去开明书店成都办事处访叶圣陶。二位老友劫后相逢，倍感欢欣。朱自清还请叶圣陶吃了"吴抄手"。第二天又赴叶圣陶邀请宴，答应为促进国文教学和叶圣陶合作编书。之后两个月，在发表了《再论中学生的国文程度》《诵读的态度》等文章后，便和叶圣陶一起讨论《经典常谈》。叶圣陶在《西行日记》里说："观其所作《古典常谈》（出版时改《经典常谈》）稿数篇。杂谈一切，甚觉惬心。"观数篇，花费时间一定不少吧。"杂谈一切"，更是谈得投缘啊。二位老友是怎么谈的呢？叶圣陶写道："佩弦买花生一堆，出其葡萄所泡大曲，余饮三小杯。"菜是简陋的，不过花生一小堆，酒是大曲所泡的葡萄酒，不知是讲究还是不讲究。叶圣陶从前都是喝黄酒的，大曲酒三小杯并不多，主要还是在"杂谈"上。朱自清所著的《经典常谈》给了叶圣陶信心，对于二人合著的《精读指导举隅》就更加信心十足了。

自朱自清写作以来，从来没有像写作《经典常谈》这样沉得住气。一年的休假结束后，来到昆明，稿子又带到了昆明。到了 1942 年 1 月 10 日，朱自清在日记里写道："近日颇懒散，必须努力工作。在下学期，希望能完成《古诗十九首释》，并继续写《学生作文中的错误》，此外，必须开始研究中国诗词格律。近来，我必须写完关于中国古代典籍的《古典常谈》，并为之写序。"1942 年 1 月 28 日，朱自清日记里有"校正《古典常谈》"的字样，30 日"继续校正《古典常谈》"，31 日："岱孙出发去重庆，开始写《古典常谈》

的序"，朱自清于 1942 年 2 月 2 日将《〈经典常谈〉序》写成。这样，费时三年多的《经典常谈》全书，才算大功告成。朱自清在序里对该书的成书经过和目的做了说明："在中等以上的教育里，经典训练应该是一个必要的项目。经典训练的价值不在实用，而在文化。有一位外国教授说过，阅读经典的用处，就在教人见识经典一番。这是很明达的议论。再说，做一个有相当教育的国民，至少对于本国的经典，也有接触的义务。"但"我国经典未经整理，读起来很难，一般人往往望而生畏，结果是敬而远之……如果读者能把它当作一只船，航到经典的海里去，编撰者将自己庆幸，在经典训练上，尽了他做尖兵的一份儿"。

1942 年 2 月 3 日，朱自清带着《经典常谈》全部手稿，到扬振声所住的岗头村，当面交给他。最初的写作计划是"古典常谈"，扬振声建议将"古典"改成"经典"，朱自清接受了这一建议。但是，由于中学生教科书的编写工作因抗战形势的变化，已经另搞一套人马重新编写，这部书便不作为教科书了。经杨振声介绍，《经典常谈》于 1942 年 8 月由国民图书出版社初次印行。国民图书出版社设在重庆，是国民党中央宣传部设立的出版社，曾出版过沈从文的散文集《云南看云集》、罗常培的《北平俗曲百种摘韵》等书。朱自清的《经典常谈》虽然脱胎于教科书，但由于写得通俗易懂，也得到了重视。实际上，在当时的情况下，朱自清也没有其他选择。据朱自清日记记载，直到 1943 年 5 月 20 日才取到样书和稿费。该书 32 开，172 页，用纸很差，为最低劣的土纸印刷，字迹有不少处的重叠和漫漶，个别页码上还有小破洞，带有明显战时出版物的痕迹。

国民图书版的《经典常谈》只印一版，没有标明印数，初印不知多少本。从第二版首印册数的 2000 本看，也不会多于 2000 册。在《经典常谈》问世两年多以后，即 1945 年 3 月 29 日，朱自清在日记中说："签定重版《经典常谈》合同之公司撤销了合同。"从这句话中可以推断，在国民图书出版社之后，朱自清已经在一家出版社签过重版合同，不知什么原因又撤销了合同。而此时，文光书店发行所经理汪允安希望得到《经典常谈》的出版权。朱自清在和文光书店谈合同的时候，还和叶圣陶商量过细节（据叶圣陶日记

1945 年 4 月 11 日）。在 1945 年 8 月 24 日日记中，朱自清有"校正《经典常谈》"的记录，1946 年 4 月 15 日、26 日日记中，两次出现"文光书店""文光"字样，可能都和《经典常谈》有关。1946 年 5 月，设在重庆的文光书店，重新出版了《经典常谈》一书，印数 2000 册。关于文光书店，宋雪在《〈经典常谈〉的出版与四十年代的文化生态》中有过详细的介绍：

> 文光书店 1943 年由邵荃麟、赵晓恩等筹设于桂林，是文化供应社的二线机构，发行人为陆梦生，1944 年桂林撤退时迁到重庆。文光版《经典常谈》仍为 32 开，173 页，纸张与印刷质量都比国民图书版好得多。抗战胜利后，文光书店迁沪，与新群出版社、万叶书店等五家书店联合成立利群书报联合发行所，租借地处市中心的河南中路 328 号三楼为办公处，进行书刊的批售发行业务。迁沪之后，文光书店又先后发行了 4 版《经典常谈》，即 1946 年 9 月沪二版，印数 3500 册；1947 年 10 月沪三版，印数 5500 册；1949 年 1 月沪四版，印数 6500 册；1950 年 1 月沪五版，印数 6500 册。从渝初版到沪五版，文光书店的五版内容和封面都相同。虽然 1945 年 8 月作者曾再次校正，但比较国民图书版和文光版《经典常谈》，除去封面上"朱自清编"易为"朱自清著"外，内容上的改易并不大，只是文光版《序》的末句"还得谢谢董庶先生，他给我钞了全份清稿，让排印时不致有太多的错字"为初版本所无，系文光版新增，其它的变动，只是个别字句的调整。

《经典常谈》在上海发行期间，还有一个小插曲，即当时上海有影响的报纸《申报》联合其他报纸搞订阅大赠送活动，朱自清的《经典常谈》和许多日用品一起，成为了订户的赠品，和旗袍料、领带、跑鞋、牙膏、毛巾、茶叶、香烟、罐头等日常生活用品，一起飞到了寻常百姓家，可见当时《经典常谈》还是很受欢迎的。

《经典常谈》在朱自清大量的论著当中，是比较特殊的一部，因为他选择的，确实是经典中的经典，经过他的白话文诠释，这本书成为读者了解中国古代文化典籍的入门指南。正如季镇淮所说，该书"经史子集都有，是旧时士人的基础读物。除诗、文外，其他都是逐书讲解，介绍其作者、内容，言之有据，深入浅出，意无不达，雅俗共赏，运用现代语言，讲述古史内容，令人读之不厌，确实难得的运用语言文字的妙手。诗、文不可以数举，叙述源流史迹，是诗文发展史，繁简得中，娓娓而谈，亦为不可多得之作。这是学术著作。是记叙散文的一高品"。这段评论说得好，不仅指出其学术价值、实践意义，而且将此书和朱自清的散文语言风格联系了起来，将它看成是"记叙散文的一高品"。

接待茅盾

朱自清刚从蒙自回到昆明，在接受写作《经典常谈》一书的任务后，开始忙于各种活动。另外，昆明和蒙自不一样，从沦陷区来的文化人多，各种聚会也多。朱自清在写作、开会、接待朋友之余，还要为新学期做准备，为朋友筹办的杂志出谋划策，还担任了西南联大校歌校训委员会委员，担任了战区学生救济及寒苦学生贷金委员会委员，真是千头万绪。有些活动，和他的工作并无多少关联，他也都尽心尽责全情投入。比如 1938 年 10 月 30 日下午，出席联大校歌校训委员会会议，会议通过了罗庸所作校歌的歌词，歌词云："万里长征，辞却了五朝宫阙。暂驻足衡山湘水，又成离别。绝徼移栽桢干质，九州遍洒黎元血。尽笳吹、弦诵在山城，情弥切。千秋耻，终当雪，中兴业，须人杰。便一成三户，壮怀难折。多难殷忧新国运，动心忍性希前哲。待驱除、仇寇复神京，还燕碣。"校歌歌词当然是大事了，朱自清参与其中也很受鼓舞。1938 年 11 月 30 日，朱自清出席了 1938 年度第一次教授会会议，当选为该年度教授会书记。晚上，还应钱端升邀请，商谈钱端升拟定出版的期刊事宜。

由于战时情况特殊，1938 年度第一学期一直到本年 12 月 1 日才正式开学。朱自清开设的课程有"中国文学批评""国文读本"和"国文作文"等。

开学后的朱自清就更忙了，1938 年 12 月 7 日，出席北大校友常设委员会会议，参与讨论了筹备北大四十周年校庆事，本月 11 日访顾颉刚，16 日晚上赴钱端升邀宴，把他提出的拟办的刊物定名为《今日评论》，17 日出席北大校长蒋梦麟邀宴，19 日写作了散文《松江客谈》。20 日又作《新语言》，发表于次年 1 月 1 日《今日评论》第 1 卷第 1 期。该文回顾分析了"五四"以来中国语言现代化的历史进程，明确指出，只有通过继续努力，使文言现代化，白话文现代化，才能实现"文学的国语"。

朱自清在如此的忙碌中，于 1938 年 12 月 28 日接待了远道而来的茅盾。

茅盾是文学研究会的发起人之一。朱自清也是文学研究会的老人了。1937 年 10 月 15 日，朱自清在长沙时，还巧遇了送子女来长沙读书的茅盾。因当时时间紧迫，没及细谈。1938 年春天，二人又被在武汉成立的中华全国文艺界抗敌协会同时选为理事。1938 年 12 月 28 日这天，茅盾在去大西北的途中，准备在昆明停留数日，并在到达的当天就来看望朱自清。朱自清在 12 月 29 日的日记中说："雁冰昨天来访，训于和我在昆明饭店款待其全家。颉刚与春晗亦在邀。"昨天的事第二天才记，可能是朱自清喝多了。

朱自清和茅盾交谊很早，20 年代初就多次和茅盾在上海见面、晤谈。朱自清也时时关注茅盾的创作。在 1933 年 5 月 10 日日记中，就有读茅盾小说《大泽乡》《豹子头林冲》《石碣》《右第二章》的记载，还认为《石碣》比较成功。又说："振铎以为茅盾史事小说过于施蛰存；余谓若论手法，施之深入与细致远在茅公上也。"这都是朋友间的真情实感，并不因为和郑振铎是朋友就附和他，也不因为和茅盾是朋友就"向人不向文"。读茅盾的作品多了，自然就有话要说了，于是，到了 1933 年 6 月 21 日，朱自清写了篇《读〈春蚕〉》的书评。这是茅盾在开明书店最新出版的一本短篇小说集。朱自清把文章写好后，即在《大公报·文学副刊》上刊登了出来。该文着重分析了作者笔下所写的"快给经济大轮子碾碎了的农村"的情状，对《林家铺子》《春蚕》《秋收》等小说给予了高度评价。这篇文章发表日期是同年 7 月 3 日。奇怪的是，7 月 31 日，又刊登一篇《春蚕》，起首就说，"今此篇另有着眼之处，与前文无重复之义也"，而对前一篇文章中的一些观点作了修正，认为《春蚕》和《秋收》"殆为全书之冠"，而对《林家铺子》则又有了微词。另外，对茅盾的另一篇小说《右第二章》，作了评价，认为"亦为佳构"，"全篇以写沪战时一部分人激昂舍身之情形，读时最令人兴起"，同时，对作家的叙述视角和简洁的行文予以赞赏，称"此等处尤见作者技巧之高明"。本年 8 月 12 日，朱自清去看杨振声时，二人又谈了茅盾的长篇小说《子夜》，杨振声认为《子夜》初读甚佳，日久乃觉其多非文学。此后，朱自清在《子夜》书评中，又一次阐述了自己的观点，认为茅盾"描写农村的本领，也不在描写都市之下"，《林家铺子》"写一个小镇上一家洋广货店的故事，层层剖剥，不漏一点儿，而又委曲人情，真可算得'严密的分析'。私意这是他最佳之作。还有《春蚕》《秋收》两短篇，也'分析'得细。我们现代的小说，正该如此取材，才有出路"。而茅盾在编选《中国新文学大系·小说一集》时，也收入了朱自清的小说《笑的历史》和《别》两篇。而朱自清一共就只写了这两篇小说。

　　所以，这次茅盾来昆明，朱自清就在昆明饭店宴请了茅盾一家，又请了顾颉刚和吴晗作陪。茅盾在《从东南海滨到西北高原》一文中，轻描淡写地带了一笔："二十八日晚出席文协云南分会为我'洗尘'的晚宴，又见到了朱自清、沈从文等朋友。"接下来的几天，朱自清和茅盾又在一起聚过几次。1938 年 12 月 29 日中午，顾颉刚又做东，请茅盾一家，朱自清、吴晗都是陪席者，席间，听茅盾谈国共合作及新疆盛世才联苏联共的事。还谈到新疆的教育和大学教授情况。朱自清在当天的日记中说："雁冰谓近来政治形势有望，国共合作较一月前好多了……过去一年内，新疆文职人员中进行了经济改革，薪水不高，但政府供应日常生活必需品，如住房及孩子的教育免费等等。"又说："雁冰七时邀我们去饭店晚餐，甚拥挤，等待一小时才入座。"第二天晚上，即 12 月 30 日，朱自清又陪茅盾一家到文庙观看金马剧团演出的话剧《黑地狱》。31 日，朱自清正在家读书，午后，顾颉刚陪茅盾来了。大家分外高兴，相谈甚欢。茅盾后来回忆说："……我就由顾颉刚陪着拜访了朱自清；佩弦兄又派人去请冰心、闻一多和吴晗，冰心不在家，而我与吴晗是初次见面。这些教授先打听老朋友的消息，尤其关心原来在广州、武汉的一些朋友的行踪和安全。接着就谈起抗战文艺运动中的问题。我作了介绍，发现他们并非不了解情况，相反，他们很注意这些问题，只是自己没有参加进去，取了旁观的态度。我把话题转到外来文化人与本地文化界如何联络感情加强团结的问题……当地文化界的力量由于历史条件的限制，相对来说比较薄弱，他们欢迎外来的文化人帮助他们工作，但是往往合作之后却发生矛盾，甚至闹得很紧张。据我观察，两方面都有责任，但我总认为我们这些'外来户'应多担点责任。吴晗说，沈先生的意见很对，昆明也存在这个问题，我们就很少与当地的文化界联络，因此社会上也有些风言风语，不过，责任还在我们。朱自清说，我们这些人在书斋里呆惯了，不适应那种热闹场面，有人就说我们摆教授架子，其实本地的刊物约我写文章，我就从不推托。我笑道，佩弦兄误会了，参加抗战文化活动并不是要我们去学'华威先生'，而是要有个统一的组织，使大家的步调能一致。至于我们这些人的本事，也就是写写文章，对抗战中的各种现象和各种问题发表发表自己的看法。"

朱自清显然对茅盾的来访特别重视。1939 年 1 月 2 日，朱自清在主持召开的文协云南分会会议上，专门邀请茅盾参加，并请他发言。茅盾欣然同意，做了《从反面观点看问题》的演讲。茅盾在演讲中分析了抗战文学的数量和质量、文学大众化、读诗运动、活报剧等抗战文艺中的问题。演讲虽然很短，却能切中要害，认为"数量固然不能少，质量更为重要"。与会者对茅盾的演讲表示赞许。会后，朱自清余兴未减，又邀请了茅盾和梁思成、林徽因夫妇去咖啡馆小坐，继续畅谈。

这次和茅盾短暂的接触，给朱自清印象很深。茅盾虽然只比朱自清大两三岁，在新文学创作上的成就却很可观，特别是在小说创作上。而且茅盾一直坚持的"为人生"的写作，也让朱自清钦佩。

抗战胜利前夕，即 1945 年 6 月 22 日，茅盾创作二十五周年暨五十岁诞辰之际，朱自清信笔写出了一篇《始终如一的茅盾先生》。朱自清在文中说："茅盾先生开始他的文学业绩的时候，就标举人生的文学与写实的文学。这二十五年来，文坛上经过多少变化、多少花样，但茅盾先生始终不移地坚持他的主张，不，信仰。他看准了这是现代中国文学的大路。他介绍、翻译、批评，直到创作，一步步实现他所信的，他的生活也一致地向着这信仰。这样将文学的各方面打成一片，尤其将文学和生活打成一片，是难得的。他的影响是整个的，深透的。"又谦逊地说："茅盾先生并且要将自己和后进打成一片，他竭力奖掖后进的人。我就是受他奖掖的一个，至今亲切地感到他的影响。我的文学工作是受了他的鼓励而发展的。这二十五年中他一定帮助了许多人成就了他们自己，不过我们未必一一知道罢了。他指出的现代中国文学的大路，到了这时代，大家都已看得分明，都会跟着他走。他今年才五十岁，有的是领导的力量；他的影响正在加深和扩大。"这篇文章虽然不长，却体现了朱自清一贯的真诚和朴实。三天后，在威远街 34 号文艺沙龙出席茅盾创作二十五周年暨五十岁诞辰纪念会上，朱自清又写下这样的贺词："我佩服你能将批评与创作、文艺与人生打成一片。"

旅游和雅集

在西南联大的艰难岁月中，朋友之间也常有各种小型聚会。

旅行、雅玩、雅集本来就是朋友间联络感情的纽带，更何况在大西南的偏僻一隅呢。朱自清应酬多，要读书、搞研究、做学问、写文章，还要教书以及处理行政事务，但他也知道适当地放松心情更有益于工作和创作，所以，他虽然对经常赴宴表示"日日如此，如何是好"，也不拒绝各种雅集和外出旅行游玩的机会。

1939年3月15日至18日，朱自清接连四天游兴不减，和陈岱孙、郑桐荪、陈福田、李继侗、浦江清、杨业治、金岳霖等多名教授学者，乘火车南下游玩，于15日当晚到达路南县，住在路南县民众教育馆里，朱自清日记曰："十一时到达狗街。在德兴昌午饭，猪嘴鱼甚佳，但价格高达十元。金与郑乘滑竿，四匹马驮行李，五匹马乘人。余决定步行。后，山高不能乘马。距离约四十余里。六时到达，宿于民众教育馆。在顾颉刚题名的可口酒楼晚餐。访附中教务主任及教育局长杨一波先生，并长时间交谈。"第二天即游览了石林。朱自清在当天的日记里有较详细的游览过程："去镇东南参观石林……有秃山而无绿水。骑一马，因座鞍太薄，感到很不舒服。昨登山后，今天很累。当坐骑小跑时，我竟不能驾驭它。到得石林，只见怪石嶙峋，峰顶上建有亭阁。我等在石林深处野餐，一些名人在石上刻有赞美风景的佳词，有些是去年才刻的，说明此处近来备受注意。石林中有一水池，颇添姿色。"17日去看大叠水，日记云："余乘滑竿。风景甚美。先至小叠水。瀑布相当宽阔，池甚深。大叠水之瀑布约为其三倍。然路颇难行走，有八人途中折返。"朱自清一行在游玩中，也不误讲学，在尽情看了大小叠水后，晚上应邀在云南大学附中做了一场演讲，题目叫"语言文字训练问题"。这个内容是朱自清的学术专项，加上快乐旅行，讲得想来不坏。先后讲演的还有陈岱孙和李继侗等。这次旅游同行人之一的陈福田是美籍华人，他1887年出生于夏威夷，获哈佛大学教育学硕士学位，1923年到清华执教，和朱自清是老同事，曾任清华大学外文系主任。在西南联大期间，与朱自清关系亦好，经常聚餐、互访和作伴旅行。1943年7月28日，朱自清日记云："下午进城。为福田、企孙、寿民举行欢送会和欢迎会，在榕园晚饭。"这里的"欢送"，即欢送陈福田回夏威夷探亲。朱自清有诗《送福田归檀香山》一首记之："檀岛风光异昔时，弥天烽火动归思。经年劳止如番卒，行见迎门影里儿。"该诗自注曰："福田二年未归，近得其儿摄影，顾硕胜常。"1939年3月中旬的这次出行还没有结束，18日，又乘滑竿去广济寺玩了半天。直到晚上九点多才回到昆明。

查阅那一时期朱自清的日记和书信，朱自清外出游玩的记录不少，如1939年6月18日，和吴晗一起，到晋宁县虾蟆村旅游，游览了盘龙寺、玉皇阁、万松寺等景点；朱自清日记云："森林甚有趣，玉皇阁及万松寺之庭院甚好。"19日又游了将军庙，对庙里的毗沙天王像和浮雕宝塔十分欣赏。1939年10月10日游海源寺；1939年12月17日，邀请吴达元夫妇、余冠英、霍士休等十一人游览了妙高寺，还搞了个野餐会，在旷野中小聚一回。妙高寺是大理国时期僧人广白所建，建筑精致，四周风景极佳，隐藏于昆明城西三华山白云深处，徐霞客曾游览过这里，并写下了美妙的游记文字。朱自清当天的日记云："一路风景优美，旅途愉快。我们参观了寺院，寺内驻兵已撤离，故显得整洁幽静。我们在院内玩桥牌，并吃了个饱。寺前有两株参天古杉，挺拔笔直，甚为雄伟。"1942年7月7日，朱自清又偕闻一多、余冠英等再游黑龙潭。朱自清曾和陈竹隐、儿子乔森和二弟、三弟及余冠英等人一起游览过黑龙潭，一处景点反复畅游，可见黑龙潭对朱自清的吸引力了。朱自清在当天的日记中说："着实喜爱那铺满水面的大树的绿荫。向寺庙山门攀登，看到了最好的美景。荫影朦胧，幽美如画。坐茶室内，面对高大绿树对面的清碧潭水，山雨阵阵，更添韵致。"这一次游览，还谈到了一个深刻的话题——死亡。朱自清的胃不好，时常犯病，有时一犯就是好几天，特别是一个月前，他看到联大生物教授吴蕴珍因胃溃疡开刀不治后的入殓仪式，更加担心自己的病情，所以，他在这次游览中，和余冠英在黑龙潭公园黑龙祠前小坐时，谈到了吴先生，也谈到了死。朱自清对余冠英说，人生上寿百年也还嫌短，而百年之内又做不出多少事来。余冠英看到朱自清在说到这里时，便异常的忧郁了。1942 年 8 月 2 日，应陈福田之邀，和李继侗、陈岱孙、莫泮芹夫妇一起乘船游览了龙王庙。1942 年 9 月 24 日是中秋节，上午，朱自清在学校作了《中国文学批评》的演讲，下午，就和梅贻琦、陈岱孙、李继侗到郊区小住，又夜访周培源，并且在月下饮酒赏月，雅趣很足。这次中秋雅聚，是校长梅贻琦提议的，梅校长在当天的日记中说："三点余约同陈李朱三君自行开车至高峣小住，先到汤（飞凡）寓稍停，然后往龙王庙，汤君代驾车回，停于防疫处。晚饭与培源夫妇等酒肴过节，惜月上即为云掩，未得玩赏耳。与继侗宿于积翠阆楼上之东间，岱孙、佩弦宿西间，中间则主人及三孩所居也。睡时四周静寂，惟湖边水波拍岸，助人入梦耳。"梅贻琦的日记对赏月记之不多，而且月亮刚出来就被云彩遮掩，中秋而无月光，当然不能令他满意了。但有心的朱自清却不以为然，赏月只在形式，或在乎和谁赏月也，有月光无月光，无关大要，只要心中有月，月色便无处不在。所以，在中秋第二日，朱自清就一口气作了四首诗，就是著名的《中秋从月涵先生及岱孙、继侗至积翠园培源寄居，次今甫与月涵先生倡和韵》，朱自清在当天的日记里记道："上午写诗四首。下午与梅、李同至倒石头散步。"在如此离乱之际，艰难时节，教授们赏月赋诗，正如陈平原所评论的："一是思接千古，慰藉平生；二是修养在此，积习难改；三是友情支撑，互相宽慰。至于'文学业绩'云云，恐怕不是其主要考虑的因素。"（《岂止诗句记飘蓬——抗战中西南联大教授的旧体诗作》）

至于旅行中的见闻和风景，朱自清也会时常在心中酝酿、打磨，一旦成形，便以旧诗的形式呈现出来，如《蜡梅，次公权韵》《忆曲靖至昆明车中观晚霞作》《游倒石头因忆石林，示同游诸子》等旧诗，就是这样写出来的。《游倒石头因忆石林，示同游诸子》中的倒石头，是昆明西山峭壁的俗称。石林，位于昆明南面的石林彝族自治县境内，是一个以岩溶地貌为主的风景名胜。这些游迹因长时间印在脑海中，加上诗情的碰撞，自然就会喷发出来。

除了游览风景名胜、自然景观，朱自清还积极参与联大的各种雅集聚会，比如在 1939 年 1 月 28 日日记里，记载了与浦薛凤等人成立了桥牌俱乐部一事，"成员有十二，明之、化成、逖生、心恒、无忌、江清、以颂、鸣岐、范景武及我自己"。浦薛凤在《太虚空里一游尘——八年抗战生涯随笔》一文中也有记载："商量结果，由明之佩弦商定社友如下……每星期六午后二时起，在各家轮流举行。非谓抗战流离之际，有此心绪，实在烦闷苦恼之中，应该寻求稍许情绪出路而已。"1939 年 3 月 4 日又商定，每半月活动一次——可能是嫌聚会过于频繁了，由每周一次，改为每半月一次。朱自清日记中，常有打桥牌的记录，如 1939 年 6 月 10 日，"参加明之的桥会，菜甚好"。7 月 1 日，"下午在家举行桥牌聚会，妻和女佣人很忙，但菜甚平常"。7 月 16 日，"下午打桥牌"。7 月 23 日，"下午到谷家参加桥会，饭菜甚好"。8 月 31 日，在家招待客人，饭后，"张太太要打桥牌，玩两小时"。9 月 24 日下午，"自海源寺堤进城。参加继侗桥牌会。在南丰吃晚饭，继侗作东，饭菜甚佳"。10 月 11 日，"王明之先生来访，与我们共进晚餐。饭后，我们饮福田从海防带来的可可，并打桥牌。他十时半告辞。岱孙想继续玩牌，故一直打到十二点半"，又说，"王谓吴先生等人的桥牌双打技法太复杂"。从日记中看，虽然打桥牌的次数不是太多，但也一直没有间断，可见朱自清兴趣不小。这里需要补记一笔的是，桥牌俱乐部的主要提倡者之一的浦薛凤，因一直从事政治教学，和王化成一起，被在重庆的国民政府调走另有任职。1939 年 2 月 27 日中午，朱自清设宴，为浦、王二位送行。

朱自清不仅喜欢打桥牌，对别的有趣事情也有新鲜感，如 1939 年 3 月 25 日朱自清就加入白马俱乐部。4 月 1 日那天，还兴致很高地参加白马俱乐部的会议并去马厩看马。参加白马俱乐部的初衷，大约和桥牌俱乐部一样吧，也是为"烦闷苦恼"之际"寻求稍许情绪出路而已"。朱自清在这一时期的日记里，常有骑马的记录，对自己马术一点点的进步感到很开心。除了稍许"正规"的"俱乐部"，各种大大小小的聚会也时常参加，如音乐会、西洋画展、演讲会等，还观看各种文艺演出。1943年上半年，联大还成立了一个叫"十一学会"的松散型组织，"十一"为"士"的拆字，意为学问人组织的一个漫谈会。该学会主要为学人们搭建一个各抒己见的场合，常以聚餐会或茶话会的形式举行。因冯至的家位置较适中，于是聚会就常在他家举行，时间不固定，每一周或两周举行一次，常去的西南联大教授、副教授有潘光旦、杨振声、雷海宗、闻一多、闻家驷、吴晗、冯至、卞之琳、李广田、孙毓棠、沈从文、罗常培等人。朱自清在上半年曾多次参加演讲会进行演讲。据冯至的儿子冯姚平在《父亲冯至在西南联大》一文中披露，该协会是杨振声建议的，主要宗旨为"互通声息"，后来才演化成一个学术沙龙。

至于各种邀请宴、聚餐会、欢聚闲谈及听演讲，在这一时期的朱自清日记中更是常有记载。

关怀沈从文

1939年6月6日这天，朱自清出席联大教师节聚餐会。朱自清平时是能喝些酒的，学校聚餐会上可能没有酒，即使有，也不像朋友间的聚会，可以痛饮。所以朱自清还很有兴致地参加了聚餐会后举行的游艺会。

朱自清性格较为内敛，做事有条理，讲规章，就算聚餐会和游艺会这样热闹的活动，也没能耽误既定的工作——他在这天完成了一篇论文《论"以文为诗"》，历时两日。完成了手里的工作，心情自然不坏。在聚餐会上，遇到了好友杨振声，几句随意的交谈之后，杨振声做了有可能影响此后中国文学发展的一件大事——向朱自清推荐他的另一好友沈从文，意欲把沈从文安插进清华大学教书。朱自清在当天的日记中写道："今甫提议聘请沈从文为师院教师，甚困难。"这句话有两个关键点，一是"今甫提议"，二是"甚困难"。

先说"今甫提议"。今甫就是杨振声，和朱自清曾是清华大学的老同事。杨振声还担任过清华大学教务长、文学院院长兼国文系主任，也是朱自清的直接领导。早在1930年6月，杨振声因要赴青岛筹备青岛大学并任校长，辞去了在清华的一切职务。这年的6月2日晚上，朱自清专门设宴，为杨振声饯行，还请了吴宓等好友作陪。可见朱、杨关系非同一般。杨振声在青岛大学任职期间，曾到上海去延揽教员。已经在文学上树立独特风格的沈从文和杨振声早已经相熟，杨振声也找到了在中国公学任教的沈从文，希望他离开中国公学，到青岛大学任教。当时沈从文热烈追求苏州大户张家三小姐张兆和，追求未果，正处在半失恋中，也想换换环境，便答应了杨振声。1930年6月29日，沈从文到中国公学校长胡适家，说明自己的想法。胡适不同意沈从文离开中国公学，也知道他为追求张兆和没有得到回应而深深苦恼，劝沈从文留下，并表示，如果张兆和是因为家庭原因拒绝的话，愿意帮助沈从文。沈从文教完暑期课程后，还是写信给胡适，表示已经拿了青岛大学的路费，不好意思违约。但后来沈从文并没有去青岛大学（尚在筹备中，开学较晚），而是经胡适与徐志摩介绍，到武汉大学去教书了。直到1931年8月才到青岛大学任讲师，开设的课程有"中国小说史"和"高级作文课程"。一年后的1932年9月，青岛大学改名为山东大学，杨振声不愿意与官僚应酬，到北平主持一项编纂中小学教科书的工作。沈从文也于1933年7月辞去青岛大学教职，追随杨振声到北平协助其编纂工作。这是一项长期工作，一干就是数年。北平沦陷后，杨振声也按教育部通知，率编纂人员随梅贻琦等一同南下，在武汉和长沙继续编纂教科书，后转向昆明。在不断转移中，沈从文都在其列，是杨振声的得力助手。到了1939年3月，编写教科书工作逐渐进入尾声，沈从文等编写的国文教科书书稿上交到教育部。而这时候，教育部已安排梁实秋等人另编适合抗战需要的教材。这时候的沈从文，就面临着失业或再就业的问题。沈从文是杨振声的老部属，此时杨振声当然要为沈从文的生计着想了。

　　1939年4月9日，沈从文和杨振声一起宴请朱自清，还邀吴有训夫妇作陪。大约就在这时候，杨振声已经有意要把沈从文介绍到清华大学了。而沈从文知道自己的小学学历一直不受大学的待见，早就有了多种打算，5月15日在给沈云麓的信中说：编纂教科书的"工作年底即告结束，将来必不继续。预计可作数种生活法，或编报，或教书，或上前方到任何一军去看看，或回乡下住下来，写点文章"。沈从文这里所说的乡下，是指不久前搬到的滇池边上的呈贡县龙街，租住的房子是当地姓杨的大盐商家前楼的两间正房。沈从文很喜欢这里，从房中窗户望出去，美丽的滇池和西山风光尽收眼底。沈从文闲暇时喜欢躺在草地上看浮云变化，思索人生，《云南看云集》里的许多哲理散文，就是这一时期的写作成果。沈从文的"数种生活法"之一便是写文章，这时候他已经身体力行了。

再说"甚困难"。杨振声给下属沈从文介绍工作，而沈从文和朱自清也是朋友，朱自清还是清华中文系主任兼联大师范学院中文系主任，为什么"甚困难"呢？大约也有两层原因。一是沈从文的小说家身份。在社会上，沈从文的名气已经够响亮的了，青年知识分子都喜欢他，他的书也一本接一本地出版，还兼做报社的文艺编辑，和胡适、徐志摩、陈西滢等也交谊很深，但在大学里却不被待见。就说他在武汉大学期间吧，也数次隐约地表示对地位的不满，比如1930年10月2日，在致沈云麓的信中说，"我的文章是谁也打不倒的，在任何情形下，一定还可以望它价值提起来"，"将来是可以希望一本书拿五千版税的"。还有一件事也很能说明问题，胡适和陈西滢等著名学者都鼓励沈从文多读书。据说陈西滢还劝他学英语，并跟他说，学好了，保证介绍你去英国读书。这些话，听起来是关心，实质上还是说他学问根基不深。二是朱自清虽然是中文系主任，但上面还有一个文学院院长，院长之上还有校长，聘任教师这等大事，恐怕也是朱自清做不了主的。但是，朱自清又非常想帮这个忙。朱自清早就知道沈从文的文名，二人相识相交较晚，大约是在1930年。沈从文在《不毁灭的背影》里说："我认识佩弦先生本人时间较晚，还是民十九以后事。"朱自清在日记里第一次提到沈从文，是在1933年1月1日，日记说："赴今甫招，座有沈从文君，又有梁思成君夫妇。"这次应招，应该只是朋友间的闲谈，众所周知，杨振声十分欣赏朱自清，朱自清逝世后，杨振声在《为追悼朱自清先生讲到中国文学系》一文中说朱自清是朋辈的"益友"，是青年的"导师"，是"领导中国文学系所走的一个新方向"的"一座辉煌的灯塔"。这些话虽然是"逝世后的评价"，也并非虚言，应该是杨振声的真实心声。所以，杨振声受命编纂教科书后，也拉朱自清参与。这样，朱自清和沈从文见面和交往的机会就多起来了。朱自清在1934年12月14日日记中写道："沈从文先生来访，给我看杨的信。信中说当局已同意我协助编辑中学语文课本。……他说他曾与冯友兰磋商，根据冯的意见，他们只能每月付我一百元，每周工作半天，张子高已有先例。我告诉沈我将于下周进城与冯商谈。"这里的当局，指学校，冯友兰是当时的清华大学文学院院长，所以杨振声才要和冯磋商。到了西南联大，朱自清就和沈从文有了交往，特别是和沈从文成为同事之后，朱自清和沈从文关系更为融洽。朱自清的日记中，有数次和沈从文交往的记录，如1938年7月27日，朱自清日记云："访从文，遇林徽因。"这是朱自清从蒙自来昆明找房之际。这年的10月21日，朱自清日记云："下午访沈及今甫，定教科书目录。"更能说明他们友情之深的是，隔一天，即23日上午，朱自清直接在沈从文家试写《经典常谈》里的篇章了。朱自清和沈从文还有经济往来，11月15日日记："从文借去百元。"1939年6月9日，朱自清日记云："从文为李先生所作的山水画配对联，甚有趣。但沈认为书法欠佳，不让我拿去裱。我乘他不注意时拿走了。"这也体现出朱自清睿智的一面。1939年12月21日日记："访沈从文先生并与他一同阅一年级试卷。……在沈宅晚餐。"1940年1月25日日记："访沈从文先生，找到了三名学生的卷子，交给他五十份试卷。沈夫人做酒酿鸡蛋，我感到很新鲜，味道也好。"另据吴世勇先生编纂的《沈从文年谱》载，1946年2月4日，朱自清到沈从文家拜年，并在沈家吃了午饭。这些交往，都说明朱自清和沈从文有着深厚的友情，而且朱自清对沈的能力也非常了解。所以，这次对于沈从文的工作，虽然深感"甚困难"，这个忙，他还是要帮的。

再说朱自清介绍沈从文工作事。1939年6月6日以后，朱自清为沈从文的工作费了不少心思，7日，朱自清把前一天写就的论文《论"以文为诗"》交给沈从文，让沈从文编辑发表。12日早上，朱自清去找罗常培，商量聘请沈从文到清华大学任教一事。在这天的日记中，朱自清说："访莘田，商谈以从文为助教。"这"助教"与杨振声托找的"教师"，有较大出入。"教师"是个泛称，可以指讲师，也可以指副教授或教授。而"助教"就是特指。也就是说，朱自清把杨振声的"提议"打了折去找罗常培。这可能也是朱自清出于保险起见的一种策略。朱自清做事一向讲规矩，当年为俞平伯加薪事，他也颇费思量。这次当然也不例外了。商量的结果是准备聘沈从文为师院讲师。"讲师"比助教要高一截，但依然不是副教授，怕和沈从文的预期有距离。1939年6月16日朱自清专程拜访沈从文，告诉沈这一结果。朱自清在当天的日记中写道:"从文同意任联大师院讲师之职务。"虽然没有多余的话,但从字里行间,能感受到,朱自清心里的一块石头终于放下来,"讲师之职务"沈从文同意了,而且没有抱怨。然而,事情到了6月27日,出现了大的反转,国立西南联合大学常务委员会第111次会议通过决议:"聘沈从文先生为本校师范学院国文系副教授,月薪贰佰捌拾元,自下学期起聘。"(《国立西南联合大学史料》,云南教育出版社,1998年)从月薪上看,这个待遇不低,因为同为副教授的唐兰,工资是240元,就是教授的王力,也不过320元。所以,沈从文在副教授当中,工资是高的了。那么,在短短十来天时间后,出现这次反转,是不是杨振声、朱自清、罗常培等人从中又做了校方的工作?或是文学院院长冯友兰也觉得讲师不妥,沈从文在文学上的名气毕竟在青年学生中颇有号召力,在提交应聘名单时临时改动,就不得而知了。有不少史料认为沈从文一开始就是出任西南联大副教授的。严格地讲,此话没错,因为要从聘书算起。但先前的小插曲,却也有些特别的意味。

朱自清不但为沈从文的工作费了心思,还为沈从文抱过一次不平。此事要从另一位大师钱锺书的一篇小说《猫》说起。沈从文和钱锺书交往不多,钱锺书在西南联合大学任教的时间不长,从1938年10月下旬到外文系执教,到1939年暑期离开,不到一年时间。钱锺书在昆明时期和沈从文如何交往,不见记载。更年轻的钱锺书肯定知道沈从文的文名,同在一所学校,就算见过面,大约也印象一般。钱锺书在上海孤岛那段时间里,无事可做,以写小说打发时光,短篇小说《猫》就是在那一时期问世的。《猫》里影射不少文艺圈里的名流,在1946年发表后,就引起文艺圈的小小议论。朱自清自然也看到了这篇小说,他在1946年5月6日的日记中写道:"读钱锺书的《猫》一文,就现时而论,此文过于玩世不恭。"朱自清和钱锺书交往,最晚是在1934年春,这年的4月6日,朱自清应吴宓的邀请去他家陪宴,在座的就有吴宓的学生钱锺书。而朱自清还曾得到过钱锺书父亲钱基博的褒奖,那是更早的1933年10月22日,钱基博赠书二册给朱自清,还在其中的一本上题字,曰:"十年不见,每一念及短小沉默近仁之器,辄为神往。"朱自清还颇爱此数语。此外,朱自清还一直想请钱锺书到清华中文系任教,1934年6

月 19 日晚上，在出席梅贻琦为文学院师生举行的茶话会上，朱自清找文学院代院长蒋廷黻，商谈欲聘钱锺书来中文系教书，没有谈成，后来又多次商谈，终是未成。这件事情，至少说明朱自清对钱锺书的能力是认同的。钱锺书的小说《猫》一经发表，朱自清一眼看穿了小说中的"玩世不恭"的态度，主要一点，就是小说里有一个人物，身份是作家，名叫曹世昌，从曹世昌的相貌和言行来看，基本上就是沈从文的特写：

> 举动斯文的曹世昌，讲话细声细气，柔软悦耳，隔壁听来，颇足使人误会心醉。但是当了面听一个男人那样软绵绵地讲话，好多人不耐烦，恨不得把他像无线电收音机似的拨一下，放大他的声音。这位温文的书生爱在作品里给读者以野蛮的印象，仿佛自己兼有原人的真率和超人的凶猛。他过去的生活笼罩着神秘气氛。假使他说的是老实话，那么他什么事都干过。他在本乡落草做过土匪，后来又吃粮当兵，到上海做流氓小弟兄，也曾登台唱戏，在大饭店里充侍者，还有其他富于浪漫性的流浪经验，讲来都能使只在家庭和学校里生活的青年摇头伸大拇指说："真想不到！""真没得说！"他写自己干这些营生好像比真去干它们有利，所以不再改行了。论理有那么多奇趣横生的回忆，他该写本自传，一股脑儿收进去。可是他只东鳞西爪，写了些带自传性的小说；也许因为真写起自传来，三十多岁的生命里，安插不下他形形色色的经历，也许因为自传写成之后，一了百了，不便随时对往事作新补充。他现在名满文坛，可是还忘不掉小时候没好好进过学校，老觉得那些"正途出身"的人瞧不起自己，随时随地提防人家损伤自己的尊严。蜜里调油的声音掩盖着剑拔弩张的态度。因为地位，他不得不和李家的有名客人往来，而他真喜欢结识的是青年学生，他的"小朋友们"。这时大家讲的话，他接谈不来，憋着一肚子的嫉妒、愤怒、鄙薄，细心观察这些"绅士"们的丑态，有机会向小朋友们淋漓尽致地刻画。

沈从文是小说家，当然知道小说家那点小伎俩了，巴不得有人对号入座呢。但沈从文是不会介意的，最多一笑而已。朱自清却有点耿耿于怀了。这也符合朱自清的性格。所以才在日记里记了一笔，也是出于对沈从文的同情吧。

　　多年以后，沈从文在朱自清逝世后写作的《不毁灭的背影》中，深情地回忆和朱自清的交往："……佩弦先生的住处一面和温特教授小楼相对，另一面有两个窗口，……就在那么一种情形下，《毁灭》与《背影》作者，站在住处窗口边，没有散文没有诗，默默地过了六年。这种午睡刚醒或黄昏前后镶嵌到绿荫荫窗口边憔悴清瘦的影子，在同住七个老同事记忆中，一定终生不易消失。"又称朱自清是"君子"，说"佩弦先生人如其文，可爱可敬处即在凡事平易而近人情，拙诚中有妩媚，外随和而内耿介，这种人格或性格的混合，在做人方面比做文章还重要。经传中称的圣贤，应当是个什么样子，话很难说。但历史中所称许的纯粹的君子，佩弦先生为人实已十分相近。"又说，"其为人也，温美如玉，外润内贞"。沈从文描写的地方是昆明北门街71号唐家花园。这只是朱自清的单身宿舍之一，朱自清每周二至周五住在这里，其他时间则住距昆明二十里的司家营17号清华文科研究所里。

学生汪曾祺

朱自清在西南联大时期的学生很多，取得大成就的学生也很多，汪曾祺这个学生却有些特别，一是汪曾祺和朱自清算得上同乡，二是汪曾祺在联大没拿到毕业文凭，三是汪曾祺在文学创作上取得的成就重大，横跨中国现、当代文学史，评论家称他为"被遮蔽的大师"。

汪曾祺的家乡江苏高邮，在历史上一直属于"扬州地"。汪曾祺在江阴高中还没有毕业，就成为流亡学生，后又在几所高中借读，于1939年夏，从上海乘船，取道越南，历经艰难困苦到达昆明。其时，西南联合大学和多所国立大学统一招生，报名日期为7月25日至30日。汪曾祺的第一志愿就是西南联合大学。他在投考的时候，他崇拜的沈从文已经被聘为联大师院副教授。汪曾祺在1988年写作的《自报家门》里说："不能说我在投考志愿书上填了西南联大中国文学系是冲着沈从文去的，我当时有点恍恍惚惚，缺乏任何强烈的志愿。但是'沈从文'是对我很有吸引力的，我在填表前是想到过。"汪曾祺读初中时，作文都是"甲上"，这是最高评分了。在读高中时，就爱读小说，也是在《自报家门》里，说他在读高二时，随家人在一个小庵躲避战火，"只带了两本书，一本《沈从文小说选》，一本屠格涅夫的《猎人笔记》。说得夸张一点，可以说这两本书定了我的终身。这使我对文学形成比较稳定的兴趣，并且对我的风格产生深远的影响。我父亲看了沈从文的小说，说：'小说也是可以这样写的？'"也许就是这时候，汪曾祺开始立志写作，从后来他的"小说是不像小说"的散文式风格看，早就受了沈从文的影响，对沈从文推崇备至。所以，他在填报第一志愿时，想到沈从文，完全在情理当中。汪曾祺联想到沈从文而没有想到别的教授，比如没有想到也是新文学诗人、作家，资格比沈从文更老的朱自清，完全是个人性情决定的。这次考试，对汪曾祺来说，也有点惊心动魄，因为考试前他还病着，在医院打针，是拔了针就去考场的。

那么，在汪曾祺入学考试前后的这段时间里，朱自清在忙些什么呢？

1939 年暑假期间，朱自清担任了中华全国文艺界抗敌协会（简称"文协"）昆明分会举办的暑假文艺讲习班教员，给学员讲授写作课。

中华全国文艺界抗敌协会昆明分会的前身是云南文艺工作者座谈会。理事会成员有穆木天、朱自清、施蛰存、沈从文、冯素陶、楚图南、顾颉刚、彭慧、陆晶清、冯至、谢冰心、杨季生、刘惠之、张克诚、徐嘉瑞等。这次文协昆明分会举办的暑假班，分会指定罗铁鹰、雷石榆负责诗歌组，马子华负责小说组。两组多次就文艺问题召集讨论会。还是在 1939 年 1 月 8 日改选昆明分会理事时，由于穆木天、朱自清、施蛰存、沈从文是文协总会的理事，他们四人也当然成为分会的理事。1939 年 5 月 4 日，文协昆明分会正式成立，朱自清和杨振声等人具体负责分会工作。6 月 12 日下午，朱自清去找魏建功和罗庸，商量文协昆明分会暑期讲习班的事。6 月 14 日，又确定给文艺讲习班授课的四名教员，他们是朱自清、闻一多、罗庸和魏建功。7 月 22 日，朱自清给文协昆明分会写信，告之分会，接受分会给他讲课的题目。

1939 年 7 月 25 日，暑期文艺讲习班开课，共招收文艺青年 40 多人，开设文艺基本原理、现代文艺思潮、写作方法、民间文艺、抗战文艺工作等系列讲座。除了上面提到的朱自清、闻一多、魏建功、罗庸外，还有楚图南、冯素陶、彭慧、施蛰存、曹禺、顾颉刚等主讲。朱自清主要负责作品讲读课。8 月 1 日，朱自清讲鲁迅的《药》和《复仇》。8 月 17 日、19 日两天，朱自清都按时到讲习班授课。

就在文艺讲习班开课之时，汪曾祺正在昆明，如果他知道有这个班，说不定也会成为四十多名学员中的一员的。但是生活中没有也许，7 月 25 日开课之日，也是汪曾祺高考报名之时。他错过这次讲习班也是必然。

1939 年 8 月 21 日那天，朱自清继续到讲习班授课，这次他出了八道题，请讲习班的同学们作答，只有几人答出。朱自清认为这班学生"水平不高"。如果汪曾祺也在这个班，不知他的答题能否令朱自清满意。朱自清到底是个负责任的老师，两天后，他把学生回答的问题归纳起来，进行认真的讲解。

再回到 8 月 13 日，入学考试的试卷摆在了阅卷老师的案头，朱自清等教授阅评本年度中文系入学考试试卷。结果如汪曾祺所愿，他的各科成绩不错，被西南联大录取。公布结果时，汪曾祺排第四名。这算得上朱自清和汪曾祺的第一次间接接触。

这时候，朱自清是联大（清华）中文系主任，兼联大师范学院国文系主任，1939 年 8 月 4 日还当选为 1939 年度教授会书记，主持系政十分繁忙，还要给暑期文艺讲习班授课，多次和杨振声、沈从文商定中学教科书第一、二、三、四等册的目录，出席清华聘任委员会会议和评议会会议等各种大小会议，拜访、接待茅盾、曹禺等文化名人，如 8 月 31 日这天就接连拜访了王力夫妇和梁思成夫妇，又接待顾颉刚等人的来访。此外，他个人还要写作、写信、备课、做研究、写日记，可谓争分夺秒。

1939 年度第一学期开学是在 10 月 2 日。4 日上午，汪曾祺在西南联大新校舍参加了始业式及精神总动员。

本学期，朱自清开设的课程是"大一国文"两种（一、二），还有"国文作文"等课。"大一国文"是和沈从文合开的，该课是一年级的必修课，分"读本"和"作文"。汪曾祺在《晚翠园曲会》里说："'大一国文'课的另一个特点是教课文和教作文的是两个人。教课文的是教授，教作文的是讲师、教员、助教。……我的作文课是陶重华先生教的。""大一国文"这门课的教材对汪曾祺影响很大，而这本书是由杨振声主持的"大一国文委员会"主导选编的，朱自清、罗常培等参与了选编工作，收白话文学作品十三篇，有鲁迅的《狂人日记》《示众》，徐志摩的《我所知道的康桥》（节选），朱光潜的《文艺与道德》《无言之美》，林徽因的《窗子以外》等。多年以后，汪曾祺在《西南联大中文系》一文中回忆说："语体文部分，鲁迅选的是《示众》。选一篇徐志摩的《我所知道的康桥》，是意料中事。……更特别的是选了林徽因的《窗子以外》。"汪曾祺对入选的林徽因的文章感觉"更特别"，可能是当时林徽因在新文学界并无影响，此文也并不出众吧。但是，课文有时候跟文学审美和文学价值还是有标准上的区别的。

1939 年 11 月 14 日，西南联大常委会决议，同意朱自清辞去中文系主任及联大师院国文系主任职务，两职务均由罗常培暂代。

朱自清在汪曾祺读大二那年，即 1940 年下半年和 1941 年上半年，休了一年带薪研究的长假，回到了成都。汪曾祺整整一学年没有听朱自清的课。这个时候，汪曾祺开始写文章，小说、散文、诗歌都写，沈从文会把他的文章推荐到一些报刊发表。汪曾祺自己也会投稿，还参加了学校的文学社团"冬青社"，是冬青社的骨干和活跃分子。更是常和要好的同学一起讨论文学创作，也会在泡茶馆的时候读书、写文章。汪曾祺在《泡茶馆》一文中说："我最初的几篇小说，即是在这家茶馆里写的。茶馆离翠湖很近，从翠湖吹来的风里，时时带有水浮莲的气味。"巫宁坤在《西南联大的茶馆文化——纪念西南联大建校七十周年》一文中也说到他和汪曾祺、赵全章一边泡茶馆一边读书写作的事："曾祺读中文系，我和全章读外文系。碰巧三人又同住一幢宿舍，又都爱好文艺，朝夕过从。每天课后，我们仨就各自带上两三本书、钢笔、稿纸，一起去泡茶馆。我们一边喝茶，一边吃'花生西施'的五香花生米，一边看书，多半是课外读物，或写点儿什么东西。茶馆就是我们的书斋。谁写好一篇东西，就拿出来互相切磋。曾祺第一篇小说的文采就让我俩叹服。……我们最初的习作都是在这家茶馆里泡出来的，投给《中央日报·文艺副刊》，居然一篇篇小诗小文都陆续登出来了。"汪曾祺在文学上的天赋，不仅同学们赞叹，也得到了老师沈从文的赞许，除在教室里表扬外，沈从文还在致施蛰存的信中说："新作家联大方面出了不少，很有几个好的。有个汪曾祺，将来必大有成就。"

汪曾祺大三这年，朱自清一年休假研究期满，回到联大，他的课有"散文研究"和"历代诗选（宋）"。汪曾祺修习了朱自清的"宋诗"课。在散文《新校舍》里，汪曾祺说："朱自清先生教课也认真。他教我们宋诗。他上课时带一沓卡片，一张一张地讲。要交读书笔记，还要月考、期考。我老是缺课，因此朱先生对我印象不佳。"在《西南联大中文系》里也说了类似的话："比较严一点的是朱自清先生的'宋诗'。他一首一首地讲，要求学生记笔记，背，还要定期考试，小考，大考。"

朱自清讲宋诗，这是他在联大的"拿手课"之一，用的讲义是他自己精心编写的《宋诗钞略》，铅印本，白文，无标点无注释。那么，朱自清讲宋诗讲得怎么样呢？他的学生季镇淮在《纪念佩弦师逝世三十周年》里有描写，他说，有一次，朱自清讲课，先在黑板上写下两首七律，一首是刘长卿的《送李录事兄归襄邓》："十年多难与君同，几处移家逐转蓬。白首相逢征战后，青春已过乱离中。行人杳杳看西月，归马萧萧向北风。汉水楚云千万里，天涯此别恨无穷。"另一首是苏轼的《和子由渑池怀旧》："人生到处知何似？应似飞鸿踏雪泥。泥上偶然留指爪，鸿飞那复计东西。老僧已死成新塔，坏壁无由见旧题。往日崎岖还记否？路长人困蹇驴嘶。"朱自清开始没有写下题目和作者，而问学生看了这两首诗有什么样的感觉：哪一首习见，熟一些；哪一首不习见，生一些。当时，季镇淮说"头一首熟一些"，朱自清称"是"。接着才开始讲唐宋诗的区别。朱自清说："这两首诗内容相同，都是讲离别的。但意味不同，前者就是抒发感情，后者则讲出了一些道理。唐诗主抒情，宋诗主说理；唐诗以《诗风》为正宗，宋诗则以文为诗，即所谓'散文化'。"应该说，朱自清这种讲课风格是十分严谨和有效的，便于学生理解和运用。季镇淮和汪曾祺一样，也讲到了朱自清上课的严格："先生逐句讲解，根究用词用事来历，并随时指点在风格上宋诗与唐诗的不同。也常令学生先讲解，而后先生再讲。因此，在上课之前，学生莫敢不自行预习准备。上课的时候，大家就紧张起来，怕被先生叫起来先讲。定期进行考试，则注重默写和解释词句。"朱自清的另一个学生吾言也曾回忆说：朱先生"匆匆走到教案旁，对我们点了点头，又点过名，便马上分条析理地就鲁迅及《示众》文本的思想内容和形式技巧各方面提出问题，逐一叫我们表示意见，而先生自己则加以补充，发挥。才一开始，我的心在卟卟乱跳，唯恐要在这许多陌生的同学前被叫起来，用还没有学好的国语艰难地道出我零乱的思想来。然而不多一会，我便忘掉了一切，顺着先生的指引，一步一步地终于看见了作者的所见，感受到作者的所感受"。吾言还评价朱自清"不是敷衍着把课文匆匆读一遍了事"，或是"叙述作者生平的琐事逸闻，尤其是无关大体的所谓'好玩'的琐闻，然后说：'课文你们自己读罢，我没什么好讲的'"，或是"充其量也不过金圣叹式的评点，叫你全得不着要领"。朱自清认真的讲课形式，也引起个别同学的"不满"，说"大考，小考，练习，报告做个没完的，选过他的课都大叫吃不消。并且分数抠门得很"。然而自然也有像吾言这样好学的学生，在三四年级的选修课目里，吾言选修了朱自清的"文学批评"，没想到选这门课的一共只有三个人。"虽然只有三个人，先生还是每堂必在点名册上作记号。"（吾言，《忆朱自清师》）

另有一例，也足见朱自清的认真，据朱自清的日记载，1939 年 11 月 13 日晚上，他的学生周贤模来访，朱自清说："要求我证明同意他注册为二年级生，以便让注册处发还文凭。答应他明天上午我值班时写一便条。他坚持要亲自把条子送到注册处去，我断然拒绝了他，并要求他设法端正自己的思想。他说：'那是我自己的事！'我说：'那好，你走吧，明天上午九点钟到办公室找我。'于是，他就发起火来，说：'我的朋友告诉我你过去是个穷学生，现在到了社会最上层，就像刘邦登上皇位后，不愿听到自己青年时代的清寒一样。你讨厌我，你知道刘邦是个市侩！'此时我警告他，他在污辱教师，我要写报告给最高校务委员会处罚他。但他说：'好，我也要给他们写！'这时他放肆地问我：'你通知我将转入三年级，为什么我来后把我放入二年级？你们大学规定每个学生每年的学分是四十分，为什么你答应给我四十三分？'我说我不愿意回答他的问题并请他出去。但他悍然拒绝。李其同让他保持办公室安静，就进行干预，他心犹不甘，最后离去，并说：'黑暗！黑暗！等着瞧吧！我要让你看看颜色。'我把整个事回想一下，感到问心无愧，除了有一次对他过于苛刻。应该对学生和蔼一些。"如果这位周贤模同学所说没错，朱自清确实严格得有些过了头，说好"转入三年级"，为何又"放入二年级"？别人修的学分都是四十分，为什么他是四十三分？当然，周同学把老师比作刘邦显然犯了大忌，引起了朱自清的恼怒。这件事情的结果是，朱自清果然写了材料给学生注册处和最高校务委员会，结果是，第二天，周贤模同学被勒令退学。又过五、六天，朱自清接到周贤模的信。这封信让朱自清一夜失眠。到了这个月的月底，有人告诉朱自清，周贤模给校务委员会写了一封长信。朱自清在日记里说："上周以来，周贤模的事情一直不能忘怀。"

大学里有大学里的规矩，朱自清虽然"问心无愧"，但也承认对个别学生过于"苛刻"。

汪曾祺缺课多，也可能与朱自清教学的严格、刻板有关。汪曾祺随心、散漫，喜欢自由自在的生活，包括在学习中。他喜欢写作，就爱听沈从文的课。也喜欢听文采飞扬的闻一多的课，对闻一多在课堂上的潇洒特别欣赏，在《闻一多先生上课》一文里说："闻先生打开笔记本，开讲：'痛饮酒，熟读《离骚》，乃可以为名士'。"汪曾祺印象特别深，还说"能够像闻先生那样讲唐诗的，并世无第二人"。汪曾祺还喜欢听罗庸的课，称他的课很"叫座"，"罗先生上课，不带片纸。不但杜诗能背写在黑板上，连仇注都背出来"。汪曾祺对闻一多、罗庸等老师讲课风格的欣赏，也是他的性情决定的。所以，听朱自清严谨、严肃，带有学术研究性质并略显枯燥的课，自然感觉没劲了，何况还"大考、小考、报告"不断呢。汪曾祺学得不好，或考得不好，朱自清对于这样的学生"印象不佳"也就不奇怪了。

汪曾祺本应于1943年6月毕业，但由于体育和大二英文成绩不合格，汪曾祺没能拿到文凭如期毕业。

汪曾祺在新时期文坛成名后，写过很多西南联大的旧人，关于沈从文的就有《沈从文先生在西南联大》《沈从文和他的〈边城〉》《星斗其文，赤子其人》等好几篇，也写过《闻一多先生上课》，写过《金岳霖先生》，写过《唐立厂先生》（唐立厂就是唐兰），只在《新校舍》《西南联大中文系》等文章里稍带几笔朱自清。另外，在散文《人间幻境花果山》里，说了句"我曾听朱自清先生说过，淮安人是到了南阁楼就要修家书的"这样无关轻重的话。

不过，汪曾祺也写过一篇读书随笔《精辟的常谈——读朱自清〈论雅俗共赏〉》，可以称得上是一篇专论，这是一篇只有几百字的短文，汪曾祺从自己的角度，对朱自清的《论雅俗共赏》和《经典常谈》做了简明而精准的解读：

朱先生这篇文章的好处，一是通，二是常。

朱先生以为"雅俗共赏"这句成语，"从语气看来，似乎雅人多少得理会到甚至迁就着俗人的样子，这大概是在宋朝或者更后罢"。这说出了"雅俗共赏"实质，抓住了中国文学发展的一个关键。

朱先生首先找出"雅俗共赏"的社会原因，那就是从唐朝安史之乱之后，"门第迅速地垮了台，社会的等级不像先前那么固定了，'士'和'民'这两个等级的分界不像先前的严格和清楚了，彼此的分子在流通着，上下着，而上去的比下去的多"，上来的士人"多少保留着民间的生活方式和生活态度"，他们"要重新估定价值，至少也得调整那旧来的标准与尺度。'雅俗共赏'似乎就是新提出的尺度或标准"。这是非常精辟的、唯物主义的分析。

朱先生提出语录、笔记对"雅俗共赏"所起的作用。

朱先生对文体的由雅入俗作了简明的历史回顾，从韩愈、欧阳修、苏东坡到黄山谷，是一脉相承的。黄山谷提出"以俗为雅"，可以说是纲领性的理论。

从诗到词，从词到曲，到杂剧、诸宫调，到平话、章回小说，到皮黄戏，文学一步比一步更加俗化了。我们还可以举出"打枣竿""桂枝儿"之类的俗曲。这是文学发展的必然趋势，任何人也奈何不得。

这样，"有了白话正宗的新文学"就是水到渠成、顺理成章的事。

其后便有"通俗化"和"大众化"。

朱先生把好几百年的纷纭复杂的文学现象捋出了一个头绪，清清楚楚，一目了然。一通百通。朱先生把一部文学史真正读通了。

朱先生写过一本《经典常谈》。"常谈"是"老生常谈"的意思。这是朱先生客气，但也符合实际情况：深入浅出，把很大的问题、很深的道理，用不多的篇幅、浅近的话说出来。"常谈"，谈何容易！

朱先生早年写抒情散文，笔致清秀，中年以后写谈人生、谈文学的散文，渐归简淡，朴素无华，显出阅历、学问都已成熟。用口语化的语言写学术文章，并世似无第二人。

《论雅俗共赏》是一篇标准的"学者散文"，一篇地地道道的Essay。

不知为什么，总觉得这篇短文，是汪曾祺的"平衡"之作。按说，没有根据是不应该想当然和妄加猜测的，虽然夸朱自清用口语写学术文章并世"似无第二人"，但"总觉得"在写过沈从文、闻一多、金岳霖、唐立厂等老师之后，不写一篇朱自清有些说不过去，这才有这篇《精辟的常谈——读朱自清〈论雅俗共赏〉》的问世。

朱自清是西南联大的名教授，课程也不少，必修课、选修课都有，还有各种讲座，汪曾祺都听过，特别是朱自清到冬青社的几次演讲，汪曾祺都在现场，按说印象很深，甚至也有不少交流，连"淮安人到了南阁楼就要修家书"这种话都说了，家乡风物、人情世故等事一定不会少讲。可不知为什么，汪曾祺没有专门写一篇关于朱自清在西南联大的文章。很多年后，沈从文在给汪曾祺的一封长信里，说起当年未毕业事，提到"罗"没给汪曾祺发毕业证书，这里的"罗"应该就是指罗常培。因为罗常培当年准备安排汪曾祺先在西南联大教一年书，再补发毕业证书的。汪曾祺答应了，可是他后来并没有安排汪曾祺在西南联大当老师，毕业证书也就遥遥无期。

没拿到西南联大的毕业证书，对汪曾祺此后的生活有无影响，影响有多大，现在讨论也无意义，但可以肯定地说，朱自清对他这个同乡兼学生，没有像另一个同乡兼学生余冠英那么优待。

成都的家

1940年5月8日，朱自清给梅贻琦写信，请求在国内休假研究，并呈送了研究计划。朱自清在信中作了详细汇报："清自第一次休假后，迄今已满八年。兹拟请求于下年度在国内休假研究，谨将研究计划陈述如次。窃中国文学范围内，'散文（包括骈、散二体）之发展'一题目，现在尚无专门研究之人。坊间虽有《散文史》《骈文史》等书，类皆仓卒成编，以抄撮故言为能事，不足语于著述。清年来对此题目甚有兴趣，拟从历史及体式两方面着手。关于历史方面，已作短论三篇，附陈台察。下年度若能休假，拟专研究上古（至汉初）时代散文之发展。并拟有分题两种：一、说'辞'（包括'知言'等项）。二、说'传'、'注'、'解'、'故'。此两分题，拟各成论文一篇。此外，拟分类搜集材料，录为长篇，随时研究……"

也正是在朱自清申请休假的这个时候，昆明的供给发生了大困难，原因是日本逼迫英国封锁了滇越路和滇缅公路，切断了中国从海外输入战时物资的唯一通道，首当其冲的就是民众生活受到了重大影响，昆明物价飞涨，教授生活纷纷陷入贫穷状态。为了支持抗战，朱自清和联大教授的工资，均不能足额领取，朱自清只领百分之八十多。而朱自清本人的工资在教授中也不高，据姜建、吴为公所著的《朱自清年谱》中透露，1938年7月至9月的薪俸表上，陈寅恪工资为480元，实领351元；罗常培400元，能领295元。朱自清比他两人都少，只有360元，实领267元，比刘文典、闻一多、郑奠、罗庸都低。所以，朱自清的日记中，常有借款的记录，如1940年3月25日，就向好友吴宓借了200元。突然间物价飞涨数倍，钱如废纸，朱自清的经济更加困难了。为了节省开支，也为了让家人过得更舒适一些，朱自清决定把陈竹隐和乔森、思俞安排回陈竹隐的老家成都赁屋居住。1940年5月，陈竹隐带着孩子们经历长途迁移回到成都，在亲戚的帮助下，租住在东门外宋公桥报恩寺后院三间没有地板的简陋小草房里。

朱自清俟到暑假临近，准备动身赴蓉时，经济实在周转不开，便于1940年7月给梅贻琦写信，向校方预支款项，信曰："顷拟赴四川成都，在彼住一年，休假研究工作，即拟在彼进行。起身在即，川资尚有不敷，拟恳准予预借七月份薪金，俾克成行，至为感谢！又前者请求国内休假研究函中，曾附带请求学校给予抄写费五百元，业蒙评议会通过。此项抄写费用，原拟论件计值，随时向会计科支付，惟清既赴川，零星支取，恐双方终有未便。拟恳通融办理，准予先行支领。俟明年回校时，再将书手收据汇交会计科清结，是否可行，即候卓裁，为幸！"7月16日，又写信给秘书长，请求将休假期间的工资直接寄到成都，信曰："清在休假研究期间，拟往成都小住一年。每月薪金拟请嘱清华会计科直接寄下，俾可早日应用。若由联大领取，恐稽迟时日，有青黄不接之虞。至希惠允。又此项薪金，并乞嘱会计科于每月末一星期汇寄。倘承许可及会计科同仁帮忙，尤深感荷。至收据盖章，已请许骏斋先生代为办理，并请转告会计科，为幸。"两封信都署"朱自清谨启"。7月18日，朱自清动身赴成都。

全国各地叫报恩寺的很多。成都东门外宋公桥的这座报恩寺是一座尼姑庵，规模并不气派，坐南向北。东门内有一口老井，井旁有一棵老柳树。寺内一侧另有传统的两进庭院，前院住着一些贫苦百姓和逃亡来的人家。穿过前院可见几丛竹林和几棵橘树。朱自清家所住的房子在竹林的边上，是新搭建的三间茅草屋，泥土地，竹篱泥巴墙，房子较矮，室内阴暗潮湿，冬冷夏热。朱自清在国内的休假研究得到批准后，又处理了后续薪金方面的事务，即从昆明动身奔赴成都，经过一路辗转，于8月4日到达家中，与陈竹隐和孩子们团聚。

叶圣陶在《西行日记》里描写过朱自清家寒酸而窘迫的情景，那是

1940年11月16日，朱自清的小女儿容隽刚出生两三天，朱自清在家服侍月中的陈竹隐，正忙碌着，忽听有人叩响了小院的柴门。一看，朱自清十分惊喜，原来是叶圣陶！好朋友驾到，而且是第一次到朱自清家来，自然要招待酒饭。叶圣陶在日记里写道："佩弦所赁屋简陋殊甚，系寺中草草修建以租于避难者也。其夫人产后尚未起床，儿女均在学校，佩弦管理家务似颇耐烦。杂谈无条理，而颇慰数年来阔别之怀。"朱自清亲自下厨，做了顿饭菜，还喝了酒，叶圣陶形容为"不下于茅台"。喝了酒之后，又兴致很高地去了望江楼。对于望江楼，叶圣陶在日记里继续说："余前两次来成都未游览。其处布置竹树房屋，雅整朴素。……在楼上坐片（刻）时，静寂之趣，足以欣赏。"1940年11月20日，叶圣陶又到朱自清家，这次聊得较深，朱自清还把近年写作的《古典常谈》（出版时改《经典常谈》）拿给叶圣陶看。叶圣陶在《西行日记（上）》里说："观其所作《古典常谈》稿数篇。杂谈一切，甚觉惬心。佩买花生一堆，出其葡萄所泡大曲，余饮三小杯。四时半，同入城，且行且谈。不觉甚远。至雪舟所，六时，共饮绍酒，甚畅适。"本年12月6日，叶圣陶再来朱自清家，叶圣陶日记说："早餐后，乘车出东门到佩弦所。彼作稿方于昨日完毕。观其所作关于胡适《谈新诗》、柳宗元《封建论》两篇之讲解。略有商讨，切磋至快。全书《例言》亦有佩弦做成。《精读指导举隅》于是告成，后日可交与郭君矣。"一直聊到中午，自然又在朱自清家喝了酒。这时候陈竹隐还在"月子里"，估计还是朱自清亲自弄了几个小菜，喝着谈着，不觉又到下午四时。叶圣陶日记继续写道："偕步行入城，访春熙路各书局，代人买书。……偕佩弦返雪舟所，与雪舟、月樵及张、林二君共饮，醅适殊甚。"

朱自清在二十天的时间内，三次在家接待来访的叶圣陶，两个人交谈都极为投机。第一次，朱自清随便拿出的酒，在叶圣陶喝来，简直胜过了茅台——这不是因为酒好，是两个人多年未见了，且脾胃相投，相聊开心，喝什么都成了"茅台酒"。后两次不但在朱自清家吃了午饭、喝酒，而且仍然感到意犹未尽，步行入城，且走且谈，两个老友真是有说不完的话啊，仿佛要把阔别多年未说的话叠加到一起一次说完似的，每次都是再一路谈说两三个小时，到章雪舟的住所和朋友共饮，不是"甚畅适"，就是"醰适殊甚"，这不仅是叶圣陶的感受，也一定是朱自清的感受。

久别重逢，加上工作上合作开心，使两位老友一下子焕发了青春，都干劲十足，不但在很短的时间内完成了《精读指导举隅》，还很快商定了《略读指导举隅》目录和各人所承担的篇目，这也是在朱自清家商定的，时间是1941年2月6日。朱自清家租住的成都东门外宋公桥报恩寺的三间简陋的茅草房，一时间成为朱、叶二人清谈、喝酒和谈工作的场所。也是在6日这天上午，朱自清在家收到一笔"巨款"，这便是受郭子杰嘱托，由叶圣陶带来的一笔200元的稿费，朱自清当天的日记记日："此举出乎意外，当即对郭及圣陶表示感谢。实际上这只是预支稿费罢了。"朱自清还赠送了酒与茶给叶圣陶。这天的叶圣陶日记里，有同样的记录："出东门，而至佩弦家。欢然倾谈，殊快。君示余萧公权《辛巳元日七律十首》。复商定《略读指导举隅》选用书九种。今后将与君合作此册矣。饭时，佩弦夫人制馔，饷余以桂圆所泡之大曲。二时，与君渡江，入望江楼，游行一周，在竹林下品茗。三时半为别。"这一次终于吃到陈竹隐做的菜了。依然是酒后谈兴很浓，继续渡江去望江楼，继续边走边谈，再喝一个半小时的茶方才尽兴分手。

在成都的家虽然简陋、逼仄，但夫人、孩子都好，因为毕竟在大后方有栖身之地（虽然也时有日寇飞机来袭扰），有可以安放书桌的地方，让朱自清的心情大悦，加上没有教学任务的烦累，又有和好朋友的愉快合作、和诗友的倾情唱和，朱自清的研究和写作的效率都非常高。

招待梅贻琦

　　还在 1940 年 7 月 18 日朱自清从昆明出发赴成都，开始为期一年的休假研究时，就于途中（19 日）写作了一篇短短的杂论，名曰《清华的民主制度》。这篇文章发表在本年 9 月的《清华校友通讯》第 6 卷第 9 期上。该文是纪念梅贻琦校长和清华关系达二十五周年而专门写作的短文，文章高度赞扬了梅贻琦领导清华以来的民主的治校作风，呼吁大家"同心协力来支持"爱护清华的民主机制和传统。朱自清深有感触地说："在清华服务的同仁，感觉着一种自由的氛围气；每人都有权利有机会对学校的事情说话。这是并不易得的。"又说：梅贻琦校长"使清华在这七八年里发展成一个比较健全的民主组织，在这个比较健全的民主组织里，同仁都能安心工作，乐意工作。他使同仁觉着学校是我们大家的，谁都有一份儿"。朱自清的文章并不是那种肉麻的夸奖，而是专取一点，即民主的校风，民主的机制，民主的管理，来说明梅贻琦多年以来领导清华的方法，也是清华能成为名校的法宝。

　　1940 年 8 月 10 日，朱自清回到成都的家中不久就给梅贻琦写信，告之一路上的行状和风景："公路旅行，常较飞机辛苦。但清亲身所历，尚不致太苦。车中座位，均尚宽舒，途中旅店、食宿亦尚可人意。清所依投均中国旅行社所办之招待所。缘招待所或已人满，或距车站过远，不便前去。若得住招待所，当更佳也。"信中还谈了路过重庆时，对陪都遭遇日军轰炸时的印象。朱自清接着又写了对成都的印象："日到蓉，蓉市风光繁盛，地域恢宏，确有似北平处。近时物价上涨甚速，日来且有购米不得之苦。但日常生活仍较昆明舒适甚多。惟自昆明来，旅费所需殊不赀耳。日前教育厅长郭子杰君托友人示意，欲聘为特约专员，帮助专员叶圣陶君计划推行国语教育事宜。此系顾问性质，并无办公时间，只偶尔开会。……清以须请示校方，方可决定，尚未应诺。"梅贻琦虽是校领导，朱自清却一直把他当作朋友，梅贻琦也同样坦诚以待，两人在联大时，经常一起聚餐、旅游，所以在信中不仅说了些日常琐事，主要的，还说了拟协助叶圣陶"推行国语教育"并望能得到校领导同意之事。

从后来的结果看，梅贻琦是同意朱自清的请示的，至少是默许的。

朱自清在信中向梅贻琦介绍对成都的印象。关于成都的夏天，朱自清后来还写了一篇散文，名曰《外东消夏录》，文中分"引子""夜大学""人和书""成都诗""蛇尾"等小标题。在引子里，朱自清说"这个题目是仿的高士奇的《江村消夏录》"，但内容却是"谈一些世俗的事"，又调侃地说："这回我从昆明到成都来消夏。消夏本来是避暑的意思。若照这个意思，我简直是闹笑话，因为昆明比成都凉快得多，决无从凉处到热处避暑之理。消夏还有一个新意思，就是换换生活，变变样子。这是外国想头，摩登想头，也有一番大道理。但在这战时，谁还该想这个！我们公教人员谁又敢想这个！可是既然来了，不管为了多俗的事，也不妨取个雅名字，马虎点儿，就算他消夏罢。"朱自清还解释了标题中"外东"的意思："指的是东门外，跟外西，外南，外北是姊妹花的词儿。成都住的人都懂，但是外省人却弄不明白。这好像是个翻译的名词，跟远东、近东、中东挨肩膀儿。固然为纪实起见，我也可以用草庐或草堂等词，因为我的确住着草房。可是不免高攀诸葛丞相，杜工部之嫌，我怎么敢那样大胆呢？我家是住在一所尼庵里，叫做'尼庵消夏录'原也未尝不可，但是别人单看题目也许会大吃一惊，我又何必故作惊人之笔呢？因此马马虎虎写下'外东消夏录'这个老老实实的题目。"在"夜大学"一节里，朱自清议论道："现在百业发展，从业员增多，其中尽有中学毕业或具有同等学力，有志进修无门可入的人。这些人往往将有用的精力消磨在无聊的酬应和不正当的娱乐上。有了大学夜校，他们便有机会增进自己的学识技能。这也就可以增进各项事业的效率，并澄清社会的恶浊空气。"

接下来，谈了四川大学所办的夜校："分中国文学、商学、法律三组。法律组有东吴的成例，商学是当今的显学，都在意中。只有中国文学是冷货，居然三分天下有其一，好像出乎意外。不过虽是夜校，却是大学，若全无本国文化的科目，未免难乎其为大，这一组设置可以说是很得体的。这样分组的大学夜校还是初试，希望主持的人用全力来办，更希望就学的人不要三心两意的闹个半途而废才好。"在"人和书"一节里，朱自清肯定了王楷元的这本小书的书名有"眼光和品位"，又分析认为："人和书，大而言之就是世界。世界上哪一桩事离开了人？又哪一桩事离得了书？我是说世界是人所知的一切。知者是人，自然离不了人；有知必录，便也离不开书。小而言之，人和书就是历史，人和书造成了历史；再小而言之就是传记，就是王先生这本书叙述和评论的。传记有大幅，有小品，有工笔，有漫画。这本书是小品，是漫画。虽然是大大的圈儿里一个小小的圈儿，可是不含糊是在大圈儿里，所叙的虽小，所见的却大。"在"成都诗"一节里，朱自清谈了易君左的一首题曰《成都》的诗。朱自清说："成都是中国第四大城。城太大了，要指出它的特色倒不易。"易君左做到了，易君左的诗曰："细雨成都路，微尘护落花。据门撑古木，绕屋噪栖鸦。入暮旋收市，凌晨即品茶。承平风味足，楚客独兴嗟。"接下来，朱自清详细分析了易君左的这首诗，把成都的况味细致入微地表现了出来，最后还不忘和抗战相联系，认为"在工业化的新中国里，成都这座大城该不能老是这么闲着罢"。关于"蛇尾"，朱自清是觉得，这篇成都的夏，并没有写出其特色来，以"引子"起势，摆了那么大的"架子"，竟不觉地"衰竭"了。最后自嘲道："本想写完上段就戛然而止，来个神龙见首不见尾。可是虎头还够不上，还闹什么神龙呢？话说回来，虎头既然够不上，蛇尾也就称不得，老实点，称为蛇足，倒还有个样儿。"这篇文章，虽然写的不是梅贻琦来的这年的夏天，而是写于1944年的暑假期间，但与抗战时期的成都相比，人文环境和自然环境变化不大，气候更是基本一致，而1944年的暑假回成都，也不过是他移家成都后第二次回家而已。

总的来说，成都给朱自清留下的印象不错，从文中的字里行间，能看出朱自清的欣喜之情。在初来成都的第一个暑假及休假一年中，除了和叶圣陶正常的合作以及开展自己的研究外，交谊方面也多有收获。成都是后方，有很多从沦陷区迁来的文化机构和大中学校，随之而来的文化名人有不少原本就是他的朋友，还有地方上仰慕他的各界名流，朱自清和他们也会常常聚饮。这样一来，朱自清生活在成都这座休闲的大城市，感觉反而比以前更加忙碌了。

梅贻琦来成都，正是朱自清带薪休假研究一学年的末尾，时间是在1941年7月下旬。7月25日，朱自清应邓锡侯、王孟甫邀宴，欢迎来成都公干的梅贻琦。

梅贻琦是从眉县出发，经过一连多天的旅行，才于1941年7月24日晚间到达成都的，梅贻琦在日记中有详细的记录："夜间大雨二阵，早起已晴。5:00起行，洋车为昨晚另雇者，60元至成都。"梅贻琦一行，是23日晚上六时到达眉县县城的，入住北道旅馆。梅贻琦24日日记继续写道："5:30车夫在北门内早点，乃亦各食水蛋二枚。8:00彭山县，食早餐。城中见有南华宫，禹帝宫，万寿宫等，盖一大县也。"经一上午旅行，于午后到达旧县。梅贻琦日记曰："1:30旧县，新津渡过河，灌县以下各河至此汇流，诚一洋洋大观也。新都城山上有楼台点缀风景，应甚佳绝，惜不得停留一览。过江后行沙滩颇长。2:30在旧县再换车前行，此处距成40m。5:00双流县，又换车，其换价仅为五元。路上见道旁所建飞机小库房甚多。8:00到成都南门公路站，天已大黑，小雨又来，换洋车往城内骡马市投成都招待所，幸得二大房间，虽在三楼，较路所有旅馆已甚整洁舒适多多矣（每间10元）。晚饭因天已晚，仅得汤面，各食二碗以当午晚二餐，实则久饿之后，亦不能骤多食也。十点余睡下，夜雨颇凉。"堂堂大学校长的一天，从凌晨五时起床，在四川的山水间狂奔，仅转车就有数次，吃饭也不依时，午晚餐一起吃，直到晚上八时才到达成都，这股干劲值得钦佩。7月25日这天，梅贻琦又是访客，又是在宾馆见客，一直忙到下午六时半才去赴邓锡侯、王孟甫的接风宴。

请客的邓锡侯，可不是一般人物，他是四川名流，也曾是抗日名将，出生于1889年，字晋康，四川营山县人，行伍出身。历任护国军营长，川军团长、师长、军长、集团军总司令等职务。他引以为傲的功绩是率领川军出川抗日：抗战爆发后的 1937 年 8 月，在四川境内的陆军由十四个师编为第二路预备军，邓锡侯任第一纵队司令（后称"二十二集团军"）。9 月，出川抗战的各路人马分别在成都和重庆两地集中，准备一路北出剑门，东出夔门，奔赴山东、山西抗日前线。9 月 5 日，在成都市举行的有万余人参加的"四川省各界民众欢送出川抗敌将士大会"上，邓锡侯发表了慷慨激昂的演讲，他说："我们四川人是具有爱国传统精神的。黄花岗烈士有四川人；辛亥革命有四川人；护国之役也有四川人。当前国家民族面临生死存亡关头，我们身为军人受四川人民二十余年的供养，当然要拼命争取历史的光荣，藉以酬报四川人民……""我们只有长期抗战，才能取得最后胜利！川军出川以后，如战而胜，当然很光荣地归来，战如不胜，决心裹尸以还！"此后，邓锡侯率部参加了著名的台儿庄会战，取得了卓著的战功。1938 年 1 月，四川政局发生波动，邓锡侯奉调回到汉口，后又回到四川主持川康军务。邓锡侯在四川的威望很高，梅贻琦作为清华大学校长来蓉，邓锡侯当然要尽地主之谊了。

其实，早在 1940 年 10 月，朱自清就和邓锡侯有过交集并被邀请在重阳节这天喝酒，朱自清为此还写了旧诗《重九邓晋康主任招饮康庄》二首记之。诗曰：

> 将军有丘壑，小筑百花潭。
> 松竹自多胜，风流昔所谙。
> 逢辰集健侣，对酒唱高谈。
> 异日烽烟静，追思此味醰。
>
> 意多嫌世短，况值百端新。
> 西陆龙蛇起，东夷狐鼠亲。
> 同心愿久视，戮力靖嚣尘。
> 国庆明朝又，举杯寿万春。

且说 1941 年 7 月 25 日这天傍晚，梅贻琦在日记中说："6: 30 至南打金街 99 号赴邓敬康、王孟甫饭约，在彼晤佩弦、李幼春、魏……（原缺）、李秘书长等。酒颇好，为主人及朱、李、宋等强饮约廿杯，微有醉意矣。"这里的邓敬康为邓晋康之误。"强饮廿杯""微有醉意"，也是梅贻琦正常的喝酒状态。梅贻琦好酒，他的日记里关于喝酒的记录有很多次，不少次都有朱自清在座。有几次，朱自清对于校长的劝酒还表示反感，在日记里抱怨过。而他的酒量，确实比朱自清大，对酒也有自己的评判标准。

　　这次邓锡侯、王孟甫邀宴的第二天中午，即 1941 年 7 月 26 日，朱自清偕夫人陈竹隐在吴抄手邀请梅贻琦吃馄饨及其他面食。徐绍元夫妇及子女等多人作陪。可能因为昨天喝了不少酒，晚上还要喝，中午吃馄饨等面食时，就没有再上酒。朱自清这次请吃的吴抄手是成都名食，花费 80 元。晚上邀宴的是郭有守，是一场家宴，梅贻琦、吴金鼎、李蒙通也在邀请之列。这两次吃饭，梅贻琦日记里均有记载，对郭有守的家宴，梅贻琦日记里说："晚饭在郭家，晤黄督学（教部）、吴金鼎、蒙馆长、刘校长及佩弦。饭后邀佩弦同回寓下榻，藉谈国文系问题。"从日记中得知，朱自清这天饭后没有回家，而是和梅贻琦回宾馆同住一晚，主要是谈清华大学国文系的问题。梅贻琦信任朱自清，能在旅行途中还想着国文系的问题，足见朱自清在梅贻琦心目中的分量了。因为朱自清已于 1939 年 11 月辞职，申请被校方批准，所以将系内事务交给了接任者罗常培。

　　梅贻琦这次成都之行的宴席还没有结束，1941 年 7 月 28 日晚上，朱自清又在励志社张主席的邀请宴上与他相遇了。梅贻琦日记中说："7: 00 至励志社张主席之约。座中有郭、胡二厅长、张凌高、朱佩弦、李景清，共十四五人，菜尚清新，但无酒，因张近来已屏绝烟酒也。"这么多人相聚，想必二人没有机会做什么交流吧。倒是有一次聚会，朱自清可以去而没有去，即 7 月 29 日晚上，清华同学会聚餐欢迎梅贻琦，地点在涨漱饭店，会场约有 30 人，这么大的一个排场，朱自清又是清华的教授，居然没有被邀请，不知为什么。

　　梅贻琦在成都的几天，亮点是朱自清请吃吴抄手。吴抄手是成都著名的小吃，在二十世纪三四十年代的成都很有名，前身是个走街串巷的馄饨担子，吃出名气来才开店，后又开分店。可能是名气太大吧，不少冒牌的吴抄手也充斥在成都的街头。朱自清请梅贻琦吃的吴抄手，是不是东城根最有名的那家本店呢？或者是青石桥或三桥的分店也未可知。但朱自清不会请梅贻琦吃冒牌的吴抄手吧。朱自清知道梅贻琦好喝几杯，虽说前一天晚上喝了20杯，依梅贻琦的脾气和酒品，不会拒绝连场作战，哪怕晚上还有酒局，但朱自清没有请他喝酒，连个像样的馆子都没有去，怕是手头困难吧。虽然花费不少，80块钱，但吃吴抄手时共有十人，应该也不算多的。午餐吃吴抄手，可能有三种原因。一种是朱自清太清贫了，他去年一回到成都时，就遇到了物价飞涨，且有"购米不得"之苦，还托图书馆学家李小缘代售美元支票，从1940年9月2日起，一直到10月2日，前后三次致信李小缘，所谈都是那张数额不大的美元支票，看来真是急需要用钱了，至少是手头不宽裕。日记中，还多次有一天只吃两顿饭的记录，"饿得腿软"也时有出现。而这次梅贻琦来成都，正好又遇到不宽裕的时候，只能请吃吴抄手了。另一个可能的原因，是梅贻琦知道朱自清家生活困难，又不能拂朱自清的好意，主动不让朱自清破费，吃吃面食，养养胃，晚上再喝。还有一种可能，就是梅贻琦来到成都，天天有人请大餐，尝尝有名的成都小吃，也是了解成都市井生活的一种方式。

一个月后，即1941年8月28日，朱自清致梅贻琦信，报告他一年来休假研究情况，朱自清在信中说："清原定研究计划在先秦散文方面。到此后因书籍不便，只得先行抄集材料，分类排比，暂成长编。论文写完，尚需有待。惟一年中曾写完关于诗之论著三篇，系到此后另行计划者。计《古诗十九首释》七节，约三万字，分载《国文月刊》中（开明出版，联大师院编）。此文系研究古诗十九首各首之意义，根据历代注解，加以抽绎阐明。又为四川教育科学馆著《精读指导举隅》（已印行）及《略读指导举隅》（即付印）各三篇，名为'指导大概'。此二书系供中学教师参考之用。其中有二篇皆关于诗之意义之研究。其一为胡适之先生《谈新诗》篇第五段之指导大概，约一万字，实系借题研究诗之具体性之意义。又一为《〈唐诗三百首〉指导大概》，约二万字，亦系借题研究诗中典故之意义及诗之组织与体制与意义之关系。唯此项研究因取材太狭，只可作为草创耳。清历年授诗，一向注意诗之意义之研究。今乘休假机会，得先写完此数小篇，甚感学校之惠也。至先秦散文发展方面，仍在抄集材料，俟回昆后再加补充整理，俾得早日写成论文。"

休假研究一年来，朱自清取得的成果确实不少，这里还有数篇杂论、散文和大量旧体诗词没有算上，否则成绩更加可观。至于此前计划中的古代散文的研究，并没有停下，还在搜集和抄写资料。

穷困中的挣扎

　　朱自清在西南联大的生活一直十分清贫。其实清贫和穷困是贯穿朱自清一生的。而在西南联大期间尤其艰难。战时物价飞涨、物资短缺是主要原因，另一主要原因是朱自清子女多，家又分住三地：陈竹隐在昆明住了两年后，带几个孩子住在成都；扬州老家还有几个孩子，由父母操心（母亲去世后，就由父亲管理操持）；朱自清自己住在昆明，也要有些开销，生活、买书、交际，其实并不少花钱。如此重的担子，都落在朱自清一个人的肩上。所以，朱自清多次向学校、向朋友借款，或发生因朋友来访无钱招待而内疚等窘事，就不奇怪了。

　　1941 年 10 月 30 日，朱自清结束一年的研究休假后，回到了昆明，即正式辞去清华大学中文系主任的职务，闻一多也由代理主任而正式接任。1941 年 11 月 12 日，朱自清从居住的梨园村，迁到了龙泉镇司家营 17 号清华文科研究所，朱自清和许维遹、何善周、浦江清同住一间宿舍。清华大学文科研究所是在这年的 7 月恢复的，冯友兰任所长，闻一多任主任，朱自清等人任研究员。这里是在乡下，离联大校舍有二十多里的路，步行需要近两个小时。冯契在《忆佩弦先生》一文中说："那时朱先生的胃病和家庭负担，都已十分重了。他把朱太太和孩子全部送到成都……自己孤零零地在昆明过着和尚一般的生活。清华文科研究所在乡下，离昆明城相当远。如果步行，得走一个半至两个小时；如果绕道去搭一段马车，可减少半小时。朱先生在西南联大有课，所以必须两面奔跑，半星期在城里，半星期在乡下研究所。"何善周在《念朱自清先生——昆明司家营生活的片段》里，也回忆了朱自清的生活行状："这是一所租来的小院子，共有三幢楼房，朱先生、浦江清先生、许维遹先生和我，四个人挤在一间侧楼上，中间大楼是图书室，也是大家公用的书房，我对面的一间侧楼，住着闻一多先生的全家。……在所里他每天早晨照例七点左右起床，起床以后便走到大门外去做柔软运动，几分钟后回来整理床铺，被子铺得平平的，上面盖好了单子，然后拿杂毛帚打扫床铺周围的墙壁，床头的箱子和床前的窗户。这些都打扫完了，再到图书馆去打扫他的书桌和书架。全都打扫完了，才洗脸漱口，然后才坐下来读书或写作。一日之中，除了三餐饭和午饭后的小睡外，很少看见他离开座位。晚上还要坐到十二点钟以后才就寝。"为了减少往返，兼顾联大的教学和学术研究，朱自清把课程相对集中，每周二下午进城，周五下午再返回司家营研究所，在城里上课期间，朱自清住在玉龙堆清华宿舍里，1942年9月，又迁到北门街71号唐家花园，和沈从文、李继侗、陈岱孙、陈福田、钱端升等八个人住在一起。沈从文在《不毁灭的背影》里说："那间统舱式的旧楼房，一共住着八个单身教授，同是清华二十年同事老友，大家日子过得够寒碜，还是有说有笑，客人来时，间或还可享用点烟茶。"

在联大教学研究相对稳定的几年中，朱自清和其他教授们一样，生活越发穷困了。大约在1942年年末和1943年年初一段时间，联大校园广为流传一个段子，"联大三绝"。哪三绝呢？一是潘光旦的鹿皮背心，二是冯友兰的黄布包袱皮，三是朱自清的毡披风。但这三绝也是有区别的，鹿皮背心是珍贵的稀罕物件，不仅暖和御寒，还表示一种奢侈的气质；包袱皮没有什么奇怪的，那时的许多教授，上课都用包袱皮包着书，冯友兰的包袱皮上有八卦形图案，就有些出挑了；而朱自清的毡披风，只能显示其穷困。原因是这样的，1942年冬天，昆明遇到十年来最寒冷的天气，朱自清的旧皮袍已经穿成破烂了，实在穿不出去，走不上讲坛了，又没钱做新棉袍，怎么办？有一天，朱自清所住的司家营附近的龙头村逢集，朱自清赶集时，在街上闲逛，看到乡下来的赶牲口的人都会披一件毡披风，便动了念头，狠狠心买了一件。有了这件毡披风，朱自清白天披在身上挡风御寒，晚上铺在床上当褥子，总算是挨过了一冬。何善周在《念朱自清先生——昆明司家营生活的片段》里，有更详细的描写："朱先生很爱整洁，平日出门经常穿着西服。这些衣服都是抗战前的旧装，不过平日刷得勤，破口的地方马上织补起来，穿得爱惜，表面看起来还像件衣服罢了。可是他一回到所里来，便马上把出门时的衣服脱下来换上污旧的长衫或夹袍，冬天则穿上他弟弟送给他的旧皮袍。夹袍和皮袍的纽扣都掉了，他自己缀上些破布条系着。布条长短不一，颜色也不相同，白的黑的蓝的都有。三十一年冬天，气候格外寒冷，旧皮袍不好穿着出门，既没有大衣，又没有力量缝制棉袍，他便趁龙头村的'街子'天，买了一件赶马人穿的毡披风。这种披风有两种，细毛柔软而且式样好的比较贵些。朱先生买不起，他买了那种便宜的，出门的时候披在身上，睡觉的时候还可以把它当作褥子铺着。"二弟朱物华在《昆明生活半年间》一文中说："上课时，大哥从乡间赶进城来，上好两三天课再回乡下。他进城后，和李继侗、邵循正两位教授同住一室。我有时去看他，那间房屋不大，是旧式建筑，光线较差，托我在房内多装两只电灯。屋内都是从学校搬来的旧家具。若逢下雨，他那件从乡下披着赶进城的旧毡衣就挂在房外狭弄堂的壁上。"

住和穿的情况尚是如此，那么吃的呢？浦江清记述了1943年农历除夕他们的一餐年夜饭："上午佩弦请吃烤年糕，下午同人集合包饺子（角子）。晚饭即吃蒸饺，另菜二碟，佐以酒。又闻家送来鸡肉一碟，萝卜球一碗。此即年夜饭矣。"有一次朱自清暑假回成都探亲，巧遇二十年未见的丰子恺，欣喜万分。但是因手头拮据，无力招待，只能以诗相赠。多年后，丰华瞻在文章中说："……老友重逢，请吃一餐饭本是当然的事……朱先生穷得连一餐饭都请不起……就写了四首诗赠给父亲。"

朱自清的日记中，经常有"寄钱""还钱""又借钱，愧甚"等字样。很多时候借多少、借谁的钱都写得明明白白，还钱日期也写得明明白白。为了缓解贫困，朱自清也是想尽了办法，能卖的都卖了。1942年4月8日晚上，朱自清手头实在周转不开了，只好挟行军床至永安行寄售。朱自清估计这张行军床要卖一百二十块钱，没想到，被奸商压价，只标价六十块钱。1942年7月4日，朱自清日记曰："取薪金，寄家中七百元，还开明五百元。下午迁居。倦甚。"这是刚拿到手的钱，就去掉了一千二百元。日记接着是去拍卖东西的记录："晚持被单至昆明百货行寄售。先曾到利沙，不接受。因态度、价格皆不适宜，故拒绝之。"刚拿了工资，就去变卖物品，不是实在不得已，不会去卖东西的。1942年8月11日，朱自清日记曰："从清华办公室得八百元的支票，系《宋百家诗存》价款。此乃余小图书室中最好的一本。将此款寄往成都。"这是旧版木刻的稀见版本，为了生存，朱自清也只能割爱了。1942年9月23日，朱自清日记曰："晚到拍卖行寄售淋浴器具。"10月1日，朱自清日记曰："晚饭后到拍卖行寄售桌灯。"10月22日晚，朱自清去拍卖行，日记曰"只得四十五元"。朱自清的日记里还有卖留声机、卖唱片、卖网球拍等记载。更有多次去拍卖行。身边的物品能卖的都卖得差不多了，朱自清又把寄放在北平俞平伯家的部分书籍托俞平伯变卖，所得款项再请俞平伯分次寄到扬州的家中。有一年夏天成都流行麻疹，朱自清和陈竹隐所生的三个孩子一齐病了，陈竹隐忙于照顾，加上心急，也病倒了。在昆明的朱自清得信后，非常惦念家里的情况，又没有钱买机票，正在一筹莫展的时候，朋友徐绍谷说："你拿点东西我给你卖了。"朱自清只好忍痛把心爱的一块砚台和一幅字帖卖了，朋友们又为他凑了些钱，才买票赶到家中。朱自清在《刘云波女医师》一文中也记述了此事："有一年我们的三个孩子都出疹子，两岁的小女儿转了猩红热，两个男孩子转了肺炎，那时我在昆明，内人一个人要照管这三个严重的传染病人。幸而刘医师特许小女住到她的医院里去。她尽心竭力地奔波着治他们的病，用她存着的最有效的药，那些药在当时的成都是极难得的。小女眼看着活不了，却终于在她手里活了起来，真是凭空地捡来了一条命！她知道教书匠的穷，一个钱不要我们的。后来她给我们看病吃药，也从不收一个钱。"这从另一个方面也说明朱自清家的清贫。朱自清过意不去，只能"秀才人情纸一张"，请叶圣陶写一副对子给她。

为了解决穷困问题，朱自清在大绿水河私立五华中学担任国文教员。一个名校的大教授去教中学语文，可见当时实在是没有挣钱的门路了。季镇淮在《回忆朱佩弦自清先生》中也惊讶地说："我请了朱先生，先生欣然答应，出我意外，我当然很高兴。著名的新文学家和教授，肯教中学国文，确是稀奇。"而朱自清的学生王瑶了解老师，"在昆明时，朱先生因为生活清苦，在五华中学兼教一班国文"。

其实不仅是朱自清，在那个年代里，许多人都为生活各显神通，都在设法兼职或从事各种工作补贴家用。闻一多因为擅金石篆刻，同人劝他挂牌治印，并由浦江清作骈体《闻一多金石润例》，朱自清在"润例"上签了名。同时签名的还有校长梅贻琦及冯友兰、潘光旦、沈从文等诸多教授。朱自清等教授因为常被昆明的许多学校或文化团体请去演讲，便和闻一多、吴晗等二十九名教授一起，联名定了个稿酬标准，不要钱，只要实物，也算是中国教授们的一大"杰作"了，"因近来物价高涨，论文讲演所得之报酬实质甚至微，同时精神与时间过多损失，拟自所节制，特自今日起联合订润例。标准如下：1. 文稿每千字以斗米之价值计；2. 报纸星期论文每篇以两斗米之价值计；3. 每次讲演以两斗米之价值计，讲演稿之发表另依文稿付酬；4. 稿酬先惠，定时取稿，演讲报酬亦须先惠。"

但是，这样的"润例"有时也实现不了，或被人放了空。这事偏巧有一次又落在了穷困的朱自清身上。据冯契在《忆佩弦先生》一文中说："湖南有个朋友给我写信，说要找名人代他的一个亲戚写篇寿序。我马上想到朱先生，便去求他，也希望因此对他的经济小有帮助。寿序写好了，按照共订的润例，我开了价格去，仿佛记得是八石米的市值。却不想那个朋友的亲戚竟觉得价钱太贵，回信说不要了。弄得我哭笑不得，只恨自己拿不出八石米来买这篇文章。我好没意思地跑去向朱先生表示歉意，满心准备挨一顿骂，再没料到他竟又谦逊地说：'我练习练习，这样的文章从没写过，写得不好。'"

这就是当时名教授们的生活写照。大家生活都不好过，朱自清尤甚。因为长年的操心，加上胃病和营养不良，朱自清的身体一天不如一天。1945年7月22日，抗战胜利前夕，吴组缃来探访朱自清，一照面就吓了一跳："……霎时间我可愣住了。他忽然变得那样憔悴和萎弱，皮肤苍白松弛，眼睛也失了光彩，穿着白色的西裤和衬衫，格外显出了瘦削和劳倦之态。……他的眼睛可怜地眨着动着，黑珠作晦暗色，白球黄黝黝的，眼角的红肉球球凸露了出来；他在凳上正襟危坐着，一言一动都使人觉得他很吃力。"

就这样，朱自清的身体出现了危机。

折磨人的胃病

　　冯契在《忆佩弦先生》一文中，说到昆明司家营研究所的那段生活，有这样的文字："研究所的教授和同学，除了闻一多先生之外，合组一个伙食团。雇了个乡下人做饭，是个可爱的憨徒。人是忠诚极了，饭烧煳，菜没煮熟，也不忍责备他。有次异想天开，去田里捉了许多蚂蚱，炸了捧到饭桌上来孝敬大家。弄得每个人摇头，他还笑嘻嘻地直说，'滋味好呐好！'而忽然谣传'有吏夜抓丁'，我们这位憨徒就马上逾墙而走，常常数天甚至半个月不回来。于是一早起来，一群秀才手忙脚乱地生火，淘米，挑水，赶街子……终至于整个研究所翻身，弄得每个人垂头丧气。年轻力壮的小伙子，吃点这样的苦，算不了什么。但是一个有病而又长期过惯家庭生活像朱先生这样的中年人，怎么受得了呢？然而，他在我们当中，是最不发怨言的一个。"这里说朱自清的"病"，就是长年折磨他的胃病。

　　翻看朱自清日记，胃不舒服的记录最早出现在 1937 年的 2 月，到了这年的 4 月 11 日，他在日记中写道："发烧，胃剧痛。这种剧痛曾经有过。"这次胃痛直到第二天才渐渐复原。"曾经有过"的"剧痛"，可能日记中没有记录，说明那时候的胃病已经相当重了。1940 年上半年，他在给吴组缃的信中，提到了他的胃病："我这些年担任系务，越来越腻味。去年因胃病摆脱了联大一部分系务，但还有清华的缠着。""去年"即 1939 年，数一数这年的日记中关于胃病的文字，居然多达 36 处。8 月开始严重。8 月 29 日日记的最后一句还带着一丝欣慰的口气说："肠胃正常三日矣。"看来三天不发病，已经是属于"正常"了。而这年的12月，有多达10次的记录，而12月间，他还抱病办了一件重要的事——联大师范学院中文系主办的《国文月刊》和开明书店出版社签了出版、发行合同，合同起草人正是朱自清。他带着合同找开明书店在昆明的代表章锡珊，又找联大师范学院院长黄钰生签字。朱自清1940年的日记只记了两个月，关于胃病的记录就有4次。从1941年2月开始，他每天都有记载胃的情况，计2月里严重的有7天，3月里严重的也是7天，4月里是9天严重，11月6天严重，16天没记，12月8天严重，12天没记。而1941年他大部分时间在成都家中，虽然经常和叶圣陶等朋友欢聚，但主要在家中吃饭，比起后来在西南联大的单身生活，饮食应该相对滋润多了，即使这样，发病严重的时候依然很多。到了1942年，他的胃部不适多达205天，其中1月和2月各有23天，5月竟达27天。他在这年春夏之间4月24日写了一首诗，名为《胃疾自儆》，诗曰："孤影狰狞镜里看，摩霄意气凛冰寒。肥甘腊毒频贪味，肠胃生疴信素餐。尚赖仔肩承老幼，剩凭瘦骨拄悲欢。异时亦自堂堂地，饕餮何容蚀五官。"朱自清在当天日记里记曰："写诗费时过多。"诗中的"孤影狰狞"，指自己的病容，"镜里看"出自唐朝张谓的《送韦侍御赴上都》"别后头堪白，时时镜里看"之句。"摩霄"，接近云天或冲天之意，出自唐朝白居易《病中对病鹤》"未堪再举摩霄汉，只合相随觅稻粱"之句。"肥甘"，指肥美的食品。晋朝葛洪在《抱朴子》里云："知饮食过度之速疾病，而不能节肥甘于其口也。""腊毒"即极毒，出自《国语》里的《周语下》："高位寔疾颠，厚味是腊毒。""仔肩"，指所担负的责任，出自《诗经》，有"佛时仔肩，示我显德行"之句。这是朱自清警醒自己的诗，告诫自己，须克制自己的口腹之欲，因为自己是家里的顶梁柱，一身"瘦骨"怎么能担当得起呢？但是，胃病依然没有好转，1943年的日记记载，有168天是关于胃病的。1944年是135天，而11月只记了四天，却在1日、8日、13日三天都记有胃疼。1945年的胃病天数118天。1946年是179天，仅11月就高达25天，只好去医院看病，但在12月里仍发病23天。算下来，在朱自清西南联大九年的日记中，关于胃病的记录高达1100多天。这个数字真让人心疼、心酸，就是说，他几乎有一半时间，都在饱受胃病的折磨，说好听点，是在和胃病作斗争。朱自清也没有隐瞒自己的病情，多次和朋友讲起，1941年，在给俞平伯的信中，再次提到他的胃病："弟近来胃病大发，精力颇不如前。大约营养亦差也。肉食虽不致太缺，然已见肉心喜，思之可笑。离家半年，客中生涯亦不至太寂寞，但时思则不免耳。"1945年7月15日在成都时致浦江清的信中也说："弟到此访客及应酬，加以演讲，甚为忙碌，不似去年清闲，胃病仍发，最以为虑。"朋友们对朱自清的病也很关心，在1944年暑假期间，朱自清回成都，和陈竹隐于7月15日一起看叶圣陶、张自和、金拾遗等朋友，叶圣陶在《西行日记》里说："午后二时许，佩弦夫妇偕来。三年为别，握手甚欢。佩弦胃病甚久，至今未愈，本为圆脸，今呈尖形，皮色亦苍老，鬓多白发。云在此将访问医生，希得治愈，两月之后将回昆明。仍不得长叙，未免怅然。"

朱自清热爱工作，除了教学的一丝不苟，写作和学术研究更是他的自觉行动。按照一般人的思维，身体都这么不好了，教教书，凭他多年的功底，不需要费多大力就可以应付了，而注意饮食，调理一下身体，才是重中之重。但是朱自清自强自省的品格，不允许他偷懒，抱病也要完成文学写作和学术研究。在西南联大的几年中，虽然日子过得清贫，但仍然保持乐观主义的态度，坚信抗战一定能胜利，所有的坚持、所有的苦难都是值得的。在对待胃病上，一方面他也非常重视，在日记里经常警醒自己，聚餐吃多了，或喝酒喝多了，也会说些后悔的话，但遇到朋友邀宴，一来是面子上过不去，二来也经不住美食的诱惑，这才导致了胃病的反反复复。比如1938年7月10日，还在蒙自的时候，朱自清参加冯友兰的面条聚餐会，当天的日记说："食面过多，致胃痛服药。"15日，"参加陈序经的晚餐会，再次醉酒且呕吐"。这还是胃病严重的初期。往后的几年，胃病越发严重时期，他也会注意克制自己的饮食和饮酒，但遇到投机的酒局，依然经不住劝，还会多喝几杯，接下来就是更严重的反弹。1944年3月8日那天，友人萧叔玉即将就任中正大学校长，朱自清出席饯行晚宴，在座的有顾毓琇、陈岱孙、李继侗等人。那天喝酒可能不多吧，到了第二天，即3月9日，又要参加浦薛凤和徐绍谷的宴会，朱自清感觉那天的胃没有什么不良反应，便多喝了几杯，导致胃病再次犯了。接下来的两天，他继续"应李广田邀晚餐"，"参加绍谷宴会"。到了12日这天，一下出来他写日记时对胃病标记特别严重的三个"×"。13日，他只好在日记中提醒自己："贪吃！"就是在这样的情况下，朱自清还在坚持写作，比如1943年12月的前十七天里，他一边在和胃疼作抗争，一边仍坚持写作，从日记中可以看出：12月1日，"写完《爱国诗》一文"。2日，"修改《爱国诗》一文"，"晚开始写《文脉》一文"。3日，"写《文脉》两段。疲倦。昨夜失眠"。4日，"上午写成文章。下午到中法图书馆借书。达元邀晚饭。读《民族文学》"。5日，"开始写《译诗》一文"。6日，"继续写文章。徐君恕来访，邀余参加明日晚餐会"。7日，"文章写成。参加吴晗的餐会，菜佳"。8日，"上午准备诗的讲稿"。9日，"改学生作文"。10日"开会研究预备班问题"。11日，"在乐乡参加继侗的早餐会，馒头甚好"，"开始写《诗韵》一文"。12日，"继续写文章。夜呕吐不止，失眠"。13日，"继续写文章。胃不好，整夜呕吐，不能入睡"。14日，"仍继续写文章"。15日，"晚有轻微地震。参加今甫茶会"，"完成文章"。16日，"未进食。修改文章"。17日，"休息。整夜呕吐"。日记中的《爱国诗》，在次年2月1日《当代文艺》第2卷第1期发表时，加副标题"新诗杂话之一"，收入《新诗杂话》时，又删了副标题。《文脉》，即《谈文脉》，发表在次年4月1日出版的《国文杂志》第3卷第1期上，收入《国文教学》时，又改回《文脉》，作为《写作杂谈》的第一节。《译诗》，即《译诗——新诗杂话》，发表在次年3月1日《当代文艺》第2卷第3期上，收入《新诗杂话》时删了副标题。这段日记我每次读到时，都感到虐心般的难受，最初几天都是在用心写作，然后因为赴朋友的饭局，导致胃病复发，在"整夜呕吐"的情况下，还坚持写作，直到17日，实在撑不住了，才休息。而且，几天以后，即本月22日，因为得悉好友俞平伯在北平的汉奸报刊上发表文章，担心他"下水"，即写长信予以劝说，这又看出他对朋友是多么的真诚，心中始终有一杆正义的秤。

朱自清的日记中，类似这样的边病着边工作的记录还有多处。可能正是这样的拼命式的工作，才造成他的胃病越来越严重，并导致最后的不可逆转。

致俞平伯的信

　　朱自清虽身在大西南，但仍关心沦陷区的朋友，特别是苦居北平的好朋友俞平伯，更是让他时常惦记，也会把自己的病情告诉俞平伯，或把诗词寄给俞平伯看，或委托俞平伯处理寄存在俞家的物品。

　　在西南联大期间，朱自清给俞平伯的信有多封，大都没有保存下来。从现有的资料得悉，只有四封完整的信，另外还有文章、日记中的片言只语。1941 年 4 月 16 日，朱自清给俞平伯寄有一信，信中主要是谈俞平伯帮他代售寄存在俞宅的书，可能前信委托没有说清楚，抑或是有些书不愿意出售了。信中谈到此事时，说："一、弟在英伦所得书片四册，拟不出售。二、逻辑讲义拟不出售。三、《谢灵运诗注》《鲍照诗注》《玉川子诗注》拟不出售。但此信到时如以上文件均已售脱，即亦听之而已。"接下来，便是委托俞平伯将卖书所得的款项寄扬州的家里的分配。信中，朱自清还向俞平伯谈了自己的胃病和大不如前的精力，还调侃自己说，"肉食虽不致太缺，然已见肉心喜"。信的最后，是抄一首写给浦江清的诗，请俞平伯"台阅"，诗曰："天涯联榻各无家，狼藉丹铅送岁华。退食高言河汉远，饤盘常供锦糖赊。忧来乘病如蜂拥，语重兼金抵圹加。蛮蜑相期君一笑，碍人芳草不面嗟。"

　　其时，俞平伯在北平的日子也不好过，有日伪背景的大学他不愿去上课，只能在私立的中国大学找点事做，薪水微薄。为了生计，还在家里招了几个学生教，收点辛苦费。这一时期的俞平伯是个什么样的情状呢？从当时朋友和同事的文章、书信以及报刊的采访报道中，能够看出一些面貌来。1943

年 10 月《风雨谈》第 6 期，有一篇署名穆穆的文章，标题为"俞平伯先生"，文章说："第一次和俞平伯见面是我在 C 大学读书的时候，那时我是大学三年级，有他授的'清真词'，等到上课钟响了，一个很矮的个子，一身胖肉，穿着一件宽大的衫子，夹着一个已经破旧了的皮包，鼻梁上架着两片白色的眼镜，最刺眼的是刚刚在四十个年龄的头，满载着一堆白发，如果在别处见到他，我决不会想到这就是久已闻名的俞平伯先生。"从文中分析，"C 大学"就是中国大学，描写的俞平伯应该是在 1940 年前后。作者接着又写道："俞先生的心是那么静，像他的散文一样的幽美，不多说一句费（废）话，好像脑海总在想着什么。"

1942 年 6 月 1 日《万人文库》旬刊第 15 册上，也有一篇小文章，作者夏简，文中透露他和几个青年人去采访俞平伯时的一些细节，在形容俞平伯的外貌时，是这样说的："已经苍白了头发。中等的身材，穿着一袭薄棉袍，外面罩着蓝市布褂，下面着一双礼服呢皂鞋。两只清澈眼睛却还带着活泼的光彩，时时透过无缘白水晶眼镜，发出真诚的笑。"又说："（他）不时把滑到旁边的长袍的襟，整正过来……今天看见俞先生，我仿佛第一次看见了'文质彬彬'的人，仿佛才觉得了'文质彬彬'的意味。"从文中描写的情境来看，作者访问俞平伯时，大约在这年的年初。在问俞平伯最近是否还经常写作时，俞平伯答道："不大写。发表的地方很少。"说起家里还收有几个学生时，俞平伯说："这比较费时间。此外做一些研究的工作。"在被问到是否经常外出时，俞平伯的回答是经常外出，"不过别家不大去，只常到几家亲戚家走走"。文章中还透露，俞平伯未发表的文章还有很多，"其中考据以外还有文学、思想等方面的著作"。说到好友朱自清时，俞平伯说："好久无信了，大概生活很清苦罢。"说罢，"微微露出伤感，但仍然保持着安静的态度"。这篇文章虽然只有千把字，却透露了很多信息，今天读来，俞平伯当时的情状跃然纸上，仿佛其本人就坐在读者面前。他说朱自清清苦，便露出伤感来，自己又何尝不清苦呢？一个名教授，只靠带几个学生度活，一周两个钟点的课也收入微薄，稿子无处发表，生活的艰难可想而知。据说，后来他家中又两度遭遇窃贼，衣物、财产损失惨重，境况更为困窘，不得不将家中旧物标价售卖，当年风雅一时、往来无白丁的"古槐书屋"，一时间变成了旧货市场，俞平伯还亲自站立一旁，一边看着收货人清点原属于自己的物产——有的可能还是曾祖父俞曲园留下来的传家宝，一边记账，这种场景可以想象一下，真是够寒酸的，而看惯、用惯了这些东西的俞平伯，心情自然也极不好受。

夏简的这篇文章说俞平伯的作品无处发表，应该是确实的，主要是他不愿意在一些有日伪背景的杂志上发表，怕是陷阱，也怕引起别人的误解。但是，到了1943年，他又一连发表不少篇文章，并受到朱自清的批评。

这是怎么回事呢？

这还得从朱自清说起。身在昆明西南联大的朱自清，太了解周作人和俞平伯之间的密切关系了。周作人"落水"后，朱自清十分担心俞平伯会受周作人的影响，把他给裹进去，带来灾难性的后果。事实上朱自清因此曾给俞平伯寄过几首七律，其中一首云："思君直溯论交始，明圣湖边两少年。刻意作诗新律吕，随时结伴小游仙。桨声打彻秦淮水，浪影看浮瀛海船。等是分襟今昔异，念家山破梦成烟！"这首诗回溯当年少年时的意气，情景交融，十分动情。这种特殊时候的回忆，表达的并非文人雅士平素酬唱的一般情感，而是暗示一种心存光明、理想，不被恶劣环境影响和屈服的意念。还有一首就更为直白了："忽看烽燧漫天开，如鲫群贤南渡来。亲老一身娱定省，庭空三径掩莓苔。经年兀兀仍孤诣，举世茫茫有百哀。引领朔风知劲草，何当执手话沉灰！"这一首写出了朱自清能够深切地体会俞平伯苦居北平的现状：虽举世茫茫，仍能"兀兀孤诣"，如劲草般"引领朔风"。

但是，事情还是发生了一些变化。1943年前后，北平几家有敌伪背景的《华北作家月报》《艺文杂志》《文学集刊》等杂志，陆续刊出俞平伯的几篇文章。比如《音乐悦乐同音说》，就发表在1943年7月1日出版的《艺文杂志》第1卷第1期上，《词曲同异浅说》发表在《华北作家月报》第6期上，《谈〈西厢记·哭宴〉》发表在《文学集刊》第1辑上，《文学集刊》的主编是周作人的学生沈启无。朱自清知道，这些杂志与周作人都有着密切的联系，俞平伯一定是赖不过老师的情面才提供稿件的。如此一来，俞平伯岂不一步步陷了进去？特别是《艺文杂志》所选文章，以读书随笔、古典文学研究笔记为主体，这是俞平伯极为擅长的文体。所以，前七期的《艺文杂志》里，发表俞平伯的文章就有六篇之多。

俞平伯后来回忆云："在敌伪时期，常有人来向我拉稿，我倒并不是为了贪图稿费，只是情面难却，便给那些不含政治色彩的文艺刊物写写稿。"而在当时，远在昆明的朱自清真替老友担心，马上千里驰书，劝说俞平伯不要再发表文章，"以搁笔为佳"。接信后，俞平伯理解老友的苦心，回信解释说"情面难却"，"偶尔敷衍而已"云云。但是，朱自清认为此事并非这么简单，1943年12月22日，他再次致信俞平伯，叙述自己在大后方的苦苦撑持："弟离家二年，天涯已惯，然亦时时不免有情也。在此只教读不管行政。然迩来风气，不在位即同下僚，时有忧谗畏讥之感，幸弟尚能看开。在此大时代中，更不应论此等小事；只埋首研读尽其在我而已。所苦时光似驶，索稿者多，为生活所迫，势须应酬，读书之暇因而不多。又根柢浅，记忆差，此则常以为恨者，加之健康渐不如前，胃疾常作，精力锐减。弟素非悲观，然亦偶尔栗栗自惧。天地不仁，仍只有尽其在我耳。前曾拟作一诗，只成二句曰，'来日大难常语耳，今宵百诵梦魂惊'，可知其心境也。"信的最后，对俞平伯前信的含糊态度，予以驳回："前函述兄为杂志作稿事，弟意仍以搁笔为佳。率直之言，千乞谅鉴。"俞平伯看到信后，受到极大的震撼，"他是急了！非见爱之深，相知之切，能如此乎？"从此，除了几篇存稿发表，俞平伯便不再给这些杂志写稿、供稿了。俞平伯便在敌伪时期的北平艰难度日，除几个亲戚家走走以外，和有敌伪背景的人或机构绝少往来，过着近似于隐居的生活，平静地等来了抗战的胜利。

1945年12月24日，朱自清在致俞平伯的信中，感谢俞平伯托梅贻琦带来的其五言长诗《遥夜闺思引》手稿及《谢灵运诗集》，接着便把自己阅读《遥夜闺思引》的初步感想和俞平伯分享。这首五言长诗，是俞平伯自述在北平苦居八年间的心迹。此时日本已经投降数月，俞平伯回想起北平苦居的艰难岁月，忍辱负重，但仍能保持自己的人格和初心，百感交集。但该诗用典太多，艰涩难懂，许多人读之茫然。朱自清读懂了。朱自清这才理解俞平伯在北平的日子，特别是心灵上，是忍受了太多的煎熬的。信中，朱自清还向俞平伯透露，梅贻琦从北平回到昆明后，向冯友兰建议，清华大学复员后，继续聘俞平伯为教授。但朱自清又听杨振声说，北京大学也准备聘俞平伯，而且朱光潜也希望俞平伯去北大任教。朱自清给了俞平伯建议，可以去北大。信中，朱自清还告诉俞平伯，他准备明年五月返北平，"但殊难定"。

从现有的朱自清致俞平伯的信中，足见两位友情之深厚、话语之投机、学术之渊博了。

再回成都

直到三年以后，即 1944 年的暑假期间，朱自清才再次回成都度夏。

这一次，朱自清是先乘飞机，于 1944 年 7 月 8 日到达重庆中转。同时还有一个重要的事情要办，即把三年中陆续写出和编成的《新诗杂话》交给出版社。下午到达成都时，三弟朱国华来看他，叙述兄弟之情后，第二天，即去作家书屋拜访姚蓬子。姚蓬子是浙江诸暨人，毕业于上海中国公学，大学毕业即从事文学创作和编辑工作，还翻译了法国作家果尔蒙的《处女的心》，于 1927 年在上海北新书局出版。1930 年加入左联，任《文艺生活》月刊主编，1938 年加入中华全国文艺界抗敌协会，和老舍在武汉合编中华全国文艺界抗敌协会主办的《抗战文艺》三日刊，朱自清、叶圣陶、茅盾、郑振铎等人都是该刊的编委。武汉沦陷后，姚蓬子赴重庆创办作家书屋，继续他的出版事业，又和老舍等人创办《文坛小报》。朱自清见到姚蓬子，郑重地把书稿交给他并签了合同后，又去拜访老舍，并遇冯雪峰、韩侍桁等人，晚上参加了蒋复璁的邀宴。在重庆短暂逗留的几天，朱自清一直都很忙，主要是以赴宴为主。1944 年 7 月 10 日中午，应吴俊升邀宴，晚上，又出席了姚蓬子的邀宴。

姚蓬子请客，应该和《新诗杂话》有关。朱自清出版了不少书，却偏偏对这本集子非常看重。朱自清与姚蓬子交情不深，大约只是久闻其名罢了，因为他有些才干，除和老舍合编《抗战文艺》外，他个人经营的出版社作家书屋经营也不错，在文艺界还有不错的人脉。他请朱自清吃饭，一来是感谢朱自清供他书稿，还有可能是进一步笼络的意思。但是，事实上朱自清的这部书稿，也是历经了波折——稿子交给姚蓬子就再无消息。直到几年以后，清华大学复员回北平，朱自清才在1947年8月25日的北平碰到他，那天是姚蓬子去拜访朱自清的，匆匆一见，还未来得及说多少话就告辞了。朱自清在那天的日记中只有一句"姚蓬子来访"。据这句话推测，可能是他接收了朱自清的书稿后，三年没有出版，又不好意思解释，吞吞吐吐、欲罢不能、欲说还休，只好告辞。也可能是这次拜访起了作用，姚蓬子回去以后加紧推进《新诗杂话》的出版，此书终于在1947年12月问世了。1948年1月23日，朱自清收到样书时十分开心，在目录后的空白处，写了一大段话，表达对这本书出版的欣喜。

7月11日，朱自清又和浦薛凤一起吃饭，下午还和王化成、陆晶清一起去找胡秋原聊了一通。胡秋原此时担任《中央日报》的主笔，他也曾独立主办过《文化评论》周报，因在该报发表《文学与艺术至死是自由的》等论文而名噪一时。7月12日，朱自清再次去看蒋复璁，并一起参观了中央图书馆。中午，胡秋原请客，朱自清日记曰："八道菜，席上大谈政治。"在一连几天的忙碌之后，于7月13日乘车前往成都，晚上在内江住了一晚，于1944年7月14日晚到达家中。不知是故意赶这个点，还是事有凑巧，这天正好是夫人陈竹隐的生日，陈竹隐在家中设了家宴，请成都的亲朋好友祝贺生日。正在这时候，朱自清突然回来了，真是太高兴了，于是大家围坐一起，既吃了生日宴，也算是为朱自清举行了接风宴，同时也祝贺一家又团聚了。

刚回到成都的朱自清，给老朋友的印象是怎样的呢？

和三年前那次回家一样，第二天，朱自清和陈竹隐参加完邻居夫妇的邀宴后，就匆匆出门，分别拜访了众多友人。叶圣陶当然也在其中了。但这一次拜访，给叶圣陶的印象是，朱自清的精神状态发生了较大的变化，甚至连外貌都和三年前不一样了。老朋友虽然又见面了，但因还有其他人急于拜访，只好先告别。但叶圣陶看到老朋友相貌的改变和深受胃病的折磨，只能"怅然"了。

接下来的两三天，朱自清又接连拜访了友人，仅7月17日一天，日记所记，就分别有"马、余、林、廖夫妇、冯太太、张太太、雪舟、四姐及王先生"。关于这位王先生，其做派还引起了朱自清的不快，日记云："王伯涵先生对我毫不了解，且颇不礼貌。他是个老人，倚老卖老。妻早就劝我应征求张君意见，是否去拜访这位老者，我不听她的劝告，咎由自取，颇后悔。而且张家的狗咬了我。"

到了 7 月 19 日，朱自清不忘老朋友吴宓的嘱托，访问了四川大学校长黄季陆，询问能否邀请吴宓来川大讲学。吴宓时任西南联大外文系教授，不知什么原因想脱离联大而到四川大学来，他所托的朱自清，既是同事兼好友，更是信得过的人，当年吴宓出国旅游一年时（1930 年 9 月），朱自清还创作了一首《送吴雨僧先生赴欧洲》的旧体诗壮行。吴宓的这次出国，固然有求学问道的原因，还有他的情感生活遇到了大问题，用今天的话来形容，就是"一地鸡毛"——青年时期的吴宓在美国读书时，突然接到清华留美同学陈烈勋的来信（1918 年 11 月），欲将自己的妹妹陈心一介绍给吴宓。信中说，陈心一毕业于浙江省女子师范学校完全科，心气很高，求偶标准也很高，在读过吴宓的诗文后，萌发爱慕之情。吴宓得信后，立即回信认可，并动身回到国内。得知陈心一和他在清华的大学同窗兼同桌好友朱君毅的恋爱对象毛彦文是同学时，就写一封信，托朱君毅、毛彦文打听陈心一的性格脾气。毛彦文根据她对陈心一的了解，说陈心一人品不错，做朋友可以，贸然订婚则无必要。此话吴宓并未理解，或并未在意，从美国回来后，直奔杭州，来到陈家，和陈小姐见了面，感觉尚好。但正在此时，一个年轻女子飘然出现在陈家客厅，吴宓一见，心乱了，觉得对方才是他要找的爱人。未承想，此人正是他委托的媒人、朱君毅的恋爱对象毛彦文。毛彦文也是有个性的新女性，她 9 岁时经父母说合，和父亲的方姓朋友家订有婚约。当毛彦文从浙江女子师范毕业后，方家怕生变故，催婚很急，无奈之下同意结婚。就在男方花轿抬到大门口时，毛彦文从后门勇敢地逃婚而去，投奔早就私订终身的表哥朱君毅去了。毛家只好和方家解除了婚约，又和朱君毅订了婚约。吴宓和朱君毅在清华做同学时，就读过毛彦文写给朱君毅的情书，很佩服毛彦文的才华。当吴宓在陈家客厅初见毛彦文时，瞬间就被毛彦文的淑女风范所吸引了。这次见面后，毛彦文回到上海。十几天以后，吴宓便和陈心一完婚了。这时，吴宓和朱君毅同时被聘为国立东南大学教授。在东大时期，毛彦文才正式和吴宓熟悉。就在这时候，朱君毅突然以近亲不能结婚为由，和相恋多年的毛彦文断绝了恋爱关系。当初逃婚只为朱君毅的毛彦文，只好求助吴宓、陈心一夫妇。吴、陈也两边奔走，费了很多口舌，结果终究没有说合成功。而吴宓在说合过程中，已经移情别恋，向毛彦文表白爱意。毛彦文十分反感，断然拒绝。此后吴宓到清华任教时，为追求毛彦文，反而狠心地和陈心一离婚，并不断给毛彦文写求爱信、写情诗，还把他写的情诗拿到课堂上去念，去给学生讲解，搞得全北京都知道吴宓在追求毛彦文了。吴宓就是在这种情况下，赴欧洲游学的。这才有朱自清的赠诗。再说毛彦文的情感生活遭受打击后，也去了美国读书。吴宓的情书又从欧洲追到美国，并正式向毛彦文求婚，让其到欧洲结婚。毛彦文终于在吴宓的情书、情诗轰炸下，又念及自己也三十多岁了，心有所动，觉得找一个爱自己的男人也不错，便同意和吴宓结婚。但是当毛彦文来到欧洲后，吴宓又突然变卦了，由结婚改为订婚。毛彦文因此而大哭一场。吴宓日记云："是晚，彦虽哭泣，毫不足以动我心，徒使宓对彦憎厌，而更悔此前知人不明，用情失地耳。"结婚不成后，他们双双回国，吴宓继续到清华任教，毛彦文则回到上海教书，并一直在痴等吴宓的迎娶。但吴宓仍然在几个女人之间摇摆不定。几年后，一气之下的毛彦文，嫁给了比她大近三十岁的民国元老熊希龄。两年后，熊病故。接着便抗战爆发，吴宓和朱自清一起在西南联大教书，关系依旧很好。1943 年 7 月 29 日，朱自清日记云："雨僧为其女儿写诗一首，余以一首和之。"诗名为《雨僧以〈淑女将至〉诗见示，读之感喟，即次其韵》，诗曰："几人儿女入怀来？客影徊徨只自哀。白傅思乡驰五忆，陶公责子爱非才。失群孤雁形音杳，绕膝诸孙意兴灰。更有飞鸟将弱息，天涯望父讯频催。"朱自清为什么"读之感喟"呢？结合诗的内容看，朱自清是想起自己的几个孩子了，他们都是失群的孤雁哪！吴宓长女名叫吴学淑，故称"淑女"。彼时，吴学淑要从成都的燕京大学转到昆明的西南联大读书。吴宓高兴之余，才作了《淑女将至》旧诗一首，并请好友朱自清过目。其诗曰："万里千金当竟来，欣逢谁解我心哀。形容似母非吾喜，温婉择婿待世才。牛马生涯劳莫息，楼台仙境梦全灰。长成儿女方知孝，未尽乌丝晚景摧。"

在朱自清的多方努力下，基本上确定了吴宓可到四川来——从结果看，是先到金陵大学任教，后又到川大。有意思的是，在朱自清奔走说合过程中，四川大学校长黄季陆还于几天后，托请赵守愚来请朱自清到四川大学任教，这就有点像当初毛彦文给吴宓和陈心一做媒一样，媒做成了，把自己也裹了进去。这事颇让朱自清为难，受到四川大学的重视固然可喜，且离家又近，可以方便照顾家里。但是，清华大学毕竟是他已经任教了近20年的高校，有许多老友，真要离开，也让他很难割舍，所以他暂时没有表态。这事还有后续：据朱之彦在《回忆朱自清先生》一文中说："1945年暑期一次赴姨家，见报恩寺门前停一小轿车，进去，姨父告诉我：'黄季陆在此。'我乃一介寒士，自然不乐见大宾，便未进先生书房。嗣后，得知这次黄是再度登门了。第一次来聘请先生执教川大，先生以在清华多年，不当见利思迁，推却了他。第二次，黄谓先生既不愿离开清华，何妨在休假中为川大教一年课，先生又以'准备写作'辞谢。"朱之彦是陈竹隐姐姐家的孩子，此时在成都粮食部门工作，也热爱旧体诗词和猜谜等文艺，所以常到朱自清家来走动。看来，当时的四川大学和其校长黄季陆，还是很欣赏朱自清的。

1944年7月20日，朱自清拜访了陈寅恪。陈寅恪和朱自清一起经历了长沙临大、蒙自分校和西南联大时期，可谓和清华大学共同度过了一段最艰苦的时期。1940年暑假期间，由于夫人在香港生病，陈寅恪去香港陪护夫人并准备暑假结束后去英国，因故未能成行后，便就近在香港大学任客座教授。1941年12月，太平洋战争爆发，日本人占领香港，陈寅恪立即辞职闲居，日本人拿出日元四十万元，委任他办东方文学院，被他拒绝。1942年春，有人受日方委托，又诱惑他去沦陷的上海任职有日伪背景的学校，他再次拒绝。1942年5月5日出走香港，在桂林的广西大学短暂地教了一年书后，于1943年8月启程北行，11月到达战时首都重庆，不久后转赴成都，并任教于抗战开始时撤退到成都的燕京大学。朱自清看望了陈寅恪后，又在陈寅恪的作陪下，拜访侯宝璋，再访蔡乐生。陈寅恪也是多年未见到朱自清了，中午还请朱自清吃了便饭。在接下来的几天中，朱自清主要是四处求医，治疗顽疾胃病，也拜见、走访了许多老朋友。

重庆三天

朱自清是 1944 年 9 月 28 日动身返回昆明的，飞机于当天到达重庆，由于转机时没有订到机票，只能滞留在重庆。朱自清一边设法搞机票，一边和亲朋好友相聚，也落得三天难得的清闲时光。

当天晚上，朱自清应蒋复璁邀请，赴蒋复璁安排的晚宴。

早在 1933 年 2 月 16 日，蒋复璁留学刚刚回国不久，就和赵万里一起访朱自清。朱自清日记云："慰堂来，谈绍华夫人在海船中情形，又谈绍华、梁任近况。" 2 月 19 日，朱自清在同和居邀宴蒋复璁，陪同的有赵万里等，朱自清当天的日记云："午宴慰堂于同和居，座有汇臣、斐云。谈话甚痛快，论时局，论徐森玉，皆可听。他们论及作事之难，令余悚然。"到了 3 月 5 日，朱自清再访蒋复璁，朱自清日记云："访慰堂，谈托赵斐云查《四库》目及托梁廷灿作文事。"然后在访问了黄晦闻后，又和蒋复璁在名为"一亚一"的饭店吃了午饭。和蒋复璁在短短不到二十天的时间里三次见面，可以证明他们的交情之深了。此后，蒋复璁在重庆，朱自清只要在重庆开会，或假期路过，都数次和蒋复璁相聚。在朱自清诸多平辈的友人中，蒋复璁和朱自清的关系，应该最接近和叶圣陶、朱光潜等人的关系了。

这次在重庆接到蒋复璁的邀宴时，因过两天的 10 月 1 日就是传统的中秋节了，朱自清给他捎了点礼物，即成都家乡风味的火腿干菜月饼。朋友间的互赠小礼品，本是寻常不过的事了，未承想，蒋复璁死活不收。两个多月前，朱自清暑假从昆明回来路经重庆时，蒋复璁已经安排了吃饭，加上多年来的友情，朱自清无非是想感谢一下这位老乡兼老朋友。遭到善意的拒绝后，朱自清遂作诗一首以示调侃，诗名相当于小引，把过程也写了进去，曰《中秋节近，以火腿干菜月饼贻慰堂，皆乡味也。慰堂峻却不受，作此调之》，诗云：

> 饼饵聊随俗，先生拒勿深。
> 团圞中秋月，迢递故乡音。
> 且快屠门嚼，还同千里心。
> 物轻人意重，佳节俊难禁。

诗中的"饼饵"，系饼类食品的统称。唐朝白居易在《六年立春日人日作》里有"盘蔬饼饵逐时新"之句。"聊随俗"，南朝宋刘义庆在《世说新语》的《任诞》篇里说："阮仲容步兵居道南，诸阮居道北；北阮皆富，南阮贫。七月七日，北阮盛晒衣，皆纱罗锦绮。仲容以竿挂大布犊鼻裈于中庭。人或怪之，答曰：'未能免俗，聊复尔耳。'""拒勿深"，意为不要拒绝得这么坚决嘛。"团圞"，圆貌。五代前蜀牛希济在《生查子》中有"新月曲如眉，未有团圞意"。"迢递"，遥远之意。三国魏嵇康在《琴赋》中说："指苍梧之迢递，临回江之威夷。""屠门嚼"，比喻羡慕不能得而聊以自慰，典出汉朝桓谭的《新论》："人闻长安乐，则出门西向而笑，知肉味美，则对屠门而大嚼。"和"画饼充饥"意思相近。"千里心"，南朝宋鲍照在《岁暮悲诗》中有"丝胃千里心"之句。"物轻人意重"，原句出自宋朝邢俊臣的《临江仙》："物轻人意重，千里赠鹅毛。"朱自清在这首诗中多处用典，又不失其意趣，确有调侃之意。

可能是朱自清在去成都前，陈竹隐给他的行李中塞了几样点心，加上中秋节临近，就给他带上一款具有家乡风味的月饼。朱自清本想和好友分享，没想到蒋复璁可能知道朱自清还要去昆明，接下来便是一个人生活，零食对于朱自清更为重要，因而拒之，却引出一首诗来，也是意外收获。

1944年9月29日，朱自清访王化成。朱自清没有买到机票，就来找这位老朋友叙旧，恰巧又遇到另一个老朋友，同样在外交部工作的前清华同事叶公超。朱自清日记日："遇公超，与谈。"遇到两位老友，也算是打发了时间。

朱自清作"火腿干菜月饼"诗之后，似乎还不过瘾，加上候机无事，在30日这天，和来访的三弟朱国华长谈之后，又作《卅三年夏，与慰堂、士生重聚于陪都，谈笑欢甚，作此纪事，兼赠二君》三首。从标题看，"卅三年夏"应该指两个多月前的7月29日晚上的那场邀宴。"慰堂"是蒋复璁的号。"士生"不知是谁。朱自清当天的日记有"赴刘尊祺餐会，遇伏园及高临度……访士生"的记述。同遇的孙伏园和高临度没有入诗，可见朱自清和这个"士生"也是关系不错。诗曰：

> 不知有此乐，廿载各驱驰。
> 孰意萍踪聚，相看梦影疑。
> 笑谈随所向，礼法勿须持。
> 慷慨无当世，居然少壮时。
>
> 风流承别下，声气接通人。
> 四库英华出，东观轮奂新。
> 求书赴汤火，分目足梁津。
> 自得百城乐，焉知十丈尘。
>
> 历尽崎岖路，犹存赤子心。
> 直言增妩媚，阅世晓晴阴。
> 眼底蛮争触，人前尺换寻。
> 从来有夷惠，宁与俗浮沉。

该诗前两首是写给蒋复璁的。其一中的"驱驰"，即奔走之意。唐朝李白在《送友生游峡中》说："几年同在此，今日各驱驰。"其二中的"别下"，指蒋复璁的曾祖父蒋光煦，是清代著名藏书家，其藏书楼为"别下斋"，藏有古籍十余万卷。"四库英华出"指蒋复璁曾精选《四库全书》中的232种196册影印出版。"东观"，东汉洛阳南宫内观名，为皇帝的藏书之所，这里指中央图书馆，蒋复璁任该馆馆长多年。"汤火"，比喻滚水与烈火。唐朝王维在《燕支行》里有"教战虽令赴汤火，终知上将先伐谋"之句。此句朱自清自注云："谓抗战后冒险赴沪求书。"1941年年初，蒋复璁冒着生命危险潜入沦陷区上海，协同张元济、郑振铎等人组织"文献保护同志会"，对沦陷区的古籍展开抢救和收购，收集了大量宋元刊本等珍贵古籍3800多种数万册，极大地丰富了中央图书馆的藏书，也抢救了很多善本。"梁津"，指桥梁和渡口。"百城"，出自《魏书》的《逸士传》中的《李谧篇》："丈夫拥书万卷，何假南面百城。""十丈尘"，指繁华之处。可能是作诗的用脑过度吧，朱自清一夜未眠。

朱自清这次在重庆多待了三天，也因此耽误了计划中的返校时间，直到1944年10月1日，即传统中秋佳节当天，才飞到昆明。不过因此而得诗四首，又和老朋友蒋复璁、王化成、叶公超畅快聊天，并和胞弟见面长谈，也算是一种收获吧。

巧遇丰子恺

1945 年 6 月 29 日下午，又是一年暑假时，昆明有到成都的直飞航班了，朱自清便由昆明回到了家中。这天的日记，朱自清是这样写的："去学校领薪未果。归途遇绍谷与岱孙乘小汽车在四处找我。绍谷已为余订购机票，十分钟内打点行装。在乔家与乔君夫妇共进午餐。下午二时十五分起飞，五时抵成都，七时到家。与戚观之夫妇、袁方与王笙泽同机。袁系参加七月十日左右召开的劳工会议，访金、祁二家。"到家以后，依以往惯例，第二天即出门访友了，分别见过了叶圣陶、赵守愚、吴宓、程千帆等老朋友。朱自清还从叶圣陶处借了《中国新诗形律评说》《中国诗论集》二书。叶圣陶在 6 月 30 日日记中说："忽佩弦来，殊出意外，为之狂喜。据云因有直航飞机之便，遂回来休息一暑假。"这里用一个"忽"字，说明叶圣陶没有想到朱自清会突然光临，大出意外后的狂喜也就是必然的了。

几天以后，即 1945 年 7 月 12 日，朱自清便来到燕京大学，他是应燕京大学文协成都分会所举办的文艺讲座的邀请，做一场《新诗的趋势》的演讲。这个题目和内容是朱自清讲熟了的，讲起来应该轻松而精彩。但是，朱自清在当天的日记中说："上午到燕京大学讲新诗课，表慢一小时，颇窘。又声音过低，讲课很不成功。"该讲座是由叶圣陶主持的，为系列讲座，先后演讲的，还有郭有守、叶圣陶、邹荻帆、吴组缃、李劼人、丰子恺等人。而 1945 年的暑假，让朱自清也有"忽然"之喜的是，好友丰子恺也来成都了，他是从重庆来成都搞画展的。7 月 15 日，在章锡珊、叶圣陶请客的酒宴上，朱自清和丰子恺相遇了。朱自清和丰子恺最初相识于浙江上虞白马湖畔的春晖中学，两人不仅是春晖中学的同事，还相邻而居，两家人相处也十分融洽，孩子们在一起玩闹也十分开心。朱自清和俞平伯办杂志和出版图书，都请丰子恺搞过插图或封面设计，甚至"漫画"二字也是丰子恺和朱自清相聊的产物。朱自清还给丰子恺最初出版的两本漫画集写跋作序，高度赞扬了丰子恺漫画的独特风格和人文意味。后来朱自清北上清华任教，丰子恺依旧在上海教书、著文、画画，朱自清回南方探亲或办事时，也多次拜会丰子恺，友谊越来越深。抗日战争爆发后，丰子恺建在家乡石门湾的缘缘堂在日军的炮火下化成灰烬，丰子恺悲愤之余，带全家逃离了沦陷区，在大后方艰难谋生，也不断用漫画形式宣传抗日。1941 年在遵义绘成了《子恺漫画全集》。1942 年秋，丰子恺到达重庆，任教于国立艺术专科学校，一年后辞职，在家中专事著述和画画。

这次能在成都和丰子恺相遇，两位老友自然都十分开心。1945 年 7 月 17 日这天，朱自清在家接待了来访的徐中舒，相谈甚久。徐中舒是古文字学家，有清华背景，1926 年毕业于清华大学国学研究院，师从王国维、梁启超等著名学者。其《古诗十九首考》曾得到刘大白、陈寅恪等人的赏识，他和朱自清意气相投，很能谈得来，1944 年朱自清在成都度假时，他就和朱自清一起聚谈多次。这次来谈之后，朱自清情绪不错，送走徐中舒后，趁势写出了关于和丰子恺交往的旧体诗四首，题目为《卅四年夏，余自昆明归成都，子恺亦自重庆来，晤言欢甚，成四绝句》，诗曰：

千里浮萍风聚叶，十年分袂雪盈颠。
关河行脚停辛苦，赢得飘髯一飒然。

应忆当年湖上娱，天真儿女白描图。
两家子侄各弁冠，却问向平愿了无？

执手相看太瘦生，少年意气比烟轻。
教鞭画笔为糊口，能值几钱世上名？

锦城虽好爱渝州，一片乡音入耳柔。

敝屋数椽家十口，慰情只此似吴头。

四首内容既独立又相互关联的诗，描述了朱自清和丰子恺从当年的初识，到各自为生计奔忙，再到相会于成都，深情地回忆了20多年来，两家的交往和深厚的情谊，于淡淡的哀伤中，透出一丝明快。

其一中的"袂"，指衣袖的意思，"分袂"，即分别之意。南朝宋谢惠连在《西陵遇风献康乐》中有"饮饯野亭馆，分袂澄湖阴"之句。"颠"，顶端、头顶之意，"雪盈颠"，即满头白发。"关河"，泛指山关河谷。见宋朝柳永在《八声甘州》里"渐霜风凄紧，关河冷落，残照当楼"的词句。"行脚"，走路之意。唐朝杜牧在《大梦上人自庐峰回》中有"行脚寻常到寺稀，一枝藜杖一禅衣"之句。"飘髯一飒然"，丰子恺在抗战开始后蓄须。唐朝李白在《古风》之二十八里写过"华鬓不耐秋，飒然成衰蓬"。

其二中的"湖上"，指白马湖。1924年秋至1925年夏，朱自清和丰子恺同在白马湖春晖中学任教，并毗邻而居，后因学校风潮，丰子恺先期离校到上海谋生。"天真儿女白描图"之句，朱自清有自注，云："子恺诸儿及小女采芷皆曾入画。""笄"，簪子。"笄冠"，古代女子15岁即可以盘发插笄，男子20岁则举行加冠礼，表示成年，此句表示孩子们已经成年。"向平"，东汉高士向长，字子平，隐居不仕。子女婚嫁既毕，即开始漫游，后不知所终。可参见《后汉书》中的《逸民传》之《向长》篇。以后，"向平"便代指子女嫁娶既毕之典。唐朝白居易在《闲吟赠皇甫郎中亲家翁》中有"最喜两家婚嫁毕，一时抽得向平身"之句。

其三中的"执手相看太瘦生"，参看宋朝柳咏的《雨霖铃》中的"执手相看泪眼，竟无语凝噎"之句。唐朝李白《戏赠杜甫》中有"借问别来太瘦生，总为从前作诗苦"。这里指两个人的相貌。"世上名"，唐朝孟浩然在《自洛之路》中有"且乐杯中物，谁论世上名"。

其四中的"锦城"是成都的别称。"敝屋"，破旧之屋。宋朝苏辙在《葺东斋》里有"敝屋如燕巢，岁岁添泥土"之句。"椽"，旧时房屋间数的代称。

"吴头"，吴即吴国，代指长江下游地区，丰子恺老家为浙江崇德，属于吴地。朱自清有自注云："记子恺语。"

从这首诗看，朱自清是怀着欣喜之情的。交往20多年的老友相见，丰子恺又正在忙于筹备画展，为了支持丰子恺，朱自清还假托别人之名买了丰子恺的两幅画，算是尽一点心意吧。此举丰子恺当时应该并不知情。很多年以后，丰华瞻在《丰子恺与朱自清》一文中，记述了这一段经历："一九四五年七月初，我父亲从重庆到成都去开画展，与阔别二十年的朱先生重聚了。当时在白马湖畔，彼此都是青年，这时则已渐入老境，彼此相见，共话沧桑，感慨一番。老友重逢，请吃一餐饭本是当然的事，但是由于抗战时期物价飞涨，公教人员待遇微薄，朱先生竟穷得连一餐饭都请不起。好在彼此是知交，不会见怪。朱先生没能请吃饭，就写了四首诗赠给父亲，以表示心意。这四首诗，父亲回重庆后贴在家中墙上。"但即使朱自清请不起老友一餐饭，也要花钱买丰子恺的画，而且是请朋友帮忙代购，瞒过了丰子恺，这更是友情之道，也是真心支持。当时丰子恺家累也很重，一家数口只靠他的一支笔支撑。

靠办画展销画，是丰子恺收入的大头，当时他去了不少地方搞画展。1942年春，丰子恺在泸州开过画展。1948年12月上海时代书局出版的《蒙尘集》中，有《颂子恺》一诗，作者海戈，诗曰："人生何处不相逢，底事相逢患难中？我在教书生意苦，君来卖画商人红。寥寥数笔传神款，淡淡三餐赖独谋。书面几乎包了去，蓉城记否有丰封？"诗中说，本来作者和丰子恺都在上海谋生，曾在《论语》上发表不少杂文小品，丰子恺为这本杂志提供画稿。上海沦陷后，没想到回到家乡泸州的海戈，却迎来了老相识丰子恺。该诗作者海戈在三、四句有自注，曰："三十一年春，子恺来我的故乡开画展，始相识于一茶肆中。"谈及二人的处境，海戈听说丰子恺所执教的国立艺专，收入居然比他所任职的私立学校还少。丰子恺来卖画，属于"不得已"。1943年，丰子恺从泸州、自贡、五通桥，一路卖画来到乐山，相约避居乐山的马一浮为弘一大师作传，在乐山也举办了一次个人画展并卖画多幅。这次到成都办画展，赶巧碰上了朱自清。

1945 年 7 月 19 日，丰子恺画展筹备期间，朱自清还拜访了丰子恺、陶载良，并遇到了叶圣陶、胡赞平等人，又一起游览了青羊宫。朱自清在这天的日记中说："访余中英未晤，留签托为代购一幅子恺的画，并通过陈述民君转告张仲铭，亦请其代购子恺之画。"朱自清为了支持丰子恺卖画，怕当着丰子恺的面买画让其难为情，就托两位朋友代购，也真是煞费苦心啊。7月 21 日这天下午，朱自清又约丰子恺、叶圣陶、吕叔湘、王楷元、卢剑波等人在望江楼喝茶叙谈。晚上和丰子恺、叶圣陶一起赴郭有守家喝酒，这是郭有守特意安排的欢迎宴。7 月 22 日下午，和吴组缃一起，赴丰子恺画展的预展，遇到叶圣陶、谢冰莹等人。丰子恺的画，风格独特，大多充满情趣，富有哲理而平易近人，具有不一般的艺术感染力，从画面看，似乎在勾勒每个人身边的人和事，不经意间总能触动人的心弦和情感。朱自清、叶圣陶等人参观预展，一来是朋友捧场，二来也是真心佩服和喜欢丰子恺的画。看了预展后，一行人又于晚上参加了由开明书店同人举办的欢迎茶会，欢迎朱自清、丰子恺和陶载良。

1945 年 7 月 24 日，朱自清再次出席一场欢迎宴会，这是燕京大学文协成都分会为欢迎冯玉祥、吴组缃、姚雪垠、丰子恺、朱自清、戴镏龄等专门设立的，也兼谢为"文艺讲座"做演讲的诸人。会议由叶圣陶主持，冯玉祥、吴组缃、朱自清、丰子恺等人相继发了言。这一次欢聚，是朱自清和丰子恺在成都暑假期间的最后一次见面。

反对内战

西南联大期间，朱自清因为自身的知名度，既能够和各阶层著名人士接触、交往，又能和下层民众打成一片，由此树立了自己独特的人生观和世界观，特别是在日寇投降后，对于国家的前途、命运，更是站在人民大众的角度去探索和思考。

1945 年 8 月 10 日那天，得悉日本侵略者无条件投降的消息时，朱自清正在成都过暑假，他和周围的人一样欣喜万分，狂欢庆祝。陈竹隐在《忆佩弦》一文中回忆了朱自清那天的表现："1945 年 8 月 10 日日本帝国主义投降的消息是深夜传到我家的。佩弦很兴奋地到大街上和老百姓一起狂欢了一整夜。回来时，他带着沉重的心情对我说：'胜利了，可是千万不能起内战。不起内战，国家的经济可以恢复得快些，老百姓可以少受些罪。'"朱自清的话说得很朴实，是当时绝大多数中国人的心声。

1945 年的暑假，朱自清比以往任何一个暑假都要开心，也更关心学校，比往年提前了一个月返回昆明西南联大。回到学校不久，就在钱端升承示的《为国共商谈致蒋介石毛泽东两先生电》上签字。朱自清在日记中说："上午钱来访，请我等在对当前政局申述意见之电报上签名，内容谈及蒋之独裁编制。我同意签名。"在该电报上签名的还有张奚若、周炳琳、李继侗、吴之椿、陈序经、陈岱孙、汤用彤、闻一多和钱端升，都是名重一时的教授。该电文于 10 月 1 日发出，并于 10 月 17 日在《民主周刊》第 2 卷第 12 期发表，改题目为"国立西南联合大学张奚若等十教授为国共商谈致蒋介石毛泽东两先生电文"。该电文相当严厉地指责了国民党政府和蒋介石的独裁腐败统治，呼吁成立联合政府，召开国民大会，并从政治、人事、军队、惩罚伪官吏等四方面提出了改革措施。《民主周刊》发表该电文的同时，还配发了一篇有力的短评，题目更简明——《十教授致蒋毛电文》，文中对十教授加以了肯定：他们"都是以教书为业、精研笃究、卓著声誉的学者。内中没有一个是共产党员或曾是共产党员，年龄也都在四十以上，绝没有年轻气盛容易被人利用的分子在内。他们的意见应该可以说纯粹自发的，纯粹基于国家民族立场的，超出党派利害立场的意见，也就是代表了整个人民的意见"。

早在两三年前，抗日战争最艰苦时，朱自清的思想就发生了变化，当时还住在司家营的朱自清，对抗战诗发生了兴趣，写了几篇关于抗战诗的研究短文。有一天，朱自清读到田间的《多一些》，诗中有这样的句子："多一颗粮食，就多一颗消灭敌人的枪弹！"朱自清很受感染，就把诗递给闻一多看，并说，好几年没看新诗，你看，新诗已经写得这样进步了！闻一多接过来读着，一根手指情不自禁地在桌子上敲出了节奏，轻声地念道：

……
要地里
长出麦子，

要地里
长出小米，

拿这些东西，
当作
持久战的武器。

（多一些！
多一些！）

多点粮食，

就多点胜利！

闻一多惊异地说，这哪是诗啊，这分明是鼓点的声音嘛！从此，朱自清和闻一多的思想更接近了。

联大的课外活动特别丰富，学生自由组织各种社团，有讲老庄哲学的，有讲魏晋玄学的，还有讲陶渊明的，演讲者一般都是校内在这方面有专门研究的资深教授。当然新诗社会组织各种新诗朗诵活动，朱自清、闻一多、冯至、李广田等都亲临指导过。昆明当时有"民主堡垒"之称。但民主堡垒有时也会发生激烈的争执。比如1944年的"五四"纪念会期间，联大学生照例举办文艺晚会，朱自清、闻一多、杨振声、冯至、罗常培、沈从文、李广田等七位教授登台演讲。因讲得太好，听众过多，只好从新校舍南区10号教室移到图书馆举行，但由于左右两派学生发生争执，致使演讲会"流产"。但学生间的争论、交锋，双方不同的政治观点，朱自清已经感受到了，同时也在影响着他的世界观。闻一多在《八年的回忆与感想》里说："联大的政治风气开始改变，应该从三十三年算起。"在这样的大趋势中，朱自清也没有置身事外，当鲁迅逝世八周年纪念会来临时，朱自清面对四千多名学生，发表了演说，还朗诵了田间的一首诗《自由向我们来了》。

1945年的暑假，朱自清在成都时，对陈竹隐说："以后中间路线是没有的，我们总要把路看清楚，勇敢地向前走。这不是容易简单的事。我们年纪稍大的人也走得没有年轻人那么快，但是，就是走得慢，也得走，而且得赶着走。"

所以，当抗日战争胜利后，国内形势出现不和的苗头时，他坚决站在反对内战的阵营一边。1945年10月3日凌晨，国民党嫡系部队第五军对云南省政府主席龙云领导的滇军，发动突然袭击。经过三昼夜激战，中央军控制昆明。这就是史称的"昆明事变"。在事变中，昆明人民遭受损失很大。朱自清在日记中写道："发生政变，省长被撤。第五军发布戒严令。不时有枪声。钱来，谴责蒋做事太绝，因龙已表示愿下台。彼认为最好有德高望重者出面调停。"又说："入夜后零星枪声不绝，令人担心。"这里的钱即钱端升。

朱自清赞同钱的话，也是同情龙云的。抗日战争后期，龙云思想逐渐由反共转变为联共，并经常不听蒋介石的政令而自作主张，这让蒋介石深为不满，最终导致这场事件。此事件让朱自清深感忧虑，10月4日日记中说："事态依然不佳。例行工作。晚射击声甚烈。岱孙写信问胜利后怎么办？忘却吧。"不久前还为抗战胜利彻夜狂欢的朱自清，已经看透了国民党的真面目，对于好朋友询问胜利后的打算，一句"忘却吧"，对当局是多么无奈又多么失望。

1945年11月25日晚上，西南联大、云南大学、中法大学和英语专科学校师生及市民五千余人，齐集联大图书馆前的民主广场，召开反内战时事演讲。主持人的开幕词直指演讲会主题，"中华民族之兴废即系于目前进行之内战能否制止"，之后，几位教授轮番讲演。政治系教授钱端升以国民党党员的身份，极力强调成立联合政府的必要性，说"苟无联合政府，则内战将无法停止，老百姓将增无数之不必要之痛苦"。经济学家任启光也是国民党党员，他的讲题更加专业，"财政经济与内战关系"，他强调指出，目前中国的财政经济不适宜内战。如内战扩大，中国将失去建设现代化工业国家的机会。接着是社会学家费孝通，他的讲题是"美国与中国内战之关系"，他指出美国的对华政策实有助长中国内战之嫌，但其罪过不在美国人民，而是美国的财阀和军阀。最后是潘大逵教授的演讲，他的讲题是"如何制止内战"。就在演讲过程中，街上及四周数次响起枪声，子弹从学生们头上掠过。散会后当学生们列队散场时，军警在各路口架起了机关枪，学生只得退回学校，直到10时才散。11月27日，为顾全大局，朱自清上午参加教授会，劝学生复课。学生最终决定继续罢课。

没想到此后几天，形势很快恶化，学生和当局僵持不下。11月30日，朱自清日记日："学生走出校外作宣传，街头发生争吵、冲突和逮捕。"1945年12月1日这天，国民党军人和特务数百人，分头用棍棒、短刀、手榴弹袭击联大、云大、联大附中等处，共有教员、学生四人被打死，打伤学生二十多人。这就是发生在昆明的"一二·一"惨案。朱自清在当天的日记中写道："军人及流氓攻击学校各部分，在师范学院掷手榴弹四枚。死亡三人（实为四人——作者），伤者甚多。"

闻一多在《"一二·一"运动始末记》中，详细记录了屠杀的惨状："从上午九时到下午四时，大批特务和身着制服，佩戴符号的军人，携带武器，分批闯入云南大学，中法大学，联大工学院，师范学院，联大附中等五处，捣毁校具，劫掠财物，殴打师生。同时在联大新校舍门前，暴徒们于攻打校门之际，投掷手榴弹一枚，结果南菁中学教员于再先生中弹重伤，当晚十时二十分在云大医院逝世。同时在联大师范学院，正当铁棍，石头飞舞之中，大批学生已经负伤倒地，又飞来三颗手榴弹，中弹重伤联大学生李鲁连君，仅只奄奄一息了，又在送往医院的途中，被暴徒拦住惨遭毒打，遂致登时气绝。奋勇救护受伤同学的潘琰小姐已经胸部被手榴弹炸伤，手指被弹片削掉，倒地后胸部又被猛戳三刀，便于当日下午五时半在云大医院的病榻上，喊着'同学们团结呀！'与世长辞了。昆华工校学生张华昌君，闻变赶来援救联大同学，头部被弹片炸破，左耳满盛着血液，殷红的鲜血上浮着白色的脑浆，这个仅十七岁的生命，绵延到当日下午五时在甘美医院也结束了。此外联大学生缪祥烈君，左腿骨炸断，后来医治无效，只好割去，变成残废。总计各校学生重伤者十一人，轻伤者十四人，联大教授也有多人痛遭殴辱。"

"一二·一"惨案让朱自清陷入悲痛和自责当中，同时他也进一步认清，只有停止内战，才是众望所归，只有民主，实现民主政治，才是人心所向。1945年12月2日，朱自清日记写道："上午开教授会……参加下午为死难者举行之追悼会。学生说追悼会后要游行……余未往，但肃穆静坐二小时馀，谴责自我之不良习惯，悲愤不已。"在12月9日的日记中又说："今日联大公祭四位死难者。余至灵堂向死难者致敬。灵堂布置肃穆有序，往祭者甚多。"

青年人的血震撼了朱自清，他做了深深的反思，对抗战胜利后的现实社会极度失望。1946年2月12日他写下这样的诗句："凯歌旋踵仍据乱，极目升平杳无畔。几番雨横复风狂，破碎山河天四暗。同室操戈血漂杵，奔走惊呼交喘汗。流离琐尾历九秋，灾星到头还贯串。异乡久客如蚁旋，敝服饥肠何日赡？……只愁日夕困心兵，孤负西山招手唤。更愁冻馁随妻子，瘦骨伶丁沧弃扇。"在日记中又毅然写下这样的话："余性格中之懦弱，必须彻底革除，此亟需决心。"

最后的告别

　　1946 年 4 月 3 日，在久辞不允的情况下，朱自清再次担任清华大学中文系主任。冯友兰在《回忆朱佩弦先生和闻一多先生》中说："一多又同我说，他的政治上的关系，必然使学校当局增加困难，因此他愿意辞去清华中国文学系主任，专任教授。主任一职仍由佩弦担任。佩弦为人，向来是不轻然允诺的。我为这个事，又与佩弦长谈了许多次，梅月涵先生又亲身劝驾，才把这个担子又放在佩弦身上。"

　　1946 年 5 月 3 日，朱自清和联大全体师生在大铁皮教室前合影，以作留念。5 月 4 日上午 9 时，是一个值得纪念的日子，在昆明西南联大图书馆前草坪上，举行毕业典礼及西南联大纪念碑揭幕典礼，梅贻琦讲话，三校代表汤用彤、蔡维藩等致辞，冯友兰宣读纪念碑文。会后至后山举行揭幕仪式。至此，由北大、清华和南开组建的国立西南联合大学宣告结束。5 月 10 日，三校开始向平津迁移。

　　朱自清也开始整理东西，准备先回成都家中。1946 年 5 月 14 日这天，朱自清将不带走的书籍售予了他曾为之写了校歌的五华中学。15 日下午，最后一次出席清华教授会会议，和李辑祥、杨武之、汤佩松、雷海宗、赵访熊、袁复礼、陈福田等人当选为下学年校评议会评议员。5 月 17 日下午，又出席清华第三十六次评议会会议，与会者有梅贻琦、冯友兰、沈履等评议会委员。这也是朱自清在联大参加的最后一次会议。

　　整个西南联大，充满了告别的气氛，无论是学生，还是教师，都知道暑假一过，他们就要到一个新的环境去读书和教书了。毕业的同学，心里想必是五味杂陈的，整个四年大学期间，没有到过他们心之向往的原校读过一天书，毕业了，母校也复员了，而他们也四散在国家的四面八方。还没有毕业的同学，同样心里不好受，毕竟他们的青春和西南联大有过交集，下学期开学，要到一个新的环境了，既新奇未来，又留恋旧校。来向朱自清告别的同学，有的求字，有的求签名，朱自清也都爽快应允。1946年5月16日，学生彭允中来向朱自清告别并求字。在《朱自清先生琐记》一文中，彭允中回忆道："朱先生要离开昆明了，为了留个纪念，我请他为我写一张条幅裱作挂屏，他立即允诺了。我买了纸送去后，朱先生说近两天事情忙，第三天早上才能写。第三天清晨，我赶到朱先生宿舍去研墨。可是，条幅已经摆在那里了，是头天写好的，朱先生自己磨的墨。我很过意不去，但也只有表示感谢罢了。朱先生为我写的是魏源古微堂诗句：'东行下巫峡，有霆无日月。'当时我未多思索，后来才想到，这是不是朱先生用来象征当时国民党统治区的政治环境呢？"不久之后的6月12日还有一次题字，是给来访的学生杨天堂写的，内容为："支颐啜茗忧危大，负手看花意思长。"

1946年5月18日，朱自清给南京担任《中央日报》社社长的马星野打电话，感谢他为次子朱闰生帮忙找工作。马星野1909年出生于浙江平阳一个书香门第，幼年即表现聪慧，1923年，马星野考入温州第十中学初中部，课余涉猎较广，文史哲各门学问和词曲戏剧等都有涉猎，还被学校推为壁报和校刊的主编。当时，朱自清正好任教于温州十中，并担任马星野这一班的级任导师和国文教师。朱自清十分喜欢马星野的学习态度，对马星野的作文也十分赞赏，平时除在文章试卷上细致地加以评点外，还单独进行指导。有一次，在他的作文试卷后，引李商隐《宋玉》中的诗句"何事荆台百万家，独教宋玉擅才华"作为评语，一时在学生中广为流传。还有一件事情，就是朱自清曾在1924年春天时带着班上的学生去江北春游，马星野因家中有事请假了。朱自清到了宁波，写了一篇《白水漈》，还专门把稿子抄了一遍，寄给了马星野，让他领略江北的美景。这件事让马星野特别感动。时间很快就到了1928年，罗家伦主政清华大学时，携同事马星野北上，在清华任校长室秘书。于是昔日师生重聚，并又增加了同事之谊。马星野在清华，除担任校长室秘书，还编辑《清华校刊》，并与陶希圣等编辑《政治与民众》刊物。朱自清此时在清华大学任中文系主任兼图书馆代理馆长，二人经常相聚闲谈，如果是在路上相遇，马星野依然执弟子礼，问候寒暄之余，还会就相关问题请教师长。再后来，马星野留学美国，课余时间了解美国政治动态和民情风俗，撰文寄回国内，发表于《东方杂志》《申报》等报刊。学成回国后，应中央政治学校之聘，讲授"新闻学概论""新闻事业经营及管理"等课。抗战军兴，马星野随中政校西迁巴渝。抗战胜利后，任南京《中央日报》社社长。朱自清次子朱闰生喜欢新闻工作，早在1946年2月19日日记中，朱自清就说："闰生颇有志于新闻事业。"后又通过几次书信往返，确认朱闰生志向后，朱自清便托请马星野设法，并得到了妥善解决。这里可以多说一句，马星野一直敬佩朱自清，在朱自清逝世以后，他是第一个写悼念文章的人并使该文和朱自清逝世的消息同时发表。同时，他也是写关于朱自清追忆文章最多的作家之一。

1946年5月24日，朱自清在昆明家中最后一次写作，是旧体诗《华年》二首和《戏赠萧庆年，叔玉长女公子也》。《华年》其一曰："明眸皓齿驻春魂，一笑能令斗室温。却忆丽沙留片影，到今赚得百思存。"其二曰："玉润珠圆出自然，称身裁剪映华年。街头两妹连肩拥，一段天真我最怜。"《戏赠萧庆年，叔玉长女公子也》诗曰："不作娇羞态，还馀烂漫风。亲人形孺慕，倒峡见辞雄。饮水羌争渴，由窗径愿通。下楼频复上，自笑百忙中。"自此以后，朱自清在西南联大的生涯中，没有再作一篇文字。

1946年5月28日晚上，朱自清赴省党部礼堂，观圭山彝族音乐舞蹈。据姜建、吴为公《朱自清年谱》说，西南联大学生暑期服务队，曾在拥有27个少数民族地区的圭山地区开展工作，他们建议当地群众把民间歌舞带入省城，这次他们带来了《跳叉》《霸王鞭》等二十多个节目。联大教授闻一多、费孝通、查良钊等担任了演出编导顾问。闻一多还在圭山歌舞的启发下，突击编写了《九歌古歌舞剧悬解》，拟在复员返京后，在北平的舞台上演出。尚土在《朱自清与闻一多》一文中说："云南夷胞阿细撒尼两族联袂来昆明表演歌舞，我约朱先生一块儿去看，先生夸赞那些舞蹈特别有力。所以他在《悼一多》诗中还说'原始人有力如虎'。因为他最清楚闻先生因为夷舞的刺激启发，再加上近代电影技术，综合歌咏及舞蹈的成果，把九歌改写成七幕歌舞剧，预报将来到北平试演。"观看这场演出，也是朱自清在西南联大参加的最后一场公开活动。

1946 年 6 月 13 日，朱自清分别拜访了许维遹、林徽因、张奚若、雷海宗、杨业治、潘光旦、闻一多等同事和老友，和他们话别——因为第二天就要启程，取道重庆，回成都家中了。当时，学校已经放假，许多教授已经离开了学校，回家、旅行或走亲访友去了，留在昆明的老友，朱自清一一走访，因为从此一别，不仅不再回来，他们中的有些人，也将分赴不同的岗位了。许维遹是语言文字学家，精通训诂、版本之学，北大毕业后，任教于清华大学和西南联大，他 1932 年刚到清华任教员时，朱自清是中文系主任，此后一直和朱自清是同事。许维遹 1944 年升为教授。张奚若此时是西南联大政治学系主任，1929 年就来清华政治学系任教。雷海宗是历史学家，公费留学美国，获芝加哥大学哲学博士学位，回国后曾任南京中央大学历史系教授，1932 年到清华大学任教，在西南联大时和朱自清交往密切。杨业治曾是朱自清的学生，1929 年毕业于清华大学外文系，后历任清华大学、西南联合大学教授。分别在即，朱自清和他们依依不舍地作了告别。这也是朱自清在昆明最后一次见到这么多的朋友和同事。

第二天，即 1946 年 6 月 14 日，朱自清登上了飞机，晚上抵达重庆。15 日，抽空去看了老朋友章锡珊和丰子恺，于 16 日乘汽车赴成都，当晚到达内江，并就地住宿，于 17 日晚上回到成都家中。自此，朱自清的西南联大生活才算真正结束。

最后一个暑假

1946 年 6 月 13 日，朱自清在昆明分别拜访了林徽因、张若奚、闻一多、潘光旦、许维遹等同事朋友后，于第二天登上了飞机，晚上抵达重庆。15 日，抽空去看了老朋友章锡珊和丰子恺，于 16 日乘汽车赴成都，当晚到达内江，并就地住宿，朱自清当天的日记云："晨乘长途汽车，编号上车。前排为一对讲泸州方言之夫妇，盖世太保也。座旁为一讲本地方言之女子。在永川镇午饭，未到樟木镇天即降雨。等渡船两小时，一辆青年军汽车定要走在我们前面，他们大概看准我们的车要出毛病。果然，离内江不到一公里，司机发现两个车胎坏了，只好停车，雇人力车到镇找旅舍住下。两小时后，汽车方到并卸下行李。劳累不堪，以致吃的一碗面全吐光，赶紧休息。大雨彻夜不停。"经过这一番折腾，朱自清于 17 日晚上回到成都家中。自此，朱自清的西南联大生活才告正式结束。而 1946 年的暑假，也是他在成都的最后一个假期。

朱自清到家才知道，夫人陈竹隐生病住院了，随即就去刘云波所在的医院探望。朱自清在 6 月 18 日日记中说："去刘大夫医院看望妻，她很衰弱，大夫称她心脏甚弱，建议在医院多住一日。"

对于成都的妇产科医生刘云波，朱自清一家都是心怀感恩的。陈竹隐及孩子生病，都幸得刘云波的悉心照料。朱自清还在 1944 年 8 月 20 日，撰写一副对联，请叶圣陶书写，赠送给刘云波："生死人而肉白骨，保赤子如拯斯民。"到了 1948 年 3 月，朱自清胃病已经很严重了，朱自清念及刘云波的医德，还写了一篇散文《刘云波女医师》，叙述了朱自清一家与刘云波的交往并歌颂其高尚的医德。该文说："刘云波是成都的一位妇产科女医师，在成都执行医务，上十年了。她自己开了一所宏济医院，抗战期中兼任成都中央军校医院妇产科主任，又兼任成都市立医院妇产科主任。胜利后军校医院复员到南京，她不能分身前去，去年又兼任了成都高级医事职业学校的校长，我写出这一串履历，见出她是个忙人。忙人原不稀奇，难得的她决不挂名而不做事；她是真的忙于工作，并非忙于应酬等等。她也不因为忙而马虎，却处处要尽到她的责任。忙人最容易搭架子，瞧不起别人，她却没有架子，所以人缘好——就因为人缘好所以更忙。这十年来成都人找过她的太多了，可是我们没有听到过不满意她的话。人缘好，固然；更重要的是她对于病人无微不至的关切。她不是冷冰冰的在尽她的责任，尽了责任就算完事；她是'念兹在兹'的。"

因陈竹隐和刘云波是中学同学，又是最好的朋友，在朱自清移家成都后，陈竹隐就更加频繁地和刘云波往来了。朱自清在文中记述了他们一家和刘云波的关联："内人带着三个孩子在成都一直住了六年，这中间承她的帮助太多，特别在医药上。他们不断地去她的医院看病，大小四口都长期住过院，我自己也承她送打了二十四针，治十二指肠溃疡。"接着朱自清介绍了她的经历和是个好医生的事例："她是在德国耶拿大学学的医，在那儿住了也上十年。在她自己的医院里，除妇产科外她也看别的病，但是她的主要的也是最忙的工作是接生，找她的人最多。她约定了给产妇接生，到了期就是晚上睡下也在留心着电话。电话来了，或者有人来请了，她马上起来坐着包车就走。有一回一个并未预约的病家，半夜里派人来请。这家人疏散在郊外，从来没有请她去看过产妇，也没有个介绍的人。她却毅然地答应了去。包车到了一处田边打住，来请的人说还要走几条田埂才到那家。那时夜黑如墨，四望无人，她想，该不会是绑票匪的骗局罢？但是只得大着胆子硬起头皮跟着走。受了这一次虚惊，她却并不说以后不接受这种半夜里郊外素不相知的人家的邀请，她觉得接生是她应尽的责任。"对于刘云波的医德的形成，朱自清说："她没有结婚，常和内人说她把病人当做了爱人。这决不是一句漂亮话，她是认真的爱着她的病人的。她是个忠诚的基督徒，有着那大的爱的心，也可以说是'慈母之心'——我曾经写过一张横批送给她，就用的这四个字。她不忽略穷的病家，住在她的医院里的病人，不论穷些富些，她总叮嘱护士小姐们务必一样的和气，不许有差别。如果发觉有了差别，她是要不留情地教训的。街坊上的穷家到她的医院里看病，她常免他们的费，她也到这些穷人家里去免费接生。对于朋友自然更厚……"朱自清最后感叹说："她出身在富家，富家出身的人原来有啬刻的，也有慷慨的，她的慷慨还不算顶稀奇。真正难得的是她那不会厌倦的同情和不辞劳苦的服务。富家出身的人往往只知道贪图安逸，像她这样给自己找麻烦的人实在少有。再说一般的医师，也是冷静而认真就算是好，像她这样对于不论什么病人都亲切，恐怕也是凤毛麟角罢！"

朱自清的这篇文章写于 1948 年 3 月 17 日，收入《朱自清全集》第 4 卷时，末尾写为 4 月，当是误写了。

一回成都的朱自清就赶上了爱人生病。好在陈竹隐有这么一位好医生刘云波，又是同学兼朋友，让朱自清并不怎么担心，在医院陪了两三天，到陈竹隐出院之后，即开始他和朋友们之间的走访。

1946 年 6 月 22 日，朱自清走访了老朋友吴宓、赵守愚、刘明扬等。吴宓和朱自清早在清华时就是老朋友了，当年吴宓主编天津《大公报》的《文学副刊》，就邀朱自清供稿，后任清华大学外文系教授兼系主任，西南联大期间继续和朱自清成为同事并任西南联大外文系代理系主任。1944 年暑假期间，朱自清还帮他牵线搭桥到成都的高校任教，当年秋，吴宓任燕京大学教授，1945 年 9 月起，改任四川大学外文系教授。老朋友们相见，想必格外的开心。

1946 年 7 月 2 日，朱自清日记云："下午念生来。闻秦宣夫在成都。"

秦宣夫是画家并研究美术史，任教于重庆的中央大学。他是广西桂林人，出生于 1906 年，1929 年毕业于清华大学外语系，和朱自清有师生之谊。1930 年考入法国高等美术学校，进入西蒙教授工作室学习油画，同时在巴黎大学艺术考古研究所及鲁佛学校学习西方美术史。1934 年回国，曾任教于北平艺专、清华大学，还担任过国立艺专西画系主任。在巴黎期间，曾于 1932 年 1 月，与同学李健吾赴伦敦，和同在伦敦游学的朱自清见过几面。朱自清日记 1932 年 1 月 12 日曰："去看法国艺术展览，时间短促，只能走马观花。想买些名信片，但大多已售馨。"李健吾和秦宣夫这次来巴黎，主要就是观看这次展览的。这个展览的全称叫"法兰西艺术 1200—1900 大展会"，展品有一千多件，是从各国美术馆、博物院及私人收藏家手里借来展览的，主办者是英国皇家艺术学院。朱自清参观法国艺术展之后的第二天，即 1 月 13 日，到米歇尔旅馆看望了李健吾和秦宣夫，简单聊了巴黎艺术展的观感心得后，相约第二天共进午餐，便回到了住处。可能是和两位学生相谈融洽吧，朱自清还兴致很高地和租友泰斯打了乒乓球，然后聊天，认为泰斯不仅乒乓球打得好，而且对许多问题看法敏锐，夸他是个"大有前途的人"。1 月 14 日中午和李健吾、秦宣夫共进午餐时，继续延续这几天的好心情，在和秦宣夫聊到绘画艺术时，对秦宣夫的一些有关绘画的专门术语的解释，表示欣赏，认为他"讲得很透彻"。午餐后，还一起逛街，朱自清在秦宣夫的影响下，买了几幅画和一本画片选（画集）。朱自清在和秦宣夫、李健吾闲谈时，流露出因为买太多的书和唱片花费过多而不安，朱自清日记曰："秦对我说，由于他太忙已放弃了对音乐的爱好。我们之间的对照是多么鲜明啊。"还后悔地写道："我该怎么办呢？为买留声机和两打唱片已花去了十英镑！不务正业使我一步步走进了死胡同。"1 月 15 日，他们继续一起活动，看了《每日快报》新的办公大楼，对大楼大厅里一幅雕刻在金银合金板上的《基督受难图》表示欣赏。1 月 16 日，朱自清日记云："在秦的午餐会上遇理查斯（Richards）夫人，她很可爱。但不像泰勒小姐那种美貌的女子。我因不能讲流利的英语而感到有点窘。"餐后，他们又去看了济慈故居和狄更斯故居。那几天，李健吾和秦宣夫的到来，让朱自清格外高兴。

罗念生 1922 年考入清华，毕业后曾主编《朝报》，还在清华校刊上发表散文《芙蓉城》，1929 年留学美国，1931 年和柳无忌等人一起在纽约编《文艺杂志》，1934 年回国后，历任北京大学、四川大学、清华大学等学校外语系教授。1939 年 1 月，参加中华全国文艺界抗敌协会成都分会，并担任《笔阵》的编辑。

罗念生于 1946 年 7 月 2 日到朱自清家拜访，告知秦宣夫在成都，朱自清颇为高兴。7 月 7 日，罗念生请客吃饭，在宴席上遇到了秦宣夫，喝酒聊天颇为开心。餐后，意犹未尽，朱自清又邀请秦宣夫到家里闲谈——这是最亲密的朋友才有的待遇。朱自清在日记中用"相谈甚欢"来表示开心。

早在 1946 年 7 月 1 日，朱自清还参加了一场大的聚餐，邀请人是彭雪生，宴会地点在荣乐园，参加宴会的还有成都的名流李劼人、周太玄、萧公权、钱穆、吴宓、谢文通、叶石荪等。这次聚饮后，萧公权诗兴大发，作诗《客倦》一首相示，朱自清即于 7 月 5 日和诗一首。这次和诗，同时也引发了朱自清把在成都期间所作的诗稿整理成集的愿望，并于 7 月 7 日动手，编成了《犹贤博弈斋诗钞》。7 月 23 日，应程千帆、沈祖棻夫妇邀请，朱自清到他家赴宴，在座的还有叶石荪等人。7 月 24 日，再赴叶石荪的邀宴。7 月 27 日再访程千帆等人。7 月 28 日接待来访的南克敬，与之长谈。7 月 29 日赴吴景超夫妇邀宴。朱自清频繁地接受邀宴，是他准备举家取道重庆去北平了。7 月 30 日，朱自清参加了王伯涵、王印君和王少炎的晚餐会。

此后的几天，朱自清创作了杂论《动乱时代》，该文开篇即指出："这是一个动乱时代。一切都在摇荡不定之中，一切都在随时变化之中。人们很难计算他们的将来，即使是最短的将来。这使一般人苦闷；这种苦闷或深或浅地笼罩着全中国，也或厚或薄地弥漫着全世界。在这一回世界大战结束的前两年，就有人指出一般人所表示的幻灭感。这种幻灭感到了大战结束后这一年，更显著了；在我们中国尤其如此。"朱自清着重分析了动乱时代的三种人：一种是陷入颓废与投机的人；一种是愤然而起、要改造这个国家和这个世界的人；还有一种人是不甘颓废，也无法负担改造的任务，只守住自己岗位的人。朱自清把希望寄托在后两种人的身上。这是受《中央日报》友人特约的文章，所以文章整体上很含蓄。7 月 15 日，写作散文《教育家的夏丏尊先生》，文章不长，全文如下：

　　夏丏尊先生是一位理想家。他有高远的理想，可并不是空想，他少年时倾向无政府主义，一度想和几个朋友组织新村，自耕自食，但是没有实现。他办教育，也是理想主义的。最足以表现他的是浙江上虞白马湖的春晖中学，那时校长是已故的经子渊先生（亨颐）。但是他似乎将学校的事全交给了夏先生。是夏先生约集了一班气味相投的教师，招来了许多外地和本地的学生，创立了这个中学。他给学生一个有诗有画的学术环境，让他们按着个性自由发展。学校成立了两年，我也去教书，刚一到就感到一种平静亲和的氛围气，是别的学校没有的。我读了他们的校刊，觉得特别亲切有味，也跟别的校刊大不同。我教着书，看出学生对文学和艺术的欣赏力和表现力都比别的同级的学校高得多。

但是理想主义的夏先生终于碰着实际的壁了。他跟他的多年的老朋友校长经先生意见越来越差异，跟他的至亲在学校任主要职务的意见也不投合；他一面在私人关系上还保持着对他们的友谊和亲谊；一面在学校政策上却坚执着他的主张，他的理想，不妥协，不让步。他不用强力，只是不合作；终于他和一些朋友都离开了春晖中学。朋友中匡互生等几位先生便到上海创办立达学园；可是夏先生对办学校从此灰心了。但他对教育事业并不灰心，这是他安身立命之处；于是又和一些朋友创办开明书店，创办《中学生杂志》，写作他所专长的国文科的指导书籍。《中学生杂志》和他的书的影响，是大家都知道的。他是始终献身于教育，献身于教育的理想的人。

夏先生是以宗教的精神来献身于教育的。他跟李叔同先生是多年好友。他原是学工的，他对于文学和艺术的兴趣，也许多少受了李先生的影响。他跟李先生在杭州省立第一师范学校同事，校长就是经子渊先生。李先生和他都在实践感化教育，的确收了效果；我从受过他们的教的人可以亲切的看出。后来李先生出了家，就是弘一师。夏先生和我说过，那时他也认真的考虑过出家。他虽然到底没有出家，可是受弘一师的感动极大，他简直信仰弘一师。自然他对佛教也有了信仰，但不在仪式上。他是热情的人，他读《爱的教育》，曾经流了好多泪。他翻译这本书，是抱着佛教徒了愿的精神在动笔的，从这件事上可以见出他将教育和宗教打成一片。这也正是他的从事教育事业的态度。他爱朋友，爱青年，他关心他们的一切。在春晖中学时，学生给他一个绰号叫做"批评家"，同事也常和他开玩笑，说他有"支配欲"。其实他只是太关心别人了，忍不住参加一些意见罢了。他的态度永远是亲切的，他的说话也永远是亲切的。

夏先生才真是一位诲人不倦的教育家。

该文回忆了和夏丏尊在白马湖畔度过的难忘时光，刻画了他对于教育事业的热情和宗教徒般的信念，对他的不幸逝世表示怀念。在写作怀念夏丏尊的同一天，朱自清给已经编好的《语文拾零》写作了序言，自此，这本书已经完全编就。7月16日，又作杂论《关于"月夜蝉声"》。这是一篇兼作回答读者提问的散文，当年朱自清写《荷塘月色》时，文中有晚上蝉鸣的描写，此文引起一个叫陈少白的读者的来信，说晚上蝉不鸣。朱自清根据自己的亲身观察和请教相关朋友，告诉读者，晚上的蝉也会鸣叫的。该文最后议论道："我们往往由常有的经验作概括的推论。例如由有些夜晚蝉子不叫，推论到所有的夜晚蝉子不叫。于是相信这种推论便是真理。其实只是成见。这种成见，足以使我们无视新的不同的经验，或加以歪曲的解释。我自己在这儿是个有趣的例子。在《荷塘月色》那回经验里，我并不知道蝉子平常夜晚不叫。后来读了陈先生的信，问了些别人，又读到王安石《葛溪驿》诗的注，便跟随着跳到'蝉子夜晚是不叫的'那概括的结论，而相信那是真理。于是自己的经验，认为记忆错误；专家的记录，认为也许例外。这些足证成见影响之大。那后来的两回经验，若不是我有这切己的问题在心里，也是很容易忽略过去的。新的观察新的经验的获得，如此艰难，无怪乎《葛溪驿》的诗句久无定论了。"

朱自清在成都度过的最后一个暑假里，于1946年7月17日这天，从报上看到了一个不幸的消息：闻一多于7月15日遇害。

闻听闻一多遇害

1946 年的暑假和往年格外不同。冥冥之中，身在成都的朱自清格外担心起朋友的安危来，虽然最初的十来天，几乎天天会朋友，赴邀宴，但还是于 7 月 13 日写了篇杂论《动乱时代》。朱自清不无焦虑地说："胜利的欢呼闪电似的过去了，接着是一阵阵闷雷响起。这个变化太快了，幻灭得太快了，一般人失望之余，不由得感到眼前的动乱的局势好像比抗战期中还要动乱些。"

朱自清想到远在昆明的闻一多。近年来，闻一多已经成了名副其实的民主斗士，这让朱自清感佩之余，不免想起昆明的局势，想起李公朴的死，更想起一个学生曾问他：闻先生是否处于危险之中？朱自清知道，危险肯定是存在的。但他不愿意这样想，只好罔顾左右而言他地说，论学问，国内没有人能及得上闻先生。如今又一个多月过去了，他最了解闻一多，他的坦诚、无私，像火一样满腔热情和执着的投入的精神，朱自清都是清楚的。如今，昆明的局势依然极不明朗。

1946 年 7 月 17 日，朱自清得到消息，闻一多于 15 日下午五时，在昆明被国民党特务暗杀身亡。朱自清得悉闻一多遇刺的消息后，十分悲痛，立即致信闻一多夫人："今日见报，一多兄竟遭暴徒暗杀，立鹤也受重创！深为悲愤！这种卑鄙凶狠的手段，这世界还成什么世界！……学校方面我已有信去，请厚加抚恤，朋友方面，也总该尽力帮忙，对于您的生活和诸侄的教育费，我们都愿尽力帮忙。一多兄的稿子书籍，已经装箱。将来由我负责，设法整理。"朱自清又在当天的日记中写道:"一多于十五日下午五时许遇刺,身中七弹。他的三子与他在一起,亦中五弹。一多当即身亡,其子尚未脱离险期。闻此,异常震惊。自李公朴街头被刺后,余即时时为一多的安全担心。但未料到对他下手如此之突然,真是什么世道!"

闻一多遇害,从清华大学校长梅贻琦的日记中,可以找出一丝端倪。而梅贻琦对于闻一多成为一个民主斗士之后的言行和举止,也是有些微词的,不过他从未阻止过,还多次暗中保护。已经出版的《梅贻琦日记1941—1946》里,就有多处关于闻一多遇害前后的记录。如1945年11月5日晚上,在潘光旦家,与闻一多、闻家驷兄弟及曾昭抡、吴晗、傅斯年、杨振声等名士餐叙,大家豪饮九斤多酒,饭后自然继续畅谈,一直到深夜十二时仍意犹未尽,梅贻琦在这天的日记中说:"余对政治无深研究,于共产主义亦无大认识,但颇怀疑;对于校局则以为就追随蔡子民先生兼容并包之态度,以克学术自由之使命。昔日之所谓新旧,今日之所谓左右,其在学校应均予以自由探讨之机会,情况正同。且昔日北大之所以为北大,而将来清华之为清华,正应于此注意也。"这段话显然是听了闻一多等人的言论后的感慨。1945年12月14日日记云:"一多实一理想革命家,其见解、言论可以煽动,未必切实际,难免为阴谋者利用耳。"1946年2月17日,教育部部长朱家骅与梅贻琦会谈后,梅贻琦在日记中写道:"对于张、闻、潘等之举动谓殊于清华不利,实善意之警告也。"这里的张即张奚若,潘即潘光旦。1946年4月14日,北大、清华、南开即将各自复校,昆明联大校友会召开话别会,梅贻琦在日记中说:"会中由闻一多开谩骂之端,起而继之者亦即把持该会者。对于学校大肆批评,对于教授横加侮辱。"闻一多这次过激演讲,朱自清在第二天,即15日,参加西仓坡5号清华大学办事处举办的清华大学文科研究所国文部举行的王瑶论文考试时,也知道了,又闻听震怒的梅贻琦准备解聘闻一多,朱自清当即表示反对。1946年7月15日下午5时多,潘光旦夫人跑来告诉梅贻琦,闻一多被枪杀,其子重伤。梅贻琦听后,虽然异常惊愕,仍当即做出四条指示:一、马上派庶务科主任赵世昌,前往闻家,安抚并照料;二、派联大训导长查良钊,立即前往警务司令部了解情况,并要其注意其他教授的安全；三、当晚以紧急电报告之教育部；四、分别致公函至法院、警务司令部、警察局。梅贻琦一直忙到凌晨一时多。梅贻琦在日记中说："察其当时情形，以多人围击，必欲致之于死，此何等仇恨，何等阴谋，殊使人痛惜而更为来日惧尔。"第二天即和夫人一起赴医院，探望闻一多夫人及其子闻立鹤伤势。下午，他还提议教授们居住一处以便自保。

闻一多的遇害，对朱自清刺激很深，对当局的失望，对朋友的哀悼，都让他彻夜难眠。他在致朋友的信中，多次提及。如 1946 年 7 月 19 日给李健吾的信中说："我在这里候重庆飞机消息，终日悬悬，不能作文，只好等到平后再定心写稿。"然后，话题一转："一多在昆明被暴徒狙击殒命，令人悲愤。有一家报纸说这是恐怖时代的前奏。也许是的罢？"其实这就是告诉李健吾，这就是"恐怖时代的前奏"。这天，有记者约朱自清写作关于悼念闻一多的稿件，刚说过"终日悬悬"、心情难平的朱自清从来没有那么爽快地就答应了。7 月 20 日，朱自清在家整理完行李之后，满怀悲愤和怜悯之情地写下了题为《闻一多先生与中国文学》的文章，后又撰写了《中国学术界的大损失——悼闻一多先生》，文章充分肯定了闻一多在诗歌和研究方面的成果：

> 大家都知道闻先生是一位诗人。他的《红烛》，尤其他的《死水》，读过的人很多。这些集子的特色之一，是那些爱国诗。在抗战以前他也许是唯一的爱国新诗人。这里可以看出他对文学的态度。新文学运动以来，许多作者都认识了文学的政治性和社会性而有所表现，可是闻先生认识得特别亲切，表现得特别强调。他在过去的诗人中最敬爱杜甫，就因为杜诗政治性和社会性最浓厚。后来他更进一步，注意原始人的歌舞：这是集团的艺术，也是与生活打成一片的艺术。他要的是热情，是力量，是火一样的生命。
>
> 但是他并不忽略语言的技巧，大家都记得他是提倡诗的新格律的人，也是创造诗的新格律的人。他创造自己的诗的语言，并且创造自己的散文的语言。诗大家都知道，不必细说；散文如《唐诗杂

论》，可惜只有五篇，那经济的字句，那完密而短小的篇幅，简直是诗。我听他近来的演说，有两三回也是这么精悍，字字句句好似称量而出，却又那么自然流畅。他因此也特别能够体会古代语言的曲折处。当然，以上这些都得靠学力，但是更得靠才气，也就是想象。单就读古书而论，固然得先通文字声韵之学；可是还不够，要没有活泼的想象力，就只能做出点滴的饾饤的工作，决不能融会贯通的。这里需要细心，更需要大胆。闻先生能够体会到古代语言的表现方式，他的校勘古书，有些地方胆大得吓人，但却是细心吟味所得；平心静气读下去，不由人不信。校书本有死校活校之分；他自然是活校，而因为知识和技术的一般进步，他的成就骎骎乎驾活校的高邮王氏父子而上之。

他研究中国古代，可是他要使局部化石的古代复活在现代人的心目中。因为这古代与现代究竟属于一个社会，一个国家，而历史是联贯的。我们要客观地认识古代；可是，是"我们"在客观地认识古代，现代的我们要能够在心目中想像古代的生活，要能够在心目中分享古代的生活，才能认识那活的古代，也许才是那真的古代——这也才是客观地认识古代。闻先生研究伏羲的故事或神话，是将这神话跟人们的生活打成一片；神话不是空想，不是娱乐，而是人民的生命欲和生活力的表现。这是死活存亡的消息，是人与自然斗争的纪录，非同小可。他研究《楚辞》的神话，也是一样的态度。他看屈原，也将他放在整个时代整个社会里看。他承认屈原是伟大的天才；但天才是活人，不是偶像，只有这么看，屈原的真面目也许才能再现在我们心中。他研究《周易》里的故事，也是先有一整个社会的影像在心里。研究《诗经》也如此，他看出那些情诗里不少歌咏性生活的句子；他常说笑话，说他研究《诗经》，越来越"形而下"了——其实这正表现着生命的力量。

他是有幽默感的人；他的认识古代，有时也靠着这种幽默感。看《匡斋尺牍》里《狼跋》一篇，便知道他能够体会到别人从不曾体会到的古人的幽默感。而所谓"匡斋"本于匡衡说诗解人颐那句话，正是幽默的意思。他的《死水》里《闻一多先生的书桌》，也是一首难得的幽默的诗。他有着强大的生命力，常跟我们说要活到八十岁，现在还不满四十八岁，竟惨死在那卑鄙恶毒的枪下！有个学生曾瞻仰他的遗体，见他"遍身血迹，双手抱头，全身痉挛"。唉！他是不甘心的，我们也是不甘心的！

朱自清对闻一多的概括是准确的，哀悼更是情真意切，更认为闻一多的死是中国文学方面的重大损失：

> 闻先生的专门研究是《周易》《诗经》《庄子》《楚辞》、唐诗，许多人都知道。他的研究工作至少有了二十年，发表的文字虽然不算太多，但积存的稿子却很多。这些并非零散的稿子，大都是成篇的，而且他亲手抄写得很工整。只是他总觉得还不够完密，要再加些工夫才愿意编篇成书。这可见他对于学术忠实而谨慎的态度。
>
> 他最初在唐诗上多用力量。那时已见出他是个考据家，并已见出他的考据的本领。他注重诗人的年代和诗的年代。关于唐诗的许多错误的解释与错误的批评，都由于错误的年代。他曾将唐代一部分诗人生卒年代可考者制成一幅图表，谁看了都会一目了然。他是学过图案画的，这帮助他在考据上发现了一种新技术；这技术是值得发展的。但如一般所知，他又是个诗人，并且是个在领导地位的新诗人，他亲自经过创作的甘苦，所以更能欣赏诗人与诗。他的《唐诗杂论》虽然只有五篇，但都是精彩逼人之作。这些不但将欣赏和考据融化得恰到好处，并且创造了一种诗样精粹的风格，读起来句句耐人寻味。
>
> 后来他在《诗经》《楚辞》上多用力量。我们知道要了解古代文学，必须从语言下手，就是从文字声韵下手。但必须能够活用文字声韵的种种条例，才能有所创获。闻先生最佩服王念孙父子，常

将《读书杂志》、《经义述闻》当作消闲的书读着。他在古书通读上有许多惊人而确切的发明。对于甲骨文和金文，也往往有独到之见。他研究《诗经》，注重那时代的风俗和信仰等等；这几年更利用弗洛伊德以及人类学的理论得到一些深入的解释。他对《楚辞》的兴趣似乎更大，而尤集中于其中的神话。他的研究神话，实在给我们学术界开辟了一条新的大路。关于伏羲的故事，他曾将许多神话综合起来，头头是道，创见最多，关系极大。曾听他谈过大概，可惜写出来的还只是一小部分。他研究《周易》，是爱其中的片段的故事，注重的是社会生活经济生活的表现。近三四年他又专力研究《庄子》，探求原始道教的面目，并发见庄子一派政治上不合作的态度。以上种种都跟传统的研究不同：眼光扩大了，深入了，技术也更进步了，更周密了。所以贡献特别多，特别大。近年他又注意整个的中国文学史，打算根据经济史观去研究一番，可惜还没有动手就殉了道。

这真是我们一个不容易补偿的损失啊！

1946 年 7 月 21 日，朱自清在成都出席了西南联大校友会召开的闻一多追悼会，并做《闻一多先生与中国文学》的演讲。朱自清在当天的日记中说："追悼委员会就致闻夫人电稿的措词展开了激烈的辩论。"为什么为措词展开激烈辩论呢？说明闻一多的死，给所有人带来了巨大的震动，辩论本身，就是对闻一多最好的怀念。接下来，朱自清又几次出席有关悼念闻一多的活动。每次都是悲伤又悲愤，闻一多的音容笑貌，多次出现在朱自清的眼前。闻一多敲着桌子，背诵田间的《多一些》的情景，仿若在眼前。闻一多埋头读书写作，用心用力篆章刻印，慷慨激昂的反独裁、争自由、促民主的演讲，都给朱自清留下深刻且难忘的记忆。1946 年 8 月 3 日，朱自清写了《中国学术界的大损失——悼闻一多先生》一文，发表在本年 8 月 1 日《文艺复兴》第 2 卷第 1 期上（文写于出版日期之后，疑这期杂志脱期）。当时，编辑《文艺复兴》的是郑振铎和李健吾，都是朱自清的好友。不久前李健吾向朱自清约稿时，还因在候机和闻一多的逝世致心情不好而无法动笔，没想到动笔写成的文章还是为了悼念闻一多。该文介绍了闻一多在文学创作和学术研究方面的贡献，文章最后不无痛心地说："他有着强大的生命力，常跟我们说要活到八十岁，现在还不满四十八岁，竟惨死在那卑鄙恶毒的枪下！有个学生曾瞻仰他的遗体，见他'遍身血迹，双手抱头，全身痉挛'。唉！他是不甘心的，我们也是不甘心的！"也是在这一天，朱自清学生南克敬来访，他是来请朱自清出席西南联大校友会为闻一多举行的追悼会的。朱自清答应之后，又为南克敬写了纪念册和一幅条幅，内容是《〈客倦〉次权韵》。第二天，即 8 月 4 日，朱自清上午出席西南联大校友会，中午参加李应潜、朱熙文、南克敬等人午餐会时，做了悼闻一多的简短演讲。朱自清在当天的日记里说："当场群起为一多家属捐款，立即得十七万元。"8 月 5 日，再次写信给闻一多夫人。8 月 9 日，朱自清在日记里说："参加李、闻追悼会筹备会，朱懋庸为主席。"不断参与闻一多纪念活动，终于激发了朱自清的诗情，于 1946 年 8 月 16 日写下了《挽一多先生》一诗，朱自清呐喊道："你是一团火，照彻了深渊；指示着青年，失望中抓住自我。你是一团火，照明了古代；歌舞和竞赛，有力猛如虎。你是一团火，照见了魔鬼；烧毁了自己！遗烬里爆出个新中国！"闻一多被害以后，为悼念他而写作的诗歌不少，朱自清这首特色尤其鲜明，把闻一多的性格和影响都形象地做了比喻，即"一团火"的精神。这首诗，也是朱自清一生诗歌创作的最后一首白话诗，恐怕他自己都没有想到，两个在中国新诗发展中做出过重大贡献的诗人，最后却以这样的形式双双告别诗坛。

成都如火如荼的悼念闻一多的活动，也引起了反动派的震怒，1946 年 8 月 18 日，朱自清冒着生命危险，再次参加了在蓉光大戏院举行的成都各界人士悼念李公朴、闻一多追悼大会。事前已有传闻，说那天可能要出乱子。但朱自清依然前往，并做了闻一多生前事迹的报告，不但博得了阵阵掌声，还使听众纷纷掉泪。但是，由于朱自清一家已经临到去北平的时间，追悼会没结束就回家收拾行李。而那天晚上果然出事，民盟中央主席张澜在会场门口遭到袭击，被打中头部，血流如注。

朱自清于 8 月 19 日离开成都，取道重庆。在重庆小住一段时间后，于 10 月 7 日飞抵北平。朱自清在《回来杂记》中深情地说："飞机过北平城上时，那棋盘似的房屋，那点缀着的绿树，那紫禁城，那一片黄琉璃瓦，在晚秋的夕阳里，真美。在飞机上看北平市，我还是第一次。这一看使我连带地想起北平的多少老好处，我忘怀一切，重新爱起北平来了。"

▲昆明五华中学高二班毕业纪念，师生合影于昆华图书馆前，时为 1945 年 12 月 25 日云南首义纪念日。前排左起第五人为朱自清，第 六人为于乃义，第八人为王瑶，二排右起第五人为吴微镒，三排右 二为季镇淮。

▲1946 年 5 月 3 日，西南联大结束时与中文系全体师生合影于教室前，二排坐者左起，浦江清、朱自清、冯友兰、闻一多、唐兰、游国恩、罗庸、许维遹、余冠英、王力、沈从文。

▲抗战结束，复校后梅贻琦校长给朱自清清华大学中文系主任的聘书。

▲1946年，朱自清作散文《我是扬州人》，发表于《人物杂志》。文中他回忆了在扬州度过的美好岁月，述说了与扬州难以割舍的关系。

◀抗战胜利后，朱自清重返清华园。他深知自己胃疾加重，便抄录了近人"但得夕阳无限好，何须惆怅近黄昏"的诗句，作为座右铭。他表示"我得多写些，写得快些"，为人民多做些贡献。他主持编纂《闻一多全集》，主编《新生报》的《语言与文学》副刊。他不与标榜"第三条道路"的《新路》合作。他多次在《保障人权宣言》《百十师长严正声明》上签名。

▲ 1946 年返回清华园后，与友人做"桥戏"。

▲ 1946 年，朱自清与陈竹隐、朱乔森、朱思俞、朱蓉隽在一起。

▶ 1946 年 11 月，朱自清被学校聘为"整理闻一多先生遗著委员会"召集人，在身体状况日渐恶化的情况下，为闻一多遗著的编选、整理、出版付出了大量心血和劳动。

林松君大鉴：接到你两回信，事忙没有复你，歉々！作爱好文艺，很好。想成功一个作者，都得下一番苦工夫。你得多读创作和翻译的文艺作品，多吟味自己的和别人的生活，还得多练习写作——而不必急於发表。

林语堂先生受人攻击，不在他的文字，而在他的生活态度。他似乎不很了解现实的中国。祝好！

朱自清，卅五，一，廿六。

◀ 1946 年年初，朱自清给林松君的题词，其中提到"林语堂先生受人攻击，不在他的文字，而在他的生活态度"。

▲1947年7月20日，闻一多遇害一周年纪念会后，部分与会者在清华大礼堂前合影。右起，余冠英、许维遹、李广田、朱自清、潘光旦、张奚若、吴晗、闻一多夫人高真、闻一多女儿闻铭、潘光旦夫人赵瑞云。

▶为清华大学复校事，朱自清致陈梦家信札，主要讨论聘任陈梦家到清华大学任教相关事宜，1947年2月8日。

▲朱自清、罗庸、杨振声、俞平伯作书法四屏，西南联大学生杨光社上款。
作者四人均为清华、北大或西南联大教师。四屏约作于1946、1947年间，
即西南联大解散前后。
上款人杨光社为杨振声在西南联大时的学生，亦曾受教于朱自清、罗庸。
1946年5月，西南联大结束联合办校，北大、清华、南开迁回原址，杨
光社转入北京大学中文系，随校北迁。罗庸书法即作于联大结束时，俞
平伯书法系杨光社入北大后于1947年为其所作。杨氏后撰有《朱自清
生平思想述略》《朱自清先生的教学与科研》《西南联大的校风和校训》
《西南联大的组织机构和管理工作》等回忆文章。
四屏分别为朱自清节录陈宝琛《沧趣楼杂诗》、俞平伯节录自作《梦雨
吟》诗、杨振声录南唐人郑文宝《柳枝词》、罗庸节录《李秀碑》。

► 1947年2月22日，朱自清、俞平伯、陈寅恪、张奚若等13名教授联名发表《抗议北平当局任意逮捕人民宣言》，随后，北平各大学教授纷纷响应。图为《大公报》对此事的报道。

呼籲保障人權

北平各大學教授發表宣言

（北平通信）

十三教授宣言

北京大學、清華大學等教授朱自清等，吳晗、俞平伯、陳寅恪、張奚若……等十三人，頃發表宣言。署名如下：

朱自清、俞平伯、吳之椿、陳達、陳寅恪、許德珩、吳晗、金岳霖、向達、徐炳昶、張奚若、湯用彤、錢端升。

三十六年二月二十二日

響應十三教授 保障人權宣言

本月二十二日北平十三教授發表宣言，要求政府保障人權，我們對於這個正義的呼籲，覺得應該響應。

……

站在教育文化工作者的立場，站在人民的立場。

▲1947年，朱自清与夫人、子女及友人在清华园北院宅前留影。居中者
为朱自清。

◀1947 年，游香山碧云寺，右一
为朱自清，右二为陈竹隐。

▶1948 年，朱自清与陈竹隐及幼
女朱蓉隽摄于颐和园。

▲1948 年，同清华大学中文系师生合影，前排右二为郭良夫，二排右二为余冠英、右三为浦江清、右四为朱自清、右六为许维遹。

▲ 1948年，与清华大学中文系师生合影。前排左起第一至四人为朱自清、余冠英、李广田、许维遹；二排左起第二人为浦江清。

表示中國人民的尊嚴和氣節拒絕美國具有收買靈魂性的一切施捨物資

百十師長嚴正聲明

為反對美國政府的扶日政策，為抗議上海美國總領事卡賓德和美國駐華大使司徒雷登對中國人民的誣蔑和侮辱，為表示中國人民的尊嚴和氣節，我們斷然拒絕美國具有收買靈魂性質的一切施捨物資，無論是購買或給與的，下列同人同意拒絕購買美援或配售麵粉，一致退還配購證，特此聲明。

張奚若　Robert Winter　金岳霖

朱自清　孟憲承　屠守鍔　吳晗
汪鏐　何基鋆　馮國昌　顧毓琇　劉靜吉
呂午　章京全　馮祖莊　舒士祖　許京　李蓮　馬致貽
余中駿　李徽　張東德　張祖灉　陸遠　李致貽　楊捷　高貽粉

周炳琳　余冠英　董菶宗　陳夢家
何昌地　蕭復　洪深　沈仲年　蔡德熙　藍維　陳昭昕　范喜華　鄭燕寧　曹川
于漢達　劉頴　張美　謝仙　胡啓　粱鐵　胡祖蟻

唐　沈　許　馬
鄧　姚　沈
以　萬　鍾
蟄　鈞　遂
許　新遂
唐　鄧　沈　許　馬
道　崇　輪　蔭　盛　鋑　華　遵　光　胤　芸　萃　敞　震　生　詩　白
謝　李　李　曹　何　江　吳　劉　王　王　張　張　馮　黃　何　尹　徐　陸　郭　童
作　相　學　慶　遵　秋　崇
昭　崇　華　華　華　胤　芸

解　張　康　王　胡　袁　張　金
沛　之　精　志　　　起　若　家
基　良　彩　誠　鈞　方　黔　元

董　張　袁　劉　係　陳　李
哲　承　瑞　南　蕃　華　武
敏　法　泰　唐　　　　

鄧　袁　王　任　吳　胡
　　暢　曼　雨　鐵
敏　法　澤　良　允　敬

何　朱　錢　李　吳
　　暢　偉　廣
申　中　長　田　晗

▲1948年6月18日，为抗议美国扶日政策，110名清华教职员工发表严正声明，拒绝购买美国具有收买灵魂性质的"救济"面粉。此时的朱自清贫病交加，却毫不犹豫地在声明上签字。

▶朱自清夫人陈竹隐1978年所作回忆朱自清文稿十八页，首尾完整，部分亲笔，多有改动和编辑痕迹，曾刊于《新文学史料》，并收入《朱自清研究资料》。

◀朱自清书法，唐弢上款。

▲朱自清与清华大学中文系1948级毕业同学及老师合影。前排右三为陈柏生。二排左起，范宁、许维遹、余冠英、冯钟芸、朱自清、浦江清，右二为王瑶。三排左二为何善周，左四为季镇淮，左五为叶笑耕，左七为李广田。

► 朱自清摄于 1948 年。

▼ 朱自清书房一角。

▲朱自清自用印章。

▲朱自清写给容庚的信。

▲朱自清致常君实书札。

第七章

重返清华园

（1946—1948）

抗日战争胜利后，朱自清回北平主持清华大学中文系，抱病完成《闻一多全集》编辑工作。1947 年，朱自清拒绝接受美援面粉，病情恶化。1948 年 8 月，因胃病严重去世。

滞留重庆

朱自清一家是于 1946 年 8 月 20 日傍晚时分从成都赶到重庆的，入住生生花园。生生花园在嘉陵江边，环境优美，又名生生公馆，花园主人叫高显鉴，所以又称高公馆。高家世代经商，家财万贯，到民国期间，依然是当地有名的儒商之家，经营涉及教育、食品、宾馆、航运、会展等行业，在重庆商界影响很大。抗战期间，民国中央执行委员会、中国科学社等机构曾在这里办过公。由于这里有大量房屋经营宾馆业，又兼营餐饮，加上高显鉴本人曾任四川大学教授、四川省立教育学院院长、四川平民教育促进会会长、国民政府军委会委员等要职，一时间，一些旧时相识和同僚汇聚于此，成为文化人的聚集地，李济深、于右任、胡适、茅以升等名流都和高家关系密切，进出自由。朱自清早闻高显鉴大名，选择住在生生花园，主要是这里安全且环境合意。

朱自清到达重庆的前三天，主要是先安顿下来，接着是访友、写信和处理日常琐屑杂事，择机返回北平。8 月 21 日这天，朱自清上午到招待所，给如下亲友写信：七嫂、马大姐、云波、志和、梅君、少炎、单老太太、之彦。下午忙于杂务，当天的日记里说："给余中英的孩子送余的信及其他物品。回宿舍后写信。"8 月 22 日，朱自清去行李处取回行李后，得到一个极不好的消息："刚如告登记机票之新规定，须待一个月。"一个月虽然太久，但似乎也没有别的办法。

8 月 23 日这天，朱自清上午继续处理日常琐事，寄了行李之后，称了体重，只有四十七点五公斤。下午，接受《大公报》《新华日报》《民生报》三家报社记者郭滨海、田伯萍、唐弘化的采访，都是关于闻一多被害事。8月24日，《新华日报》发表记者采访实录，题目叫《清华大学朱自清教授谈闻一多教授生平——闻先生的一生分三个阶段，他的一贯精神是爱国主义》。朱自清对记者说："我与闻先生有十多年的交游，对闻先生的学问、为人极为推崇，对闻先生的死甚为愤慨……我把闻先生的一生分为三个阶段；第一，是他在山东大学的时代，这时他的著作如《死水》，在表面上虽是阴暗的，但是里面却孕育着希望。闻一多这一时期是中国优秀的新诗人，他爱国，他肯帮助青年。闻先生第二阶段是从民国二十一年到死前两年，这一阶段里，他伏首研究《楚辞》《诗经》《易经》等古书，他好像是脱离了现实，实际上他还是在现实中。他依然肯帮助青年，与青年常在一起生活。第三阶段是最近两年，闻先生积极参加了民主运动，为中国的民主而奋斗。他没有政治野心，不想升官发财，仅仅为了民主，而遭惨死……闻先生一生中，有一个贯穿的精神，这就是他的爱国精神。"

滞留重庆的一个多月时间里，朱自清做了很多事，归纳起来，有这么几个方面：一是读书，二是访友，三是讲课和演讲，四是创作，如果有第五的话，就是生病。

读书可以说是朱自清一生的常态，他离不开书籍，人到哪里，书到哪里。在重庆滞留期间，朱自清日记中第一次出现"读书"字样是在8月26日："晨读书。"读什么书呢？ 8月28日日记日："读完《夜歌集》，何的作品以新运动为方向，为通俗散文体。"《夜歌集》是不是何其芳的《夜歌》？应该是的。《夜歌》是何其芳的第二部诗集，1945年由文化生活出版社出版。朱自清的日记中有几处指向这部诗集，一是"何的作品"，二是"新运动"，三是"散文体"。何其芳《夜歌》收录的诗，是他1938年8月奔赴延安后所写，其内容大多反映这一时期的思想和生活。而这本诗集的形式也具有散文化特质。8月31日，朱自清日记中有"下午读完多布雷著作，开始读新书"的记录。9月3日"读书"。9月4日"看《中国文字形体变迁考释》稿本"。9月6日："下午开始读郭绍虞的《语文通论》。"9月7日："访述明并借书数册。"9月

11 日"读完莫的短篇和诗"。9 月 19 日,朱自清日记里有"停止读书"的记录,说明他从 7 日至 19 日这些天中,一直都在读借来的书。"停止读书"是因为生病了。9 月 28 日:"读《人物》杂志及《英国散文》。"10 月 2 日"读小说"。10 月 3 日:"读完第二部神秘小说,较第一部稍佳。"10 月 4 日:"下午开始读《诗缘情说》。"10 月 6 日"读新杂志"。从这些记录中看,朱自清的阅读很杂,有文艺书,如小说、诗歌、散文;有学术书,如文字学、语文学、诗学。读书杂,一方面是写作和教学的需要,另一方面还是有手不释卷的习惯。

访友、聚餐和接待朋友,是滞留重庆一个多月里的重要"节目"。8 月 22 日"访秦家诸兄弟",8 月 23 日"晚广田、其芳来谈"。何其芳来,大约就是赠朱自清一册《夜歌》吧。8 月 24 日"上午访陈志中"。8 月 25 日:"来客甚多。茅涧宾、张行健(大中)及廖世洁(《时事》)来。张与廖谈大学教授之生活。后莫一钧来。访李真安(青年军)。静之来,长谈,共进晚餐。"静之即汪静之,他是朱自清的老朋友,当年杭州"湖畔诗人"群体的骨干诗人之一,他和冯雪峰、潘漠华、柔石等人成立晨光文学社的时候,朱自清和叶圣陶被聘请为顾问。抗战初期,汪静之在广州谋生,后期到重庆做生意,以卖酒为生。抗战胜利后,才到白沙大学先修班江苏文理学院任教。老友相见,格外亲切,双方叙述这些年各自的生活经历和工作经历,一直畅谈到晚上,两位老朋友意犹未尽,共进晚餐,继续畅谈。8 月 26 日:"参加中国文协重庆分会为广田和我所设宴会,分会主席沈起予。遇艾芜、力扬、邵子南、罗赞渔(陈和山)、罗克汀、谢韬、聂绀弩、柳倩及唐弘仁。"这里的"遇"后面出现的,都是参加宴会的文化人。8 月 27 日:"访范哲贤。余中英请在临江路俄国大餐馆午餐。下午游都邮街,并访陈述明。竹甚疲倦。莫一钧、黄金印(图专)来访。"8 月 28 日:"刘迺相来访,出乎意外……晚李广田、何其芳来访。"不知朱自清是否谈了《夜歌》的读后感想。8 月 30 日"访刘迺相"。9 月 1 日:"在生生餐厅招待戴蜀瑶。访郑殿祥。意外碰到儿时在扬州六小的同学孔繁澍。郑太太告我孔吸鸦片,到处借钱。我甚不喜此人。何与述明来访。何问及我的政治观点,我谈了自己的看法。"何,即何其芳。9

月 2 日"郑来访。晚述明来,访莫一钧"。9 月 4 日:"上午访叶丁易……下午单传渊、陶光来。参加莫的晚餐会。"丁易生于 1913 年,原名叶鼎彝,又名叶丁易,曾就读于北师大,朱自清也曾于 1933 年下半年和 1934 年上半年在北师大兼过课,丁易听过朱自清的课。抗战期间,丁易曾在成都做过专业文艺工作,任中华全国文艺界抗敌协会成都分会常务理事,在成都《华西日报》副刊上发表过不少杂文。后到重庆任《民主报》总编辑,兼重庆社会大学新闻系主任。主要作品有《丁易杂文》和长篇小说《过渡》等。陶光是个昆曲爱好者。朱自清的学生吴征镒在《缅怀朱自清老师》一文中提到了陶光:"1940—1942 这几年中,因和陶光、张宗和组织昆曲同期,见过朱师母几面,但她不久就因家累太重,在昆明生活困难被朱师送回成都去了。"在这篇文章中,吴征镒还对朱自清的形象有过细致的描写:"他给学生的第一个印象是一个十分严肃、一丝不苟的'君子',个头不高,但穿着十分整洁,小分头下面略微带方的脸上有一双黑而不浓、'削'得很齐的眉毛,并在前端略有几根'寿'毫,那下边却是在金丝眼镜后面澄澈如水、炯炯照人的眸子。"陶光和陈竹隐唱过昆曲同期,跟朱自清的关系也很好。在朱自清逝世后,陶光写有悼念朱自清的诗三首,其一云:"夫子脱然去,天隅尽一哀。艰难生理薄,蹉跎世途迴。行已终无苟,真躬固不回。片言伤意甚,惨怛冷衿怀。"其二云:"巴山明雾色,邂逅已千秋。薄劣能无忝,深衷竟未由。匆匆闻别语,历历记前游。春日书犹是,温情可更求。"其三曰:"入梦神犹健,清言意亦庄。池荷虚月色,馆树旧风凉。峡乱尘初长,儿啼骨未强。文章何事业,萧索使人伤。"9 月 5 日:"访余中英,请他代购渝平线机票。"9 月 7 日"上午访梅校长"。9 月 8 日"访林伯遵夫妇"。9 月 10 日:"参加范德坚午餐会。参加中研院与三校同仁的聚餐会。梅先生明日启行。"9 月 11 日:"上午访枚荪和许楚生。朱君允太太来访,适我外出未遇,《民主报》记者李康来访,与谈闻立鹏事。"闻立鹏是闻一多小儿子,生于 1931 年。9 月 12 日:"下午记者四人来。张扬、景伍与伯伦来。"9 月 14 日:"下午访朱君允,写了买机票的介绍信。访莫一钧,还书。"9 月 16 日"下午访莫一钧"。朱自清生病住院期间,来探视的朋友很多(稍后再说)。9 月 23 日,朱自清刚出院回家,"其芳来访，长谈，甚有趣。孔祥瑛来访"。9月24日："上午与竹同访许君夫妇，不遇。晚其芳与力扬来，莫一钧来访，范德坚亦来。"9月25日："访许太太，并写信给方敬，去老聚丰园赴范小姐宴会。述明与单五妹意外来访。"方敬是重庆人，生于1914年，曾在北京大学读书，1934年在《晨报》副刊上发表诗歌。北大毕业后，到四川罗江中学任教。曾与何其芳、卞之琳合编《工作》半月刊。1945年至1947年在贵州大学任教期间，主编《大刚报》文艺副刊《阵地》，并与朋友一起编《时代周报》。朱自清多次和何其芳见面，还读了何的诗集，闲谈中，何其芳应该多次提到前同事和诗人方敬，朱自清出于敬仰，便和他有通信。朱自清逝世以后，方敬还写过一首诗来追悼，其中有这样的句子："没有见过你活时的人，也没有见过你死后的骨灰，我觉得世界上永留着，你这颗亲切的心，以心结交心的真心人。"朱自清在重庆期间，还搬了一次家，9月17日迁至中四路六十一号。9月26日这天，朱自清又搬一次，"迁至一层"，这天，"孟志孙、刘兆吉来访。参加张知辛午餐会，遇于刚及范希纯"。9月29日："访余中英，他已于中秋前去成都，访柯知明……访述明和自昭。"10月1日："与喻长谈其生平及一九一九年以来之经历。戴小姐邀午饭。"10月3日"陈一清和张知辛来访"。10月4日："上午访喻传鉴及其友王镂冰……其芳来访批评杨晦文章问题，其芳谓对此争论甚多。中国公司在招待所举行职员晚餐会，但无客参加。"10月5日："董同和及逯钦立来。下午陈二姐和单五妹来访。去中航公司称行李，一切均甚仓促。我以一个中央大员的架势请客，但到客只有中国公司的刘、杨两位。"10月6日，是朱自清在重庆的最后一天："茅祖业、余中英、陈述民（明）、劳贞一、李光焘及鲁光祖来访……参加逯、雷的晚餐会。"

讲课和演讲次数不多，但也很重要。1946年9月13日，朱自清应邀到重庆社会大学去作了一场关于现代散文的演讲。9月27日，朱自清日记云："与宁育珪同去沙坪坝，访南开并遇喻。对南开印象甚佳。讲现代中国散文课。有人说他们认为散文就是通俗文学。听讲者挤满学生公社。开始讲时嗓子有些嘶哑。后正常。宁先生服务精神极好。"这次重庆南开中学的演讲是成功的，所讲内容正是朱自清擅长的散文，加上宁育珪周到且专业的主持和服务，学生公社（礼堂）挤满了听讲者也就不奇怪了。由于有了27日成功的演讲，30日又被请到南开中学，作了一场"青年时代"的演讲。青年也是朱自清一直关心的群体，南开中学又全是年轻的面孔，朱自清一定用心准备了这场演讲，效果同样很好。朱自清是名作家、名教授，他来到重庆，虽然是暑假中，但也没有拒绝几所学校的演讲邀请。

写作已经是朱自清的一种自觉，即便在重庆，在如此忙碌中，他还是写了一篇散文和一首旧体诗。散文就是名篇《我是扬州人》。该文以小传的形式，从祖籍绍兴和"我就生在海州"说起，到在扬州度过的童年、少年时光，最后感叹，"只有扬州算是我的故乡了"。《我是扬州人》的写作缘起，也和在重庆时与朋友们多聚谈有关，在来往的朋友们当中，有些当地报刊的编辑会找他约稿，当时创刊不久的《人物杂志》的编辑就找到了朱自清，请求赐稿。朱自清便在生病出院后，开始写作。在朱自清1946年9月25日日记中有"写文叙述老家扬州"的话。文章写出后就交给编辑拿去排版了，10月就发表了出来。大约在和单传渊互访中，触发了灵感，朱自清于9月的某天写了一首五律《赠单五传渊》，诗云："儿童奔走告，高唱单哥来。为说殷勤觅，方如云雾开。相牛腾舌辩，读律有心裁。五万探囊出，相邀要一回。"该诗朱自清有自注："传渊读律于四川大学，暑中至涪陵贩牛归。"朱自清和他认识，可能是在四川大学时。"殷勤觅"语，可参阅唐代白居易的《长恨歌》，有"为感君王辗转思，遂教方士殷勤觅"之句。"相牛"即看牛的意思，牛是大牲口，相牛包括看外形，看走步，看牙口等，也包括谈价。"律"即法律专业。"探囊"，即所做之事轻而易举，可参看唐代杜牧《郡斋独酌》，诗中有"谓言大义小不义，取易卷席如探囊"之句。看来这位叫单传渊的年轻人不得了，能读四川大学法律系，家境和成绩都应该不错，又能利用假期贩牛做生意，是个勤劳之人。

长年生病也是朱自清一生躲不过去的劫难。这次从成都取道重庆重返北平，也同样受到病痛的折磨。查朱自清在重庆期间的日记，第一次出现患病字样是在1946年9月8日，当天的日记中有"罹病"两字。在此之前的8月30日，女儿朱蓉隽也生病了，31日，朱自清还带她去了中央医院就诊。

其实朱自清感觉身体不适，并非是9月8日，早在一周前，他的老胃病又犯了。9月9日日记里有"一星期来胃不适，须注意"的话来提醒自己。显然，9月8日的病并不是胃病，而是发烧。在9月11日日记中有"仍发烧"的记录。9月12日，朱自清到设在重庆的武汉医院诊视，没有查出病因来，这天他又称了体重，才106磅，合47公斤左右。病不见好转，朱自清又于9月14日到中央医院就诊，日记中说："仍如昨日，白血球减少。"到9月15日："试服奎宁片，大夫谓可能患伤寒。今日热度稍减。"9月16日："头痛加剧。休息。"9月17日："去宽仁医院……暂住医院。林慧小姐为我写介绍信，主治医生为吴坚基。"9月18日"体温下降"。9月19日"体温又上升"。9月20日："体温下降，休息。冯柳漪来。白血球增加。"9月23日："上午出院回家。"从9月8日至23日的十几天中，朱自清一面和胃病作斗争，一面还要和伤寒"抗争"，47公斤的体重，真够他扛的。10月5日，朱自清日记中有一句话，曰："董同和及逯钦立来。"董同和应是董同龢，逯钦立是谁呢？逯钦立字卓亭，出生于1910年，山东巨野人，1939年毕业于西南联大，曾经历过长沙临大时期，专攻中国古代文学史和中国古代文献史，成就卓著，曾以一人之力编纂一百三十卷巨帙《先秦汉魏晋南北朝诗》，至今仍是这方面的权威著作。这天他来拜访朱自清，实际上还把夫人也一起带来了，很多年后的2013年，在朱自清逝世六十五周年之际，逯钦立的夫人罗筱蕖以九十三岁高龄，写了一篇《与朱自清先生最后一面》的文章，文中记叙了1946年10月5日的那次见面："我陪卓亭去拜会朱自清先生，同行的还有董同龢。此次拜会缘于卓听说朱先生将乘三日之后的专机北复清华，稍后我们即东飞南京，何以再见难以期许，故卓亭一定要我见一见姐妹们崇拜至极的、卓亭益友良师的朱先生。当时我已怀我次子弘毅七月有余，再加以自李庄乘江轮几百里水路过重庆，颠簸晕吐，十分不适，但还是牵着大儿子兴冲冲、大腹便便地前往了。"这次拜访之后，逯钦立在一家西餐厅举行晚餐会，为朱自清、陈竹隐及孩子们送行，朱自清在10月6日的日记里也有"逯、雷的晚餐会"的记载。这次晚餐会，逯钦立花去身上携带的所有美金，而且"刚够宴资"。这次重庆见面，多少年以后，九十多岁的罗筱蕖还记得当年的六个想不到：

一是，想不到逯钦立最后一次及罗筱蕖第一次见到朱自清，竟是最后一见；二是，朱自清不像她想象中的飘逸俊秀、潇洒倜傥，原来不过是一个淡泊沉稳、朴素爽直的知识分子；三是，想不到朱自清生活异常艰苦，身体不及90磅，身高只有157厘米；四是，想不到朱自清平易近人、口无妄言；五是，想不到逯钦立在两年以后自南京北上时，朱自清却飘然仙逝；六是，想不到朱自清逝世二十五周年后，逯钦立也撒手人寰。

这就是朱自清滞留重庆的四十多天中，留给朋友、同事和学生们的记忆。

好友再相逢

　　1946 年 10 月 7 日，朱自清日记云："乘中研院汽车去白市驿机场，然机场上并无起飞迹象。不久，一大型客机至西安飞来。匆忙乘机，所幸行李全部免检。天甚冷，得感冒。飞机在汉口暂停，午餐极贵。"很难想象朱自清率家人从成都出发，在重庆滞留一个多月，终于飞往阔别九年的北平，重返清华园是什么心情。也许经过这些年的磨难和困苦，朱自清的心早已经平静，不像年轻人那样充满向往和好奇了。

　　但，毕竟是回来了。当朱自清携全家飞抵北平上空时，从飞机上看到北平，朱自清心潮起伏，不能平静，虽有忧虑，但还是喜悦的——自 1937 年 9 月 22 日于战火中逃离北平，一别九年多，历经各种生活，遍尝各种滋味，心里真是五味杂陈。在《回来杂记》里，朱自清说："去年刚一胜利，不用说是想回来的。可是这一年来的情形使我回来的心淡了，想象中的北平，物价像潮水一般涨，整个的北平也像在潮水里晃荡着。然而我终于回来了。"这就是朱自清的真实心情。朱自清在回来当天的日记中继续写道：飞机于"北平时间六时着陆。海关免检，后乘中航公司汽车进城，座位极其舒适。见到继侗，他是我在农学院重逢的第一个朋友。我们详细谈了他在上海的工作，他和蒋廷黻会见一段轶闻，甚有趣。"

　　朱自清的这段话颇有意思，值得详细解读和品味一下。

　　"继侗"即李继侗，他是江苏兴化人，和朱自清算是扬州老乡。李继侗生于 1897 年，1916 年考入上海圣约翰大学，后转入南京金陵大学学习林科，1921 年毕业后，同年考取清华学校公费赴美留学生，入耶鲁大学林学院，师从美国著名造林学家 J. W. Toumey 教授，取得硕士学位后继续深造，于 1925 年以优异的成绩获得林业学博士学位，同年回国后任金陵大学教授，后又到南开大学任教。1929 年到达清华，讲授植物生态学。在清华期间和朱自清过从甚密。抗战开始后和朱自清一起都在西南联大任教，二人的关系更为密切，经常在一起聚谈、聚餐、旅游，能列举的例子很多，如 1942 年 1 月 20 日，朱自清就邀请李继侗、陈岱孙、钱端升、王力夫妇、张若奚夫妇等人在冠生园用午餐。朱自清在当天的日记中说：大家都"是志趣相投者们。达生安排菜肴，物美价廉"。再如 1942 年 9 月 24 日，朱自清在西南联大作了一场《中国文学批评》的演讲后，于下午和梅贻琦、陈岱孙、李继侗一起，到郊区小住。这天是中秋节，作为校长的梅贻琦能在如此美好的月圆之夜，和他心目中的好朋友一起出游赏月，必定非常开心。朱自清在这天的日记中写道："与梅、陈、李君去周家……梅先生驾车，带我们去中央 ×× 病防治所看唐医生，客厅陈设华美。"这一天，因为上午演讲了两个小时，朱自清又对第二个小时不甚满意，有些懊恼，加上长时间坐车，有点疲惫，日记里有"今晚昏昏欲睡"的记载。但第二天即满血复活了，上午一口气作了四首诗，这就是《中秋从月涵先生及岱孙、继侗至积翠园培源寄居，次今甫与月涵先生唱和韵》，诗曰：

> 天南独客远抛家，容易秋风借晚花。
> 佳节偶同湖上过，无边朗月伴清茶。
>
> 酒美肴甘即是家，古今上下舌翻花。
> 兴来那计愁千斛，痛饮卢仝七碗茶。
>
> 且住为佳莫问家，茫茫世事眼中花。
> 人生难得逢知好，树影围窗细品茶。

暂借园居暂作家，重阳节近忆黄花。

主人傥订登高约，布袜青鞋来吃茶。

朱自清这四首诗皆用白话，用典不多，是他诸多旧体诗中，比较简洁易懂的作品，而且主题鲜明，围绕着中秋闲居、品尝佳肴和饮酒赏月，每一首又都落实在品茶上，写出中秋节之际短暂、难得的悠闲时光。这里需要多说一点的是，第二首中的"痛饮卢仝七碗茶"之句，卢仝，即唐代诗人卢仝，今河北涿州人，生性嗜茶，有《走笔谢孟谏议寄新茶》传世，诗云："一碗喉吻润。两碗破孤闷。三碗搜枯肠，唯有文字五千卷。四碗发轻汗，平生不平事，尽向毛孔散。五碗肌骨清。六碗通仙灵。七碗吃不得也，唯觉两腋习习轻风生。"这首饮茶诗在文人墨客中很受待见，不少人把它书写成条幅，挂在茶社或书房里把玩，人称"七碗茶歌"。诗题中的"月涵"，即梅贻琦；今甫即杨振声；岱孙即陈岱孙；培源即周培源；继侗就是李继侗。朱自清上午作诗，下午又和梅贻琦、李继侗同游倒石头，在那里散步聊天。这次出游的第三天，即1942年9月26日，他们一行乘公共汽车进城后，又乘马车去白龙潭玩了一圈。西南联大时，朱自清不仅和李继侗关系密切，有一阵，他们还曾住在一个宿舍里。

朱自清能在飞机落地不久，顺利抵达清华园时，就遇到老朋友李继侗，自然是喜出望外，毕竟有数月未见了。

李继侗在1946年暑假后，随清华大学复员的学生一起，先坐卡车，后乘轮船，一路北上返回北平，准备参与清华大学的复校工作，历经辛苦到达上海后，李继侗又奉清华校方之命留在上海，负责接待北上的学生并负责清华招生工作。李继侗性格刚毅、果断，虽然是一介书生，但可能因为长期从事植物学研究，有多次野外工作的经验，喜欢旅行，西南联大从长沙南迁的那次著名的师生徒步，11名教授中，就是以李继侗和闻一多为首，沿途所做的植物学普查，就是他号召牵头的。这一次他又率学生不走寻常路，到达上海后，本以为再一鼓作气就能到达北平，没想到又有新任务，他也愉快地接受了。他的这种一心为清华、为教育的精神，自然赢得了朱自清的好感和钦佩，二人于清华农学院重逢，执手相牵分外高兴。二人共同的感想就是，九年了，终于回来了。在感慨一通之后，朱自清问起李继侗在上海的工作，李继侗便如实道来，同时又说起和蒋廷黻会见的一段轶闻。蒋廷黻生于1895年，湖南绍阳人，1911年赴美求学，1923年回国任南开大学历史系主任，1929年入清华大学任教，1935年12月弃学从政。李继侗在上海时，和蒋廷黻有着怎样的一段轶闻而让朱自清觉得"甚有趣"呢？目前还不知道。但是当时蒋廷黻担任的是联合国远东经济委员会代表，在上海想必是有一定权力的，加上当年在清华大学时，和李继侗也是好友，产生轶闻也并不奇怪。

在返回北平后第一个见到的就是能谈得来的同事兼好友李继侗，这给长途旅行后的朱自清带来极好的情绪。

在此后不到两年中，朱自清和李继侗保持着良好的私人关系。1946年12月5日，参加李继侗召集的晚餐会。1947年1月2日，朱自清到李继侗处，二人谈了很久。那几天，朱自清在读《青铜时代》，这是郭沫若的一本论文集，是关于秦前社会与学术思想的论文集。朱自清从1946年12月28日开始读，到1947年1月2日读完。这次朱自清和李继侗长谈的内容不得而知，但能够长谈，也足见他们的谈话投机。同年2月10日，朱自清日记云："晚继侗来。"同年3月25日，朱自清日记云："上午忙于挂画，晚继侗来访。"这可以看作是上次朱自清拜访李继侗并作长谈的回访。4月9日，朱自清出席李继侗夫妇象牙婚纪念会。象牙婚是指结婚后第十四周年，意思是婚姻已经剔除了早些年的脆弱和稚嫩，开始浮现出柔和、洁白的光华，像象牙一样润滑、珍贵和美丽。朱自清为李继侗夫妇象牙婚纪念会写了一副对联，这副对联，早在2月18日就写好，云："久欢胜新欢犹记东牵西挂几千里；牙婚喜重聚实支七折八扣三十年。"朱自清能提前两个多月写好并在纪念会上送出，说明之前他们不但聊过这次象牙婚纪念会，李继侗还郑重地邀请了朱自清。5月28日，朱自清日记云："下午继侗来访，对学生不明公私界限殊为感叹。"5月31日，李继侗再访朱自清。在短时间内，李继侗连续拜访朱自清，应该和学生运动有关，在此前的5月23日，朱自清日记有"一千二百名学生签名请愿，决定罢课三天"的记载，这是一次反内战的学生运动，但在教授之中，形成了截然不同的意见，从这天的日记中可以看出，在下午召开的教授会议上，梅贻琦讲话后，会场上出现长时间的沉默。最后决定继续上课。朱自清在日记中说，许多教授站在学生一边，即反对内战，"同情他们的合理要求，但出于师道尊严而不便明确表态。"但也有人认为："反内战运动可能引起危险之局面，这运动已经宣布从六月二日起开始"。朱自清在这次学生运动中，是偏向学生一方的，和李继侗的态度基本一致。此后数月，仅朱自清的日记中所记，还有多次和李继侗晤谈、聚餐、打桥牌的记录。

朱自清和李继侗不在同一个系，工作上几无接触，二人能够惺惺相惜，完全是个性脾气使然，即意气相投，人生观相近。所以，在北平复校时，双方从不同的方向、乘不同的交通工具，刚一踏进清华大学的校园，就能执手相谈，自然让双方都喜出望外了。

再回北平

朱自清和李继侗相逢于清华大学农学院，两人相谈甚欢，心情大好。和李继侗告别后，因清华大学正在修缮房屋，朱自清率全家暂时住在国会街北京大学四院的宿舍里。

回到北平的第二天，即 1946 年 10 月 8 日，他就匆匆出门，奔波一天，分别拜访了已经回到北平的陈雪屏、周炳琳、郑天挺、杨振声、汤用彤、胡适、陈岱孙、梅贻琦、陈福田、沈从文、冯至、闻家驷、俞平伯等人。这些人当中，有朋友，有领导，有抗日战争时期苦居北平的旧友，也有一起在西南联大共同战斗的同事。一天跑这么多路，看了这么多人，足可见朱自清急于见到他们的心情。见领导和同事，可能是对即将开学的工作要做沟通和安排；见朋友是要叙友情；见苦居北平的俞平伯，更是要诉说九年多的别离之痛。当天，还去陈岱孙处取回大包袱，率家人在西黔阳吃了晚餐。这天，在见过陈福田后，还答应陈福田第二天的邀宴。10 月 9 日，陈岱孙邀请的晚宴是在全聚德，吃了烤鸭，这可是最能体现北平风味的饭店了，也是朱自清离开北平九年多之后，第一次吃到正宗的北平烤鸭。10 月 10 日，朱自清到清华园参加开学典礼。这天的开学典礼太特殊了，在九年前曾经熟悉的校园里，学生已不是当年的学生，许多老师也换了面孔，许多同事也许没有料到九年前和水木清华一别，会这么久才重逢，也许有的同事觉得再见清华园不知要等到何年何月，更有像闻一多这样再也回不来的斗士，但这一切疑虑都消除了，大家真真切切地又置身在熟悉的环境中，大一的新生会带着新奇的眼光来欣赏他们向往已久的校园。从昆明来的学生，已经大二、大三、大四了，还有未毕业的研究生，他们离开了昆明简朴的教室，来到洋气的清华园。回来是回来了，日本侵略者被赶走了，但内战的阴影又笼罩在他们每个人的心头，闻一多、李公朴的死已经在他们心头敲响了警钟，朱自清的心情应该和教授们一样百感交集吧。10月11日这天上午，朱自清在家读张恒寿的《论庄子》一书，准备新学期的课程。下午，收到王力（字了一）的来信，得知这位老同事将应聘中山大学中文系主任。朱自清虽然心有不舍，不想失去这位同事兼好友，但也不能耽误朋友的前程。清华大学中文系，经这些年的动荡，已经失去了陈寅恪、吴宓、刘文典、闻一多等名流了，如今又失去主要力量王力，朱自清深知自己的责任更大了，担子更重了。

朱自清甫一到京就去看望朋友，那么朋友闻听他回来了，自然也会来探望。1946年10月12日，李长之来看朱自清了。李长之曾在清华大学生物系读书，两年后转哲学系。1934年后曾主编或创办《清华周刊》文艺栏、《文学评论》双月刊和《益世报》副刊，写诗，也写评论，1936年因创作、出版了《鲁迅批判》而产生较大影响，清华大学毕业后曾留校任教，后任教于云南大学、重庆中央大学等高校，1946年10月，任北京师范大学中文系副教授，并参与《北平时报》《世界日报》的编务工作。在得知朱自清回来后，特地来看朱自清。几年后，李长之曾写悼念文字《杂忆佩弦先生》，回忆和朱自清多年的交往，也说到了这次见面："我是从上海来，在师大教书，他是从重庆来，仍回到清华。在他还没有搬出城的时候，我就去看他，那是国会街的临时招待所。我见了他，却又有些黯然了。他分外的憔悴，身体已经没有从前那么挺拔，眼睛见风就流泪，他随时用手巾拂拭着，发着红。我们没能谈什么文艺，他很关切地问到我的母亲、太太、小孩等。宛然是一个老人所关切的事了！"李长之在文章里，还回忆了朱自清逝世前与之交往的点点滴滴："到他在清华住定了，我又去看过他几次。在城里也曾有几次座谈会和宴会上遇到。生活定了，精神确又好了些。不过有些人已经在称他是佩老，大概是他有老的资格了。"李长之还回忆他编《北平时报》副刊《文园》时朱自清投稿的事："朱先生寄来了一首译诗来，可是还没等付排，他的信又来了，是改去了一两个字。他不苟，可是并非不圆通。他后来告诉我：'《时报》不是什么好报呵。'但他并没因《时报》不好而拒绝写稿。"李长之还记有一则借书的趣事："如果向他借一本书，他一定先问：'看多少日子？'随手又拿过本子来，把姓名书名年月日都写上去了。"送别李长之后，朱自清又发电报给王力。王力在《怀念朱自清先生》一文中，记述了电报的内容："我被中山大学借聘，留在广州，朱先生几次写信催我回北平。我使他失望了。最后他来信说：'我想通了，我们这些人分散在各地是有好处的。'"这天，朱自清中午又赴俞平伯的邀宴，这是老朋友相隔九年后的第一次欢聚。晚上又参加了陈岱孙的邀宴。10月13日，朱自清日记曰："许传英来访，他将去台湾。张恒寿来，还他文章。小孟与他全家邀吃涮羊肉。饭后游北海及东安市场，急于回家。"这是朱自清回北平后第一次游览和逛街。但是"急于回家"可能是要读书或写文章。10月14日，高华年来访。高华年生于1916年，西南联大期间，毕业于北京大学文科研究所，获硕士学位，1943年至1946年任西南联大中文系讲师，和朱自清有同事之谊。这次来朱自清家，是来向朱自清告别的，因为他要到南开大学任教了。老同事相见，聊得十分投机。这天来访的还有高熙增。10月15日这天，朱自清去拜访梅贻琦，不遇。又访赵万里，也不遇。再访张清常，朱自清当天日记曰："访清常，与谈语音教学事，他接受聘请，待与冯柳漪商定后。""冯柳漪"三位都是校方各级领导，漪即梅贻琦，冯即冯友兰。10月16日，上午和梅贻琦一起商量系务，又去陈岱孙家取回生活日常用品，下午再访赵万里，依然不遇，应该是刚归来不久，大家都忙吧。再访陈谦庆夫妇，他们都在家，一直聊到傍晚，朱自清在他家吃了晚餐。饭后还和吕宝东、陈光旭一起玩了桥牌。10月17日，朱自清日记云："华粹深来，邀星期日午餐。镂青来访，谈中国大学内幕。自平伯处取回杂物。俞太太说她已受训完毕，现在可以做事。确实如此。"华粹深生于1909年，1931年考入清华大学中文系，师从俞平伯，还参加俞平伯发起、主导的谷音社学昆曲。1935年到中华戏曲专科职业学校任教，并撰写戏曲札记，写成《听歌人语》。10月18日，朱自清日记云："上午赵万里夫妇来。下午到南夹道购衣物。后访萧耿光及欧阳莹大夫。"拜访大夫，还是因为久治不愈的胃病。

刚回到北平不久的朱自清，还于 10 月 19 日这天晚上带着家人去西单转了转——毕竟孩子们还没有逛过北平城，西单又是商业区，得让孩子们开开眼界。但是这天却遇到了险情，朱自清带着乔森先回家，陈竹隐和两个孩子在返回时，差一点遭遇歹徒的抢劫。朱自清在本月 28 日写作的《回来杂记》中回忆了这一段惊险的经过："我太太有一晚九点来钟带着两个孩子走进宣武门里一个小胡同，刚进口不远，就听见一声：'站住！'向前一看，十步外站着一个人，正在从黑色的上装里掏什么，说时迟，那时快，顺着灯光一瞥，掏出来的乃是一把明晃晃的尖刀！我太太大声怪叫，赶紧转身向胡同口跑，孩子们也跟着怪叫，跟着跑。绊了石头，母子三个都摔倒；起来回头一看，那人也转了身向胡同里跑。这个人穿得似乎还不寒碜，白白的脸，年轻轻的。想来是刚走这个道儿，要不然，他该在胡同中间等着，等来人近身再喊'站住！'这也许真是到了无可奈何才来走险的。近来报上常见路劫的记载，想来这种新手该不少罢。从前自然也有路劫，可没有听说这么多。北平是不一样了。"朱自清在日记里也记下这天的险情："后来三人雇三轮车回来。"在《回来杂记》里，朱自清还讲述了许多北平的和从前不一样的文化和学术潮流："北平早就被称为'大学城'和'文化城'，这原是旧调重弹，不过似乎弹得更响了。学校消息多，也许还可以认为有点生意经；也许北平学生多，这么着报可以多销些？副刊多却决不是生意经，因为有些副刊的有些论文似乎只有一些大学教授和研究院学生能懂。这种论文原应该出现在专门杂志上，但目前出不起专门杂志，只好暂时委屈在日报的余幅上：这在编副刊的人是有理由的。在报馆方面，反正可以登载的材料不多，北平的广告又未必太多，多来它几个副刊，一面配合着这古城里看重读书人的传统，一面也可以镇静镇静这多少有点儿晃荡的北平市，自然也不错。学校消息多，似乎也有点儿配合着看重读书人的传统的意思。研究学术本来要悠闲，这古城里向来看重的读书人正是那悠闲的读书人。我也爱北平的学术空气，自己也只是一个悠闲的读书人，并且最近也主编了一个带学术性的副刊，不过还是觉得这么多的这么学术的副刊确是北平特有的闲味儿。"接着又借古董铺，来说和从前的不一样："从前买古董玩器送礼，可以巴结个一官半职的。现在据说懂得爱古董玩器的就太少了。礼还是得送，可是上了句古话，什么人爱钞，什么人都爱钞了。这一来倒是简单明了，不过不是老味道了。古董玩器的冷落还不足奇，更使我注意的是中山公园和北海等名胜的地方，也萧条起来了。我刚回来的时候，天气还不冷，有一天带着孩子们去逛北海。大礼拜的，漪澜堂的茶座上却只寥寥的几个人。听隔家茶座的伙计在向一位客人说没有点心卖，他说因为客人少，不敢预备。这些原是中等经济的人物常到的地方；他们少来，大概是手头不宽心头也不宽了吧。"《回来杂记》确实是朱自清回到北平几天来所看到的情形的杂写，在写了一些社会不良现象之后，最后还难得地谈到了北平的吃喝："我是贪吃得了胃病的人，还是来点儿吃的。在西南大家常谈到北平的吃食，这呀那的，一大堆。我心里却还惦记一样不登大雅的东西，就是马蹄儿烧饼夹果子。那是一清早在胡同里提着筐子叫卖的。这回回来却没有吃到。打听住家人，也说少听见了。这马蹄儿烧饼用硬面做，用吊炉烤，薄薄的，却有点儿韧，夹果子（就是脆而细的油条）最是相得益彰，也脆，也有咬嚼，比起有心子的芝麻酱烧饼有意思得多。可是现在劈柴贵了，吊炉少了，做马蹄儿并不能多卖钱，谁乐意再做下去！于是大家一律用芝麻酱烧饼来夹果子了。芝麻酱烧饼厚，倒更管饱些。然而，然而不一样了。"这最后一段，才是回北京几天来的切身感受，写得也极其精彩，把北平基层老百姓的生活情状间接地写了出来，和前边美国吉普车的横冲直撞以及中国警察的欺软怕硬形成呼应。最后一句的两个"然而"极其巧妙，戛然而止又意味深长。如果只用一个"然而"，缺少语气的停顿，劲就不够了。两个"然而"，有递进，又有转折，真是妙不可言。

10 月 20 日，朱自清日记云："上午萧耿光伴欧阳大夫来访。参加叶梧深和许世瑛的午餐会，遇孙蜀丞，郑婴百。"在午宴上巧遇孙蜀丞，让朱自清有些惊讶。孙蜀丞早年毕业于北京大学，1920 年左右，和黄侃、邵章、邵彭、杨树达、陈垣等人成立"思辨社"，1929 年任中国大学教授，兼任北平师范大学、女师大教授，学术著作有《词文词史》《庄子研究》《左传研究》等，1947 年任上海暨南大学文学院院长。午餐后，朱自清徐步来到故宫游览参观，又从内西路一直走到俞平伯家，在他家打了桥牌并吃了晚饭，这熟悉的路径和生活，一切仿佛又回到了十年前。10 月 21 日，朱自清从暂住地来到清华大学，做了不少杂事后，下午两点参加了学校的一个会议，晚上在烤肉苑吃了烤肉才回到城里。到了 10 月 22 日，朱自清一家正式搬回清华园北院，仍住 16 号旧居。

回到北平，回到旧居，至此，朱自清才有归家的感觉。搬家虽然很忙，但在久违的家里看着老家具又复归原位，多年来一本本淘得、珍视的藏书又列于书橱中，其心情必定是愉悦和快慰的。和书对视，和时间赛跑——朱自清已经做好了大干一场的心理准备，要在文学创作和学术研究上更上一层楼。

燕京大学的课

朱自清于 1946 年 10 月 30 日到燕京大学上课。这天是星期三。

朱自清到燕大兼课，和陆志韦、高名凯等燕大熟人有关。1946 年 10 月 27 日，朱自清日记曰："访陆志韦、廖泰初、薛鸿达和高名凯。高昨日来访。"这几个人都是燕京大学的高层。陆志韦此时任燕京大学校长，他生于 1894 年，原名陆保琦，浙江湖州人，东吴大学毕业后于 1916 年赴美国留学深造，就读于范德比尔特大学，1917 年转入芝加哥大学生理学部心理学系。1920 年获该校生物学部心理学系哲学博士学位，同年回国后任教于南京高等师范学校，1922 年任东南大学心理系教授和系主任，1927 年来到燕京大学任教，并担任心理学系主任。从 1934 年开始，历任燕京大学代理校长、校务委员会主席、校长。廖泰初此时任燕大教育系主任，他出生于 1910 年，广东肇庆人，1928 年被保送到燕京大学教育系读书，1932 年毕业后继续在燕大攻读硕士学位，师从吴文藻先生。毕业后开展社会调查，写有多篇社会学方面的论文。1941 年 12 月"珍珠港事件"后，燕大被迫封校。廖泰初于 1942 年到达成都，加入燕大成都分校，开设了农村社会学课程。1946 年燕大在北平复校，廖泰初出任教育系主任。高名凯生于 1911 年，福建平潭人，1931 年考入燕京大学哲学系，1935 年毕业后升入燕京大学研究院哲学部学习，1936 年受燕京大学派遣，赴法国巴黎大学攻读语言学，师从马伯乐，1940 年获博士学位，1941 年回国后任燕京大学国文系助教。1946 年任复校后的燕大国文系教授。朱自清在 10 月 27 日日记中，轻描淡写地带一句"高昨天来访"，其实高名凯的来访，就是经校长陆志韦同意，邀请朱自清到燕大国文系兼课的。朱自清考虑后，答应了燕大的邀请，所以才去回访燕大的几位核心人物，特别是国文系主任廖泰初，没有他的力荐，校方也不会聘请朱自清。当时的燕大，在国际上的知名度，是高过北大、清华的。

那么朱自清在燕大教授什么课呢？

本学期，朱自清在清华大学开设的课有"诗论""中国现代诗歌和散文"以及"大一国文"课。显然，在燕京大学兼课，不可能讲基础课的，"大一国文"可以排除。"中国现代诗歌和散文"虽然是朱自清擅长的课，但其学术含量不高，也可以排除。这么说来，"诗论"就最有可能了。朱自清的学生柏生在《作家、学者、斗士——回忆朱自清先生》一文中，介绍了他在1946年秋天新学期开学后，跟随朱自清所听的课程，计有："中国文学史""文学史专题研究""历代诗选"。柏生还回忆了朱自清教学的认真和严格："课堂上板书笔画整齐，从不潦草。朱先生不仅在课堂上讲学，课下还和我们青年学生一起探讨问题。他总是那么谦虚，对我们既循循善诱，又非常尊重我们的意见。学生写了读书报告或学术论文，朱先生总都认真仔细地加以批改指导，甚至一句话，一个标点，他都从不放过。"关于修改学生作业，杨光社在《朱自清先生的教学与科研》一文里也讲过一个趣事："他与俞平伯有过一次关于作业是否改得详细的有趣讨论。俞平伯不赞成多改，理由是学生只重分数，从不看教师修改的内容。朱自清则认为，学生是珍视老师评改的。俞平伯立即掏钱请人上街买包花生米，结果发现那包花生米的纸张正是一篇学生的考试作文。俞平伯抓住这个证据，乐得哈哈大笑。朱自清则认为这是特殊现象，仍坚持自己的主张。"柏生这里也介绍了1946年秋天新学期的三门课，同一年同一个学期，课程有差别，这可能是给不同年级的学生所上的课，有的可能是选修课，比如"文学史专题研究"。再看汪瑞华在《我的良师朱自清先生》一文中所介绍的1946年下半年新学期的课，计有"中国文学史""中国文学批评"和"历代诗选"，也是三门。汪瑞华考取的是清华大学中国语言文学系三年级的插班生，属于高年级，他所说的朱自清教授的课程和柏生所说的课程，重复的计有"中国文学史"和"历代诗选"。按照正常的习惯，在别的大学兼课，一般都是讲自己熟悉的"当家课"。结合朱自清在 1933 年夏天之前，曾在燕大兼过课，当时他所讲的，正是在清华讲了两年的"中国新文学研究纲要"。这是朱自清首次在大学里开设新文学课程，因为所谓新文学，从"五四"前后开始，到朱自清讲课时，不过十多年时间，许多体裁还在发展中。但是朱自清边讲课边补充内容，加上之前的精心准备，居然把该课讲成了名课，深受同学们的欢迎，在师大讲课时，因教室坐不下，只好移到大礼堂上课了。赵园在协助整理《朱自清全集》时，曾作为指定修订者通读、整理《中国新文学研究纲要》这门课的讲义稿，他在《整理工作说明》里说："朱自清先生的遗稿《中国新文学研究纲要》……内容分总论、各论两部分，共讲八章，以后他还曾在师大、燕京两校讲授。"这说明，一般情况下，聘请方都是闻听朱自清曾成功地讲授过什么课，或者说，朱自清什么课叫座，校方才发出聘书。简单说，就是名师名课。李广田也曾在这部讲义上写过"附记"说："一九三二顷，朱先生在清华大学中国文学系主讲中国新文学，并先后在师范大学和燕京大学兼授此课。"这里值得补记一笔的是，汪瑞华和柏生的回忆一样，都讲到了朱自清上课的严格，汪瑞华在《我的良师朱自清先生》里写道："他讲的课程，不仅仅要求我们认真听，记笔记，而且强调阅读有关作品。每讲完一个章节，必定列出许多参考书目，要求读后写'读书报告'。选他的课的人很多，一份读书报告常常是好几千字，而他批阅这些报告又十分认真，从我们对作品的阅读分析、欣赏能力，到文字是否通顺，他都严格要求。每当他认为我们的'读书报告'分析得中肯或某些地方有些'创建'，必圈圈点点，写上眉批，篇末都有批语、评分。"这就是朱自清的认真精神。

朱自清就是在这样的讲课中，赢得了口碑，所以燕京大学才找到他去兼课。

朱自清在燕京大学讲什么课其实也不重要，重要的是，朱自清为了改善家庭不良的经济情况，不仅文章要坚持多写，多发表，课也尽量多上，特别是兼课，那是要拿一笔讲课费的。比如他担任《语言与文学》周刊主编，仅编辑费就要从每月五万元中得到三分之一，余款才由编辑余冠英等人分享。

另外他每周都要写的《周话》（编入文集时都另加了篇名），也是有稿费的。所以，一半原因，朱自清是要增加收入、改善生活才去兼课。1946 年 11 月 6 日，朱自清日记曰："从燕大得到大一《国文选》。"至此，朱自清在燕大所讲之课才水落石出，原来是他在西南联大时就讲熟了的名课"国文选"。11 月 13 日，朱自清日记曰："第一次领取燕大月薪。"这天的日记只有这一句话，也只有领到月薪值得一记。从朱自清日记里看，朱自清在燕大的课，都安排在每周的星期三。朱自清的日记，不是每个星期三都会记上一笔到燕大讲课的事。这一时期，朱自清的日记，越来越简洁明了了，因为写日记也会耽误时间，影响工作。但特别有意义的事还会记一笔。没有意义的事有时候只写两三个字，比如 11 月 27 日，只记"寒冷"二字。1947 年 1 月 1 日，由于这天是民国新年（民国新生活运动废除农历新年），朱自清应约参加梅贻琦夫妇举行的新年茶话会，茶会气氛热烈而愉快。茶话会结束以后，朱自清和陈竹隐还设宴招待四川籍的三位同学，其中有两位就是燕京大学的学生。招宴中，还听学生讲两天前学生抗议美军暴行的游行事件，欣赏学生的正义行为。1947 年 1 月 8 日，朱自清日记曰："上午改作文。下午到燕大附中询问孩子入学问题。"应该是上完燕大的课再到附中的。1 月 20 日，朱自清又到燕大主持了学生考试。1947 年 3 月 19 日的日记比较丰富：因为燕大的课，应该需要不少参考书目；同样因为是讲课需要，还要读《中国小说史》，这已经是多次读《中国小说史》了。朱自清一定读过鲁迅的《中国小说史略》，俞平伯当年为了讲中国文学史课，还专门到周作人家借鲁迅《中国小说史略》的打印讲义回家参考。朱自清讲这方面内容，自然也要参考很多书。朱自清日记里的《中国小说史》，很可能是郭箴一编著的那一本。据说，这是继鲁迅的《中国小说史略》之后最完备的一本中国古代小说史。日记接着写道："由燕京大学归来，为看望徐锡良而到陈定民家，在此吃点心，打桥牌。读报多时，在《清华周刊》上看到文艺社晚会的记录，为实录。我参加了，也知道有人反对，因为这是理所当然的。"这天燕大的课看来很成功，朱自清带着愉快的心情去看朋友，还打桥牌、吃点心，都是朱自清的所爱。打桥牌是偶一为之。吃点心却受到很多限制——因为胃不好，什么点心能吃，什么不能吃要有选择，陈竹隐在家就限制他吃零食。所以能在朋友家吃点心，也是值得一记的奢侈之事了。从朋友家回来后，所幸胃病没有发作，照例是看当天收到的报纸，看到了本年 3 月 8 日那天的文艺晚会，朱自清参加了那天的文艺晚会，日记里只用"参加梅先生晚餐会"一笔带过。实际上，那天朱自清还讲了话。杨会在《一个聚会——北大文艺社和清华文艺社的联欢》也有过记录，这篇文章发表在《清华周刊》复刊第 4 期上。文章记有朱自清发言的实录："目前大家的意见，似乎都主张文艺应当密切地和现实联系起来。在这个原则之下，我们应该眼光望地下看，不是望天上，可是写惯以前写法的人，这一来，不是感觉到'眼高手低'，反倒是'眼低手高'了。"朱自清这样的话，一定会引来不同的争议，所以他在看到新闻报道时，表示有争议也很正常。朱自清又说："这半年来，在班上，看你们的习作，你们青年人的确与我们这一代有很多不同，你们对很多事情，都有新的看法。其实社会各方面，大体上看来还是有进步的，不过也许你们年青性急，总觉得变得太慢，希望快一点变。我们年纪大了，总觉得，一切是在变，不过不觉得变得慢就是了。"朱自清的话，代表了历代进入中老年状态的人的心态。朱自清在报上看到自己的讲话，认为必然会引起一些人的反对，用一句"理所当然"呈现在日记里，说明他心态平和，能和学生平等相处，也是很可贵的。

1947 年 11 月 13 日，燕京大学校长陆志韦还到清华大学做了一次精彩的演讲，题目叫《汉语的特征》，所讲内容，朱自清当天的日记曰："1. 单音词; 2. 简单的音缀; 3. 分析语。强调了三个特征的汉语是一种很有效率的语言。"陆志韦是著名语言学家，他能到清华演讲，有可能也是朱自清的关系。

总之，朱自清在燕京大学的兼课，给他的教学生涯又增添了难得的经历。

《闻一多全集》

1946 年 11 月 29 日，朱自清主持了"整理闻一多先生遗著委员会"第一次会议。该委员会成员还有雷海宗、潘光旦、吴晗、浦江清、余冠英等人，朱自清被梅贻琦任命为召集人。这个召集人，可不是挂挂名，是实实在在干活的主力军，除了正常的教学、著文外，朱自清把大部分业余时间都投入闻一多遗稿的整理上。经过一段时间的整理、编订、查证、考释，朱自清在 1947 年 1 月 15 日举行的"整理闻一多先生遗著委员会"会议上，通过了他整理的《闻一多全集》的目录。又历时几个月，在各方面共同努力下，《闻一多全集》的校样打印出来了。

1947 年 4 月 9 日晚，在清华园，朱自清赴大礼堂，出席为纪念清华新诗社成立三周年举办的"诗与歌"晚会，并做《闻一多先生与诗》讲演。演讲稿发表于本月 14 日《燕京新闻》第 13 卷第 21 期上。又以《闻一多先生与新诗》为题载于本月 15 日《清华周刊》第 8 期上。这篇演讲稿不长，全文照录如下：

今天是新诗社三周年的纪念日，闻一多先生又是新诗社的导师，所以我选择这个题目来讲。

闻先生是一位爱国诗人，二十年以前，他是"新月派"的诗人，但是在诗的意见上，闻先生并不完全和他们相同。当时徐志摩就不大赞成闻先生的爱国诗，觉得那是太狭义了。可是闻先生仍旧热诚地去创作这方面的新诗。我曾经说过，闻先生是当时新诗作家中唯一的爱国诗人，他活着的时候，对这批评，觉得很正确。

他的诗集《死水》中，有许多是爱国诗。《洗衣歌》是写华侨在美国洗衣并不是下贱的工作，而是要洗去污秽。这对华侨是很好的鼓励。从另一方面说，他很早就是一个写实的诗人，"新月派"为艺术而艺术，但闻先生不是。他虽然也歌颂恋爱，可是并不多。他描写死水的丑恶，使人明白之后，而能取消这丑恶，可见他对现实的关心比别人深。在人道主义的作品上，闻先生写得更为具体，如《荒村》序中，他记载的是对一大群人的苦难的同情，而不是对于一个人。

在闻先生遭杀害的前两年，对诗的看法就已经变了。他对《红烛》非常不满，而且很懊悔，甚至不愿承认是他作的。那是带有唯美派写法的诗。但写《红烛》时，正当五四时代，脱离旧礼教束缚，而走向浪漫的发展；《死水》却是写在兵荒马乱时，所以写了丑恶、霉湿、阴暗，因为当时是那样的一个时代。他深切地感到那压迫，他要揭发出来，由那里得到新的生活。这与徐志摩的感觉不一样。

对中国传统的看法，他一向最赞美人民的诗人杜甫。因为杜甫这位作家最关心人民的痛苦，例如当时征兵的痛苦，并能在诗中表现出来。"朱门酒肉臭，路有冻死骨"，也是千古不朽的名句。这说明了他对人生的热爱和对统治者的反抗。他本想做宰相来拯救人民脱离痛苦，但是没有达到目的。闻先生是最推崇杜甫的，虽然也有人反对杜甫，说他不能超然，可见闻先生与杜甫的这种人生态度是一致的。

律诗从唐兴起，一向无人怀疑它是中国诗中的精粹诗体，可是闻先生开始怀疑了。他认为古诗是接近人民的，而律诗则发展得不健康。在"新月派"时期，他写诗固然也有格律，可是后来改变了，他的新诗多半揭发着丑恶。他在昆明讲诗与舞时说，诗和原始人、小孩、疯人是一样的，是一种力的表现。他最讨厌柔得没劲的诗，也不欢喜"词"中的那种靡靡之音。他说力量的表现是在团体中，原始人举火把歌舞是一种力量。所以他要的是粗线条的诗。他提倡田间的诗，他说那像鼓声一样，不是弦乐，而是刺激的情调。

对诗的批评方面，他说新诗越写越纤细，使人们都不容易懂了，所以，应该作粗线条的诗。不管是诗也好，诉之大众的也好，不叫诗也好，总之，要以新的尺度去创造新诗，并从理论上把它建立起来。

闻先生很喜欢朗诵诗。在昆明西南联大，有一次他朗诵艾青的《大堰河》，这首诗是艾青早年的作品，是怀念一个奶妈的诗，写得并不顶好。可是由于闻先生那适于大庭广众的声调，却把作者原来没能表现出的意思都朗诵出来了。

卅一年，他写了八首诗，是写八位教授的，我见过一首，作风改变得很厉害，是自由的诗体。在他未死前，曾想把《楚辞》中的《九歌》现代化，写成歌舞剧体，把农民耕种的艰难苦痛写出来，预备要在"诗人节"写好。可是，他没能实现这个愿望，就被刺了。（这部遗稿正在运北平途中）

他的态度是一贯诉诸大众的，帮助大众进步的。他在"新月派"时代也曾宣言不愿忘记了大众。《静夜》一首诗里，他写出了家庭中的幸福和安适，但他说，他不能受幸福的贿赂，而忘记了苦难的一群。他始终愿意做一个人民的诗人。

1947年5月25日这天，朱自清率清华大学中文系十二位同人，集体校对闻一多的遗稿，朱自清还重新编排了《闻一多全集》的目录。朱自清在当天的日记中写道："一切均甚仓促，恐不能做得很好。但环境又需早日出版，实无他法。"第二天，在给叶圣陶的信中，则说："一多集正在赶编，只好一集一集交吴公转奉。因为弟实在忙，这编的事又得自己过目。最费时间的还是抄写、校对和搜寻文篇。但弟竭力赶办。两三周内，打算将大部分课馀时间用在这上头。"正如吴晗在《闻一多全集·跋》里所说："佩弦先生是一多十几年来的老友和同事，为了这部书，他花费了一年的时间，搜集遗文，编缀校正，遗稿由昆明北运时，有一部分遭了水渍，请人逐一揭开，请人抄写。他拟定了目录，选编了尺牍，发表了许多未刊的遗著。……一句话，没有佩弦先生的劳力和主持，这集子是不可能编集的。"朱自清逝世以后，吴晗在《悼朱佩弦先生》中又说："我记得，这两年内，为了一篇文章，一句话，一封信，为了书名的题署，为了编纂人员的列名，以及一切细微末节，你总是写信来同我商量。只有我才能完全知道你对亡友著作所费的劳力、心血。"朱自清甚至还把闻一多的一篇口述的写作提纲，连缀成文发表。文末有朱自清的注："闻一多先生暑假前曾经口头向清华大学提出这个建议，但是一时还不能够施行。这篇文章不幸未能完成，可是纲要是完成了的。他的建议很值得大家讨论，所以我将原稿连缀成篇发表。"什么叫朋友，什么叫负责，从朱自清主编《闻一多全集》中，就可看出了。

1947 年 7 月 9 日，朱自清写作了《〈闻一多全集〉编后记》，发表于本月 20 日《大公报》副刊《星期文艺》第 41 期上。该文详细介绍了《闻一多全集》的缘起和编辑过程。本年 7 月 20 日，朱自清出席闻一多被害一周年纪念会。会后与张奚若、吴晗、潘光旦、余冠英、许维遹、李广田、闻一多夫人高孝贞等人合影。由《清华周刊》社为纪念会专门编辑出版的《闻一多先生死难周年纪念特刊》，发表了朱自清撰写的《〈闻一多全集〉编辑记和拟目》。

在 1947 年 8 月的整个上半月里，朱自清都在写作《闻一多全集》的序言。在反复修改后，这篇凝聚着朱自清心血的序言，以《〈闻一多全集〉序》之名，发表在本年 10 月出版的《文学杂志》第 2 卷第 5 期上。在《闻一多全集》正式出版时，这篇序言改名为《闻一多先生怎样走着中国文学的道路——〈闻一多全集〉序》。

1948 年 7 月 15 日，离朱自清逝世不到一个月时，他在召集闻一多先生遗著委员会会议上，作《整理闻一多先生遗著委员会报告》讲话，决定结束该委员会工作。当晚，赴同方部出席清华学生自治委员会举办的闻一多遇害两周年纪念会，这一天很热，朱自清和吴晗等坐在第一排。电灯关了，两束烛光的背后是栩栩如生、长须飘拂、含着烟斗的闻一多画像。清瘦的朱自清缓缓走出座位，站在台下，用低沉的声调，向与会者报告了《闻一多全集》编辑和出版的过程。所有在座的人，思想和情感一下子回到闻一多生前，闻一多严谨的治学态度和潇洒的讲课风格以及民主斗士的风采，仿如昨日重现。许多人听了朱自清的报告，都流下了感动的泪。

就在朱自清逝世的1948年8月末，由朱自清作《序》和《编后记》的四卷本的《闻一多全集》出版了。可惜，花费朱自清晚年极大心血的全集，他自己没有看到。朱自清在《闻一多全集》的序里写道："闻一多先生为民主运动贡献了他的生命，他是一个斗士。但是他又是一个诗人和学者。这三重人格集合在他身上，因时期的不同而或隐或现。大概从民国十四年参加《北平晨报》的诗刊到十八年任教青岛大学，可以说是他的诗人时期，这以后直到三十三年参加昆明西南联合大学的"五四"历史晚会，可以说是他的学者时期，再以后这两年多，是他的斗士时期。学者的时期最长，斗士的时期最短，然而他始终不失为一个诗人；而在诗人和学者的时期，他也始终不失为一个斗士。"

朱自清赞赏闻一多是斗士，他自己何尝不是一个斗士呢！更让人唏嘘的是，朱自清还要和病魔抗争！

冲刺，捞补逝去的时光

　　回到熟悉的清华园了，可以在安逸的书香氛围中教书、写作、做研究了。为了勉励自己，朱自清在自己书桌的玻璃板下边，压着两句诗："但得夕阳无限好，何须惆怅近黄昏。"这是他亲自书写的近人的诗句。朱自清还不到50岁，写此句，可见他的心思和心境了。一方面觉得身体不行，虽然未进入老境，但心里还是隐约地担心；另一方面，也是主要方面，还是不能再消停，不能观望，不能松懈，惆怅和哀怨没有任何用处，得抓紧时间工作了。

　　朱自清拟订的写作计划也很清楚，除偶尔写一两篇散文（如《回来杂记》）和几首唱和诗外，主要是语言学、文艺学、古典文学等方面的杂论及其他研究文章，在担任了《新生报》副刊《语言与文学》的主编并为其专栏《周话》写了不少篇文章之际，还写了大量的学术性杂论和书评，并且把发表在《语言与文学》上的《周话》选编进《标准与尺度》一书中，还把这一时期写作的其他文章，进行有目的的选择、取舍，编辑、完善了另外几本书：

　　《语文零拾》是朱自清多年来创作的书评、书话、读书笔记、译文等文章的集中汇编，写作时间的跨度也较长，是复员那年的暑假才有机会汇编成书的，序言写于"三十五年七月，成都"，可见是在成都已经编好了书稿，并交给了钱实甫先生代交给名山书局出版发行的。

　　《语文零拾》共收《陶诗的深度——评古直〈陶靖节诗笺定本〉》（〈层冰堂五种〉之三)》《什么是宋诗的精华——评石遗老人（陈衍）评点〈宋诗精

华录〉》《诗文评的发展——评罗根泽〈中国文学批评史〉第一、二、三分册：〈周秦两汉文学批评史〉〈魏晋六朝文学批评史〉〈隋唐文学批评史〉与朱东润〈中国文学批评史大纲〉》等文章 14 篇，如果算上被遗漏的《新的语言》，应该是 15 篇。朱自清在该书序中开宗明义："我是研究文学的，这些文字讨论的不外乎文学与语言，尤其是中国文学与中国语言。我在大学里教授中国文学批评和陶渊明诗、宋诗等。这些书评可以见出我的意见，够不够'心得'，我不敢说，但总是自己的一些意见。因为研究批评和诗，我就注意到语言文字的达意和表情的作用。这里说'达意'和'表情'，因为照现代的看法，达意和表情可以分为两种作用，不该混为一谈。我们说达意，指的是字面或话面；说表情，指的是字里行间或话里有话。"朱自清写这篇序文，至今已经 70 多年了，现代白话文发展怎么样呢？"中国语达意表情的方式在变化中，新的国语在创造中。这种变化的趋势，这种创造的历程，可以概括地称为'欧化'和'现代化'"，这段论述可以说是白话汉语发展的必然之路。无论是读文学作品，还是报纸新闻，往往会遇到"欧化"的语言和传统的白话文语言，比如读茅盾的文章和沈从文的文章，"达意"和"表情"就是完全不一样的，茅盾的更"欧化"，沈从文的更"中国化"或"地方化"，也就是乡土化。所以，现代白话文在这方面的研究依然不够，可以说空间很大。

《敝帚集》是朱自清的一本旧体诗集，收拟古诗、律诗、绝句、词等。1947 年 5 月，朱自清在创作、研究、教学之余，花了大力气，用了几天时间，对这些作品进行编辑分类，共分为四部分：第一部分为拟古诗，第二部分为旧体诗，第三部分为拟古词，第四部分为译诗。众所周知，朱自清刚进入清华园时，因为教学的需要，对中国古典诗词做了大量的研究，并创作了数量可观的拟古诗词。《敝帚集》中的第一、三部分，分别收诗三十二题四十二首、词十八题十九首，第二部分的旧体诗数量亦不少，计三十九题五十首。第四部分共计五首译诗，虽然分量单薄一些，却是一个新品种，所以要另立一部分。《敝帚集》和《犹贤博弈斋诗钞》一样，都是朱自清旧体诗词研究、创作中的集大成之作，体现了他在这一方面的学养和才华。

《诗言志辨》是由上海开明书店 1947 年 8 月出版的一本专题论文集，收四篇正文和一篇序文，是朱自清重要的一部学术著作。四篇论文分别是《诗言志》《比兴》《诗教》《正变》。朱自清在序中说："本书原拟名为'诗论释辞'，'辞'指词句而言。后来因为书中四篇论文是一套，而以'诗言志'一个意念为中心，所以改为今名。"是书出版后，在文学界和知识界产生了广泛的影响，引来好评如潮，李广田在《朱自清先生的道路》中说其是"朱先生历时最久、功力最深的一部书"。1935 年 9 月，朱自清在清华大学中国文学系开设新课"中国文学批评"时，编了一册《诗文评钞》，书中收历代各家诗文评论集，分"比兴""模拟""文笔""声病""神气"和"品藻"六编，这大概就是他撰写《诗言志辨》的滥觞。书中最后一篇《正变》则发表于 1945 年 8 月《文史杂志》第 5 卷第 7、8 期合刊上，名为《诗正变说》。由此可知，《诗言志辨》也是"十年磨一剑"之作。对于该书的研究宗旨和方法，朱自清特别强调："现在我们固然愿意有些人去试写中国文学批评史，但更愿意有许多人分头来搜集材料，寻出各个批评的意念如何发生，如何演变——寻出它们的史迹。这个得认真的仔细的考辨，一个字不放松，像汉学家考辨经史子书。这是从小处下手。"朱光潜在《朱佩弦先生的〈诗言志辨〉》中评介道："佩弦先生的《诗言志辨》之所以成为一个重要底贡献，也就因为它替文学批评史指点出一个正当底路径和一个有成效底方法。第一是他能从大处着眼。在中国和在其他各国一样，诗是最原始而普遍底文学体裁，重要底文艺思想都从诗论出发（在欧洲从古希腊一直到文艺复兴，主要的批评著作都是诗论），佩弦先生单提出诗来说，正是提纲挈领。再就诗论来说，每个民族都有几个中心观念——或者说基本问题——在历史过程中生展演变，这就成为所谓'传统'——或则（者）说文艺批评者的传家衣钵。……佩弦先生看清了这个道理，在中国诗论里抓住了四大中心观念来纵横解剖，理清脉络。……在表面上他虽似只弄清了这四大问题，在实际上他以大处落墨底办法画出全部中国文学批评史的轮廓。"吴小如说："《诗言志辨》虽是论文，却有宋人注疏体的气息，朴实然而清新，同时也谨言有法度，兼具西洋人写科学论文的条分缕析、纲举目张。但作者又能在行云流水般的语言中见出层次井然、眉清目朗的疏宕处，既不枯燥又不啰嗦。这确实是一种似旧实新的文章作法，绝无晚近写论文者的故作诘曲、以洋味十足文其浅陋的讨厌习气。而先生气度冲淡雍容，更无板起面孔训人'虎'人的嫌疑。"（《读朱自清先生〈诗言志辨〉》）

《论雅俗共赏》的写作起手于 1947 年 8 月 19 日，第一篇叫《论朗诵诗》，共花费了五天时间，不可谓不专心。该文对抗战以来兴起的朗诵诗，做了详细的分析和论述。朗诵诗具有号召性、战斗性和鼓舞性的特征，节奏感强，老百姓能听得懂，可以激发人的思想情感。朱自清在该文中指出其内容特征在于表达了群众的心声，其艺术特点在于热情简练，其作用是宣传的工具和战斗的武器。像朗诵诗这种形式，应该就是属于雅俗共赏型的吧。和《标准与尺度》一样，《论雅俗共赏》也是一本新创作的杂文论文集。在新学期开学后的一段时间里，朱自清开始密集地创作：10 月 10 日作《论百读不厌》；10 月 15 日作《鲁迅先生的杂感》；10 月 26 日作《论雅俗共赏》，该篇从雅俗共赏这一成语入手，分析了自唐宋以来，中国民间社会的士大夫文艺和民间流传的通俗文艺相互影响的关系和趋势，指出抗战以来从通俗化运动到大众化运动的发展过程，使现代文艺走向没有"雅俗"，只有"共赏"的局面。从上述这些文章来看，朱自清并没有躲进书斋，写那些高头讲章，而是和现实生活挂钩和相互映照，文章为时代所用。特别是费时四天于 11 月 15 日完成的《论书生的酸气》一文，在剖析了中国传统知识分子"寒酸"的弱点后，一针见血地说："至于近代的知识分子，让时代逼得不能读死书或死读书，因此也就不再执着那些古书。文言渐渐改了白话，吟诵用不上了；代替吟诵的是又分又合的朗诵和唱歌。最重要的是他们看清楚了自己，自己是在人民之中，不能再自命不凡了。他们虽然还有些闲，可是要'常得无事'却也不易。他们渐渐丢了那空架子，脚踏实地向前走去。早些时还不免带着感伤的气氛，自爱自怜，一把眼泪一把鼻涕的；这也算是酸气，虽然念诵的不是古书而是洋书。可是这几年时代逼得更紧了，大家只得抹干了鼻涕眼泪走上前去。这才真是'洗尽书生气味酸'了。"1947 年 12 月，朱自清一个月内写作各种文章九篇，其中有四篇收在《论雅俗共赏》里，计《歌谣里的重叠》、《〈语文通论〉〈学文示例〉》（收入《论雅俗共赏》时改题为《中国文的三种型——

评郭绍虞编著的〈语文通论〉与〈学文示例〉》）、《禅家的语言》、《诗与话》。朱自清这么一路写下来，到 1948 年 2 月 28 日，他写作序言时，《论雅俗共赏》一书已经编好，并在日记中说："颇为赞赏，并为此作序。"自己对自己的作品赞赏，理应是常态，但在日记里记一笔，对朱自清来说，还是少见。该集子收入杂论十四篇。朱自清在序中说："所谓现代的立场，按我的了解，可以说就是'雅俗共赏'的立场，也可以说是偏重俗人或常人的立场，也可以说是近于人民的立场。书中各篇论文都在朝这个方面说话。《论雅俗共赏》放在第一篇，并且用作书名，用意也在此。"该书于这年的 5 月出版，正是朱自清胃病加重之时。

《语文影及其他》是朱自清旧作的最新汇编。1948 年 3 月间，朱自清胃病时轻时重，时好时坏，3 月 19 日至 25 日，几乎每日呕吐。在给次子朱闰生的信中说："我最近又病了六天，还是胃病，不能吃东西，现在复原了。这回瘦了很多，以后真得小心了。"也是在这个月里，朱自清抱病开始编辑《语文影及其他》并写了序言。这本书里的大部分文章，都是写于西南联大时期，第一篇《是勒吗》作为"语文影之一"写于 1939 年 5 月 31 日，距此书编就时间长达九年。对于书名中的"及其他"，朱自清也做了说明："书名的另一半'及其他'，指的是《人生的一角之辑》，《人生的一角》也是计划了而没完成的一部书。我没有发表过这个书名，只跟一两位朋友谈起过。"这本书编好后，还未见其出版，朱自清就去世了。

《新诗杂话》的出版对于朱自清来说是意外之喜，该书本不是返回北平这两年里编就的，更不是新的创作。但是因为出版于 1947 年 12 月，也算这两年里的成果了。该书由作家书屋出版，内收诗论及随笔十五篇。朱自清是1948 年 1 月 23 日拿到样书的，在一天时间里常常翻看，不时流露出欣喜之情，还在书目录后的空页上题写道："盼望了三年多，担心了三年多，今天总算见到了这本书！辛辛苦苦写出的这些随笔，总算没有丢向东洋大海！真是高兴！一天里翻了足有十来遍，改了一些错字。我不讳言我'爱不释手'。'邂逅相遇，适我愿兮！'说是'敝帚自珍'也罢，'舐犊情深'也罢，我认了！"

《开明新编高级国文读本》和《开明文言读本》是受叶圣陶委托编写的

教材。1948年7月10，朱自清一连给叶圣陶、张清常、赵万里和次子朱闰生写信。致叶圣陶的信，就是关于《开明新编高级国文读本》和《开明文言读本》的事。给朱闰生的信，信中有这样的话："父病前些日子好些，近来又差些。现在只吃流体食物，决定可以养好。请放心。割治大约不需要的。"

关于这套教材的编写，朱自清和叶圣陶曾在往来信件中商量过。早在1947年11月和12月，朱自清经过慎重考虑，致信叶圣陶，接受叶提出的与他和吕叔湘共同编写《开明新编高级国文读本》和《开明文言读本》的建议。此两套教材，每套拟编六册，三人协商确定体例、篇目，互相审阅稿件，共同署名。在具体分工上，朱自清承担了编写《开明新编高级国文读本》和《开明文言读本》的相关工作。在1947年12月6日致叶圣陶的信中，很详细地表达了关于《开明文言读本》的想法："渠对文言教本有兴趣，但颇以叔湘兄所言办法太杂，并主张文言第三册全选近代之作，所谓新文言者。弟对第一点，认为照清兄办法，以《古文观止》所选为根据，似嫌平常，不能一新耳目。照叔湘兄办法，或可成一新传统，但自不宜太杂，犯五四后一般教科书之病。当然，叔湘兄选文言重在读，与一般教科书不同……又多选新文言，弟极以为然……又弟主张篇后各项都用白话，并主张每篇提出问题几个，这办法在弟教学经验上比各段大意好。"到1948年3月6日，朱自清又给叶圣陶去信，谈"开明读本"："上月十六日信……弟忙于选文故未即复。今日幸已将选文事办完。另附寄一包，内目录文言白话各三纸。文言目录之末纸，专供文言一册用。弟选文言参照历年大一选本，择其浅近者，并另回若干篇。选白话则就平日所忆，并查原书或选本。"1948年7月5日，朱自清给叶圣陶去信，继续谈教科书的编写工作。7月6日，朱自清日记曰："编教科书。疲倦。"7月7日朱自清日记曰："体重四十公斤。较前减一公斤半。继续编教科书。"7月9日这天日记曰："完成第一册教科书的编写工作。"终于完成了，朱自清紧锣密鼓地做这项工作，共花费他半年的时间，除病倒不能工作外，几乎每天都伏案书写，本可以休息休息了，但在编完当天他又读书了，"读《知识分子及其改造》，它论点鲜明，使人耳目一新，知识分子的改造确很重要。本书详述知识分子之个人主义及其思想上的敏感性"。但只隔几天，7月11日，他又着手第二册的编写工作。可惜这项工作，朱自清最终也没能完成。

从复员回北平，到去世，短短不到两年的时间里，朱自清创作、编成和出版了《标准与尺度》《语文零拾》《敝帚集》《诗言志辨》《论雅俗共赏》《语文影及其他》《新诗杂话》等书，还有《开明新编高级国文读本》等，另外还有数十篇零星的文章和诗词。就是在生命的最后时刻，他还有一篇未完成的文章——《论白话》，该文写于1948年7月27日，只写了三页，因身体虚弱没有能够继续下去，这是他留在世上的最后一篇文章。

朱自清人生的最后一封信是1948年8月3日致雷梦水的信，请雷梦水帮忙访书。也是在这一天，他写了最后一篇日记。即便是到了这时候，内心意志十分强大的朱自清，也没有料到死神已经降临，以为生命还将继续，工作还将继续……

操劳一生只为书

　　朱自清复员回到清华大学后，除继续担任中文系主任外，还担任图书馆方面的负责人之一。朱自清本身就是一个爱书人，无论走到哪里，都大量买书。早先在江南各地中学教书，就购买了大量图书，有旧版书，也有新版书。每次到上海问师访友，都会抽时间逛书店，每次都是大包小包带回去。到了清华后，因为教学的需要，他要补充大量新知识，购书就成为他平时的一项重要工作，开始一两年，几乎每周都要跑琉璃厂，去多家旧书店。他在大学开歌谣课时，就在琉璃厂购得大量旧书。在开陶渊明课时，也是恶购陶诗相关的多种著作。1931 年 8 月去英国留学，在伦敦期间，大量购买外文书。因购书太多，经常超支，屡次在日记里"发誓"不再买书，可每次上街，逛书店，又抱回一大包。就是在西南联大那样困难的时期，日常生活都难以为继的情况下，他都没有中断买书。在成都休假一年，同样购书不断。1946 年暑假期间，西南联大时期结束，准备回北平清华园时，朱自清连续多天都在整理图书，能带走的都打包寄走了。而留在昆明的书，也提前打包装箱，寄往北平。回到北平清华园的朱自清，依旧难改买书的"毛病"，可以说，直到生命的最后时刻，还惦记着买书。为自己买，为学校买。买书和买什么书，成为他生活的一个重要组成部分。琉璃厂有一家旧书店的店员，因为朱自清经常到他的旧书店买书，或托他寻找什么书，并经常送书到朱自清的家里或办公室，日久竟和朱自清成了忘年交。在朱自清逝世很多年后，他还写了一篇《朱自清买书记》的文章，来记述当年朱自清在琉璃厂买书的情况，读来非常感人。

朱自清 1946 年 10 月 8 日到达北平，10 月 24 日，他就受校方委托，参加三校（北大、清华、南开）图书分配会议。本月 29 日，继续开分书会议。西南联大期间，图书馆的图书归三校同时拥有，复员了，各自回归西南联大之前的序列了，图书分配自然就提上了议事日程，此后三校分书的会议，朱自清还出席了几次。可以说，朱自清在清华大学图书馆建设方面，是做出重要贡献的。1946 年 12 月 3 日，朱自清出席清华图书审查委员会会议，直接参与了图书馆方面的建设。1947 年 1 月 9 日，朱自清出席清华教授会会议，被梅贻琦指定为处理没收敌伪书籍的三人委员会成员之一。不过这项工作也给朱自清带来了难度，在当天的日记里，朱自清说："此事甚棘手，因必得与赵打交道，彼既精明又顽固，且其上司亦一无赖。"即使这样，朱自清还是接受了这一工作。在此后的一年多时间里，朱自清一边为清华大学图书馆建设呕心沥血，一边为了充实自己的学问而四处购书。从这一时期的日记看，购书或关于图书的记录特别多，这里只做一些简要的摘录：

1946 年 10 月 28 日："忙于搬运书箱。"本年 11 月 9 日："上午忙于找书箱。"这两则日记所记，应该是朱自清刚回北平不久，从成都托运来的书和从俞平伯家搬回来的书，因存放在不同的书箱里，找起来都不便。本年 12 月 8 日："访小孟、从文和孟实，他们购书甚多，孟实所买皆中国诗集，此经济办法，我也应如此。"孟实即朱光潜。1947 年 1 月 11 日："在图书馆参观书库，书甚多，此情此景激励并警告我要勤奋工作。"本年 1 月 16 日："开评议会，决定图书和仪器费用。梅先生为接受书籍而生气，此责任在张子高。"2 月 1 日："进城。访胡适之先生等。下午到太庙参加图书会议。胡先生给我们帮助，甚感。"2 月 3 日："进城购书，与叔平俱，用去法币三十五万元。"2 月 4 日："下午整理新办公室。收到昨日所购书籍。"2 月 8 日："上午看书库。"2 月 10 日："与范共进城购书，忙碌终日，完成预订工作，尚有馀暇，去雍和宫看佛像。"2 月 22 日："与江清、叔平进城，到商务印书馆及中华书局选书。"2 月 24 日："开书箱整理，疲甚。"2 月 25 日："上午忙于购书。"2 月 28 日："进城，访今甫和西撒。购书，疲甚。"3 月 15 日："在城内分配图书。"3月20日："整理安排城内送来书籍，筋疲力竭。"3月21日："整理书籍，疲甚。"3月23日："买日文书四册。疲倦。"仅从日记看，关于买书、整理书的记录就很多，此后还有多次这样的记录，有的是为自己买书，有的是为学校或系里买书，而大部分时候的记录都是笼统的，看不出是为自己购书，还是为公家购书。如1947年6月8日日记云："为系购善本书多种。"这就一目了然。如6月10日："上午忙于选书。"8月23日："到正中书局和独立出版社访书。"就比较模糊。

这一时期，朱自清在和友人的通信中，也有很多次关于购书或关于图书的内容，有的专门就是为购某一类（种）而给朋友或书店经理去信。如1948年4月16日之后，朱自清给书店经理刘景超一连写了多封信，都是关于购书的事。16日信云："《红楼梦传奇》，本馆未备。请开发票两份寄来，俾便办手续付款。"5月4日信云："兹托人带去国币贰拾捌万元，系《红楼梦传奇》及《我们的七月》之价款，请给一收据，为感！此颂日祉！"5月18日信云："前托观古堂人带去《元曲选》一部，又国币伍拾万元整。《五朝墨迹》请于本星期五教人带交清华大学胜因院十号邓叔存先生审查决定，前托访求各书，其中《乐府雅词》一种，现已不需，请洽，为荷！"6月19日的信内容比较丰富：

景超经理大鉴：

兹托冯世五先生带去《红楼梦》四册。清现拟购亚东本《红楼梦》，即前日先生取给清看的那一部。此外下列各书，如已代为找到，即请交冯兄带来。

《封神传》《儿女英雄传》《今古奇观》

《燕子笺》《春灯谜》《长生殿》

《西厢记》《清代创作小说选》

《水浒传》（七十回本，全一册）

前日承惠借一百五十万元，即托冯先生奉还，谢谢！书价若干，并请告知冯先生代付。本校所购两种书，已告主管人请其从速付款，

《五朝法书》发票已收到转去，并及，即颂近安！

朱自清谨启

（一九四八年）六月十九日

从朱自清给刘景超经理的信中，可以看出，哪些书是为学校购的，哪些书是为自己购的，可谓公私分明。给刘景超关于购书的信还未结束，如1948年6月23日云："奉托代购下列一种书。费神，为感！"哪本书呢？即"梁盛志《中国文学与日本文学》（华北编译馆印《现代知识丛书》之一，敌伪时期出版）"。7月2日："顷需要《白香山诗集》影印注，立名本或世界书局本均可。费神代为一找，为感！"7月6日："兹托莱薰阁翟先生带去清华书款国币捌佰捌拾万元整，又《白香山诗集》款国币陆拾万元整，乞收，为荷！"1948年7月6日的这封信，离朱自清逝世只有一个多月了。

除刘景超经理以外，托其他友朋购书的信也不少，仅存的就有十数封。此外，关于送书的信，也有一些，如1947年7月6日给于乃仁、于乃义的信，就是赠送的书，计有《散原精舍诗》二册、《珍庐诗集》一册、《小疏小令》一册、《近人诗词钞》一册、《自怡斋诗》一册。可能是朱自清读书多的名声在外吧，连梅贻琦夫人都致信朱自清，询问一些古代文化的基础知识，朱自清有一封信（1947年7月30日）就是回复关于"九流"问题的，信曰："梅太太大鉴：您上回教我把'九流'的名目抄给您，我后来忘了，今早突然想起，现在抄在下边。这些是《汉书·艺文志》里的'九流'。耽误太久，对不起。也许您已经教别人抄了，那就更好。祝好！'九流'：儒家者流，道家者流，阴阳家者流，法家者流，名家者流，墨家者流，纵横家者流，杂家者流，农家者流。"朱自清还有两封致缪钺的信，所谈也是关于书，且传递了很多关于书的知识，第一封写于1947年8月26日，信曰："承惠大著两篇，谢谢！《吕氏撰著考》论先秦书体及吕书中所采古代典籍，均足资启发；《音乐理论》篇析论乐为二派及论《乐记》来源，亦甚重要。弟对此两题均深感兴趣，读之醇醇有味；尤注意先秦书体及乐论二派之说，此实先生创见，极佩！复员将周年，迄不能安心读书，虽短篇学术文字亦作不出，读大著益增惭悚也。

757

惟《吕氏撰著考》一篇于寄到之日因急于读完，行路时置于衣袋内，不觉遗失，嗣借得骏斋兄之一份读竣，此文弟拟存于案头，与《音乐理论》篇同供时常参考之用。拟恳再寄《吕氏撰著考》一份。但不知尊处尚有馀否？不情之请，即希鉴谅，为幸！敬颂撰祺！"第二封信写于1948年8月1日，信曰："去秋承惠寄大著，并示尊作词一纸，极为欣感！词中最爱《水调》，可以比美张惠言，《踏莎行》亦有深致，'欢随水注'一语尤佳。《鹧鸪天》'境如池草'一语，亦称善变，佩佩！近复蒙损书并七言长句，诗境清新，尤爱'住兵如水'一语。此等新意，非通西方文学者不办也。《文选赋笺》抉发班、王、潘之微旨，精确可佩；惟论曹作似尚待证明。妄论勿罪。弟半年来连发胃疾三次，骨如柴立。下年度休假，须小心静养，冀可复原。但时事紧张，日日在神经战中，欲得真静养，亦殊不易耳。稍暇拟草考证与批评一文，介绍美国近年历史的、批评的方法，说明治学不当以冷静琐屑之考证自限。此意先生或能首肯也。寅恪先生身体甚佳，著述不懈，读书作文均有后进相助为理，亦颇能习以为常。大著可以寄与，有人为诵读也。暑热，诸惟珍摄，不备。"1948年5月16日，朱自清有一封致吕叔湘的信，也和书有关，信曰："四月廿九日手示敬悉。承赐大著抽印本及《英华集》，均已照收，谢谢！《英华集》极有用处，改题书名虽不必，惟原名尚存作副题，亦尚可恕。全书印刷颇佳，式样亦不恶。中间抽去分部扉页，当系节省之故耳。拙编课文承兄细阅，惠示尊见，极有价值。弟大部照改。其尚有待商榷者已就原件签注交圣兄定夺。圣兄《文言》（读本书稿）经兄过目后，已陆续寄下，读之极佩细心！兄谓北平话如'咱'等可不注，弟意略有不同。窃谓小学初中教本中对此等词并不指明，教师教授似亦未必注意，课文注中如提及，似亦不为无益。圣兄亦赞同鄙见。好在所占地位不多，盼兄亦能同意也。至引文标点，可即遵来示照改。词组改仂语，确较好，即当照改。弟在此亦甚忙碌，且胃病加甚，精力亦差。大约两周馀暇可勉成五课。限期迫促，殊觉焦急，然亦无可如何。尊编《苛政》一稿，已于前次寄稿时附还圣兄矣。匆复，敬颂大安！"

朱自清一生为文为书为教，从复员回来不到两年时间里，即可见一斑。

潞河中学的一次演讲

朱自清的学生刘海梁（沙金），在《怀念朱自清先生》一文中说：1947年"11月份，潞河中学请朱先生莅校讲学，我得悉以后很是开心。记得朱先生演讲那天，盛况空前，全校师生停课，整齐划一集合在礼堂，静候期待。教务主任陪同朱先生到会场时，大家热烈鼓掌表示欢迎。朱自清演讲题目是《五四运动以来的散文》，他首先介绍了中国文坛上发生了很大变化，散文的发展比较突出，散文的特点也很明显，尤其是散文的战斗性。先生运用学生容易理解的文章做例子，详细地说明问题。他回顾'五四'迄今已经三十多年了，许许多多作家，都受到时间无情的洗涤考验，表现出极大差别，发生了分裂。有的文人因种种原因搁下笔不再写文章了，沉默下去了；还有的文人找个僻静角落隐藏起来，怕得要死，竟落荒而走。可恨少数文人，竟厚颜无耻，追求升官发财，见风使舵，跟大官僚混在一起，弹冠相庆！但是大多数作家，艰苦奋斗，坚硬不拔，一直到今天，仍然紧握手中的笔，继续战斗下去。全场听众报以热烈的掌声。"讲"五四"以来的散文，朱自清是亲身经历者，不仅时间上是亲历者，创作实践上也是亲历者，全国在散文创作方面的情况，所取得的成绩和存在的问题，朱自清了然于胸，讲起来驾轻就熟。从刘海梁对讲座现场的描述来看，也是观点鲜明。

刘海梁在朱自清演讲完，还陪同朱自清参观了潞河中学的理化试验室、图书馆和校园环境，朱自清一边缓缓行走，一边慢慢听刘海梁的介绍，还不时停下来问问，不时地点头赞许。据刘海梁在文中说："第二天，我送朱先生回到清华园。"那么就是说,朱自清在通州住了一晚。

大学名教授经常被请到公共场合去演讲,已经成为朱自清那个时代的常态,学者名气越大,被邀请的次数越多。而且许多大学或其他学校,一学期都还会有名人演讲的次数要求。朱自清是名副其实的名教授,又是著名新文学作家,在知识界影响深远,特别是在大中学生中间,更是深孚众望,许多学生都是读着朱自清的文学作品成长起来的,学校也以能请到朱自清演讲而感到自豪。朱自清在被邀请时,一般都会满足对方。因为他知道邀请方的辛苦和不易。他本人在担任清华大学中文系主任时,因两次请鲁迅来清华演讲不成功而深感失落和失望。当时(1932年11月)鲁迅来北平探望生病的母亲,有几天闲暇时间,北平的多所大学知道鲁迅来了,闻风而动,纷纷请他去演讲,鲁迅大都有求必应,去北大、师大、燕大,还去了女师大等,演讲都很成功,成为北平轰动一时的重要事件。但是鲁迅恰恰拒绝了朱自清代表清华大学的邀请。这让朱自清在大冬天里出了一头的汗,不停地拿手帕擦拭汗水,跟学生们解释也底气不足。所以,当后来有人请朱自清演讲时,他都协调好时间,欣然前往。在昆明时期也是这样,经常到昆明的各大中学校演讲。复员回到北平以后,同样有求必应,1947年11月16日,朱自清就到北京大学进行了一次演讲。北大是他的母校,更有许多同学和老师在北大任教,也有崇拜他的学生,能到北大去演讲,一方面是实力使然,另一方面也是他的荣耀。

潞河中学在河北省通县。最早创办于1867年,地址在通州城北,初创时的校名叫潞河男塾,1878年,校址迁到新城南门外晒米厂东南,局面渐次扩大,更名为潞河学校,包括小学、中学和一所神学院。1900年,在义和团运动中,潞河学校被一把火烧毁。1901年,美国基督教会公理会重建潞河学校,1904年建成,设大学部、中学部,改称协和书院。1912年协和书院改称华北协和大学,同时设中学部。1917年,华北协和大学大学部迁出,并入北京汇文大学(1918年,汇文大学和华北协和女子大学合并,改称燕京大学),中学部更名为私立潞河中学。在漫长的历史长河中,该校因区域地名的更改,先后经历了河北省通县中学、河北省通州一中、北京市通州一中、北京市通县一中等发展阶段，1987年更名为通州区潞河中学。

朱自清这次在潞河中学的演讲，看刘海梁回忆文章里所述的演讲内容，确实符合当时全国文坛，特别是北京文坛的现状。那么，查朱自清日记时，在整个1947年11月间，又没有这次演讲的记录，既然还在潞河中学住了一晚，出来一宿两天，日记里不记一笔是说不过去的。又往前查了10月、往后查了12月，有了，原来，朱自清去通县潞河中学的演讲是在1947年12月12日，不是11月份，刘海梁写文章时仅靠记忆，所以有了误差。出发去通县潞河中学的那天中午，朱自清先出席赵诏熊为朱光潜所设的宴会，宴会上朋友们聊得十分投缘，朱自清当天日记曰："乘火车去通县，甚仓促，车上甚冷。访刘学儒。海梁安排欢迎会，遇王希通、吴有训和贾鸣野。学生就大众文学提问题甚多。吴讲了赤区的扫盲运动。做两种文字游戏：编发令和拼成语，甚有趣。"从日记中可以看出，这次活动并不是朱自清一人演讲，是一次大型的演讲会，王希通、吴有训、贾鸣野都在。吴有训还讲了解放区的扫盲运动，这种运动应该是受到教授们肯定的。大众文学也是朱自清所熟悉的，他还和俞平伯等人讨论过。

朱自清能到中学去演讲，这和他平时的教学方法有关，也据刘海梁这篇怀念文章里所透露，朱自清一直要求大学本科毕业生在择业时，可以把中学教师当作职业的一种，进行优先考虑，为了让他们不走弯路，还在四年级时，特意让学生们上台模拟讲课。刘海梁就曾模拟高中一年级语文老师，上台讲《水浒传》里"林冲"一课。试讲完之后，朱自清还进行了点评，指出避免将语文课讲成中国文学史课，老师不能唱独角戏，要紧扣语文课本的关键词来讲，比如"逼上梁山""饮气吞声""逆来顺受"等。接着又让刘海梁讲"风雪山神庙"到"火烧草料场"，还提示讲课重点，如《水浒传》是一部什么样的书，为什么只反贪官不反皇帝。这次试讲后，朱自清还吟诵一首诗，对刘海梁进行了鼓励，诗曰："谁说歪诗不是诗，正在千锤百炼时。李杜也从歪诗过，成名应看早与迟。"又给他提出三点意见："第一，备课不足，课文不熟悉，所以态度紧张，板书有个别差错。将来备课也要针对中学生实际水平的情况。第二，时间分配不当，该板书的没板书，平铺直叙，没抓住重点。

第三，语言平平，而且讲得太快。"朱自清在北京大学毕业后当过五年中学语文老师，这方面的经验此时成为了优势，在他的言传身教下，像刘海梁这些准备当中学老师的毕业生，都在以后的工作中做出了成绩。这里值得注意的是，朱自清吟诵的那首"歪诗"是不是朱自清的原创？

1947年12月12日，随朱自清同去通县潞河中学的，还有郭良夫。郭良夫当时是清华大学中文系的助教。他在《完美的人格——朱自清的治学和为人》一文里记录了那天路上的情况："1947年秋冬之季，朱先生从北京坐着火车到通县潞河中学去讲演，我是跟了去的。天已经很冷了，朱先生十分瘦弱，在火车上坐着硬座儿，到了通县潞河，又下着雨，真够难为他的。朱先生在回来的路上，精神是一直很好。"这样的天气几乎是恶劣了，朱自清的系务又是那样的忙，要写的文章又是那样的多，还有主编《闻一多全集》等事务更是放手不下，却依然带着助教前往，可见他对于中学的一种情结了。朱自清回来已经是第二天了，幸亏住了一晚，休息一宿，所以回来的路上精神很好，回到北平应该也还不错。朱自清归家后，不歇脚地又去拜访了毕树棠、朱光潜和沈从文等朋友。又是一天的奔波，这会儿才感到疲倦。

抗争中的不甘

　　和胃病抗争，是朱自清生命最后两年最虐心的事。胃病不仅影响到他的健康和日常生活，也影响到他的教学和创作，甚至给他的内心留下了阴影。他知道生物系教授吴韫珍就是因胃溃疡开刀不治身亡的，在参加吴韫珍的入殓仪式时，心理上受到了很大的影响。余冠英说，这些年来，朱自清的"心境确是常常不舒，……也许在他的胃病较重的时候常常想到死。三十二年，清华大学生物系教授吴韫珍先生在昆明患胃溃疡开刀不治，给他刺激很深。有一次我陪他在黑龙潭公园黑水祠前小坐，他谈到吴先生，也谈到死，他说人生上寿百年也还嫌短，百年之内做不出多少事来。这也许是他抑郁的原因。"（《佩弦先生的性情嗜好和他的病》）到了1947年年末，他又去探访刚刚动过胃溃疡手术的燕树棠，怕是也没少向其家属咨询燕树棠的病情吧。

　　追溯朱自清的胃病，最先是在武钟谦去世不久后发作的，和陈竹隐谈恋爱时，也只是偶尔发作，到欧洲访学时，频率有所增加，吃东西一多便不舒服。到了西南联大时期发作开始频繁。大约在1940年上半年，朱自清致吴组缃的信中是这样说的："我这些年担任系务，越来越腻味。去年因胃病摆脱了联大一部分系务，但还有清华的缠着。行政不论范围大小，都有些麻烦琐碎，耽误自己的工作很大。"这是朱自清胃病发作期老实人说的老实话。1941年12月8日，在得悉太平洋战争爆发、美国参战的消息后，反法西斯阵营的力量更加强大，日本侵略者的末日就要到来了，朱自清高兴之余，开怀畅饮。大约是饮酒过量，致使胃病发作，闹得一夜未眠。这是胃疾以来较重的一次发作，引起了朱自清的警觉，他在《胃疾自儆》中写道："孤影狰狞镜里看，摩霄意气凛冰寒。肥甘腊毒频贪味，肠胃生疴信素餐。尚赖仔肩承老幼，剩凭瘦骨拄悲欢。异时亦自堂堂地，饕餮何容蚀五官。"可见他已经知道胃病对于身体的伤害，这也让他心境变得低落和糟糕。在成都带薪休假的一年多里，朱自清也认认真真地检查了胃，打针吃药同时并举，但情况总是时好时坏。

对胃病稍有了解的人都知道，胃病是慢性病，导致发病的原因有很多。而且一旦得了，很难治愈，不仅饮酒、辛辣等刺激性的食物可以导致胃病的发作，就连冷暖变化、饱饿不均也会让胃部不适，甚至心情不好、心理压抑也会导致胃病的发作。胃不好，导致营养不良、体重下降、精力不能持续集中。这也很伤朱自清的情绪，在和朋友的交流和通信中，时常流露出心中的失落。1941年4月16日在致俞平伯信中说："弟近来胃病大发，精力颇不如前。大约营养亦差也。肉食虽不至太缺，然已见肉心喜，思之可笑。离家半年，客中生涯亦不至太寂寞。"朋友们对他的病情自然也很挂念，叶圣陶在《西行日记》里说到朱自清时，也对他的胃病表示了担忧。受胃病的折磨，很多时候，朱自清会因为胃疼而放下手里正在写作的文稿，就是有学校或机构邀请演讲，他也只得放弃，这对于一个手不释卷、热爱写作的学者无异于剥夺了他写作的权利，其中痛苦非感同身受者难以想象。

朱自清在和胃病搏斗了数年后，迎来了中国抗日战争的伟大胜利，在西南联大又坚守一年后，"青春作伴好还乡"——1946年10月，当朱自清回到阔别九年的北平时，已经由青壮年渐入老态了。10月12日那天，李长之在得知朱自清回来之后，特地到他临时居住的国会街北京大学四院看他，甫一照面，李长之吓了一跳：朱自清又衰老了很多。是啊，胃疾让朱自清的身体每况愈下。他开始意识到生命的宝贵和时间的重要，一方面想方设法改变自己的生活习惯，维持身体的健康；另一方面开始有计划地多做工作，在紧锣密鼓地主持、编写《闻一多全集》的同时，按计划创作几本新书之后，还有序地整理过去的旧作。在病情相对稳定的某些时段，朱自清的创作量大得惊人，完成了《标准与尺度》《论雅俗共赏》两本书稿的大部分篇目，还创作了十数篇未收入文集的文章，编辑了《敝帚集》《诗言志辨》等书稿。

1948年1月2日，朱自清的胃病再次发作了。这次是他胃疾发作以来最为严重的一次，胃疼难忍，不能握笔，不能工作，连说话都困难，大部分时间都卧床休息，而且一病就是十天，到了11日才稍有好转。病中，朱自清依然思考着新一年的工作计划，惦记着许多没有完成的工作，同时也没有忘记对朋友和学生的提携。大病初愈，他就和吴晗商量，解决《闻一多全集》出版中遇到的事，还读了吴晗的论文《明初的学校》。对于这篇论文，朱自清认为，"内容为学术之研究，且颇富趣味，但措辞似太尖锐。应送《清华学报》刊载，可稍调和学院派之气氛"。（《朱自清全集》）吴晗在《关于朱自清不领美国"救济粮"》一文中也说过，《清华学报》虽然是学术性刊物，但有的编辑是国民党员，对学报中的观点持不同意见，不肯发表，还认为不是学术论文，"我和朱自清先生谈起，他也是学报的编辑委员，极力主张发表，写信给主编，终于发表了这篇文章"。

一直以来，特别是近年，朱自清一面担心生命的短促，需要拼命做事，一面又担心自己的病情，担心自己的身体。事实上，身体已经给他敲响了警钟，他一天天瘦弱下去，体力、精力都大不如前。而他期望的，就是这学期一结束，即1948年暑假开始，他就可以休假了，并且已经在做准备，如果真能休假，脱开繁重的事务和教学，也许会稍松一口气，也许每况愈下的身体可以好好调理一番了，也可利用休假，把计划中的事情做做了。朱自清热爱生活，喜欢和几个好友玩玩桥牌，爱听交响乐，甚至在晚年还学扭秧歌，他多么希望调理好自己的心情和生活呀！

1948年2月8日，身体刚刚好转的朱自清，就又开始执笔写作了。虽然人生在世，未必一定要如屈原所说的"恐修名之不立"，但也真心如叶圣陶说的那样，怕自己的成绩太少而不能服众，"只盼成绩多一点好一点，能够工作就尽量工作"。所以病情一好转，就把十多年前的一篇旧作《论逼真与如画》拿出来修改，可能是精力不能集中，也可能是正处春节期间，这篇原稿只有两千字的文章，朱自清一改就是十天，一直到2月18日方才告竣，文章也扩充到了近五千字，而且还加了一个副标题"关于传统的对于自然和艺术的态度的一个考察"。朱自清在谈到这篇文章的重写动机时，写道："……这回重读那篇小文，仔细思考，觉得有些不同的意见；又将《佩文韵府》引的材料与原书核对，竟发现有一条是错的，有一条是靠不住的。"这也从一面反映了朱自清的严谨和考究。另外，重读这篇小文并重写，大约还有另一层因素，即他写作的《论雅俗共赏》一书需要加入这篇文章，因为十天以后，他就写好了《论雅俗共赏》的序言，并于 24 日写了一篇《论老实话》。需要说明的是，他加紧写作，赶时间，抢时间，并不是不讲原则、谁求都应的，比如有一个刊物，叫《新路》，出高稿费向他约稿，被朱自清拒绝了。《新路》的主编是吴景超，也是朱自清的朋友。该杂志隶属于"中国社会经济研究会"。关于这本刊物，胡适在日记里说："吴景超来谈。他说，钱昌照拿出钱来，请他们办一个刊物。要吴半农主编，景超任社会，刘大中任经济，钱端升任政治，萧乾任文艺。"按说，应杂志邀请写稿，没有什么不妥。但朱自清了解到这个杂志创办者是一批"由美国培养的民主个人主义者"，奉行"中间路线"之后，经慎重考虑，决定不为他们写稿。

1948 年对于朱自清来说，是个特殊的年份，这一年，是他五十周岁生日的一年，也是他从事创作三十周年。早在 1947 年 11 月 22 日他五十虚岁生日时，俞平伯就提议为他过寿。但朱自清认为明年才是真正满五十岁，要过也要到明年再过。1948 年 2 月 26 日，李广田、范宁、王瑶来访问闲谈，再次提及为他庆贺从事文学活动三十周年暨五十寿辰的事，意外地被他谢辞了，他还虚心地说自己并没有什么值得庆贺的成绩。但是几天之后，朱自清从李广田那儿得知杨晦过五十岁生日，他反而去贺喜。杨晦是他在北大哲学系读书时的一个同班同学，1920 年毕业后，二人就几乎从未见过面。当他从李广田处得知杨晦也从事文艺创作与批评时，十分兴奋，立即给杨晦去信祝贺：

慧修学兄大鉴：

这是您的一个同班同学在给您写信，庆祝您的五十寿辰，庆祝您的创作和批评的成绩，庆祝您的进步！

......

　　我喜欢您的创作，恬静而深刻，喜欢您的批评，明确而精细，早就想向您表示我的欣慰和敬佩，只可惜没有找到一个适宜的机会动笔。今天广田兄告诉我，说是您的五十寿辰，我真高兴，我能以赶上给您写这封祝寿的信！敬祝长寿多福！

弟朱自清

一九四八年三月十九日北平清华园

　　他热情祝贺别人的五十寿辰，自己却轻描淡写地说他的生日是在 10 月，到时请客小聚好了。其实俞平伯去年的提议是最有道理的，在中国民间传统观念里，逢十都是大寿，而且都是过九不过十，或过虚不过实，朱自清不愿意祝寿，其中原因不好猜测，但大致和自己生活窘困、身体不适、成就不够突出等有关。他虽然告诉朋友说到时"小聚好了"，真到时候也许会用别的理由来推托。但让人唏嘘不已的是，他哪里想到造物主忌才，竟不让他挨到"小聚"那一天——朱自清写给杨晦的祝贺信是 3 月 19 日，大约是在当日夜间或 20 日凌晨，他胃病又发了："胃病复发，呕吐剧烈。夜痛苦更甚，倦极。较一月前发病时身体又瘦弱。"（3 月 20 日日记）这一病又是好几天，一直折腾到 25 日才稍稍好转。朱自清越发对自己的身体和当下的环境担忧了，3月 28 日在给余中英、朱梅君的信中说："北平今年春日气候殊不正，既多阴，复沍寒，上周犹降雪，至今舍下犹未敢撒尽煤火也。春象如此，人心亦因物价不能舒愉。近两日始盎然有暖意，然物价上涨如故，人生实难，今日更觉其语之切。"气候、春象如此不正，加上连连上涨的物价和身体多病，朱自清如何能安得下心来！这一时期，养病、治病成为朱自清的主要工作了，挨到 5 月 8 日，他在给次子朱闰生的信中说："胃病第二次发作后，恢复极缓。因此从上周起又去详细检查，结果下星期可知道。"话是这样说的，其实不能工作和写作，如何让他心甘！他还有许多计划中的研究未能完成啊，当胃部疼痛在 6 月 2 日更凶猛地又一次发作时，虽然情感和精神上尚能挺住，但朱自清的身体差不多被病魔击垮了。他再一次给次子的信中，也流露出了这样的担忧："我透视的结果，医生认为还是十二指肠溃疡，结疤处痉挛。但透视过两三天，因为吃多了，又大吐，睡到今天共九天才起床。这回因为第二次并未复原，又来一下，人更瘦了。"信写得看起来是轻松的，其实透露的可是严重的病情，结果是"人更瘦"。更瘦的体重是多少呢？是 88 磅，换算成公斤，还不到 40 公斤。至于所谓的"吃多了"，其实也是很少的食物。

就在朱自清一心一意养病期间，发生了"不领美国救济粮"的抗议活动。关于这次活动，起因是这样的，中国抗日战争胜利和世界反法西斯战争胜利后，美国政府为了自身的利益需要，提供很多物资，大力扶植日本政府，帮助日本恢复经济，此举引起中国人民的警觉和愤怒。1948 年 5 月，上海各校学生展开"反美扶日"的集会和游行签名活动。美国驻上海总领事连续发表演说，指责学生受奸人迷惑，是忘恩负义的行为。6 月 4 日，美国驻华大使又发表声明，指出学生的行动是阴谋，还恐吓说"鼓励与参与反美扶日政策，……必须承受行动之结果"。北平学生闻风而动，为了声援上海学生的斗争，于 6 月 9 日冲破国民党军警的封锁，进行了示威游行。清华大学部分学生遂以行动来表明自己的立场。6 月 18 日，朱自清在日记中写道："我在《拒绝'美援'和'美援'面粉的宣言》上签了名，这意味着每月使家中损失六百万法币，对全家生活影响颇大；但下午认真思索的结果，坚信我的签名之举是正确的。因为我们既然反对美国扶植日本的政策，就应采取直接的行动，就不应逃避个人的责任。"朱自清的态度十分坚决。吴晗在《关于朱自清不领美国"救济粮"》一文中更清楚地写道："这时候，他的胃病已经很沉重了，只能吃很少的东西，多一点就要吐。面庞瘦削，说话声音低沉。他有大大小小七个孩子，日子比谁过得都困难。但他一看了稿子，毫不迟疑，立刻签了名。"

就这样，1948 年春夏之际，朱自清不仅和病魔抗争，还和病魔抢时间，为自己能够留下更多的作品和成果做极大的努力。就是在民族抗争中，他也不甘人后，哪怕贫病交迫，他也从不低头。

最后一次创作
和最后一封信

　　在朱自清一生的创作中，未写完的稿子几乎没有，即便是他觉得这篇文章在最初构思时值得一写，在写作过程中又觉得稍平或意义不大，他也要坚持写完，然后再修订完善，直到自己满意为止。但是，他有两篇未完成的稿子，一篇是《论意义》，未写完的原因不详，另一篇就是1948年逝世前几日开笔的《论白话》，他终于没有顶得住病痛的折磨，留下了一篇没有完成的遗作。1948年7月27日，朱自清日记曰："编教科书。晚继侗来访，迟眠但未感腰痛。开始写《论白话》一文。"编教科书就是应叶圣陶之约的《开明新编高级国文读本》的第二册。第一册已于前些天编完交稿了。"继侗"即李继侗，他是看望朱自清来了。此时朱自清所编的《新生报》副刊《语言与文学》即将出到第一百期了，一百期的纪念活动，因为身体原因，大约也不搞了，但得有一篇自己的文章吧。《周话》早就停止不写，而是以文章取代，只是不是一周一篇了，这样写起来就没有压迫感和紧张感，也相对自由一些。但主体上，还是围绕他的语言文字的研究。这篇《论白话》，又是这方面的稿子。这天应该只是开了个头。7月28、29日日记所记还是编教科书，29日"工作进展缓慢"，这两天都说"多食""仍贪吃"。朱自清胃不好，要少食多餐为好，他自己也说"需当心"。7月30日这天，停滞两天的《论白话》的写作又继续了，朱自清这天的日记云："写《论白话》一文，成一小部分。晚访徵镒。第一次到绿园和灰楼。""绿园和灰楼"可能是两朋友家的所住地。文章只"成一小部分"，对朱自清身体状况来说，已经是不小的成绩了。以朱自清当时的情况，是不宜再工作的，包括读书和写作，应该卧床静养，直至治愈为止。

那么，《论白话》已经成的一小部分，是怎样的一篇文章呢？为展现朱自清当时工作的状态和思想情感，可以初步了解一下。文章开头就举例了陆志韦在《目前所需要的文字改革》那篇文章里所说"风行一时的是'八不像'的白话文"。哪"八不像"呢？朱自清举例说："不死不活的，不文不白的，不南不北的，不中不西的。"在当时，白话文已经推广了三十年左右，依然有很多不成熟的地方，乱象很多，这就让一些语言学家存在着焦虑感。著名语言文字学家、燕京大学校长陆志韦就是其中之一，他在《观察》发表的一篇文章，引起了朱自清的共鸣，这便是朱自清这篇《论白话》写作的由头。朱自清接着写道："他教我们学白话文'必得跟说白话的老百姓学''得学京油子的北平话'。抗战期间陈梦家先生有《怎样写白话》一篇文（昆明《中央日报》二十八年十一月一日），反对'伪白话文'或'假欧化语'，主张用旧小说'和活人的白话做我们写白话的范本'，跟陆先生的意思差不多，只是没有确定'得学京油子的北平话'。陆先生的文章发表后，刘学濬先生又有一篇《汉字的改革》（本刊四卷十六期），写的是道地的北平话，前大半篇是对陆先生的意见的讨论。"然后，朱自清开始引用刘学濬《汉字的改革》里的一段："白话文这东西是个工具。他得受使唤才行。眼下白话文用在说不清有多少方面。如果光拿京油子那一套辞汇去对付，那那能够办得到。"朱自清对他这段话的结论是"他觉得白话应当是'北平话教育化'"。又说："这些讨论教我们想到英语的类似的动向。"朱自清接下来简略地介绍了蔡士侯先生介绍过的美国语言学家弗来希的《白话艺术》，引用弗来希书中的话："'白话'是人民的语言。正如同我们中国的白话文从旧式的文言文中解放出来一样，它能够使文字简洁明白，为大众所接受。"朱自清的阅读真是广而博，弗来希《白话艺术》里的话，又让他想到英国绅士近年来也为"语"和"文"的问题伤脑筋，这是天津《大公报》副刊《星期文艺》上一篇关于《当世作家》的书评里透露出来的信息，朱自清引了一段《当世作家》编者费尔泼斯的话："我们是努力要把'文'拉近'语'，他却是责备有些无线电工作者把无线电上的语言——因此就是一般的口语——演化成另一种语言，跟'文'脱节；他希望无线电能起十八世纪伦敦咖啡馆的作用，润饰口语，使它接近文体，或者不如说，两头拉，使'语'与'文'糅合。"朱自清的这篇《论白话》，就是中外近期最新的关于白话文阐述的综合评论。朱自清对于这种"两头拉"或"两方而动"，他也有过类似的主张，"但是现在最感兴趣的是英语的口语化或白话化的动向"。然后，再把这个"口语化""白话化"理念引申到汉语白话文中。

就在朱自清的这篇《论白话》，在写道论述英语的口语化或白话化的时候，就没有再写下去。如果继续写的话，有可能还是回到当时汉语境的话题中来，回到陆志韦、刘学濬等中国学者关于"伪白话"和"假欧化"方面来，最后以自己的观点来结束。也就是说，这篇《论白话》也只完成了大约三分之一弱的篇幅，这和朱自清在日记里所说的"成一小部分"相吻合。

就在朱自清写作《论白话》一文的那几天里，也就是生命最后的那几天里，郭良夫在《怀念我的老师朱佩弦先生》一文中，透露了朱自清当时的状态："先生家住在清华园北院十六号，清华大学中国文学系的办公室和研究室在图书馆的底层，先生是中文系主任，从家里出来到系里去，要绕一个椭圆形的圈子才能走到。这圈子虽说不大，可先生是带病的人，走起来够吃力的。到后来先生已经十分瘦弱，一阵风过来好像都能把他吹倒似的。可是直到他住进医院前两天，我还看见他坚持从北院家里走到图书馆底层的系里去。"逝世前几天的日记，朱自清因为病情较重，他终于没有坚持再写，但是从 8 月 1 日和 2 日的日记来看，他依然在工作。8 月 1 日那天，主要是写信，他共写了 11 封信，分别给"艾光友、春晗、辅仁中学、乐夫、金印、陈炳钊、立颐、彦威、圣陶、开明、谢永昭"写了信。当天晚上，他还参加了系里举行的读书会。写信时间主要是在下午。这天的信，只有给黄金映和缪钺的信保留了下来。给黄金映（即日记中的金印）的信，主要是简略叙述自己的身体状况后，谈了对胡风的看法，并强调"我只随便和你谈谈，请不必发表"。给缪钺的信内容就更丰富了一些。缪钺，即日记里的彦威，彦威是缪钺的字，他生于 1904 年，江苏溧阳人，1924 年从北京大学预科辍学，抗战时期，曾任教于浙江大学，并随浙大迁至贵州遵义。抗战胜利后，任教于华西协合大学，同时兼任四川大学历史系教授。朱自清写给彦威的这封信，便是朱自清生前留下的最后文字之一。

1948 年 8 月 2 日这天，朱自清的活动也很正常，这天的日记日："昨夜未能安眠，今日进城取钱，买书。访辅仁中学校长鄢先生。他说本学期将不举行第二次招生考试。读书少许。"从日记中，叙述依然从容，一点也看不出胃病突然暴发的迹象。然而，他日记确实停止在 8 月 2 日这天。8 月 3 日，他还念念不忘自己的研究，给雷梦水去了一封信，连头带尾只有二十几个字："梦水先生：请代找《古文关键》一书，谢枋得著，费神，为感！祝好！朱自清（一九四八年）八月三日。"这便是朱自清留下的最后的文字了。而这个雷梦水，不过是旧书店的一个伙计而已，所谈的，依然是和工作有关，即请他代为寻访一本《古文关键》。书在朱自清的心目中是如此的"关键"，而他的病却再也医治不好了。

最后的遗憾

1948 年 6 月 14 日，叶圣陶在《东归日记》里说："佩弦前日曾来信，言胃病发作，拟编成白话二册后，即解去编务。余复信谓且从缓议，此次合作，仍望如在蜀时之始终其事也。"这里的"白话"，是指开明书店拟出版的一套国文教本的白话文部分，该课本由叶圣陶提议，朱自清和吕叔湘共同选编。据当时的商定，这套课本采用新体例，文言文六册，白话文六册，共十二册，选文 660 篇。文言文由吕叔湘编选注释，白话文由朱自清编选注释，最后由叶圣陶统校定夺。而首批课本——按叶圣陶计划起码白话文一册、文言文两册，暑假后供学生使用。叶圣陶知道工作量很大，所以有言说"亦甚费心血也"。

朱自清担任的白话文部分，由于自知身体不行，工作越来越力不从心，所以才给叶圣陶写信，表示完成两册后，即退出。这就是朱自清的行事风格，应承的事，不会中途放弃或放松，实在是身体原因，也要编好两册后再退出。该课本，朱自清是从 1948 年 4 月 1 日开始动手的，在编好第一册目录后，就开始紧张而繁细地注释，他采取的办法是随编、随注、随寄。在上海开明书店的叶圣陶接到朱自清的书稿后，也是一边校阅、改批，一边付排校对。这段时期的工作，从叶圣陶日记中，可约略知道他们合作的进度：

1948 年 5 月 25 日星期二仍修订已注各篇。又校阅佩弦稿，续排一部分……

5 月 28 日星期五竟日校对佩弦所撰之白话第一册，计 50 面，头昏眼花。

6月25日星期五下午看佩弦寄来注释稿……

6月29日星期二叔湘以文言读本之例言寄来，长2600字。余为缮写一通，将寄与佩弦观之，以此书署三人之名，共同负责也。

7月8日星期四……佩弦寄来续稿，阅之。

到1948年7月10日，朱自清给叶圣陶写信，谈《开明新编高级国文读本》及《开明文言读本》的相关情况。至此，他的第一册编辑工作正式完工。从7月12日开始，他负责的"白话"第二册正式开工。

7月15日早上，在闻一多先生殉难两周年之际，他主持召开了《整理闻一多先生遗著委员会报告》并讲了话。这也是关于《闻一多全集》的最后一次会议，向全体委员报告文集整理与出版的经过，宣布委员会解散。接着召开系务会，向代理系主任浦江清交代系务。这也是他最后一次主持系务会。下午又参加教授会，审核毕业生名单。晚上9时，学生自治会在清华同方部举行闻一多先生殉难两周年纪念会。此时朱自清已经极度疲倦，但他仍然坚持做了发言，用低沉的声音向学生们报告《闻一多全集》编辑的经过，告诉同学们《闻一多全集》即将出版了。会后，由两位学生陪着他离去。在场的许多同学，看到他们敬爱的老师，拄着拐杖缓缓离去的疲弱的背影，心酸之余不禁多了一份担心，朱先生"衰老"了吗？真的，病魔已经伤害了朱自清的健康。但年轻的学生谁也不会想到，"衰老"与"死亡"离他有多近！

7月23日早上，《中建》半月刊在清华工字厅举行"知识分子今天的任务"座谈会。朱自清在吴晗的邀请下，抱病出席。那天天气特别闷热，朱自清从清华北院的家走到工字厅时，走得很慢。吴晗说："他走一会儿停一会儿，断断续续地对我说：'你们是对的，道路走对了。……'"（《关于朱自清不领美国"救济粮"》）朱自清就在连走路都费力的情况下，来到了会场，还发了言：

过去士大夫的知识都用在政治上，用来做官。现在则除了做官之外，知识分子还有别的路可走。……士大夫是从封建社会来的，与从工业化的都市产生的新知识分子不同。旧知识分子——士大夫，是靠着皇帝生存的，新知识分子则不一定靠皇帝（或军阀）生存，所以新知识分子是比较自由的。

……

知识分子的道路有两条：一条是帮闲帮凶，向上爬的，封建社会和资本主义社会都有这种人；一条是向下的。知识分子是可上可下的，所以是一个阶层而不是一个阶级。

……要许多知识分子每人都丢开既得利益不是容易的事，现在我们过群众生活还过不来。这也不是理性上不愿意接受；理性上是知道该接受的，是习惯上变不过来。所以我对学生说，要教育我们得慢慢地来。

座谈会为期一天，还有许多名教授共 50 多人参加。朱自清因身体虚弱，只参加了半天就回家了。

7 月 27 日，朱自清又开始坐在桌前编教科书了。在工作了一阵后，拜访了吴达元和余冠英，可能也是因为教科书的事。第二天，王瑶来访，这时的朱自清，兴致、精神都还不错，在和王瑶的谈话中，"从闻一多师的《全集》谈到出版界的情形……以后又谈到时局，谈到陶渊明的世系和年岁、《全唐诗人事迹汇编》的编纂体例，他一直都在娓娓地讲述，兴致很好。"（《朱自清先生未完成的一篇序文——〈中古文学史论〉后记》）8 月 1 日晚，朱自清出席中文系读书晚会。而接下来的两三天，都做了与书和研究有关的工作，8 月 2 日进城去了一趟琉璃厂，买了书，第二天又写信给雷梦水，请雷梦水帮忙访书。自己去书肆淘书，又托朋友帮忙访书，说明是他研究工作的需要，是不是为了前边提到的那篇考证与批评一文也未可知。但不管怎么说，这几天，朱自清感觉自己的身体是可以做点工作了，访友、访书、写信、写作、接待客人，一切似乎都在向好的方面转变。8 月 5 日这天，他的学生吴晓铃去访问他，从窗户里看见他坐在一张帆布床上，还向吴招手。吴晓铃来到朱自清家里，看到的是什么样的情形呢？在《佩弦先生纪念》一文中，吴晓铃回忆说：

……出城到清华园有一点事儿要接洽——其实这事也不妨公开，就是朱佩弦先生几次要我整个儿或部分地加入他的中国语文学系里工作，……于是去商量一下时间和课程的名目。……书房里的陈设依旧，木板钉成的沙发是我们在昆明居住时的发明。沙发前面的矮凳上搁着最近出版的《观察》和《知识与生活》等等期刊，非常整齐。靠墙有几架子书，我只注意到那部破了皮的《国学基本丛书》本的一百二十回《水浒》。

……

"又病了！"他的声音低而含混。

"还是老毛病？"

"嗯。"他把一些白色的药粉从右手拿着的盒子里倒在左手掌心，吃了下去，又喝了一点儿水。

"您得好好儿地检查一次！"

"没有检查出什么毛病。你见到浦先生了吗？"他还在惦念着这件事儿。

"见到了，而且都定规好啦！"

"我总是希望你能来帮我们！对不起——"他必须躺下才舒服些。

"您今年休假，可以出去换换环境。"

"走不动哇！经济也不许可，环境也不许可！"

朱自清说的是实情，他真的走不动了。

还是这天下午，2 时半，吴晗陪一位南方来的友人来到朱自清家，这位朋友替他带来了一件衣服，另一件似乎是雨靴。说好了不必打扰朱先生，为了让他好好养息，把东西交给朱太太就可以了。但朱先生听说友人远道而来，还是挣扎着出来见了一面，这一活动又出了一身虚汗，"只在这半分钟内，我看他，面庞瘦削得只剩下骨头，脸色苍白，说话声音细弱，穿一件整洁的睡衣。开始感觉到病态的严重。"（吴晗《悼朱佩弦先生》）

谁知道这竟是朱自清在家中最后一次接待客人。

这天深夜，也就是 8 月 6 日凌晨 4 时，朱自清胃部突然剧烈地疼痛，呕吐不止。陈竹隐送他到校医处检查，10 时又急送北大附属医院，诊断为胃溃疡穿孔。下午 2 时开刀手术，手术仅 40 分钟。术后情况尚好，但需要住院治疗。

朱自清住院的消息，很快在朋友间和清华、北大等校园传遍了，甚至报纸上还登了消息。认识和不认识的人都在为他担忧。北大附属医院的院子里更是会聚了很多人。医务人员之间也在传讲着他的病情，大家普遍的观点是，手术后的情况良好。听到的人都松了口气，但又马上想到他瘦弱的身体怕是经不起手术的折腾啊。朋友们都想来看他，又怕惊扰他。余冠英和吴晓铃二位朱自清早年的学生、如今的同事还想到，是不是请院方多些关照呢？于是他们便想到了大名鼎鼎的胡适先生。二人便瞒着朱自清及家人，拜访了胡适。胡适本来也要去探望他这位好学生的，经余冠英一说，知道朱自清此时很虚弱，不便探视，便签了一张名片由余、吴二位带给北大附属医院院长胡传揆大夫，希望院方想尽一切办法救人救命。

手术后的朱自清神志一直很清醒。第二天，李广田去看他，"他本来是睡着的，却忽然醒了，醒来后，两眼里充满了泪水。我不敢惊扰他，但心里却激动得厉害，我一句话说不出来。他问到大学里阅新生试卷的事，他还关心到他应该负责的研究生试卷。他见我无话可说，就说：'请回去吧，谢谢！'"。王瑶说："他安静地躺在病房里，鼻子里有医生插着的管子，说话很不方便；但仍然在说话，神志很清楚。他听医生说十二指肠可能还有毛病，深恐这次开刀不能断根；又嘱咐说研究院的试卷请浦江清先生评阅；对外边的许多事都很关心。"（王瑶《十日间——朱佩弦师逝世前后记》）冯友兰去看他，他还不无幽默地说："别人是少不更事，我是老不更事。"

7 日、8 日、9 日三天都没什么大问题，但人人都提着心。10 日这天，"他那双眼睛已经陷下去，时而闭上，时而又便挣着张开；颤抖的唇一掀一掀，想说什么，但又很吃力，最后，他断断续续地对我说了这样两句话：'我……已……拒绝……美援，不要……去……买……配售……的……美国……面粉。'"（陈竹隐《忆自清》）这一天，远在上海的叶圣陶接到朱自清儿子的信：

"忽得佩弦之子来信，言乃父胃痛大作，入北大医院开刀，经过尚好，而未脱危险期。闻之不胜遥念。佩弦为胃疾折磨已久，时好时坏，今又大发，至于剖腹，不知体力能否胜。"（《东归日记》）老友的担心应验了，朱自清那过度虚弱的身体，终于没能抗住炎症的步步侵袭，这一天，肾脏发炎，失去排泄机能，出现尿中毒症状。到了 11 日又胃部少量出血，肺部并发炎症。

8 月 12 日清晨，俞平伯等人到医院看望时，朱自清已经处于昏迷状态。

1948 年 8 月 12 日上午 11 时 40 分，这位清华大学著名教授，新文学运动以来著名的诗人、散文作家、语文教育家，在万分不舍的亲人面前，永远离开了他无限眷恋的人世！

8 月 13 日，俞平伯、冯友兰、李广田等清华、北大师生 100 多人，聚集在北大附属医院为朱自清送行。中午 11 时出殡。前为灵车，李广田等人护灵。亲友和学生乘四部汽车跟随在后面。近午时，灵车缓缓地驶进阜成门外广济寺下院的"五蕴皆空"的神龛里准备火化。王瑶回忆了那天火化的过程："就在这个荒凉的古寺里，将棺木安置在那个嵌着'五蕴皆空'的匾额的砖龛中，用泥和砖封起前面来，龛顶上有一个烟囱；在冯友兰先生主祭下，大家举行了一个简单的仪式，开始在下面举火了。前面肃立着一百多人，啜泣的，失声的；烟一缕缕地从龛顶上冒出，逐渐多也逐渐浓了。就这样完结了一个人的最后存在……"

8 月 16 日，清华大学在同方部礼堂举行追悼会。从早晨开始，陈竹隐率子女举行家祭，然后各团体公祭。朱自清的生前好友梅贻琦、冯友兰、俞平伯、汤用彤、朱光潜、沈从文、李继侗、浦江清、余冠英等五六百人参加了公祭，人们脚步缓慢、心情沉重地走过柏枝扎起的灵堂门，走到一幅墨画的朱自清遗像前，一一行礼，四周是无数花圈、挽幛。夫人陈竹隐女士的挽联摆放在最显眼的位置：

> 十七年患难夫妻，何期中道崩颓，撒手人寰成永诀
> 八九岁可怜儿女，岂意髫龄失怙，伤心此日恨长流

10 时 55 分追悼仪式开始，清华"大家唱"合唱团齐唱挽歌，许多人不能自禁，纷纷泪下，有人拿着手帕频频擦拭。追悼会主席冯友兰致悼词：

> 数十年来，朱先生对中国文艺的贡献和学术上的贡献极大。他的病，他的死，都是由于生活上的清苦和不能获得休息……本校中文系，在闻一多先生和朱先生领导下，发现了自己的正确道路，两位先生都不幸相继逝世，但中文系今后仍将循着这条道路为发展中国新文学而努力。朱先生二十多岁就开始写作，写，写，一直写到死，他苦了一辈子，但从不说句穷，我们决定为他汇编一部完整的全集留为纪念……

追悼会上，浦江清介绍了朱自清的生平，梅贻琦校长、清华大学学生代表、北京大学教职员代表罗常培、燕京大学代表陆志韦等人陆续致辞。

梅贻琦连日来为保卫学校、保护学生到处奔走。疲惫、烦恼、担忧与失去好友、同事的悲哀使他失去了往日的神采。他致辞的语速极其缓慢："朱先生对人谦和而虚心，但大原则却能坚持到底，所以是一位好老师、好同事和诚挚的友人。二十多年来，为了责任，丢了身体，今年本该是休假，为了要把系里的事交代清楚，把就医的时间都拖后了，不幸竟因此而不起……"他哽咽着说不下去了，沉默片刻又说："希望大家以后多多注意身体，不要再因此造成无可补偿的损失，别再给人以无限的悲痛。"梅贻琦强忍的泪水还是涌出眼眶，人群中啜泣声响成一片。

追悼会结束后，人们来到遗物展览室，展览室四壁挂满了挽联。在各种简朴的日常生活用品和众多的著作文稿中，那篇未完成的《论白话》也陈列其中，只写了三页半稿纸……

10 月 24 日，朱自清先生遗骨葬于北京西山万安公墓，家人为之筑成衣冠冢。冯友兰书写了墓碑。一代名师入土为安了，而留下的"背影"却永远为世人所怀念。

后记

我在动手修订这部书稿时，窗外还是柳絮纷飞，现在，我已经听到了知了的鸣叫声，一年中最热的季节已经到来。好在我的修订工作已经进入尾声，修修补补，增增减减，到了昨天晚上，全部八十余万字的书稿已经通读一遍，算是完成了一桩萦绕很久的心事。

不久前，朐山书院的"山长"徐习军叫我去讲一堂关于朱自清的课。朐山书院在海州南门外，历史悠久，风景秀雅，新建的亭馆楼榭随着山势的起伏错落分布，十分考究，丰富了南门外的人文景观和自然景观，吸引了大量的游人前来欣赏观瞻，让我不禁想起当年朱则余一家在海州的往事。他们生活在古城，在传统节假日期间，也会拖家带口地到南大山游山玩水，美丽的海州山水和人文传说陶冶了他们的思想情操，也让他们树立了做人做事的基本原则，留下了让人思怀不绝的古风遗韵。

朐山书院向东一里许，有一座小山叫石棚山，这座山在海州历史上名声很响，历代文人学士都会在这里雅集聚饮，石曼卿曾在这里读书著述，苏东坡曾在这里赋诗饮酒，就连没有来过海州的欧阳修，也留下了数篇关于海州和纪念石曼卿的诗文，给海州的山水增添了神秘而迷人的风采。

无独有偶，在西南联大期间，朱自清和欧阳修、苏东坡也有着穿越时空的交集，在其专著《宋五家诗钞》里，在研究欧阳修和苏东坡的诗词中，多次和海州不期而遇，不难想象他在接触这些文字时，仿若梦回海州，重回故里——

1938 年春，朱自清在西南联大蒙自分校任教。5 月底，夫人陈竹隐带着采芷、乔森和思俞从沦陷的北平南下，取道越南的海防，于 6 月 5 日来到蒙自。朱自清一家在蒙自度过了几个月的边关生活，于 8 月中旬再次举家迁到昆明青云街 284 号的冰庐。1940 年 5 月，昆明物价飞涨，朱自清在昆明几次搬迁后，生活越发困难，只好把家迁到消费相对较低的成都，只身一人留在昆明。此后一段时间里，朱自清住在昆明郊外龙泉镇司家营清华大学文科研究所里。村居多暇，每日早起，端坐于书桌前，翻阅历代各种《诗话》，并对宋代诗人梅尧臣、欧阳修、王安石、苏东坡、黄庭坚五人的诗词进行重点研究，写出了《宋五家诗钞》的学术专著。在这五人中，苏东坡来过海州几次，和海州州官以及当地文人聚饮，写有《次韵陈海州书怀》《次韵陈海州乘槎亭》《浣溪沙》《永遇乐》《送赵寺丞寄陈海州》《减字木兰花》等。这些诗词，有的是对海州的山水美景的歌咏，有的是记述和陈海州的友情。朱自清研究苏诗，不仅对苏诗有精准的注释，还在选诗之前，抄有大量的古代诗话里关于苏东坡的趣闻趣事。欧阳修虽没有来过海州，但是在海州做通判的石曼卿是欧阳修的好友。在《释秘演诗集序》里，欧阳修追述了他和石曼卿的交友历程，为石曼卿只在海州做个通判的小官而鸣不平："曼卿为人，廓然有大志，时不能用其材，曼卿亦不屈以求合，无所放其意，则往往从布衣野老，酣嬉淋漓，颠倒而不厌。予疑所谓伏而不见者，庶几狎而得之，故尝喜从曼卿游，欲因以阴求天下奇士。"欧阳修认为，石曼卿是一位不为世人所知的贤能志士，他开朗豪放，胸怀大志，然而他的才华和本领却因得不到世人的发现而无法施展。石曼卿本人也不愿委曲求全，去迎合别人而得到赏识，因此他便同一些平民百姓饮酒作乐。关于石曼卿的豪饮，欧阳修在《归田录》中也有记载："石曼卿磊落奇才，知名当世，气貌雄伟，饮酒过人。"并说他常同诗友"对饮终日，不交一言……非常人之量"。在《石曼卿墓表》中，欧阳修再次说他"视世俗屑屑无足动其意者。自顾不合于时，乃一混于酒。然好剧饮大醉，颓然自放"。但是石曼卿在海州并不是天天喝酒，工作也很出色，工作之余，还在石棚山上植树。传说他把桃核包裹上湿泥，满山乱扔，待到来年春天，桃核便在岩石缝里生根发芽，几年后，桃树满山，花开满枝，引来蜂蝶穿梭其间了。石曼卿死后，葬于河南省永城县太清乡。在他去世后的第二十六年，即宋英宗治平四年（1067），石曼卿的荒冢上来了一位京城官员，他就是石曼卿生前好友欧阳修派来的一个令吏，专门呈送祭文于石曼卿墓前的。这篇文章，就是欧阳修那篇名存后世的《祭石曼卿文》："呜呼曼卿！生而为英，死而为灵。其同乎万物生死而复归于无物者，暂聚之形；不与万物共尽而卓然其不朽者，后世之名。此自古圣贤，莫不皆然，而著在简册者，昭如日星。""呜呼曼卿！吾不见子久矣，犹能仿佛子之平生。其轩昂磊落，突兀峥嵘，而埋藏于地下者，意其不化为朽壤，而为金玉之精。不然，生长松之千尺，产灵芝而九茎。奈何荒烟野蔓，荆棘纵横，风凄露下，走磷飞萤，但见牧童樵叟，歌吟而上下，与夫惊禽骇兽，悲鸣踯躅而咿嘤？今固如此，更千秋而万岁兮，安知其不穴藏狐貉与鼯鼪？此自古圣贤，亦皆然兮，独不见夫累累乎旷野与荒城？""呜呼曼卿！盛衰之理，吾固知其如此。而感念畴昔，悲凉凄怆，不觉临风而陨涕者，有愧乎太上之忘情。尚飨！"欧阳修写此文时，已经 61 岁，正当被皇帝免去参政知事、由相书左丞出任亳州（今安徽亳州市）知州之后。欧阳修面对好友荒凉的长眠之地，不但称颂了他的盖世英才和不朽名声，抒发了对故人的至深怀念，而且也表达了人生悲凉的情感。欧阳修面对自己的实际处境，触景生情，三呼曼卿，情感浓挚，笔调哀凄，在石曼卿去世二十六年后用此特殊的方式来告慰亡友的在天之灵，可见石曼卿在欧阳修心目中的地位了。朱自清在阅读了欧阳修的大量诗文、《宋史》里的欧阳修资料及历代诗话中与欧阳修有关的文字后，抄录整理成文，接着是选诗。朱自清选录的第二首诗，就是欧阳修的《哭曼卿》："嗟我识君晚，君时犹壮夫。信哉天下奇，落落不可拘。轩昂惧惊俗，自隐酒之徒。一饮不计斗，倾河竭昆墟。作诗几百篇，锦组联琼琚。时时出险语，意外研精粗。穷奇变云烟，搜怪蟠蛟鱼。诗成多自写，笔法颜与虞。旋弃不复惜，所存今几余。往往落人间，藏之比明珠。又好题屋壁，虹蜺随卷舒。遗踪处处在，余墨润不枯。胸山顷岁出，我亦斥江湖。乖离四五载，人事忽焉殊。归来见京师，心老貌已癯。但惊何其衰，岂意今也无。才高不少下，阔若与世疏。骅骝当少时，其志万里涂。一旦老伏枥，犹思玉山刍。天兵宿西北，狂儿尚稽诛。而令壮士死，痛惜无贤愚。归魂涡上田，露草荒春芜。"朱自清对该诗做了详细的注释，在"胸山顷岁出，我亦斥江湖"之句注释时，朱自清曰："欧《石曼卿墓表》：通判海州，即胸山也。"胸山就是锦屏山，海州人俗称"南大山"。宋熙宁七年（1074）8月，苏东坡取道海州，在石曼卿煮酒抚琴的地方，遥望沧海茫茫，遥望青山含黛，他的思绪大概和欧阳修一脉相通吧？苏东坡一生才华横溢，佳作天成，诗、词、文、赋均达到了当时的顶峰，他在海州逗留数日，登临石棚山，寻访石曼卿的遗韵，一方面是倾慕他的刚正不阿，同时也是仰慕他的学富才高。在关于海州的诸多诗文中，有一首《和蔡景繁海州石室》诗，记叙了石曼卿在海州石棚山的植桃逸事："芙蓉仙人旧游处，苍藤翠壁初无路。戏将桃核裹黄泥，石间散掷如风雨。坐令空山出锦绣，倚天照海花无数。花间石室可容车，流苏宝盖窥灵宇……门外桃花自开落，床头酒瓮生尘土。前年开合放柳枝，今年洗心归佛祖。梦中旧事时一笑，坐觉俯仰成今古。愿君不用刻此诗，东海桑田真旦暮。"在朱自清研究的欧阳修和苏东坡的诗词中，除了在欧阳修《哭曼卿》注释中提到海州外，一定也读到苏东坡七八首关于海州的诗词了，特别是有几首诗直接提到了海州，一定会触动朱自清的海州情结。但是，在朱自清选释的苏诗当中，没有一首关于海州的。朱自清研究宋诗，主要是讲课需要，以诗艺论高低，不然学生也会有异议的，所以朱自清不选是有道理的。但在夜深人静之时，朱自清沉浸在欧阳修和苏东坡的诗境当中，连带地想起祖父辈生活的海州，想起自己胞衣掩埋之地，其思想情感一定会发生波动吧？

　　此时已是凌晨，遥望窗外朦胧的灯色，脑海中瞬间出现朱自清在南国研读的背影和海州南门外石棚山上盛开的桃花……

　　　　　　　　　　　2024 年 6 月 21 日（夏至日）凌晨于北京像素

参考书目

朱乔森编，《朱自清全集》，江苏教育出版社，1988 年版（后陆续出版齐全）。

姜建、吴为公，《朱自清年谱》，光明日报出版社，2010 年 11 月第 1 版。

关坤英，《朱自清评传》，北京燕山出版社，1995 年 10 月第 1 版。

朱自清、俞平伯、叶圣陶等，《我们的七月》，亚东图书馆，1924 年 7 月。

曹聚仁，《听涛室人物谭》，生活·读书·新知三联书店，2007 年 8 月第 1 版。

曹聚仁，《天一阁人物谭》，生活·读书·新知三联书店，2007 年 8 月第 1 版。

季羡林，《清华园日记》，外语教学与研究出版社，2009 年 12 月第 1 版。

柳无忌，《柳无忌散文选——古稀话旧》，中国友谊出版公司，1984 年 9 月第 1 版。

俞平伯、吴晗等著，张守常编，《最完整的人格——朱自清先生哀念集》，北京出版社，1988 年 8 月第 1 版。

浦江清，《清华园日记　西行日记》，生活·读书·新知三联书店，1987 年 6 月第 1 版。

王保生，《沈从文评传》，重庆出版社，1995 年 11 月第 1 版。

吴世勇编，《沈从文年谱》，天津人民出版社，2006 年 6 月第 1 版。

张菊香主编，《周作人年谱》，南开大学出版社，1985 年 9 月第 1 版。

朱自清，《朱自清精品选》，中国书籍出版社，2014 年 6 月第 1 版。

林呐、徐柏容、郑法清主编，《朱自清散文选集》，百花文艺出版社，1986 年 8 月第 1 版。

朱金顺编，《朱自清研究资料》，北京师范大学出版社，1981 年 8 月第 1 版。

商金林编，《叶圣陶年谱》，江苏教育出版社，1986 年 12 月第 1 版。

陈武，《俞平伯的诗书人生》，中国书籍出版社，2015 年 1 月第 1 版。

常丽洁校注，《朱自清旧体诗词校注》，人民出版社，2014 年 6 月第 1 版。

汪曾祺，《汪曾祺散文》，广西人民出 年 11 月第 1 版。

徐强，《汪曾祺年谱长编》，稿本。

陈福康，《郑振铎年谱》（上、下），三晋出版社，2008 年 10 月第 1 版。

黄裳，《珠还记幸》，生活·读书·新知三联书店，2006年4月第1版。

梅贻琦，《梅贻琦日记1941—1946》，清华大学出版社，2001年4月第1版。

杨天石主编，《钱玄同日记》（整理本）（上中下），北京大学出版社，2014年10月第1版。

林徽因，《林徽因的信》，群言出版社，2016年5月第1版。

郁达夫，《郁达夫日记》，广陵书社，2021年3月第1版。

叶圣陶，《叶圣陶集》，江苏教育出版社，1987年（初版，后陆续出版齐全）。

萧公权，《萧公权文集》，中国人民大学出版社，2014年6月第1版。

曹聚仁，《我与我的世界》，人民文学出版社，1983年3月第1版。

赵家璧，《编辑生涯忆鲁迅》，人民文学出版社，1981年9月第1版。

赵家璧，《编辑忆旧》，生活·读书·新知三联书店，1984年8月第1版。

赵家璧，《回顾与展望》，山西人民出版社，1986年7月第1版。

赵家璧，《文坛故旧录——编辑忆旧续集》，生活·读书·新知三联书店，1991年6月第1版。

朱乔森编，《朱自清爱情书信手迹》，江苏教育出版社，2001年2月第1版。

徐强编，《长向文坛瞻背影：朱自清忆念七十年》，广陵书社，2018年10月第1版。

周锦，《朱自清作品评述》，智燕出版社，1978年4月。

刘运峰，《鲁迅书衣录》，九州出版社，2021年9月第1版。

张漱菡，《胡秋原传》，湖北人民出版社，2007年1月。

中华书局编辑部编，《学林漫录》（初集），中华书局，1980年6月。

丰子恺，《丰子恺散文漫画精品集》，天地出版社，2018年第1版。

陈星，《丰子恺年谱长编》，中国社会科学出版社，2014年11月第1版。

姜德明，《新文学版本》，江苏古籍出版社，2002年12月第1版。

吴永贵，《民国出版史》，福建人民出版社，2011年6月第1版。

吴俊等主编，《中国现代文学期刊目录新编》（上中下），上海人民出版社，2010年2月。

周春良等主编，《叶圣陶书影》，古吴轩出版社，2007年10月第1版。

刘晨，《立达学园史论》，团结出版社，2009年11月第1版。

谢其章，《创刊号风景》，北京图书馆出版社，2003年6月第1版。

编后记

　　《朱自清大传》的写作过程中，作者参考了朱自清先生及其同时代作家的诸多著作。在编辑过程中，鉴于朱自清先生所处时代的语言在标点符号、词汇使用及句式结构上与当代语言规范存在差异，为尽可能保留原著风貌，我们仅对文本做了必要的微调。现将编辑过程中的一些具体情形及处理方式，呈现给各位读者，供读者在阅读时参考：

　　1. 在当时的语言环境中，一些字的混用是常见现象，如"的""地""得""底"不分，"做"和"作"混用，请读者在阅读中根据文意辨别理解。

　　2. 一些常用字和词与今天的写法不同，如"那"即为"哪"，"徐"即为"余"，"教"即为"叫"，"罢"即为"吧"，"末"即为"么"，"分"即为"份"，"勒"即为"了"，"他"有时代替"它"使用，"折衷"即为"折中"，"偏辟"即为"偏僻"，此类情况较多，未能一一枚举，望读者依据上下文语境，自行辨识并理解。

　　3. 一些人名及专有名词的翻译，与现代通行译法存在差异，如"迭更斯"今译为"狄更斯"，"果戈理"今译为"果戈里"，"来比锡"今译为"莱比锡"。

　　4. 书中部分地方可能存在原文的错漏之处，我们已在括号内进行了相应的纠正或补充，如"告（诉）我"，"（理）学家"，"展（暂）缓"，"终久（究）"，"作（着）眼"，"陈述民（明）"，请读者参考理解。

　　以上情况，请读者朋友在阅读中参考，错讹疏漏之处，盼指正。